W0467438

JOHANN WOLFGANG GOETHE

Ausgewählte Werke

Reineke Fuchs **Faust I und II** Götz von Berlichingen **Die Leiden des jungen Werther** Prometheus **Der Erlkönig** Der Zauberlehrling

JOHANN WOLFGANG GOETHE

Ausgewählte Werke

Reineke Fuchs Faust I und II Götz von Berlichingen Die Leiden des jungen Werther Prometheus Der Erlkönig Der Zauberlehrling

Mit zeitgenössischen Illustrationen

NIKOL
VERLAG

© 2014 Nikol Verlagsgesellschaft mbH & Co. KG, Hamburg

Alle Rechte, auch das der fotomechanischen Wiedergabe (einschließlich Fotokopie) oder der Speicherung auf elektronischen Systemen, vorbehalten.
All rights reserved.

Titelabbildung: Johann Wolfgang von Goethe,
gemalt von Joseph Karl Stieler 1828
Umschlaggestaltung: André Nikol, Hamburg
Satz & Layout: Röser MEDIA GmbH & Co. KG, Karlsruhe

Druck: CPI Moravia Books s.r.o.
Printed in the Czech Republic

ISBN: 978-3-86820-215-1

www.nikol-verlag.de

Inhalt

Götz von Berlichingen mit der eisernen Hand

Ein Schauspiel

Götz von Berlichingen
mit der eisernen Hand.
Schauspiel von Göthe.
Freiheit
XYLOGRAPH ANSTALT VON BRAUN & SCHNEIDER IN M.

Personen:

Kaiser Maximilian

Götz von Berlichingen

Elisabeth, seine Frau

Maria, seine Schwester

Karl, sein Söhnchen

Georg, sein Bube

Bischof von Bamberg

Weislingen, **Adelheid von Walldorf**, **Liebetraut** an des Bischofs Hofe

Abt von Fulda

Olearius, beider Rechte Doktor

Bruder Martin

Hans von Selbitz

Franz von Sickingen

Lerse

Franz, Weislingens Bube

Kammerfräulein der Adelheid

Metzler, **Sievers**, **Link**, **Kohl**, **Wild**, Anführer der rebellischen Bauern

Hoffrauen, Hofleute, am Bambergschen Hofe

Kaiserliche Räte

Ratsherrn von Heilbronn

Richter des heimlichen Gerichts

Zwei Nürnberger Kaufleute

Max Stumpf, Pfalzgräflicher Diener

Ein Unbekannter

Brautvater und Bräutigam, Bauern

Berlichingsche, Weislingsche, Bambergsche Reiter

Hauptleute, Offiziere, Knechte von der Reichsarmee

Schenkwirt

Gerichtsdiener

Heilbronner Bürger

Stadtwache

Gefängniswärter

Bauern

Zigeunerhauptmann

Zigeuner, Zigeunerinnen

Erster Akt.

Schwarzenberg in Franken. Herberge

Metzler, Sievers am Tische. Zwei Reitersknechte beim Feuer. Wirt.

Sievers. Hänsel, noch ein Glas Branntwein, und meß christlich.

Wirt. Du bist der Nimmersatt.

Metzler *(leise zu Sievers)*. Erzähl das noch einmal vom Berlichingen! Die Bamberger dort ärgern sich, sie möchten schwarz werden.

Sievers. Bamberger? Was tun *die* hier?

Metzler. Der Weislingen ist oben auf'm Schloß beim Herrn Grafen schon zwei Tage; dem haben sie das Gleit geben. Ich weiß nicht, wo er herkommt; sie warten auf ihn; er geht zurück nach Bamberg.

Sievers. Wer ist der Weislingen?

Metzler. Des Bischofs rechte Hand, ein gewaltiger Herr, der dem Götz auch auf'n Dienst lauert.

Sievers. Er mag sich in acht nehmen.

Metzler *(leise)*. Nur immer zu! *(Laut.)* Seit wann hat denn der Götz wieder Händel mit dem Bischof von Bamberg? Es hieß ja, alles wäre vertragen und geschlichtet.

Sievers. Ja, vertrag du mit den Pfaffen! Wie der Bischof sah, er richt nichts aus und zieht immer den kürzern, kroch er zum Kreuz und war geschäftig, daß der Vergleich zustand käm. Und der getreuherzige Berlichingen gab unerhört nach, wie er immer tut, wenn er im Vorteil ist.

Metzler. Gott erhalt ihn! Ein rechtschaffener Herr!

Sievers. Nun denk, ist das nicht schändlich? Da werfen sie ihm einen Buben nieder, da er sich nichts weniger versieht. Wird sie aber schon wieder dafür lausen!

Metzler. Es ist doch dumm, daß ihm der letzte Streich mißglückt ist! Er wird sich garstig erbost haben.

Sievers. Ich glaub nicht, daß ihn lang was so verdrossen hat. Denk auch: alles war aufs genaueste verkundschaft, wann der Bischof aus dem Bad käm, mit wieviel Reitern, welchen Weg; und wenn's nicht wär durch falsche Leut verraten worden, wollt er ihm das Bad gesegnet und ihn ausgerieben haben.

Erster Reiter. Was räsoniert ihr von unserm Bischof? Ich glaub, ihr sucht Händel.

Sievers. Kümmert euch um eure Sachen! Ihr habt an unserm Tisch nichts zu suchen.

Zweiter Reiter. Wer heißt euch von unserm Bischof despektierlich reden?

Sievers. Hab ich euch Red und Antwort zu geben? Seht doch den Fratzen!

Erster Reiter *(schlägt ihn hinter die Ohren)*.

Metzler. Schlag den Hund tot!

(Sie fallen übereinander her.)

Zweiter Reiter. Komm her, wenn du's Herz hast.

Wirt *(reißt sie voneinander)*. Wollt ihr Ruh haben! Tausend Schwerenot! Schert euch'naus, wenn ihr was auszumachen habt. In meiner Stub soll's ehrlich und ordentlich zugehen. *(Schiebt die Reiter zur Tür hinaus.)* Und ihr Esel, was fanget ihr an?

Metzler. Nur nit viel geschimpft, Hänsel, sonst kommen wir dir über die Glatze. Komm, Kamerad, wollen die draußen bleuen.

(Zwei Berlichingsche Reiter kommen.)

Erster Reiter. Was gibt's da?

Sievers. Ei guten Tag, Peter! Veit, guten Tag! Woher?

Zweiter Reiter. Daß du dich nit unterstehst zu verraten, wem wir dienen.

Sievers *(leise)*. Da ist euer Herr Götz wohl auch nit weit?

Erster Reiter. Halt dein Maul! Habt ihr Händel?

Sievers. Ihr seid den Kerls begegnet draußen, sind Bamberger.

Erster Reiter. Was tun die hier?

Metzler. Der Weislingen ist droben auf'm Schloß, beim gnädigen Herrn, den haben sie geleit.

Erster Reiter. Der Weislingen?

Zweiter Reiter *(leise).* Peter! das ist ein gefunden Fressen! *(Laut.)* Wie lang ist er da?

Metzler. Schon zwei Tage. Aber er will heut noch fort, hört ich einen von den Kerls sagen.

Erster Reiter *(leise).* Sagt ich dir nicht, er wär daher! Hätten wir dort drüben eine Weile passen können. Komm, Veit.

Sievers. Helft uns doch erst die Bamberger ausprügeln.

Zweiter Reiter. Ihr seid ja auch zu zwei. Wir müssen fort. Adies! *(Ab.)*

Sievers. Lumpenhunde die Reiter! wann man sie nit bezahlt, tun sie dir keinen Streich.

Metzler. Ich wollt schwören, sie haben einen Anschlag. Wem dienen sie?

Sievers. Ich soll's nit sagen. Sie dienen dem Götz.

Metzler. So! Nun wollen wir über die draußen. Komm! so lang ich einen Bengel hab, fürcht ich ihre Bratspieße nicht.

Sievers. Dürften wir nur so einmal an die Fürsten, die uns die Haut über die Ohren ziehen.

Herberge im Wald

Götz *(vor der Tür unter der Linde).* Wo meine Knechte bleiben! Auf und ab muß ich gehen, sonst übermannt mich der Schlaf. Fünf Tag und Nächte schon auf der Lauer. Es wird einem sauer gemacht, das bißchen Leben und Freiheit. Dafur, wenn ich dich habe, Weislingen, will ich mir's wohl sein lassen. *(Schenkt ein.)* Wieder leer! Georg! Solang's daran nicht mangelt und an frischem Mut, lach ich der Fürsten Herrschsucht und Ränke. – Georg! – Schickt ihr nur euern gefälligen Weislingen herum zu Vettern und Gevattern, laßt mich anschwärzen. Nur immer zu. Ich bin wach. Du warst mir entwischt, Bischof! So mag denn dein lieber Weislingen die Zeche bezahlen. – Georg! Hört der Junge nicht? Georg! Georg!

Der Bube *(im Panzer eines Erwachsenen).* Gestrenger Herr!

Götz. Wo stickst du? Hast du geschlafen? Was zum Henker treibst du für Mummerei? Komm her, du siehst gut aus.

Schäm dich nicht, Junge. Du bist brav! Ja, wenn du ihn ausfülltest! Es ist Hansens Küraß?

Georg. Er wollt ein wenig schlafen und schnallt' ihn aus.

Götz. Er ist bequemer als sein Herr.

Georg. Zürnt nicht. Ich nahm ihn leise weg und legt ihn an, und holte meines Vaters altes Schwert von der Wand, lief auf die Wiese und zog's aus.

Götz. Und hiebst um dich herum? Da wird's den Hecken und Dornen gutgegangen sein. Schläft Hans?

Georg. Auf Euer Rufen sprang er auf und schrie mir, daß Ihr rieft. Ich wollt den Harnisch ausschnallen, da hört ich Euch zwei-, dreimal.

Götz. Geh! bring ihm seinen Panzer wieder und sag ihm, er soll bereit sein, soll nach den Pferden sehen.

Georg. Die hab ich recht ausgefüttert und wieder aufgezäumt. Ihr könnt aufsitzen, wann Ihr wollt.

Götz. Bring mir einen Krug Wein, gib Hansen auch ein Glas, sag ihm, er soll munter sein, es gilt. Ich hoffe jeden Augenblick, meine Kundschafter sollen zurückkommen.

Georg. Ach gestrenger Herr!

Götz. Was hast du?

Georg. Darf ich nicht mit?

Götz. Ein andermal, Georg, wann wir Kaufleute fangen und Fuhren wegnehmen.

Georg. Ein andermal, das habt Ihr schon oft gesagt. O diesmal! diesmal! Ich will nur hintendreinlaufen, nur auf der Seite lauern. Ich will Euch die verschossenen Bolzen wiederholen.

Götz. Das nächstemal, Georg. Du sollst erst ein Wams haben, eine Blechhaube und einen Spieß.

Georg. Nehmt mich mit! Wär ich letzt dabei gewesen, Ihr hättet die Armbrust nicht verloren.

Götz. Weißt du das?

Georg. Ihr warft sie dem Feind an Kopf, und einer von den Fußknechten hob sie auf; weg war sie! Gelt ich weiß?

Götz. Erzählen dir das meine Knechte?

Georg. Wohl. Dafür pfeif ich ihnen auch, wann wir die Pferde striegeln, allerlei Weisen und lerne sie allerlei lustige Lieder.

Götz. Du bist ein braver Junge.

Georg. Nehmt mich mit, daß ich's zeigen kann!

Götz. Das nächstemal, auf mein Wort. Unbewaffnet wie du bist, sollst du nicht in Streit. Die künftigen Zeiten brauchen auch Männer. Ich sage dir, Knabe, es wird eine teure Zeit werden: Fürsten werden ihre Schätze bieten um einen Mann, den sie jetzt hassen. Geh, Georg, gib Hansen seinen Küraß wieder und bring mir Wein. *(Georg ab.)* Wo meine Knechte bleiben! Es ist unbegreiflich. Ein Mönch! Wo kommt der noch her?

(Bruder Martin kommt.)

Götz. Ehrwürdiger Vater, guten Abend! woher so spät? Mann der heiligen Ruhe, Ihr beschämt viel Ritter.

Martin. Dank Euch, edler Herr! Und bin vor der Hand nur demütiger Bruder, wenn's ja Titel sein soll. Augustin mit meinem Klosternamen, doch hör ich am liebsten Martin, meinen Taufnamen.

Götz. Ihr seid müde, Bruder Martin, und ohne Zweifel durstig! *(Der Bub kommt.)* Da kommt der Wein eben recht.

Martin. Für mich einen Trunk Wasser. Ich darf keinen Wein trinken.

Götz. Ist das Euer Gelübde?

Martin. Nein, gnädiger Herr, es ist nicht wider mein Gelübde, Wein zu trinken; weil aber der Wein wider mein Gelübde ist, so trinke ich keinen Wein.

Götz. Wie versteht Ihr das?

Martin. Wohl Euch, daß Ihr's nicht versteht. Essen und trinken, mein ich, ist des Menschen Leben.

Götz. Wohl!

Martin. Wenn Ihr gegessen und getrunken habt, seid Ihr wie neu geboren; seid stärker, mutiger, geschickter zu Euerm Geschäft. Der Wein erfreut des Menschen Herz, und die Freudigkeit ist die Mutter aller Tugenden. Wenn Ihr Wein getrunken habt, seid Ihr alles doppelt, was Ihr sein sollt, noch einmal so leicht denkend, noch einmal so unternehmend, noch einmal so schnell ausführend.

Götz. Wie ich ihn, trinke, ist es wahr.

Martin. Davon red ich auch. Aber wir -

(Georg mit Wasser.)

Götz *(zu Georg heimlich)*. Geh auf den Weg nach Dachsbach, und leg dich mit dem Ohr auf die Erde, ob du nicht Pferde kommen hörst, und sei gleich wieder hier.

Martin. Aber wir, wenn wir gegessen und getrunken haben, sind wir grad das Gegenteil von dem, was wir sein sollen.

Unsere schläfrige Verdauung stimmt den Kopf nach dem Magen, und in der Schwäche einer überfüllten Ruhe erzeugen sich Begierden, die ihrer Mutter leicht über den Kopf wachsen.

Götz. Ein Glas, Bruder Martin, wird Euch nicht im Schlaf stören. Ihr seid heute viel gegangen. *(Bringt's ihm.)* Alle Streiter!

Martin. In Gottes Namen! *(Sie stoßen an.)* Ich kann die müßigen Leute nicht ausstehen; und doch kann ich nicht sagen, daß alle Mönche müßig sind; sie tun, was sie können. Da komm ich von St. Veit, wo ich die letzte Nacht schlief. Der Prior führte mich in den Garten; das ist nun ihr Bienenkorb. Vortrefflicher Salat! Kohl nach Herzens Lust! und besonders Blumenkohl und Artischocken, wie keine in Europa!

Götz. Das ist also Eure Sache nicht. *(Er steht auf, sieht nach dem Jungen und kommt wieder.)*

Martin. Wollte, Gott hätte mich zum Gärtner oder Laboranten gemacht! Ich könnte glücklich sein. Mein Abt liebt mich, mein Kloster ist Erfurt in Sachsen; er weiß, ich kann nicht ruhn; da schickt er mich herum, wo was zu betreiben ist. Ich geh zum Bischof von Konstanz.

Götz. Noch eins! Gute Verrichtung!

Martin. Gleichfalls.

Götz. Was seht Ihr mich so an, Bruder?

Martin. Daß ich in Euern Harnisch verliebt bin.

Götz. Hättet Ihr Lust zu einem? Es ist schwer und beschwerlich ihn zu tragen.

Martin. Was ist nicht beschwerlich auf dieser Welt! und mir kommt nichts beschwerlicher vor, als nicht Mensch sein dürfen. Armut, Keuschheit und Gehorsam – drei Gelübde, deren jedes, einzeln betrachtet, der Natur das Unausstehlichste scheint, so unerträglich sind sie alle. Und sein ganzes Leben unter dieser Last, oder der weit drückendern Bürde des Gewissens mutlos zu keuchen! O Herr! was sind die Mühseligkeiten Eures Lebens, gegen die Jämmerlichkeiten eines Standes, der die besten Triebe, durch die wir werden, wachsen und gedeihen, aus mißverstandener Begierde Gott näher zu rücken, verdammt?

Götz. Wär Euer Gelübde nicht so heilig, ich wollte Euch bereden, einen Harnisch anzulegen, wollt Euch ein Pferd geben, und wir zögen miteinander.

Martin. Wollte Gott, meine Schultern fühlten Kraft, den Harnisch zu ertragen, und mein Arm Stärke, einen Feind vom Pferd zu stechen! – Arme schwache Hand, von jeher gewohnt, Kreuze und Friedensfahnen zu führen und Rauchfässer zu schwingen, wie wolltest du Lanze und Schwert regieren! Meine Stimme, nur zu Ave und Halleluja gestimmt, würde dem Feind ein Herold meiner Schwäche sein, wenn ihn die Eurige überwältigte. Kein Gelübde sollte mich abhalten wieder in den Orden zu treten, den mein Schöpfer selbst gestiftet hat!

Götz. Glückliche Wiederkehr!

Martin. Das trinke ich nur für Euch. Wiederkehr in meinen Käfig ist allemal unglücklich. Wenn Ihr wiederkehrt, Herr, in Eure Mauern, mit dem Bewußtsein Eurer Tapferkeit und Stärke, der keine Müdigkeit etwas anhaben kann, Euch zum erstenmal nach langer Zeit, sicher vor feindlichem Überfall, entwaffnet auf Euer Bette streckt und Euch nach dem Schlaf dehnt, der Euch besser schmeckt als mir der Trunk nach langem Durst: da könnt Ihr von Glück sagen!

Götz. Dafür kommt's auch selten.

Martin *(feuriger)*. Und ist, wenn's kommt, ein Vorschmack des Himmels. – Wenn Ihr zurückkehrt, mit der Beute Eurer Feinde beladen, und Euch erinnert: den stach ich vom Pferd, eh er schießen konnte, und den rannt ich samt dem Pferde nieder, und dann reitet Ihr zu Euerm Schloß hinauf, und -

Götz. Was meint Ihr?

Martin. Und Eure Weiber! *(Er schenkt ein.)* Auf Gesundheit Eurer Frau! *(Er wischt sich die Augen.)* Ihr habt doch eine?

Götz. Ein edles vortreffliches Weib!

Martin. Wohl dem, der ein tugendsam Weib hat! des lebt er noch eins so lange. Ich kenne keine Weiber, und doch war die Frau die Krone der Schöpfung!

Götz *(vor sich)*. Er dauert mich! Das Gefühl seines Standes frißt ihm das Herz.

Georg *(gesprungen)*. Herr! ich höre Pferde im Galopp! Zwei! Es sind sie gewiß.

Götz. Führ mein Pferd heraus! Hans soll aufsitzen. – Lebt wohl, teurer Bruder, Gott geleit Euch! Seid mutig und geduldig. Gott wird Euch Raum geben.

Martin. Ich bitt um Euern Namen.

Götz. Verzeiht mir. Lebt wohl! *(Er reicht ihm die linke Hand.)*

Martin. Warum reicht Ihr mir die Linke? Bin ich die ritterliche Rechte nicht wert?

Götz. Und wenn Ihr der Kaiser wärt, Ihr müßtet mit dieser vorliebnehmen. Meine Rechte, obgleich im Kriege nicht unbrauchbar, ist gegen den Druck der Liebe unempfindlich: sie ist eins mit ihrem Handschuh; Ihr seht, er ist Eisen.

Martin. So seid Ihr Götz von Berlichingen! Ich danke dir, Gott, daß du mich ihn hast sehen lassen, diesen Mann, den die Fürsten hassen und zu dem die Bedrängten sich wenden! *(Er nimmt ihm die rechte Hand.)* Laßt mir diese Hand, laßt mich sie küssen!

Götz. Ihr sollt nicht.

Martin. Laßt mich! Du, mehr wert als Reliquienhand, durch die das heiligste Blut geflossen ist, totes Werkzeug, belebt durch des edelsten Geistes Vertrauen auf Gott!

Götz *(setzt den Helm auf und nimmt die Lanze).*

Martin. Es war ein Mönch bei uns vor Jahr und Tag, der Euch besuchte, wie sie Euch abgeschossen ward vor Landshut. Wie er uns erzählte, was Ihr littet, und wie sehr es Euch schmerzte, zu Eurem Beruf verstümmelt zu sein, und wie Euch einfiel, von einem gehört zu haben, der auch nur *eine* Hand hatte und als tapferer Reitersmann doch noch lange diente – ich werde das nie vergessen.

(Die zwei Knechte kommen.)

Götz *(zu ihnen. Sie reden heimlich).*

Martin *(fährt inzwischen fort).* Ich werde das nie vergessen, wie er im edelsten einfältigsten Vertrauen auf Gott sprach: »Und wenn ich zwölf Händ hätte und deine Gnad wollt mir nicht, was würden sie mir fruchten? So kann ich mit *einer*« -

Götz. In den Haslacher Wald also. *(Kehrt sich zu Martin.)* Lebt wohl, werter Bruder Martin. *(Küßt ihn.)*

Martin. Vergeßt mich nicht, wie ich Euer nicht vergesse. *(Götz ab.)*

Martin. Wie mir's so eng ums Herz ward, da ich ihn sah. Er redete nichts, und mein Geist konnte doch den seinigen unterscheiden. Es ist eine Wollust, einen großen Mann zu sehn.

Georg. Ehrwürdiger Herr, Ihr schlaft doch bei uns?

Martin. Kann ich ein Bett haben?

Georg. Nein, Herr! ich kenne Betten nur vom Hörensagen, in unsrer Herberg ist nichts als Stroh.

Martin. Auch gut. Wie heißt du?

Georg. Georg, ehrwürdiger Herr!

Martin. Georg! da hast du einen tapfern Patron.

Georg. Sie sagen, er sei ein Reiter gewesen; das will ich auch sein.

Martin. Warte! *(Zieht ein Gebetbuch hervor und gibt dem Buben einen Heiligen.)* Da hast du ihn. Folge seinem Beispiel, sei brav und fürchte Gott! *(Martin geht.)*

Georg. Ach ein schöner Schimmel! wenn ich einmal so einen hätte! – und die goldene Rüstung! – Das ist ein garstiger Drach – Jetzt schieß ich nach Sperlingen – Heiliger Georg! mach mich groß und stark, gib mir so eine Lanze, Rüstung und Pferd, dann laß mir die Drachen kommen!

Jagsthausen. Götzens Burg

Elisabeth. Maria. Karl, sein Söhnchen.

Karl. Ich bitte dich, liebe Tante, erzähl mir das noch einmal vom frommen Kind, 's is gar zu schön.

Maria. Erzähl du mir's, kleiner Schelm, da will ich hören, ob du achtgibst.

Karl. Wart e bis, ich will mich bedenken. – Es war einmal – ja – es war einmal ein Kind, und sein Mutter war krank, da ging das Kind hin -

Maria. Nicht doch. Da sagte die Mutter: »Liebes Kind« -

Karl. »Ich bin krank« -

Maria. »Und kann nicht ausgehn« -

Karl. Und gab ihm Geld und sagte. »Geh hin, und hol dir ein Frühstück.« Da kam ein armer Mann -

Maria. Das Kind ging, da begegnet' ihm ein alter Mann, der war – nun Karl!

Karl. Der war – alt –

Maria. Freilich! der kaum mehr gehen konnte, und sagte. »Liebes Kind« -

Karl. »Schenk mir was, ich habe kein Brot gessen gestern und heut.« Da gab ihm 's Kind das Geld -

Maria. Das für sein Frühstück sein sollte.

Karl. Da sagte der alte Mann -

Maria. Da nahm der alte Mann das Kind -

Karl. Bei der Hand, und sagte – und ward ein schöner glänzender Heiliger, und sagte: – »Liebes Kind« -

Maria. »Für deine Wohltätigkeit belohnt dich die Mutter Gottes durch mich: welchen Kranken du an rührst« -

Karl. »Mit der Hand« – es war die rechte, glaub ich.

Maria. Ja.

Karl. »Der wird gleich gesund.«

Maria. Da lief das Kind nach Haus und konnt für Freuden nichts reden.

Karl. Und fiel seiner Mutter um den Hals und weinte für Freuden -

Maria. Da rief die Mutter: »Wie ist mir!« und war – nun Karl!

Karl. Und war – und war –

Maria. Du gibst schon nicht acht! – und war gesund. Und das Kind kurierte König und Kaiser, und wurde so reich, daß es ein großes Kloster bauete.

Elisabeth. Ich kann nicht begreifen, wo mein Herr bleibt. Schon fünf Tag und Nächte, daß er weg ist, und er hoffte so bald seinen Streich auszuführen.

Maria. Mich ängstigt's lang. Wenn ich so einen Mann haben sollte, der sich immer Gefahren aussetzte, ich stürbe im ersten Jahr.

Elisabeth. Dafür dank ich Gott, daß er mich härter zusammengesetzt hat.

Karl. Aber muß dann der Vater ausreiten, wenn's so gefährlich ist?

Maria. Es ist sein guter Wille so.

Elisabeth. Wohl muß er, lieber Karl.

Karl. Warum?

Elisabeth. Weißt du noch, wie er das letztemal ausritt, da er dir Weck mitbrachte?

Karl. Bringt er mir wieder mit?

Elisabeth. Ich glaub wohl. Siehst du, da war ein Schneider von Stuttgart, der war ein trefflicher Bogenschütz, und hatte zu Köln auf'm Schießen das Beste gewonnen.

Karl. War's viel?

Elisabeth. Hundert Taler. Und darnach wollten sie's ihm nicht geben.

Maria. Gelt, das ist garstig, Karl?

Karl. Garstige Leut!

Elisabeth. Da kam der Schneider zu deinem Vater und bat ihn, er möchte ihm zu seinem Geld verhelfen. Und da ritt er aus und nahm den Kölnern ein paar Kaufleute weg, und plagte sie so lang, bis sie das Geld herausgaben. Wärst du nicht auch ausgeritten?

Karl. Nein! da muß man durch einen dicken, dicken Wald, sind Zigeuner und Hexen drin.

Elisabeth. Ist ein rechter Bursch, fürcht sich vor Hexen!

Maria. Du tust besser, Karl! leb du einmal auf deinem Schloß als ein frommer christlicher Ritter. Auf seinen eigenen Gütern findet man zum Wohltun Gelegenheit genug. Die rechtschaffensten Ritter begehen mehr Ungerechtigkeit als Gerechtigkeit auf ihren Zügen.

Elisabeth. Schwester, du weißt nicht, was du redst. Gebe nur Gott, daß unser Junge mit der Zeit braver wird, und dem Weislingen nicht nachschlägt, der so treulos an meinem Mann handelt.

Maria. Wir wollen nicht richten, Elisabeth. Mein Bruder ist sehr erbittert, du auch. Ich bin bei der ganzen Sache mehr Zuschauer, und kann billiger sein.

Elisabeth. Er ist nicht zu entschuldigen.

Maria. Was ich von ihm gehört, hat mich eingenommen. Erzählte nicht selbst dein Mann so viel Liebes und Gutes von ihm! Wie glücklich war ihre Jugend, als sie zusammen Edelknaben des Markgrafen waren!

Elisabeth. Das mag sein. Nur sag, was kann der Mensch je Gutes gehabt haben, der seinem besten treusten Freunde nachstellt, seine Dienste den Feinden meines Mannes verkauft, und unsern trefflichen Kaiser der uns so gnädig ist, mit falschen widrigen Vorstellungen einzunehmen sucht.

Karl. Der Vater! der Vater! Der Türner bläst 's Liedel: »Heisa, mach 's Tor auf.«

Elisabeth. Da kommt er mit Beute.

(Ein Reiter kommt.)

Reiter. Wir haben gejagt! wir haben gefangen! Gott grüß Euch, edle Frauen.

Elisabeth. Habt ihr den Weislingen?

Reiter. Ihn und drei Reiter.

Elisabeth. Wie ging's zu, daß ihr so lang ausbleibt?

Reiter. Wir lauerten auf ihn zwischen Nürnberg und Bamberg, er wollte nicht kommen, und wir wußten doch, er war auf dem Wege. Endlich kundschaften wir ihn aus: er war seitwärts gezogen, und saß geruhig beim Grafen auf dem Schwarzenberg.

Elisabeth. Den möchten sie auch gern meinem Mann feind haben.

Reiter. Ich sagt's gleich dem Herrn. Auf! und wir ritten in

Haslacher Wald. Und da war's kurios: wie wir so in die Nacht reiten, hüt just ein Schäfer da, und fallen fünf Wölf in die Herd und packten weidlich an. Da lachte unser Herr und sagte: »Glück zu, liebe Gesellen! Glück überall und uns auch!« Und es freuet' uns all das gute Zeichen. Indem so kommt der Weislingen hergeritten mit vier Knechten.

Maria. Das Herz zittert mir im Leibe.

Reiter. Ich und mein Kamerad, wie's der Herr befohlen hatte, nistelten uns an ihn, als wären wir zusammengewachsen, daß er sich nicht regen noch rühren konnte, und der Herr und der Hans fielen über die Knechte her und nahmen sie in Pflicht. Einer ist entwischt.

Elisabeth. Ich bin neugierig, ihn zu sehn. Kommen sie bald?

Reiter. Sie reiten das Tal herauf, in einer Viertelstund sind sie hier.

Maria. Er wird niedergeschlagen sein.

Reiter. Finster genug sieht er aus.

Maria. Sein Anblick wird mir im Herzen weh tun.

Elisabeth. Ah! – Ich will gleich das Essen zurecht machen. Hungrig werdet ihr doch alle sein.

Reiter. Rechtschaffen.

Elisabeth. Nimm den Kellerschlüssel und hol vom besten Wein! Sie haben ihn verdient. *(Ab.)*

Karl. Ich will mit, Tante.

Maria. Komm, Bursch. *(Ab.)*

Reiter. Der wird nicht sein Vater, sonst ging' er mit in Stall!

(Götz. Weislingen. Reitersknechte.)

Götz *(Helm und Schwert auf den Tisch legend)*. Schnallt mir den Harnisch auf, und gebt mir mein Wams. Die Bequemlichkeit wird mir wohl tun. Bruder Martin, du sagtest recht – Ihr habt uns in Atem erhalten, Weislingen.

Weislingen *(antwortet nichts, auf und ab gehend)*.

Götz. Seid gutes Muts. Kommt, entwaffnet Euch. Wo sind Eure Kleider? Ich hoffe, es soll nichts verlorengegangen sein. *(Zum Knecht.)* Frag seine Knechte, und öffnet das Gepäcke, und seht zu, daß nichts abhanden komme. Ich könnt Euch auch von den meinigen borgen.

Weislingen. Laßt mich so, es ist all eins.

Götz. Könnt Euch ein hübsches saubres Kleid geben, ist zwar nur leinen. Mir ist's zu eng worden. Ich hatt's auf der Hochzeit meines gnädigen Herrn des Pfalzgrafen an, eben damals, als Euer Bischof so giftig über mich wurde. Ich hatt' ihm, vierzehn Tag vorher, zwei Schiff auf dem Main niedergeworfen. Und ich geh mit Franzen von Sickingen im Wirtshaus zum Hirsch in Heidelberg die Trepp hinauf. Eh man noch ganz droben ist, ist ein Absatz und ein eisen Geländerlein, da stund der Bischof und gab Franzen die Hand, wie er vorbeiging, und gab sie mir auch, wie ich hintendrein kam. Ich lacht in meinem Herzen, und ging zum Landgrafen von Hanau, der mir gar ein lieber Herr war, und sagte: »Der Bischof hat mir die Hand geben, ich wett, er hat mich nicht gekannt.« Das hört' der Bischof, denn ich red't laut mit Fleiß, und kam zu uns trotzig – und sagte: »Wohl, weil ich Euch nicht kannt hab, gab ich Euch die Hand.« Da sagt ich: »Herre, ich merkt's wohl, daß Ihr mich nicht kanntet, und hiermit habt Ihr Eure Hand wieder.« Da ward das Männlein so rot am Hals wie ein Krebs vor Zorn und lief in die Stube zu Pfalzgraf Ludwig und dem Fürsten von Nassau und klagt's ihnen. Wir haben nachher uns oft was drüber zugute getan.

Weislingen. Ich wollt, Ihr ließt mich allein.

Götz. Warum das? Ich bitt Euch, seid aufgeräumt. Ihr seid in meiner Gewalt, und ich werd sie nicht mißbrauchen.

Weislingen. Dafür war mir's noch nicht bange. Das ist Eure Ritterpflicht.

Götz. Und Ihr wißt, daß die mir heilig ist.

Weislingen. Ich bin gefangen; das übrige ist eins.

Götz. Ihr solltet nicht so reden. Wenn Ihr's mit Fürsten zu tun hättet, und sie Euch in tiefen Turm an Ketten aufhingen, und der Wächter Euch den Schlaf wegpfeifen müßte!

(Die Knechte mit den Kleidern.)

Weislingen *(zieht sich aus und an).*

(Karl kommt.)

Karl. Guten Morgen, Vater!
Götz *(küßt ihn).* Guten Morgen, Junge. Wie habt ihr die Zeit gelebt?
Karl. Recht geschickt, Vater! Die Tante sagt: ich sei recht geschickt.
Götz. So!
Karl. Hast du mir was mitgebracht?
Götz. Diesmal nicht.
Karl. Ich hab viel gelernt.
Götz. Ei!
Karl. Soll ich dir vom frommen Kind erzählen?
Götz. Nach Tische.
Karl. Ich weiß noch was.

Götz. Was wird das sein?

Karl. Jagsthausen ist ein Dorf und Schloß an der Jagst, gehört seit zweihundert Jahren den Herrn von Berlichingen erb- und eigentümlich zu.

Götz. Kennst du den Herrn von Berlichingen?

Karl *(sieht ihn starr an)*.

Götz *(vor sich)*. Er kennt wohl vor lauter Gelehrsamkeit seinen Vater nicht. – Wem gehört Jagsthausen?

Karl. Jagsthausen ist ein Dorf und Schloß an der Jagst.

Götz. Das frag ich nicht. – Ich kannte alle Pfade, Weg und Furten, eh ich wußte, wie Fluß, Dorf und Burg hieß. – Die Mutter ist in der Küche?

Karl. Ja, Vater! Sie kocht weiße Rüben und ein Lammsbraten.

Götz. Weißt du's auch, Hans Küchenmeister?

Karl. Und für mich zum Nachtisch hat die Tante einen Apfel gebraten.

Götz. Kannst du sie nicht roh essen?

Karl. Schmeckt so besser.

Götz. Du mußt immer was Apartes haben. – Weislingen! ich bin gleich wieder bei Euch. Ich muß meine Frau doch sehn. Komm mit, Karl.

Karl. Wer ist der Mann?

Götz. Grüß ihn. Bitt ihn, er soll lustig sein.

Karl. Da, Mann! hast du eine Hand, sei lustig, das Essen ist bald fertig.

Weislingen *(hebt ihn in die Höh und küßt ihn)*. Glückliches Kind! das kein Übel kennt, als wenn die Suppe lang ausbleibt. Gott laß Euch viel Freud am Knaben erleben, Berlichingen.

Götz. Wo viel Licht ist, ist starker Schatten – doch wär mir's willkommen. Wollen sehn, was es gibt.

(Sie gehn.)

Weislingen. O daß ich aufwachte! und das alles wäre ein Traum! In Berlichingens Gewalt! von dem ich mich kaum losgearbeitet habe, dessen Andenken ich mied wie Feuer, den ich hoffte zu überwältigen! Und er – der alte treuherzige Götz! Heiliger Gott, was will, will aus dem allen werden? Rückgeführt, Adelbert, in den Saal! wo wir als Buben unsere Jagd trieben – da du ihn liebtest, an ihm hingst wie an deiner Seele. Wer kann ihm nahen und ihn hassen? Ach! ich bin so ganz nichts hier! Glückselige Zeiten, ihr seid vorbei, da noch der alte Berlichingen hier am Kamin saß, da wir um ihn durcheinander spielten und uns liebten wie die Engel. Wie wird sich der Bischof ängstigen, und meine Freunde. Ich weiß, das ganze Land nimmt teil an meinem Unfall. Was ist's! Können sie mir geben, wornach ich strebe?

Götz *(mit einer Flasche Wein und Becher).* Bis das Essen fertig wird, wollen wir eins trinken. Kommt, setzt Euch, tut, als wenn Ihr zu Hause wärt! Denkt, Ihr seid einmal wieder beim Götz. Haben doch lange nicht beisammengesessen, lang keine Flasche miteinander ausgestochen. *(Bringt's ihm.)* Ein fröhlich Herz!

Weislingen. Die Zeiten sind vorbei.

Götz. Behüte Gott! Zwar vergnügtere Tage werden wir wohl nicht wieder finden als an des Markgrafen Hof, da wir noch beisammenschliefen und miteinander umherzogen. Ich erinnere mich mit Freuden meiner Jugend. Wißt Ihr noch, wie ich mit dem Polacken Händel kriegte, dem ich sein gepicht und gekräuselt Haar von ungefähr mit dem Ärmel verwischt?

Weislingen. Es war bei Tische, und er stach nach Euch mit dem Messer.

Götz. Den schlug ich wacker aus dazumal, und darüber wurdet Ihr mit seinem Kameraden zu Unfried. Wir hielten immer redlich zusammen als gute brave Jungen, dafür erkennte uns auch jedermann. *(Schenkt ein und bringt's.)* Kastor und Pollux! Mir tat's immer im Herzen wohl, wenn uns der Markgraf so nannte.

Weislingen. Der Bischof von Würzburg hatte es aufgebracht.

Götz. Das war ein gelehrter Herr, und dabei so leutselig. Ich erinnere mich seiner, so lange ich lebe, wie er uns liebkoste, unsere Eintracht lobte und den Menschen glücklich pries, der ein Zwillingsbruder seines Freundes wäre.

Weislingen. Nichts mehr davon!

Götz. Warum nicht? Nach der Arbeit wüßt ich nichts Angenehmers, als mich des Vergangenen zu erinnern. Freilich, wenn ich wieder so bedenke, wie wir Liebs und Leids zusammen trugen, einander alles waren, und wie ich damals wähnte, so sollt's unser ganzes Leben sein! War das nicht all mein Trost wie mir diese Hand weggeschossen ward vor Landshut, und du mein pflegtest und mehr als Bruder für mich sorgtest? Ich hoffte, Adelbert wird künftig meine rechte Hand sein. Und nun -

Weislingen. Oh!

Götz. Wenn du mir damals gefolgt hättest, da ich dir anlag, mit nach Brabant zu ziehen, es wäre alles gut geblieben. Da hielt dich das unglückliche Hofleben und das Schlenzen und Scherwenzen mit den Weibern. Ich sagt es dir immer, wenn du dich mit den eiteln garstigen Vetteln abgabst und ihnen erzähltest von mißvergnügten Ehen, verführten Mädchen, der rauhen Haut einer Dritten, oder was sie sonst gerne hören: »Du wirst ein Spitzbub«, sagt ich, »Adelbert.«

Weislingen. Wozu soll das alles?

Götz. Wollte Gott, ich könnt's vergessen, oder es wär anders! Bist du nicht ebenso frei, so edel geboren als einer in Deutschland, unabhängig, nur dem Kaiser untertan, und du schmiegst dich unter Vasallen? Was hast du von dem Bischof? Weil er dein Nachbar ist? dich necken könnte? Hast du nicht Arme und Freunde, ihn wieder zu necken? Verkennst den Wert eines freien Rittersmanns, der nur abhängt von Gott, seinem Kaiser und sich selbst! Verkriechst dich zum ersten Hofschranzen eines eigensinnigen neidischen Pfaffen!

Weislingen. Laßt mich reden.

Götz. Was hast du zu sagen?

Weislingen. Du siehst die Fürsten an, wie der Wolf den Hirten. Und doch, darfst du sie schelten, daß sie ihrer Leut und Länder Bestes wahren? Sind sie denn einen Augenblick vor den ungerechten Rittern sicher, die ihre Untertanen auf allen Straßen anfallen, ihre Dörfer und Schlösser verheeren? Wenn nun auf der andern Seite unsers teuern Kaisers Länder der Gewalt des Erbfeindes ausgesetzt sind, er von den Ständen Hülfe begehrt, und sie sich kaum ihres Lebens erwehren: ist's nicht ein guter Geist, der ihnen einrät, auf Mittel zu denken, Deutschland zu beruhigen, Recht und Gerechtigkeit zu handhaben, um einen jeden, Großen und Kleinen, die Vorteile des Friedens genießen zu machen? Und uns verdenkst du's, Berlichingen, daß wir uns in ihren Schutz begeben, deren Hülfe uns nah ist, statt daß die entfernte Majestät sich selbst nicht beschützen kann.

Götz. Ja! ja! Ich versteh! Weislingen, wären die Fürsten, wie Ihr sie schildert, wir hätten alle, was wir begehren. Ruh und Frieden! Ich glaub's wohl! Den wünscht jeder Raubvogel, die Beute nach Bequemlichkeit zu verzehren. Wohlsein eines jeden! Daß sie sich nur darum graue Haare wachsen ließen! Und mit unserm Kaiser spielen sie auf eine unanständige Art. Er meint's gut und möcht gern bessern. Da kommt denn alle Tage ein neuer Pfannenflicker und meint so und so. Und weil der Herr geschwind etwas begreift, und nur reden darf, um tausend Hände in Bewegung zu setzen, so denkt er, es wär auch alles so geschwind und leicht ausgeführt. Nun ergehn Verordnungen über Verordnungen, und wird eine über die andere vergessen; und was den Fürsten in ihren Kram dient, da sind sie hinterher, und gloriieren von Ruh und Sicherheit des Reichs, bis sie die Kleinen unterm Fuß haben. Ich will darauf schwören, es dankt mancher in seinem Herzen Gott, daß der Türk dem Kaiser die Waage hält.

Weislingen. Ihr seht's von Eurer Seite.

Götz. Das tut jeder. Es ist die Frage, auf welcher Licht und Recht ist, und eure Gänge scheuen wenigstens den Tag.

Weislingen. Ihr dürft reden, ich bin der Gefangne.

Götz. Wenn Euer Gewissen rein ist, so seid Ihr frei. Aber wie war's um den Landfrieden? Ich weiß noch, als ein Bub von sechzehn Jahren war ich mit dem Markgrafen auf dem Reichstag. Was die Fürsten da für weite Mäuler machten, und die Geistlichen am ärgsten. Euer Bischof lärmte dem Kaiser die Ohren voll, als wenn ihm wunder wie! die Gerechtigkeit ans Herz gewachsen wäre; und jetzt wirft er mir selbst einen Buben nieder, zur Zeit da unsere Händel vertragen sind, ich an nichts Böses denke. Ist nicht alles zwischen uns geschlichtet? Was hat er mit dem Buben?

Weislingen. Es geschah ohne sein Wissen.

Götz. Warum gibt er ihn nicht wieder los?

Weislingen. Er hat sich nicht aufgeführt, wie er sollte.

Götz. Nicht wie er sollte? Bei meinem Eid, er hat getan, wie er sollte, so gewiß er mit Eurer und des Bischofs Kundschaft gefangen ist. Meint Ihr, ich komm erst heut auf die Welt, daß ich nicht sehen soll, wo alles hinaus will?

Weislingen. Ihr seid argwöhnisch und tut uns unrecht.

Götz. Weislingen, soll ich von der Leber weg reden? Ich bin euch ein Dorn in den Augen, so klein ich bin, und der Sickingen und Selbitz nicht weniger, weil wir fest entschlossen sind, zu sterben eh, als jemanden die Luft zu verdanken, außer Gott, und unsere Treu und Dienst zu leisten, als dem Kaiser. Da ziehen sie nun um mich herum, verschwärzen mich bei Ihro Majestät und ihren Freunden und meinen Nachbarn, und spionieren nach Vorteil über mich. Aus dem Wege wollen sie mich haben, wie's wäre. Darum nahmt ihr meinen Buben gefangen, weil ihr wußtet, ich hatt' ihn auf Kundschaft ausgeschickt; und darum tat er nicht, was er sollte, weil er mich nicht an euch verriet. Und du, Weislingen, bist ihr Werkzeug!

Weislingen. Berlichingen!

Götz. Kein Wort mehr davon! Ich bin ein Feind von Explikationen; man betriegt sich oder den andern, und meist beide.

Karl. Zu Tisch, Vater.

Götz. Fröhliche Botschaft! – Kommt! ich hoffe, meine Weibsleute sollen Euch munter machen. Ihr wart sonst ein Liebhaber, die Fräulein wußten von Euch zu erzählen. Kommt! *(Ab.)*

Im bischöflichen Palaste zu Bamberg. Der Speisesaal

Bischof von Bamberg. Abt von Fulda. Olearius. Liebetraut. Hofleute.

An Tafel. Der Nachtisch und die großen Pokale werden aufgetragen.

Bischof. Studieren jetzt viele Deutsche von Adel zu Bologna?

Olearius. Vom Adel- und Bürgerstande. Und ohne Ruhm zu melden, tragen sie das größte Lob davon. Man pflegt im Sprichwort auf der Akademie zu sagen: »So fleißig wie ein Deutscher von Adel.« Denn indem die Bürgerlichen einen rühmlichen Fleiß anwenden, durch Talente den Mangel der Geburt zu ersetzen, so bestreben sich jene, mit rühmlicher Wetteiferung, ihre angeborne Würde durch die glänzendsten Verdienste zu erhöhen.

Abt. Ei!

Liebetraut. Sag einer, was man, nicht erlebet. So fleißig wie ein Deutscher von Adel! Das hab ich mein Tage nicht gehört.

Olearius. Ja, sie sind die Bewunderung der ganzen Akademie. Es werden ehestens einige von den ältesten und geschicktesten als Doktores zurückkommen. Der Kaiser wird glücklich sein, die ersten Stellen damit besetzen zu können.

Bischof. Das kann nicht fehlen.

Abt. Kennen Sie nicht zum Exempel einen Junker? – Er ist aus Hessen -

Olearius. Es sind viel Hessen da.

Abt. Er heißt – er ist – Weiß es keiner von euch? – Seine Mutter war eine von – Oh! Sein Vater hatte nur *ein* Aug – und war Marschall.

Liebetraut. Von Wildenholz?

Abt. Recht – von Wildenholz.

Olearius. Den kenn ich wohl, ein junger Herr von vielen Fähigkeiten. Besonders rühmt man ihn wegen seiner Stärke im Disputieren.

Abt. Das hat er von seiner Mutter.

Liebetraut. Nur wollte sie ihr Mann niemals drum rühmen.

Bischof. Wie sagtet Ihr, daß der Kaiser hieß, der Euer »Corpus Juris« geschrieben hat?

Olearius. Justinianus.

Bischof. Ein trefflicher Herr! er soll leben!

Olearius. Sein Andenken!

(Sie trinken.)

Abt. Es mag ein schön Buch sein.

Olearius. Man möcht's wohl ein Buch aller Bücher nennen; eine Sammlung aller Gesetze; bei jedem Fall der Urteilsspruch bereit; und was ja noch abgängig oder dunkel wäre, ersetzen die Glossen, womit die gelehrtesten Männer das vortrefflichste Werk geschmückt haben.

Abt. Eine Sammlung aller Gesetze! Potz! Da müssen wohl auch die Zehn Gebote drin sein.

Olearius. Implicite wohl, nicht explicite.

Abt. Das mein ich auch, an und vor sich, ohne weitere Explikation.

Bischof. Und was das Schönste ist, so könnte, wie Ihr sagt, ein Reich in sicherster Ruhe und Frieden leben, wo es völlig eingeführt und recht gehandhabt würde.

Olearius. Ohne Frage.

Bischof. Alle Doctores Juris!

Olearius. Ich werd's zu rühmen wissen. *(Sie trinken.)* Wollte Gott, man spräche so in meinem Vaterlande!

Abt. Wo seid Ihr her, hochgelahrter Herr?

Olearius. Von Frankfurt am Main, Ihro Eminenz zu dienen.

Bischof. Steht ihr Herrn da nicht wohl angeschrieben? Wie kommt das?

Olearius. Sonderbar genug. Ich war da, meines Vaters Erbschaft abzuholen; der Pöbel hätte mich fast gesteinigt, wie er hörte, ich sei ein Jurist.

Abt. Behüte Gott!

Olearius. Aber das kommt daher: Der Schöppenstuhl, der in großem Ansehn weit umher steht, ist mit lauter Leuten besetzt, die der Römischen Rechte unkundig sind. Man glaubt, es sei genug, durch Alter und Erfahrung sich eine genaue Kenntnis des innern und äußern Zustandes der Stadt zu erwerben. So werden, nach altem Herkommen und wenigen Statuten, die Bürger und die Nachbarschaft gerichtet.

Abt. Das ist wohl gut.

Olearius. Aber lange nicht genug. Der Menschen Leben ist kurz, und in *einer* Generation kommen nicht alle Kasus vor. Eine Sammlung solcher Fälle von vielen Jahrhunderten ist unser Gesetzbuch. Und dann ist der Wille und die Meinung der Menschen schwankend; dem deucht heute das recht, was der andere morgen mißbilliget; und so ist Verwirrung und Ungerechtigkeit unvermeidlich. Das alles bestimmen die Gesetze; und die Gesetze sind unveränderlich.

Abt. Das ist freilich besser.

Olearius. Das erkennt der Pöbel nicht, der, so gierig er auf Neuigkeiten ist, das Neue höchst verabscheuet, das ihn aus seinem Gleise leiten will, und wenn er sich noch so sehr dadurch verbessert. Sie halten den Juristen so arg, als einen Verwirrer des Staats, einen Beutelschneider, und sind wie rasend, wenn einer dort sich niederzulassen gedenkt.

Liebetraut. Ihr seid von Frankfurt! Ich bin wohl da bekannt. Bei Kaiser Maximilians Krönung haben wir Euern Bräutigams was vorgeschmaust. Euer Name ist Olearius? Ich kenne so niemanden.

Olearius. Mein Vater hieß Öhlmann. Nur, den Mißstand auf dem Titel meiner lateinischen Schriften zu vermeiden, nenn ich mich, nach dem Beispiel und auf Anraten würdiger Rechtslehrer, Olearius.

Fulda.

Liebetraut. Ihr tatet wohl, daß Ihr Euch übersetztet. Ein Prophet gilt nichts in seinem Vaterlande, es hätt' Euch in Eurer Muttersprache auch so gehen können.
Olearius. Es war nicht darum.
Liebetraut. Alle Dinge haben ein paar Ursachen.
Abt. Ein Prophet gilt nichts in seinem Vaterlande!
Liebetraut. Wißt Ihr auch warum, hochwürdiger Herr?
Abt. Weil er da geboren und erzogen ist.
Liebetraut. Wohl! Das mag die *eine* Ursache sein. Die andere ist: Weil, bei einer näheren Bekanntschaft mit den Herrn, der Nimbus von Ehrwürdigkeit und Heiligkeit wegschwindet, den uns eine neblichte Ferne um sie herumlügt; und dann sind sie ganz kleine Stümpfchen Unschlitt.
Olearius. Es scheint, Ihr seid dazu bestellt, Wahrheiten zu sagen.
Liebetraut. Weil ich 's Herz dazu hab, so fehlt mir's nicht am Maul.
Olearius. Aber doch an Geschicklichkeit, sie wohl anzubringen.
Liebetraut. Schröpfköpfe sind wohl angebracht, wo sie ziehen.
Olearius. Bader erkennt man an der Schürze und nimmt in ihrem Amte ihnen nichts übel. Zur Vorsorge tätet Ihr wohl, wenn Ihr eine Schellenkappe trügt.

Liebetraut. Wo habt Ihr promoviert? Es ist nur zur Nachfrage, wenn mir einmal der Einfall käme, daß ich gleich vor die rechte Schmiede ginge.

Olearius. Ihr seid verwegen.

Liebetraut. Und Ihr sehr breit.

(Bischof und Abt lachen.)

Bischof. Von was anders! – Nicht so hitzig, ihr Herrn. Bei Tisch geht alles drein – Einen andern Diskurs, Liebetraut!

Liebetraut. Gegen Frankfurt liegt ein Ding über, heißt Sachsenhausen -

Olearius *(zum Bischof)*. Was spricht man vom Türkenzug, Ihro Fürstliche Gnaden?

Bischof. Der Kaiser hat nichts Angelegners, als vorerst das Reich zu beruhigen, die Fehden abzuschaffen und das Ansehn der Gerichte zu befestigen. Dann, sagt man, wird er persönlich gegen die Feinde des Reichs und der Christenheit ziehen. Jetzt machen ihm seine Privathändel noch zu tun, und das Reich ist, trotz ein vierzig Landfrieden, noch immer eine Mördergrube. Franken, Schwaben, der Oberrhein und die angrenzenden Länder werden von übermütigen und kühnen Rittern verheeret. Sickingen, Selbitz mit *einem* Fuß, Berlichingen mit der eisernen Hand spotten in diesen Gegenden des kaiserlichen Ansehens -

Abt. Ja, wenn Ihro Majestät nicht bald dazu tun, so stecken einen die Kerl am End in Sack.

Liebetraut. Das müßt ein Kerl sein, der das Weinfaß von Fuld in den Sack schieben wollte.

Bischof. Besonders ist der letzte seit vielen Jahren mein unversöhnlicher Feind, und molestiert mich unsäglich; aber es soll nicht lang mehr währen, hoff ich. Der Kaiser hält jetzt seinen Hof zu Augsburg. Wir haben unsere Maßregeln genommen, es kann uns nicht fehlen. – Herr Doktor, kennt Ihr Adelberten von Weislingen?

Olearius. Nein, Ihro Eminenz.

Bischof. Wenn Ihr die Ankunft dieses Mannes erwartet, werdet Ihr Euch freuen, den edelsten, verständigsten und angenehmsten Ritter in *einer* Person zu sehen.

Olearius. Es muß ein vortrefflicher Mann sein, der solche Lobeserhebungen aus solch einem Munde verdient.

Liebetraut. Er ist auf keiner Akademie gewesen.

Bischof. Das wissen wir. *(Die Bedienten laufen ans Fenster.)* Was gibt's?

Ein Bedienter. Eben reit Färber, Weislingens Knecht, zum Schloßtor herein.

Bischof. Seht, was er bringt, er wird ihn melden.

(Liebetraut geht. Sie stehn auf und trinken noch eins. – Liebetraut kommt zurück.)

Bischof. Was für Nachrichten?

Liebetraut. Ich wollt, es müßt sie Euch ein andrer sagen. Weislingen ist gefangen.

Bischof. Oh!

Liebetraut. Berlichingen hat ihn und drei Knechte bei Haslach weggenommen. Einer ist entronnen, Euch's anzusagen.

Abt. Eine Hiobspost.

Olearius. Es tut mir von Herzen leid.

Bischof. Ich will den Knecht sehn, bringt ihn herauf – Ich will ihn selbst sprechen. Bringt ihn in mein Kabinett. *(Ab.)*

Abt *(setzt sich).* Noch einen Schluck.

(Die Knechte schenken ein.)

Olearius. Belieben Ihro Hochwürden nicht eine kleine Promenade in den Garten zu machen? Post coenam stabis seu passus mille meabis.

Liebetraut. Wahrhaftig, das Sitzen ist Ihnen nicht gesund. Sie kriegen noch einen Schlagfluß.

Abt *(hebt sich auf).*

Liebetraut *(vor sich).* Wann ich ihn nur draußen hab, will ich ihm fürs Exerzitium sorgen.

(Gehn ab.)

Jagsthausen

Maria. Weislingen.

Maria. Ihr liebt mich, sagt Ihr. Ich glaub es gerne und hoffe, mit Euch glücklich zu sein und Euch glücklich zu machen.

Weislingen. Ich fühle nichts, als nur daß ich ganz dein bin. *(Er umarmt sie.)*

Maria. Ich bitte Euch, laßt mich. Einen Kuß hab ich Euch zum Gottespfennig erlaubt; Ihr scheint aber schon von dem Besitz nehmen zu wollen, was nur unter Bedingungen Euer ist.

Weislingen. Ihr seid zu streng, Maria! Unschuldige Liebe erfreut die Gottheit, statt sie zu beleidigen.

Maria. Es sei! Aber ich bin nicht dadurch erbaut. Man lehrte mich: Liebkosungen sein wie Ketten, stark durch ihre Verwandtschaft, und Mädchen, wenn sie liebten, sein schwächer als Simson nach Verlust seiner Locken.

Weislingen. Wer lehrte Euch das?

Maria. Die Äbtissin meines Klosters. Bis in mein sechzehntes Jahr war ich bei ihr, und nur mit Euch empfind ich das

Glück, das ich in ihrem Umgang genoß. Sie hatte geliebt und durfte reden. Sie hatte ein Herz voll Empfindung! Sie war eine vortreffliche Frau.

Weislingen. Da glich sie dir! *(Er nimmt ihre Hand.)* Wie wird mir's werden, wenn ich Euch verlassen soll!

Maria *(zieht ihre Hand zurück).* Ein bißchen eng, hoff ich, denn ich weiß, wie's mir sein wird. Aber Ihr sollt fort.

Weislingen. Ja, meine Teuerste, und ich will. Denn ich fühle, welche Seligkeiten ich mir durch dies Opfer erwerbe. Gesegnet sei dein Bruder, und der Tag, an dem er auszog, mich zu fangen!

Maria. Sein Herz war voll Hoffnung für ihn und dich. »Lebt wohl!« sagt' er beim Abschied, »ich will sehen, daß ich ihn wiederfinde.«

Weislingen. Er hat's. Wie wünscht ich, die Verwaltung meiner Güter und ihre Sicherheit nicht durch das leidige Hofleben so versäumt zu haben! Du könntest gleich die Meinige sein.

Maria. Auch der Aufschub hat seine Freuden.

Weislingen. Sage das nicht, Maria, ich muß sonst fürchten, du empfindest weniger stark als ich. Doch ich büße verdient; und welche Hoffnungen werden mich auf jedem Schritt begleiten! Ganz der Deine zu sein, nur in dir und dem Kreise von Guten zu leben, von der Welt entfernt, getrennt, alle Wonne zu genießen, die so zwei Herzen, einander gewähren! Was ist die Gnade des Fürsten, was der Beifall der Welt gegen diese einfache Glückseligkeit? Ich habe viel gehofft und gewünscht, das widerfährt mir über alles Hoffen und Wünschen.

(Götz kommt.)

Götz. Euer Knab ist wieder da. Er konnte vor Müdigkeit und Hunger kaum etwas vorbringen. Meine Frau gibt ihm zu essen. So viel hab ich verstanden: der Bischof will den Knaben nicht herausgeben, es sollen Kaiserliche Kommissarien ernannt und ein Tag ausgesetzt werden, wo die Sache dann verglichen werden mag. Dem sei, wie ihm wolle, Adelbert, Ihr seid frei; ich verlange weiter nichts als Eure Hand, daß Ihr ins künftige meinen Feinden weder öffentlich noch heimlich Vorschub tun wollt.

Weislingen. Hier faß ich Eure Hand. Laßt, von diesem Augenblick an, Freundschaft und Vertrauen, gleich einem ewigen Gesetz der Natur, unveränderlich unter uns sein! Erlaubt mir zugleich, diese Hand zu fassen *(er nimmt Mariens Hand)* und den Besitz des edelsten Fräuleins.

Götz. Darf ich ja für Euch sagen?

Maria. Wenn Ihr es mit mir sagt.

Götz. Es ist ein Glück, daß unsere Vorteile diesmal miteinander gehn. Du brauchst nicht rot zu werden. Deine Blicke sind Beweis genug. Ja denn, Weislingen! Gebt Euch die Hände, und so sprech ich Amen! – Mein Freund und Bruder! – Ich danke dir, Schwester! Du kannst mehr als Hanf spinnen. Du hast einen Faden gedreht, diesen Paradiesvogel zu fesseln. Du siehst nicht ganz frei, Adelbert! Was fehlt dir? Ich – bin ganz glücklich; was ich nur träumend hoffte, seh ich, und bin wie träumend. Ach! nun ist mein Traum aus. Mir war's heute nacht, ich gäb dir meine rechte eiserne Hand, und du hieltest mich so fest, daß sie aus den Armschienen ging wie abgebrochen. Ich erschrak und wachte drüber auf. Ich hätte nur fortträumen sollen, da würd ich gesehen haben, wie du mir eine neue lebendige Hand ansetztest – Du sollst mir jetzo fort, dein Schloß und deine Güter in vollkommenen Stand zu setzen. Der verdammte Hof hat dich beides versäumen machen. Ich muß meiner Frau rufen. Elisabeth!

Maria. Mein Bruder ist in voller Freude.

Weislingen. Und doch darf ich ihm den Rang streitig machen.

Götz. Du wirst anmutig wohnen.

Maria. Franken ist ein gesegnetes Land.

Weislingen. Und ich darf wohl sagen, mein Schloß liegt in der gesegnetsten und anmutigsten Gegend.

Götz. Das dürft Ihr, und ich will's behaupten. Hier fließt der Main, und allmählich hebt der Berg an, der, mit Äckern und Weinbergen bekleidet, von Euerm Schloß gekrönt wird, dann biegt sich der Fluß schnell um die Ecke hinter dem Felsen Eures Schlosses hin. Die Fenster des großen Saals gehen steil herab aufs Wasser, eine Aussicht viel Stunden weit.

(Elisabeth kommt.)

Elisabeth. Was schafft ihr?

Götz. Du sollst deine Hand auch dazu geben und sagen: »Gott segne euch!« Sie sind ein Paar.

Elisabeth. So geschwind!

Götz. Aber nicht unvermutet.

Elisabeth. Möget Ihr Euch so immer nach ihr sehnen als bisher, da ihr um sie warbt! Und dann! Möchtet Ihr so glücklich sein, als Ihr sie lieb behaltet!

Weislingen. Amen! Ich begehre kein Glück als unter diesem Titel.

Götz. Der Bräutigam, meine liebe Frau, tut eine kleine Reise; denn die große Veränderung zieht viel geringe nach sich. Er entfernt sich zuerst vom Bischöflichen Hof, um diese Freundschaft nach und nach erkalten zu lassen. Dann reißt er seine Güter eigennützigen Pachtern aus den Händen. Und – kommt, Schwester, komm, Elisabeth! Wir wollen ihn allein lassen. Sein Knab hat ohne Zweifel geheime Aufträge an ihn.

Weislingen. Nichts, als was Ihr wissen dürft.

Götz. Braucht's nicht. – Franken und Schwaben! Ihr seid nun verschwisterter als jemals. Wie wollen wir den Fürsten den Daumen auf dem Aug halten!

(Die drei gehn.)

Weislingen. Gott im Himmel! Konntest du mir Unwürdigem solch eine Seligkeit bereiten? Es ist zu viel für mein Herz. Wie ich von den elenden Menschen abhing, die ich zu beherrschen glaubte, von den Blicken des Fürsten, von dem ehrerbietigen Beifall umher! Götz, teurer Götz, du hast mich mir selbst wiedergegeben, und, Maria, du vollendest meine Sinnesänderung. Ich fühle mich so frei wie in heiterer Luft. Bamberg will ich nicht mehr sehen, will all die schändlichen Verbindungen durchschneiden, die mich unter mir selbst hielten. Mein Herz erweitert sich, hier ist kein beschwerliches Streben nach versagter Größe. So gewiß ist der allein glücklich und groß, der weder zu herrschen noch zu gehorchen braucht, um etwas zu sein!

(Franz tritt auf.)

Franz. Gott grüß Euch, gestrenger Herr! Ich bring Euch so viel Grüße, daß ich nicht weiß, wo anzufangen. Bamberg und zehn Meilen in die Runde entbieten Euch ein tausendfaches: Gott gruß Euch!

Weislingen. Willkommen, Franz! Was bringst du mehr?

Franz. Ihr steht in einem Andenken bei Hof und überall, daß es nicht zu sagen. ist.

Weislingen. Das wird nicht lange dauern.

Franz. So lang Ihr lebt! und nach Eurem Tod wird's heller blinken als die messingenen Buchstaben auf einem Grabstein. Wie man sich Euern Unfall zu Herzen nahm!

Weislingen. Was sagte der Bischof?

Franz. Er war so begierig zu wissen, daß er mit geschäftiger Geschwindigkeit der Fragen meine Antwort verhinderte. Er wußt es zwar schon; denn Färber, der von Haslach entrann, brachte ihm die Botschaft. Aber er wollte alles wissen. Er fragte so ängstlich, ob Ihr nicht versehrt wäret? Ich sagte: »Er ist ganz, von der äußersten Haarspitze bis zum Nagel des kleinen Zehs.«

Weislingen. Was sagte er zu den Vorschlägen?

Franz. Er wollte gleich alles herausgeben, den Knaben und noch Geld darauf, nur Euch zu befreien. Da er aber hörte, Ihr solltet ohne das loskommen und nur Euer Wort das Äquivalent gegen den. Buben sein, da wollte er absolut den Berlichingen vertagt haben. Er sagte mir hundert Sachen an Euch – ich hab sie wieder vergessen. Es war eine lange Predigt über die Worte: »Ich kann Weislingen nicht entbehren.«

Weislingen. Er wird's lernen müssen!

Franz. Wie meint Ihr? Er sagte: »Mach ihn eilen, es wartet alles auf ihn.«

Weislingen. Es kann warten. Ich gehe nicht nach Hof.

Franz. Nicht nach Hof? Herr! Wie kommt Euch das? Wenn Ihr wüßtet, was ich weiß. Wenn Ihr nur träumen könntet, was ich gesehen habe.

Weislingen. Wie wird dir's?

Franz. Nur von der bloßen Erinnerung komm ich außer mir. Bamberg ist nicht mehr Bamberg, ein Engel in Weibesgestalt macht es zum Vorhofe des Himmels.

Weislingen. Nichts weiter?

Franz. Ich will ein Pfaff werden, wenn Ihr sie sehet und nicht außer Euch kommt.

Weislingen. Wer ist's denn?

Franz. Adelheid von Walldorf.

Weislingen. Die! Ich habe viel von ihrer Schönheit gehört.

Franz. Gehört? Das ist eben, als wenn Ihr sagtet: »Ich hab die Musik gesehen.« Es ist der Zunge so wenig möglich, eine Linie ihrer Vollkommenheiten auszudrücken, da das Aug sogar in ihrer Gegenwart sich nicht selbst genug ist.

Weislingen. Du bist nicht gescheit.

Franz. Das kann wohl sein. Das letztemal, da ich sie sahe, hatte ich nicht mehr Sinne als ein Trunkener. Oder vielmehr, kann ich sagen, ich fühlte in dem Augenblick, wie's den Heiligen bei himmlischen Erscheinungen sein mag. Alle Sinne stärker, höher, vollkommener, und doch den Gebrauch von keinem.

Weislingen. Das ist seltsam.

Franz. Wie ich von dem Bischof Abschied nahm, saß sie bei ihm. Sie spielten Schach. Er war sehr gnädig, reichte mir seine Hand zu küssen, und sagte mir vieles, davon ich nichts vernahm. Denn ich sah seine Nachbarin, sie hatte ihr Auge aufs Brett geheftet, als wenn sie einem großen Streich nachsänne. Ein feiner lauernder Zug um Mund und Wange! Ich hätt' der elfenbeinerne König sein mögen. Adel und Freundlichkeit herrschten auf ihrer Stirn. Und das blendende Licht des Angesichts und des Busens, wie es von den finstern Haaren erhoben ward!

Weislingen. Du bist drüber gar zum Dichter geworden.

Franz. So fühl ich denn in dem Augenblick, was den Dichter macht, ein volles, ganz von *einer* Empfindung volles Herz! Wie der Bischof endigte und ich mich neigte, sah sie mich an und sagte: »Auch von mir einen Gruß unbekannterweise! Sag ihm, er mag ja bald kommen. Es warten neue Freunde auf ihn; er soll sie nicht verachten, wenn er schon an alten so reich ist.« – Ich wollte was antworten, aber der Paß vom Herzen nach der Zunge war versperrt, ich neigte mich. Ich hätte mein Vermögen gegeben, die Spitze ihres kleinen Fingers küssen zu dürfen! Wie ich so stund, warf der Bischof einen Bauern herunter, ich fuhr darnach und rührte im Aufheben den Saum ihres Kleides, das fuhr mir durch alle Glieder, und ich weiß nicht, wie ich zur Tür hinausgekommen bin.

Weislingen. Ist ihr Mann bei Hofe?

Franz. Sie ist schon vier Monat Witwe. Um sich zu zerstreuen, hält sie sich in Bamberg auf. Ihr werdet sie sehen. Wenn sie einen ansieht, ist's, als wenn man in der Frühlingssonne stünde.

Weislingen. Es würde eine schwächere Wirkung auf mich haben.

Franz. Ich höre, Ihr seid so gut als verheiratet.

Weislingen. Wollte, ich wär's. Meine sanfte Marie wird das Glück meines Lebens machen. Ihre süße Seele bildet sich in ihren blauen Augen. Und weiß wie ein Engel des Himmels, gebildet aus Unschuld und Liebe, leitet sie mein Herz zur Ruhe und Glückseligkeit. Pack zusammen! und dann auf mein Schloß! Ich will Bamberg nicht sehen, und wenn Sankt Veit in Person meiner begehrte. *(Geht ab.)*

Franz. Da sei Gott vor! Wollen das Beste hoffen! Maria ist liebreich und schön, und einem Gefangenen und Kranken kann ich's nicht übelnehmen, der sich in sie verliebt. In ihren Augen ist Trost, gesellschaftliche Melancholie. – Aber um dich, Adelheid, ist Leben, Feuer, Mut – Ich würde! – Ich bin ein Narr – dazu machte mich *ein* Blick von ihr. Mein Herr muß hin! Ich muß hin! Und da will ich mich wieder gescheit oder völlig rasend gaffen.

Zweiter Akt.

Bamberg. Ein Saal

Bischof, Adelheid spielen Schach.
Liebetraut mit einer Zither. Frauen,
Hofleute um ihn herum am Kamin.

Liebetraut *(spielt und singt).*

Mit Pfeilen und Bogen
Cupido geflogen,
Die Fackel in Brand,
Wollt mutilich kriegen
Und männilich siegen
Mit stürmender Hand.
Auf! Auf!
An! An!
Die Waffen erklirrten,
Die Flügelein schwirrten,
Die Augen entbrannt.

Da fand er die Busen
Ach leider so bloß,
Sie nahmen so willig
Ihn all auf den Schoß.
Er schüttet' die Pfeile
Zum Feuer hinein,
Sie herzten und drückten
Und wiegten ihn ein.
Hei ei o! Popeio!

Adelheid. Ihr seid nicht bei Eurem Spiele. Schach dem König!

Bischof. Es ist noch Auskunft.

Adelheid. Lange werdet Ihr's nicht mehr treiben. Schach dem König!

Liebetraut. Dies Spiel spielt ich nicht, wenn ich ein großer Herr wär, und verböt's am Hofe und im ganzen Land.

Adelheid. Es ist wahr, dies Spiel ist ein Probierstein des Gehirns.

Liebetraut. Nicht darum! Ich wollte lieber das Geheul der Totenglocke und ominöser Vögel, lieber das Gebell des knurrischen Hofhunds Gewissen, lieber wollt ich sie durch den tiefsten Schlaf hören, als von Laufern, Springern und andern Bestien das ewige: »Schach dem König!«

Bischof. Wem wird auch das einfallen!

Liebetraut. Einem zum Exempel, der schwach wäre und ein stark Gewissen hätte, wie denn das meistenteils beisammen ist. Sie nennen's ein königlich Spiel und sagen, es sei für einen König erfunden worden, der den Erfinder mit einem Meer von Überfluß belohnt habe. Wenn das wahr ist, so ist mir's, als wenn ich ihn sähe. Er war minorenn an Verstand oder an Jahren, unter der Vormundschaft seiner Mutter oder seiner Frau, hatte Milchhaare im Bart und Flachshaare um die Schläfe, er war so gefällig wie ein Weidenschößling und spielte gern Dame und mit den Damen, nicht aus Leidenschaft, behüte Gott! nur zum

Zeitvertreib. Sein Hofmeister, zu tätig, um ein Gelehrter, zu unlenksam, ein Weltmann zu sein, erfand das Spiel in usum Delphini, das so homogen mit Seiner Majestät war – und so ferner.

Adelheid. Matt! Ihr solltet die Lücken unsrer Geschichtsbücher ausfüllen, Liebetraut.

(Sie stehen auf.)

Liebetraut. Die Lücken unsrer Geschlechtsregister, das wäre profitabler. Seitdem die Verdienste unserer Vorfahren mit ihren Porträts zu einerlei Gebrauch dienen, die leeren Seiten nämlich unsrer Zimmer und unsers Charakters zu tapezieren; da wäre was zu verdienen.

Bischof. Er will nicht kommen, sagtet Ihr!

Adelheid. Ich bitt Euch, schlagt's Euch aus dem Sinn.

Bischof. Was das sein mag?

Liebetraut. Was? Die Ursachen lassen sich herunterbeten wie ein Rosenkranz. Er ist in eine Art von Zerknirschung gefallen, von der ich ihn leicht kurieren wollt.

Bischof. Tut das, reitet zu ihm.

Liebetraut. Meinen Auftrag!

Bischof. Er soll unumschränkt sein. Spare nichts, wenn du ihn zurückbringst.

Liebetraut. Darf ich Euch auch hineinmischen, gnädige Frau?

Adelheid. Mit Bescheidenheit.

Liebetraut. Das ist eine weitläufige Kommission.

Adelheid. Kennt Ihr mich so wenig, oder seid Ihr so jung, um nicht zu wissen, in welchem Ton Ihr mit Weislingen von mir zu reden habt?

Liebetraut. Im Ton einer Wachtelpfeife, denk ich.

Adelheid. Ihr werdet nie gescheit werden!

Liebetraut. Wird man das, gnädige Frau?

Bischof. Geht, geht. Nehmt das beste Pferd aus meinem Stall, wählt Euch Knechte, und schafft mir ihn her!

Liebetraut. Wenn ich ihn nicht herbanne, so sagt: ein altes

Weib, das Warzen und Sommerflecken vertreibt, verstehe mehr von der Sympathie als ich.

Bischof. Was wird das helfen! Berlichingen hat ihn ganz eingenommen. Wenn er herkommt, wird er wieder fort wollen.

Liebetraut. Wollen, das ist keine Frage, aber ob er kann. Der Händedruck eines Fürsten, und das Lächeln einer schönen Frau! Da reißt sich kein Weisling los. Ich eile und empfehle mich zu Gnaden.

Bischof. Reist wohl.

Adelheid. Adieu.

(Er geht.)

Bischof. Wenn er einmal hier ist, verlaß ich mich auf Euch.

Adelheid. Wollt Ihr mich zur Leimstange brauchen?

Bischof. Nicht doch.

Adelheid. Zum Lockvogel denn?

Bischof. Nein, den spielt Liebetraut. Ich bitt Euch, versagt mir nicht, was mir sonst niemand gewähren kann.

Adelheid. Wollen sehn.

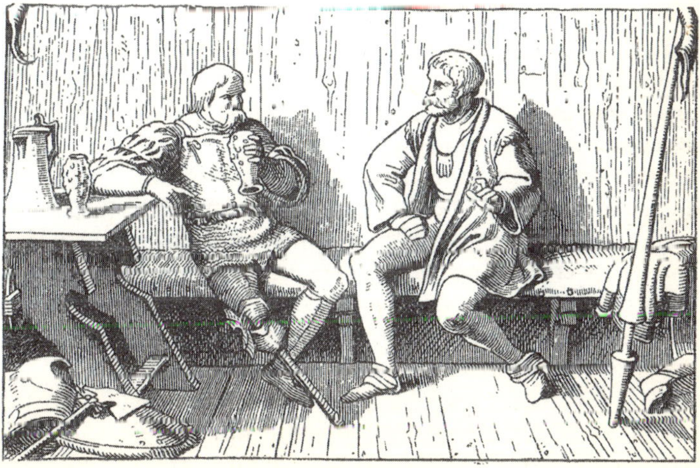

Jagsthausen

Hans von Selbitz. Götz.

Selbitz. Jedermann wird Euch loben, daß Ihr denen von Nürnberg Fehd angekündigt habt.
Götz. Es hätte mir das Herz abgefressen, wenn ich's ihnen hätte lang schuldig bleiben sollen. Es ist am Tag, sie haben den Bambergern meinen Buben verraten. Sie sollen an mich denken!
Selbitz. Sie haben einen alten Groll gegen Euch.
Götz. Und ich wider sie; mir ist gar recht, daß sie angefangen haben.
Selbitz. Die Reichsstädte und Pfaffen halten doch von jeher zusammen.
Götz. Sie haben's Ursach.
Selbitz. Wir wollen ihnen die Hölle heiß machen.
Götz. Ich zählte auf Euch. Wollte Gott, der Burgemeister von Nürnberg, mit der güldenen Kett um den Hals, käm uns in Wurf, er sollt sich mit all seinem Witz verwundern.
Selbitz. Ich höre, Weislingen ist wieder auf Eurer Seite. Tritt er zu uns?
Götz. Noch nicht; es hat seine Ursachen, warum er uns noch nicht öffentlich Vorschub tun darf; doch ist's eine Weile genug, daß er nicht wider uns ist. Der Pfaff ist ohne ihn, was das Meßgewand ohne den Pfaffen.
Selbitz. Wann ziehen wir aus?
Götz. Morgen oder übermorgen. Es kommen nun bald Kaufleute von Bamberg und Nürnberg aus der Frankfurter Messe. Wir werden einen guten Fang tun.
Selbitz. Will's Gott. *(Ab.)*

Bamberg. Zimmer der Adelheid

Adelheid. Kammerfräulein.

Adelheid. Er ist da! sagst du. Ich glaub es kaum.

Fräulein. Wenn ich ihn nicht selbst gesehn hätte, würd ich sagen, ich zweifle.

Adelheid. Den Liebetraut mag der Bischof in Gold einfassen: er hat ein Meisterstück gemacht.

Fräulein. Ich sah ihn, wie er zum Schloß hereinreiten wollte, er saß auf einem Schimmel. Das Pferd scheute, wie's an die Brücke kam, und wollte nicht von der Stelle. Das Volk war aus allen Straßen gelaufen, ihn zu sehn. Sie freuten sich über des Pferds Unart. Von allen Seiten ward er gegrüßt, und er dankte allen. Mit einer angenehmen Gleichgültigkeit saß er droben, und mit Schmeicheln und Drohen bracht er es endlich zum Tor herein, der Liebetraut mit, und wenig Knechte.

Adelheid. Wie gefällt er dir?

Fräulein. Wie mir nicht leicht ein Mann gefallen hat. Er glich dem Kaiser hier *(deutet auf Maximilians Porträt)*, als wenn er sein Sohn wäre. Die Nase nur etwas kleiner, ebenso freundliche lichtbraune Augen, ebenso ein blondes schönes Haar, und gewachsen wie eine Puppe. Ein halb trauriger Zug auf seinem Gesicht – ich weiß nicht – gefiel mir so wohl!

Adelheid. Ich bin neugierig, ihn zu sehen.

Fräulein. Das wär ein Herr für Euch.

Adelheid. Närrin!

Fräulein. Kinder und Narren -

(Liebetraut kommt.)

Liebetraut. Nun, gnädige Frau, was verdien ich?

Adelheid. Hörner von deinem Weibe. Denn nach dem zu rechnen, habt Ihr schon manches Nachbars ehrliches Hausweib aus ihrer Pflicht hinausgeschwatzt.

Liebetraut. Nicht doch, gnädige Frau! Auf ihre Pflicht, wollt Ihr sagen; denn wenn's ja geschah, schwatzt ich sie auf ihres Mannes Bette.

Adelheid. Wie habt Ihr's gemacht, ihn herzubringen?

Liebetraut. Ihr wißt zu gut, wie man Schnepfen fängt; soll ich Euch meine Kunststückchen noch dazu lehren? – Erst tat ich, als wüßt ich nichts, verstünd nichts von seiner Aufführung, und setzt ihn dadurch in den Nachteil, die ganze Historie zu erzählen. Die sah ich nun gleich von einer ganz andern Seite an als er, konnte nicht finden – nicht einsehen – und so weiter. Dann redete ich von Bamberg allerlei durcheinander, Großes und Kleines, erweckte gewisse alte Erinnerungen, und wie ich seine Einbildungskraft beschäftigt hatte, knüpfte ich wirklich eine Menge Fädchen wieder an, die ich zerrissen fand. Er wußte nicht, wie ihm geschah, fühlte einen neuen Zug nach Bamberg, er wollte – ohne zu wollen. Wie er nun in sein Herz ging und das zu entwickeln suchte, und viel zu sehr mit sich beschäftigt war, um auf sich achtzugeben, warf ich ihm ein Seil um den Hals, aus drei mächtigen Stricken, Weiber-, Fürstengunst und Schmeichelei, gedreht, und so hab ich ihn hergeschleppt.

Adelheid. Was sagtet Ihr von mir?

Liebetraut. Die lautre Wahrheit. Ihr hättet wegen Eurer Güter Verdrießlichkeiten – hättet gehofft, da er beim Kaiser so viel gelte, werde er das leicht enden können.

Adelheid. Wohl.

Liebetraut. Der Bischof wird ihn Euch bringen.

Adelheid. Ich erwarte sie. *(Liebetraut ab.)* Mit einem Herzen, wie ich selten Besuch erwarte.

Im Spessart

Berlichingen. Selbitz. Georg als Reitersknecht.

Götz. Du hast ihn nicht angetroffen, Georg!

Georg. Er war tags vorher mit Liebetraut nach Bamberg geritten und zwei Knechte mit.

Götz. Ich seh nicht ein, was das geben soll.

Selbitz. Ich wohl. Eure Versöhnung war ein wenig zu schnell, als daß sie dauerhaft hätte sein sollen. Der Liebetraut ist ein pfiffiger Kerl; von dem hat er sich beschwätzen lassen.

Götz. Glaubst du, daß er bundbrüchig werden wird?

Selbitz. Der erste Schritt ist getan.

Götz. Ich glaub's nicht. Wer weiß, wie nötig es war, an Hof zu gehen; man ist ihm noch schuldig; wir wollen das Beste hoffen.

Selbitz. Wollte Gott, er verdient' es und täte das Beste!

Götz. Mir fällt eine List ein. Wir wollen Georgen des Bamberger Reiters erbeuteten Kittel anziehen und ihm das Geleitzeichen geben; er mag nach Bamberg reiten und sehen, wie's steht.

Georg. Da hab ich lange drauf gehofft.

Götz. Es ist dein erster Ritt. Sei vorsichtig, Knabe! Mir wäre leid, wenn dir ein Unfall begegnen sollt.

Georg. Laßt nur, mich irrt's nicht, wenn noch so viel um mich herumkrabbeln, mir ist's, als wenn's Ratten und Mäuse wären. *(Ab.)*

Bamberg

Bischof. Weislingen.

Bischof. Du willst dich nicht länger halten lassen!

Weislingen. Ihr werdet nicht verlangen, daß ich meinen Eid brechen soll.

Bischof. Ich hatte verlangen konnen, du solltest ihn nicht schwören. Was für ein Geist regierte dich? Konnt ich dich ohne das nicht befreien? Gelt ich so wenig am Kaiserlichen Hofe?

Weislingen. Es ist geschehen; verzeiht mir, wenn Ihr könnt.

Bischof. Ich begreif nicht, was nur im geringsten dich nötigte, den Schritt zu tun! Mir zu entsagen? Waren denn nicht hundert andere Bedingungen, loszukommen? Haben wir nicht seinen Buben? Hätt ich nicht Gelds genug gegeben und ihn wieder beruhigt? Unsere Anschläge auf ihn und seine Gesellen wären fortgegangen – Ach ich denke nicht, daß ich mit seinem Freunde rede, der nun wider mich arbeitet und die Minen leicht entkräften kann, die er selbst gegraben hat.

Weislingen. Gnädiger Herr!

Bischof. Und doch – wenn ich wieder dein Angesicht sehe, deine Stimme höre. Es ist nicht möglich, nicht möglich.

Weislingen. Lebt wohl, gnädiger Herr.

Bischof. Ich gebe dir meinen Segen. Sonst, wenn du gingst, sagt ich: »Auf Wiedersehn!« Jetzt – Wollte Gott, wir sähen einander nie wieder!

Weislingen. Es kann sich vieles ändern.

Bischof. Vielleicht seh ich dich noch einmal, als Feind vor meinen Mauern, die Felder verheeren, die ihren blühenden Zustand dir jetzo danken.

Weislingen. Nein, gnädiger Herr.

Bischof. Du kannst nicht nein sagen. Die weltlichen Stände, meine Nachbarn, haben alle einen Zahn auf mich. Solang ich dich hatte – Geht, Weislingen! Ich habe Euch nichts mehr zu sagen. Ihr habt vieles zunichte gemacht. Geht!

Weislingen. Und ich weiß nicht, was ich sagen soll.

(Bischof ab. – Franz tritt auf.)

Franz. Adelheid erwartet Euch. Sie ist nicht wohl. Und doch will sie Euch ohne Abschied nicht lassen.

Weislingen. Komm.

Franz. Gehn wir denn gewiß?

Weislingen. Noch diesen Abend. -

Franz. Mir ist, als wenn ich aus der Welt sollte.

Weislingen. Mir auch, und noch darzu, als wüßt ich nicht wohin.

Adelheidens Zimmer

Adelheid. Fräulein.

Fräulein. Ihr seht blaß, gnädige Frau.
Adelheid. – Ich lieb ihn nicht, und wollte doch, daß er bliebe. Siehst du, ich könnte mit ihm leben, ob ich ihn gleich nicht zum Manne haben möchte.
Fräulein. Glaubt Ihr, er geht?
Adelheid. Er ist zum Bischof, um Lebewohl zu sagen.
Fräulein. Er hat darnach noch einen schweren Stand.
Adelheid. Wie meinst du?
Fräulein. Was fragt Ihr, gnädige Frau? Ihr habt sein Herz geangelt, und wenn er sich losreißen will, verblutet er.

(Adelheid. Weislingen.)

Weislingen. Ihr seid nicht wohl, gnädige Frau?
Adelheid. Das kann Euch einerlei sein. Ihr verlaßt uns, verlaßt uns auf immer. Was fragt Ihr, ob wir leben oder sterben.
Weislingen. Ihr verkennt mich.
Adelheid. Ich nehme Euch, wie Ihr Euch gebt.
Weislingen. Das Ansehn trügt.
Adelheid. So seid Ihr ein Chamäleon?
Weislingen. Wenn Ihr mein Herz sehen könntet!
Adelheid. Schöne Sachen würden mir vor die Augen kommen.
Weislingen. Gewiß! Ihr würdet Euer Bild drin finden.
Adelheid. In irgendeinem Winkel bei den Porträten ausgestorbener Familien. Ich bitt Euch, Weislingen, bedenkt, Ihr redet mit mir. Falsche Worte gelten zum höchsten, wenn sie Masken unserer Taten sind. Ein Vermummter, der kenntlich ist, spielt eine armselige Rolle. Ihr leugnet Eure Handlungen nicht und redet das Gegenteil; was soll man von Euch halten?
Weislingen. Was Ihr wollt. Ich bin so geplagt mit dem, was ich bin, daß mir wenig bang ist, für was man mich nehmen mag.

Adelheid. Ihr kommt, um Abschied zu nehmen.

Weislingen. Erlaubt mir, Eure Hand zu küssen, und ich will sagen. Lebt wohl. Ihr erinnert mich! Ich bedachte nicht – Ich bin beschwerlich, gnädige Frau.

Adelheid. Ihr legt's falsch aus: ich wollte Euch forthelfen; denn Ihr wollt fort.

Weislingen. O sagt: ich muß. Zöge mich nicht die Ritterpflicht, der heilige Handschlag -

Adelheid. Geht! Geht! Erzählt das Mädchen, die den »Theuerdank« lesen und sich so einen Mann wünschen. Ritterpflicht! Kinderspiel!

Weislingen. Ihr denkt nicht so.

Adelheid. Bei meinem Eid, Ihr verstellt Euch! Was habt Ihr versprochen? Und wem? Einem Mann, der seine Pflicht gegen den Kaiser und das Reich verkennt, in eben dem Augenblick Pflicht zu leisten, da er durch Eure Gefangennehmung in die Strafe der Acht verfällt. Pflicht zu leisten! die nicht gültiger sein kann als ungerechter gezwungener Eid. Entbinden nicht unsere Gesetze von solchen Schwüren? Macht das Kindern weis, die den Rübezahl glauben. Es stecken andere Sachen dahinter. Ein Feind des Reichs zu werden, ein Feind der bürgerlichen Ruh und Glückseligkeit! Ein Feind des Kaisers! Geselle eines Räubers! du, Weislingen, mit deiner sanften Seele!

Weislingen. Wenn Ihr ihn kenntet -

Adelheid. Ich wollt ihm Gerechtigkeit widerfahren lassen. Er hat eine hohe unbändige Seele. Eben darum wehe dir, Weislingen! Geh und bilde dir ein, Geselle von ihm zu sein. Geh! und laß dich beherrschen. Du bist freundlich, gefällig -

Weislingen. Er ist's auch.

Adelheid. Aber du bist nachgebend und er nicht! Unversehens wird er dich wegreißen, du wirst ein Sklave eines Edelmanns werden, da du Herr von Fürsten sein könntest. – Doch es ist Unbarmherzigkeit, dir deinen zukünftigen Stand zu verleiden.

Weislingen. Hättest du gefühlt, wie liebreich er mir begegnete.

Adelheid. Liebreich! Das rechnest du ihm an? Es war seine Schuldigkeit; und was hättest du verloren, wenn er widerwärtig gewesen wäre? Mir hätte das willkommner sein sollen. Ein übermütiger Mensch wie der -

Weislingen. Ihr redet von Euerm Feind.

Adelheid. Ich redete für Eure Freiheit – Und weiß überhaupt nicht, was ich vor einen Anteil dran nehme. Lebt wohl.

Weislingen. Erlaubt noch einen Augenblick. *(Er nimmt ihre Hand und schweigt.)*

Adelheid. Habt Ihr mir noch was zu sagen?

Weislingen. – – Ich muß fort.

Adelheid. So geht.

Weislingen. Gnädige Frau! – Ich kann nicht.

Adelheid. Ihr müßt.

Weislingen. Soll das Euer letzter Blick sein?

Adelheid. Geht, ich bin krank, sehr zur ungelegnen Zeit.

Weislingen. Seht mich nicht so an.

Adelheid. Willst du unser Feind sein, und wir sollen dir lächeln? Geh!

Weislingen. Adelheid!

Adelheid. Ich hasse Euch!

(Franz kommt.)

Franz. Gnädiger Herr! Der Bischof läßt Euch rufen.

Adelheid. Geht! Geht!

Franz. Er bittet Euch, eilend zu kommen.

Adelheid. Geht! Geht!

Weislingen. Ich nehme nicht Abschied, ich sehe Euch wieder! *(Ab.)*

Adelheid. Mich wieder? Wir wollen dafür sein. Margarete, wenn er kommt, weis ihn ab. Ich bin krank, habe Kopfweh, ich schlafe – Weis ihn ab. Wenn er noch zu gewinnen ist, so ist's auf diesem Wege. *(Ab.)*

Vorzimmer

Weislingen. Franz.

Weislingen. Sie will mich nicht sehn?
Franz. Es wird Nacht, soll ich die Pferde satteln?
Weislingen. Sie will mich nicht sehn?
Franz. Wann befehlen Ihro Gnaden die Pferde?
Weislingen. Es ist zu spät! Wir bleiben hier.
Franz. Gott sei Dank! *(Ab.)*
Weislingen. Du bleibst! Sei auf, deiner Hut, die Versuchung ist groß. Mein Pferd scheute, wie ich zum Schloßtor herein wollte, mein guter Geist stellte sich ihm entgegen, er kannte die Gefahren, die mein hier warteten. – Doch ist's nicht recht, die vielen Geschäfte, die ich dem Bischof unvollendet liegen ließ, nicht wenigstens so zu ordnen, daß ein Nachfolger da anfangen kann, wo ich's gelassen habe. Das kann ich doch alles tun, unbeschadet Berlichingen und unserer Verbindung. Denn halten sollen sie mich hier nicht. – Wäre doch besser gewesen, wenn ich nicht gekommen wäre. Aber ich will fort – morgen oder übermorgen. *(Geht ab.)*

Im Spessart

Götz. Selbitz. Georg.

Selbitz. Ihr seht, es ist gegangen, wie ich gesagt habe.

Götz. Nein! Nein! Nein!

Georg. Glaubt, ich berichte Euch mit der Wahrheit. Ich tat, wie Ihr befahlt, nahm den Kittel des Bambergischen und sein Zeichen, und damit ich doch mein Essen und Trinken verdiente, geleitete ich Reineckische Bauern hinauf nach Bamberg.

Selbitz. In der Verkappung? Das hätte dir übel geraten können.

Georg. So denk ich auch hintendrein. Ein Reitersmann, der das voraus denkt, wird keine weiten Sprünge machen. Ich kam nach Bamberg, und gleich im Wirtshaus hörte ich erzählen: Weislingen und der Bischof seien ausgesöhnt, und man redte viel von einer Heirat mit der Witwe des von Walldorf.

Götz. Gespräche.

Georg. Ich sah ihn, wie er sie zur Tafel führte. Sie ist schön, bei meinem Eid, sie ist schön. Wir bückten uns alle, sie dankte uns allen, er nickte mit dem Kopf, sah sehr vergnügt, sie gingen vorbei, und das Volk murmelte: »Ein schönes Paar!«

Götz. Das kann sein.

Georg. Hört weiter. Da er des andern Tags in die Messe ging, paßt ich meine Zeit ab. Er war allein mit einem Knaben. Ich stund unten an der Treppe und sagte leise zu ihm: »Ein paar Worte von Euerm Berlichingen.« Er ward bestürzt; ich sahe das Geständnis seines Lasters in seinem Gesicht, er hatte kaum das Herz, mich anzusehen, mich, einen schlechten Reitersjungen.

Selbitz. Das macht, sein Gewissen war schlechter als dein Stand.

Georg. »Du bist Bambergisch?« sagt' er. – »Ich bring einen Gruß vom Ritter Berlichingen«, sagt ich, »und soll fragen -« – »Komm morgen früh«, sagt' er, »an mein Zimmer, wir wollen weiterreden.«

Götz. Kamst du?

Georg. Wohl kam ich, und mußt im Vorsaal stehn, lang, lang. Und die seidnen Buben beguckten mich von vorn und hinten. Ich dachte, guckt ihr – Endlich führte man mich hinein, er schien böse, mir war's einerlei. Ich trat zu ihm und legte meine Kommission ab. Er tat feindlich böse, wie einer, der kein Herz hat und 's nit will merken lassen. Er verwunderte sich, daß Ihr ihn durch einen Reitersjungen zur Rede setzen ließt. Das verdroß mich. Ich sagte, es gäbe nur zweierlei Leut, brave und Schurken, und ich diente Götzen von Berlichingen. Nun fing er an, schwatzte allerlei verkehrtes Zeug, das darauf hinausging: Ihr hättet ihn übereilt, er sei Euch keine Pflicht schuldig und wolle nichts mit Euch zu tun haben.

Götz. Hast du das aus seinem Munde?

Georg. Das und noch mehr – Er drohte mir -

Götz. Es ist genug! Der wäre nun auch verloren! Treu und Glaube, du hast mich wieder betrogen. Arme Marie! Wie werd ich dir's beibringen!

Selbitz. Ich wollte lieber mein ander Bein dazu verlieren, als so ein Hundsfott sein. *(Ab.)*

Bamberg

Adelheid. Weislingen.

Adelheid. Die Zeit fängt mir an unerträglich lang zu werden; reden mag ich nicht, und ich schäme mich, mit Euch zu spielen. Langeweile, du bist ärger als ein kaltes Fieber.

Weislingen. Seid Ihr mich schon müde?

Adelheid. Euch nicht sowohl als Euern Umgang. Ich wollte, Ihr wärt, wo Ihr hinwolltet, und wir hätten Euch nicht gehalten.

Weislingen. Das ist Weibergunst! Erst brütet sie, mit Mutterwärme, unsere liebsten Hoffnungen an; dann, gleich einer unbeständigen Henne, verläßt sie das Nest und übergibt ihre schon keimende Nachkommenschaft dem Tode und der Verwesung.

Adelheid. Scheltet die Weiber! Der unbesonnene Spieler zerbeißt und zerstampft die Karten, die ihn unschuldigerweise verlieren machten. Aber laßt mich Euch was von Mannsleuten erzählen. Was seid denn ihr, um von Wankelmut zu sprechen? Ihr, die ihr selten seid, was ihr sein wollt, niemals, was ihr sein solltet. Könige im Festtagsornat, vom Pöbel beneidet. Was gäb eine Schneidersfrau drum, eine Schnur Perlen um ihren Hals zu haben, von dem Saum eures Kleids, den eure Absätze verächtlich zurückstoßen!

Weislingen. Ihr seid bitter.

Adelheid. Es ist die Antistrophe von Eurem Gesang. Eh ich Euch kannte, Weislingen, ging mir's wie der Schneidersfrau. Der Ruf, hundertzüngig, ohne Metapher gesprochen, hatte Euch so zahnarztmäßig herausgestrichen, daß ich mich überreden ließ zu wünschen: möchtest du doch diese Quintessenz des männlichen Geschlechts, den Phönix Weislingen zu Gesicht kriegen! Ich ward meines Wunsches gewährt.

Weislingen. Und der Phönix präsentierte sich als ein ordinärer Haushahn.

Adelheid. Nein, Weislingen, ich nahm Anteil an Euch.

Weislingen. Es schien so -

Adelheid. Und war. Denn wirklich, ihr übertraft Euern Ruf. Die Menge schätzt nur den Widerschein des Verdienstes. Wie mir's denn nun geht, daß ich über die Leute nicht denken mag, denen ich wohlwill; so lebten wir eine Zeitlang nebeneinander, es fehlte mir was, und ich wußte nicht, was ich an Euch vermißte. Endlich gingen mir die Augen auf. Ich sah statt des aktiven Mannes, der die Geschäfte eines Fürstentums belebte, der sich und seinen Ruhm dabei nicht vergaß, der auf hundert großen Unternehmungen, wie auf übereinander gewälzten Bergen, zu den Wolken hinaufgestiegen war: den sah ich auf einmal, jammernd wie einen kranken Poeten, melancholisch wie ein gesundes Mädchen und müßiger als einen alten Junggesellen. Anfangs schrieb ich's Euerm Unfall zu, der Euch noch neu auf dem Herzen lag, und entschuldigte Euch, so gut ich konnte. Jetzt, da es von Tag zu Tage schlimmer mit Euch zu werden scheint, müßt Ihr mir verzeihen, wenn ich Euch meine Gunst entreiße. Ihr besitzt sie ohne Recht, ich schenkte sie einem andern auf Lebenslang, der sie Euch nicht übertragen konnte.

Weislingen. So laßt mich los.

Adelheid. Nicht, bis alle Hoffnung verloren ist. Die Einsamkeit ist in diesen Umständen gefährlich. – Armer Mensch! Ihr seid so mißmütig, wie einer, dem sein erstes Mädchen untreu wird, und eben darum geb ich Euch nicht auf. Gebt mir die Hand, verzeiht mir, was ich aus Liebe gesagt habe.

Weislingen. Könntest du mich lieben, könntest du meiner heißen Leidenschaft einen Tropfen Linderung gewähren! Adelheid! deine Vorwürfe sind höchst ungerecht. Könntest du den hundertsten Teil ahnen von dem, was die Zeit her in mir arbeitet, du würdest mich nicht mit Gefälligkeit, Gleichgültigkeit und Verachtung so unbarmherzig hin und her zerrissen haben – Du lächelst! – Nach dem übereilten Schritt wieder mit mir selbst einig zu werden, kostete mehr als einen Tag. Wider den Menschen zu arbeiten, dessen Andenken so lebhaft neu in Liebe bei mir ist.

Adelheid. Wunderlicher Mann, der du den lieben kannst, den du beneidest! Das ist, als wenn ich meinem Feinde Proviant zuführte.

Weislingen. Ich fühl's wohl, es gilt hier, kein Säumen. Er ist berichtet, daß ich wieder Weislingen bin, und er wird sich seines Vorteils über uns ersehen. Auch, Adelheid, sind wir nicht so träg, als du meinst. Unsere Reiter sind verstärkt und wachsam, unsere Unterhandlungen gehen fort, und der Reichstag zu Augsburg soll hoffentlich unsere Projekte zur Reife bringen.

Adelheid. Ihr geht hin?

Weislingen. Wenn ich *eine* Hoffnung mitnehmen könnte! *(Küßt ihre Hand.)*

Adelheid. O ihr Ungläubigen! Immer Zeichen und Wunder! Geh, Weislingen, und vollende das Werk. Der Vorteil des Bischofs, der deinige, der meinige, sie sind so verwebt, daß, wäre es auch nur der Politik wegen -

Weislingen. Du kannst scherzen.

Adelheid. Ich scherze nicht. Meine Güter hat der stolze Herzog inne, die deinigen wird Götz nicht lange ungeneckt lassen; und wenn wir nicht zusammenhalten wie unsere Feinde und den Kaiser auf unsere Seite lenken, sind wir verloren.

Weislingen. Mir ist's nicht bange. Der größte Teil der Fürsten ist unserer Gesinnung. Der Kaiser verlangt Hülfe gegen die Türken, und dafür ist's billig, daß er uns wieder beisteht. Welche Wollust wird mir's sein, deine Güter von übermütigen Feinden zu befreien, die unruhigen Köpfe in Schwaben aufs Kissen zu bringen, die Ruhe des Bistums, unser aller herzustellen. Und dann -?

Adelheid. Ein Tag bringt den andern, und beim Schicksal steht das Zukünftige.

Weislingen. Aber wir müssen wollen.

Adelheid. Wir wollen ja.

Weislingen. Gewiß?

Adelheid. Nun ja. Geht.

Weislingen. Zauberin!

Herberge

Bauernhochzeit. Musik und Tanz draußen.
Der Brautvater, Götz, Selbitz am Tische. Bräutigam tritt zu ihnen.

Götz. Das Gescheitste war, daß ihr euern Zwist so glücklich und fröhlich durch eine Heirat endigt.

Brautvater. Besser, als ich mir's hätte träumen lassen. In Ruh und Fried mit meinem Nachbar, und eine Tochter wohl versorgt dazu!

Bräutigam. Und ich im Besitz des strittigen Stücks, und drüber den hübschten Backfisch im ganzen Dorf. Wollte Gott, Ihr hättet Euch eher drein geben.

Selbitz. Wie lange habt ihr prozessiert?

Brautvater. An die acht Jahre. Ich wollte lieber noch einmal so lang das Frieren haben, als von vorn anfangen. Das ist ein Gezerre, Ihr glaubt's nicht, bis man den Perücken ein Urteil vom Herzen reißt; und was hat man darnach? Der Teufel hol den Assessor Sapupi! 's is ein verfluchter schwarzer Italiener.

Bräutigam. Ja, das ist ein toller Kerl. Zweimal war ich dort.

Brautvater. Und ich dreimal. Und seht, ihr Herrn: kriegen wir ein Urteil endlich, wo ich so viel Recht hab als er, und er so viel als ich, und wir eben stunden wie die Maulaffen, bis mir unser Herrgott eingab, ihm meine Tochter zu geben und das Zeug dazu.

Götz *(trinkt)*. Gut Vernehmen künftig.

Brautvater. Geb's Gott! Geh aber, wie's will, prozessieren tu ich mein Tag nit mehr. Was das ein Geldspiel kost! Jeden Reverenz, den euch ein Prokurator macht, müßt ihr bezahlen.

Selbitz. Sind ja jährlich Kaiserliche Visitationen da.

Brautvater. Hab nichts davon gehört. Ist mir mancher schöne Taler nebenaus gangen. Das unerhörte Blechen!

Götz. Wie meint Ihr?

Brautvater. Ach, da macht alles hohle Pfötchen. Der Assessor allein, Gott verzeih's ihm, hat mir achtzehn Goldgulden abgenommen.

Bräutigam. Wer?

Brautvater. Wer anders als der Sapupi?

Götz. Das ist schändlich.

Brautvater. Wohl, ich mußt ihm zwanzig erlegen. Und da ich sie ihm hingezahlt hatte, in seinem Gartenhaus, das prächtig ist, im großen Saal, wollt mir vor Wehmut fast das Herz brechen. Denn seht, eines Haus und Hof steht gut, aber wo soll bar Geld herkommen? Ich stund da, Gott weiß, wie mir's war. Ich hatte keinen roten Heller Reisegeld im Sack. Endlich nahm ich mir 's Herz und stellt's ihm vor. Nun er sah, daß mir 's Wasser an die Seele ging, da warf er mir zwei davon zurück und schickt' mich fort.

Bräutigam. Es ist nicht möglich! Der Sapupi?

Brautvater. Wie stellst du dich! Freilich! Kein andrer!

Bräutigam. Den soll der Teufel holen, er hat mir auch funfzehn Goldgülden abgenommen.

Brautvater. Verflucht!

Selbitz. Götz! Wir sind Räuber!

Brautvater. Drum fiel das Urteil so scheel aus. Du Hund!

Götz. Das müßt ihr nicht ungerügt lassen.

Brautvater. Was sollen wir tun?

Götz. Macht euch auf nach Speier, es ist eben Visitationszeit, zeigt's an, sie müssen's untersuchen und euch zu dem Eurigen helfen.

Bräutigam. Denkt Ihr, wir treiben's durch?

Götz. Wenn ich ihm über die Ohren dürfte, wollt ich's euch versprechen.

Selbitz. Die Summe ist wohl einen Versuch wert.

Götz. Bin ich wohl eher um des vierten Teils willen ausgeritten.

Brautvater. Wie meinst du?

Bräutigam. Wir wollen, geh's wie's geh.

(Georg kommt.)

Georg. Die Nürnberger sind im Anzug.

Götz. Wo?

Georg. Wenn wir ganz sachte reiten, packen wir sie zwischen Beerheim und Mühlbach im Wald.

Selbitz. Trefflich!

Götz. Kommt, Kinder. Gott grüß euch! Helf uns allen zum Unsrigen!

Bauer. Großen Dank! Ihr wollt nicht zum Nacht-Ims bleiben?

Götz. Können nicht. Adies.

Freiheit
Dritter Akt.

Augsburg. Ein Garten

Zwei Nürnberger Kaufleute.

Erster Kaufmann. Hier wollen wir stehn, denn da muß der Kaiser vorbei. Er kommt eben den langen Gang herauf.
Zweiter Kaufmann. Wer ist bei ihm?
Erster Kaufmann. Adelbert von Weislingen!
Zweiter Kaufmann. Bambergs Freund! Das ist gut.
Erster Kaufmann. Wir wollen einen Fußfall tun, und ich will reden.
Zweiter Kaufmann. Wohl, da kommen sie.

(Kaiser. Weislingen.)

Erster Kaufmann. Er sieht verdrießlich aus.

Kaiser. Ich bin unmutig, Weislingen, und wenn ich auf mein vergangenes Leben zurücksehe, möcht ich verzagt werden; so viel halbe, so viel verunglückte Unternehmungen! und das alles, weil kein Fürst im Reich so klein ist, dem nicht mehr an seinen Grillen gelegen wäre als an meinen Gedanken.

(Die Kaufleute werfen sich ihm zu Füßen.)

Kaufmann. Allerdurchlauchtigster! Großmächtigster!

Kaiser. Wer seid ihr? Was gibt's?

Kaufmann. Arme Kaufleute von Nürnberg, Eurer Majestät Knechte, und flehen um Hülfe. Götz von Berlichingen und Hans von Selbitz haben unser dreißig, die von der Frankfurter Messe kamen, im Bambergischen Geleite niedergeworfen und beraubt; wir bitten Eure Kaiserliche Majestät um Hülfe, um Beistand, sonst sind wir alle verdorbene Leute, genötigt, unser Brot zu betteln.

Kaiser. Heiliger Gott! Heiliger Gott! Was ist das? Der eine hat nur *eine* Hand, der andere nur *ein* Bein; wenn sie denn erst zwei Hände hätten, und zwei Beine, was wolltet ihr dann tun?

Kaufmann. Wir bitten Eure Majestät untertänigst, auf unsere bedrängten Umstände ein mitleidiges Auge zu werfen.

Kaiser. Wie geht's zu! Wenn ein Kaufmann einen Pfeffersack verliert, soll man das ganze Reich aufmahnen; und wenn Händel vorhanden sind, daran Kaiserlicher Majestät und dem Reich viel gelegen ist, daß es Königreich, Fürstentum, Herzogtum und anders betrifft, so kann euch kein Mensch zusammenbringen.

Weislingen. Ihr kommt zur ungelegnen Zeit. Geht und verweilt einige Tage hier.

Kaufleute. Wir empfehlen uns zu Gnaden. *(Ab.)*

Kaiser. Wieder neue Händel. Sie wachsen nach wie die Köpfe der Hydra.

Weislingen. Und sind nicht auszurotten als mit Feuer und Schwert und einer mutigen Unternehmung.

Kaiser. Glaubt Ihr?

Weislingen. Ich halte nichts für tunlicher, wenn Eure Majestät und die Fürsten sich über andern unbedeutenden Zwist vereinigen könnten. Es ist mit nichten ganz Deutschland, das über Beunruhigung klagt. Franken und Schwaben allein glimmt noch von den Resten des innerlichen verderblichen Bürgerkriegs. Und auch da sind viele der Edeln und Freien, die sich nach Ruhe sehnen. Hätten wir einmal diesen Sikkingen, Selbitz – Berlichingen auf die Seite geschafft, das übrige würde bald von sich selbst zerfallen. Denn *sie* sind's, deren Geist die aufrührische Menge belebt.

Kaiser. Ich möchte die Leute gerne schonen, sie sind tapfer und edel. Wenn ich Krieg führte, müßten sie mit mir zu Felde.

Weislingen. Es wäre zu wünschen, daß sie von jeher gelernt hätten, ihrer Pflicht zu gehorchen. Und dann wär es höchst gefährlich, ihre aufrührischen Unternehmungen durch Ehrenstellen zu belohnen. Denn eben diese kaiserliche Mild und Gnade ist's, die sie bisher so ungeheuer mißbrauchten, und ihr Anhang, der sein Vertrauen und Hoffnung darauf setzt, wird nicht ehe zu bändigen sein, bis wir sie ganz vor den Augen der Welt zunichte gemacht und ihnen alle Hoffnung, jemals wieder emporzukommen, völlig abgeschnitten haben.

Kaiser. Ihr ratet also zur Strenge?

Weislingen. Ich sehe kein ander Mittel, den Schwindelgeist, der ganze Landschaften ergreift, zu bannen. Hören wir nicht schon hier und da die bittersten Klagen der Edeln, daß ihre Untertanen, ihre Leibeignen sich gegen sie auflehnen und mit ihnen rechten, ihnen die hergebrachte Oberherrschaft zu schmälern drohen, so daß die gefährlichsten Folgen zu fürchten sind?

Kaiser. Jetzt wär eine schöne Gelegenheit wider den Berlichingen und Selbitz; nur wollt ich nicht, daß ihnen was zuleid geschehe. Gefangen möcht ich sie haben, und dann müßten sie Urfehde schwören, auf ihren Schlössern ruhig zu bleiben und nicht aus ihrem Bann zu gehen. Bei der nächsten Session will ich's vortragen.

Weislingen. Ein freudiger beistimmender Zuruf wird Eurer Majestät das Ende der Rede ersparen. *(Ab.)*

Jagsthausen

Sickingen. Berlichingen.

Sickingen. Ja, ich komme, Eure edle Schwester um ihr Herz und ihre Hand zu bitten.

Götz. So wollt ich, Ihr wärt eher kommen. Ich muß Euch sagen: Weislingen hat während seiner Gefangenschaft ihre Liebe gewonnen, um sie angehalten, und ich sagt sie ihm zu. Ich hab ihn losgelassen, den Vogel, und er verachtet die gütige Hand, die ihm in der Not Futter reichte. Er schwirrt herum, weiß Gott auf welcher Hecke seine Nahrung zu suchen.

Sickingen. Ist das so?

Götz. Wie ich sage.

Sickingen. Er hat ein doppeltes Band zerrissen. Wohl Euch, daß Ihr mit dem Verräter nicht näher verwandt worden.

Götz. Sie sitzt, das arme Mädchen, verjammert und verbetet ihr Leben.

Sickingen. Wir wollen sie singen machen.

Götz. Wie! Entschließet Ihr Euch, eine Verlaßne zu heiraten?

Sickingen. Es macht euch beiden Ehre, von ihm betrogen worden zu sein. Soll darum das arme Mädchen in ein Kloster gehn, weil der erste Mann, den sie kannte, ein Nichtswürdiger war? Nein doch! ich bleibe darauf, sie soll Königin von meinen Schlössern werden.

Götz. Ich sage Euch, sie war nicht gleichgültig gegen ihn.

Sickingen. Traust du mir nicht zu, daß ich den Schatten eines Elenden sollte verjagen können? Laß uns zu ihr! *(Ab.)*

Lager der Reichsexekution

Hauptmann. Offiziere.

Hauptmann. Wir müssen behutsam gehn und unsere Leute so viel möglich schonen. Auch ist unsere gemessene Order, ihn in die Enge zu treiben und lebendig gefangenzunehmen. Es wird schwerhalten, denn wer mag sich an ihn machen?

Erster Offizier. Freilich! Und er wird sich wehren wie ein wildes Schwein. Überhaupt hat er uns sein Lebelang nichts zuleid getan, und jeder wird's von sich schieben, Kaiser und Reich zu Gefallen Arm und Bein daranzusetzen.

Zweiter Offizier. Es wäre eine Schande, wenn wir ihn nicht kriegten. Wenn ich ihn nur einmal beim Lappen habe, er soll nicht loskommen.

Erster Offizier. Faßt ihn nur nicht mit Zähnen, er möchte Euch die Kinnbacken ausziehen. Guter junger Herr, dergleichen Leut packen sich nicht wie ein flüchtiger Dieb.

Zweiter Offizier. Wollen sehn.

Hauptmann. Unsern Brief muß er nun haben. Wir wollen nicht säumen und einen Trupp ausschicken, der ihn beobachten soll.

Zweiter Offizier. Laßt mich ihn führen.

Hauptmann. Ihr seid der Gegend unkundig.

Zweiter Offizier. Ich hab einen Knecht, der hier geboren und erzogen ist.

Hauptmann. Ich bin's zufrieden. *(Ab.)*

Jagsthausen

Sickingen.

Sickingen. Es geht alles nach Wunsch; sie war etwas bestürzt über meinen Antrag und sah mich vom Kopf bis auf die Füße an; ich wette, sie verglich mich mit ihrem Weißfisch. Gott sei Dank, daß ich mich stellen darf. Sie antwortete wenig und durcheinander; desto besser! Es mag eine Zeit kochen. Bei Mädchen, die durch Liebesunglück gebeizt sind, wird ein Heiratsvorschlag bald gar.

(Götz kommt.)

Sickingen. Was bringt Ihr, Schwager?

Götz. In die Acht erklärt!

Sickingen. Was?

Götz. Da lest den erbaulichen Brief. Der Kaiser hat Exekution gegen mich verordnet, die mein Fleisch den Vögeln unter dem Himmel und den Tieren auf dem Felde zu fressen vorschneiden soll.

Sickingen. Erst sollen *sie* dran. Just zur gelegenen Zeit bin ich hier.

Götz. Nein, Sickingen, Ihr sollt fort. Eure großen Anschläge könnten darüber zugrunde gehn, wenn Ihr zu so ungelegner Zeit des Reichs Feind werden wolltet. Auch mir werdet Ihr weit mehr nutzen, wenn Ihr neutral zu sein scheint. Der Kaiser liebt Euch, und das Schlimmste, das mir begegnen kann, ist, gefangen zu werden; dann braucht Euer Vorwort und reißt mich aus einem Elend, in das unzeitige Hülfe uns beide stürzen könnte. Denn was wär's? Jetzo geht der Zug gegen mich; erfahren sie, du bist bei mir, so schicken sie mehr, und wir sind um nichts gebessert. Der Kaiser sitzt an der Quelle, und ich wär schon jetzt unwiederbringlich verloren, wenn man Tapferkeit so geschwind einblasen könnte, als man einen Haufen zusammenblasen kann.

Sickingen. Doch kann ich heimlich ein zwanzig Reiter zu Euch stoßen lassen.

Götz. Gut. Ich hab schon Georgen nach dem Selbitz geschickt, und meine Knechte in der Nachbarschaft herum. Lieber Schwager, wenn meine Leute beisammen sind, es wird ein Häufchen sein, dergleichen wenig Fürsten beisammen gesehen haben.

Sickingen. Ihr werdet gegen die Menge wenig sein.

Götz. Ein Wolf ist einer ganzen Herde Schafe zu viel.

Sickingen. Wenn sie aber einen guten Hirten haben?

Götz. Sorg du. Es sind lauter Mietlinge. Und dann kann der beste Ritter nichts machen, wenn er nicht Herr von seinen Handlungen ist. So kamen sie mir auch einmal, wie ich dem Pfalzgrafen zugesagt hatte, gegen Konrad Schotten zu dienen; da legt' er mir einen Zettel aus der Kanzlei vor, wie ich reiten und mich halten sollt; da warf ich den Räten das Papier wieder dar und sagt: ich wüßt nicht darnach zu handlen, ich weiß nicht, was mir begegnen mag, das steht nicht im Zettel, ich muß die Augen selbst auftun und sehn, was ich zu schaffen hab.

Sickingen. Glück zu, Bruder! Ich will gleich fort und dir schikken, was ich in der Eil zusammentreiben kann.

Götz. Komm noch zu den Frauen, ich ließ sie beisammen. Ich wollte, daß du ihr Wort hättest, ehe du gingst. Dann schick mir die Reiter, und komm heimlich wieder, Marien abzuholen, denn mein Schloß, fürcht ich, wird bald kein Aufenthalt für Weiber mehr sein.

Sickingen. Wollen das Beste hoffen. *(Ab.)*

Bamberg. Adelheidens Zimmer

Adelheid. Franz.

Adelheid. So sind die beiden Exekutionen schon aufgebrochen?

Franz. Ja, und mein Herr hat die Freude, gegen Eure Feinde zu ziehen. Ich wollte gleich mit, so gern ich zu Euch gehe. Auch will ich jetzt wieder fort, um bald mit fröhlicher Botschaft wiederzukehren. Mein Herr hat mir's erlaubt.

Adelheid. Wie steht's mit ihm?

Franz. Er ist munter. Mir befahl er, Eure Hand zu küssen.

Adelheid. Da – deine Lippen sind warm.

Franz *(vor sich, auf die Brust deutend).* Hier ist's noch wärmer! *(Laut.)* Gnädige Frau, Eure Diener sind die glücklichsten Menschen unter der Sonne.

Adelheid. Wer führt gegen Berlichingen?

Franz. Der von Sirau. Lebt wohl, beste gnädige Frau! Ich will wieder fort. Vergeßt mich nicht.

Adelheid. Du mußt was essen, trinken, und rasten.

Franz. Wozu das? Ich hab Euch ja gesehen. Ich bin nicht müd noch hungrig.

Adelheid. Ich kenne deine Treu.

Franz. Ach, gnädige Frau!

Adelheid. Du hältst's nicht aus, beruhige dich, und nimm was zu dir.

Franz. Eure Sorgfalt für einen armen Jungen! *(Ab.)*

Adelheid. Die Tränen stehn ihm in den Augen. Ich lieb ihn von Herzen. So wahr und warm hat noch niemand an mir gehangen. *(Ab.)*

Jagsthausen

Götz. Georg.

Georg. Er will selbst mit Euch sprechen. Ich kenn ihn nicht; es ist ein stattlicher Mann, mit schwarzen feurigen Augen.
Götz. Bring ihn herein.

(Lerse kommt.)

Götz. Gott grüß Euch! Was bringt Ihr?

Lerse. Mich selbst, das ist nicht viel, doch alles, was es ist, biet ich Euch an.
Götz. Ihr seid mir willkommen, doppelt willkommen, ein braver Mann, und zu dieser Zeit, da ich nicht hoffte, neue Freunde zu gewinnen, eher den Verlust der alten stündlich fürchtete. Gebt mir Euern Namen.
Lerse. Franz Lerse.

Götz. Ich danke Euch, Franz, daß Ihr mich mit einem braven Mann bekannt macht.

Lerse. Ich machte Euch schon einmal mit mir bekannt, aber damals danktet Ihr mir nicht dafür.

Götz. Ich erinnere mich Eurer nicht.

Lerse. Es wäre mir leid. Wißt Ihr noch, wie Ihr um des Pfalzgrafen willen Konrad Schotten feind wart und nach Haßfurt auf die Fastnacht reiten wolltet?

Götz. Wohl weiß ich es.

Lerse. Wißt Ihr, wie Ihr unterwegs bei einem Dorf fünfundzwanzig Reitern entgegenkamt?

Götz. Richtig. Ich hielt sie anfangs nur für zwölfe und teilt meinen Haufen, waren unser sechzehn, und hielt am Dorf hinter der Scheuer, in willens, sie sollten bei mir vorbeiziehen. Dann wollt ich ihnen nachrucken, wie ich's mit dem andern Haufen abgeredt hatte.

Lerse. Aber wir sahn Euch und zogen auf eine Höhe am Dorf. Ihr zogt herbei und hieltet unten. Wie wir sahn, Ihr wolltet nicht heraufkommen, ritten wir herab.

Götz. Da sah ich erst, daß ich mit der Hand in die Kohlen geschlagen hatte. Fünfundzwanzig gegen acht! Da galt's kein Feiern. Erhard Truchseß durchstach mir einen Knecht, dafür rannt ich ihn vom Pferde. Hätten sie sich alle gehalten wie er und ein Knecht, es wäre mein und meines kleinen Häufchens übel gewahrt gewesen.

Lerse. Der Knecht, wovon Ihr sagtet -

Götz. Es war der bravste, den ich gesehen habe. Er setzte mir heiß zu. Wenn ich dachte, ich hätt ihn von mir gebracht, wollte mit andern zu schaffen haben, war er wieder an mir und schlug feindlich zu. Er hieb mir auch durch den Panzerärmel hindurch, daß es ein wenig gefleischt hatte.

Lerse. Habt Ihr's ihm verziehen?

Götz. Er gefiel mir mehr als zu wohl.

Lerse. Nun, so hoff ich, daß Ihr mit mir zufrieden sein werdet; ich hab mein Probstück an Euch selbst abgelegt.

Götz. Bist du's? O willkommen, willkommen! Kannst du sagen, Maximilian, du hast unter deinen Dienern *einen* so geworben!

Lerse. Mich wundert, daß Ihr nicht eh auf mich gefallen seid.

Götz. Wie sollte mir einkommen, daß der mir seine Dienste anbieten würde, der auf das feindseligste mich zu überwältigen trachtete?

Lerse. Eben das, Herr! Von Jugend auf dien ich als Reitersknecht, und hab's mit manchem Ritter aufgenommen. Da wir auf Euch stießen, freut ich mich. Ich kannte Euern Namen, und da lernt ich Euch kennen. Ihr wißt, ich hielt nicht stand; Ihr saht, es war nicht Furcht, denn ich kam wieder. Kurz, ich lernt Euch kennen, und von Stund an beschloß ich, Euch zu dienen.

Götz. Wie lange wollt Ihr bei mir aushalten?

Lerse. Auf ein Jahr. Ohne Entgelt.

Götz. Nein, Ihr sollt gehalten werden wie ein anderer, und drüber, wie der, der mir bei Remlin zu schaffen machte.

(Georg kommt.)

Georg. Hans von Selbitz läßt Euch grüßen. Morgen ist er hier mit funfzig Mann.

Götz. Wohl.

Georg. Es zieht am Kocher ein Trupp Reichsvölker herunter; ohne Zweifel, Euch zu beobachten.

Götz. Wieviel?

Georg. Ihrer funfzig.

Götz. Nicht mehr! Komm, Lerse, wir wollen sie zusammenschmeißen, wenn Selbitz kommt, daß er schon ein Stück Arbeit getan findet.

Lerse. Das soll eine reichliche Vorlese werden.

Götz. Zu Pferde! *(Ab.)*

Wald an einem Morast

Zwei Reichsknechte begegnen einander.

Erster Knecht. Was machst du hier?
Zweiter Knecht. Ich hab Urlaub gebeten, meine Notdurft zu verrichten. Seit dem blinden Lärmen gestern abends ist mir's in die Gedärme geschlagen, daß ich alle Augenblicke vom Pferd muß.

Erster Knecht. Hält der Trupp hier in der Nähe?
Zweiter Knecht. Wohl eine Stunde den Wald hinauf.
Erster Knecht. Wie verläufst du dich denn hieher?

Zweiter Knecht. Ich bitte dich, verrat mich nicht. Ich will aufs nächste Dorf und sehn, ob ich nit mit warmen Überschlägen meinem Übel abhelfen kann. Wo kommst du her?

Erster Knecht. Vom nächsten Dorf. Ich hab unserm Offizier Wein und Brot geholt.

Zweiter Knecht. So, er tut sich was zugut vor unserm Angesicht, und wir sollen fasten! Schön Exempel!

Erster Knecht. Komm mit zurück, Schurke.

Zweiter Knecht. Wär ich ein Narr! Es sind noch viele unterm Haufen, die gern fasteten, wenn sie so weit davon wären als ich.

Erster Knecht. Hörst du! Pferde!

Zweiter Knecht. O weh!

Erster Knecht. Ich klettere auf den Baum.

Zweiter Knecht. Ich steck mich ins Rohr.

(Götz, Lerse, Georg, Knechte zu Pferde.)

Götz. Hier am Teich weg und linker Hand in den Wald, so kommen wir ihnen in Rücken.

(Sie ziehen vorbei.)

Erster Knecht *(steigt vom Baum)*. Da ist nicht gut sein. Michel! Er antwortet nicht? Michel, sie sind fort! *(Er geht nach dem Sumpf.)* Michel! O weh, er ist versunken. Michel! Er hört mich nicht, er ist erstickt. Bist doch krepiert, du Memme. – Wir sind geschlagen. Feinde, überall Feinde!

(Götz, Georg zu Pferde.)

Götz. Halt, Kerl, oder du bist des Todes!

Knecht. Schont meines Lebens!

Götz. Dein Schwert! Georg, führ ihn zu den andern Gefangenen, die Lerse dort unten am Wald hat. Ich muß ihren flüchtigen Führer erreichen. *(Ab.)*

Knecht. Was ist aus unserm Ritter geworden, der uns führte?
Georg. Unterst zu oberst stürzt' ihn mein Herr vom Pferd, daß der Federbusch im Kot stak. Seine Reiter huben ihn aufs Pferd und fort, wie besessen. *(Ab.)*

Lager

Hauptmann. Erster Ritter.

Erster Ritter. Sie fliehen von weitem dem Lager zu.
Hauptmann. Er wird ihnen an den Fersen sein. Laßt ein funfzig ausrücken bis an die Mühle; wenn er sich zu weit verliert, erwischt Ihr ihn vielleicht.

(Ritter ab. – Zweiter Ritter geführt.)

Hauptmann. Wie geht's, junger Herr? Habt Ihr ein paar Zinken abgerennt?

Ritter. Daß dich die Pest! Das stärkste Geweih wäre gesplittert wie Glas. Du Teufel! Er rannt auf mich los, es war mir, als wenn mich der Donner in die Erd hineinschlüg.

Hauptmann. Dankt Gott, daß Ihr noch davongekommen seid.

Ritter. Es ist nichts zu danken, ein paar Rippen sind entzwei. Wo ist der Feldscher? *(Ab.)*

Jagsthausen

Götz. Selbitz.

Götz. Was sagst du zu der Achtserklärung, Selbitz?

Selbitz. Es ist ein Streich von Weislingen.

Götz. Meinst du?

Selbitz. Ich meine nicht, ich weiß.

Götz. Woher?

Selbitz. Er war auf dem Reichstag, sag ich dir, er war um den Kaiser.

Götz. Wohl, so machen wir ihm wieder einen Anschlag zunichte.

Selbitz. Hoff's.

Götz. Wir wollen fort! und soll die Hasenjagd angehn

Lager

Hauptmann. Ritter.

Hauptmann. Dabei kommt nichts heraus, ihr Herrn. Er schlägt uns einen Haufen nach dem andern, und was nicht umkommt und gefangen wird, das läuft in Gottes Namen lieber nach der Türkei als ins Lager zurück. So werden wir alle Tag schwächer. Wir müssen einmal für allemal ihm zu Leib gehen, und das mit Ernst; ich will selbst dabei sein, und er soll sehn, mit wem er zu tun hat.

Ritter. Wir sind's all zufrieden; nur ist er der Landsart so kundig, weiß alle Gänge und Schliche im Gebirg, daß er so wenig zu fangen ist wie eine Maus auf dem Kornboden.

Hauptmann. Wollen ihn schon kriegen. Erst auf Jagsthausen zu. Mag er wollen oder nicht, er muß herbei, sein Schloß zu verteidigen.

Ritter. Soll unser ganzer Hauf marschieren?

Hauptmann. Freilich! Wißt Ihr, daß wir schon um hundert geschmolzen sind?

Ritter. Drum geschwind, eh der ganze Eisklumpen auftaut; es macht warm in der Nähe, und wir stehn da wie Butter an der Sonne. *(Ab.)*

Gebirg und Wald

Götz. Selbitz. Trupp.

Götz. Sie kommen mit hellem Hauf. Es war hohe Zeit, daß Sickingens Reiter zu uns stießen.

Selbitz. Wir wollen uns teilen. Ich will linker Hand um die Höhe ziehen.

Götz. Gut. Und du, Franz, führe mir die funfzig rechts durch den Wald hinauf; sie kommen über die Heide, ich will gegen ihnen halten. Georg, du bleibst um mich. Und wenn

Ihr seht, daß sie mich angreifen, so fallt ungesäumt in die Seiten. Wir wollen sie patschen. Sie denken nicht, daß wir ihnen die Spitze bieten können. *(Ab.)*

Heide

Auf der einen Seite eine Höhe, auf der andern Wald.
Hauptmann. Exekutionszug.

Hauptmann. Er hält auf der Heide! Das ist impertinent. Er soll's büßen. Was! Den Strom nicht zu fürchten, der auf ihn losbraust?

Ritter. Ich wollt nicht, daß Ihr an der Spitze rittet; er hat das Ansehn, als ob er den ersten, der ihn anstoßen möchte, umgekehrt in die Erde pflanzen wollte. Reitet hinterdrein.

Hauptmann. Nicht gern.

Ritter. Ich bitt Euch. Ihr seid noch der Knoten von diesem Bündel Haselruten; löst ihn auf, so knickt er sie Euch einzeln wie Riedgras.

Hauptmann. Trompeter, blas! Und ihr blast ihn weg! *(Ab.)*

(Selbitz hinter der Höhe hervor im Galopp.)

Selbitz. Mir nach! Sie sollen zu ihren Händen rufen: »Multipliziert euch!« *(Ab.)*

(Lerse aus dem Wald.)

Lerse. Götzen zu Hülf ! Er ist fast umringt. Braver Selbitz, du hast schon Luft gemacht. Wir wollen die Heide mit ihren Distelköpfen besäen. *(Vorbei.)*

(Getümmel.)

Eine Höhe mit einem Wartturm

Selbitz verwundet. Knechte.

Selbitz. Legt mich hieher und kehrt zu Götzen.

Erster Knecht. Laßt uns bleiben, Herr, Ihr braucht unser.

Selbitz. Steig einer auf die Warte und seh, wie's geht.

Erster Knecht. Wie will ich hinaufkommen?

Zweiter Knecht. Steig auf meine Schultern, da kannst du die Lükke reichen und dir bis zur Öffnung hinaufhelfen.

Erster Knecht *(steigt hinauf).* Ach, Herr!

Selbitz. Was siehest du?
Erster Knecht. Eure Reiter fliehen der Höhe zu.
Selbitz. Höllische Schurken! Ich wollt, sie stünden und ich hätt eine Kugel vorm Kopf. Reit einer hin! und fluch und wetter sie zurück. *(Knecht ab.)* Siehest du Götzen?
Knecht. Die drei schwarzen Federn seh ich mitten im Getümmel.
Selbitz. Schwimm, braver Schwimmer. Ich liege hier!
Knecht. Ein weißer Federbusch, wer ist das?
Selbitz. Der Hauptmann.
Knecht. Götz drängt sich an ihn – Bauz! Er stürzt.
Selbitz. Der Hauptmann?
Knecht. Ja, Herr.
Selbitz. Wohl! Wohl!
Knecht. Weh! Weh! Götzen seh ich nicht mehr.
Selbitz. So stirb, Selbitz!
Knecht. Ein fürchterlich Gedräng, wo er stund. Georgs blauer Busch verschwindt auch.
Selbitz. Komm herunter. Siehst du Lersen nicht?
Knecht. Nichts. Es geht alles drunter und drüber.

Selbitz. Nichts mehr. Komm! Wie halten sich Sickingens Reiter?

Knecht. Gut. – Da flieht einer nach dem Wald. Noch einer! Ein ganzer Trupp! Götz ist hin.

Selbitz. Komm herab.

Knecht. Ich kann nicht. – Wohl! Wohl! Ich sehe Götzen! Ich sehe Georgen!

Selbitz. Zu Pferd?

Knecht. Hoch zu Pferd! Sieg! Sieg! Sie fliehn.

Selbitz. Die Reichstruppen?

Knecht. Die Fahne mittendrin, Götz hintendrein. Sie zerstreuen sich. Götz erreicht den Fähndrich – Er hat die Fahn – Er hält. Eine Handvoll Menschen um ihn herum. Mein Kamerad erreicht ihn – Sie ziehn herauf.

(Götz. Georg. Lerse. Ein Trupp.)

Selbitz. Glück zu, Götz! Sieg! Sieg!

Götz *(steigt vom Pferd).* Teuer! Teuer! Du bist verwundt, Selbitz?

Selbitz. Du lebst und siegst! Ich habe wenig getan. Und meine Hunde von Reitern! Wie bist du davongekommen?

Götz. Diesmal galt's! Und hier Georgen dank ich das Leben, und hier Lersen dank ich's. Ich warf den Hauptmann vom Gaul. Sie stachen mein Pferd nieder und drangen auf mich ein. Georg hieb sich zu mir und sprang ab, ich wie der Blitz auf seinen Gaul, wie der Donner saß er auch wieder. Wie kamst du zum Pferd?

Georg. Einem, der nach Euch hieb, stieß ich meinen Dolch in die Gedärme, wie sich sein Harnisch in die Höhe zog. Er stürzt', und ich half Euch von einem Feind und mir zu einem Pferde.

Götz. Nun staken wir, bis sich Franz zu uns hereinschlug, und da mähten wir von innen heraus.

Lerse. Die Hunde, die ich führte, sollten von außen hineinmähen, bis sich unsere Sensen begegnet hätten; aber sie flohen wie Reichsknechte.

Götz. Es flohe Freund und Feind. Nur du kleiner Hauf hieltest mir den Rücken frei; ich hatte mit den Kerls vor mir genug zu tun. Der Fall ihres Hauptmanns half mir sie schütteln, und sie flohen. Ich habe ihre Fahne und wenig Gefangene.

Selbitz. Der Hauptmann ist Euch entwischt?

Götz. Sie hatten ihn inzwischen gerettet. Kommt, Kinder! kommt, Selbitz! – Macht eine Bahre von Ästen; – du kannst nicht aufs Pferd. Kommt in mein Schloß. Sie sind zerstreut. Aber unser sind wenig, und ich weiß nicht, ob sie Truppen nachzuschicken haben. Ich will euch bewirten, meine Freunde. Ein Glas Wein schmeckt auf so einen Strauß.

Lager

Hauptmann.

Hauptmann. Ich möcht euch alle mit eigner Hand umbringen! Was, fortlaufen! Er hatte keine Handvoll Leute mehr! Fortzulaufen, vor *einem* Mann! Es wird's niemand glauben, als wer über uns zu lachen Lust hat. – Reit herum, Ihr, und Ihr, und Ihr. Wo ihr von unsern zerstreuten Knechten findt, bringt sie zurück oder stecht sie nieder. Wir müssen diese Scharten auswetzen, und wenn die Klingen drüber zugrunde gehen sollten.

Jagsthausen

Götz. Lerse. Georg.

Götz. Wir dürfen keinen Augenblick säumen! Arme Jungen, ich darf euch keine Rast gönnen. Jagt geschwind herum und sucht noch Reiter aufzutreiben. Bestellt sie alle nach Weilern, da sind sie am sichersten. Wenn wir zögern, so ziehen sie mir vors Schloß. *(Die zwei ab.)* Ich muß einen auf Kundschaft ausjagen. Es fängt an heiß zu werden. Und wenn es nur noch brave Kerls wären! aber so ist's die Menge. *(Ab.)*

(Sickingen. Maria.)

Maria. Ich bitte Euch, lieber Sickingen, geht nicht von meinem Bruder! Seine Reiter, Selbitzens, Eure sind zerstreut; er ist allein, Selbitz ist verwundet auf sein Schloß gebracht, und ich fürchte alles.

Sickingen. Seid ruhig, ich gehe nicht weg.

(Götz kommt.)

Götz. Kommt in die Kirch, der Pater wartet. Ihr sollt mir in einer Viertelstund ein Paar sein.

Sickingen. Laßt mich hier.

Götz. In die Kirch sollt Ihr jetzt.

Sickingen. Gern – und darnach?

Götz. Darnach sollt Ihr Eurer Wege gehn.

Sickingen. Götz!

Götz. Wollt Ihr nicht in die Kirche?

Sickingen. Kommt, kommt!

Lager

Hauptmann. Ritter.

Hauptmann. Wie viel sind's in allem?
Ritter. Hundertundfunfzig.
Hauptmann. Von vierhunderten! Das ist arg. Jetzt gleich auf und grad gegen Jagsthausen zu, eh er sich erholt und sich uns wieder in Weg stellt.

Jagsthausen

Götz. Elisabeth. Maria. Sickingen.

Götz. Gott segne euch, geb euch glückliche Tage, und behalte die, die er euch abzieht, für eure Kinder.

Elisabeth. Und die laß er sein, wie ihr seid: rechtschaffen! Und dann laßt sie werden, was sie wollen.

Sickingen. Ich dank euch. Und dank Euch, Maria. Ich führte Euch an den Altar, und Ihr sollt mich zur Glückseligkeit führen.

Maria. Wir wollen zusammen eine Pilgrimschaft nach diesem fremden gelobten Lande antreten.

Götz. Glück auf die Reise!

Maria. So ist's nicht gemeint, wir verlassen Euch nicht.

Götz. Ihr sollt, Schwester.

Maria. Du bist sehr unbarmherzig, Bruder!

Götz. Und Ihr zärtlicher als vorsehend.

(Georg kommt.)

Georg *(heimlich)*. Ich kann niemand auftreiben. Ein einziger war geneigt; darnach veränderte er sich und wollte nicht.

Götz. Gut, Georg. Das Glück fängt mir an wetterwendisch zu werden. Ich ahnt's aber. *(Laut.)* Sickingen, ich bitt Euch, geht noch diesen Abend. Beredet Marie. Sie ist Eure Frau. Laßt sie's fühlen. Wenn Weiber quer in unsere Unternehmung treten, ist unser Feind im freien Feld sichrer als sonst in der Burg.

(Knecht kommt.)

Knecht *(leise)*. Herr, das Reichsfähnlein ist auf dem Marsch, grad hieher, sehr schnell.

Götz. Ich hab sie mit Rutenstreichen geweckt! Wieviel sind ihrer?

Knecht. Ungefähr zweihundert. Sie können nicht zwei Stunden mehr von hier sein.

Götz. Noch überm Fluß?

Knecht. Ja, Herr.

Götz. Wenn ich nur funfzig Mann hätte, sie sollten mir nicht herüber. Hast du Lersen nicht gesehen?

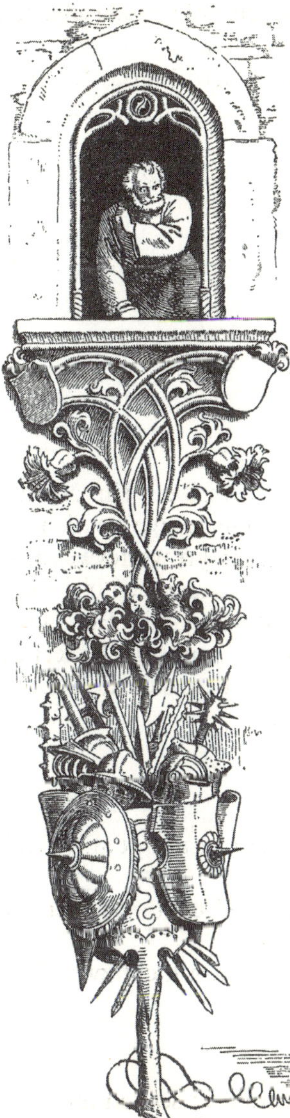

Knecht. Nein, Herr.
Götz. Biet allen, sie sollen sich bereit halten. – Es muß geschieden sein, meine Lieben. Weine, meine gute Marie, es werden Augenblicke kommen, wo du dich freuen wirst. Es ist besser, du weinst an deinem Hochzeittag, als daß übergroße Freude der Vorbote künftigen Elends wäre. Lebt wohl, Marie. Lebt wohl, Bruder.
Maria. Ich kann nicht von Euch, Schwester. Lieber Bruder, laß uns. Achtest du meinen Mann so wenig, daß du in dieser Extremität seine Hülfe verschmähst?
Götz. Ja, es ist weit mit mir gekommen. Vielleicht bin ich meinem Sturz nahe. Ihr beginnt zu

leben, und ihr sollt euch von meinem Schicksal trennen. Ich hab eure Pferde zu satteln befohlen. Ihr müßt gleich fort.

Maria. Bruder! Bruder!

Elisabeth *(zu Sickingen)*. Gebt ihm nach! Geht!

Sickingen. Liebe Marie, laßt uns gehen.

Maria. Du auch? Mein Herz wird brechen.

Götz. So bleib denn. In wenigen Stunden wird meine Burg umringt sein.

Maria. Weh! Weh!

Götz. Wir werden uns verteidigen, so gut wir können.

Maria. Mutter Gottes, hab Erbarmen mit uns!

Götz. Und am Ende werden wir sterben, oder uns ergeben. – Du wirst deinen edeln Mann mit mir in *ein* Schicksal geweint haben.

Maria. Du marterst mich.

Götz. Bleib! Bleib! Wir werden zusammen gefangen werden. Sickingen, du wirst mit mir in die Grube fallen! Ich hoffte, du solltest mir heraushelfen.

Maria. Wir wollen fort. Schwester, Schwester!

Götz. Bringt sie in Sicherheit, und dann erinnert Euch meiner.

Sickingen. Ich will ihr Bette nicht besteigen, bis ich Euch außer Gefahr weiß.

Götz. Schwester – liebe Schwester! *(Küßt sie.)*

Sickingen. Fort, fort!

Götz. Noch einen Augenblick – Ich seh Euch wieder. Tröstet Euch. Wir sehn uns wieder.

(Sickingen, Maria ab.)

Götz. Ich trieb sie, und da sie geht, möcht ich sie halten. Elisabeth, du bleibst bei mir!

Elisabeth. Bis in den Tod. *(Ab.)*

Götz. Wen Gott lieb hat, dem geb er so eine Frau!

(Georg kommt.)

Georg. Sie sind in der Nähe, ich habe sie vom Turm gesehen. Die Sonne ging auf, und ich sah ihre Piken blinken. Wie ich sie sah, wollt mir's nicht bänger werden, als einer Katze vor einer Armee Mäuse. Zwar wir spielen die Ratten.

Götz. Seht nach den Torriegeln. Verrammelt's inwendig mit Balken und Steinen. *(Georg ab.)* Wir wollen ihre Geduld für'n Narren halten, und ihre Tapferkeit sollen sie mir an ihren eigenen Nägeln verkäuen. *(Trompeter von außen.)* Aha! ein rotröckiger Schurke, der uns die Frage vorlegen wird, ob wir Hundsfötter sein wollen. *(Er geht ans Fenster.)* Was soll's?

(Man hört in der Ferne reden.)

Götz *(in seinen Bart).* Einen Strick um deinen Hals.

(Trompeter redet fort.)

Götz. »Beleidiger der Majestät!« – Die Aufforderung hat ein Pfaff gemacht.

(Trompeter endet.)

Götz *(antwortet)* Mich ergeben! Auf Gnad und Ungnad! Mit wem redet Ihr! Bin ich ein Räuber! Sag deinem Hauptmann: Vor Ihro Kaiserliche Majestät hab ich, wie immer, schuldigen Respekt. Er aber, sag's ihm, er kann mich - - - *(Schmeißt das Fenster zu.)*

Belagerung. Küche

Elisabeth. Götz zu ihr.

Götz. Du hast viel Arbeit, arme Frau.

Elisabeth. Ich wollt, ich hätte sie lang. Wir werden schwerlich lang aushalten können.

Götz. Wir hatten nicht Zeit, uns zu versehen.

Elisabeth. Und die vielen Leute, die Ihr zeither gespeist habt. Mit dem Wein sind wir auch schon auf der Neige.

Götz. Wenn wir nur auf einen gewissen Punkt halten, daß sie Kapitulation vorschlagen. Wir tun ihnen brav Abbruch. Sie schießen den ganzen Tag und verwunden unsere Mauern und knicken unsere Scheiben. Lerse ist ein braver Kerl; er schleicht mit seiner Büchse herum; wo sich einer zu nahe wagt, blaff, liegt er.

Knecht. Kohlen, gnädige Frau.

Götz. Was gibt's?

Knecht. Die Kugeln sind alle, wir wollen neue gießen.

Götz. Wie steht's Pulver?

Knecht. So ziemlich. Wir sparen unsere Schüsse wohl aus.

Saal

Lerse mit einer Kugelform. Knecht mit Kohlen.

Lerse. Stell sie daher, und seht, wo ihr im Hause Blei kriegt. Inzwischen will ich hier zugreifen. *(Hebt ein Fenster aus und schlägt die Scheiben ein.)* Alle Vorteile gelten. – So geht's in der Welt, weiß kein Mensch, was aus den Dingen werden kann. Der Glaser, der die Scheiben faßte, dachte gewiß nicht, daß das Blei einem seiner Urenkel garstiges Kopfweh machen könnte! und da mich mein Vater zeugte, dachte er nicht, welcher Vogel unter dem Himmel, welcher Wurm auf der Erde mich fressen möchte.

(Georg kommt mit einer Dachrinne.)

Georg. Da hast du Blei. Wenn du nur mit der Hälfte triffst, so entgeht keiner, der Ihro Majestät ansagen kann: »Herr, wir haben schlecht bestanden.«

Lerse *(haut davon).* Ein brav Stück.

Georg. Der Regen mag sich einen andern Weg suchen! ich bin nicht bang davor; ein braver Reiter und ein rechter Regen kommen überall durch.

Lerse. *(Er gießt.)* Halt den Löffel. *(Geht ans Fenster.)* Da zieht so ein Reichsknappe mit der Büchse herum; sie denken, wir haben uns verschossen. Er soll die Kugel versuchen, warm wie sie aus der Pfanne kommt. *(Lädt.)*

Georg *(lehnt den Löffel an).* Laß mich sehn.

Lerse *(schießt).* Da liegt der Spatz.

Georg. Der schoß vorhin nach mir *(sie gießen)*, wie ich zum Dachfenster hinausstieg und die Rinne holen wollte. Er traf eine Taube, die nicht weit von mir saß, sie stürzt' in die Rinne; ich dankt ihm für den Braten und stieg mit der doppelten Beute wieder herein.

Lerse. Nun wollen wir wohl laden und im ganzen Schloß herumgehen, unser Mittagessen verdienen.

(Götz kommt.)

Götz. Bleib, Lerse! Ich habe mit dir zu reden! Dich, Georg, will ich nicht von der Jagd abhalten. *(Georg ab.)*

Götz. Sie entbieten mir einen Vertrag.

Lerse. Ich will zu ihnen hinaus und hören, was es soll.

Götz. Es wird sein: ich soll mich auf Bedingungen in ritterlich Gefängnis stellen.

Lerse. Das ist nichts. Wie wär's, wenn sie uns freien Abzug eingestünden, da Ihr doch von Sickingen keinen Entsatz erwartet? Wir vergrüben Geld und Silber, wo sie's mit keiner Wünschelrute finden sollten, überließen ihnen das Schloß, und kämen mit Manier davon.

Götz. Sie lassen uns nicht.

Lerse. Es kommt auf eine Prob an. Wir wollen um sicher Geleit rufen, und ich will hinaus. *(Ab.)*

Saal

Götz, Elisabeth, Georg, Knechte bei Tische.

Götz. So bringt uns die Gefahr zusammen. Laßt's euch schmecken, meine Freunde! Vergeßt das Trinken nicht. Die Flasche ist leer. Noch eine, liebe Frau. *(Elisabeth zuckt die Achsel.)* Ist keine mehr da?

Elisabeth *(leise)*. Noch *eine*; ich hab sie für dich beiseite gesetzt.

Götz. Nicht doch, Liebe! Gib sie heraus. Sie brauchen Stärkung, nicht ich; es ist ja meine Sache.

Elisabeth. Holt sie draußen im Schrank!

Götz. Es ist die letzte. Und mir ist's, als ob wir nicht zu sparen Ursach hätten. Ich bin lange nicht so vergnügt gewesen. *(Schenkt ein.)* Es lebe der Kaiser!

Alle. Er lebe!

Götz. Das soll unser vorletztes Wort sein, wenn wir sterben! Ich lieb ihn, denn wir haben einerlei Schicksal. Und ich bin noch glücklicher als er. Er muß den Reichsständen die Mäuse fangen, inzwischen die Ratten seine Besitztümer annagen. Ich weiß, er wünscht sich manchmal lieber tot, als länger die Seele eines so krüppligen Körpers zu sein. *(Schenkt ein.)* Es geht just noch ein mal herum. Und wenn unser Blut anfängt, auf die Neige zu gehen, wie der Wein in dieser Flasche erst schwach, dann tropfenweise rinnt *(tröpfelt das Letzte in sein Glas)*, was soll unser letztes Wort sein?

Georg. Es lebe die Freiheit!

Götz. Es lebe die Freiheit!

Alle. Es lebe die Freiheit!

Götz. Und wenn die uns überlebt, können wir ruhig sterben. Denn wir sehen im Geist unsere Enkel glücklich und die

Kaiser unsrer Enkel glücklich. Wenn die Diener der Fürsten so edel und frei dienen wie ihr mir, wenn die Fürsten dem Kaiser dienen, wie ich ihm dienen möchte -

Georg. Da müßt's viel anders werden.

Götz. So viel nicht, als es scheinen möchte. Hab ich nicht unter den Fürsten treffliche Menschen gekannt, und sollte das Geschlecht ausgestorben sein? Gute Menschen, die in sich und ihren Untertanen glücklich waren; die einen edeln freien Nachbar neben sich leiden konnten und ihn weder fürchteten noch beneideten; denen das Herz aufging, wenn sie viel ihresgleichen bei sich zu Tisch sahen und nicht erst die Ritter zu Hofschranzen umzuschaffen brauchten, um mit ihnen zu leben.

Georg. Habt Ihr solche Herrn gekannt?,

Götz. Wohl. Ich erinnere mich zeitlebens, wie der Landgraf von Hanau eine Jagd gab und die Fürsten und Herrn, die zugegen waren, unter freiem Himmel speisten und das Landvolk all herbeilief, sie zu sehen. Das war keine Maskerade, die er sich selbst zu Ehren angestellt hatte. Aber die vollen runden Köpfe der Bursche und Mädel, die roten Backen alle, und die wohlhäbigen Männer und stattlichen Greise, und alles fröhliche Gesichter, und wie sie teilnahmen an der Herrlichkeit ihres Herrn, der auf Gottes Boden unter ihnen sich ergetzte!

Georg. Das war ein Herr, vollkommen wie Ihr.

Götz. Sollten wir nicht hoffen, daß mehr solcher Fürsten auf einmal herrschen können? daß Verehrung des Kaisers, Fried und Freundschaft der Nachbarn und Lieb der Untertanen der kostbarste Familienschatz sein wird, der auf Enkel und Urenkel erbt? Jeder würde das Seinige erhalten und in sich selbst vermehren, statt daß sie jetzo nicht zuzunehmen glauben, wenn sie nicht andere verderben.

Georg. Würden wir hernach auch reiten?

Götz. Wollte Gott, es gäbe keine unruhige Köpfe in ganz Deutschland! wir würden noch immer zu tun genug finden. Wir wollten die Gebirge von Wölfen säubern, wollten unserm ruhig ackernden Nachbar einen Braten aus dem Wald holen und dafür die Suppe mit ihm essen. Wär uns das nicht genug, wir wollten uns mit unsern Brüdern, wie Cherubim mit flammenden Schwertern, vor die Grenzen des Reichs gegen die Wölfe die Türken, gegen die Füchse die Franzosen lagern und zugleich unsers teuern Kaisers sehr ausgesetzte Länder und die Ruhe des Reichs beschützen. Das wäre ein Leben! Georg! wenn man seine Haut für die allgemeine Glückseligkeit dransetzte. *(Georg springt auf.)* Wo willst du hin?

Georg. Ach ich vergaß, daß wir eingesperrt sind – und der Kaiser hat uns eingesperrt – und unsere Haut davonzubringen, setzen wir unsere Haut dran?

Götz. Sei gutes Muts.

(Lerse kommt.)

Lerse. Freiheit! Freiheit! Das sind schlechte Menschen, unschlüssige bedächtige Esel. Ihr sollt abziehen mit Gewehr, Pferden und Rüstung. Proviant sollt Ihr dahintenlassen.

Götz. Sie werden sich kein Zahnweh dran kauen.

Lerse *(heimlich)*. Habt Ihr das Silber versteckt?

Götz. Nein! Frau, geh mit Franzen, er hat dir was zu sagen. *(Alle ab.)*

Schloßhof

Georg *(im Stall, singt).*
Es fing ein Knab ein Vöge-
lein,
Hm! Hm!
Da lacht' er in den Käfig
'nein,
Hm! Hm!
So! So!
Hm! Hm!
Der freut' sich traun so
läppisch,
Hm! Hm!
Und griff hinein so täppisch,
Hm! Hm!
So! So!
Hm! Hm!
Da flog das Meislein auf ein
Haus,
Hm! Hm!

Und lacht' den dummen Buben aus,
Hm! Hm!
So! So!
Hm! Hm!

Götz. Wie steht's?

Georg *(führt sein Pferd heraus)*. Sie sind gesattelt.

Götz. Du bist fix.

Georg. Wie der Vogel aus dem Käfig.

(Alle die Belagerten.)

Götz. Ihr habt eure Buchsen? Nicht doch! Geht hinauf und nehmt die besten aus dem Rüstschrank, es geht in einem hin. Wir wollen vorausreiten.

Georg.
Hm! Hm!
So! So!
Hm! Hm! *(Ab.)*

Saal

Zwei Knechte am Rüstschrank.

Erster Knecht. Ich nehm die.

Zweiter Knecht. Ich die. Da ist noch eine schönere.

Erster Knecht. Nicht doch! Mach, daß du fortkommst.

Zweiter Knecht. Horch!

Erster Knecht *(springt ans Fenster)*. Hilf, heiliger Gott! sie ermorden unsern Herrn. Er liegt vom Pferd! Georg stürzt!

Zweiter Knecht. Wo retten wir uns! An der Mauer den Nußbaum hinunter ins Feld. *(Ab.)*

Erster Knecht. Franz hält sich noch, ich will zu ihm. Wenn sie sterben, mag ich nicht leben. *(Ab.)*

Vierter Akt.

Wirtshaus zu Heilbronn

Götz.

Götz. Ich komme mir vor wie der böse Geist, den der Kapuziner in einen Sack beschwur. Ich arbeite mich ab und fruchte mir nichts. Die Meineidigen!

(Elisabeth kommt.)

Götz. Was für Nachrichten, Elisabeth, von meinen lieben Getreuen?

Elisabeth. Nichts Gewisses. Einige sind erstochen, einige liegen im Turm. Es konnte oder wollte niemand mir sie näher bezeichnen.

Götz. Ist das Belohnung der Treue? des kindlichen Gehorsams? – Auf daß dir's wohl gehe und du lange lebest auf Erden!

Elisabeth. Lieber Mann, schilt unsern himmlischen Vater nicht. Sie haben ihren Lohn, er ward mit ihnen geboren, ein freies edles Herz. Laß sie gefangen sein, sie sind frei! Gib auf die deputierten Räte acht, die großen goldnen Ketten stehen ihnen zu Gesicht –

Götz. Wie dem Schwein das Halsband. Ich möchte Georgen und Franzen geschlossen sehn!

Elisabeth. Es wäre ein Anblick, um Engel weinen zu machen.

Götz. Ich wollt nicht weinen. Ich wollte die Zähne zusammenbeißen und an meinem Grimm kauen. In Ketten meine Augäpfel! Ihr lieben Jungen, hättet ihr mich nicht geliebt! – Ich würde mich nicht satt an ihnen sehen können. – Im Namen des Kaisers ihr Wort nicht zu halten!

Elisabeth. Entschlagt Euch dieser Gedanken. Bedenkt, daß Ihr vor den Räten erscheinen sollt. Ihr seid nicht gestellt, ihnen wohl zu begegnen, und ich fürchte alles.

Götz. Was wollen sie mir anhaben?

Elisabeth. Der Gerichtsbote!

Götz. Esel der Gerechtigkeit! Schleppt ihre Säcke zur Mühle, und ihren Kehrig aufs Feld. Was gibt's?

(Gerichtsdiener kommt.)

Gerichtsdiener. Die Herren Kommissarii sind auf dem Rathause versammelt und schicken nach Euch.
Götz. Ich komme.
Gerichtsdiener. Ich werde Euch begleiten.
Götz. Viel Ehre.
Elisabeth. Mäßigt Euch.
Götz. Sei außer Sorgen. *(Ab.)*

Rathaus

Kaiserliche Räte. Hauptmann. Ratsherren von Heilbronn.

Ratsherr. Wir haben auf Euern Befehl die stärksten und tapfersten Bürger versammelt; sie warten hier in der Nähe auf Euern Wink, um sich Berlichingens zu bemeistern.
Erster Rat. Wir werden Ihro Kaiserlichen Majestät Eure Bereitwilligkeit, Ihrem höchsten Befehl zu gehorchen, mit vielem Vergnügen zu rühmen wissen. – Es sind Handwerker?
Ratsherr. Schmiede, Weinschröter, Zimmerleute, Männer mit geübten Fäusten und hier wohl beschlagen *(auf die Brust deutend).*
Rat. Wohl.

(Gerichtsdiener kommt.)

Gerichtsdiener. Götz von Berlichingen wartet vor der Tür.
Rat. Laßt ihn herein.

(Götz kommt.)

Götz. Gott grüß euch, ihr Herrn, was wollt ihr mit mir?

Rat. Zuerst, daß Ihr bedenkt: wo Ihr seid? und vor wem?

Götz. Bei meinem Eid, ich verkenn euch nicht, meine Herrn.

Rat. Ihr tut Eure Schuldigkeit.

Götz. Von ganzem Herzen.

Rat. Setzt Euch.

Götz. Da unten hin? Ich kann stehn. Das Stühlchen riecht so nach armen Sündern, wie überhaupt die ganze Stube.

Rat. So steht!

Götz. Zur Sache, wenn's gefällig ist.

Rat. Wir werden in der Ordnung verfahren.

Götz. Bin's wohl zufrieden, wollt, es wär von jeher geschehen.

Rat. Ihr wißt, wie Ihr auf Gnad und Ungnad in unsere Hände kamt.

Götz. Was gebt Ihr mir, wenn ich's vergesse?

Rat. Wenn ich Euch Bescheidenheit geben könnte, würd ich Eure Sache gut machen.

Götz. Gut machen! Wenn Ihr das könntet! Dazu gehört freilich mehr als zum Verderben.

Schreiber. Soll ich das alles protokollieren?

Rat. Was zur Handlung gehört.

Götz. Meinetwegen dürft Ihr's drucken lassen.

Rat. Ihr wart in der Gewalt des Kaisers, dessen väterliche Gnade an den Platz der majestätischen Gerechtigkeit trat, Euch anstatt eines Kerkers Heilbronn, eine seiner geliebten Städte, zum Aufenthalt anwies. Ihr verspracht mit einem Eid, Euch, wie es einem Ritter geziemt, zu stellen und das Weitere demütig zu erwarten.

Götz. Wohl, und ich bin hier und warte.

Rat. Und wir sind hier, Euch Ihro Kaiserlichen Majestät Gnade und Huld zu verkündigen. Sie verzeiht Euch Eure Übertretungen, spricht Euch von der Acht und aller wohlverdienten Strafe los, welches Ihr mit untertänigem Dank erkennen und dagegen die Urfehde abschwören werdet, welche Euch hiermit vorgelesen werden soll.

Götz. Ich bin Ihro Majestät treuer Knecht wie immer. Noch ein Wort, eh Ihr weitergeht: Meine Leute, wo sind die? Was soll mit ihnen werden?

Rat. Das geht Euch nichts an.

Götz. So wende der Kaiser sein Angesicht von Euch, wenn Ihr in Not steckt! Sie waren meine Gesellen, und sind's. Wo habt Ihr sie hingebracht?

Rat. Wir sind Euch davon keine Rechnung schuldig.

Götz. Ah! Ich dachte nicht, daß Ihr nicht einmal zu dem verbunden seid, was Ihr versprecht, geschweige -

Rat. Unsere Kommission ist, Euch die Urfehde vorzulegen. Unterwerft Euch dem Kaiser, und Ihr werdet einen Weg finden, um Eurer Gesellen Leben und Freiheit zu flehen.

Götz. Euern Zettel.

Rat. Schreiber, leset!

Schreiber. »Ich Götz von Berlichingen bekenne öffentlich durch diesen Brief: Daß, da ich mich neulich gegen Kaiser und Reich rebellischerweise aufgelehnt« -

Götz. Das ist nicht wahr. Ich bin kein Rebell, habe gegen Ihro Kaiserliche Majestät nichts verbrochen, und das Reich geht mich nichts an.

Rat. Mäßigt Euch und hört weiter.

Götz. Ich will nichts weiter hören. Tret einer auf und zeuge!

Hab ich wider den Kaiser, wider das Haus Österreich nur einen Schritt getan? Hab ich nicht von jeher durch alle Handlungen bewiesen, daß ich besser als einer fühle, was Deutschland seinen Regenten schuldig ist? und besonders was die Kleinen, die Ritter und Freien, ihrem Kaiser schuldig sind? Ich müßte ein Schurke sein, wenn ich mich könnte bereden lassen, das zu unterschreiben.

Rat. Und doch haben wir gemessene Ordre, Euch in der Güte zu überreden, oder im Entstehungsfall Euch in den Turm zu werfen.

Götz. In Turm? mich?

Rat. Und daselbst könnt Ihr Euer Schicksal von der Gerechtigkeit erwarten, wenn Ihr es nicht aus den Händen der Gnade empfangen wollt.

Götz. In Turm! Ihr mißbraucht die Kaiserliche Gewalt. In Turm! Das ist sein Befehl nicht. Was! mir erst, die Verräter! eine Falle zu stellen, und ihren Eid, ihr ritterlich Wort zum Speck drin aufzuhängen! Mir dann ritterlich Gefängnis zusagen, und die Zusage wieder brechen.

Rat. Einem Räuber sind wir keine Treue schuldig.

Götz. Trügst du nicht das Ebenbild des Kaisers, das ich in dem gesudeltsten Konterfei verehre, du solltest mir den Räuber fressen oder dran erwürgen! Ich bin in einer ehrlichen Fehd begriffen. Du könntest Gott danken und dich vor der Welt groß machen, wenn du in deinem Leben eine so edle Tat getan hättest, wie die ist, um welcher willen ich gefangen sitze.

Rat *(winkt dem Ratsherrn, der zieht die Schelle).*

Götz. Nicht um des leidigen Gewinsts willen, nicht um Land und Leute unbewehrten Kleinen wegzukapern, bin ich ausgezogen. Meinen Jungen zu befreien, und mich meiner Haut zu wehren! Seht Ihr was Unrechts dran? Kaiser und Reich hätten unsere Not nicht in ihrem Kopfkissen gefühlt. Ich habe Gott sei Dank noch *eine* Hand, und habe wohl getan, sie zu brauchen.

(Bürger treten herein, Stangen in der Hand, Wehren an der Seite.)

Götz. Was soll das?

Rat. Ihr wollt nicht hören. Fangt ihn!

Götz. Ist das die Meinung? Wer kein ungrischer Ochs ist, komm mir nicht zu nah! Er soll von dieser meiner rechten eisernen Hand eine solche Ohrfeige kriegen, die ihm Kopfweh, Zahnweh und alles Weh der Erden aus dem Grund kurieren soll. *(Sie machen sich an ihn, er schlägt den einen zu Boden, und reißt einem andern die Wehre von der Seite, sie weichen.)* Kommt! Kommt! Es wäre mir angenehm, den Tapfersten unter euch kennenzulernen.

Rat. Gebt Euch.

Götz. Mit dem Schwert in der Hand! Wißt Ihr, daß es jetzt nur an mir läge, mich durch alle diese Hasenjäger durchzuschlagen und das weite Feld zu gewinnen? Aber ich will Euch lehren, wie man Wort hält. Versprecht mir ritterlich Gefängnis, und ich gebe mein Schwert weg und bin wie vorher Euer Gefangener.

Rat. Mit dem Schwert in der Hand wollt Ihr mit dem Kaiser rechten?

Götz. Behüte Gott! Nur mit Euch und Eurer edlen Kompanie. – Ihr könnt nach Hause gehn, gute Leute. Für die Versäumnis kriegt ihr nichts, und zu holen ist hier nichts als Beulen.

Rat. Greift ihn. Gibt euch eure Liebe zu euerm Kaiser nicht mehr Mut?

Götz. Nicht mehr, als ihnen der Kaiser Pflaster gibt, die Wunden zu heilen, die sich ihr Mut holen könnte.

(Gerichtsdiener kommt.)

Gerichtsdiener. Eben ruft der Türner: es zieht ein Trupp von mehr als zweihunderten nach der Stadt zu. Unversehens sind sie hinter der Weinhöhe hervorgedrungen und drohen unsern Mauern.

Ratsherr. Weh uns! was ist das?

(Wache kommt.)

Wache. Franz von Sickingen hält vor dem Schlag und läßt euch sagen: Er habe gehört, wie unwürdig man an seinem Schwager bundbrüchig geworden sei, wie die Herrn von Heilbronn allen Vorschub täten. Er verlange Rechenschaft, sonst wolle er binnen einer Stunde die Stadt an vier Ecken anzünden und sie der Plünderung preisgeben.

Götz. Braver Schwager!

Rat. Tretet ab, Götz! – Was ist zu tun?

Ratsherr. Habt Mitleiden mit uns und unserer Bürgerschaft!

Sickingen ist unbändig in seinem Zorn, er ist Mann, es zu halten.

Rat. Sollen wir uns und dem Kaiser die Gerechtsame vergeben?

Hauptmann. Wenn wir nur Leute hätten, sie zu behaupten. So aber könnten wir umkommen, und die Sache wäre nur desto schlimmer. Wir gewinnen im Nachgeben.

Ratsherr. Wir wollen Götzen ansprechen, für uns ein gut Wort einzulegen. Mir ist's, als wenn ich die Stadt schon in Flammen sähe.

Rat. Laßt Götzen herein.

Götz. Was soll's?

Rat. Du würdest wohl tun, deinen Schwager von seinem rebellischen Vorhaben abzumahnen. Anstatt dich vom Verderben zu retten, stürzt er dich tiefer hinein, indem er sich zu deinem Falle gesellt.

Götz *(sieht Elisabeth an der Tür, heimlich zu ihr)*. Geh hin! Sag ihm: er soll unverzüglich hereinbrechen, soll hieher kommen, nur der Stadt kein Leids tun. Wenn sich die Schurken hier widersetzen, soll er Gewalt brauchen. Es liegt mir nichts dran umzukommen, wenn sie nur alle mit erstochen werden.

Ein großer Saal auf dem Rathaus

Sickingen. Götz.
Das ganze Rathaus ist mit Sickingens Reitern besetzt.

Götz. Das war Hülfe vom Himmel! Wie kommst du so erwünscht und unvermutet, Schwager?

Sickingen. Ohne Zauberei. Ich hatte zwei, drei Boten ausgeschickt, zu hören, wie dir's ginge? Auf die Nachricht von ihrem Meineid macht ich mich auf den Weg. Nun haben wir sie.

Götz. Ich verlange nichts als ritterliche Haft.

Sickingen. Du bist zu ehrlich. Dich nicht einmal des Vorteils zu bedienen, den der Rechtschaffene über den Meineidigen hat! Sie sitzen im Unrecht, wir wollen ihnen keine Kissen unterlegen. Sie haben die Befehle des Kaisers schändlich mißbraucht. Und wie ich Ihro Majestät kenne, darfst du sicher auf mehr dringen. Es ist zu wenig.

Götz. Ich bin von jeher mit wenigem zufrieden gewesen.

Sickingen. Und bist von jeher zu kurz gekommen. Meine Meinung ist: sie sollen deine Knechte aus dem Gefängnis und dich zusamt ihnen auf deinen Eid nach deiner Burg ziehen lassen. Du magst versprechen, nicht aus deiner Terminei zu gehen, und wirst immer besser sein als hier.

Götz. Sie werden sagen: Meine Güter seien dem Kaiser heimgefallen.

Sickingen. So sagen wir: Du wolltest zur Miete drin wohnen, bis sie dir der Kaiser wieder zu Lehn gäbe. Laß sie sich wenden wie Aale in der Reuse, sie sollen uns nicht entschlüpfen. Sie werden von Kaiserlicher Majestät reden, von ihrem Auftrag. Das kann uns einerlei sein. Ich kenne den Kaiser auch und gelte was bei ihm. Er hat immer gewünscht, dich unter seinem Heer zu haben. Du wirst nicht lang auf deinem Schlosse sitzen, so wirst du aufgerufen werden.

Götz. Wollte Gott bald, eh ich ‚s Fechten verlerne.

Sickingen. Der Mut verlernt sich nicht, wie er sich nicht lernt. Sorge für nichts! Wenn deine Sachen in der Ordnung sind, geh ich nach Hof, denn meine Unternehmung fängt an reif zu werden. Günstige Aspekten deuten mir: »Brich auf!« Es ist mir nichts übrig, als die Gesinnung des Kaisers zu sondieren. Trier und Pfalz vermuten eher des Himmels Einfall, als daß ich ihnen übern Kopf kommen werde. Und ich will kommen wie ein Hagelwetter! Und wenn wir unser Schicksal machen können, so sollst du bald der Schwager eines Kurfürsten sein. Ich hoffte auf deine Faust bei dieser Unternehmung.

Götz *(besieht seine Hand)*. Oh! das deutete der Traum, den ich hatte, als ich tags darauf Marien an Weislingen versprach. Er sagte mir Treu zu, und hielt meine rechte Hand so fest, daß sie aus den Armschienen ging, wie abgebrochen. Ach!

Ich bin in diesem Augenblick wehrloser, als ich war, da sie mir abgeschossen wurde. Weislingen! Weislingen!

Sickingen. Vergiß einen Verräter. Wir wollen seine Anschläge vernichten, sein Ansehn untergraben, und Gewissen und Schande sollen ihn zu Tode fressen. Ich seh, ich seh im Geist meine Feinde, deine Feinde niedergestürzt. Götz, nur noch ein halb Jahr!

Götz. Deine Seele fliegt hoch. Ich weiß nicht; seit einiger Zeit wollen sich in der meinigen keine fröhlichen Aussichten eröffnen. – Ich war schon mehr im Unglück, schon einmal gefangen, und so, wie mir's jetzt ist, war mir's niemals.

Sickingen. Glück macht Mut. Kommt zu den Perücken! Sie haben lang genug den Vortrag gehabt, laß uns einmal die Müh übernehmen. *(Ab.)*

Adelheidens Schloß

Adelheid. Weislingen.

Adelheid. Das ist verhaßt!

Weislingen. Ich hab die Zähne zusammengebissen. Ein so schöner Anschlag, so glücklich vollführt, und am Ende ihn auf sein Schloß zu lassen! Der verdammte Sickingen!

Adelheid. Sie hätten's nicht tun sollen.

Weislingen. Sie saßen fest. Was konnten sie machen? Sickingen drohte mit Feuer und Schwert, der hochmütige jähzornige Mann! Ich haß ihn. Sein Ansehn nimmt zu wie ein Strom, der nur einmal ein paar Bäche gefressen hat, die übrigen folgen von selbst.

Adelheid. Hatten sie keinen Kaiser?

Weislingen. Liebe Frau! Er ist nur der Schatten davon, er wird alt und mißmutig. Wie er hörte, was geschehen war, und ich nebst den übrigen Regimentsräten eiferte, sagte er: »Laßt ihnen Ruh! Ich kann dem alten Götz wohl das Plätzchen gönnen, und wenn er da still ist, was habt ihr über ihn zu klagen?« Wir redeten vom Wohl des Staats. »Oh!« sagt' er, »hätt' ich von jeher Räte gehabt, die meinen unruhigen Geist mehr auf das Glück einzelner Menschen gewiesen hätten!«

Adelheid. Er verliert den Geist eines Regenten.

Weislingen. Wir zogen auf Sickingen los. – »Er ist mein treuer Diener«, sagt' er; »hat er's nicht auf meinen Befehl getan, so tat er doch besser meinen Willen als meine Bevollmächtigten, und ich kann's gutheißen, vor oder nach.«

Adelheid. Man möchte sich zerreißen.

Weislingen. Ich habe deswegen noch nicht alle Hoffnung aufgegeben. Er ist auf sein ritterlich Wort auf sein Schloß gelassen, sich da still zu halten. Das ist ihm unmöglich; wir wollen bald eine Ursach wider ihn haben.

Adelheid. Und desto eher, da wir hoffen können, der Kaiser werde bald aus der Welt gehn, und Karl, sein trefflicher Nachfolger, majestätischere Gesinnungen verspricht.

Weislingen. Karl? Er ist noch weder gewählt noch gekrönt.
Adelheid. Wer wünscht und hofft es nicht?

Weislingen. Du hast einen großen Begriff von seinen Eigenschaften; fast sollte man denken, du sähest sie mit andern Augen.
Adelheid. Du beleidigst mich, Weislingen. Kennst du mich für das?
Weislingen. Ich sagte nichts dich zu beleidigen. Aber schweigen kann ich nicht dazu. Karls ungewöhnliche Aufmerksamkeit für dich beunruhigt mich.
Adelheid. Und mein Betragen?
Weislingen. Du bist ein Weib. Ihr haßt keinen, der euch hofiert.
Adelheid. Aber ihr?
Weislingen. Er frißt mir am Herzen, der fürchterliche Gedanke! Adelheid!
Adelheid. Kann ich deine Torheit kurieren?
Weislingen. Wenn du wolltest! Du könntest dich vom Hof entfernen.
Adelheid. Sage Mittel und Art. Bist du nicht bei Hofe? Soll ich dich lassen und meine Freunde, um auf meinem Schloß mich mit den Uhus zu unterhalten? Nein, Weislingen, daraus wird nichts. Beruhige dich, du weißt, wie ich dich liebe.

Weislingen. Der heilige Anker in diesem Sturm, solang der Strick nicht reißt. *(Ab.)*

Adelheid. Fängst du's so an! Das fehlte noch. Die Unternehmungen meines Busens sind zu groß, als daß du ihnen im Wege stehen solltest. Karl! Großer trefflicher Mann, und Kaiser dereinst! und sollte er der einzige sein unter den Männern, dem der Besitz meiner Gunst nicht schmeichelte? Weislingen, denke nicht mich zu hindern, sonst mußt du in den Boden, mein Weg geht über dich hin.

(Franz kommt mit einem Brief.)

Franz. Hier, gnädige Frau.

Adelheid. Gab dir Karl ihn selbst?

Franz. Ja.

Adelheid. Was hast du? Du siehst so kummervoll.

Franz. Es ist Euer Wille, daß ich mich totschmachten soll; in den Jahren der Hoffnung macht Ihr mich verzweifeln.

Adelheid. Er dauert mich – und wie wenig kostet's mich, ihn glücklich zu machen! Sei gutes Muts, Junge. Ich fühle deine Lieb und Treu, und werde nie unerkenntlich sein.

Franz *(beklemmt)*. Wenn Ihr das fähig wärt, ich müßte vergehn. Mein Gott, ich habe keinen Blutstropfen in mir, der nicht Euer wäre, keinen Sinn, als Euch zu lieben und zu tun, was Euch gefällt!

Adelheid. Lieber Junge!

Franz. Ihr schmeichelt mir. *(In Tränen ausbrechend.)* Wenn diese Ergebenheit nichts mehr verdient, als andere sich vorgezogen zu sehn, als Eure Gedanken alle nach dem Karl gerichtet zu sehn -

Adelheid. Du weißt nicht, was du willst, noch weniger, was du redst.

Franz *(vor Verdruß und Zorn mit dem Fuß stampfend)*. Ich will auch nicht mehr. Will nicht mehr den Unterhändler abgeben.

Adelheid. Franz! Du vergißt dich.

Franz. Mich aufzuopfern! Meinen lieben Herrn!

Adelheid. Geh mir aus dem Gesicht.

Franz. Gnädige Frau!

Adelheid. Geh, entdecke deinem lieben Herrn mein Geheimnis. Ich war die Närrin, dich für was zu halten, das du nicht bist.

Franz. Liebe gnädige Frau, Ihr wißt, daß ich Euch liebe.

Adelheid. Und du warst mein Freund, meinem Herzen so nahe. Geh, verrat mich.

Franz. Eher wollt ich mir das Herz aus dem Leibe reißen! Verzeiht mir, gnädige Frau. Mein Herz ist zu voll, meine Sinnen halten's nicht aus.

Adelheid. Lieber warmer Junge! *(Faßt ihn bei den Händen, zieht ihn zu sich, und ihre Küsse begegnen einander; er fällt ihr weinend um den Hals.)*

Adelheid. Laß mich!

Franz *(erstickend in Tränen an ihrem Hals)*. Gott! Gott!

Adelheid. Laß mich, die Mauern sind Verräter. Laß mich. *(Macht sich los.)* Wanke nicht von deiner Lieb und Treu, und der schönste Lohn soll dir werden. *(Ab.)*

Franz. Der schönste Lohn! Nur bis dahin laß mich leben! Ich wollte meinen Vater ermorden, der mir diesen Platz streitig machte.

Jagsthausen

Götz an einem Tisch. Elisabeth bei ihm mit der Arbeit; es steht ein Licht auf dem Tisch und Schreibzeug.

Götz. Der Müßiggang will mir gar nicht schmecken, und meine Beschränkung wird mir von Tag zu Tag enger; ich wollt, ich könnt schlafen, oder mir nur einbilden, die Ruhe sei was Angenehmes.

Elisabeth. So schreib doch deine Geschichte aus, die du angefangen hast. Gib deinen Freunden ein Zeugnis in die Hand, deine Feinde zu beschämen; verschaff einer edlen Nachkommenschaft die Freude, dich nicht zu verkennen.

Götz. Ach! Schreiben ist geschäftiger Müßiggang, es kommt mir sauer an. Indem ich schreibe, was ich getan, ärger ich mich über den Verlust der Zeit, in der ich etwas tun könnte.

Elisabeth *(nimmt die Schrift)*. Sei nicht wunderlich. Du bist eben an deiner ersten Gefangenschaft in Heilbronn.

Götz. Das war mir von jeher ein fataler Ort.

Elisabeth *(liest)*. »Da waren selbst einige von den Bündischen, die zu mir sagten: ich habe törig getan, mich meinen ärgsten Feinden zu stellen, da ich doch vermuten konnte, sie würden nicht glimpflich mit mir umgehn; da antwortet ich:« Nun, was antwortetest du? Schreibe weiter.

Götz. Ich sagte: »Setz ich so oft meine Haut an anderer Gut und Geld, sollt ich sie nicht an mein Wort setzen?«

Elisabeth. Diesen Ruf hast, du.

Götz. Den sollen sie mir nicht nehmen! Sie haben mir alles genommen, Gut, Freiheit -

Elisabeth. Es fällt in die Zeiten, wie ich die von Miltenberg und Singlingen in der Wirtsstube fand, die mich nicht kannten. Da hatt' ich eine Freude, als wenn ich einen Sohn geboren hätte. Sie rühmten dich untereinander und sagten: »Er ist das Muster eines Ritters, tapfer und edel in seiner Freiheit« und gelassen und treu im Unglück.«

Götz. Sie sollen mir *einen* stellen, dem ich mein Wort gebrochen! Und Gott weiß, daß ich mehr geschwitzt hab, meinem Nächsten zu dienen, als mir, daß ich um den Namen eines tapfern und treuen Ritters gearbeitet habe, nicht um hohe Reichtümer und Rang zu gewinnen. Und Gott sei Dank, worum ich warb, ist mir worden.

(Lerse. Georg mit Wildbret.)

Götz. Glück zu, brave Jäger!

Georg. Das sind wir aus braven Reitern geworden. Aus Stiefeln machen sich leicht Pantoffeln.

Lerse. Die Jagd ist doch immer was, und eine Art von Krieg.

Georg. Wenn man nur hierzulande nicht immer mit Reichsknechten zu tun hätte. Wißt Ihr, gnädiger Herr, wie Ihr uns prophezeitet: wenn sich die Welt umkehrte, würden wir Jäger werden. Da sind wir's ohne das.

Götz. Es kommt auf eins hinaus, wir sind aus unserm Kreise gerückt.

Georg. Es sind bedenkliche Zeiten. Schon seit acht Tagen läßt sich ein fürchterlicher Komet sehen, und ganz Deutschland ist in Angst, es bedeute den Tod des Kaisers, der sehr krank ist.

Götz. Sehr krank! Unsere Bahn geht zu Ende.

Lerse. Und hier in der Nähe gibt's noch schrecklichere Veränderungen. Die Bauern haben einen entsetzlichen Aufstand erregt.

Götz. Wo?

Lerse. Im Herzen von Schwaben. Sie sengen, brennen und morden. Ich fürchte, sie verheeren das ganze Land.

Georg. Einen fürchterlichen Krieg gibt's. Es sind schon an die hundert Ortschaften aufgestanden, und täglich mehr. Der Sturmwind neulich hat ganze Wälder ausgerissen, und kurz darauf hat man in der Gegend, wo der Aufstand begonnen, zwei feurige Schwerter kreuzweis in der Luft gesehn.

Götz. Da leiden von meinen guten Herrn und Freunden gewiß unschuldig mit!

Georg. Schade, daß wir nicht reiten dürfen!

Fünfter Akt.

Bauernkrieg. Tumult in einem Dorf und Plünderung

Weiber und Alte mit Kindern und Gepäcke. Flucht.

Alter. Fort! Fort! daß wir den Mordhunden entgehen.
Weib. Heiliger Gott, wie blutrot der Himmel ist, die untergehende Sonne blutrot!
Mutter. Das bedeut Feuer.
Weib. Mein Mann! Mein Mann!
Alter. Fort! Fort! In Wald!

(Ziehen vorbei. – Link.)

Link. Was sich widersetzt, niedergestochen! Das Dorf ist unser. Daß von Früchten nichts umkommt, nichts zurückbleibt. Plündert rein aus und schnell! Wir zünden gleich an.

(Metzler vom Hügel heruntergelaufen.)

Metzler. Wie geht's Euch, Link?

Link. Drunter und drüber, siehst du, du kommst zum Kehraus. Woher?

Metzler. Von Weinsberg. Da war ein Fest.

Link. Wie?

Metzler. Wir haben sie zusammengestochen, daß eine Lust war.

Link. Wen alles?

Metzler. Dietrich von Weiler tanzte vor. Der Fratz! Wir waren mit hellem wütigem Hauf herum, und er oben auf'm Kirchturm wollt gütlich mit uns handeln. Paff! Schoß ihn einer vorn Kopf. Wir hinauf wie Wetter, und zum Fenster herunter mit dem Kerl.

Link. Ah!

Metzler *(zu den Bauern)*. Ihr Hund', soll ich euch Bein' machen! Wie sie zaudern und trenteln, die Esel.

Link. Brennt an! sie mögen drin braten! Fort! Fahrt zu, ihr Schlingel!

Metzler. Darnach führten wir heraus den Helfenstein, den Eltershofen, an die dreizehn von Adel, zusammen auf achtzig. Herausgeführt auf die Ebne gegen Heilbronn. Das war ein Jubilieren und ein Tumultuieren von den Unsrigen, wie die lange Reih arme reiche Sünder daherzog, einander anstarrten, und Erd und Himmel! Umringt waren sie, ehe sie sich's versahen, und alle mit Spießen niedergestochen.

Link. Daß ich nicht dabei war!

Metzler. Hab mein Tag so kein Gaudium gehabt.

Link. Fahrt zu! Heraus!

Bauer. Alles ist leer.

Link. So brennt an allen Ecken.

Metzler. Wird ein hübsch Feuerchen geben. Siehst du, wie die Kerls übereinanderpurzelten und quiekten wie die Frösche! Es lief mir so warm übers Herz wie ein Glas Branntwein!

Da war ein Rixinger, wenn der Kerl sonst auf die Jagd ritt, mit dem Federbusch und weiten Naslöchern, und uns vor sich hertrieb mit den Hunden und wie die Hunde. Ich hatt' ihn die Zeit nicht gesehen, sein Fratzengesicht fiel mir recht auf. Hasch! den Spieß ihm zwischen die Rippen, da lag er, streckt' alle vier über seine Gesellen. Wie die Hasen beim Treibjagen zuckten die Kerls übereinander.

Link. Raucht schon brav.

Metzler. Dort hinten brennt's. Laß uns mit der Beute gelassen zu dem großen Haufen ziehen.

Link. Wo hält er?

Metzler. Von Heilbronn hieher zu. Sie sind um einen Hauptmann verlegen, vor dem alles Volk Respekt hätt'. Denn wir sind doch nur ihresgleichen, das fühlen sie und werden schwürig.

Link. Wen meinen sie?

Metzler. Max Stumpf oder Götz von Berlichingen.

Link. Das wär gut, gäb auch der Sache einen Schein, wenn's der Götz tät; er hat immer für einen rechtschaffnen Ritter gegolten. Auf! Auf! wir ziehen nach Heilbronn zu! Ruft's herum.

Metzler. Das Feuer leucht uns noch eine gute Strecke. Hast du den großen Kometen gesehen?

Link. Ja. Das ist ein grausam erschrecklich Zeichen! Wenn wir die Nacht durch ziehen, können wir ihn recht sehen. Er geht gegen eins auf.

Metzler. Und bleibt nur fünf Viertelstunden. Wie ein gebogner Arm mit einem Schwert sieht er aus, so blutgelbrot.

Link. Hast du die drei Stern gesehen an des Schwerts Spitze und Seite?

Metzler. Und der breite wolkenfärbige Streif, mit tausend und tausend Striemen wie Spieß', und dazwischen wie kleine Schwerter.

Link. Mir hat's gegraust. Wie das alles so bleichrot, und darunter viel feurige helle Flamme, und dazwischen die grausamen Gesichter mit rauchen Häuptern und Bärten!

Metzler. Hast du die auch gesehen? Und das zwitzert alles so durcheinander, als läg's in einem blutigen Meere, und arbeitet durcheinander, daß einem die Sinne vergehn!

Link. Auf! Auf! *(Ab.)*

Feld

Man sieht in der Ferne zwei Dörfer brennen und ein Kloster. Kohl. Wild. Max Stumpf. Haufen.

Max Stumpf. Ihr könnt nicht verlangen, daß ich euer Hauptmann sein soll. Für mich und euch wär's nichts nütze. Ich bin Pfalzgräfischer Diener; wie sollt ich gegen meinen Herrn führen? Ihr würdet immer wähnen, ich rät nicht von Herzen.

Kohl. Wußten wohl, du würdest Entschuldigung finden.

(Götz, Lerse, Georg kommen.)

Götz. Was wollt ihr mit mir?

Kohl. Ihr sollt unser Hauptmann sein.

Götz. Soll ich mein ritterlich Wort dem Kaiser brechen und aus meinem Bann gehen?

Wild. Das ist keine Entschuldigung.

Götz. Und wenn ich ganz frei wäre, und ihr wollt handeln wie bei Weinsberg an den Edeln und Herrn, und so forthausen, wie rings herum das Land brennt und blutet, und ich sollt euch behülflich sein zu euerm schändlichen rasenden Wesen – eher sollt ihr mich totschlagen wie einen wütigen Hund, als daß ich euer Haupt würde!

Kohl. Wäre das nicht geschehen, es geschähe vielleicht nimmermehr.

Stumpf. Das war eben das Unglück, daß sie keinen Führer hatten, den sie geehrt, und der ihrer Wut Einhalt tun können. Nimm die Hauptmannschaft an, ich bitte dich, Götz. Die Fürsten werden dir Dank wissen, ganz Deutschland. Es wird zum Besten und Frommen aller sein. Menschen und Länder werden geschont werden.

Götz. Warum übernimmst du's nicht?

Stumpf. Ich hab mich von ihnen losgesagt.

Kohl. Wir haben nicht Sattelhenkens Zeit, und langer unnötiger Diskurse. Kurz und gut. Götz, sei unser Hauptmann, oder sieh zu deinem Schloß und deiner Haut. Und hiermit zwei Stunden Bedenkzeit. Bewacht ihn.

Götz. Was braucht's das! Ich bin so gut entschlossen – jetzt als darnach. Warum seid ihr ausgezogen? Eure Rechte und Freiheiten wiederzuerlangen? Was wütet ihr und verderbt das Land! Wollt ihr abstehen von allen Übeltaten und handeln als wackre Leute, die wissen, was sie wollen, so will ich euch behülflich sein zu euern Forderungen und auf acht Tag euer Hauptmann sein.

Wild. Was geschehen ist, ist in der ersten Hitz geschehen, und braucht's deiner nicht, uns künftig zu hindern.

Kohl. Auf ein Vierteljahr wenigstens mußt du uns zusagen.

Stumpf. Macht vier Wochen, damit könnt ihr beide zufrieden sein.

Götz. Meinetwegen.

Kohl. Eure Hand!

Götz. Und gelobt mir, den Vertrag, den ihr mit mir gemacht, schriftlich an alle Haufen zu senden, ihm bei Strafe streng nachzukommen.

Wild. Nun ja! Soll geschehen.

Götz. So verbind ich mich euch auf vier Wochen.

Stumpf. Glück zu! Was du tust, schon unsern gnädigen Herrn den Pfalzgrafen.

Kohl *(leise).* Bewacht ihn. Daß niemand mit ihm rede außer eurer Gegenwart.

Götz. Lerse! Kehr zu meiner Frau. Steh ihr bei. Sie soll bald Nachricht von mir haben.

(Götz, Stumpf, Georg, Lerse, einige Bauern ab. – Metzler, Link kommen.)

Metzler. Was hören wir von einem Vertrag? Was soll der Vertrag?

Link. Es ist schändlich, so einen Vertrag einzugehen.

Kohl. Wir wissen so gut, was wir wollen, als ihr, und haben zu tun und zu lassen.

Wild. Das Rasen und Brennen und Morden mußte doch einmal aufhören, heut oder morgen! so haben wir noch einen braven Hauptmann dazu gewonnen.

Metzler. Was aufhören! Du Verräter! Warum sind wir da? Uns an unsern Feinden zu rächen, uns emporzuhelfen! – Das hat euch ein Fürstenknecht geraten.

Kohl. Komm, Wild, er ist wie ein Vieh. *(Ab.)*

Metzler. Geht nur! Wird euch kein Haufen zustehn. Die Schurken! Link, wir wollen die andern aufhetzen, Miltenberg dort drüben anzünden, und wenn's Händel setzt wegen des Vertrags, schlagen wir den Verträgern zusammen die Köpf ab.

Link. Wir haben doch den großen Haufen auf unsrer Seite.

Berg und Tal. Eine Mühle in der Tiefe

Ein Trupp Reiter. Weislingen kommt aus der Mühle mit Franzen und einem Boten.

Weislingen. Mein Pferd! – Ihr habt's den andern Herrn auch angesagt?

Bote. Wenigstens sieben Fähnlein werden mit Euch eintreffen, im Wald hinter Miltenberg. Die Bauern ziehen unten herum. Überall sind Boten ausgeschickt, der ganze Bund wird in kurzem zusammen sein. Fehlen kann's nicht; man sagt, es sei Zwist unter ihnen.

Weislingen. Desto besser! – Franz!

Franz. Gnädiger Herr?

Weislingen. Richt es pünktlich aus. Ich bind es dir auf deine Seele. Gib ihr den Brief. Sie soll vom Hof auf mein Schloß! Sogleich! Du sollst sie abreisen sehn, und mir's dann melden.

Franz. Soll geschehen, wie Ihr befehlt.

Weislingen. Sag ihr, sie soll wollen. *(Zum Boten.)* Führt uns nun den nächsten und besten Weg.

Bote. Wir müssen umziehen. Die Wasser sind von den entsetzlichen Regen alle ausgetreten.

Jagsthausen

Elisabeth. Lerse.

Lerse. Tröstet Euch, gnädige Frau!

Elisabeth. Ach, Lerse, die Tränen stunden ihm in den Augen, wie er Abschied von mir nahm. Es ist grausam, grausam!

Lerse. Er wird zurückkehren.

Elisabeth. Es ist nicht das. Wenn er auszog, rühmlichen Sieg zu erwerben, da war mir's nicht weh ums Herz. Ich freute mich auf seine Rückkunft, vor der mir jetzt bang ist.

Lerse. Ein so edler Mann -

Elisabeth. Nenn ihn nicht so, das macht neu Elend. Die Bösewichter! Sie drohten, ihn zu ermorden, und sein Schloß anzuzünden. – Wenn er wiederkommen wird – ich seh ihn finster, finster. Seine Feinde werden lügenhafte Klagartikel schmieden, und er wird nicht sagen können: Nein!

Lerse. Er wird und kann.

Elisabeth. Er hat seinen Bann gebrochen. Sag Nein!

Lerse. Nein! Er ward gezwungen; wo ist der Grund, ihn zu verdammen?

Elisabeth. Die Bosheit sucht keine Gründe, nur Ursachen. Er hat sich zu Rebellen, Missetätern, Mördern gesellt, ist an ihrer Spitze gezogen. Sage Nein!

Lerse. Laßt ab, Euch zu quälen und mich. Haben sie ihm nicht feierlich zugesagt, keine Tathandlungen mehr zu unternehmen, wie die bei Weinsberg? Hört ich sie nicht selbst halbreuig sagen: Wenn's nicht geschehen wär, geschäh's vielleicht nie? Müßten nicht Fürsten und Herrn ihm Dank wissen, wenn er freiwillig Führer eines unbändigen Volks geworden wäre, um ihrer Raserei Einhalt zu tun und so viel Menschen und Besitztümer zu schonen?

Elisabeth. Du bist ein liebevoller Advokat. – Wenn sie ihn gefangennähmen, als Rebell behandelten, und sein graues Haupt – Lerse, ich möchte von Sinnen kommen.
Lerse. Sende ihrem Körper Schlaf, lieber Vater der Menschen, wenn du ihrer Seele keinen Trost geben willst!
Elisabeth. Georg hat versprochen, Nachricht zu bringen. Er wird auch nicht dürfen, wie er will. Sie sind ärger als gefangen. Ich weiß, man bewacht sie wie Feinde. Der gute Georg! Er wollte nicht von seinem Herrn weichen.
Lerse. Das Herz blutete mir, wie er mich von sich schickte. Wenn *Ihr* nicht meiner Hülfe bedürftet, alle Gefahren des schmählichsten Todes sollten mich nicht von ihm getrennt haben.
Elisabeth. Ich weiß nicht, wo Sickingen ist. Wenn ich nur Marien einen Boten schicken könnte.
Lerse. Schreibt nur, ich will dafür sorgen. *(Ab.)*

Bei einem Dorf

Götz. Georg.

Götz. Geschwind zu Pferde, Georg! ich sehe Miltenberg brennen. Halten sie so den Vertrag? Reit hin, sag ihnen die Meinung. Die Mordbrenner! Ich sage mich von ihnen los. Sie sollen einen Zigeuner zum Hauptmann machen, nicht mich. Geschwind, Georg. *(Georg ab.)* Wollt, ich wäre tausend Meilen davon, und läg im tiefsten Turm, der in der Türkei steht. Könnt ich mit Ehren von ihnen kommen! Ich fahr ihnen alle Tag durch den Sinn, sag ihnen die bittersten Wahrheiten, daß sie mein müde werden und mich erlassen sollen.

(Ein Unbekannter.)

Unbekannter. Gott grüß Euch, sehr edler Herr.
Götz. Gott dank Euch. Was bringt Ihr? Euern Namen?

Unbekannter. Der tut nichts zur Sache. Ich komme, Euch zu sagen, daß Euer Kopf in Gefahr ist. Die Anführer sind müde, sich von Euch so harte Worte geben zu lassen, haben beschlossen, Euch aus dem Weg zu räumen. Mäßigt Euch oder seht zu entwischen, und Gott geleit Euch. *(Ab.)*

Götz. Auf diese Art dein Leben zu lassen, Götz, und so zu enden! Es sei drum! So ist mein Tod der Welt das sicherste Zeichen, daß ich nichts Gemeines mit den Hunden gehabt habe.

(Einige Bauern.)

Erster Bauer. Herr, Herr! Sie sind geschlagen, sie sind gefangen.

Götz. Wer?

Zweiter Bauer. Die Miltenberg verbrannt haben. Es zog sich ein Bündischer Trupp hinter dem Berg hervor und überfiel sie auf einmal.

Götz. Sie erwartet ihr Lohn. – O Georg! Georg! – Sie haben ihn mit den Bösewichtern gefangen – Mein Georg! Mein Georg! -

(Anführer kommen.)

Link. Auf, Herr Hauptmann, auf! Es ist nicht Säumens Zeit. Der Feind ist in der Nähe und mächtig.

Götz. Wer verbrannte Miltenberg?

Metzler. Wenn Ihr Umstände machen wollt, so wird man Euch weisen, wie man keine macht.

Kohl. Sorgt für unsere Haut und Eure. Auf! Auf!

Götz *(zu Metzler)*. Drohst du mir! Du Nichtswürdiger! Glaubst du, daß du mir fürchterlicher bist, weil des Grafen von Helfenstein Blut an deinen Kleidern klebt?

Metzler. Berlichingen!

Götz. Du darfst meinen Namen nennen, und meine Kinder werden sich dessen nicht schämen.

Metzler. Mit dir feigem Kerl! Fürstendiener!
Götz *(haut ihn über den Kopf, daß er stürzt. Die andern treten dazwischen).*
Kohl. Ihr seid rasend. Der Feind bricht auf allen Seiten ,rein, und ihr hadert!
Link. Auf! Auf!

(Tumult und Schlacht. – Weislingen. Reiter.)

Weislingen. Nach! Nach! Sie fliehen. Laßt euch Regen und Nacht nicht abhalten. Götz ist unter ihnen, hör ich. Wendet Fleiß an, daß ihr ihn erwischt. Er ist schwer verwundet, sagen die Unsrigen. *(Die Reiter ab.)* Und wenn ich dich habe! – Es ist noch Gnade, wenn wir heimlich im Gefängnis dein Todesurteil vollstrecken. – So verlischt er vor dem Andenken der Menschen, und du kannst freier atmen, törichtes Herz. *(Ab.)*

Nacht, im wilden Wald. Zigeunerlager

Zigeunermutter am Feuer.

Mutter. Flick das Strohdach über der Grube, Tochter, gibt hint nacht noch Regen genug.

(Knab kommt.)

Knab. Ein Hamster, Mutter. Da! Zwei Feldmäus.
Mutter. Will sie dir abziehen und braten, und sollst eine Kapp haben von den Fellchen. – Du blutst?
Knab. Hamster hat mich bissen.
Mutter. Hol mir dürr Holz, daß das Feuer loh brennt wenn dein Vater kommt, wird naß sein durch und durch.

(Andre Zigeunerin, ein Kind auf dem Rücken.)

Erste Zigeunerin. Hast du brav geheischen?

Zweite Zigeunerin. Wenig genug. Das Land ist voll Tumult herum, daß man seins Lebens nicht sicher ist. Brennen zwei Dörfer lichterloh.

Erste Zigeunerin. Ist das dort drunten Brand, der Schein? Seh ihm schon lang zu. Man ist die Feuerzeichen am Himmel zeither so gewohnt worden.

(Zigeunerhauptmann, drei Gesellen kommen.)

Hauptmann. Hört ihr den wilden Jäger?

Erster Zigeuner. Er zieht grad über uns hin.

Hauptmann. Wie die Hunde bellen! Wau! Wau!

Zweiter Zigeuner. Die Peitschen knallen.

Dritter Zigeuner. Die Jäger jauchzen holla ho!

Mutter. Bringt ja des Teufels sein Gepäck!

Hauptmann. Haben im Trüben gefischt. Die Bauern rauben selbst, ist's uns wohl vergönnt.

Zweite Zigeunerin. Was hast du, Wolf?

Wolf. Einen Hasen, da, und einen Hahn; ein Bratspieß; ein Bündel Leinwand; drei Kochlöffel und ein Pferdzaum.

Sticks. Ein wullen Deck hab ich, ein Paar Stiefeln, und Zunder und Schwefel.

Mutter. Ist alles pudelnaß, wollen's trocknen, gebt her.

Hauptmann. Horch, ein Pferd! Geht! Seht, was ist.

(Götz zu Pferd.)

Götz. Gott sei Dank! Dort seh ich Feuer, sind Zigeuner. Meine Wunden verbluten, die Feinde hinterher. Heiliger Gott, du endigst gräßlich mit mir!

Hauptmann. Ist's Friede daß du kommst?

Götz. Ich flehe Hülfe von euch. Meine Wunden ermatten mich. Helft mir vom Pferd!

Hauptmann. Helf ihm! Ein edler Mann, an Gestalt und Wort.

Wolf *(leise)*. Es ist Götz von Berlichingen.

Hauptmann. Seid willkommen! Alles ist Euer, was wir haben.
Götz. Dank Euch.
Hauptmann. Kommt in mein Zelt.

Hauptmanns Zelt

Hauptmann. Götz.

Hauptmann. Ruft der Mutter, sie soll Blutwurzel bringen und Pflaster.
Götz *(legt den Harnisch ab).*
Hauptmann. Hier ist mein Feiertagswams.
Götz. Gott lohn's.

(Mutter verbindt ihn.)

Hauptmann. Ist mir herzlich lieb, Euch zu haben.
Götz. Kennt Ihr mich?
Hauptmann. Wer sollte Euch nicht kennen! Götz, unser Leben und Blut lassen wir für Euch.

(Schricks.)

Schricks. Kommen durch den Wald Reiter. Sind Bündische.
Hauptmann. Eure Verfolger! Sie sollen nit bis zu Euch kommen! Auf, Schricks! Biete den andern! Wir kennen die Schliche besser als sie, wir schießen sie nieder, eh sie uns gewahr werden.
Götz *(allein)*. O Kaiser! Kaiser! Räuber beschützen deine Kinder. *(Man hört scharf schießen.)* Die wilden Kerls, starr und treu!

(Zigeunerin.)

Zigeunerin. Rettet Euch! Die Feinde überwältigen.
Götz. Wo ist mein Pferd?

Zigeunerin. Hierbei.
Götz *(gürtet sich und sitzt auf ohne Harnisch).* Zum letztenmal sollen sie meinen Arm fühlen. Ich bin so schwach noch nicht. *(Ab.)*
Zigeunerin. Er sprengt zu den Unsrigen.
(Flucht.)
Wolf. Fort, fort! Alles verloren. Unser Hauptmann erschossen. Götz gefangen.
(Geheul der Weiber und Flucht.)

Adelheidens Schlafzimmer

Adelheid mit einem Brief.

Adelheid. Er, oder ich! Der Übermütige! Mir drohen! – Wir wollen dir zuvorkommen. Was schleicht durch den Saal? *(Es klopft.)* Wer ist draußen?

(Franz leise.)

Franz. Macht mir auf, gnädige Frau.
Adelheid. Franz! Er verdient wohl, daß ich ihm aufmache. *(Läßt ihn ein.)*
Franz *(fällt ihr um den Hals).* Liebe gnädige Frau.
Adelheid. Unverschämter! Wenn dich jemand gehört hätte.
Franz. O es schläft alles, alles!
Adelheid. Was willst du?
Franz. Mich läßt's nicht ruhen. Die Drohungen meines Herrn, Euer Schicksal, mein Herz.
Adelheid. Er war sehr zornig, als du Abschied nahmst?
Franz. Als ich ihn nie gesehen. Auf ihre Güter soll sie, sagt' er, sie soll wollen.
Adelheid. Und wir folgen?
Franz. Ich weiß nichts, gnädige Frau.
Adelheid. Betrogener törichter Junge, du siehst nicht, wo das hinaus will. Hier weiß er mich in Sicherheit. Denn lange

steht's ihm schon nach meiner Freiheit. Er will mich auf seine Güter. Dort hat er Gewalt, mich zu behandeln, wie sein Haß ihm eingibt.

Franz. Er soll nicht!

Adelheid. Wirst du ihn hindern?

Franz. Er soll nicht!

Adelheid. Ich seh mein ganzes Elend voraus. Von seinem Schloß wird er mich mit Gewalt reißen, wird mich in ein Kloster sperren.

Franz. Hölle und Tod!

Adelheid. Wirst du mich retten?

Franz. Eh alles! alles!

Adelheid *(die weinend ihn umhalst)*. Franz, ach uns zu retten!

Franz. Er soll nieder, ich will ihm den Fuß auf den Nacken setzen.

Adelheid. Keine Wut! Du sollst einen Brief an ihn haben, voll Demut, daß ich gehorche. Und dieses Fläschchen gieß ihm unter das Getränk.

Franz. Gebt. Ihr sollt frei sein!

Adelheid. Frei! Wenn du nicht mehr zitternd auf deinen Zehen zu mir schleichen wirst – nicht mehr ich ängstlich zu dir sage: »Brich auf, Franz, der Morgen kommt.«

Heilbronn, vorm Turm

Elisabeth. Lerse.

Lerse. Gott nehm das Elend von Euch, gnädige Frau. Marie ist hier.

Elisabeth. Gott sei Dank! Lerse, wir sind in entsetzliches Elend versunken. Da ist's nun, wie mir alles ahnete! Gefangen, als Meuter, Missetäter in den tiefsten Turm geworfen

Lerse. Ich weiß alles.

Elisabeth. Nichts, nichts weißt du, der Jammer ist zu groß! Sein Alter, seine Wunden, ein schleichend Fieber und, mehr als alles das, die Finsternis seiner Seele, daß es so mit ihm enden soll.

Lerse. Auch, und daß der Weislingen Kommissar ist.

Elisabeth. Weislingen?

Lerse. Man hat mit unerhörten Exekutionen verfahren. Metzler ist lebendig verbrannt, zu Hunderten gerädert, gespießt, geköpft, geviertelt. Das Land umher gleicht einer Metzge, wo Menschenfleisch wohlfeil ist.

Elisabeth. Weislingen Kommissar! O Gott! Ein Strahl von Hoffnung. Marie soll mir zu ihm, er kann ihr nichts abschlagen. Er hatte immer ein weiches Herz, und wenn er sie sehen wird, die er so liebte, die so elend durch ihn ist – Wo ist sie?

Lerse. Noch im Wirtshaus.

Elisabeth. Führe mich zu ihr. Sie muß gleich fort. Ich fürchte alles.

Weislingens Schloß

Weislingen.

Weislingen. Ich bin so krank, so schwach. Alle meine Gebeine sind hohl. Ein elendes Fieber hat das Mark ausgefressen. Keine Ruh und Rast, weder Tag noch Nacht. Im halben Schlummer giftige Träume. Die vorige Nacht begegnete ich Götzen im Wald. Er zog sein Schwert und forderte mich heraus. Ich faßte nach meinem, die Hand versagte mir. Da stieß er's in die Scheide, sah mich verächtlich an und ging hinter mich. – Er ist gefangen, und ich zittre vor ihm. Elender Mensch! Dein Wort hat ihn zum Tode verurteilt, und du bebst vor seiner Traumgestalt wie ein Missetäter! – Und soll er sterben? – Götz! Götz! – Wir Menschen führen uns nicht selbst; bösen Geistern ist Macht über uns gelassen, daß sie ihren höllischen Mutwillen an unserm Verderben üben. *(Setzt sich.)* – Matt! Matt! Wie sind meine Nägel so blau! – Ein kalter, kalter, verzehrender Schweiß lähmt mir jedes Glied. Es dreht mir alles vorm Gesicht. Könnt ich schlafen. Ach

(Maria tritt auf.)

Weislingen. Jesus Marie! – Laß mir Ruh! Laß mir Ruh! – Die Gestalt fehlte noch! Sie stirbt, Marie stirbt, und zeigt sich mir an. – Verlaß mich, seliger Geist, ich bin elend genug.

Maria. Weislingen, ich bin kein Geist. Ich bin Marie.

Weislingen. Das ist ihre Stimme.

Maria. Ich komme, meines Bruders Leben von dir zu erflehen. Er ist unschuldig, so strafbar er scheint.

Weisling. Still, Marie! Du Engel des Himmels bringst die Qualen der Hölle mit dir. Rede nicht fort.

Maria. Und mein Bruder soll sterben? Weislingen, es ist entsetzlich, daß ich dir zu sagen brauche: er ist unschuldig; daß ich jammern muß, dich von dem abscheulichsten Morde zurückzuhalten. Deine Seele ist bis in ihre innersten Tiefen von feindseligen Mächten besessen. Das ist Adelbert!

Weislingen. Du siehst, der verzehrende Atem des Todes hat mich angehaucht, meine Kraft sinkt nach dem Grabe. Ich stürbe als ein Elender, und du kommst, mich in Verzweiflung zu stürzen. Wenn ich reden könnte, dein höchster Haß würde in Mitleid und Jammer zerschmelzen. O Marie! Marie!

Maria. Weislingen, mein Bruder verkranket im Gefängnis. Seine schweren Wunden, sein Alter. Und wenn du fähig wärst, sein graues Haupt – Weislingen, wir würden verzweifeln.

Weislingen. Genug. *(Zieht die Schelle.)*

(Franz in äußerster Bewegung.)

Franz. Gnädiger Herr.

Weislingen. Die Papiere dort, Franz!

Franz *(bringt sie).*

Weislingen *(reißt ein Paket auf und zeigt Marien ein Papier).* Hier ist deines Bruders Todesurteil unterschrieben.

Maria. Gott im Himmel!

Weislingen. Und so zerreiß ich's! Er lebt. Aber kann ich wieder schaffen, was ich zerstört habe? Weine nicht so, Franz! Guter Junge, dir geht mein Elend tief zu Herzen.

Franz *(wirft sich vor ihm nieder und faßt seine Knie).*

Maria *(vor sich).* Er ist sehr krank. Sein Anblick zerreißt mir das Herz. Wie liebt ich ihn! und nun ich ihm nahe, fühl ich, wie lebhaft.

Weislingen. Franz, steh auf und laß das Weinen! Ich kann wieder aufkommen. Hoffnung ist bei den Lebenden.

Franz. Ihr werdet nicht. Ihr müßt sterben.

Weislingen. Ich muß?

Franz *(außer sich).* Gift! Gift! Von Euerm Weibe! – Ich! Ich! *(Rennt davon.)*

Weislingen. Marie, geh ihm nach. Er verzweifelt. *(Maria ab.)* Gift von meinem Weibe! Weh! Weh! Ich fühl's. Marter und Tod!

Maria *(inwendig).* Hülfe! Hülfe!

Weislingen *(will aufstehn).* Gott, vermag ich das nicht!

Maria *(kommt).* Er ist hin. Zum Saalfenster hinaus stürzt' er wütend in den Main hinunter.

Weislingen. Ihm ist wohl. – Dein Bruder ist außer Gefahr. Die übrigen Kommissarien, Seckendorf besonders, sind seine Freunde. Ritterlich Gefängnis werden sie ihm auf sein Wort gleich gewähren. Leb wohl, Maria, und geh.

Maria. Ich will bei dir bleiben, armer Verlaßner.

Weislingen. Wohl verlassen und arm! Du bist ein furchtbarer Rächer, Gott! – Mein Weib -

Maria. Entschlage dich dieser Gedanken. Kehre dein Herz zu dem Barmherzigen.

Weislingen. Geh, liebe Seele, überlaß mich meinem Elend. – Entsetzlich! Auch deine Gegenwart, Marie, der letzte Trost, ist Qual.

Maria *(vor sich).* Stärke mich, o Gott! Meine Seele erliegt mit der seinigen.

Weislingen. Weh! Weh! Gift von meinem Weibe! – Mein Franz verführt durch die Abscheuliche! Wie sie wartet, horcht auf den Boten, der ihr die Nachricht bringe: er ist tot. Und du, Marie! Marie, warum bist du gekommen, daß du jede schlafende Erinnerung meiner Sünden wecktest! Verlaß mich! Verlaß mich, daß ich sterbe.

Maria. Laß mich bleiben. Du bist allein. Denk, ich sei deine Wärterin. Vergiß alles. Vergesse dir Gott so alles, wie ich dir alles vergesse.

Weislingen. Du Seele voll Liebe, bete für mich, bete für mich! Mein Herz ist verschlossen.

Maria. Er wird sich deiner erbarmen. – Du bist matt.

Weislingen. Ich sterbe, sterbe und kann nicht ersterben. Und in dem fürchterlichen Streit des Lebens und Todes sind die Qualen der Hölle.

Maria. Erbarmer, erbarme dich seiner! Nur *einen* Blick deiner Liebe an sein Herz, daß es sich zum Trost öffne, und sein Geist Hoffnung, Lebenshoffnung in den Tod hinüberbringe!

In einem finstern engen Gewölbe

Die Richter des heimlichen Gerichts. Alle vermummt.

Ältester. Richter des heimlichen Gerichts, schwurt auf Strang und Schwert, unsträflich zu sein, zu richten im Verborgnen, zu strafen im Verborgnen Gott gleich! Sind eure Herzen rein und eure Hände, hebt die Arme empor, ruft über die Missetäter: »Wehe! Wehe!«

Alle. Wehe! Wehe!

Ältester. Rufer, beginne das Gericht!

Rufer. Ich, Rufer, rufe die Klag gegen den Missetäter. Des Herz rein ist, dessen Händ rein sind zu schwören auf Strang und Schwert, der klage bei Strang und Schwert! klage! klage!

Kläger *(tritt vor)*. Mein Herz ist rein von Missetat, meine Hände von unschuldigem Blut. Verzeih mir Gott böse Gedanken und hemme den Weg zum Willen! Ich hebe meine Hand auf und klage! klage! klage!

Ältester. Wen klagst du an?

Kläger. Klage an auf Strang und Schwert Adelheiden von Weislingen. Sie hat Ehebruchs sich schuldig gemacht, ihren Mann vergiftet durch ihren Knaben. Der Knab hat sich selbst gerichtet, der Mann ist tot.

Ältester. Schwörst du zu dem Gott der Wahrheit, daß du Wahrheit klagst?

Kläger. Ich schwöre.

Ältester. Würd es falsch befunden, beutst du deinen Hals der Strafe des Mords und des Ehebruchs?

Kläger. Ich biete.

Ältester. Eure Stimmen.

(Sie reden heimlich zu ihm.)

Kläger. Richter des heimlichen Gerichts, was ist euer Urteil über Adelheiden von Weislingen, bezüchtigt des Ehebruchs und Mords?

Ältester. Sterben soll sie! sterben des bittern doppelten Todes; mit Strang und Dolch büßen doppelt doppelte Missetat. Streckt eure Hände empor, und rufet Weh über sie! Weh! Weh! In die Hände des Rächers.

Alle. Weh! Weh! Weh!

Ältester. Rächer! Rächer, tritt auf.

Rächer *(tritt vor)*.

Ältester. Faß hier Strang und Schwert, sie zu tilgen von dem Angesicht des Himmels, binnen acht Tage Zeit. Wo du sie findest, nieder mit ihr in Staub! – Richter, die ihr richtet im Verborgenen und strafet im Verborgenen Gott gleich, bewahrt euer Herz vor Missetat und eure Hände vor unschuldigem Blut.

Hof einer Herberge

Maria. Lerse.

Maria. Die Pferde haben genug gerastet. Wir wollen fort, Lerse.

Lerse. Ruht doch bis an Morgen. Die Nacht ist gar zu unfreundlich.

Maria. Lerse, ich habe keine Ruhe, bis ich meinen Bruder gesehen habe. Laß uns fort. Das Wetter hellt sich aus, wir haben einen schönen Tag zu gewarten.

Lerse. Wie Ihr befehlt.

Heilbronn, im Turm

Götz. Elisabeth.

Elisabeth. Ich bitte dich, lieber Mann, rede mit mir. Dein Stillschweigen ängstet mich. Du verglühst in dir selbst. Komm, laß uns nach deinen Wunden sehen; sie bessern sich um vieles. In der mutlosen Finsternis erkenn ich dich nicht mehr.

Götz. Suchtest du den Götz? Der ist lang hin. Sie haben mich nach und nach verstümmelt, meine Hand, meine Freiheit, Güter und guten Namen. Mein Kopf, was ist an dem? – Was hört Ihr von Georgen? Ist Lerse nach Georgen?

Elisabeth. Ja, Lieber! Richtet Euch auf, es kann sich vieles wenden.

Götz. Wen Gott niederschlägt, der richtet sich selbst nicht auf. Ich weiß am besten, was auf meinen Schultern liegt. Unglück bin ich gewohnt zu dulden. Und jetzt ist's nicht Weislingen allein, nicht die Bauern allein, nicht der Tod des Kaisers und meine Wunden – Es ist alles zusammen. Meine Stunde ist kommen. Ich hoffte, sie sollte sein wie mein Leben. *Sein* Wille geschehe.

Elisabeth. Willt du nicht was essen?

Götz. Nichts, meine Frau. Sieh, wie die Sonne draußen scheint.

Elisabeth. Ein schöner Frühlingstag.

Götz. Meine Liebe, wenn du den Wächter bereden könntest, mich in sein klein Gärtchen zu lassen auf eine halbe Stunde, daß ich der lieben Sonne genösse, des heitern Himmels und der reinen Luft.

Elisabeth. Gleich! und er wird's wohl tun.

Gärtchen am Turm

Maria. Lerse.

Maria. Geh hinein und sieh, wie's steht.

(Lerse ab. – Elisabeth. Wächter.)

Elisabeth. Gott vergelt Euch die Lieb und Treu an meinem Herrn. *(Wächter ab.)* Maria, was bringst du?

Maria. Meines Bruders Sicherheit. Ach, aber mein Herz ist zerrissen. Weislingen ist tot, vergiftet von seinem Weibe. Mein Mann ist in Gefahr. Die Fürsten werden ihm zu mächtig, man sagt, er sei eingeschlossen und belagert.

Elisabeth. Glaubt dem Gerüchte nicht. Und laßt Götzen nichts merken.

Maria. Wie steht's um ihn?

Elisabeth. Ich fürchtete, er würde deine Rückkunft nicht erleben. Die Hand des Herrn liegt schwer auf ihm. Und Georg ist tot.

Maria. Georg! der goldne Junge!

Elisabeth. Als die Nichtswürdigen Miltenberg verbrannten, sandte ihn sein Herr, ihnen Einhalt zu tun. Da fiel ein Trupp Bündischer auf sie los. – Georg! hätten sie sich alle gehalten wie er, sie hätten alle das gute Gewissen haben müssen. Viel wurden erstochen, und Georg mit: er starb einen Reiterstod.

Maria. Weiß es Götz?

Elisabeth. Wir verbergen's vor ihm. Er fragt mich zehnmal des Tags, und schickt mich zehnmal des Tags zu forschen, was

Georg macht. Ich fürchte seinem Herzen diesen letzten Stoß zu geben.

Maria. O Gott, was sind die Hoffnungen dieser Erden!

(Götz. Lerse. Wächter.)

Götz. Allmächtiger Gott! Wie wohl ist's einem unter deinem Himmel! Wie frei! – Die Bäume treiben Knospen, und alle Welt hofft. Lebt wohl, meine Lieben; meine Wurzeln sind abgehauen, meine Kraft sinkt nach dem Grabe.

Elisabeth. Darf ich Lersen nach deinem Sohn ins Kloster schicken, daß du ihn noch einmal siehst und segnest?

Götz. Laß ihn, er ist heiliger als ich, er braucht meinen Segen nicht. – An unsrem Hochzeittag, Elisabeth, ahnte mir's nicht, daß ich so sterben würde. – Mein alter Vater segnete uns, und eine Nachkommenschaft von edeln tapfern Söhnen quoll aus seinem Gebet. – Du hast ihn nicht erhört, und ich bin der Letzte. – Lerse, dein Angesicht freut mich in der Stunde des Todes mehr als im mutigsten Gefecht. Damals führte mein Geist den eurigen; jetzt hältst du mich aufrecht. Ach daß ich Georgen noch einmal sähe, mich an seinem Blick wärmte! – Ihr seht zur Erden und weint – Er ist tot – Georg ist tot. – Stirb, Götz – Du hast dich selbst überlebt, die Edeln überlebt. – Wie starb er? – Ach fingen sie ihn unter den Mordbrennern, und er ist hingerichtet?

Elisabeth. Nein, er wurde bei Miltenberg erstochen. Er wehrte sich wie ein Löw um seine Freiheit.

Götz. Gott sei Dank! – Er war der beste Junge unter der Sonne und tapfer. – Löse meine Seele nun! – Arme Frau! Ich lasse dich in einer verderbten Welt. Lerse, verlaß sie nicht. – Schließt eure Herzen sorgfältiger als eure Tore. Es kommen die Zeiten des Betrugs, es ist ihm Freiheit gegeben. Die Nichtswürdigen werden regieren mit List, und der Edle wird in ihre Netze fallen. Maria, gebe dir Gott deinen Mann wieder. Möge er nicht so tief fallen, als er hoch gestiegen ist! Selbitz starb, und der gute Kaiser, und mein Georg. – Gebt mir einen Trunk Wasser. – Himmlische Luft – Freiheit! Freiheit! *(Er stirbt.)*

Elisabeth. Nur droben, droben bei dir. Die Welt ist ein Gefängnis.

Maria. Edler Mann! Edler Mann! Wehe dem Jahrhundert, das dich von sich stieß!

Lerse. Wehe der Nachkommenschaft, die dich verkennt!

Die Leiden des jungen Werther

Erstes Buch

Was ich von der Geschichte des armen Werther nur habe auffinden können, habe ich mit Fleiß gesammelt und lege es euch hier vor, und weiß, daß ihr mir's danken werdet. Ihr könnt seinem Geist und seinem Charakter eure Bewunderung und Liebe, seinem Schicksale eure Tränen nicht versagen. Und du gute Seele, die du eben den Drang fühlst wie er, schöpfe Trost aus seinem Leiden, und laß das Büchlein deinen Freund sein, wenn du aus Geschick oder eigener Schuld keinen näheren finden kannst.

Am 4. Mai 1771

Wie froh bin ich, daß ich weg bin! Bester Freund, was ist das Herz des Menschen! Dich zu verlassen, den ich so liebe, von dem ich unzertrennlich war, und froh zu sein! Ich weiß, du verzeihst mir's. Waren nicht meine übrigen Verbindungen recht ausgesucht vom Schicksal, um ein Herz wie das meine zu ängstigen? Die arme Leonore! Und doch war ich unschuldig. Konnt' ich dafür, daß, während die eigensinnigen Reize ihrer Schwester mir eine angenehme Unterhaltung verschafften, daß eine Leidenschaft in dem armen Herzen sich bildete? Und doch – bin ich ganz unschuldig? Hab' ich nicht ihre Empfindungen genährt? Hab' ich mich nicht an den ganz wahren Ausdrücken der Natur, die uns so oft zu lachen machten, so wenig lächerlich sie waren, selbst ergetzt? Hab' ich nicht – o was ist der Mensch, daß er über sich klagen darf! Ich will, lieber Freund, ich verspreche dir's, ich will mich bessern, will nicht mehr ein bißchen Übel, das uns das Schicksal vorlegt, wiederkäuen, wie ich's immer getan habe; ich will das Gegenwärtige genießen, und das Vergangene soll mir vergangen sein. Gewiß, du hast recht, Bester, der Schmerzen wären minder unter den Menschen, wenn sie nicht – Gott weiß, warum sie so gemacht sind! – mit so viel Emsigkeit der Einbildungskraft sich beschäftigten, die Erinnerungen des vergangenen

Übels zurückzurufen, eher als eine gleichgültige Gegenwart zu ertragen.

Du bist so gut, meiner Mutter zu sagen, daß ich ihr Geschäft bestens betreiben und ihr ehstens Nachricht davon geben werde. Ich habe meine Tante gesprochen und bei weitem das böse Weib nicht gefunden, das man bei uns aus ihr macht. Sie ist eine muntere, heftige Frau von dem besten Herzen. Ich erklärte ihr meiner Mutter Beschwerden über den zurückgehaltenen Erbschaftsanteil; sie sagte mir ihre Gründe, Ursachen und die Bedingungen, unter welchen sie bereit wäre, alles herauszugeben, und mehr als wir verlangten – kurz, ich mag jetzt nichts davon schreiben, sage meiner Mutter, es werde alles gut gehen. Und ich habe, mein Lieber, wieder bei diesem kleinen Geschäft gefunden, daß Mißverständnisse und Trägheit vielleicht mehr Irrungen in der Welt machen als List und Bosheit. Wenigstens sind die beiden letzteren gewiß seltener.

Übrigens befinde ich mich hier gar wohl. Die Einsamkeit ist meinem Herzen köstlicher Balsam in dieser paradiesischen Gegend, und diese Jahreszeit der Jugend wärmt mit aller Fülle mein oft schauderndes Herz. Jeder Baum, jede Hecke ist ein Strauß von Blüten, und man möchte zum Maienkäfer werden, um in dem Meer von Wohlgerüchen herumschweben und alle seine Nahrung darin finden zu können.

Die Stadt selbst ist unangenehm, dagegen rings umher eine unaussprechliche Schönheit der Natur. Das bewog den verstorbenen Grafen von M., einen Garten auf einem der Hügel anzulegen, die mit der schönsten Mannigfaltigkeit sich kreuzen und die lieblichsten Täler bilden. Der Garten ist einfach, und man fühlt gleich bei dem Eintritte, daß nicht ein wissenschaftlicher Gärtner, sondern ein fühlendes Herz den Plan gezeichnet, das seiner selbst hier genießen wollte. Schon manche Träne hab‘ ich dem Abgeschiedenen in dem verfallenen Kabinettchen geweint, das sein Lieblingsplätzchen war und auch meines ist. Bald werde ich Herr vom Garten sein; der Gärtner ist mir zugetan, nur seit den paar Tagen, und er wird sich nicht übel dabei befinden.

Am 10. Mai

Eine wunderbare Heiterkeit hat meine ganze Seele eingenommen, gleich den süßen Frühlingsmorgen, die ich mit ganzem Herzen genieße. Ich bin allein und freue mich meines Lebens in dieser Gegend, die für solche Seelen geschaffen ist wie die meine. Ich bin so glücklich, mein Bester, so ganz in dem Gefühle von ruhigem Dasein versunken, daß meine Kunst darunter leidet. Ich könnte jetzt nicht zeichnen, nicht einen Strich, und bin nie ein größerer Maler gewesen als in diesen Augenblicken. Wenn das liebe Tal um mich dampft, und die hohe Sonne an der Oberfläche der undurchdringlichen Finsternis meines Waldes ruht, und nur einzelne Strahlen sich in das innere Heiligtum stehlen, ich dann im hohen Grase am fallenden Bache liege, und näher an der Erde tausend mannigfaltige Gräschen mir merkwürdig werden; wenn ich das Wimmeln der kleinen Welt zwischen Halmen, die unzähligen, unergründlichen Gestalten der Würmchen, der Mückchen näher an meinem Herzen fühle, und fühle die Gegenwart des Allmächtigen, der uns nach seinem Bilde schuf, das Wehen des Alliebenden, der uns in ewiger Wonne schwebend trägt und erhält; mein Freund! Wenn's dann um meine Augen dämmert, und die Welt um mich her und der Himmel ganz in meiner Seele ruhn wie die Gestalt einer Geliebten – dann sehne ich mich oft und denke : ach könntest du das wieder ausdrükken, könntest du dem Papiere das einhauchen, was so voll, so warm in dir lebt, daß es würde der Spiegel deiner Seele, wie deine Seele ist der Spiegel des unendlichen Gottes! – mein Freund – aber ich gehe darüber zugrunde, ich erliege unter der Gewalt der Herrlichkeit dieser Erscheinungen.

Ich weiß nicht, ob täuschende Geister um diese Gegend schweben, oder ob die warme, himmlische Phantasie in meinem Herzen ist, die mir alles rings umher so paradisisch macht. Das ist gleich vor dem Orte ein Brunnen, ein Brunnen, an den ich gebannt bin wie Melusine mit ihren Schwestern. – Du gehst einen kleinen Hügel hinunter und findest dich vor einem Gewölbe, da wohl zwanzig Stufen hinabgehen, wo unten das klarste Wasser aus Marmorfelsen quillt. Die kleine Mauer, die oben umher die Einfassung macht, die hohen Bäume, die den Platz rings umher bedecken, die Kühle des Orts; das hat alles so was Anzügliches, was Schauerliches. Es vergeht kein Tag, daß ich nicht eine Stunde da sitze. Da kommen die Mädchen aus der Stadt und holen Wasser, das harmloseste Geschäft und das nötigste, das ehemals die Töchter der Könige selbst verrichteten. Wenn ich da sitze, so lebt die patriarchalische Idee so lebhaft um mich, wie sie, alle die Altväter, am Brunnen Bekanntschaft machen und freien, und wie um die Brunnen und Quellen wohltätige Geister schweben. O der muß nie nach einer schweren Sommertagswanderung sich an des Brunnens Kühle gelabt haben, der das nicht mitempfinden kann.

Am 13. Mai

Du fragst, ob du mir meine Bücher schicken sollst? – lieber, ich bitte dich um Gottes willen, laß mir sie vom Halse! Ich will nicht mehr geleitet, ermuntert, angefeuert sein, braust dieses Herz doch genug aus sich selbst; ich brauche Wiegengesang, und den habe ich in seiner Fülle gefunden in meinem Homer. Wie oft lull‘ ich mein empörtes Blut zur Ruhe, denn so ungleich, so unstet hast du nichts gesehn als dieses Herz. Lieber! Brauch‘ ich dir das zu sagen, der du so oft die Last getragen hast, mich vom Kummer zur Ausschweifung und von süßer Melancholie zur verderblichen Leidenschaft übergehen zu sehn? Auch halte ich mein Herzchen wie ein krankes Kind; jeder Wille wird ihm gestattet. Sage das nicht weiter; es gibt Leute, die mir es verübeln würden.

Am 15. Mai

Die geringen Leute des Ortes kennen mich schon und lieben mich, besonders die Kinder. Eine traurige Bemerkung hab' ich gemacht. Wie ich im Anfange mich zu ihnen gesellte, sie freundschaftlich fragte über dies und das, glaubten einige, ich wollte ihrer spotten, und fertigten mich wohl gar grob ab. Ich ließ mich das nicht verdrießen; nur fühlte ich, was ich schon oft bemerkt habe, auf das lebhafteste : Leute von einigem Stande werden sich immer in kalter Entfernung vom gemeinen Volke halten, als glaubten sie durch Annäherung zu verlieren; und dann gibt's Flüchtlinge und üble Spaßvögel, die sich herabzulassen scheinen, um ihren Übermut dem armen Volke desto empfindlicher zu machen.

Ich weiß wohl, daß wir nicht gleich sind, noch sein können; aber ich halte dafür, daß der, der nötig zu haben glaubt, vom so genannten Pöbel sich zu entfernen, um den Respekt zu erhalten, ebenso tadelhaft ist als ein Feiger, der sich vor seinem Feinde verbirgt, weil er zu unterliegen fürchtet.

Letzthin kam ich zum Brunnen und fand ein junges Dienstmädchen, das ihr Gefäß auf die unterste Treppe gesetzt hatte und sich umsah, ob keine Kamerädin kommen wollte, ihr es auf den Kopf zu helfen. Ich stieg hinunter und sah sie an. – »Soll ich Ihr helfen, Jungfer?« sagte ich. – sie ward rot über und über. – »O nein, Herr!« sagte sie. – »Ohne Umstände«. – sie legte ihren Kringen zurecht, und ich half ihr. Sie dankte und stieg hinauf.

Den 17. Mai

Ich habe allerlei Bekanntschaft gemacht, Gesellschaft habe ich noch keine gefunden. Ich weiß nicht, was ich Anzügliches für die Menschen haben muß; es mögen mich ihrer so viele und hängen sich an mich, und da tut mir's weh, wenn unser Weg nur eine kleine Strecke miteinander geht. Wenn du fragst, wie die Leute hier sind, muß ich dir sagen: wie überall! Es ist ein einförmiges Ding um das Menschengeschlecht. Die meisten verarbeiten den größten Teil der Zeit, um zu leben, und das bißchen, das ihnen von Freiheit übrig bleibt, ängstigt sie so, daß sie alle Mittel aufsuchen, um es los zu werden. O Bestimmung des Menschen!

Aber eine recht gute Art Volks! Wenn ich mich manchmal vergesse, manchmal mit ihnen die Freuden genieße, die den Menschen noch gewährt sind, an einem artig besetzten Tisch mit aller Offen- und Treuherzigkeit sich herumzuspaßen, eine Spazierfahrt, einen Tanz zur rechten Zeit anzuordnen, und dergleichen, das tut eine ganz gute Wirkung auf mich; nur muß mir nicht einfallen, daß noch so viele andere Kräfte in mir ruhen, die alle ungenutzt vermodern und die ich sorgfältig verbergen muß. Ach das engt das ganze Herz so ein. – Und doch! Mißverstanden zu werden, ist das Schicksal von unsereinem.

Ach, daß die Freundin meiner Jugend dahin ist, ach, daß ich sie je gekannt habe! – ich würde sagen: du bist ein Tor! Du suchst, was hienieden nicht zu finden ist! Aber ich habe sie gehabt, ich habe das Herz gefühlt, die große Seele, in deren Gegenwart ich mir schien mehr zu sein, als ich war, weil ich alles war, was ich sein konnte. Guter Gott! Blieb da eine einzige Kraft meiner Seele ungenutzt? Konnt‘ ich nicht vor ihr das ganze wunderbare Gefühl entwickeln, mit dem mein Herz die Natur umfaßt? War unser Umgang nicht ein ewiges Weben von der feinsten Empfindung, dem schärfsten Witze, dessen Modifikationen, bis zur Unart, alle mit dem Stempel des Genies bezeichnet waren? Und nun! – ach ihre Jahre, die sie voraus hatte, führten sie früher ans Grab als mich. Nie werde ich sie vergessen, nie ihren festen Sinn und ihre göttliche Duldung.

Vor wenig Tagen traf ich einen jungen V. an, einen offnen Jungen, mit einer gar glücklichen Gesichtsbildung. Er kommt erst von Akademien dünkt sich eben nicht weise, aber glaubt doch, er wisse mehr als andere. Auch war er fleißig, wie ich an allerlei spüre, kurz, er hat hübsche Kenntnisse. Da er hörte, daß ich viel zeichnete und Griechisch könnte (zwei Meteore hierzulande), wandte er sich an mich und kramte viel Wissens aus, von Batteux bis zu Wood, von de Piles zu Winckelmann, und versicherte mich, er habe Sulzers Theorie, den ersten Teil, ganz durchgelesen und besitze ein Manuskript von Heynen über das Studium der Antike. Ich ließ das gut sein.

Noch gar einen braven Mann habe ich kennen lernen, den fürstlichen Amtmann, einen offenen, treuherzigen Menschen. Man sagt, es soll eine Seelenfreude sein, ihn unter seinen Kindern zu sehen, deren er neun hat; besonders macht man viel Wesens von seiner ältesten Tochter. Er hat mich zu sich gebeten, und ich will ihn ehster Tage besuchen. Er wohnt auf einem fürstlichen Jagdhofe, anderthalb Stunden von hier, wohin er nach dem Tode seiner Frau zu ziehen die Erlaubnis erhielt, da ihm der Aufenthalt hier in der Stadt und im Amthause zu weh tat.

Sonst sind mir einige verzerrte Originale in den Weg gelaufen, an denen alles unausstehlich ist, am unerträglichsten Freundschaftsbezeigungen.

Leb' wohl! Der Brief wird dir recht sein, er ist ganz historisch.

Am 22. Mai

Daß das Leben des Menschen nur ein Traum sei, ist manchem schon so vorgekommen, und auch mit mir zieht dieses Gefühl immer herum. Wenn ich die Einschränkung ansehe, in welcher die tätigen und forschenden Kräfte des Menschen eingesperrt sind; wenn ich sehe, wie alle Wirksamkeit dahinaus läuft, sich die Befriedigung von Bedürfnissen zu verschaffen, die wieder keinen Zweck haben, als unsere arme Existenz zu verlängern, und dann, daß alle Beruhigung über gewisse Punkte des Nachforschens nur eine träumende Regignation ist, da man sich die Wände, zwischen denen man gefangen sitzt, mit bunten Gestalten und lichten Aussichten bemalt – das alles, Wilhelm, macht mich stumm. Ich kehre in mich selbst zurück, und finde eine Welt! Wieder mehr in Ahnung und dunkler Begier als in Darstellung und lebendiger Kraft. Und da schwimmt alles vor meinen Sinnen, und ich lächle dann so träumend weiter in die Welt.

Daß die Kinder nicht wissen, warum sie wollen, darin sind

alle hochgelahrten Schul- und Hofmeister einig; daß aber auch Erwachsene gleich Kindern auf diesem Erdboden herumtaumeln und wie jene nicht wissen, woher sie kommen und wohin sie gehen, ebensowenig nach wahren Zwecken handeln, ebenso durch Biskuit und Kuchen und Birkenreiser regiert werden: das will niemand gern glauben, und mich dünkt, man kann es mit Händen greifen.

Ich gestehe dir gern, denn ich weiß, was du mir hierauf sagen möchtest, daß diejenigen die Glücklichsten sind, die gleich den Kindern in den Tag hinein leben, ihre Puppen herumschleppen, aus- und anziehen und mit großem Respekt um die Schublade umherschleichen, wo Mama das Zuckerbrot hineingeschlossen hat, und, wenn sie das gewünschte endlich erhaschen, es mit vollen Backen verzehren und rufen: »mehr!« – das sind glückliche Geschöpfe. Auch denen ist's wohl, die ihren Lumpenbeschäftigungen oder wohl gar ihren Leidenschaften prächtige Titel geben und sie dem Menschengeschlechte als Riesenoperationen zu dessen Heil und Wohlfahrt anschreiben. – Wohl dem, der so sein kann! Wer aber in seiner Demut erkennt, wo das alles hinausläuft, wer da sieht, wie artig jeder Bürger, dem es wohl ist, sein Gärtchen zum Paradiese zuzustutzen weiß, und wie unverdrossen auch der Unglückliche unter der Bürde seinen Weg fortkeucht, und alle gleich interessiert sind, das Licht dieser Sonne noch eine Minute länger zu sehn – ja, der ist still und bildet auch seine Welt aus sich selbst und ist auch glücklich, weil er ein Mensch ist. Und dann, so eingeschränkt er ist, hält er doch immer im Herzen das süße Gefühl der Freiheit, und daß er diesen Kerker verlassen kann, wann er will.

Am 26. Mai

Du kennst von alters her meine Art, mich anzubauen, mir irgend an einem vertraulichen Orte ein Hüttchen aufzuschlagen und da mit aller Einschränkung zu herbergen. Auch hier habe ich wieder ein Plätzchen angetroffen, das mich angezogen hat.

Ungefähr eine Stunde von der Stadt liegt ein Ort, den sie Wahlheim [Fußnote] nennen. Die Lage an einem Hügel ist sehr interessant, und wenn man oben auf dem Fußpfade zum Dorf herausgeht, übersieht man auf einmal das ganze Tal. Eine gute Wirtin, die gefällig und munter in ihrem Alter ist, schenkt Wein, Bier, Kaffee; und was über alles geht, sind zwei Linden, die mit ihren ausgebreiteten Ästen den kleinen Platz vor der Kirche bedecken, der ringsum mit Bauerhäusern, Scheunen und Höfen eingeschlossen ist. So vertraulich, so heimlich hab' ich nicht leicht ein Plätzchen gefunden, und dahin lass' ich mein Tischchen aus dem Wirtshause bringen und meinen Stuhl, trinke meinen Kaffee da und lese meinen Homer. Das erstenmal, als ich durch einen Zufall an einem schönen Nachmittage unter die Linden kam, fand ich das Plätzchen so einsam. Es war alles im Felde; nur ein Knabe von ungefähr vier Jahren saß an der Erde und hielt ein anderes, etwa halbjähriges, vor ihm zwischen seinen Füßen sitzendes Kind mit beiden Armen wider seine Brust, so daß er ihm zu einer Art von Sessel diente und ungeachtet der Munterkeit, womit er aus seinen schwarzen Augen herumschaute, ganz ruhig saß. Mich vergnügte der Anblick: ich setzte mich auf einen Pflug, der gegenüber stand, und zeichnete die brüderliche Stellung mit vielem Ergetzen. Ich fügte den nächsten Zaun, ein Scheunentor und einige gebrochene Wagenräder bei, alles, wie es hinter einander stand, und fand nach Verlauf einer Stunde, daß ich eine wohlgeordnete, sehr interessante Zeichnung verfertiget hatte, ohne das mindeste von dem Meinen hinzuzutun. Das bestärkte mich in meinem Vorsatze, mich künftig allein an die Natur zu halten. Sie allein ist unendlich reich, und sie allein bildet den großen Künstler. Man kann zum Vorteile der Regeln viel sagen, ungefähr was man zum Lobe der bürgerlichen Gesellschaft sagen kann. Ein Mensch, der sich nach ihnen bildet, wird nie etwas Abgeschmacktes und Schlechtes hervorbringen, wie einer, der sich durch Gesetze und Wohlstand modeln läßt, nie ein unerträglicher Nachbar, nie ein merkwürdiger Bösewicht werden kann; dagegen wird aber auch alle Regel, man rede was man wolle, das wahre Gefühl von Natur und den wahren Ausdruck derselben zerstören! Sag' du: ›das ist zu hart! Sie schränkt nur ein, beschneidet die geilen Reben‹ etc. – guter Freund, soll ich dir ein Gleichnis geben? Es ist damit wie mit der Liebe. Ein junges Herz hängt ganz an einem Mädchen, bringt alle Stunden seines Tages bei ihr zu, verschwendet alle seine Kräfte, all sein Vermögen, um ihr jeden Augenblick auszudrücken, daß er sich ganz ihr hingibt. Und da käme ein Philister, ein Mann, der in einem öffentlichen Amte steht, und sagte zu ihm: ›feiner junger Herr! Lieben ist menschlich, nur müßt Ihr menschlich lieben! Teilet Eure Stunden ein, die einen zur Arbeit, und die Erholungsstunden widmet Eurem Mädchen. Berechnet Euer Vermögen, und was Euch von Eurer Notdurft übrig bleibt, davon verwehr' ich Euch nicht, ihr ein Geschenk, nur nicht zu oft, zu machen, etwa zu ihrem Geburts- und Namenstage etc. – folgt der Mensch, so gibt's einen brauchbaren jungen Menschen, und ich will selbst jedem Fürsten raten, ihn in ein Kollegium zu setzen; nur mit seiner Liebe ist's am Ende und, wenn er ein Künstler ist, mit seiner Kunst. O meine Freunde! Warum der Strom des Genies so selten ausbricht, so selten in hohen Fluten hereinbraust und eure staunende Seele erschüttert? – liebe Freunde, da wohnen die gelassenen Herren auf beiden Seiten des Ufers, denen ihre Gartenhäuschen, Tulpenbeete und Krautfelder zugrunde gehen würden, die daher in Zeiten mit Dämmen und Ableiten der künftig drohenden Gefahr abzuwehren wissen.‹

Am 27. Mai

Ich bin, wie ich sehe, in Verzückung, Gleichnisse und Deklamation verfallen und habe darüber vergessen, dir auszuerzählen, was mit den Kindern weiter geworden ist. Ich saß, ganz in malerische Empfindung vertieft, die dir mein gestriges Blatt sehr zerstückt darlegt, auf meinem Pfluge wohl zwei Stunden. Da kommt gegen Abend eine junge Frau auf die Kinder los, die sich indes nicht gerührt hatten, mit einem Körbchen am Arm und ruft von weitem: »Philipps, du bist recht brav«. – Sie grüßte mich, ich dankte ihr, stand auf, trat näher hin und fragte sie, ob sie Mutter von den Kindern wäre? Sie bejahte es, und indem sie dem ältesten einen halben Weck gab, nahm sie das kleine auf und küßte es mit aller mütterlichen Liebe. – »ich habe«, sagte sie, »meinem Philipps das Kleine zu halten gegeben und bin mit meinem Ältesten in die Stadt gegangen, um weiß Brot zu holen und Zucker und ein irden Breipfännchen«. – Ich sah das alles in dem Korbe, dessen Deckel abgefallen war. – »Ich will meinem Hans (das war der Name des Jüngsten) ein Süppchen kochen zum Abende; der lose Vogel, der Große, hat mir gestern das Pfännchen zerbrochen, als er sich mit Philippsen um die Scharre des Breis zankte«. – ich fragte nach dem Ältesten, und sie hatte mir kaum gesagt, daß er sich auf der Wiese mit ein paar Gänsen herumjage, als er gesprungen kam und dem Zweiten eine Haselgerte mitbrachte. Ich unterhielt mich weiter mit dem Weibe und erfuhr, daß sie des Schulmeisters Tochter sei, und daß ihr Mann eine Reise in die Schweiz gemacht habe, um die Erbschaft eines Vetters zu holen. – »Sie haben ihn drum betriegen wollen«, sagte sie,« und ihm auf seine Briefe nicht geantwortet; da ist er selbst hineingegangen. Wenn ihm nur kein Unglück widerfahren ist, ich höre nichts von ihm«. – Es ward mir schwer, mich von dem Weibe los zu machen, gab jedem der Kinder einen Kreuzer, und auch fürs jüngste gab ich ihr einen, ihm einen Weck zur Suppe mitzubringen, wenn sie in die Stadt ginge, und so schieden wir von einander.

Ich sage dir, mein Schatz, wenn meine Sinne gar nicht mehr halten wollen, so lindert all den Tumult der Anblick eines solchen Geschöpfs, das in glücklicher Gelassenheit den engen Kreis seines Daseins hingeht, von einem Tage zum andern sich durchhilft, die Blätter abfallen sieht und nichts dabei denkt, als daß der Winter kommt.

Seit der Zeit bin ich oft draußen. Die Kinder sind ganz an mich gewöhnt, sie kriegen Zucker, wenn ich Kaffee trinke, und teilen das Butterbrot und die saure Milch mit mir des Abends. Sonntags fehlt ihnen der Kreuzer nie, und wenn ich nicht nach der Betstunde da bin, so hat die Wirtin Ordre, ihn auszuzahlen.

Sie sind vertraut, erzählen mir allerhand, und besonders ergetze ich mich an ihren Leidenschaften und simpeln Ausbrüchen des Begehrens, wenn mehr Kinder aus dem Dorfe sich versammeln.

Viele Mühe hat mich's gekostet, der Mutter ihre Besorgnis zu nehmen, sie möchten den Herrn inkommodieren.

Am 30. Mai

Was ich dir neulich von der Malerei sagte, gilt gewiß auch von der Dichtkunst; es ist nur, daß man das Vortreffliche erkenne und es auszusprechen wage, und das ist freilich mit wenigem viel gesagt. Ich habe heute eine Szene gehabt, die, rein abgeschrieben, die schönste Idylle von der Welt gäbe; doch was soll Dichtung, Szene und Idylle? Muß es denn immer gebosselt sein, wenn wir teil an einer Naturerscheinung nehmen sollen?

Wenn du auf diesen Eingang viel Hohes und Vornehmes erwartest, so bist du wieder übel betrogen; es ist nichts als ein Bauerbursch, der mich zu dieser lebhaften Teilnehmung hingerissen hat. Ich werde, wie gewöhnlich, schlecht erzählen, und du wirst mich, wie gewöhnlich, denk' ich, übertrieben finden; es ist wieder Wahlheim, und immer Wahlheim, das diese Seltenheiten hervorbringt.

Es war eine Gesellschaft draußen unter den Linden, Kaffee zu trinken. Weil sie mir nicht ganz anstand, so blieb ich unter einem Vorwande zurück.

Ein Bauerbursch kam aus einem benachbarten Hause und beschäftigte sich, an dem Pfluge, den ich neulich gezeichnet hatte, etwas zurecht zu machen. Da mir sein Wesen gefiel, redete ich ihn an, fragte nach seinen Umständen, wir waren bald bekannt und, wie mir's gewöhnlich mit dieser Art Leuten geht, bald vertraut. Er erzählte mir, daß er bei einer Witwe in Diensten sei und von ihr gar wohl gehalten werde. Er sprach so vieles von ihr und lobte sie dergestalt, daß ich bald merken konnte, er sei ihr mit Leib und Seele zugetan. Sie sei nicht mehr jung, sagte er, sie sei von ihrem ersten Mann übel gehalten worden, wolle nicht mehr heiraten, und aus seiner Erzählung leuchtete so merklich hervor, wie schön, wie reizend sie für ihn sei, wie sehr er wünschte, daß sie ihn wählen möchte, um das Andenken der Fehler ihres ersten Mannes auszulöschen, daß ich Wort für Wort wiederholen müßte, um dir die reine Neigung, die Liebe und Treue dieses Menschen anschaulich zu machen. Ja, ich müßte die Gabe des größten Dichters besitzen, um dir zugleich den Ausdruck seiner Gebärden, die Harmonie seiner Stimme, das heimliche Feuer seiner Blicke lebendig darstellen zu können. Nein, es sprechen keine Worte die Zartheit aus, die in seinem ganzen Wesen und Ausdruck war; es ist alles nur plump, was ich wieder vorbringen könnte. Besonders rührte mich, wie er fürchtete, ich möchte über sein Verhältnis zu ihr ungleich denken und an ihrer guten Aufführung zweifeln. Wie reizend es war, wenn er von ihrer Gestalt, von ihrem Körper sprach, der ihn ohne jugendliche Reize gewaltsam an sich zog und fesselte, kann ich mir nur in meiner innersten Seele wiederholen. Ich hab' in meinem Leben die dringende Begierde und das heiße, sehnliche Verlangen nicht in dieser Reinheit gesehen, ja wohl kann ich sagen, in dieser Reinheit nicht gedacht und geträumt. Schelte mich nicht, wenn ich dir sage, daß bei der Erinnerung dieser Unschuld und Wahrheit mir die innerste Seele glüht, und daß mich das Bild dieser Treue und Zärtlichkeit überall verfolgt, und daß ich, wie selbst davon entzündet, lechze und schmachte.

Ich will nun suchen, auch sie ehstens zu sehn, oder vielmehr, wenn ich's recht bedenke, ich will's vermeiden. Es ist besser, ich sehe sie durch die Augen ihres Liebhabers; vielleicht erscheint sie mir vor meinen eigenen Augen nicht so, wie sie jetzt vor mir steht, und warum soll ich mir das schöne Bild verderben?

Am 16. Junius

Warum ich dir nicht schreibe? – Fragst du das und bist doch auch der Gelehrten einer. Du solltest raten, daß ich mich wohl befinde, und zwar – kurz und gut, ich habe eine Bekanntschaft gemacht, die mein Herz näher angeht. Ich habe – ich weiß nicht.

Dir in der Ordnung zu erzählen, wie's zugegangen ist, daß ich eins der liebenswürdigsten Geschöpfe habe kennen lernen, wird schwer halten. Ich bin vergnügt und glücklich, und also kein guter Historienschreiber.

Einen Engel! – Pfui! Das sagt jeder von der Seinigen, nicht wahr? Und doch bin ich nicht imstande, dir zu sagen, wie sie vollkommen ist, warum sie vollkommen ist; genug, sie hat allen meinen Sinn gefangengenommen.

So viel Einfalt bei so viel Verstand, so viel Güte bei so viel Festigkeit, und die Ruhe der Seele bei dem wahren Leben und der Tätigkeit.

– Das ist alles garstiges Gewäsch, was ich da von ihr sage, leidige Abstraktionen, die nicht einen Zug ihres Selbst ausdrücken. Ein andermal – nein, nicht ein andermal, jetzt gleich will ich dir's erzählen. Tu' ich's jetzt nicht, so geschäh' es niemals. Denn, unter uns, seit ich angefangen habe zu schreiben, war ich schon dreimal im Begriffe, die Feder niederzulegen, mein Pferd satteln zu lassen und hinauszureiten. Und doch schwur ich mir heute früh, nicht hinauszureiten, und gehe doch alle Augenblick' ans Fenster, zu sehen, wie hoch die Sonne noch steht.

– Ich hab's nicht überwinden können, ich mußte zu ihr hinaus. Da bin ich wieder, Wilhelm, will mein Butterbrot zu Nacht essen und dir schreiben. Welch eine Wonne das für meine Seele ist, sie in dem Kreise der lieben, muntern Kinder, ihrer acht Geschwister, zu sehen!

– Wenn ich so fortfahre, wirst du am Ende so klug sein wie am Anfange. Höre denn, ich will mich zwingen, ins Detail zu gehen.

Ich schrieb dir neulich, wie ich den Amtmann S. habe kennen lernen, und wie er mich gebeten habe, ihn bald in seiner Einsiedelei oder vielmehr seinem kleinen Königreiche zu besuchen. Ich vernachlässigte das, und wäre vielleicht nie hingekommen, hätte mir der Zufall nicht den Schatz entdeckt, der in der stillen Gegend verborgen liegt.

Unsere jungen Leute hatten einen Ball auf dem Lande angestellt, zu dem ich mich denn auch willig finden ließ. Ich bot einem hiesigen guten, schönen, übrigens unbedeutenden Mädchen die Hand, und es wurde ausgemacht, daß ich eine Kutsche nehmen, mit meiner Tänzerin und ihrer Base nach dem Orte der Lustbarkeit hinausfahren und auf dem Wege Charlotten S. mitnehmen sollte. – »Sie werden ein schönes Frauenzimmer kennenlernen«, sagte meine Gesellschafterin, da wir durch den weiten, ausgehauenen Wald nach dem Jagdhause fuhren. – »Nehmen Sie sich in acht«, versetzte die Base, »daß Sie sich nicht verlieben!« – »Wieso?« sagte ich. – »Sie ist schon vergeben«, antwortete jene, »an einen sehr braven Mann, der weggereist ist, seine Sachen in Ordnung zu bringen, weil sein Vater gestorben ist, und sich um eine ansehnliche Versorgung zu bewerben«. – Die Nachricht war mir ziemlich gleichgültig.

Die Sonne war noch eine Viertelstunde vom Gebirge, als wir vor dem Hoftore anfuhren. Es war sehr schwül, und die Frauenzimmer äußerten ihre Besorgnis wegen eines Gewitters, das sich in weißgrauen, dumpfichten Wölkchen rings am Horizonte zusammenzuziehen schien. Ich täuschte ihre Furcht mit anmaßlicher Wetterkunde, ob mir gleich selbst zu ahnen anfing, unsere Lustbarkeit werde einen Stoß leiden.

Ich war ausgestiegen, und eine Magd, die ans Tor kam, bat uns, einen Augenblick zu verziehen, Mamsell Lottchen würde gleich kommen. Ich ging durch den Hof nach dem wohlgebauten Hause, und da ich die vorliegenden Treppen hinaufgestiegen war und in die Tür trat, fiel mir das reizendste Schauspiel in die Augen, das ich je gesehen habe. in dem Vorsaale wimmelten sechs Kinder von eilf zu zwei Jahren um ein Mädchen von schöner Gestalt, mittlerer Größe, die ein simples weißes Kleid, mit blaßroten Schleifen an Arm und Brust, anhatte. Sie hielt ein schwarzes Brot und schnitt ihren Kleinen rings herum jedem sein Stück nach Proportion ihres Alters und Appetits ab, gab's jedem mit solcher Freundlichkeit, und jedes rief so ungekünstelt sein »danke!«, indem es mit den kleinen Händchen lange in die Höhe gereicht hatte, ehe es noch abgeschnitten war, und nun mit seinem Abendbrote vergnügt entweder wegsprang, oder nach seinem stillern Charakter gelassen davonging nach dem Hoftore zu, um die Fremden und die Kutsche zu sehen, darin ihre Lotte wegfahren sollte. – »Ich bitte um Vergebung«, sagte sie, »daß ich Sie hereinbemühe und die Frauenzimmer warten lasse. Über dem Anziehen und allerlei Bestellungen fürs Haus in meiner Abwesenheit habe ich vergessen, meinen Kindern ihr Vesperbrot zu geben, und sie wollen von niemanden Brot geschnitten haben als von mir«.

Ich machte ihr ein unbedeutendes Kompliment, meine ganze Seele ruhte auf der Gestalt, dem Tone, dem Betragen, und ich hatte eben Zeit, mich von der Überraschung zu erholen, als sie in die Stube lief, ihre Handschuhe und den Fächer zu holen. Die Kleinen sahen mich in einiger Entfernung so von der Seite an, und ich ging auf das jüngste los, das ein Kind von der glücklichsten Gesichtsbildung war. Es zog sich zurück, als eben Lotte zur Türe herauskam und sagte: »Louis, gib dem Herrn Vetter eine Hand«. – das tat der Knabe sehr freimütig, und ich konnte mich nicht enthalten, ihn, ungeachtet seines kleinen Rotznäschens, herzlich zu küssen.

»Vetter?« sagte ich, indem ich ihr die Hand reichte, »glauben Sie, daß ich des Glücks wert sei, mit Ihnen verwandt zu sein?« – »O«, sagte sie mit einem leichtfertigen Lächeln, »unsere Vetterschaft ist sehr weitläufig, und es wäre mir leid, wenn Sie der schlimmste drunter sein sollten.« – Im Gehen gab sie Sophien, der ältesten Schwester nach ihr, einem Mädchen von ungefähr eilf Jahren, den Auftrag, wohl auf die Kinder acht zu haben und den Papa zu grüßen, wenn er vom Spazierritte nach Hause käme. Den Kleinen sagte sie, sie sollten ihrer Schwester Sophie folgen, als wenn sie's selber wäre, das denn auch einige ausdrücklich versprachen. Eine kleine, naseweise Blondine aber, von ungefähr sechs Jahren, sagte: »du bist's doch nicht, Lottchen, wir haben dich doch lieber«. – die zwei ältesten Knaben waren hinten auf die Kutsche geklettert, und auf mein Vorbitten erlaubte sie ihnen, bis vor den Wald mitzufahren, wenn sie versprächen, sich nicht zu necken und sich recht festzuhalten.

Wir hatten uns kaum zurecht gesetzt, die Frauenzimmer sich bewillkommt, wechselsweise über den Anzug, vorzüglich über die Hüte ihre Anmerkungen gemacht und die Gesellschaft, die man erwartete, gehörig durchgezogen, als Lotte den Kutscher halten und ihre Brüder herabsteigen ließ, die noch einmal ihre Hand zu küssen begehrten, das denn der älteste mit aller Zärtlichkeit, die dem Alter von fünfzehn Jahren eigen sein kann, der andere mit viel Heftigkeit und Leichtsinn tat. Sie ließ die Kleinen noch einmal grüßen, und wir fuhren weiter.

Die Base fragte, ob sie mit dem Buche fertig wäre, das sie ihr neulich geschickt hatte. – »nein«, sagte Lotte,« es gefällt mir nicht, Sie können's wiederhaben. Das vorige war auch nicht besser«. – Ich erstaunte, als ich fragte, was es für Bücher wären, und sie mir antwortete: [Fußnote] – ich fand so viel Charakter in allem, was sie sagte, ich sah mit jedem Wort neue Reize, neue Strahlen des Geistes aus ihren Gesichtszügen hervorbrechen, die sich nach und nach vergnügt zu entfalten schienen, weil sie an mir fühlte, daß ich sie verstand.

»Wie ich jünger war«, sagte sie, »liebte ich nichts so sehr als Romane. Weiß Gott, wie wohl mir's war, wenn ich mich Sonntags in so ein Eckchen setzen und mit ganzem Herzen an dem Glück und Unstern einer Miß Jonny teilnehmen konnte. Ich leugne auch nicht, daß die Art noch einige Reize für mich hat. Doch da ich so selten an ein Buch komme, so muß es auch recht nach meinem Geschmack sein. Und der Autor ist mir der liebste, in dem ich meine Welt wiederfinde, bei dem es zugeht wie um mich, und dessen Geschichte mir doch so interessant und herzlich wird als mein eigen häuslich Leben, das freilich kein Paradies, aber doch im ganzen eine Quelle umsäglicher Glückseligkeit ist«.

Ich bemühte mich, meine Bewegungen über diese Worte zu verbergen. Das ging freilich nicht weit: denn da ich sie mit solcher Wahrheit im Vorbeigehen vom Landpriester von Wakefield, vom – [Fußnote] reden hörte, kam ich ganz außer mich, sagte ihr alles, was ich mußte, und bemerkte erst nach einiger Zeit, da Lotte das Gespräch an die anderen wendete, daß diese die Zeit über mit offenen Augen, als säßen sie nicht da, dagesessen hatten. Die Base sah mich mehr als einmal mit einem spöttischen Näschen an, daran mir aber nichts gelegen war.

Das Gespräch fiel aufs Vergnügen am Tanze. – »wenn diese Leidenschaft ein Fehler ist,« sagte Lotte, »so gestehe ich Ihnen gern, ich weiß mir nichts übers Tanzen. Und wenn ich was im Kopfe habe und mir auf meinem verstimmten Klavier einen Contretanz vortrommle, so ist alles wieder gut«.

Wie ich mich unter dem Gespäche in den schwarzen Augen weidete – wie die lebendigen Lippen und die frischen, muntern Wangen meine ganze Seele anzogen – wie ich, in den herrlichen Sinn ihrer Rede ganz versunken, oft gar die Worte nicht hörte, mit denen sie sich ausdrückte – davon hast du eine Vorstellung, weil du mich kennst. Kurz, ich stieg aus dem Wagen wie ein Träumender, als wir vor dem Lusthause stille hielten, und war so in Träumen rings in der dämmernden Welt verloren, daß ich auf die Musik kaum achtete, die uns von dem erleuchteten Saal herunter entgegenschallte.

Die zwei Herren Audran und ein gewisser N. N. – wer behält alle die Namen –, die der Base und Lottens Tänzer waren, empfingen uns am Schlage, bemächtigten sich ihrer Frauenzimmer, und ich führte das meinige hinauf.

Wir schlangen uns in Menuetts um einander herum; ich forderte ein Frauenzimmer nach dem andern auf, und just die unleidlichsten konnten nicht dazu kommen, einem die Hand zu reichen und ein Ende zu machen. Lotte und ihr Tänzer fingen einen Englischen an, und wie wohl mir's war, als sie auch in der Reihe die Figur mit uns anfing, magst du fühlen. Tanzen muß man sie sehen! Siehst du, sie ist so mit ganzem Herzen und mit ganzer Seele dabei, ihr ganzer Körper eine Harmonie, so sorglos, so unbefangen, als wenn das eigentlich alles wäre, als wenn sie sonst nichts dächte, nichts empfände; und in dem Augenblicke gewiß schwindet alles andere vor ihr.

Ich bat sie um den zweiten Contretanz; sie sagte mit den dritten zu, und mit der liebenswürdigsten Freimütigkeit von der Welt versicherte sie mir, daß sie herzlich gern deutsch tanze. – »Es ist hier so Mode, »fuhr sie fort, »daß jedes Paar, das zusammen gehört, beim Deutschen zusammenbleibt, und mein Chapeau walzt schlecht und dankt mir's, wenn ich ihm die Arbeit erlasse. Ihr Frauenzimmer kann's auch nicht und mag nicht, und ich habe im Englischen gesehen, daß Sie gut walzen; wenn Sie nun mein sein wollen fürs Deutsche, so gehen Sie und bitten sich's von meinem Herrn aus, und ich will zu Ihrer Dame gehen«. – ich gab ihr die Hand darauf, und wir machten aus, daß ihr Tänzer inzwischen meine Tänzerin unterhalten sollte.

Nun ging's an, und wir ergetzten uns eine Weile an manigfaltigen Schlingungen der Arme. Mit welchem Reize, mit welcher Flüchtigkeit bewegte sie sich! Und da wir nun gar ans Walzen kamen und wie die Sphären um einander herumrollten, ging's freilich anfangs, weil's die wenigsten können, ein bißchen bunt durcheinander. Wir waren klug und ließen sie austoben, und als die Ungeschicktesten den Plan geräumt hatten, fielen wir ein und hielten mit noch einem Paare, mit Audran und seiner Tänzerin, wacker aus. Nie ist mir's so leicht vom Flecke gegangen. Ich war kein Mensch mehr. Das liebenswürdigste Geschöpf in den Armen zu haben und mit ihr herumzufliegen wie Wetter, daß alles rings umher verging, und – Wilhelm, um ehrlich zu sein, tat ich aber doch den Schwur, daß ein Mädchen, das ich liebte, auf das ich Ansprüche hätte, mir nie mit einem andern walzen sollte als mit mir, und wenn ich drüber zugrunde gehen müßte. Du verstehst mich!

Wir machten einige Touren gehend im Saale, um zu verschnaufen. Dann setzte sie sich, und die Orangen, die ich beiseite gebracht hatte, die nun die einzigen noch übrigen waren, taten vortreffliche Wirkung, nur daß mir mit jedem Schnittchen, das sie einer unbescheidenen Nachbarin ehrenhalben zuteilte, ein Stich durchs Herz ging.

Beim dritten englischen Tanz waren wir das zweite Paar. Wie wir die Reihe durchtanzten und ich, weiß Gott mit wieviel Wonne, an ihrem Arm und Auge hing, das voll vom wahrsten Ausdruck des offensten, reinsten Vergnügens war, kommen wir an eine Frau, die mit wegen ihrer liebenswürdigen Miene auf einem nicht mehr ganz jungen Gesichte merkwürdig gewesen war. Sie sieht Lotten lächelnd an, hebt einen drohenden Finger auf und nennt den Namen Albert zweimal im Vorbeifliegen mit viel Bedeutung.

»Wer ist Albert?« sagte ich zu Lotten, »wenn's nicht Vermessenheit ist zu fragen«. – Sie war im Begriff zu antworten, als wir uns scheiden mußten, um die große Achte zu machen, und mich dünkte einiges Nachdenken auf ihrer Stirn zu sehen, als wir so vor einander vorbeikreuzten. – »Was soll ich's Ihnen leugnen,« sagte sie, indem sie mir die Hand zur Promenade bot. »Albert ist ein braver Mensch, dem ich so gut als verlobt bin«. – nun war mir das nichts Neues (denn die Mädchen hatten mir's auf dem Wege gesagt) und war mir doch so ganz neu, weil ich es noch nicht im Verhältnis auf sie, die mir in so wenig Augenblicken so wert geworden war, gedacht hatte. Genug, ich verwirrte mich, vergaß mich und kam zwischen das unrechte Paar hinein, daß alles drunter und drüber ging und Lottens ganze Gegenwart und Zerren und Ziehen nötig war, um es schnell wieder in Ordnung zu bringen.

Der Tanz war noch nicht zu Ende, als die Blitze, die wir schon lange am Horizonte leuchten gesehn und die ich immer für Wetterkühlen ausgegeben hatte, viel stärker zu werden anfingen und der Donner die Musik überstimmte. Drei Frauenzimmer liefen aus der Reihe, denen ihre Herren folgten;

die Unordnung wurde allgemein, und die Musik hörte auf. Es ist natürlich, wenn uns ein Unglück oder etwas Schreckliches im Vergnügen überrascht, daß es stärkere Eindrücke auf uns macht als sonst, teils wegen des Gegensatzes, der sich so lebhaft empfinden läßt, teils und noch mehr, weil unsere Sinne einmal der Fühlbarkeit geöffnet sind und also desto schneller einen Eindruck annehmen. Diesen Ursachen muß ich die wunderbaren Grimassen zuschreiben, in die ich mehrere Frauenzimmer ausbrechen sah. Die klügste setzte sich in eine Ecke, mit dem Rücken gegen vor ihr nieder und verbarg den Kopf in der ersten Schoß. Eine dritte schob sich zwischen beide hinein und umfaßte ihre Schwesterchen mit tausend Tränen. Einige wollten nach Hause; andere, die noch weniger wußten, was sie taten, hatten nicht so viel Besinnungskraft, den Keckheiten unserer jungen Schlucker zu steuern, die sehr beschäftigt zu sein schienen, alle die ängstlichen Gebete, die dem Himmel bestimmt waren, von den Lippen der schönen Bedrängten wegzufangen. Einige unserer Herren hatten sich hinabbegeben, um ein Pfeifchen in Ruhe zu rauchen; und die übrige Gesellschaft schlug es nicht aus, als die Wirtin auf den klugen Einfall kam, uns ein Zimmer anzuweisen, das Läden und Vorhänge hätte. Kaum waren wir da angelangt, als Lotte beschäftigt war, einen Kreis von Stühlen zu stellen und, als sich die Gesellschaft auf ihre Bitte gesetzt hatte, den Vortrag zu einem Spiele zu tun.

Ich sah manchen, der in Hoffnung auf ein saftiges Pfand sein Mäulchen spitzte und seine Glieder reckte. – »Wir spielen Zählens!« sagte sie«. Nun gebt acht! Ich geh' im Kreise herum von der Rechten zur Linken, und so zählt ihr auch rings herum, jeder die Zahl, die an ihn kommt, und das muß gehen wie ein Lauffeuer, und wer stockt oder sich irrt, kriegt eine Ohrfeige, und so bis tausend«. – nun war das lustig anzusehen: sie ging mit ausgestrecktem Arm im Kreise herum. »Eins«, fing der erste an, der Nachbar »zwei«, »drei« der folgende, und so fort. Dann fing sie an, geschwinder zu gehen, immer geschwinder; da versah's einer: Patsch! Eine Ohrfeige, und über das Gelächter der folgende auch: Patsch! Und immer geschwinder. Ich selbst kriegte zwei Maulschellen und glaubte mit innigem Vergnügen zu bemerken, daß sie stärker seien, als sie den übrigen zuzumessen pflegte. Ein allgemeines Gelächter und Geschwärm endigte das Spiel, ehe noch das Tausend ausgezählt war. Die Vertrautesten zogen einander beiseite, das Gewitter war vorüber, und ich folgte Lotten in den Saal. Unterwegs sagte sie: »über die Ohrfeigen haben sie Wetter und alles vergessen!« – ich konnte ihr nichts antworten. – »ich war«, fuhr sie fort, »eine der Furchtsamsten, und indem ich mich herzhaft stellte, um den andern Mut zu geben, bin ich mutig geworden«. – Wir traten ans Fenster. Es donnerte abseitwärts, und der herrliche Regen säuselte auf das Land, und der erquickendste Wohlgeruch stieg in aller Fülle einer warmen Luft zu uns auf. Sie stand auf ihren Ellenbogen gestützt, ihr Blick durchdrang die Gegend; sie sah gen Himmel und auf mich, ich sah ihr Auge tränenvoll, sie legte ihre Hand auf die meinige und sagte: »Klopstock!« – Ich erinnerte mich sogleich der herrlichen Ode, die ihr in Gedanken lag, und versank in dem Strome von Empfindungen, den sie in dieser Losung über mich ausgoß. Ich ertrug's nicht, neigte mich auf ihre Hand und küßte sie unter den wonnevollsten Tränen. Und sah nach ihrem Auge wieder – Edler! Hättest du deine Vergötterung in diesem Blicke gesehen, und möcht' ich nun deinen so oft entweihten Namen nie wieder nennen hören!

Am 19. Junius

Wo ich neulich mit meiner Erzählung geblieben bin, weiß ich nicht mehr; das weiß ich, daß es zwei Uhr des Nachts war, als ich zu Bette kam, und daß, wenn ich dir hätte vorschwatzen können, statt zu schreiben, ich dich vielleicht bis an den Morgen aufgehalten hätte.

Was auf unserer Hereinfahrt vom Balle geschehen ist, habe ich noch nicht erzählt, habe auch heute keinen Tag dazu.

Es war der herrlichste Sonnenaufgang. Der tröpfelnde

Wald und das erfrischte Feld umher! Unsere Gesellschafterinnen nickten ein. Sie fragte mich, ob ich nicht auch von der Partie sein wollte; ihretwegen sollt‘ ich unbekümmert sein. – »So lange ich diese Augen offen sehe«, sagte ich und sah sie fest an,« so lange hat‘s keine Gefahr«. – Und wir haben beide ausgehalten bis an ihr Tor, da ihr die Magd leise aufmachte und auf ihr Fragen versicherte, daß Vater und Kleine wohl seien und alle noch schliefen. Da verließ ich sie mit der Bitte, sie selbigen Tags noch sehen zu dürfen; sie gestand mir‘s zu, und ich bin gekommen – und seit der Zeit können Sonne, Mond und Sterne geruhig ihre Wirtschaft treiben, ich weiß weder daß Tag noch daß Nacht ist, und die ganze Welt verliert sich um mich her.

Am 21. Junius

Ich lebe so glückliche Tage, wie sie Gott seinen Heiligen ausspart; und mit mir mag werden was will, so darf ich nicht sagen, daß ich die Freuden, die reinsten Freuden des Lebens nicht genossen habe. – du kennst mein Wahlheim; dort bin ich völlig etabliert, von da habe ich nur eine halbe Stunde zu Lotten, dort fühl‘ ich mich selbst und alles Glück, das dem Menschen gegeben ist.

Hätt‘ ich gedacht, als ich mir Wahlheim zum Zwecke meiner Spaziergänge wählte, daß es so nahe am Himmel läge! Wie oft habe ich das Jagdhaus, das nun alle meine Wünsche einschließt, auf meinen weiten Wanderungen, bald vom Berge, bald von der Ebne über den Fluß gesehn!

Lieber Wilhelm, ich habe allerlei nachgedacht, über die Begier im Menschen, sich auszubreiten, neue Entdeckungen zu machen, herumzuschweifen; und dann wieder über den inneren Trieb, sich der Einschränkung willig zu ergeben, in dem Gleise der Gewohnheit so hinzufahren und sich weder um Rechts noch um Links zu bekümmern.

Es ist wunderbar: wie ich hierher kam und vom Hügel in das schöne Tal schaute, wie es mich rings umher anzog. – dort das Wäldchen! – ach könntest du dich in seine Schatten mischen! – dort die Spitze des Berges! – ach könntest du von da die weite Gegend überschauen! – die in einander geketteten Hügel und vertraulichen Täler! – o könnte ich mich in ihnen verlieren! – ich eilte hin, und kehrte zurück, und hatte nicht gefunden, was ich hoffte. O es ist mit der Ferne wie mit der Zukunft! Ein großes dämmerndes Ganze ruht vor unserer Seele, unsere Empfindung verschwimmt darin wie unser Auge, und wir sehnen uns, ach! Unser ganzes Wesen hinzugeben, uns mit aller Wonne eines einzigen, großen, herrlichen Gefühls ausfüllen zu lassen. – und ach! Wenn wir hinzueilen, wenn das Dort nun Hier wird, ist alles vor wie nach, und wir stehen in unserer Armut, in unserer Eingeschränktheit, und unsere Seele lechzt nach entschlüpftem Labsale.

So sehnt sich der unruhigste Vagabund zuletzt wieder nach seinem Vaterlande und findet in seiner Hütte, an der Brust seiner Gattin, in dem Kreise seiner Kinder, in den Geschäften zu ihrer Erhaltung die Wonne, die er in der weiten Welt vergebens suchte.

Wenn ich des Morgens mit Sonnenaufgange hinausgehe nach meinem Wahlheim und dort im Wirtsgarten mir meine Zuckererbsen selbst pflücke, mich hinsetze, sie abfädne und dazwischen in meinem Homer lese; wenn ich in der kleinen Küche mir einen Topf wähle, mir Butter aussteche, Schoten ans Feuer stelle, zudecke und mich dazusetze, sie manchmal umzuschütteln: da fühl' ich so lebhaft, wie die übermütigen Freier der Penelope Ochsen und Schweine schlachten, zerlegen und braten. Es ist nichts, das mich so mit einer stillen, wahren Empfindung ausfüllte als die Züge patriarchalischen Lebens, die ich, Gott sei Dank, ohne Affektation in meine Lebensart verweben kann.

Wie wohl ist mir's, daß mein Herz die simple, harmlose Wonne des Menschen fühlen kann, der ein Krauthaupt auf seinen Tisch bringt, das er selbst gezogen, und nun nicht den Kohl allein, sondern all die guten Tage, den schönen Morgen, da er ihn pflanzte, die lieblichen Abende, da er ihn begoß, und da er an dem fortschreitenden Wachstum seine Freude hatte, alle in *einem* Augenblicke wieder mitgenießt.

Am 29. Junius

Vorgestern kam der Medikus hier aus der Stadt hinaus zum Amtmann und fand mich auf der Erde unter Lottens Kindern, wie einige auf mir herumkrabbelten, andere mich neckten, und wie ich sie kitzelte und ein großes Geschrei mit ihnen erregte. Der Doktor, der eine sehr dogmatische Drahtpuppe ist, unterm Reden seine Manschetten in Falten legt und einen Kräusel ohne Ende herauszupft, fand dieses unter der Würde eines gescheiten Menschen; das merkte ich an seiner Nase. Ich ließ mich aber in nichts stören, ließ ihn sehr vernünftige Sachen abhandeln und baute den Kindern ihre Kartenhäuser wieder, die sie zerschlagen hatten. Auch ging er darauf in der Stadt herum und beklagte, des Amtmanns Kinder wären so schon ungezogen genug, der Werther verderbe sie nun völlig.

Ja, lieber Wilhelm, meinem Herzen sind die Kinder am nächsten auf der Erde. Wenn ich ihnen zusehe und in dem kleinen Dinge die Keime aller Tugenden, aller Kräfte sehe, die sie einmal so nötig brauchen werden; wenn ich in dem Eigensinne künftige Standhaftigkeit und Festigkeit des Charakters, in dem Mutwillen guten Humor und Leichtigkeit, über die Gefahren der Welt hinzuschlüpfen, erblicke, alles so unverdorben, so ganz! – immer, immer wiederhole ich dann die goldenen Worte des Lehrers der Menschen: »wenn ihr nicht werdet wie eines von diesen!« und nun, mein Bester, sie, die unseresgleichen sind, die wir als unsere Muster ansehen sollten, behandeln wir als Untertanen. Sie sollen keinen Willen haben! – haben wir denn keinen? Und wo liegt das Vorrecht? – weil wir älter sind und gescheiter! – guter Gott von deinem Himmel, alte Kinder siehst du und junge Kinder, und nichts weiter; und an welchen du mehr Freude hast, das hat dein Sohn schon lange verkündigt. Aber sie glauben an ihn und hören ihn nicht – das ist auch was Altes! – und bilden ihre Kinder nach sich und – Adieu, Wilhelm! Ich mag darüber nicht weiter radotieren.

Am 1. Julius

Was Lotte einem Kranken sein muß, fühl' ich an meinem eigenen Herzen, das übler dran ist als manches, das auf dem Siechbette verschmachtet. Sie wird einige Tage in der Stadt bei einer rechtschaffnen Frau zubringen, die sich nach der Aussage der Ärzte ihrem Ende naht und in diesen letzten Augenblikken Lotten um sich haben will. Ich war vorige Woche mir ihr, den Pfarrer von St. zu besuchen; ein Örtchen, das eine Stunde seitwärts im Gebirge liegt. Wir kamen gegen vier dahin. Lotte hatte ihre zweite Schwester mitgenommen. Als wir in den mit zwei hohen Nußbäumen überschatteten Pfarrhof traten, saß der gute alte Mann auf einer Bank vor der Haustür, und da er Lotten sah, ward er wie neu belebt, vergaß seinen Knotenstock und wagte sich auf, ihr entgegen. Sie lief hin zu ihm, nötigte ihn sich niederzulassen, indem sie sich zu ihm setzte, brachte viele Grüße von ihrem Vater, herzte seinen garstigen, schmutzigen jüngsten Buben, das Quakelchen seines Alters. Du hättest sie sehen sollen, wie sie den Alten beschäftigte, wie sie ihre Stimme erhob, um seinen halb tauben Ohren vernehmlich zu werden, wie sie ihm von jungen, robusten Leuten erzählte, die unvermutet gestorben wären, von der Vortrefflichkeit des Karlsbades, und wie sie seinen Entschluß lobte, künftigen Sommer hinzugehen, wie sie fand, daß er viel besser aussähe, viel munterer sei als das letztemal, da sie ihn gesehn. – ich hatte indes der Frau Pfarrerin meine Höflichkeiten gemacht. Der Alte wurde ganz munter, und da ich nicht umhin konnte, die schönen Nußbäume zu loben, die uns so lieblich beschatteten, fing er an, uns, wiewohl mit einiger Beschwerlichkeit, die Geschichte davon zu geben. – »den alten«, sagte er,« wissen wir nicht, wer den gepflanzt hat; einige sagen dieser, andere jener Pfarrer. Der jüngere aber dort hinten ist so alt als meine Frau, im Oktober funfzig Jahr. Ihr Vater pflanzte ihn des Morgens, als sie gegen Abend geboren wurde. Er war mein Vorfahr im Amt, und wie lieb ihm der Baum war, ist nicht zu sagen; mir ist er's gewiß nicht weniger. Meine Frau saß darunter auf einem Balken und strickte, da ich vor siebenundzwanzig Jahren als ein armer Student zum erstenmale hier in den Hof kam«. – Lotte fragte nach seiner Tochter; es hieß, sie sei mit Herrn Schmidt auf die Wiese hinaus zu den Arbeitern, und der Alte fuhr in seiner Erzählung fort: wie sein Vorfahr ihn liebgewonnen und die Tochter dazu, und wie er erst sein Vikar und dann sein Nachfolger geworden. Die Geschichte war nicht lange zu Ende, als die Jungfer Pfarrerin mit dem sogenannten Herrn Schmidt durch den Garten herkam: sie bewillkommte Lotten mit herzlicher Wärme, und ich muß sagen, sie gefiel mir nicht übel; eine rasche, wohlgewachsene Brünette, die einen die kurze Zeit über auf dem Lande wohl unterhalten hätte. Ihr Liebhaber (denn als solchen stellte sich Herr Schmidt gleich dar), ein feiner, doch stiller Mensch, der sich nicht in unsere Gespräche mischen wollte, ob ihn gleich Lotte immer hereinzog. Was mich am meisten betrübte, war, daß ich an seinen Gesichtszügen zu bemerken schien, es sei mehr Eigensinn und übler Humor als Eingeschränktheit des Verstandes, der ihn sich mitzuteilen hinderte. In der Folge ward dies leider nur zu deutlich; denn als Friederike beim Spazierengehen mit Lotten und gelegentlich auch mit mir ging, wurde des Herrn Angesicht, das ohnedies einer bräunlichen Farbe war, so sichtlich verdunkelt, daß es Zeit war, daß Lotte mich beim Ärmel zupfte und mir zu verstehn gab, daß ich mit Friederiken zu artig getan. Nun verdrießt mich nichts mehr, als wenn die Menschen einander plagen, am meisten, wenn junge Leute in der Blüte des Lebens, da sie am offensten für alle Freuden sein könnten, einander die paar guten Tage mit Fratzen verderben und nur erst zu spät das Unersetzliche ihrer Verschwendung einsehen. Mich wurmte das, und ich konnte nicht umhin, da wir gegen Abend in den Pfarrhof zurückkehrten und an einem Tische Milch aßen und das Gespräch auf Freude und Leid der Welt sich wendete, den Faden zu ergreifen und recht herzlich gegen die üble Laune zu reden. – »wir Menschen beklagen uns oft«, fing ich an, »daß der guten Tage so wenig sind und der schlimmen so viel, und, wie mich dünkt, meist mit Unrecht. Wenn wir immer ein offenes Herz hätten, das Gute zu genießen, das uns Gott für jeden Tag bereitet, wir würden alsdann auch Kraft genug haben, das Übel zu tragen, wenn es kommt«. – »Wir haben aber unser Gemüt nicht in unserer Gewalt«, versetzte die Pfarrerin, »wie viel hängt vom Körper ab! Wenn einem nicht wohl ist, ist's einem überall nicht recht«. – Ich gestand ihr das ein. – »Wir wollen es also«, fuhr ich fort,« als eine Krankheit ansehen und fragen, ob dafür kein Mittel ist?« – »Das läßt sich hören«, sagte Lotte, »ich glaube wenigstens, daß viel von uns abhängt. Ich weiß es an mir. Wenn mich etwas neckt und mich verdrießlich machen will, spring' ich auf und sing' ein paar Contretänze den Garten auf und ab, gleich ist's weg«. – »das war's, was ich sagen wollte,« versetzte ich, »es ist mit der üblen Laune völlig wie mit der Trägheit, denn es ist eine Art von Trägheit. Unsere Natur hängt sehr dahin, und doch, wenn wir nur einmal die Kraft haben, uns zu ermannen, geht uns die Arbeit frisch von der Hand, und wir finden in der Tätigkeit ein wahres Vergnügen«. – Friederike war sehr aufmerksam, und der junge Mensch wandte mir ein, daß man nicht Herr über sich selbst sei und am wenigsten über seine Empfindungen gebieten könne. – »es ist hier die Frage von einer unangenehmen Empfindung«, versetzte ich, »die doch jedermann gerne los ist; und niemand weiß, wie weit seine Kräfte gehen, bis er sie versucht hat. Gewiß, wer krank ist, wird bei allen Ärzten herumfragen, und die größten Resignationen, die bittersten Arzeneien wird er nicht abweisen, um seine gewünschte Gesundheit zu erhalten«. – ich bemerkte, daß der ehrliche Alte sein Gehör anstrengte, um an unserm Diskurse teilzunehmen, ich erhob die Stimme, indem ich die Rede gegen ihn wandte«. Man predigt gegen so viele Laster«, sagte ich, »ich habe noch nie gehört, daß man gegen die üble Laune vom Predigtstuhle [Fußnote] gearbeitet hätte. – »Das müßten die Stadtpfarrer tun«, sagte er, »die Bauern haben keinen bösen Humor; doch könnte es auch zuweilen nicht schaden, es wäre eine Lektion für seine Frau wenigstens und für den Herrn Amtmann«. – Die Gesellschaft lachte, und er herzlich mit, bis er in einen Husten verfiel, der unsern Diskurs eine Zeitlang unterbrach; darauf denn der junge Mensch wieder das Wort nahm: »Sie nannten den bösen Humor ein Laster; mich deucht, das ist übertrieben«. – »Mit nichten«, gab ich zur Antwort, »wenn das, womit man sich selbst und seinem Nächsten schadet, diesen Namen verdient. Ist es nicht genug, daß wir einander nicht glücklich machen können, müssen wir auch noch einander das Vergnügen rauben, das jedes Herz sich noch manchmal selbst gewähren kann? Und nennen Sie mir den Menschen, der übler Laune ist und so brav dabei, sie zu verbergen, sie allein zu tragen, ohne die Freude um sich her zu zerstören! Oder ist sie nicht vielmehr ein innerer Unmut über unsere eigene Unwürdigkeit, ein Mißfallen an uns selbst, das immer mit einem Neide verknüpft ist, der durch eine törichte Eitelkeit aufgehetzt wird? Wir sehen glückliche Menschen, die wir nicht glücklich machen, und das ist unerträglich«. – Lotte lächelte mich an, da sie die Bewegung sah, mit der ich redete, und eine Träne in Friederikens Auge spornte mich fortzufahren. – »Wehe denen«, sagte ich, »die sich der Gewalt bedienen, die sie über ein Herz haben, um ihm die einfachen Freuden zu rauben, die aus ihm selbst hervorkeimen. Alle Geschenke, alle Gefälligkeiten der Welt ersetzen nicht einen Augenblick Vergnügen an sich selbst, den uns eine neidische Unbehaglichkeit unsers Tyrannen vergällt hat«.

Mein ganzes Herz war voll in diesem Augenblicke; die Erinnerung so manches Vergangenen drängte sich an meine Seele, und die Tränen kamen mir in die Augen.

»Wer sich das nur täglich sagte«, rief ich aus,« du vermagst nichts auf deine Freunde, als ihnen ihre Freuden zu lassen und ihr Glück zu vermehren, indem du es mit ihnen genießest. Vermagst du, wenn ihre innere Seele von einer ängstigenden Leidenschaft gequält, vom Kummer zerrüttet ist, ihnen einen Tropfen Linderung zu geben?

Und wenn die letzte, bangste Krankheit dann über das Geschöpf herfällt, das du in blühenden Tagen untergraben hast, und sie nun daliegt in dem erbärmlichsten Ermatten, das Auge gefühllos gen Himmel sieht, der Todesschweiß auf der blassen Stirne abwechselt, und du vor dem Bette stehst wie ein Verdammter, in dem innigsten Gefühl, daß du nichts vermagst mit deinem ganzen Vermögen, und die Angst dich inwendig krampft, daß du alles hingeben möchtest, dem untergehenden Geschöpfe einen Tropfen Stärkung, einen Funken Mut einflößen zu können«.

Die Erinnerung einer solchen Szene, wobei ich gegenwärtig war, fiel mit ganzer Gewalt bei diesen Worten über mich. Ich nahm das Schnupftuch vor die Augen und verließ die Gesellschaft, und nur Lottens Stimme, die mir rief, wir wollten fort, brachte mich zu mir selbst. Und wie sie mich auf dem Wege schalt über den zu warmen Anteil an allem, und daß ich drüber zugrunde gehen würde! Daß ich mich schonen sollte! – O der Engel! Um deinetwillen muß ich leben!

Am 6. Julius

Sie ist immer um ihre sterbende Freundin, und ist immer dieselbe, immer das gegenwärtige, holde Geschöpf, das, wo sie hinsieht, Schmerzen lindert und Glückliche macht. Sie ging gestern abend mit Marianen und dem kleinen Malchen spazieren, ich wußte es und traf sie an, und wir gingen zusammen. Nach einem Wege von anderthalb Stunden kamen wir gegen die Stadt zurück, an den Brunnen, der mir so wert und nun tausendmal werter ist. Lotte setzte sich aufs Mäuerchen, wir standen vor ihr. Ich sah umher, ach, und die Zeit, da mein Herz so allein war, lebte wieder vor mir auf. – »Lieber Brunnen«, sagte ich, »seither hab‘ ich nicht mehr an deiner Kühle geruht, hab‘ in eilendem Vorübergehn dich manchmal nicht angesehn«. – Ich blickte hinab und sah, daß Malchen mit einem Glase Wasser sehr beschäftigt heraufstieg. – Ich sah Lotten an und fühlte alles, was ich an ihr habe. Indem kommt Malchen mit einem Glase. Mariane wollt‘ es ihr abnehmen: »nein!« rief das Kind mit dem süßesten Ausdrucke,«

nein, Lottchen, du sollst zuerst trinken!« – ich ward über die Wahrheit, über die Güte, womit sie das ausrief, so entzückt, daß ich meine Empfindung mit nichts ausdrücken konnte, als ich nahm das Kind von der Erde und küßte es lebhaft, das sogleich zu schreien und zu weinen anfing. – »Sie haben übel getan«, sagte Lotte. – Ich war betroffen. – »komm, Malchen, »fuhr sie fort, indem sie es bei der Hand nahm und die Stufen hinabführte, »da wasche dich aus der frischen Quelle geschwind, geschwind, da tut's nichts«. – Wie ich so dastand und zusah, mit welcher Emsigkeit das Kleine seinen nassen Händchen die Backen rieb, mit welchem Glauben, daß durch die Wunderquelle alle Verunreinigung abgespült und die Schmach abgetan würde, einen häßlichen Bart zu kriegen; wie Lotte sagte: »es ist genug!« und das Kind doch immer eifrig fortwusch, als wenn Viel mehr täte als Wenig – ich sage dir, Wilhelm, ich habe mit mehr Respekt nie einer Taufhandlung beigewohnt; und als Lotte heraufkam, hätte ich mich gern vor ihr niedergeworfen wie vor einem Propheten, der die Schulden einer Nation weggeweiht hat.

Des Abends konnte ich nicht umhin, in der Freude meines Herzens den Vorfall einem Manne zu erzählen, dem ich Menschensinn zutraute, weil er Verstand hat; aber wie kam ich an! Er sagte, das sei sehr übel von Lotten gewesen; man solle den Kindern nichts weis machen; dergleichen gebe zu unzähligen Irrtümern und Aberglauben Anlaß, wovor man die Kinder frühzeitig bewahren müsse. – nun fiel mir ein, daß der Mann vor acht Tagen hatte taufen lassen, drum ließ ich's vorbeigehen und blieb in meinem Herzen der Wahrheit getreu: wir sollen es mit den Kindern machen wie Gott mit uns, der uns am glücklichsten macht, wenn er uns in freundlichem Wahne so hintaumeln läßt.

Am 8. Julius

Was man ein Kind ist! Was man nach so einem Blicke geizt! Was man ein Kind ist! – Wir waren nach Wahlheim gegangen. Die Frauenzimmer fuhren hinaus, und während unserer Spaziergänge glaubte ich in Lottens schwarzen Augen – ich bin ein Tor, verzeih mir‘s! Du solltest sie sehen, diese Augen. – Daß ich kurz bin (denn die Augen fallen mir zu vor Schlaf): siehe, die Frauenzimmer stiegen ein, da standen um die Kutsche der junge W., Selstadt und Audran und ich. Da ward aus dem Schlage geplaudert mit den Kerlchen, die freilich leicht und lüftig genug waren. – ich suchte Lottens Augen: ach, sie gingen von einem zum andern! Aber auf mich! Mich! Mich! Der ganz allein auf sie resigniert dastand, fielen sie nicht! – Mein Herz sagte ihr tausend Adieu! Und sie sah mich nicht! Die Kutsche fuhr vorbei, und eine Träne stand mir im Auge. Ich sah ihr nach und sah Lottens Kopfputz sich zum Schlage herauslehnen, und sie wandte sich um zu sehen, ach! Nach mir? – Lieber! In dieser Ungewißheit schwebe ich; das ist mein Trost: vielleicht hat sie sich nach mir umgesehen! Vielleicht! – Gute Nacht! O, was ich ein Kind bin!

Am 10. Julius

Die alberne Figur, die ich mache, wenn in Gesellschaft von ihr gesprochen wird, solltest du sehen! Wenn man mich nun gar fragt, wie sie mir gefällt? – gefällt! Das Wort hasse ich auf den Tod. Was muß das für ein Mensch sein, dem Lotte gefällt, dem sie nicht alle Sinne, alle Empfindungen ausfüllt! Gefällt! Das Wort hasse ich auf den Tod. Was muß das für ein Mensch sein, dem Lotte gefällt, dem sie nicht alle Sinne, alle Empfindungen ausfüllt! Gefällt! Neulich fragte mich einer, wie mir Ossian gefiele!

Am 11. Julius

Frau M. ist sehr schlecht; ich bete für ihr Leben, weil ich mit Lotten dulde. Ich sehe sie selten bei einer Freundin, und heute hat sie mir einen wunderbaren Vorfall erzählt. – der alte M. ist ein geiziger, rangiger Filz, der seine Frau im Leben was Rechts geplagt und eingeschränkt hat; doch hat sich die Frau immer durchzuhelfen gewußt. Vor wenigen Tagen, als der Arzt ihr das Leben abgesprochen hatte, ließ sie ihren Mann kommen (Lotte war im Zimmer) und redete ihn also an: »Ich muß dir eine Sache gestehen, die nach meinem Tode Verwirrung und Verdruß machen könnte. Ich habe bisher die Haushaltung geführt, so ordentlich und sparsam als möglich; allein du wirst mir verzeihen, daß ich dich diese dreißig Jahre her hintergangen habe. Du bestimmtest im Anfange unserer Heirat ein Geringes für die Bestreitung der Küche und anderer häuslichen Ausgaben. Als unsere Haushaltung stärker wurde, unser Gewerbe größer, warst du nicht zu bewegen, mein Wochengeld nach dem Verhältnisse zu vermehren; kurz, du weißt, daß du in den Zeiten, da sie am größten war, verlangtest, ich solle mit sieben Gulden die Woche auskommen. Die habe ich denn ohne Widerrede genommen und mir den Überschuß wöchentlich aus der Losung geholt, da niemand vermutete, daß die Frau die Kasse bestehlen würde. Ich habe nichts verschwendet und wäre auch, ohne es zu bekennen, getrost der Ewigkeit entgegengegangen, wenn nicht diejenige, die nach mir das Hauswesen zu führen hat, sich nicht zu helfen wissen würde, und du doch immer darauf bestehen könntest, deine erste Frau sei damit ausgekommen«

Ich redete mit Lotten über die unglaubliche Verblendung des Menschensinns, daß einer nicht argwohnen soll, dahinter müsse was anders stecken, wenn eins mit sieben Gulden hinreicht, wo man den Aufwand vielleicht um zweimal so viel sieht. Aber ich habe selbst Leute gekannt, die des Propheten ewiges Ölkrüglein ohne Verwunderung in ihrem Hause angenommen hätten.

Am 13. Julius

Nein, ich betrüge mich nicht! Ich lese in ihren schwarzen Augen wahre Teilnehmung an mir und meinem Schicksal. Ja ich fühle, und darin darf ich meinem Herzen trauen, daß sie – o darf ich, kann ich den Himmel in diesen Worten aussprechen? – daß sie mich liebt!

Mich liebt! – und wie wert ich mir selbst werde, wie ich – dir darf ich‘s wohl sagen, du hast Sinn für so etwas – wie ich mich selbst anbete, seitdem sie mich liebt!

Ob das Vermessenheit ist oder Gefühl des wahren Verhältnisses? – ich kenne den Menschen nicht, von dem ich etwas in Lottens Herzen fürchtete. Und doch – wenn sie von ihrem Bräutigam spricht, mit solcher Wärme, solcher Liebe von ihm spricht – da ist mir‘s wie einem, der aller seiner Ehren und Würden entsetzt und dem der Degen genommen wird.

Am 16. Julius

Ach wie mir das durch alle Adern läuft, wenn mein Finger unversehens den ihrigen berührt, wenn unsere Füße sich unter dem Tische begegnen! Ich ziehe zurück wie vom Feuer, und eine geheime Kraft zieht mich wieder vorwärts – mir wird‘s so schwindelig vor allen Sinnen. – O! Und ihre Unschuld, ihre unbefangene Seele fühlt nicht, wie sehr mich die kleinen Vertraulichkeiten peinigen. Wenn sie gar im Gespräch ihre Hand auf die meinige legt und im Interesse der Unterredung näher zu mir rückt, daß der himmlische Atem ihres Mundes meine Lippen erreichen kann: – ich glaube zu versinken, wie vom Wetter gerührt. – und, Wilhelm! Wenn ich mich jemals unterstehe, diesen Himmel, dieses Vertrauen –! Du verstehst mich. Nein, mein Herz ist so verderbt nicht! Schwach! Schwach genug! – und ist das nicht Verderben?

– sie ist mir heilig. Alle Begier schweigt in ihrer Gegenwart. Ich weiß nie, wie mir ist, wenn ich bei ihr bin; es ist, als wenn die Seele sich mir in allen Nerven umkehrte. – sie hat eine Melodie, die sie auf dem Klaviere spielet mit der Kraft eines Engels, so simpel und so geistvoll! Es ist ihr Leiblied, und mich stellt es von aller Pein, Verwirrung und Grillen her, wenn sie nur die erste Note davon greift.

Kein Wort von der Zauberkraft der alten Musik ist mir unwahrscheinlich. Wie mich der einfache Gesang angreift! Und wie sie ihn anzubringen weiß, oft zur Zeit, wo ich mir eine Kugel vor den Kopf schießen möchte! Die Irrung und Finsternis meiner Seele zerstreut sich, und ich atme wieder freier.

Am 18. Julius

Wilhelm, was ist unserem Herzen die Welt ohne Liebe! Was eine Zauberlaterne ist ohne Licht! Kaum bringst du das Lämpchen hinein, so scheinen dir die buntesten Bilder an deine weiße Wand! Und wenn's nichts wäre als das, als vorübergehende Phantome, so macht's doch immer unser Glück, wenn wir wie frische Jungen davor stehen und uns über die Wundererscheinungen entzücken. Heute konnte ich nicht zu Lotten, eine unvermeidliche Gesellschaft hielt mich ab. Was war zu tun? Ich schickte meinen Diener hinaus, nur um einen Menschen um mich zu haben, der ihr heute nahe gekommen wäre. Mit welcher Ungeduld ich ihn erwartete, mit welcher Freude ich ihn wiedersah! Ich hätte ihn gern beim Kopfe genommen und geküßt, wenn ich mich nicht geschämt hätte.

Man erzählt von dem Bononischen Steine, daß er, wenn man ihn in die Sonne legt, ihre Strahlen anzieht und eine Weile bei Nacht leuchtet. So war mir's mit dem Burschen. Das Gefühl, daß ihre Augen auf seinem Gesichte, seinen Backen, seinen Rockknöpfen und dem Kragen am Surtout geruht hatten, machte mir das alles so heilig, so wert! Ich hätte in dem Augenblick den Jungen nicht um tausend Taler gegeben. Es war mir so wohl in seiner Gegenwart. – bewahre dich Gott, daß du darüber lachest. Wilhelm, sind das Phantome, wenn es uns wohl ist?

Den 19. Julius

»Ich werde sie sehen!« ruf‘ ich morgens aus, wenn ich mich ermuntere und mit aller Heiterkeit der schönen Sonne entgegenblicke; »ich werde sie sehen!« und da habe ich für den ganzen Tag keinen Wunsch weiter. Alles, alles verschlingt sich in dieser Aussicht.

Den 20. Julius

Eure Idee will noch nicht die meinige werden, daß ich mit dem Gesandten nach *** gehen soll. Ich liebe die Subordination nicht sehr, und wir wissen alle, daß der Mann noch dazu ein widriger Mensch ist. Meine Mutter möchte mich gern in Aktivität haben, sagst du, das hat mich zu lachen gemacht. Bin ich jetzt nicht auch aktiv, und ist‘s im Grunde nicht einerlei, ob ich Erbsen zähle oder Linsen? Alles in der Welt läuft doch auf eine Lumperei hinaus, und ein Mensch, der um anderer willen, ohne daß es seine eigene Leidenschaft, sein eigenes Bedürfnis ist, sich um Geld oder Ehre oder sonst was abarbeitet, ist immer ein Tor.

Am 24. Julius

Da dir so sehr daran gelegen ist, daß ich mein Zeichnen nicht vernachlässige, möchte ich lieber die ganze Sache übergehen als dir sagen, daß zeither wenig getan wird.

Noch nie war ich glücklicher, noch nie war meine Empfindung an der Natur, bis aufs Steinchen, aufs Gräschen herunter, voller und inniger, und doch – ich weiß nicht, wie ich mich ausdrücken soll, meine vorstellende Kraft ist so schwach, alles schwimmt und schwankt so vor meiner Seele, daß ich keinen Umriß packen kann; aber ich bilde mir ein, wenn ich Ton hätte oder Wachs, so wollte ich‘s wohl herausbilden. Ich werde auch Ton nehmen, wenn‘s länger währt, und kneten, uns sollten‘s Kuchen werden!

Lottens Porträt habe ich dreimal angefangen, und habe mich dreimal prostituiert; das mich um so mehr verdrießt, weil ich vor einiger Zeit sehr glücklich im Treffen war. Darauf habe ich denn ihren Schattenriß gemacht, und damit soll mir g'nügen.

Am 26. Julius

Ja, liebe Lotte, ich will alles besorgen und bestellen; geben Sie mir nur mehr Aufträge, nur recht oft. Um eins bitte ich Sie: keinen Sand mehr auf die Zettelchen, die Sie mir schreiben. Heute führte ich es schnell nach der Lippe, und die Zähne knisterten mir.

Am 26. Julius

Ich habe mir schon manchmal vorgenommen, sie nicht so oft zu sehn. Ja wer das halten könnte! Alle Tage unterlieg' ich der Versuchung und verspreche mir heilig: morgen willst du einmal wegbleiben. Und wenn der Morgen kommt, finde ich doch wieder eine unwiderstehliche Ursache, und ehe ich mich's versehe, bin ich bei ihr. Entweder sie hat des Abends gesagt: »Sie kommen doch morgen?« – wer konnte da wegbleiben? Oder sie gibt mir einen Auftrag, und ich finde schicklich, ihr selbst die Antwort zu bringen; oder der Tag ist gar zu schön, ich gehe nach Wahlheim, und wenn ich nun da bin, ist's nur noch eine halbe Stunde zu ihr! – ich bin zu nah in der Atmosphäre – zuck! So bin ich dort. Meine Großmutter hatte ein Märchen vom Magnetenberg: die Schiffe, die zu nahe kamen, wurden auf einmal alles Eisenwerks beraubt, die Nägel flogen dem Berge zu, und die armen Elenden scheiterten zwischen den übereinander stürzenden Brettern.

Am 30. Julius

Albert ist angekommen, und ich werde gehen; und wenn er der beste, der edelste Mensch wäre, unter den ich mich in jeder Betrachtung zu stellen bereit wäre, so wär‘s unerträglich, ihn vor meinem Angesicht im Besitz so vieler Vollkommenheit zu sehen. – Besitz! – genug, Wilhelm, der Bräutigam ist da! Ein braver, lieber Mann, dem man gut sein muß. Glücklicherweise war ich nicht beim Empfange! Das hätte mir das Herz zerrissen. Auch ist er so ehrlich und hat Lotten in meiner Gegenwart noch nicht ein einzigmal geküßt. Das lohn‘ ihm Gott! Um des Respekts willen, den er vor dem Mädchen hat, muß ich ihn lieben. Er will mir wohl, und ich vermute, das ist Lottens Werk mehr als seiner eigenen Empfindung; denn darin sind die Weiber fein und haben recht; wenn sie zwei Verehrer in gutem Vernehmen mit einander erhalten können, ist der Vorteil immer ihr, so selten es auch angeht.

Indes kann ich Alberten meine Achtung nicht versagen. Seine gelassene Außenseite sticht gegen die Unruhe meines Charakters sehr lebhaft ab, die sich nicht verbergen läßt. Er hat viel Gefühl und weiß, was er an Lotten hat. Er scheint wenig üble Laune zu haben, und du weißt, das ist die Sünde, die ich ärger hasse am Menschen als alle andre.

Er hält mich für einen Menschen von Sinn; und meine Anhänglichkeit zu Lotten, meine warme Freude, die ich an allen ihren Handlungen habe, vermehrt seinen Triumph, und er liebt sie nur desto mehr. Ob er sie nicht einmal mit keiner Eifersüchtelei peinigt, das lasse ich dahingestellt sein, wenigstens würd‘ ich an seinem Platz nicht ganz sicher vor diesem Teufel bleiben.

Dem sei nun wie ihm wolle, meine Freude, bei Lotten zu sein, ist hin. Soll ich das Torheit nennen oder Verblendung? – was braucht‘s Namen! Erzählt die Sache an sich! – ich wußte alles, was ich jetzt weiß, ehe Albert kam; ich wußte, daß ich keine Prätension an sie zu machen hatte, machte auch keine – das heißt, insofern es möglich ist, bei so viel Liebenswürdigkeit nicht zu begehren – und jetzt macht der Fratze große Augen, da der andere nun wirklich kommt und ihm das Mädchen wegnimmt.

Ich beiße die Zähne auf einander und spott über mein Elend, und spottete derer doppelt und dreifach, die sagen könnten, ich sollte mich resignieren, und weil es nun einmal nicht anders sein könnte. – schafft mir diese Strohmänner vom Halse! – ich laufe in den Wäldern herum, und wenn ich zu Lotten komme, und Albert bei ihr sitzt im Gärtchen unter der Laube, und ich nicht weiter kann, so bin ich ausgelassen närrisch und fange viel Possen, viel verwirrtes Zeug an. – »um Gottes willen«, sagte mir Lotte heut, »ich bitte Sie, keine Szene wie die von gestern abend! Sie sind fürchterlich, wenn Sie so lustig sind«. – Unter uns, ich passe die Zeit ab, wenn er zu tun hat; wutsch! Bin ich drauß, und da ist mir's immer wohl, wenn ich sie allein finde.

Am 8. August

Ich bitte dich, lieber Wilhelm, es war gewiß nicht auf dich geredet, wenn ich die Menschen unerträglich schalt, die von uns Ergebung in unvermeidliche Schicksale fordern. Ich dachte wahrlich nicht daran, daß du von ähnlicher Meinung sein könntest. Und im Grunde hast du recht. Nur eins, mein Bester! In der Welt ist es sehr selten mit dem Entweder-Oder getan; die Empfindungen und Handlungsweisen schattieren sich so mannigfaltig, als Abfälle zwischen einer Habichts- und Stumpfnase sind.

Du wirst mir also nicht übelnehmen, wenn ich dir dein ganzes Argument einräume und mich doch zwischen dem Entweder Oder durchzustehlen suche.

Entweder, sagst du, hast du Hoffnung auf Lotten, oder du hast keine. Gut, im ersten Fall suche sie durchzutreiben, suche die Erfüllung deiner Wünsche zu umfassen: im anderen Fall ermanne dich und suche einer elenden Empfindung los zu werden, die alle deine Kräfte verzehren muß. Bester! Das ist wohl gesagt, und – bald gesagt.

Und kannst du von dem Unglücklichen, dessen Leben unter einer schleichenden Krankheit unaufhaltsam allmählich abstirbt, kannst du von ihm verlangen, er solle durch einen Dolchstoß der Qual auf einmal ein Ende machen? Und raubt das Übel, das ihm die Kräfte verzehrt, ihm nicht auch zugleich den Mut, sich davon zu befreien?

Zwar könntest du mir mit einem verwandten Gleichnisse antworten: wer ließe sich nicht lieber den Arm abnehmen, als daß er durch Zaudern und Zagen sein Leben aufs Spiel setzte? – Ich weiß nicht! – Und wir wollen uns nicht in Gleichnissen herumbeißen. Genug – ja, Wilhelm, ich habe manchmal so einen Augenblick aufspringenden, abschüttelnden Muts, und da – wenn ich nur wüßte wohin, ich ginge wohl.

Am 8. August

Abends

Mein Tagebuch, das ich seit einiger Zeit vernachlässiget, fiel mir heut wieder in die Hände, und ich bin erstaunt, wie ich so wissentlich in das alles, Schritt vor Schritt, hineingegangen bin! Wie ich über meinen Zustand immer so klar gesehen und doch gehandelt habe wie ein Kind, jetzt noch so klar sehe, und es noch keinen Anschein zur Besserung hat.

Am 10. August

Ich könnte das beste, glücklichste Leben führen, wenn ich nicht ein Tor wäre. So schöne Umstände vereinigen sich nicht leicht, eines Menschen Seele zu ergetzen, als die sind, in denen ich mich jetzt befinde. Ach so gewiß ist's, daß unser Herz allein sein Glück macht. – ein Glied der liebenswürdigen Familie zu sein, von dem Alten geliebt zu werden wie ein Sohn, von den Kleinen wie ein Vater, und von Lotten! – dann der ehrliche Albert, der durch keine launische Unart mein Glück stört; der mich mit herzlicher Freundschaft umfaßt; dem ich nach Lotten das Liebste auf der Welt bin! – Wilhelm, es ist eine Freude, uns zu hören, wenn wir spazierengehen und uns einander von Lotten unterhalten: es ist in der Welt nichts Lächerlichers erfunden worden als dieses Verhältnis, und doch kommen mir oft darüber die Tränen in die Augen.

Wenn er mir von ihrer rechtschaffenen Mutter erzählt: wie sie auf ihrem Todbette Lotten ihr Haus und ihre Kinder übergeben und ihm Lotten anbefohlen habe, wie seit der Zeit ein ganz anderer Geist Lotten belebt habe, wie sie, in der Sorge für ihre Wirtschaft und in dem Ernste, eine wahre Mutter geworden, wie kein Augenblick ihrer Zeit ohne tätige Liebe, ohne Arbeit verstrichen, und dennoch ihre Munterkeit, ihr leichter Sinn sie nie dabei verlassen habe. – Ich gehe so neben ihm hin und pflücke Blumen am Wege, füge sie sehr sorgfältig in einen Strauß und – werfe sie in den vorüberfließenden Strom und sehe ihnen nach, wie sie leise hinunterwallen. – Ich weiß nicht, ob ich dir geschrieben habe, daß Albert hier bleiben und ein Amt mit einem artigen Auskommen vom Hofe erhalten wird, wo er sehr beliebt ist. In Ordnung und Emsigkeit in Geschäften habe ich wenig seinesgleichen gesehen.

Am 12. August

Gewiß, Albert ist der beste Mensch unter dem Himmel. Ich habe gestern eine wunderbare Szene mit ihm gehabt. Ich kam zu ihm, um Abschied von ihm zu nehmen; denn mich wandelte die Lust an, ins Gebirge zu reiten, von woher ich dir auch jetzt schreibe, und wie ich in der Stube auf und ab gehe, fallen mir seine Pistolen in die Augen. – »Borge mir die Pistolen«, sagte ich, »zu meiner Reise«. – »Meinetwegen«, sagte er, »wenn du dir die Mühe nehmen willst, sie zu laden; bei mir hängen sie nur pro forma«. – Ich nahm eine herunter, und er fuhr fort: »seit mir meine Vorsicht einen so unartigen Streich gespielt hat, mag ich mit dem Zeuge nichts mehr zu tun haben«. – Ich war neugierig, die Geschichte zu wissen. – »Ich hielt mich«, erzählte er, »wohl ein Vierteljahr auf dem Lande bei einem Freunde auf, hatte ein paar Terzerolen ungeladen und schlief ruhig. Einmal an einem regnichten Nachmittage, da ich müßig sitze, weiß ich nicht, wie mir einfällt: wir könnten überfallen werden, wir könnten die Terzerolen nötig haben und könnten – du weißt ja, wie das ist. – ich gab sie dem Bedienten, sie zu putzen und zu laden; und der dahlt mit den Mädchen, will sie schrecken, und Gott weiß wie, das Gewehr geht los, da der Ladstock noch drin steckt, und schießt den Ladstock einem Mädchen zur Maus herein an der rechten Hand und zerschlägt ihr den Daumen. Da hatte ich das Lamentieren, und die Kur zu bezahlen obendrein, und seit der Zeit lass‘ ich alles Gewehr ungeladen. Lieber Schatz, was ist Vorsicht? Die Gefahr läßt sich nicht auslernen! Zwar. – Nun weißt du, daß ich den Menschen sehr lieb habe bis auf seine *Zwar*; denn versteht sich‘s nicht von selbst, daß jeder allgemeine Satz Ausnahmen leidet? Aber so rechtfertig ist der Mensch! Wenn er glaubt, etwas Übereiltes, Allgemeines, Halbwahres gesagt zu haben, so hört er dir nicht auf zu limitieren, zu modifizieren und ab- und zuzutun, bis zuletzt gar nichts mehr an der Sache ist.

Und bei diesem Anlaß kam er sehr tief in Text: ich hörte endlich gar nicht weiter auf ihn, verfiel in Grillen, und mit einer auffahrenden Gebärde drückte ich mir die Mündung der Pistole übers rechte Aug‘ an die Stirn. – »Pfui!« sagte Albert, indem er mir die Pistole herabzog, »was soll das?« – »Sie ist nicht geladen«, sagte ich. – »Und auch so, was soll‘s?« versetzte er ungeduldig. »Ich kann mir nicht vorstellen, wie ein Mensch so töricht sein kann, sich zu erschießen; der bloße Gedanke erregt mir Widerwillen«.

»Daß ihr Menschen«, rief ich aus, »um von einer Sache zu reden, gleich sprechen müßt: ›das ist töricht, das ist klug, das ist gut, das ist bös!‹ und was will das alles heißen? Habt ihr deswegen die innern Verhältnisse einer Handlung erforscht? Wißt ihr mit Bestimmtheit die Ursachen zu entwickeln, warum sie geschah, warum sie geschehen mußte? Hättet ihr das, ihr würdet nicht so eilfertig mit euren Urteilen sein«. »Du wirst mir zugeben«, sagte Albert, »daß gewisse Handlungen lasterhaft bleiben, sie mögen geschehen, aus welchem Beweggrunde sie wollen«. Ich zuckte die Achseln und gab‘s ihm zu. – »Doch, mein Lieber«, fuhr ich fort, »finden sich auch hier einige Ausnahmen. Es ist wahr, der Diebstahl ist ein Laster: aber der Mensch, der, um sich und die Seinigen vom gegenwärtigen Hungertode zu erretten, auf Raub ausgeht, verdient der Mitleiden oder Strafe? Wer hebt den ersten Stein auf gegen den Ehemann, der im gerechten Zorne sein untreues Weib und ihren nichtswürdigen Verführer aufopfert? Gegen das Mädchen, das in einer wonnevollen Stunde sich in den unaufhaltsamen Freuden der Liebe verliert? Unsere Gesetze selbst, diese kaltblütigen Pedanten, lassen sich rühren und halten ihre Strafe zurück«.

»Das ist ganz was anders«, versetzte Albert, »weil ein Mensch, den seine Leidenschaften hinreißen, alle Besinnungskraft verliert und als ein Trunkener, als ein Wahnsinniger angesehen wird«. »Ach ihr vernünftigen Leute!« rief ich lächelnd aus. »Leidenschaft! Trunkenheit! Wahnsinn! Ihr steht so gelassen, so ohne Teilnehmung da, ihr sittlichen Menschen, scheltet den Trinker, verabscheut den Unsinnigen, geht vorbei wie der Priester und dankt Gott wie der Pharisäer, daß er euch nicht gemacht hat wie einen von diesen. Ich bin mehr als einmal trunken gewesen, meine Leidenschaften waren nie weit vom Wahnsinn, und beides reut mich nicht: denn ich habe in einem Maße begreifen lernen, wie man alle außerordentlichen Menschen, die etwas Großes, etwas Unmöglichscheinendes wirkten, von jeher für Trunkene und Wahnsinnige ausschreiten mußte. Aber auch im gemeinen Leben ist's unerträglich, fast einem jeden bei halbweg einer freien, edlen, unerwarteten Tat nachrufen zu hören: ›der Mensch ist trunken, der ist närrisch!‹ Schämt euch, ihr Nüchternen! Schämt euch, ihr Weisen!« »Das sind nun wieder von deinen Grillen«, sagte Albert, »du überspannst alles und hast wenigstens hier gewiß unrecht, daß du den Selbstmord, wovon jetzt die Rede ist, mit großen Handlungen vergleichst: da man es doch für nichts anders als eine Schwäche halten kann. Denn freilich ist es leichter zu sterben, als ein qualvolles Leben standhaft zu ertragen«. Ich war im Begriff abzubrechen; denn kein Argument bringt mich so aus der Fessung, als wenn einer mit einem unbedeutenden Gemeinspruche angezogen kommt, wenn ich aus ganzem Herzen rede.

Doch faßte ich mich, weil ich's schon oft gehört und mich öfter darüber geärgert hatte, und versetzte ihm mit einiger Lebhaftigkeit: »Du nennst das Schwäche? Ich bitte dich, laß dich vom Anscheine nicht verführen. Ein Volk, das unter dem unerträglichen Joch eines Tyrannen seufzt, darfst du das schwach heißen, wenn es endlich aufgärt und seine Ketten zerreißt? Ein Mensch, der über dem Schrecken, daß Feuer sein Haus ergriffen hat, alle Kräfte gespannt fühlt und mit Leichtigkeit Lasten wegträgt, die er bei ruhigem Sinne kaum bewegen kann; einer, der in der Wut der Beleidigung es mit sechsen aufnimmt und sie überwältig, sind die schwach zu nennen? Und, mein Guter, wenn Anstrengung Stärke ist, warum soll die Überspannung das Gegenteil sein?« – Albert sah mich an und sagte: »nimm mir's nicht übel, die Beispiele, die du gibst, scheinen hieher gar nicht zu gehören«. – »Es mag sein«, sagte ich, »man hat mir schon öfters vorgeworfen, daß meine Kombinationsart manchmal an Radotage grenze. Laßt uns denn sehen, ob wir uns auf eine andere Weise vorstellen können, wie dem Menschen zu Mute sein mag, der sich entschließt, die sonst angenehme Bürde des Lebens abzuwerfen. Denn nur insofern wir mitempfinden, haben wir die Ehre, von einer Sache zu reden«.

»Die menschliche Natur«, fuhr ich fort, »hat ihre Grenzen: sie kann Freude, Leid, Schmerzen bis auf einen gewissen Grad ertragen und geht zugrunde, sobald der überstiegen ist. Hier ist also nicht die Frage, ob einer schwach oder stark ist, sondern ob er das Maß seines Leidens ausdauern kann, es mag nun moralisch oder körperlich sein. Und ich finde es ebenso wunderbar zu sagen, der Mensch ist feige, der sich das Leben nimmt, als es ungehörig wäre, den einen Feigen zu nennen, der an einem bösartigen Fieber stirbt«.

»Paradox! Sehr paradox!« rief Albert aus. – »Nicht so sehr, als du denkst«, versetzte ich. »Du gibst mir zu, wir nennen das eine Krankheit zum Tode, wodurch die Natur so angegriffen wird, daß teils ihre Kräfte verzehrt, teils so außer Wirkung gesetzt werden, daß sie sich nicht wieder aufzuhelfen, durch keine glückliche Revolution den gewöhnlichen Umlauf des Lebens wieder herzustellen fähig ist.

Nun, mein Lieber, laß uns das auf den Geist anwenden. Sich den Menschen an in seiner Eingeschränktheit, wie Eindrücke auf ihn wirken, Ideen sich bei ihm festsetzen, bis endlich eine wachsende Leidenschaft ihn aller ruhigen Sinneskraft beraubt und ihn zugrunde richtet.

Vergebens, daß der gelassene, vernünftige Mensch den Zustand Unglücklichen übersieht, vergebens, daß er ihm zuredet! Ebenso wie ein Gesunder, der am Bette des Kranken steht, ihm von seinen Kräften nicht das geringste einflößen kann«.

Alberten war das zu allgemein gesprochen. Ich erinnerte ihn an ein Mädchen, das man vor weniger Zeit im Wasser tot gefunden, und wiederholte ihm ihre Geschichte. – »Ein gutes, junges Geschöpf, das in dem engen Kreise häuslicher Beschäftigungen, wöchentlicher bestimmter Arbeit herangewachsen war, das weiter keine Aussicht von Vergnügen kannte, als etwa Sonntags in einem nach und nach zusammengeschaff ten Putz mit ihresgleichen um die Stadt spazierenzugehen, vielleicht alle hohen Feste einmal zu tanzen und übrigens mit aller Lebhaftigkeit des herzlichsten Anteils manche Stunde über den Anlaß eines Gezänkes, einer übeln Nachrede mit einer Nachbarin zu verplaudern – deren feurige Natur fühlt nun endlich innigere Bedürfnisse, die durch die Schmeicheleien der Männer vermehrt werden; ihre vorigen Freuden werden ihr nach und nach unschmackhaft, bis sie endlich einen Menschen antrifft, zu dem ein unbekanntes Gefühl sie unwiderstehlich hinreißt, auf den sie nun alle ihre Hoffnungen wirft, die Welt rings um sich vergißt, nichts hört, nichts sieht, nichts fühlt als ihn, den Einzigen, sich nur sehnt nach ihm, dem Einzigen. Durch die leeren Vergnügungen einer unbeständigen Eitelkeit nicht verdorben, zieht ihr Verlangen gerade nach dem Zweck, sie will die Seinige werden, sie will in ewiger Verbindung all das Glück antreffen, das ihr mangelt, die Vereinigung aller Freuden genießen, nach denen sie sich sehnte. Wiederholtes Versprechen, das ihr die Gewißheit aller Hoffnungen versiegelt, kühne Liebkosungen, die ihre Begierden vermehren, umfangen ganz ihre Seele; sie schwebt in einem dumpfen Bewußtsein, in einem Vorgefühl aller Freuden, sie ist bis auf den höchsten Grad gespannt, sie streckt endlich ihre Arme aus, all ihre Wünsche zu umfassen – und ihr Geliebter verläßt sie. – Erstarrt, ohne Sinne steht sie vor einem Abgrunde; alles ist Finsternis um sie her, keine Aussicht, kein Trost, keine Ahnung! Denn *der* hat sie verlassen, in dem sie allein ihr Dasein fühlte. Sie sieht nicht die weite Welt, die vor ihr liegt, nicht die vielen, die ihr de Verlust ersetzen könnten, sie fühlt sich allein, verlassen von aller Welt, – und blind, in die Enge gepreßt von der entsetzlichen Not ihres Herzens, stürzt sie sich hinunter, um in einem rings umfangenden Tode alle ihre Qualen zu ersticken. – Sieh, Albert, das ist die Geschichte so manches Menschen! Und sag', ist das nicht der Fall der Krankheit? Die Natur findet keinen Ausweg aus dem Labyrinthe der verworrenen und widersprechenden Kräfte, und der Mensch muß sterben. Wehe dem, der zusehen und sagen könnte: ›die Törin! Hätte sie gewartet, hätte sie die Zeit wirken lassen, die Verzweifelung würde sich schon gelegt, es würde sich schon ein anderer sie zu trösten vorgefunden haben.‹ – Das ist eben, als wenn einer sagte: ›der Tor, stirbt am Fieber! Hätte er gewartet, bis seine Kräfte sich erholt, seine Säfte sich verbessert, der Tumult seines Blutes sich gelegt hätten: alles wäre gut gegangen, und er lebte bis auf den heutigen Tag!‹«

Albert, dem die Vergleichung noch nicht anschaulich war, wandte noch einiges ein, und unter andern: ich hätte nur von einem einfältigen Mädchen gesprochen; wie aber ein Mensch von Verstande, der nicht so eingeschränkt sei, der mehr Verhältnisse übersehe, zu entschuldigen sein möchte, könne er nicht begreifen. – »Mein Freund«, rief ich aus, »der Mensch ist Mensch, und das bißchen Verstand, das einer haben mag, kommt wenig oder nicht in Anschlag, wenn Leidenschaft wütet und die Grenzen der Menschheit einen drängen. Vielmehr – ein andermal davon«, sagte ich und griff nach meinem Hute. O mir war das Herz so voll – und wir gingen auseinander, ohne einander verstanden zu haben. Wie denn auf dieser Welt keiner leicht den andern versteht.

Am 15. August

Es ist doch gewiß, daß in der Welt den Menschen nichts notwendig macht als die Liebe. Ich fühl's an Lotten, daß sie mich ungern verlöre, und die Kinder haben keinen andern Begriff, als daß ich immer morgen wiederkommen würde. Heute war ich hinausgegangen, Lottens Klavier zu stimmen, ich konnte aber nicht dazu kommen, denn die Kleinen verfolgten mich um ein Märchen, und Lotte sagte selbst, ich sollte ihnen den Willen tun. Ich schnitt ihnen das Abendbrot, das sie nun fast so gern von mir als von Lotten annehmen, und erzählte ihnen das Hauptstückchen von der Prinzessin, die von Händen bedient wird. Ich lerne viel dabei, das versichre ich dich, und ich bin erstaunt, was es auf sie für Eindrücke macht. Weil ich manchmal einen Inzidentpunkt erfinden muß, den ich beim zweitenmal vergesse, sagen sie gleich, das vorigemal wär' es anders gewesen, so daß ich mich jetzt übe, sie unveränderlich in einem singenden Silbenfall an einem Schnürchen weg zu rezitieren. Ich habe daraus gelernt, wie ein Autor durch eine zweite, veränderte Ausgabe seiner Geschichte, und wenn ie poetisch noch so besser geworden wäre, notwendig seinem Buche schaden muß. Der erste Eindruck findet uns willig, und der Mensch ist gemacht, daß man ihn das Abenteuerlichste überreden kann, das haftet aber auch gleich so fest, und wehe dem, der es wieder auskratzen und austilgen will!

Am 18. August

Mußte denn das so sein, daß das, was des Menschen Glückseligkeit macht, wieder die Quelle seines Elendes würde?

Das volle, warme Gefühl meines Herzens an der lebendigen Natur, das mich mit so vieler Wonne überströmte, das rings umher die Welt mir zu einem Paradiese schuf, wird mir jetzt zu einem unerträglichen Peiniger, zu einem quälenden Geist, der mich auf allen Wegen verfolgt. Wenn ich sonst vom Felsen über den Fluß bis zu jenen Hügeln das fruchtbare Tal überschaute und alles um mich her keimen und quellen sah; wenn ich jene Berge, vom Fuße bis auf zum Gipfel, mit hohen, dichten Bäumen bekleidet, jene Täler in ihren mannigfaltigen Krümmungen von den lieblichsten Wäldern beschattet sah, und der sanfte Fluß zwischen den lispelnden Rohren dahingleitete und die lieben Wolken abspiegelte, die der sanfte Abendwind am Himmel herüberwiegte; wenn ich dann die Vögel um mich den Wald beleben hörte, und die Millionen Mückenschwärme im letzten roten Strahle der Sonne mutig tanzten, und ihr letzter zuckender Blick den summenden Käfer aus seinem Grase befreite, und das Schwirren und Weben um mich her mich auf den Boden aufmerksam machte, und das Moos, das meinem harten Felsen seine Nahrung abzwingt, und das Geniste, das den dürren Sandhügel hinunter wächst, mir das innere, glühende, heilige Leben der Natur eröffnete: wie faßte ich das alles in mein warmes Herz, fühlte mich in der überfließenden Fülle wie vergöttert, und die herrlichen Gestalten der unendlichen Welt bewegten sich allbelebend in meiner Seele. Ungeheure Berge umgaben mich, Abgründe lagen vor mir, und Wetterbäche stürzten herunter, die Flüsse strömten unter mir, und Wald und Gebirg erklang; und ich sah sie wirken und schaffen ineinander in den Tiefen der Erde, alle die unergründlichen Kräfte; und nun über der Erde und unter dem Himmel wimmeln die Geschlechter der mannigfaltigen Geschöpfe. Ales, alles bevölkert mit tausendfachen Gestalten; und die Menschen dann sich in Häuslein zusammen sichern und sich annisten und herrschen in ihrem Sinne über die weite Welt! Armer Tor! Der du alles so gering achtest, weil du so klein bist.

– vom unzugänglichen Gebirge über die Einöde, die kein Fuß betrat, bis ans Ende des unbekannten Ozeans weht der Geist des Ewigschaffenden und freut sich jedes Staubes, der ihn vernimmt und lebt. – ach damals, wie oft habe ich mich mit Fittichen eines Kranichs, der über mich hin flog, zu dem Ufer des ungemessenen Meeres gesehnt, aus dem schäumenden Becher des Unendlichen jene schwellende Lebenswonne zu trinken und nur einen Augenblick in der eingeschränkten Kraft meines Busens einen Tropfen der Seligkeit des Wesens zu fühlen, das alles in sich und durch sich hervorbringt.

Bruder, nur die Erinnerung jener Stunden macht mir wohl. Selbst diese Anstrengung, jene unsäglichen Gelüste zurückzurufen, wieder auszusprechen, hebt meine Seele über sich selbst und läßt mich dann das Bange des Zustandes doppelt empfinden, der mich jetzt umgibt.

Es hat sich vor meiner Seele wie ein Vorhang weggezogen, und der Schauplatz des unendlichen Lebens verwandelt sich vor mir in den Abgrund des ewig offenen Grabes. Kannst du sagen: Das ist! Da alles vorübergeht? Da alles mit der Wetterschnelle vorüberrollt, so selten die ganze Kraft seines Daseins ausdauert, ach, in den Strom fortgerissen, untergetaucht und an Felsen zerschmettert wird? Da ist kein Augenblick, der nicht dich verzehrte und die Deinigen um dich her, kein Augenblick, da du nicht ein Zerstörer bist, sein mußt; der harmloseste Spaziergang kostet tausend armen Würmchen das Leben, es zerrüttet ein Fußtritt die mühseligen Gebäude der Ameisen und stampft eine kleine Welt in ein schmähliches Grab. Ha! Nicht die große, seltne Not der Welt, diese Fluten, die eure Dörfer wegspülen, diese Erdbeben, die eure Städte verschlingen, rühren mich; mir untergräbt das Herz die verzehrende Kraft, die in dem All der Natur verborgen liegt; die nichts gebildet hat, das nicht seinen Nachbar, nicht sich selbst zerstörte. Und so taumle ich beängstigt. Himmel und Erde und ihre webenden Kräfte um mich her: ich sehe nichts als ein ewig verschlingendes, ewig wiederkäuendes Ungeheuer.

Am 21. August

Umsonst strecke ich meine Arme nach ihr aus, morgens, wenn ich von schweren Träumen aufdämmere, vergebens suche ich sie nachts in meinem Bette, wenn mich ein glücklicher, unschuldiger Traum getäuscht hat, als säß' ich neben ihr auf der Wiese und hielt' ihre Hand und deckte sie mit tausend Küssen. Ach, wenn ich dann noch halb im Taumel des Schlafes nach ihr tappe und drüber mich ermuntere – ein Strom von Tränen bricht aus meinem gepreßten Herzen, und ich weine trostlos einer finstern Zukunft entgegen.

Am 22. August

Es ist ein Unglück, Wilhelm, meine tätigen Kräfte sind zu einer unruhigen Lässigkeit verstimmt, ich kann nicht müßig sein und kann doch auch nichts tun. Ich habe keine Vorstellungskraft, kein Gefühl an der Natur, und die Bücher ekeln mich an. Wenn wir uns selbst fehlen, fehlt uns doch alles. Ich schwöre dir, manchmal wünschte ich, ein Tagelöhner zu sein, um nur des Morgens beim Erwachen eine Aussicht auf den künftigen Tag, einen Drang, eine Hoffnung zu haben. Oft beneide ich Alberten, den ich über die Ohren in Akten begraben sehe, und bilde mir ein, mir wäre wohl, wenn ich an seiner Stelle wäre! Schon etlichemal ist mir's so aufgefahren, ich wollte dir schreiben und dem Minister, um die Stelle bei der Gesandtschaft anzuhalten, die, wie du versicherst, mir nicht versagt werden würde. Ich glaube es selbst. Der Minister liebt mich seit langer Zeit, hatte lange mir angelegen, ich sollte mich irgendeinem Geschäfte widmen; und eine Stunde ist mir's auch wohl drum zu tun. Hernach, wenn ich wieder dran denke und mir die Fabel vom Pferde einfällt, das, seiner Freiheit ungeduldig, sich Sattel und Zeug auflegen läßt und zuschanden geritten wird – ich weiß nicht, was ich soll. – und, mein Lieber! Ist nicht vielleicht das Sehnen in mir nach Veränderung des

Zustands eine innere, unbehagliche Ungeduld, die mich überallhin verfolgen wird?

Am 28. August

Es ist wahr, wenn meine Krankheit zu heilen wäre, so würden diese Menschen es tun. Heute ist mein Geburtstag, und in aller Frühe empfange ich ein Päckchen von Alberten. Mir fällt beim Eröffnen sogleich eine der blaßroten Schleifen in die Augen, die Lotte vor hatte, als ich sie kennen lernte, und um die ich sie seither etlichemal gebeten hatte. Es waren zwei Büchelchen in Duodez dabei, der kleine Wetsteinische Homer, eine Ausgabe, nach der ich so oft verlangt, um mich auf dem Spaziergange mit dem Ernestischen nicht zu schleppen. Sieh! So kommen sie meinen Wünschen zuvor, so suchen sie alle die kleinen Gefälligkeiten der Freundschaft auf, die tausendmal werter sind als jene blendenden Geschenke, wodurch uns die Eitelkeit des Gebers erniedrigt. Ich küsse diese Schleife tausendmal, und mit jedem Atemzuge schlürfe ich die Erinnerung jener Seligkeiten ein, mit denen mich jene wenigen, glücklichen, unwiederbringlichen Tage überfüllten. Wilhelm, es ist so, und ich murre nicht, die Blüten des Lebens sind nur Erscheinungen! Wie viele gehn vorüber, ohne eine Spur hinter sich zu lassen, wie wenige setzen Frucht an, und wie wenige dieser Früchte werden reif! Und doch sind deren noch genug da; und doch – o mein Bruder! – können wir gereifte Früchte vernachlässigen, verachten, ungenossen verfaulen lassen?

Lebe wohl! Es ist ein herrlicher Sommer; ich sitze oft auf den Obstbäumen in Lottens Baumstück mit dem Obstbrecher, der langen Stange, und hole die Birnen aus dem Gipfel. Sie steht unten und nimmt sie ab, wenn ich sie ihr herunterlasse.

Am 30. August

Unglücklicher! Bist du nicht ein Tor? Betriegst du dich nicht selbst? Was soll diese tobende, endlose Leidenschaft?

Ich habe kein Gebet mehr als an sie; meiner Einbildungskraft erscheint keine andere Gestalt als die ihrige, und alles in der Welt um mich her sehe ich nur im Verhältnisse mit ihr. Und das macht mir denn so manche glückliche Stunde – bis ich mich wieder von ihr losreißen muß! Ach Wilhelm! Wozu mich mein Herz oft drängt! – wenn ich bei ihr gesessen bin, zwei, drei Stunden, und mich an ihrer Gestalt, an ihrem Betragen, an dem himmlischen Ausdruck ihrer Worte geweidet habe, und nun nach und nach alle meine Sinne aufgespannt werden, mir es düster vor den Augen wird, ich kaum noch höre, und es mich an die Gurgel faßt wie ein Meuchelmörder, dann mein Herz in wilden Schlägen den bedrängten Sinnen Luft zu machen sucht und ihre Verwirrung nur vermehrt – Wilhelm, ich weiß oft nicht, ob ich auf der Welt bin! Und – wenn nicht manchmal die Wehmut das Übergewicht nimmt und Lotte mir den elenden Trost erlaubt, auf ihrer Hand meine Beklemmung auszuweinen, – so muß ich fort, muß hinaus, und schweife dann weit im Felde umher; einen jähen Berg zu klettern ist dann meine Freude, durch einen unwegsamen Wald einen Pfad durchzuarbeiten, durch die Hecken, die mich verletzen, durch die Dornen, die mich zerreißen! Da wird mir's etwas besser! Etwas! Und wenn ich vor Müdigkeit und Durst manchmal unterwegs liegen bleibe, manchmal in der tiefen Nacht, wenn der hohe Vollmond über mir steht, im einsamen Walde auf einen krumm gewachsenen Baum mich setze, um meinen verwundeten Sohlen nur einige Linderung zu verschaffen, und dann in einer ermattenden Ruhe in dem Dämmerschein hinschlummre! O Wilhelm! Die einsame Wohnung einer Zelle, das härene Gewand und der Stachelgürtel wären Labsale, nach denen meine Seele schmachtet. Adieu! Ich sehe dieses Elendes kein Ende als das Grab.

Am 3. September

Ich muß fort! Ich danke dir, Wilhelm, daß du meinen wankenden Entschluß bestimmt hast. Schon vierzehn Tage gehe ich mit dem Gedanken um, sie zu verlassen. Ich muß fort. Sie ist wieder in der Stadt bei einer Freundin. Und Albert – und – ich muß fort!

Am 10. September

Das war eine Nacht! Wilhelm! Nun überstehe ich alles. Ich werde sie nicht wiedersehn! O daß ich nicht an deinen Hals fliegen, dir mit tausend Tränen und Entzückungen ausdrükken kann, mein Bester, die Empfindungen, die mein Herz bestürmen. Hier sitze ich und schnappe nach Luft, suche mich zu beruhigen, erwarte den Morgen, und mit Sonnenaufgang sind die Pferde bestellt.

Ach, sie schläft ruhig und denkt nicht, daß sie mich nie wieder sehen wird. Ich habe mich losgerissen, bin stark genug gewesen, in einem Gespräch von zwei Stunden mein Vorhaben nicht zu verraten. Und Gott, welch ein Gespräch!

Albert hatte mir versprochen, gleich nach dem Nachtessen mit Lotten im Garten zu sein. Ich stand auf der Terrasse unter den hohen Kastanienbäumen und sah der Sonne nach, die mir nun zum letztenmale über dem lieblichen Tale, über dem sanften Fluß unterging. So oft hatte ich hier gestanden mit ihr und eben dem herrlichen Schauspiele zugesehen, und nun – ich ging in der Allee auf und ab, die mir so lieb war; ein geheimer sympathetischer Zug hatte mich hier so oft gehalten, ehe ich noch Lotten kannte, und wie freuten wir uns, als wir im Anfang unserer Bekanntschaft die wechselseitige Neigung zu diesem Plätzchen entdeckten, das wahrhaftig eins von den romantischsten ist, die ich von der Kunst hervorgebracht gesehen habe.

Erst hast du zwischen den Kastanienbäumen die weite Aussicht – Ach, ich erinnere mich, ich habe dir, denk' ich, schon viel davon geschrieben, wie hohe Buchenwände einen endlich einschließen und durch ein daranstoßendes Boskett die Allee immer düsterer wird, bis zuletzt alles sich in ein geschlossenes Plätzchen endigt, das alle Schauer der Einsamkeit umschweben. Ich fühle es noch, wie heimlich mir's ward, als ich zum erstenmale an einem hohen Mittage hineintrat; ich ahnete ganz leise, was für ein Schauplatz das noch werden sollte von Seligkeit und Schmerz.

Ich hatte mich etwa eine halbe Stunde in den schmachtenden, süßen Gedanken des Abscheidens, des Wiedersehens geweidet, als ich sie die Terrasse heraufsteigen hörte. Ich lief ihnen entgegen, mit einem Schauer faßte ich ihre Hand und küßte sie. Wir waren eben heraufgetreten, als der Mond hinter dem buschigen Hügel aufging; wir redeten mancherlei und kamen unvermerkt dem düstern Kabinette näher. Lotte trat hinein und setzte sich, Albert neben sie, ich auch; doch meine Unruhe ließ mich nicht lange sitzen; ich stand auf, trat vor sie, ging auf und ab, setzte mich wieder: es war ein ängstlicher Zustand. Sie machte uns aufmerksam auf die schöne Wirkung des Mondenlichtes, das am Ende der Buchenwände die ganze Terrasse vor uns erleuchtete: ein herrlicher Anblick, der um so viel frappanter war, weil uns rings eine tiefe Dämmerung einschloß. Wir waren still, und sie fing nach einer Weile an: »niemals gehe ich im Mondenlichte spazieren, niemals, daß mir nicht der Gedanke an meine Verstorbenen begegnete, daß nicht das Gefühl von Tod, von Zukunft über mich käme«. »Wir werden sein!« fuhr sie mit der Stimme des herrlichsten Gefühls fort; »aber, Werther, sollen wir uns wieder finden? Wieder erkennen? Was ahnen Sie? Was sagen Sie?«

»Lotte«, sagte ich, indem ich ihr die Hand reichte und mir die Augen voll Tränen wurden, »wir werden uns wiedersehn! Hier und dort wiedersehn!« – ich konnte nicht weiter reden – Wilhelm, mußte sie mich das fragen, da ich diesen ängstlichen Abschied im Herzen hatte!

»Und ob die lieben Abgeschiednen von uns wissen«, fuhr sie fort, »ob sie fühlen, wann's uns wohl geht, daß wir mit warmer Liebe uns ihrer erinnern? O! Die Gestalt meiner Mutter schwebt immer um mich, wenn ich am stillen Abend unter ihren Kindern, unter meinen Kindern sitze und sie um mich versammelt sind, wie sie um sie versammelt waren. Wenn ich dann mit einer sehnenden Träne gen Himmel sehe und wünsche, daß sie hereinschauen könnte einen Augenblick, wie ich mein Wort halte, das ich ihr in der des Todes gab: die Mutter ihrer Kinder zu sein. Mit welcher Empfindung rufe ich aus: ›verzeihe mir's, Teuerste, wenn ich ihnen nicht bin, was du ihnen warst. Ach! Tue ich doch alles, was ich kann; sind sie doch gekleidet, genährt, ach, und, was mehr ist als das alles, gepflegt und geliebt. Könntest du unsere Eintracht sehen, liebe Heilige! Du würdest mit dem heißesten Danke den Gott verherrlichen, den du mit den letzten, bittersten Tränen um die Wohlfahrt deiner Kinder batest.‹«

Sie sagte das! O Wilhelm, wer kann wiederholen, was sie sagte! Wie kann der kalte, tote Buchstabe diese himmlische Blüte des Geistes darstellen! Albert fiel ihr sanft in die Rede: »es greift zu stark an, liebe Lotte! Ich weiß, Ihre Seele hängt sehr nach diesen Ideen, aber ich bitte Sie«. – »O Albert«, sagte sie, »ich weiß, du vergissest nicht die Abende, da wir zusammensaßen an dem kleinen, runden Tischchen, wenn der Papa verreist war, und wir die Kleinen schlafen geschickt hatten. Du hattest oft ein gutes Buch und kamst so selten dazu, etwas zu lesen – war der Umgang dieser herrlichen Seele nicht mehr als alles? Die schöne, sanfte, muntere und immer tätige Frau! Gott kennt meine Tränen, mit denen ich mich oft in meinem Bette vor ihn hinwarf: er möchte mich ihr gleich machen«.

»Lotte!« rief ich aus, indem ich mich vor sie hinwarf, ihre Hand nahm und mit tausend Tränen netzte, »Lotte! Der Segen Gottes ruht über dir und der Geist deiner Mutter!« »Wenn Sie sie gekannt hätten«, sagte sie, indem sie mir die Hand drückte, – »sie war wert, von Ihnen gekannt zu sein!« – ich glaubte zu vergehen.

Nie war ein größeres, stolzeres Wort über mich ausgesprochen worden – und sie fuhr fort: »und diese Frau mußte in der Blüte ihrer Jahre dahin, da ihr jüngster Sohn nicht sechs Monate alt war! Ihre Krankheit dauerte nicht lange; sie war ruhig, hingegeben, nur ihre Kinder taten ihr weh, besonders das kleine. Wie es gegen das Ende ging und sie zu mir sagte: ›bringe mir sie herauf!‹ und wie ich sie hereinführte, die kleinen, die nicht wußten, und die ältesten, die ohne Sinne waren, wie sie ums Bette standen, und wie sie die Hände aufhob und über sie betete, und sie küßte nach einander und sie wegschickte und zu mir sagte: ›sei ihre Mutter!‹ – Ich gab ihr die Hand drauf! – ›Du versprichst viel, meine Tochter‘, sagte sie, ›das Herz einer Mutter und das Aug‘ einer Mutter. Ich habe oft an deinen dankbaren Tränen gesehen, daß du fühlst, was das sei. Habe es für deine Geschwister, und für deinen Vater die Treue und den Gehorsam einer Frau. Du wirst ihn trösten.‹ – Sie fragte nach ihm, er war ausgegangen, um uns den unerträglichen Kummer zu verbergen, den er fühlte, der Mann war ganz zerrissen.

Albert, du warst im Zimmer. Sie hörte jemand gehn und fragte und forderte dich zu sich, und wie sie dich ansah und mich, mit dem getrösteten, ruhigen Blicke, daß wir glücklich sein, zusammen glücklich sein würden«. – Albert fiel ihr um den Hals und küßte sie und rief: »wir sind es! Wir werden es sein!« – der ruhige Albert war ganz aus seiner Fassung, und ich wußte nichts von mir selber. »Werther«, fing sie an, »und diese Frau sollte dahin sein! Gott! Wenn ich manchmal denke, wie man das Liebste seines Lebens wegtragen läßt, und niemand als die Kinder das so scharf fühlt, die sich noch lange beklagten, die schwarzen Männer hätten die Mama weggetragen! »sie stand auf, und ich ward erweckt und erschüttert, blieb sitzen und hielt ihre Hand. – »Wir wollen fort«, sagte sie, »es wird Zeit«. – Sie wollte ihre Hand zurückziehen, und ich hielt sie fester. – »wir werden uns wieder sehen« rief ich, »wir werden uns finden, unter allen Gestalten werden wir uns erkennen. Ich gehe«, fuhr ich fort, »ich gehe willig, und doch, wenn ich sagen sollte auf ewig, ich würde es nicht aushalten. Leb‘ wohl, Lotte! Leb‘ wohl, Albert! Wir sehn uns wieder«. – »Morgen, denke ich«, versetzte sie scherzend. – Ich fühlte das Morgen! Ach, sie wußte nicht, als sie ihre Hand aus der meinen zog – Sie gingen die Allee hinaus, ich stand, sah ihnen nach im Mondscheine und warf mich an die Erde und weinte mich aus und sprang auf und lief auf die Terrasse hervor und sah noch dort unten im Schatten der hohen Lindenbäume ihr weißes Kleid nach der Gartentür schimmern, ich streckte meine Arme aus, und es verschwand.

Zweites Buch

Am 20. Oktober 1771

Gestern sind wir hier angelangt. Der Gesandte ist unpaß und wird sich also einige Tage einhalten. Wenn er nur nicht so unhold wäre, wär‘ alles gut. Ich merke, ich merke, das Schicksal hat mir harte Prüfungen zugedacht. Doch gutes Muts! Ein leichter Sinn trägt alles! Ein leichter Sinn? Das macht mich zu lachen, wie das Wort in meine Feder kommt. O ein bißchen leichteres Blut würde mich zum Glücklichsten unter der Sonne machen. Was! Da, wo andere mit ihrem bißchen Kraft und Talent vor mir in behaglicher Selbstgefälligkeit herumschwadronieren, verzweifle ich an meiner Kraft, an meinen Gaben? Guter Gott, der du mir das alles schenktest, warum hieltest du nicht die Hälfte zurück und gabst mir Selbstvertrauen und Genügsamkeit?

Geduld! Geduld! Es wird besser werden. Denn ich sage dir, Lieber, du hast recht. Seit ich unter dem Volke alle Tage herumgetrieben werde und sehe, was sie tun und wie sie‘s treiben, stehe ich viel besser mit mir selbst. Gewiß, weil wir doch einmal so gemacht sind, daß wir alles mit uns und uns mit allem vergleichen, so liegt Glück oder Elend in den Gegenständen, womit wir uns zusammenhalten, und da ist nichts gefährlicher als die Einsamkeit. Unsere Einbildungskraft, durch ihre Natur gedrungen sich zu erheben, durch die phantastischen Bilder der Dichtkunst genährt, bildet sich eine Reihe Wesen hinauf, wo wir das unterste sind und alles außer uns herrlicher erscheint, jeder andere vollkommner ist. Und das geht ganz natürlich zu. Wir fühlen so oft, daß uns manches mangelt, und eben was uns fehlt, scheint uns oft ein anderer zu besitzen, dem wir denn auch alles dazu geben, was wir haben, und noch eine gewisse idealische Behaglichkeit dazu. Und so ist der Glückliche vollkommen fertig, das Geschöpf unserer selbst.

Dagegen, wenn wir mit all unserer Schwachheit und Mühseligkeit nur gerade fortarbeiten, so finden wir gar oft, daß wir mit unserem Schlendern und Lavieren es weiter bringen als andere mit ihrem Segeln und Rudern – und – das ist doch ein wahres Gefühl seiner selbst, wenn man andern gleich oder gar vorläuft.

Am 26. November 1771

Ich fange an, mich insofern ganz leidlich hier zu befinden. Das beste ist, daß es zu tun genug gibt; und dann die vielerlei Menschen, die allerlei neuen Gestalten machen mir ein buntes Schauspiel vor meiner Seele. Ich habe den Grafen C... kennen lernen, einen Mann, den ich jeden Tag mehr verehren muß, einen weiten, großen Kopf, und der deswegen nicht kalt ist, weil er viel übersieht; aus dessen Umgange so viel Empfindung für Freundschaft und Liebe hervorleuchtet. Er nahm teil an mir, als ich einen Geschäftsauftrag an ihn ausrichtete und er bei den ersten Worten merkte, daß wir uns verstanden, daß er mit mir reden konnte wie nicht mit jedem. Auch kann ich sein offnes Betragen gegen mich nicht genug rühmen. So eine wahre, warme Freude ist nicht in der Welt, als eine große Seele zu sehen, die sich gegen einen öffnet.

Am 24. Dezember 1771

Der Gesandte macht mir viel Verdruß, ich habe es vorausgesehn. Er ist der pünktlichste Narr, den es nur geben kann; Schritt vor Schritt und umständlich wie eine Base; ein Mensch, der nie mit sich selbst zufrieden ist, und dem es daher niemand zu Danke machen kann. Ich arbeite gern leicht weg, und wie es steht, so steht es; da ist er imstande, mir einen Aufsatz zurückzugeben und zu sagen: »er ist gut, aber sehen Sie ihn durch, man findet immer ein besseres Wort, eine reinere Partikel«. – Da möchte ich des Teufels werden. Kein Und, kein Bindewörtchen darf außenbleiben, und von allen Inversionen, die mir manchmal entfahren, ist er ein Todfeind; wenn man seinen Period nicht nach der hergebrachten Melodie heraborgelt, so versteht er gar nichts drin. Das ist ein Leiden, mit so einem Menschen zu tun zu haben.

Das Vertrauen des Grafen von C... ist noch das einzige, was mich schadlos hält. Er sagte mir letzthin ganz aufrichtig, wie unzufrieden er mit der Langsamkeit und Bedenklichkeit meines Gesandten sei«. Die Leute erschweren es sich und andern. Doch«, sagte er, »man muß sich darein resignieren wie ein Reisender, der über einen Berg muß; freilich, wäre der Berg nicht da, so wär der Weg viel bequemer und kürzer; er ist nun aber da, und man soll hinüber!«

Mein Alter spürt auch wohl den Vorzug, den mit der Graf vor ihm gibt, und das ärgert ihn, und er ergreift jede Gelegenheit, Übels gegen mich vom Grafen zu reden, ich halte, wie natürlich, Widerpart, und dadurch wird die Sache nur schlimmer. Gestern gar brachte er mich auf, denn ich war mit gemeint: zu so Weltgeschäften sei der Graf ganz gut, er habe viele Leichtigkeit zu arbeiten und führe eine gute Feder, doch an gründlicher Gelehrsamkeit mangle es ihm wie allen Belletristen. Dazu machte er eine Miene, als ob er sagen wollte: »fühlst du den Stich?« aber es tat bei mir nicht die Wirkung; ich verachtete den Menschen, der so denken und sich so betragen konnte. Ich hielt ihm stand und focht mit ziemlicher Heftigkeit. Ich sagte, der Graf sei ein Mann, vor dem man Achtung haben müsse, wegen seines Charakters sowohl als wegen seiner Kenntnisse«. Ich habe«, sagt' ich, »niemand gekannt, dem es so geglückt wäre, seinen Geist zu erweitern, ihn über unzählige Gegenstände zu verbreiten und doch diese Tätigkeit fürs gemeine Leben zu behalten«. – das waren dem Gehirne spanische Dörfer, und ich empfahl mich, um nicht über ein weiteres Deraisonnement noch mehr Galle zu schlucken.

Und daran seid ihr alle schuld, die ihr mich in das Joch geschwatzt und mir so viel von Aktivität vorgesungen habt. Aktivität! Wenn nicht der mehr tut, der Kartoffeln legt und in die Stadt reitet, sein Korn zu verkaufen, als ich, so will ich zehn Jahre noch mich auf der Galeere abarbeiten, auf der ich nun angeschmiedet bin.

Und das glänzende Elend, die Langeweile unter dem garstigen Volke, das sich hier neben einander sieht! Die Rangsucht unter ihnen, wie sie nur wachen und aufpassen, einander ein Schrittchen abzugewinnen; die elendesten, erbärmlichsten Leidenschaften, ganz ohne Röckchen. Da ist ein Weib, zum Exempel, die jedermann von ihrem Adel und ihrem Lande unterhält, so daß jeder Fremde denken muß: das ist eine Närrin, die sich auf das bißchen Adel und auf den Ruf ihres Landes Wunderstreiche einbildet. – Aber es ist noch viel ärger: eben das Weib ist hier aus der Nachbarschaft eine Amtschreiberstochter. – Sieh, ich kann das Menschengeschlecht nicht begreifen, das so wenig Sinn hat, um sich so platt zu prostituieren.

Zwar ich merke täglich mehr, mein Lieber, wie töricht man ist, andere nach sich zu berechnen. Und weil ich so viel mit mir selbst zu tun habe und dieses Herz so stürmisch ist – ach ich lasse gern die andern ihres Pfades gehen, wenn sie mich auch nur könnten gehen lassen.

Was mich am meisten neckt, sind die fatalen bürgerlichen Verhältnisse. Zwar weiß ich so gut als einer, wie nötig der Unterschied der Stände ist, wie viel Vorteile er mir selbst verschafft: nur soll er mir nicht eben gerade im Wege stehen, wo ich noch ein wenig Freude, einen Schimmer von Glück auf dieser Erde genießen könnte. Ich lernte neulich auf dem Spaziergange ein Fräulein von B. kennen, ein liebenswürdiges Geschöpf, das sehr viele Natur mitten in dem steifen Leben erhalten hat. Wir gefielen uns in unserem Gespräche, und da wir schieden, bat ich sie um Erlaubnis, sie bei sich sehen zu dürfen. Sie gestattete mir das mit so vieler Freimütigkeit, daß ich den schicklichen Augenblick kaum erwarten konnte, zu ihr zu gehen. Sie ist nicht von hier und wohnt bei einer Tante im Hause. Die Physiognomie der Alten gefiel mir nicht. Ich bezeigte ihr viel Aufmerksamkeit, mein Gespräch war meist an sie gewandt, und in minder als einer halben Stunde hatte ich so ziemlich weg, was mir das Fräulein nachher selbst gestand: daß die liebe Tante in ihrem Alter Mangel von allem, kein anständiges Vermögen, keinen Geist und keine Stütze hat als die Reihe ihrer Vorfahren, keinen Schirm als den Stand, in den sie sich verpalisadiert, und kein Ergetzen, als von ihrem Stockwerk herab über die bürgerlichen Häupter wegzusehen. In ihrer Jugend soll sie schön gewesen sein und ihr Leben weggegaukelt, erst mit ihrem Eigensinne manchen armen Jungen gequält, und in den reifern Jahren sich unter den Gehorsam eines alten Offiziers geduckt haben, der gegen diesen Preis und einen leidlichen Unterhalt das eherne Jahrhundert mit ihr zubrachte und starb. Nun sieht sie im eisernen sich allein und würde nicht angesehn, wär‘ ihre Nichte nicht so liebenswürdig.

Den 8. Januar 1772

Was das für Menschen sind, deren ganze Seele auf dem Zeremoniell ruht, deren Dichten und Trachten jahrelang dahin geht, wie sie um einen Stuhl weiter hinauf bei Tische Angelegenheit hätten: nein, vielmehr häufen sich die Arbeiten, eben weil man über den kleinen Verdrießlichkeiten von Beförderung der wichtigen Sachen abgehalten wird. Vorige Woche gab es bei der Schlittenfahrt Händel, und der ganze Spaß wurde verdorben.

Die Toren, die nicht sehen, daß es eigentlich auf den Platz gar nicht ankommt, und daß der, der den ersten hat, so selten die erste Rolle spielt! Wie mancher König wird durch seinen Minister, wie mancher Minister durch seinen Sekretär regiert! Und wer ist dann der Erste? Der, dünkt mich, der die andern übersieht und so viel Gewalt oder List hat, ihre Kräfte und Leidenschaften zu Ausführung seiner Plane anzuspannen.

Am 20. Januar

Ich muß Ihnen schreiben, liebe Lotte, hier in der Stube einer geringen Bauernherberge, in die ich mich vor einem schweren Wetter geflüchtet habe. Solange ich in dem traurigen Nest D..., unter dem fremden, meinem Herzen ganz fremden Volke herumziehe, habe ich keinen Augenblick gehabt, keinen, an dem mein Herz mich geheißen hätte, Ihnen zu schreiben; und jetzt in dieser Hütte, in dieser Einsamkeit, in dieser Einschränkung, da Schnee und Schloßen wider mein Fensterchen wüten, hier waren Sie mein erster Gedanke. Wie ich hereintrat, überfiel mich Ihre Gestalt, Ihr Andenken, o Lotte! So heilig, so warm! Guter Gott! Der erste glückliche Augenblick wieder.

Wenn Sie mich sähen, meine Beste, in dem Schwall von Zerstreuung! Wie ausgetrocknet meine Sinne werden! Nicht einen Augenblick der Fülle des Herzens, nicht eine selige Stunde! Nichts! Nichts! Ich stehe wie vor einem Raritärenkasten und sehe die Männchen und Gäulchen vor mir herumrücken, und frage mich oft, ob es nicht optischer Betrug ist. Ich spiele mit, vielmehr, ich werde gespielt wie eine Marionette und fasse manchmal meinen Nachbar an der hölzernen Hand und schaudere zurück. Des Abends nehme ich mir vor, den Sonnenaufgang zu genießen, und komme nicht aus dem Bette; am Tage hoffe ich, mich des Mondscheins zu erfreuen, und bleibe in meiner Stube. Ich weiß nicht recht, warum ich aufstehe, warum ich schlafen gehe.

Der Sauerteig, der mein Leben in Bewegung setzte, fehlt; der Reiz, der mich in tiefen Nächten munter erhielt, ist hin, der mich des Morgens aus dem Schlafe weckte, ist weg.

Ein einzig weibliches Geschöpf habe ich hier gefunden, eine Fräulein von B..., sie gleicht Ihnen, liebe Lotte, wenn man Ihnen gleichen kann«. »Ei!« werden Sie sagen, »der Mensch legt sich auf niedliche Komplimente!« ganz unwahr ist es nicht. Seit einiger Zeit bin ich sehr artig, weil ich doch nicht anders sein kann, habe viel Witz, und die Frauenzimmer sagen, es wüßte niemand so fein zu loben als ich (und zu lügen, setzen Sie hinzu, denn ohne das geht es nicht ab, verstehen Sie?). Ich wollte von Fräulein B... reden. Sie hat viel Seele, die voll aus ihren blauen Augen hervorblickt. Ihr Stand ist ihr zur Last, der keinen der Wünsche ihres Herzens befriedigt. Sie sehnt sich aus dem Getümmel, und wir verphantasieren manche

Stunde in ländlichen Szenen von ungemischter Glückseligkeit; ach! und von Ihnen! Wie oft muß sie Ihnen huldigen, muß nicht, tut es freiwillig, hört so gern von Ihnen, liebt Sie. –

O säß' ich zu Ihren Füßen in dem lieben, vertraulichen Zimmerchen, und unsere kleinen Lieben wälzten sich miteinander um mich herum, und wenn sie Ihnen zu laut würden, wollte ich sie mit einem schauerlichen Märchen um mich zur Ruhe versammeln.

Die Sonne geht herrlich unter über der schneeglänzenden Gegend, der Sturm ist hinüber gezogen, und ich – muß mich wieder in meinen Käfig sperren. – Adieu! Ist Albert bei Ihnen? Und wie –? Gott verzeihe mir diese Frage!

Den 8. Februar

Wir haben seit acht Tagen das abscheulichste Wetter, und mir ist es wohltätig. Denn so lang ich hier bin, ist mir noch kein schöner Tag am Himmel erschienen, den mir nicht jemand verdorben oder verleidet hätte. Wenn's nun recht regnet und stöbert und fröstelt und taut: ha! Denk' ich, kann's doch zu Hause nicht schlimmer werden, als es draußen ist, oder umgekehrt, und so ist's gut. Geht die Sonne des Morgens auf und verspricht einen feinen Tag, erwehr' ich mir niemals auszurufen: da haben sie doch wieder ein himmlisches Gut, worum sie einander bringen können! Es ist nichts, worum sie einander nicht bringen. Gesundheit, guter Name, Freudigkeit, Erholung! Und meist aus Albernheit, Unbegriff und Enge und, wenn man sie anhört, mit der besten Meinung. Manchmal möcht' ich sie auf den Knieen bitten, nicht so rasend in ihre eigenen Eingeweide zu wüten.

Am 17. Februar

Ich fürchte, mein Gesandter und ich halten es zusammen nicht mehr lange aus. Der Mann ist ganz und gar unerträglich. Seine Art zu arbeiten und Geschäfte zu treiben ist so lächerlich, daß ich mich nicht enthalten kann, ihm zu widersprechen und oft eine Sache nach meinem Kopf und meiner Art zu machen, das ihm denn, wie natürlich, niemals recht ist. Darüber hat er mich neulich bei Hofe verklagt, und der Minister gab mir einen zwar sanften Verweis, aber es war doch ein Verweis, und ich stand im Begriffe, meinen Abschied zu begehren, als ich einen Privatbrief [Fußnote] von ihm erhielt, einen Brief, vor dem ich niedergekniet, und den hohen, edlen, weisen Sinn angebetet habe. Wie er meine allzu große Empfindlichkeit zurechtweiset, wie er meine überspannten Ideen von Wirksamkeit, von Einfluß auf andere, von Durchdringen in Geschäften als jugendlichen guten Mut zwar ehrt, sie nicht auszurotten, nur zu mildern und dahin zu leiten sucht, wo sie ihr wahres Spiel haben, ihre kräftige Wirkung tun können. Auch bin ich auf acht Tage gestärkt und in mir selbst einig geworden. Die Ruhe der Seele ist ein herrliches Ding und die Freude an sich selbst. Lieber Freund, wenn nur das Kleinod nicht eben so zerbrechlich wäre, als es schön und kostbar ist.

Am 20. Februar

Gott segne euch, meine Lieben, geb' euch alle die guten Tage, die er mir abzieht!

Ich danke dir, Albert, daß du mich betrogen hast: ich wartete auf Nachricht, wann euer Hochzeitstag sein würde, und hatte mir vorgenommen, feierlichst an demselben Lottens Schattenriß von der Wand zu nehmen und ihn unter andere Papiere zu begraben. Nun seid ihr ein Paar, und ihr Bild ist noch hier! Nun, so soll es bleiben! Und warum nicht? Ich weiß, ich bin ja auch bei euch, bin dir unbeschadet in Lottens Herzen, habe, ja ich habe den zweiten Platz darin und will und muß ihn behalten. O ich würde rasend werden, wenn sie vergessen könnte – Albert, in dem Gedanken liegt eine Hölle. Albert, leb' wohl! Leb' wohl, Engel des Himmels! Leb' wohl, Lotte!

Den 15. März

Ich habe einen Verdruß gehabt, der mich von hier wegtreiben wird. Ich knirsche mit den Zähnen! Teufel! Er ist nicht zu ersetzen, und ihr seid doch allein schuld daran, die ihr mich sporntet und triebt und quältet, mich in einen Posten zu begeben, der nicht nach meinem Sinne war. Nun habe ich's! Nun habt ihr's! Und daß du nicht wieder sagst, meine überspannten Ideen verdürben alles, so hast du hier, lieber Herr, eine Erzählung, plan und nett, wie ein Chronikenschreiber das aufzeichnen würde.

Der Graf von C... liebt mich, distinguiert mich, das ist bekannt, das habe ich dir schon hundertmal gesagt. Nun war ich gestern bei ihm zu Tafel, eben an dem Tage, da abends die noble Gesellschaft von Herren und Frauen bei ihm zusammenkommt, an die ich nie gedacht habe, auch mir nie aufgefallen ist, daß wir Subalternen nicht hineingehören. Gut. Ich speise bei dem Grafen, und nach Tische gehn wir in dem großen Saal auf und ab, ich rede mit ihm, mit dem Obristen B..., der dazu kommt, und so rückt die Stunde der Gesellschaft heran. Ich denke, Gott weiß, an nichts. Da tritt herein die übergnädige Dame von S... mit ihrem Herrn Gemahl und wohl ausgebrüteten Gänslein Tochter mit der flachen Brust und niedlichem Schnürleibe, machen en passant ihre hergebrachten, hochadeligen Augen und Naslöcher, und wie mir die Nation von Herzen zuwider ist, wollte ich mich eben empfehlen und wartete nur, bis der Graf vom garstigen Gewäsche frei wäre, als meine Fräulein B. hereintrat. Da mir das Herz immer ein bißchen aufgeht, wenn ich sie sehe, blieb ich eben, stellte mich hinter ihren Stuhl und bemerkte erst nach einiger Zeit, daß sie mit weniger Offenheit als sonst, mit einiger Verlegenheit mit mir redete. Das fiel mir auf. Ist sie auch wie all das Volk, dacht' ich, und war angestochen und wollte gehen, und doch blieb ich, weil ich sie gerne entschuldigt hätte und es nicht glaubte und noch ein gut Wort von ihr hoffte und – was du willst. Unterdessen füllte sich die Gesellschaft. Der Baron

F. mit der ganzen Garderobe von den Krönungszeiten Franz des Ersten her, der Hofrat R..., hier aber in qualitate Herr von R... genannt, mit seiner tauben Frau etc., den übel fournierten J... nicht zu vergessen, der die Lücken seiner altfränkischen Garderobe mit neumodischen Lappen ausflickt, das kommt zu Hauf, und ich rede mit einigen meiner Bekanntschaft, die alle sehr lakonisch sind. Ich dachte – und gab nur auf meine B... acht. Ich merkte nicht, daß die Weiber am Ende des Saales sich in die Ohren flüsterten, daß es auf die Männer zirkulierte, daß Frau von S. mit dem Grafen redete (das alles hat mir Fräulein B. nachher erzählt), bis endlich der Graf auf mich losging und mich in ein Fenster nahm. – »Sie wissen«, sagt' er, »unsere wunderbaren Verhältnisse; die Gesellschaft ist unzufrieden, merkte ich, Sie hier zu sehn. Ich wollte nicht um alles« – »Ihro Exzellenz«, fiel ich ein, »ich bitte tausendmal um Verzeihung; ich hätte eher dran denken sollen, und ich weiß, Sie vergeben mir diese Inkonsequenz; ich wollte schon vorhin mich empfehlen. Ein böser Genius hat mich zurückgehalten«. Setzte ich lächelnd hinzu, indem ich mich neigte. – Der Graf drückte meine Hände mit einer Empfindung, die alles sagte. Ich strich mich sacht aus der vornehmen Gesellschaft, ging, setzte mich in ein Kabriolett und fuhr nach M., dort vom Hügel die Sonne untergehen zu sehen und dabei in meinem Homer den herrlichen Gesang zu lesen, wie Ulyß von dem trefflichen Schweinehirten bewirtet wird. Das war alles gut.

Des Abends komm' ich zurück zu Tische, es waren noch wenige in der Gaststube; die würfelten auf einer Ecke, hatten das Tischtuch zurückgeschlagen. Da kommt der ehrliche Adelin hinein, legt seinen Hut nieder, indem er mich ansieht, tritt zu mir und sagt leise: »du hast Verdruß gehabt?« – »ich?« sagt' ich. – »Der Graf hat dich aus der Gesellschaft gewiesen«. – »Hol' sie der Teufel!« sagt' ich, »mir war's lieb, daß ich in die freie Luft kam«. – »Gut,« sagt' er, »daß du's auf die leichte Achsel nimmst. Nur verdrießt mich's, es ist schon überall herum«. – da fing mich das Ding erst an zu wurmen. Alle, die zu Tisch kamen und mich ansahen, dachte ich, die sehen dich darum an! Das gab böses Blut.

Und da man nun heute gar, wo ich hintrete, mich bedauert, da ich höre, daß meine Neider nun triumphieren und sagen: da sähe man's, wo es mit den Übermütigen hinausginge, die sich ihres bißchen Kopfs überhöben und glaubten, sich darum über alle Verhältnisse hinaussetzen zu dürfen, und was des Hundegeschwätzes mehr ist – da möchte man sich ein Messer ins Herz bohren; denn man rede von Selbständigkeit was man will, den will ich sehen, der dulden kann, daß Schurken über ihn reden, wenn sie einen Vorteil über ihn haben; wenn ihr Geschwätze leer ist, ach da kann man sie leicht lassen.

Am 16. März

Es hetzt mich alles. Heut' treff' ich die Fräulein B... in der Allee, ich konnte mich nicht enthalten, sie anzureden und ihr, sobald wir etwas entfernt von der Gesellschaft waren, meine Empfindlichkeit über ihr neuliches Betragen zu zeigen. – »O Werther«, sagte sie mit einem innigen Tone, »konnten Sie meine Verwirrung so auslegen, da Sie mein Herz kennen? Was ich gelitten habe um Ihretwillen, von dem Augenblicke an, da ich in den Saal trat! Ich sah alles voraus, hundertmal saß mir's auf der Zunge, es Ihnen zu sagen. Ich wußte, daß die von S... und T... mit ihren Männern eher aufbrechen würden, als in Ihrer Gesellschaft zu bleiben; ich wußte, daß der Graf es mit ihnen nicht verderben darf, – und jetzt der Lärm!« – »wie, Fräulein?« sagt' ich und verbarg meinen Schrecken; denn alles, was Adelin mir ehegestern gesagt hatte, lief mir wie siedend Wasser durch die Adern in diesem Augenblicke. – »Was hat mich es schon gekostet!« sagte das süße Geschöpf, indem ihr die Tränen in den Augen standen. – Ich war nicht Herr mehr von mir selbst, war im Begriffe, mich ihr zu Füßen zu werfen. – »Erklären Sie sich!« rief ich. – Die Tränen liefen ihr die Wangen herunter. Ich war außer mir. Sie trocknete sie ab, ohne sie verbergen zu wollen. – »Meine Tante kennen Sie«, fing sie an, »sie war gegenwärtig und hat – o, mit was für Augen hat sie das angesehen! Werther, ich habe gestern nacht ausgestanden und heute früh eine Predigt über meinen Umgang mit Ihnen, und ich habe müssen zuhören Sie herabsetzen, erniedrigen, und konnte und durfte Sie nur halb verteidigen«. Jedes Wort, das sie sprach, ging mir wie ein Schwert durchs Herz. Sie fühlte nicht, welche Barmherzigkeit es gewesen wäre, mir das alles zu verschweigen, und nun fügte sie noch hinzu, was weiter würde geträtscht werden, was eine Art Menschen darüber triumphieren würde.

Wie man sich nunmehr über die Strafe meines Übermuts und meiner Geringschätzung anderer, die sie mir schon lange vorwerfen, kitzeln und freuen würde. Das alles, Wilhelm, von ihr zu hören, mit der Stimme der wahrsten Teilnehmung – ich war zerstört und bin noch wütend in mir. Ich wollte, daß sich einer unterstünde, mir's vorzuwerfen, daß ich ihm den Degen durch den Leib stoßen könnte; wenn ich Blut sähe, würde mir's besser werden. Ach, ich hab' hundertmal ein Messer ergriffen, um diesem gedrängten Herzen Luft zu machen. Man erzählt von einer edlen Art Pferde, die, wenn sie schrecklich erhitzt und aufgejagt sind, sich selbst aus Instinkt eine Ader aufbeißen, um sich zum Atem zu helfen. So ist mir's oft, ich möchte mir eine Ader öffnen, die mir die ewige Freiheit schaffte.

Am 24. März

Ich habe meine Entlassung vom Hofe verlangt und werde sie, hoffe ich, erhalten, und ihr werdet mir verzeihen, daß ich nicht erst Erlaubnis dazu bei euch geholt habe. Ich mußte nun einmal fort, und was ihr zu sagen hattet, um mir das Bleiben einzureden, weiß ich alles, und also – bringe das meiner Mutter in einem Säftchen bei, ich kann mir selbst nicht helfen, und sie mag sich gefallen lassen, wenn ich ihr auch nicht helfen kann. Freilich muß es ihr wehe tun. Den schönen Lauf, den ihr Sohn gerade zum Geheimenrat und Gesandten ansetzte, so auf einmal Halte zu sehen, und rückwärts mit dem Tierchen in den Stall! Macht nun daraus, was ihr wollt, und kombiniert die möglichen Fälle, unter denen ich hätte bleiben können und sollen; genug, ich gehe, und damit ihr wißt, wo ich hinkomme, so ist hier der Fürst **, der vielen Geschmack an meiner Gesellschaft findet; der hat mich gebeten, da er von meiner Absicht hörte, mit ihm auf seine Güter zu gehen und den schönen Frühling da zuzubringen. Ich soll ganz mir selbst gelassen sein, hat er mir versprochen, und da wir uns zusammen bis auf einen gewissen Punkt verstehn, so will ich es denn auf gut Glück wagen und mit ihm gehen.

Zur Nachricht
Am 19. April

Danke für deine beiden Briefe. Ich antwortete nicht, weil ich dieses Blatt liegen ließ, bis mein Abschied vom Hofe da wäre; ich fürchtete, meine Mutter möchte sich an den Minister wenden und mir mein Vorhaben erschweren. Nun aber ist es geschehen, mein Abschied ist da. Ich mag euch nicht sagen, wie ungern man mir ihn gegeben hat, und was mir der Minister schreibt – ihr würdet in neue Lamentationen ausbrechen. Der Erbprinz hat mir zum Abschiede fünfundzwanzig Dukaten geschickt, mit einem Wort, das mich bis zu Tränen gerührt hat; also brauche ich von der Mutter das Geld nicht, um das ich neulich schrieb.

Am 5. Mai

Morgen gehe ich von hier ab, und weil mein Geburtsort nur sechs Meilen vom Wege liegt, so will ich den auch wiedersehen, will mich der alten, glücklich verträumten Tage erinnern. Zu eben dem Tore will ich hinein gehn, aus dem meine Mutter mit mir heraus fuhr, als sie nach dem Tode meines Vaters den lieben, vertraulichen Ort verließ, um sich in ihre unerträgliche Stadt einzusperren. Adieu, Wilhelm, du sollst von meinem Zuge hören.

Am 9. Mai

Ich habe die Wallfahrt nach meiner Heimat mit aller Andacht eines Pilgrims vollendet, und manche unerwarteten Gefühle haben mich ergriffen. An der großen Linde, die eine Viertelstunde vor der Stadt nach S... zu steht, ließ ich halten, stieg aus und hieß den Postillon fortfahren, um zu Fuße jede Erinnerung ganz neu, lebhaft, nach meinem Herzen zu kosten. Da stand ich nun unter der Linde, die ehedem, als Knabe, das Ziel und die Grenze meiner Spaziergänge gewesen. Wie anders! Damals sehnte ich mich in glücklicher Unwissenheit hinaus in die unbekannte Welt, wo ich für mein Herz so viele Nahrung, so vielen Genuß hoffte, meinen strebenden, sehnenden Busen auszufüllen und zu befriedigen. Jetzt komme ich zurück aus der weiten Welt – o mein Freund, mit wie viel fehlgeschlagenen Hoffnungen, mit wie viel zerstörten Planen! – Ich sah das Gebirge vor mir liegen, das tausendmal der Gegenstand meiner Wünsche gewesen war. Stundenlang konnt' ich hier sitzen und mich hinüber sehnen, mit inniger Seele mich in den Wäldern, den Tälern verlieren, die sich meinen Augen so freundlich-dämmernd darstellten; und wenn ich dann um die bestimmte Zeit wieder zurück mußte, mit welchem Widerwillen verließ ich nicht den lieben Platz! – Ich kam der Stadt näher, alle die alten, bekannten Gartenhäuschen wurden von mir gegrüßt, die neuen waren mir zuwider, so auch alle Veränderungen, die man sonst vorgenommen hatte. Ich trat zum Tor hinein und fand mich doch gleich und ganz wieder. Lieber, ich mag nicht ins Detail gehn; so reizend, als es mir war, so einförmig würde es in der Erzählung werden. Ich hatte beschlossen, auf dem Markte zu wohnen, gleich neben unserem alten Haus. Im Hingehen bemerkte ich, daß die Schulstube, wo ein ehrliches altes Weib unsere Kindheit zusammengepfercht hatte, in einen Kramladen verwandelt war. Ich erinnere mich der Unruhe, der Tränen, der Dumpfheit des Sinnes, der Herzensangst, die ich in dem Loche ausgestanden hatte. – ich tat keinen Schritt, der nicht merkwürdig war. Ein Pilger im heiligen Lande trifft nicht so viele Stätten religiöser Erinnerungen an, und seine Seele ist schwerlich so voll heiliger Bewegung. – Noch eins für tausend. Ich ging den Fluß hinab, bis an einen gewissen Hof; das war sonst auch mein Weg, und die Plätzchen, wo wir Knaben uns übten, die meisten Sprünge der flachen Steine im Wasser hervorzubringen. Ich erinnerte mich so lebhaft, wenn ich manchmal stand und dem Wasser nachsah, mit wie wunderbaren Ahnungen ich es verfolgte, wie abenteuerlich ich mir die Gegenden vorstellte, wo es nun hinflösse, und wie ich da sobald Grenzen meiner Vorstellungskraft fand; und doch mußte das weiter gehen, immer weiter, bis ich mich ganz in dem Anschauen einer unsichtbaren Ferne verlor. – Sieh, mein Lieber, so beschränkt und so glücklich waren die herrlichen Altväter! So kindlich ihr Gefühl, ihre Dichtung! Wenn ulyß von dem ungemeßnen Meer und von der unendlichen Erde spricht, das ist so wahr, menschlich, innig, eng und geheimnisvoll. Was hilft mich's, daß ich jetzt mit jedem Schulknaben nachsagen kann, daß sie rund sei? Der Mensch braucht nur wenige Erdschollen, um drauf zu genießen, weniger, um drunter zu ruhen. Nun bin ich hier, auf dem fürstlichen Jagdschloß. Es läßt sich noch ganz wohl mit dem Herrn leben, er ist wahr und einfach. Wunderliche Menschen sind um ihn herum, die ich gar nicht begreife. Sie scheinen keine Schelmen und haben doch auch nicht das Ansehen von ehrlichen Leuten. Manchmal kommen sie mir ehrlich vor, und ich kann ihnen doch nicht trauen. Was mir noch leid tut, ist, daß er oft von Sachen redet, die er nur gehört und gelesen hat, und zwar aus eben dem Gesichtspunkte, wie sie ihm der andere vorstellen mochte. Auch schätzt er meinen Verstand und meine Talente mehr als dies Herz, das doch mein einziger Stolz ist, das ganz und alles Elendes. Ach, was ich weiß, kann jeder wissen – mein Herz habe ich allein.

Am 25. Mai

Ich hatte etwas im Kopfe, davon ich euch nichts sagen wollte, bis es ausgeführt wäre: jetzt, da nichts draus wird, ist es ebenso gut. Ich wollte in den Krieg; das hat mir lange am Herzen gelegen. Vornehmlich darum bin ich dem Fürsten hierher gefolgt, der General in ***schen Diensten ist. Auf einem Spaziergang entdeckte ich ihm mein Vorhaben; er widerriet mir es, und es müßte bei mir mehr Leidenschaft als Grille gewesen sein, wenn ich seinen Gründen nicht hätte Gehör geben wollen.

Am 11. Junius

Sage was du willst, ich kann nicht länger bleiben. Was soll ich hier? Die Zeit wird mir lang. Der Fürst hält mich, so gut man nur kann, und doch bin ich nicht in meiner Lage. Wir haben im Grunde nichts gemein mit einander. Er ist ein Mann von Verstande, aber von ganz gemeinem Verstande; sein Umgang unterhält mich nicht mehr, als wenn ich ein wohl geschriebenes Buch lese. Noch acht Tage bleibe ich, und dann ziehe ich wieder in der Irre herum. Das Beste, was ich hier getan habe, ist mein Zeichnen. Der Fürst fühlt in der Kunst und würde noch stärker fühlen, wenn er nicht durch das garstige wissenschaftliche Wesen und durch die gewöhnliche Terminologie eingeschränkt wäre. Manchmal knirsche ich mit den Zähnen, wenn ich ihn mit warmer Imagination an Natur und Kunst herumführe und er es auf einmal recht gut zu machen denkt, wenn er mit einem gestempelten Kunstworte dreinstolpert.

Am 16. Junius

Ja wohl bin ich nur ein Wandrer, ein Waller auf der Erde! Seid ihr denn mehr?

Am 16. Junius

Wo ich hin will? Das laß dir im Vertrauen eröffnen. Vierzehn Tage muß ich doch noch hier bleiben, und dann habe ich mir weisgemacht, daß ich die Bergwerke im ***schen besuchen wollte; ist aber im Grunde nichts dran, ich will nur Lotten wieder näher, das ist alles. Und ich lache über mein eigenes Herz – und tu' ihm seinen Willen.

Am 29. Julius

Nein, es ist gut! Es ist alles gut! – Ich – ihr Mann! O Gott, der du mich machtest, wenn du mir diese Seligkeit bereitet hättest, mein ganzes Leben sollte ein anhaltendes Gebet sein. Ich will nicht rechten, und verzeihe mir diese Tränen, verzeihe mir meine vergeblichen Wünsche! – sie meine Frau! Wenn ich das liebste Geschöpf unter der Sonne in meine Arme geschlossen hätte – es geht mir ein Schauder durch den ganzen Körper, Wilhelm, wenn Albert sie um den schlanken Leib faßt.

Und, darf ich es sagen? Warum nicht, Wilhelm? Sie wäre mit mir glücklicher geworden als mit ihm! O er ist nicht der Mensch, die Wünsche dieses Herzens alle zu füllen. Ein gewisser Mangel an Fühlbarkeit, ein Mangel – nimm es, wie du willst; daß sein Herz nicht sympathetisch schlägt bei – o! – bei der Stelle eines lieben Buches, wo mein Herz und Lottens in einem zusammentreffen; in hundert andern Vorfällen, wenn es kommt, daß unsere Ermpfindungen über eine Handlung eines Dritten laut werden. Lieber Wilhelm! – Zwar er liebt sie von ganzer Seele, und so eine Liebe, was verdient die nicht!

– Ein unerträglicher Mensch hat mich unterbrochen. Meine Tränen sind getrocknet. Ich bin zerstreut. Adieu, Lieber!

Am 4. August

Es geht mir nicht allein so. Alle Menschen werden in ihren Hoffnungen getäuscht, in ihren Erwartungen betrogen. Ich besuchte mein gutes Weib unter der Linde. Der älteste Junge lief mir entgegen, sein Freudengeschrei führte die Mutter herbei, die sehr niedergeschlagen aussah. Ihr erstes Wort war: »guter Herr, ach, mein Hans ist mir gestorben!« – es war der jüngste ihrer Knaben. Ich war stille. »und mein Mann«, sagte sie, »ist aus der Schweiz zurück und hat nichts mitgebracht, und ohne gute Leute hätte er sich heraus betteln müssen, er hatte das Fieber unterwegs gekriegt«. – ich konnte ihr nichts sagen und schenkte dem Kleinen was; sie bat mich, einige Äpfel anzunehmen, das ich tat und den Ort des traurigen Andenkens verließ.

Am 21. August

Wie man eine Hand umwendet, ist es anders mit mir. Manchmal will wohl ein freudiger Blick des Lebens wieder aufdämmern, ach, nur für einen Augenblick! – wenn ich mich so in Träumen verliere, kann ich mich des Gedankens nicht erwehren: wie, wenn Albert stürbe? Du würdest! Ja, sie würde – und dann laufe ich dem Hirngespinste nach, bis es mich an Abgründe führet, vor denen ich zurückbebe.

Wenn ich zum Tor hinausgehe, den Weg, den ich zum erstenmal fuhr, Lotten zum Tanze zu holen, wie war das so ganz anders! Alles, alles ist vorübergegangen! Kein Wink der vorigen Welt, kein Pulsschlag meines damaligen Gefühles. Mir ist es, wie es einem Geiste sein müßte, der in das ausgebrannte, zerstörte Schloß zurückkehrte, das er als blühender Fürst einst gebaut und mit allen Gaben der Herrlichkeit ausgestattet, sterbend seinem geliebten Sohne hoffnungsvoll hinterlassen hätte.

Am 3. September

Ich begreife manchmal nicht, wie sie ein anderer lieb haben kann, lieb haben *darf*, da ich sie so ganz allein, so innig, so voll liebe, nichts anders kenne, noch weiß, noch habe als sie!

Am 4. September

Ja, es ist so. Wie die Natur sich zum Herbste neigt, wird es Herbst in mir und um mich her. Meine Blätter werden gelb, und schon sind die Blätter der benachbarten Bäume abgefallen. Hab‘ ich dir nicht einmal von einem Bauerburschen geschrieben, gleich da ich herkam? Jetzt erkundigte ich mich wieder nach ihm in Wahlheim; es hieß, er sei aus dem Diemste gejagt worden, und niemand wollte was weiter von ihm wissen. Gestern traf ich ihn von ungefähr auf dem Wege nach einem andern Dorfe, ich redete ihn an, und er erzählte mir seine Geschichte, die mich doppelt und dreifach gerührt hat, wie du leicht begreifen wirst, wenn ich dir sie wiedererzähle. Doch wozu das alles? Warum behalt‘ ich nicht für mich, was mich ängstigt und kränkt? Warum betrüb‘ ich noch dich? Warum geb‘ ich dir immer Gelegenheit, mich zu bedauern und mich zu schelten? Sei‘s denn, auch das mag zu meinem Schicksal gehören!

Mit einer stillen Traurigkeit, in der ich ein wenig scheues Wesen zu bemerken schien, antwortete der Mensch mir erst auf meine Fragen; aber gar bald offner, als wenn er sich und mich auf einmal wiedererkennte, gestand er mir seine Fehler, klagte er mir sein Unglück. Könnt‘ ich dir, mein Freund, jedes seiner Worte vor Gericht stellen! Er bekannte, ja er erzählte mit einer Art von Genuß und Glück der Wiedererinnerung, daß die Leidenschaft zu seiner Hausfrau sich in ihm tagtäglich vermehrt, daß er zuletzt nicht gewußt habe, was er tue, nicht, wie er sich ausdrückte, wo er mit dem Kopfe hingesollt. Er habe weder essen noch trinken noch schlafen können, es habe ihm an der Kehle gestockt, er habe getan, was er nicht tun sollen; was ihm aufgetragen worden, hab‘ er vergessen, er sei als wie von einem bösen Geist verfolgt gewesen, bis er eines Tages, als er sie in einer obern Kammer gewußt, ihr nachgegangen, ja vielmehr ihr nachgezogen worden sei; da sie seinen Bitten kein Gehör gegeben, hab‘ er sich ihrer mit Gewalt bemächtigen wollen; er wisse nicht, wie ihm geschehen sei, und nehme Gott zum Zeugen, daß seine Absichten gegen sie immer redlich gewesen, und daß er nichts sehnlicher gewünscht, als daß sie ihn heiraten, daß sie mit ihm ihr Leben zubringen möchte. Da er eine Zeitlang geredet hatte, fing er an zu stocken, wie einer, der noch etwas zu sagen hat und sich es nicht herauszusagen getraut; endlich gestand er mir auch mit Schüchternheit, was sie ihm für kleine Vertraulichkeiten erlaubt, und welche Nähe sie ihm vergönnet. Er brach zwei-, dreimal ab und wiederholte die lebhaftesten Protestationen, daß er das nicht sage, um sie schlecht zu machen, wie er sich ausdrückte, daß er sie liebe und schätze wie vorher, daß so etwas nicht über seinen Mund gekommen sei und daß er es mir nur sage, um mich zu überzeugen, daß er kein ganz verkehrter und unsinniger Mensch sei.

– Und hier, mein Bester, fang‘ ich mein altes Lied wieder an, das ich ewig anstimmen werde: könnt‘ ich dir den Menschen vorstellen, wie er vor mir stand, wie er noch vor mir steht! Könnt‘ ich dir alles recht sagen, damit du fühltest, wie ich an seinem Schicksale teilnehme, teilnehmen muß! Doch genug, da du auch mein Schicksal kennst, auch mich kennst, so weißt du nur zu wohl, was mich zu allen Unglücklichen, was mich besonders zu diesem Unglücklichen hinzieht.

Da ich das Blut wieder durchlese, seh‘ ich, daß ich das Ende der Geschichte zu erzählen vergessen habe, das sich aber leicht hinzudenken läßt. Sie erwehrte sich sein; ihr Bruder kam dazu, der ihn schon lange gehaßt, der ihn schon lange aus dem Hause gewünscht hatte, weil er fürchtet, durch eine neue Heirat der Schwester werde seinen Kindern die Erbschaft entgehn, die ihnen jetzt, da sie kinderlos ist, schöne Hoffnungen gibt; dieser habe ihn gleich zum Hause hinausgestoßen und einen solchen Lärm von der Sache gemacht, daß die Frau, auch selbst wenn sie gewollt, ihn nicht wieder hätte aufnehmen können. Jetzt habe sie wieder einen andern Knecht genommen, auch über den, sage man, sei sie mit dem Bruder zerfallen, und man behaupte für gewiß, sie werde ihn heiraten, aber er sei fest entschlossen, das nicht zu erleben.

Was ich dir erzähle, ist nicht übertrieben, nichts verzärtelt, ja ich darf wohl sagen, schwach, schwach hab‘ ich‘s erzählt, und vergröbert hab‘ ich‘s, indem ich‘s mit unsern hergebrachten sittlichen Worten vorgetragen habe.

Diese Liebe, diese Treue, diese Leidenschaft ist also keine dichterische Erfindung. Sie lebt, sie ist in ihrer größten Reinheit unter der Klasse von Menschen, die wir ungebildet, die wir roh nennen. Wir Gebildeten – zu Nichts Verbildeten! Lies die Geschichte mit Andacht, ich bitte dich. Ich bin heute still, indem ich das hinschreibe; du siehst an meiner Hand, daß ich nicht so strudele und sudele wie sonst. Lies, mein Geliebter, und denke dabei, daß es auch die Geschichte deines Freundes ist. Ja so ist mir‘s gegangen, so wird mir‘s gehn, und ich bin nicht halb so brav, nicht halb so entschlossen als der arme Unglückliche, mit dem ich mich zu vergleichen mich fast nicht getraue.

Am 5. September

Sie hatte ein Zettelchen an ihren Mann aufs Land geschrieben, wo er sich Geschäfte wegen aufhielt. Es fing an: »Bester, Liebster, komme, sobald du kannst, ich erwarte dich mit tausend Freuden«. – Ein Freund, der hereinkam, brachte Nachricht, daß er wegen gewisser Umstände so bald noch nicht zurückkehren würde. Das Billett blieb liegen und fiel mir abends in die Hände. Ich las es und lächelte; sie fragte worüber? – »Was die Einbildungskraft für ein göttliches Geschenk ist, »rief ich aus, »ich konnte mir einen Augenblick vorspiegeln, als wäre es an mich geschrieben«. – Sie brach ab, es schien ihr zu mißfallen, und ich schwieg.

Am 6. September

Es hat schwer gehalten, bis ich mich entschloß, meinen blauen einfachen Frack, in dem ich mit Lotten zum erstenmale tanzte, abzulegen, er ward aber zuletzt gar unscheinbar. Auch habe ich mir einen machen lassen ganz wie den vorigen, Kragen und Aufschlag, und auch wieder so gelbe Weste und Beinkleider dazu. Ganz will es doch die Wirkung nicht tun. Ich weiß nicht – ich denke, mit der Zeit soll mir der auch lieber werden.

Am 12. September

Sie war einige Tage verreist, Alberten abzuholen. Heute trat ich in ihre Stube, sie kam mir entgegen, und ich küßte ihre Hand mit tausend Freuden.

Ein Kanarienvogel flog von dem Spiegel ihr auf die Schulter. – »Einen neuen Freund, »sagte sie und lockte ihn auf ihre Hand, »er ist meinen Kleinen zugedacht. Er tut gar zu lieb! Sehen Sie ihn! Wenn ich ihm Brot gebe, flattert er mit den Flügeln und pickt so artig. Er küßt mich auch, sehen Sie!«

Als sie dem Tierchen den Mund hinhielt, drückte es sich so lieblich in die süßen Lippen, als wenn es die Seligkeit hätte fühlen können, die es genoß.

»Er soll Sie auch küssen.« sagte sie und reichte den Vogel herüber. Das Schnäbelchen machte den Weg von ihrem Munde zu dem meinigen, und die pickende Berührung war wie ein Hauch, eine Ahnung liebevollen Genusses.

»Sein Kuß«, sagte ich, »ist nicht ganz ohne Begierde, er sucht Nahrung und kehrt unbefriedigt von der leeren Liebkosung zurück«.

»Er ißt mir auch aus dem Munde.« sagte sie. – Sie reichte ihm einige Brosamen mit ihren Lippen, aus denen die Freuden unschuldig teilnehmender Liebe in aller Wonne lächelten.

Ich kehrte das Gesicht weg. Sie sollte es nicht tun, sollte nicht meine Einbildungskraft mit diesen Bildern himmlischer Unschuld und Seligkeit reizen und mein Herz aus dem Schlafe, in den es manchmal die Gleichgültigkeit des Lebens wiegt, nicht wecken! – Und warum nicht? – Sie traut mir so! Sie weiß, wie ich sie liebe!

Am 15. September

Man möchte rasend werden, Wilhelm, daß es Menschen geben soll ohne Sinn und Gefühl an dem wenigen, was auf Erden noch einen Wert hat. Du kennst die Nußbäume, unter denen ich bei dem ehrlichen Pfarrer zu St... mit Lotten gesessen, die herrlichen Nußbäume, die mich, Gott weiß, immer mit dem größten Seelenvergnügen füllten! Wie vertraulich sie den Pfarrhof machten, wie kühl! Und wie herrlich die Äste waren! Und die Erinnerung bis zu den ehrlichen Geistlichen, die sie vor vielen Jahren pflanzten. Der Schulmeister hat uns den einen Namen oft genannt, den er von seinem Großvater gehört hatte; und so ein braver Mann soll er gewesen sein, und sein Andenken war immer heilig unter den Bäumen. Ich sage dir, dem Schulmeister standen die Tränen in den Augen, da wir gestern davon redeten, daß sie abgehauen worden – abgehauen! Ich möchte toll werden, ich könnte den Hund ermorden, der den ersten Hieb dran tat. Ich, der ich mich vertrauern könnte, wenn so ein paar Bäume in meinem Hofe stünden und einer davon stürbe vor Alter ab, ich muß zusehen. Lieber Schatz, eins ist doch dabei: was Menschengefühl ist! Das ganze Dorf murrt, und ich hoffe, die Frau Pfarrerin soll es an Butter und Eiern und übrigem Zutrauen spüren, was für eine Wunde sie ihrem Orte gegeben hat. Denn sie ist es, die Frau des neuen Pfarrers (unser alter ist auch gestorben), ein hageres, kränkliches Geschöpf, das sehr Ursache hat, an der Welt keinen Anteil zu nehmen, denn niemand nimmt Anteil an ihr. Eine Närrin, die sich abgibt, gelehrt zu sein, sich in die Untersuchung des Kanons meliert, gar viel an der neumodischen, moralisch-kritischen Reformation des Christentumes arbeitet und über Lavaters Schwärmereien die Achseln zuckt, eine ganz zerrüttete Gesundheit hat und deswegen auf Gottes Erdboden keine Freude. So einer Kreatur war es auch allein möglich, meine Nußbäume abzuhauen. Siehst du, ich komme nicht zu mir! Stelle dir vor: die abfallenden Blätter machen ihr den Hof unrein und dumpfig, die Bäume nehmen ihr das Tageslicht, und wenn die Nüsse reif sind, so werfen die Knaben mit Steinen darnach, und das fällt ihr auf die Nerven, das stört sie in ihren tiefen Überlegungen, wenn sie Kennikot, Semler und Michaelis gegen einander abwiegt. Da ich die Leute im Dorfe, besonders die alten, so unzufrieden sah, sagte ich: »warum habt ihr es gelitten?« – »wenn der Schulze will, hier zu Lande,« sagten sie, »was kann man machen?« – aber eins ist recht geschehen. Der Schulze und der Pfarrer, der doch auch von seiner Frauen Grillen, die ihm ohnedies die Suppen nicht fett machen, was haben wollte, dachten es mit einander zu teilen; da erfuhr es die Kammer und sagte: »hier herein!« denn sie hatte noch alte Prätensionen an den Teil des Pfarrhofes, wo die Bäume standen, und verkaufte sie an den Meistbietenden. Sie liegen! O, wenn ich Fürst wäre! Ich wollte die Pfarrerin, den Schulzen und die Kammer – Fürst! – ja wenn ich Fürst wäre, was kümmerten mich die Bäume in meinem Lande!

Am 10. Oktober

Wenn ich nur ihre schwarzen Augen sehe, ist mir es schon wohl! Sieh, und was mich verdrießt, ist, daß Albert nicht so beglückt zu sein scheinet, als er – hoffte – als ich – zu sein glaubte – wenn – ich mache nicht gern Gedankenstriche, aber hier kann ich mich nicht anders ausdrücken – und mich dünkt deutlich genug.

Am 12. Oktober

Ossian hat in meinem Herzen den Homer verdrängt. Welch eine Welt, in die der Herrliche mich führt! Zu wandern über die Heide, umsaust vom Sturmwinde, der in dampfenden Nebeln die Geister der Väter im dämmernden Lichte des Mondes hinführt. Zu hören vom Gebirge her, im Gebrülle des Waldstroms, halb verwehtes Ächzen der Geister aus ihren Höhlen, und die Wehklagen des zu Tode sich jammernden Mädchens, um die vier moosbedeckten, grasbewachsenen Steine des Edelgefallnen, ihres Geliebten. Wenn ich ihn dann finde, den wandelnden grauen Barden, der auf der weiten Heide die Fußstapfen seiner Väter sucht und, ach, ihre Grabsteine findet und dann jammernd nach dem lieben Sterne des Abends hinblickt, der sich ins rollende Meer verbirgt, und die Zeiten der Vergangenheit in des Helden Seele lebendig werden, da noch der freundliche Strahl den Gefahren der Tapferen leuchtete und der Mond ihr bekränztes, siegrückkehrendes Schiff beschien. Wenn ich den tiefen Kummer auf seiner Stirn lese, den letzten verlassenen Herrlichen in aller Ermattung dem Grabe zuwanken sehe, wie er immer neue, schmerzlich glühende Freuden in der kraftlosen Gegenwart der Schatten seiner Abgeschiedenen einsaugt und nach der kalten Erde, dem hohen, wehenden Grase niedersieht und ausruft: »Der Wanderer wird kommen, kommen, der mich kannte in meiner Schönheit, und fragen: ›wo ist der Sänger, Fingals trefflicher Sohn?‹ Sein Fußtritt geht über mein Grab hin, und er fragt vergebens nach mir auf der Erde«. – O Freund! Ich möchte gleich einem edlen Waffenträger das Schwert ziehen, meinen Fürsten von der zückenden Qual des langsam absterbenden Lebens auf einmal befreien und dem befreiten Halbgott meine Seele nachsenden.

Am 19. Oktober

Ach diese Lücke! Diese entsetzliche Lücke, die ich hier in meinem Busen fühle! – Ich denke oft, wenn du sie nur e i n m a l , nur e i n m a l an dieses Herz drücken könntest, diese ganze Lücke würde ausgefüllt sein.

Am 26. Oktober

Ja es wird mir gewiß, Lieber, gewiß und immer gewisser, daß an dem Dasein eines Geschöpfes wenig gelegen ist, ganz wenig. Es kam eine Freundin zu Lotten, und ich ging herein ins Nebenzimmer, ein Buch zu nehmen, und konnte nicht lesen, und dann nahm ich eine Feder, zu schreiben. Ich hörte sie leise reden; sie erzählten einander unbedeutende Sachen, Stadtneuigkeiten: wie diese heiratet, wie jene krank, sehr krank ist. – »Sie hat einen trocknen Husten, die Knochen stehn ihr zum Gesichte heraus, und kriegt Ohnmachten; ich gebe keinen Kreuzer für ihr Leben«. Sagte die eine. – »Der N. N. ist auch so übel dran«, sagte Lotte. – »Er ist schon geschwollen«, sagte die andere. – Und meine lebhafte Einbildungskraft versetzte mich ans Bett dieser Armen; ich sah sie, mit welchem Widerwillen sie dem Leben den Rücken wandten, wie sie – Wilhelm! Und meine Weibchen redeten davon, wie man eben davon redet – daß ein Fremder stirbt. – Und wenn ich mich umsehe und sehe das Zimmer an, und rings um mich Lottens Kleider und Alberts Skripturen und diese Möbeln, denen ich nun so befreundet bin, sogar diesem Dintenfaß, und denke: siehe, was du nun diesem Hause bist! Alles in allem. Deine Freunde ehren dich! Du machst oft ihre Freude, und deinem Herzen scheint es, als wenn es ohne sie nicht sein könnte; und doch – wenn du nun gingst, wenn du aus diesem Kreise schiedest? Würden sie, wie lange würden sie die Lücke fühlen, die dein Verlust in ihr Schicksal reißt? Wie lange? – O, so vergänglich ist der Mensch, daß er auch da, wo er seines Daseins eigentliche Gewißheit hat, da, wo er den einzigen wahren Eindruck seiner Gegenwart macht, in dem Andenken, in der Seele seiner Lieben, daß er auch da verlöschen, verschwinden muß, und das so bald!

Am 27. Oktober

Ich möchte mir oft die Brust zerreißen und das Gehirn einstoßen, daß man einander so wenig sein kann. Ach die Liebe, Freude, Wärme und Wonne, die ich nicht hinzubringe, wird mir der andere nicht geben, und mit einem ganzen Herzen voll Seligkeit werde ich den andern nicht beglücken, der kalt und kraftlos vor mir steht.

Am 27. Oktober abends

Ich habe so viel, und die Empfindung an ihr verschlingt alles; ich habe so viel, und ohne sie wird mir alles zu Nichts.

Am 30. Oktober

Wenn ich nicht schon hundertmal auf dem Punkte gestanden bin, ihr um den Hals zu fallen! Weiß der große Gott, wie einem das tut, so viele Liebenswürdigkeit vor einem herumkreuzen zu sehen und nicht zugreifen zu dürfen; und das Zugreifen ist doch der natürlichste Trieb der Menschheit. Greifen die Kinder nicht nach allem, was ihnen in den Sinn fällt? – Und ich?

Am 3. November

Weiß Gott! Ich lege mich so oft zu Bette mit dem Wunsche, ja manchmal mit der Hoffnung, nicht wieder zu erwachen: und morgens schlage ich die Augen auf, sehe die Sonne wieder, und bin elend. O daß ich launisch sein könnte, könnte die Schuld aufs Wetter, auf einen Dritten, auf eine fehlgeschlagene Unternehmung schieben, so würde die unerträgliche Last des Unwillens doch nur halb auf mir ruhen. Wehe mir! Ich fühle zu wahr, daß an mir alle Schuld liegt – nicht Schuld! Genug, daß in mir die Quelle alles Elendes verborben ist, wie ehemals die Quelle aller Seligkeiten. Bin ich nicht noch ebenderselbe, der ehemals in aller Fülle der Empfindung herumschwebte, dem auf jedem Tritte ein Paradies folgte, der ein Herz hatte, eine ganze Welt liebevoll zu umfassen? Und dies Herz ist jetzt tot, aus ihm fließen keine Entzückungen mehr, meine Augen sind trocken, und meine Sinne, die nicht mehr von erquickenden Tränen gelabt werden, ziehen ängstlich meine Stirn zusammen. Ich leide viel, denn ich habe verloren, was meines Lebens einzige Wonne war, die heilige, belebende Kraft, mit der ich Welten um mich schuf; sie ist dahin! – Wenn ich zu meinem Fenster hinaus an den fernen Hügel sehe, wie die Morgensonne über ihn her den Nebel durchbricht und den stillen Wiesengrund bescheint, und der sanfte Fluß zwischen seinen entblätterten Weiden zu mir herschlängelt, – o! Wenn da diese herrliche Natur so starr vor mir steht wie ein lackiertes Bildchen, und alle die Wonne keinen Tropfen Seligkeit aus meinem Herzen herauf in das Gehirn pumpen kann, und der ganze Kerl vor Gottes Angesicht steht wie ein versiegter Brunnen, wie ein verlechter Eimer. Ich habe mich oft auf den Boden geworfen und Gott um Tränen gebeten, wie ein Ackersmann um Regen, wenn der Himmel ehern über ihm ist und um ihn die Erde verdürstet.

Aber, ach, ich fühle es, Gott gibt Regen und Sonnenschein nicht unserm ungestümen Bitten, und jene Zeiten, deren Andenken mich quält, warum waren sie so selig, als weil ich mit Geduld seinen Geist erwartete und die Wonne, die er über mich ausgoß, mit ganzem, innig dankbarem Herzen aufnahm!

Am 8. November

Sie hat mir meine Exzesse vorgeworfen! Ach, mit so viel Liebenswürdigkeit! Meine Exzesse, daß ich mich manchmal von einem Glase Wein verleiten lasse, eine Bouteille zu trinken. – »Tun Sie es nicht!« sagte sie, »denken Sie an Lotten!« – »Denken!« sagte ich, »brauchen Sie mir das zu heißen? Ich denke! – Ich denke nicht! Sie sind immer vor meiner Seele. Heute saß ich an dem Flecke, wo Sie neulich aus der Kutsche stiegen.« – Sie redete was anders, um mich nicht tiefer in den Text kommen zu lassen. Bester, ich bin dahin! Sie kann mit mir machen, was sie will.

Am 15. November

Ich danke dir, Wilhelm, für deinen herzlichen Anteil, für deinen wohlmeinenden Rat und bitte dich, ruhig zu sein. Laß mich ausdulden, ich habe bei aller meiner Müdseligkeit noch

Kraft genug durchzusetzen. Ich ehre die Religion, das weißt du, ich fühle, daß sie manchem Ermatteten Stab, manchem Verschmachtenden Erquickung ist. Nur – kann sie denn, muß sie denn das einem jeden sein? Wenn du die große Welt ansiehst, so siehst du Tausende, denen sie es nicht war, Tausende, denen sie es nicht sein wird, gepredigt oder ungepredigt, und muß sie mir es denn sein? Sagt nicht selbst der Sohn Gottes, daß die um ihn sein würden, die ihm der Vater gegeben hat? Wenn ich ihm nun nicht gegeben bin? Wenn mich nun der Vater für sich behalten will, wie mir mein Herz sagt? – ich bitte dich, lege das nicht falsch aus; sieh nicht etwa Spott in diesen unschuldigen Worten; es ist meine ganze Seele, die ich dir vorlege; sonst wollte ich lieber, ich hätte geschwiegen: wie ich denn über alles das, wovon jedermann so wenig weiß als ich, nicht gern ein Wort verliere. Was ist es anders als Menschenschicksal, sein Maß auszuleiden, seinen Becher auszutrinken? – Und ward der Kelch dem Gott vom Himmel auf seiner Menschenlippe zu bitter, warum soll ich großtun und mich stellen, als schmeckte er mir süß? Und warum sollte ich mich schämen, in dem schrecklichen Augenblick, da mein ganzes Wesen zwischen Sein und Nichtsein zittert, da die Vergangenheit wie ein Blitz über dem finstern Abgrunde der Zukunft leuchtet und alles um mich her versinkt und mit mir die Welt untergeht? Ist es da nicht die Stimme der ganz in sich gedrängten, sich selbst ermangelnden und unaufhaltsam hinabstürzenden Kreatur, in den innern Tiefen ihrer vergebens aufarbeitenden Kräfte zu knirschen: »mein Gott! Mein Gott! Warum hast du mich verlassen?«und sollt‘ ich mich des Ausdruckes schämen, sollte mir es vor dem Augenblicke bange sein, da ihm der nicht entging, der die Himmel zusammenrollt wie ein Tuch?

Am 21. November

Sie sieht nicht, sie fühlt nicht, daß sie ein Gift bereitet, das mich und sie zugrunde richten wird; und ich mit voller Wollust schlürfe den Becher aus, den sie mir zu meinem Verderben reicht. Was soll der gütige Blick, mit dem sie mich oft – oft? – nein, nicht oft, aber doch manchmal ansieht, die Gefälligkeit, womit sie einen unwillkürlichen Ausdruck meines Gefühls aufnimmt, das Mitleiden mit meiner Duldung, das sich auf ihrer Stirne zeichnet?

Gestern, als ich wegging, reichte sie mir die Hand und sagte: »Adieu, lieber Werther!« – lieber Werther! Es war das erstemal, daß sie mich Lieber hieß, und es ging mir durch Mark und Bein. Ich habe es mir hundertmal wiederholt, und gestern nacht, da ich zu Bette gehen wollte und mit mir selbst allerlei schwatzte, sagte ich so auf einmal: »gute Nacht, lieber Werther!« und mußte hernach selbst über mich lachen.

Am 22. November

Ich kann nicht beten: »Laß mir sie!« und doch kommt sie mir oft als die Meine vor. Ich kann nicht beten: »Gib mir sie!« denn sie ist eines andern. Ich witzle mich mit meinen Schmerzen herum; wenn ich mir's nachließe, es gäbe eine ganze Litanei von Antithesen.

Am 24. November

Sie fühlt, was ich dulde. Heute ist mir ihr Blick tief durchs Herz gedrungen. Ich fand sie allein; ich sagte nichts, und sie sah mich an. Und ich sah nicht mehr in ihr die liebliche Schönheit, nicht mehr das Leuchten des trefflichen Geistes, das war alles vor meinen Augen verschwunden. Ein weit herrlicherer Blick wirkte auf mich, voll Ausdruck des innigsten Anteils, des süßesten Mitleidens. Warum durft' ich mich nicht ihr zu Füßen werfen? Warum durft' ich nicht an ihrem Halse mit tausend Küssen antworten? Sie nahm ihre Zuflucht zum Klavier und hauchte mit süßer, leiser Stimme harmonische Laute zu ihrem Spiele. Nie habe ich ihre Lippen so reizend gesehn; es war, als wenn sie sich lechzend öffneten, jene süßen Töne in sich zu schlürfen, die aus dem Instrument hervorquollen, und nur der heimliche Widerschall aus dem reinen Munde zurückklänge – ja wenn ich dir das so sagen könnte! – ich widerstand nicht länger, neigte mich und schwur: nie will ich es wagen, einen Kuß euch aufzudrücken, Lippen, auf denen die Geister des Himmels schweben. – Und doch – ich will – ha! Siehst du, das steht wie eine Scheidewand vor meiner Seele – diese Seligkeit – und dann untergegangen, diese Sünde abzubüßen – Sünde?

Am 26. November

Manchmal sag' ich mir: dein Schicksal ist einzig; preise die übrigen glücklich – so ist noch keiner gequält worden. – dann lese ich einen Dichter der Vorzeit, und es ist mir, als säh' ich in mein eignes Herz. Ich habe so viel auszustehen! Ach, sind denn Menschen vor mir schon so elend gewesen?

Am 30. November

Ich soll, ich soll nicht zu mir selbst kommen! Wo ich hintrete, begegnet mir eine Erscheinung, die mich aus aller Fassung bringt. Heute! O Schicksal! O Menschheit!

Ich gehe an dem Wasser hin in der Mittagsstunde, ich hatte keine keine Lust zu essen. Alles war öde, ein naßkalter Abendwind blies vom Berge, und die grauen Regenwolken zogen das Tal hinein. Von fern seh' ich einen Menschen in einem grünen, schlechten Rocke, der zwischen den Felsen herumkrabbelte und Kräuter zu suchen schien. Als ich näher zu ihm kam und er sich auf das Geräusch, das ich machte, herumdrehte, sah ich eine gar interessante Physiognomie, darin eine stille Trauer den Hauptzug machte, die aber sonst nichts als einen geraden guten Sinn ausdrückte; seine schwarzen Haare waren mit Nadeln in zwei Rollen gesteckt, und die übrigen in einen starken Zopf geflochten, der ihm den Rücken herunter hing. Da mir seine Kleidung einen Menschen von geringem Stande zu bezeichnen schien, glaubte ich, er würde es nicht übelnehmen, wenn ich auf seine Beschäftigung aufmerksam wäre, und daher fragte ich ihn, was er suchte? – »Ich suche«, antwortete er mit einem tiefen Seufzer,« Blumen – und finde keine«. – »Das ist auch die Jahrszeit nicht.« sagte ich lächelnd. – »Es gibt so viele Blumen«, sagte er, indem er zu mir herunterkam. »In meinem Garten sind Rosen und Jelängerjelieber zweierlei Sorten, eine hat mir mein Vater gegeben, sie wachsen wie Unkraut; ich suche schon zwei Tage darnach und kann sie nicht finden. Da haußen sind auch immer Blumen, gelbe und blaue und rote, und das Tausendgüldenkraut hat ein schönes Blümchen. Keines kann ich finden«. – Ich merkte was Unheimliches, und drum fragte ich durch einen Umweg: »was will er denn mit den Blumen?« – Ein wunderbares, zuckendes Lächeln verzog sein Gesichte. »Wenn er mich nicht verraten will,« sagte er, indem er den Finger auf den Mund drückte, »ich habe meinem Schatz einen Strauß versprochen«. – »Das ist brav«, sagte ich. – »O!« sagte er, »sie hat viel andere Sachen, sie ist reich«. – »Und doch hat sie seinen Strauß lieb«, versetzte ich. – »O!« fuhr er fort, »sie hat Juwelen und eine Krone«. – »Wie heißt sie denn?« – »Wenn mich die Generalstaaten bezahlen wollten,« versetzte er, »ich wär' ein anderer Mensch! Ja, es war einmal eine Zeit, da mir es so wohl war! Jetzt ist es aus mit mir. Ich bin nun«. Ein nasser Blick zum Himmel drückte alles aus. – »Er war also glücklich?« fragte ich. – »Ach ich wollte, ich wäre wieder so!« sagte er »Da war mir es so wohl, so lustig, so leicht wie einem Fisch im Wasser!« – »Heinrich!« rief eine alte Frau, die den Weg herkam, »Heinrich, wo steckst du? Wir haben dich überall gesucht, komm zum Essen«. – »Ist das euer Sohn?« fragt' ich, zu ihr tretend. – »Wohl, mein armer Sohn!« versetzte sie. »Gott hat mir ein schweres Kreuz aufgelegt«. – »Wie lange ist er so?« fragte ich. – »So stille«, sagte sie, »ist er nun ein halbes Jahr. Gott sei Dank, daß er nur so weit ist, vorher war er ein ganzes Jahr rasend, da hat er an Ketten im Tollhause gelegen. Jetzt tut er niemand nichts, nur hat er immer mit Königen und Kaisern zu schaffen. Er war ein so guter, stiller Mensch, der mich ernähren half, seine schöne Hand schrieb, und auf einmal wird er tiefsinnig, fällt in ein hinziges Fieber, daraus in Raserei, und nun ist er, wie Sie ihn sehen. Wenn ich Ihnen erzählen sollte, Herr«. – Ich unterbrach den Strom ihrer Worte mit der Frage: »was war denn das für eine Zeit, von der er rühmt, daß er so glücklich, so wohl darin gewesen sei?« – »der törichte Mensch!« rief sie mit mitleidigem Lächeln, »da meint er die Zeit, da er von sich war, das rühmt er immer; das ist die Zeit, da er im Tollhause war, wo er nichts von sich wußte«. – Das fiel mir auf wie ein Donnerschlag, ich drückte ihr ein Stück Geld in die Hand und verließ sie eilend. Da du glücklich warst! Rief ich aus, schnell vor mich hin nach der Stadt zu gehend, da dir es wohl war wie einem Fisch im Wasser! – Gott im Himmel! Hast du das zum Schicksale der Menschen gemacht, daß sie nicht glücklich sind, als ehe sie zu ihrem Verstande kommen und wenn sie ihn wieder verlieren! – Elender! Und auch wie beneide ich deinen Trübsinn, die Verwirrung deiner Sinne, in der du verschmachtest! Du gehst hoffnungsvoll aus, deiner Königin Blumen zu pflücken – im Winter – und trauerst, da du keine findest, und begreifst nicht, warum du keine finden kannst. Und ich – und ich gehe ohne Hoffnung, ohne Zweck heraus und kehre wieder heim, wie ich gekommen bin. – Du wähnst, welcher Mensch du sein würdest, wenn die Generalstaaten dich bezahlten. Seliges Geschöpf, das den Mangel seiner Glückseligkeit einer irdischen Hindernis zuschreiben kann! Du fühlst nicht, du fühlst nicht, daß in deinem zerstörten Herzen, in deinem zerrütteten Gehirne dein Elend liegt, wovon alle Könige der Erde dir nicht helfen können. Müsse der trostlos umkommen, der eines Kranken spottet, der nach der entferntesten Quelle reist, die seine Krankheit vermehren, sein Ausleben schmerzhafter machen wird! Der sich über das bedrängte Herz erhebt, das, um seine Gewissensbisse loszuwerden und die Leiden seiner Seele abzutun, eine Pilgrimschaft nach dem heiligen Grabe tut. Jeder Fußtritt, der seine Sohlen auf ungebahntem Wege durchschneidet, ist ein Linderungstropfen der geängsteten Seele, und mit jeder ausgedauerten Tagereise legt sich das Herz um viele Bedrängnisse leichter nieder. – Und dürft ihr das Wahn nennen, ihr Wortkrämer auf euren Polstern? – Wahn! – o Gott! Du siehst meine Tränen! Mußtest du, der du den Menschen arm genug erschufst, ihm auch Brüder zugeben, die ihm das bißchen Armut, das bißchen Vertrauen noch raubten, das er auf dich hat, auf dich, du Allliebender! Denn das Vertrauen zu einer heilenden Wurzel, zu den Tränen des Weinstokkes, was ist es als Vertrauen zu dir, daß du in alles, was uns umgibt, Heil- und Linderungskraft gelegt hast, der wir so stündlich bedürfen? Vater, den ich nicht kenne! Vater, der sonst meine ganze Seele füllte und nun sein Angesicht von mir gewendet hat, rufe mich zu dir! Schweige nicht länger! Dein Schweigen wird diese dürstende Seele nicht aufhalten – und würde ein Mensch, ein Vater, zürnen können, dem sein unvermutet rückkehrender Sohn um den Hals fiele und riefe: »ich bin wieder da, mein Vater! Zürne nicht, daß ich die Wanderschaft abbreche, die ich nach deinem Willen länger aushalten sollte. Die Welt ist überall einerlei, auf Mühe und Arbeit Lohn und Freude; aber was soll mir das? Mir ist nur wohl, wo du bist, und vor deinem Angesichte will ich leiden und genießen«. – und du, lieber himmlischer Vater, solltest ihn von dir weisen?

Am 1. Dezember

Wilhelm! Der Mensch, von dem ich dir schrieb, der glückliche Unglückliche, war Schreiber bei Lottens Vater, und eine Leidenschaft zu ihr, die er nährte, verbarg, entdeckte und worüber er aus dem Dienst geschickt wurde, hat ihn rasend gemacht. Fühle bei diesen trocknen Worten, mit welchem Unsinn mich die Geschichte ergriffen hat, da mir sie Albert ebenso gelassen erzählte, als du sie vielleicht liesest.

Am 4. Dezember

Ich bitte dich – siehst du, mit mir ist's aus, ich trag' es nicht länger! Heute saß ich bei ihr – saß, sie spielte auf ihrem Klavier, mannigfaltige Melodien, und all den Ausdruck! All! – All! – Was willst du? – Ihr Schwesterchen putzte ihre Puppe auf meinem Knie. Mir kamen die Tränen in die Augen. Ich neigte mich, und ihr Trauring fiel mir ins Gesicht – meine Tränen flossen – und auf einmal fiel sie in die alte, himmelsüße Melodie ein, so auf einmal, und mir durch die Seele gehn ein Trostgefühl und eine Erinnerung des Vergangenen, der Zeiten, da ich das Lied gehört, der düstern Zwischenräume des Verdrusses, der fehlgeschlagenen Hoffnungen, und dann – ich ging in der Stube auf und nieder, mein Herz erstickte unter dem Zudringen. – »Um Gottes willen,« sagte ich, mit einem heftigen Ausbruch hin gegen sie fahrend, »um Gottes willen, hören Sie auf!« – sie hielt und sah mich starr an. »Werther«, sagte sie mit einem Lächeln, das mir durch die Seele ging, »Werther, Sie sind sehr krank, Ihre Lieblingsgerichte widerstehen Ihnen. Gehen Sie! Ich bitte Sie, beruhigen Sie sich«. – ich riß mich von ihr weg und – Gott! Du siehst mein Elend und wirst es enden.

Am 6. Dezember

Wie mich die Gestalt verfolgt! Wachend und träumend füllt sie meine ganze Seele! Hier, wenn ich die Augen schließe, hier in meiner Stirne, wo die innere Sehkraft sich vereinigt, stehen ihre schwarzen Augen. Hier! Ich kann dir es nicht ausdrükken. Mache ich meine Augen zu, so sind sie da; wie ein Meer, wie ein Abgrund ruhen sie vor mir, in mir, füllen die Sinne meiner Stirn.

Was ist der Mensch, der gepriesene Halbgott! Ermangeln ihm nicht eben da die Kräfte, wo er sie am nötigsten braucht? Und wenn er in Freude sich aufschwingt oder im Leiden versinkt, wird er nicht in beiden eben da aufgehalten, eben da zu dem stumpfen, kalten Bewußtsein wieder zurückgebracht, da er sich in der Fülle des Unendlichen zu verlieren sehnte?

Der Herausgeber an den Leser

Wie sehr wünscht' ich, daß uns von den letzten merkwürdigen Tagen unsers Freundes so viel eigenhändige Zeugnisse übrig geblieben wären, daß ich nicht nötig hätte, die Folge seiner hinterlaßnen Briefe durch Erzählung zu unterbrechen.

Ich habe mir angelegen sein lassen, genaue Nachrichten aus dem Munde derer zu sammeln, die von seiner Geschichte wohl unterrichtet sein konnten; sie ist einfach, und es kommen alle Erzählungen davon bis auf wenige Kleinigkeiten miteinander überein; nur über die Sinnesarten der handelnden Personen sind die Meinungen verschieden und die Urteile geteilt.

Was bleibt uns übrig, als dasjenige, was wir mit wiederholter Mühe erfahren können, gewissenhaft zu erzählen, die von dem Abscheidenden hinterlaßnen Briefe einzuschalten und das kleinste aufgefundene Blättchen nicht gering zu achten; zumal da es so schwer ist, die eigensten, wahren Triebfedern auch nur einer einzelnen Handlung zu entdecken, wenn sie unter Menschen vorgeht, die nicht gemeiner Art sind.

Unmut und Unlust hatten in Werthers Seele immer tiefer Wurzel geschlagen, sich fester untereinander verschlungen und sein ganzes Wesen nach und nach eingenommen. Die Harmonie seines Geistes war völlig zerstört, eine innerliche Hitze und Heftigkeit, die alle Kräfte seiner Natur durcheinanderarbeitete, brachte die widrigsten Wirkungen hervor und ließ ihm zuletzt nur eine Ermattung übrig, aus der er noch ängstlicher empor strebte, als er mit allen Übeln bisher gekämpft hatte. Die Beängstigung seines Herzens zehrte die übrigen Kräfte seines Geistes, seine Lebhaftigkeit, seinen Scharfsinn auf, er ward ein trauriger Gesellschafter, immer unglücklicher, und immer ungerechter, je unglücklicher er ward. Wenigstens sagen dies Alberts Freunde; sie behaupten, daß Werther einen reinen, ruhigen Mann, der nun eines lang gewünschten Glückes teilhaftig geworden, und sein Be-

tragen, sich dieses Glück auch auf die Zukunft zu erhalten, nicht habe beurteilen können, er, der gleichsam mit jedem Tage sein ganzes Vermögen verzehrte, um an dem Abend zu leiden und zu darben. Albert, sagen sie, hatte sich in so kurzer Zeit nicht verändert, er war noch immer derselbige, den Werther so vom Anfang her kannte, so sehr schätzte und ehrte. Er liebte Lotten über alles, er war stolz auf sie und wünschte sie auch von jedermann als das herrlichste Geschöpf anerkannt zu wissen. War es ihm daher zu verdenken, wenn er auch jeden Schein des Verdachtes abzuwenden wünschte, wenn er in dem Augenblicke mit niemand diesen köstlichen Besitz auch auf die unschuldigste Weise zu teilen Lust hatte? Sie gestehen ein, daß Albert oft das Zimmer seiner Frau verlassen, wenn Werther bei ihr war, aber nicht aus Haß noch Abneigung gegen seinen Freund, sondern nur weil er gefühlt habe, daß dieser von seiner Gegenwart gedrückt sei.

Lottens Vater war von einem Übel befallen worden, das ihn in der Stube hielt, er schickte ihr seinen Wagen, und sie fuhr hinaus. Es war ein schöner Wintertag, der erste Schnee war stark gefallen und deckte die ganze Gegend.

Werther ging ihr den andern Morgen nach, um, wenn Albert sie nicht abzuholen käme, sie hereinzubegleiten.

Das klare Wetter konnte wenig auf sein trübes Gemüt wirken, ein dumpfer Druck auf seiner Seele, die traurigen Bilder hatten sich bei ihm festgesetzt, und sein Gemüt kannte keine Bewegung als von einem schmerzlichen Gedanken zum andern.

Wie er mit sich in ewigem Unfrieden lebte, schien ihm auch der Zustand andrer nur bedenklicher und verworrner, er glaubte, das schöne Verhältnis zwischen Albert und seiner Gattin gestört zu haben, er machte sich Vorwürfe darüber, in die sich ein heimlicher Unwille gegen den Gatten mischte.

Seine Gedanken fielen auch unterwegs auf diesen Gegenstand. »Ja, ja,« sagte er zu sich selbst, mit heimlichem Zähneknirschen, »das ist der vertraute, freundliche, zärtliche, an allem teilnehmende Umgang, die ruhige, dauernde Treue! Sattigkeit ist's und Gleichgültigkeit! Zieht ihn nicht jedes elende Geschäft mehr an als die teure, köstliche Frau? Weiß er sein Glück zu schätzen? Weiß er sie zu achten, wie sie es verdient? Er hat sie, nun gut, er hat sie – ich weiß das, wie ich was anders auch weiß, ich glaube an den Gedanken gewöhnt zu sein, er wird mich noch rasend machen, er wird mich noch umbringen – und hat denn die Freundschaft zu mir Stich gehalten? Sieht er nicht in meiner Anhänglichkeit an Lotten schon einen Eingriff in seine Rechte, in meiner Aufmerksamkeit für sie einen Stillen Vorwurf? Ich weiß es wohl, ich fühl' es, er sieht mich ungern, er wünscht meine Entfernung, meine Gegenwart ist ihm beschwerlich«.

Oft hielt er seinen raschen Schritt an, oft stand er stille und schien umkehren zu wollen; allein er richtete seinen Gang immer wieder vorwärts und war mit diesen Gedanken und Selbstgesprächen endlich gleichsam wider Willen bei dem Jagdhause angekommen.

Er trat in die Tür, fragte nach dem Alten und nach Lotten, er fand das Haus in einiger Bewegung. Der älteste Knabe sagte ihm, es sei drüben in Wahlheim ein Unglück geschehn, es sei ein Bauer erschlagen worden! – Es machte das weiter keinen Eindruck auf ihn. – Er trat in die Stube und fand Lotten beschäftigt, dem Alten zuzureden, der ungeachtet seiner Krankheit hinüber wollte, um an Ort und Stelle die Tat zu untersuchen. Der Täter war noch unbekannt, man hatte den Erschlagenen des Morgens vor der Haustür gefunden, man hatte Mutmaßungen: der Entleibte war Knecht einer Witwe, die vorher einen andern im Dienste gehabt, der mit Unfrieden aus dem Hause gekommen war.

Da Werther dieses hörte, fuhr er mit Heftigkeit auf. – »Ist's möglich!« rief er aus, »ich muß hinüber, ich kann nicht einen Augenblick ruhn«. – Er eilte nach Wahlheim zu, jede Erinnerung ward ihm lebendig, und er zweifelte nicht einen Augenblick, daß jener Mensch die Tat begangen, den er so manchmal gesprochen, der ihm so wert geworden war.

Da er durch die Linden mußte, um nach der Schenke zu kommen, wo sie den Körper hingelegt hatten, entsetzt' er sich vor dem sonst so geliebten Platze. Jene Schwelle, worauf die Nachbarskinder so oft gespielt hatten, war mit Blut besudelt. Liebe und Treue, die schönsten menschlichen Empfindungen, hatten sich in Gewalt und Mord verwandelt. Die starken Bäume standen ohne Laub und bereift, die schönen Hecken, die sich über die niedrige Kirchhofmauer wölbten, waren entblättert, und die Grabsteine sahen mit Schnee bedeckt durch die Lücken hervor.

Als er sich der Schenke näherte, vor welcher das ganze Dorf versammelt war, entstand auf einmal ein Geschrei. Man erblickte von fern einen Trupp bewaffneter Männer, und ein jeder rief, daß man den Täter herbeiführe. Werther sah hin und blieb nicht lange zweifelhaft. Ja, es war der Knecht, der jene Witwe so sehr liebte, den er vor einiger Zeit mit dem stillen Grimme, mit der heimlichen Verzweiflung umhergehend angetroffen hatte.

»Was hast du begangen, Unglücklicher!« rief Werther aus, indem er auf den Gefangenen losging. – Dieser sah ihn still an, schwieg und versetzte endlich ganz gelassen: »keiner wird sie haben, sie wird keinen haben«. – man brachte den Gefangnen in die Schenke, und Werther eilte fort.

Durch die entsetzliche, gewaltige Berührung war alles, was in seinem Wesen lag, durcheinandergeschüttelt worden. Aus seiner Trauer, seinem Mißmut, seiner gleichgültigen Hingegebenheit wurde er auf einen Augenblick herausgerissen; unüberwindlich bemächtigte sich die Teilnehmung seiner, und es ergriff ihn eine unsägliche Begierde, den Menschen zu retten. Er fühlte ihn so unglücklich, er fand ihn als Verbrecher selbst so schuldlos, er setzte sich so tief in seine Lage, daß er gewiß glaubte, auch andere davon zu überzeugen. Schon wünschte er für ihn sprechen zu können, schon drängte sich der lebhafteste Vortrag nach seinen Lippen, er eilte nach dem Jagdhause und konnte sich unterwegs nicht enthalten, alles das, was er dem Amtmann vorstellen wollte, schon halblaut auszusprechen.

Als er in die Stube trat, fand er Alberten gegenwärtig, dies verstimmte ihn einen Augenblick; doch faßte er sich bald wieder und trug dem Amtmann feurig seine Gesinnungen vor. Dieser schüttelte einigemal den Kopf, und obgleich Werther mit der größten Lebhaftigkeit, Leidenschaft und Wahrheit alles vorbrachte, was ein Mensch zur Entschuldigung eines Menschen sagen kann, so war doch, wie sich's leicht denken läßt, der Amtmann dadurch nicht gerührt. Er ließ vielmehr unsern Freund nicht ausreden, widersprach ihm eifrig und tadelte ihn, daß er einen Meuchelmörder in Schutz nehme; er zeigte ihm, daß auf diese Weise jedes Gesetz aufgehoben, alle Sicherheit des Staats zugrund gerichtet werde; auch setzte er hinzu, daß er in einer solchen Sache nichts tun könne, ohne sich die größte Verantwortung aufzuladen, es müsse alles in der Ordnung, in dem vorgeschriebenen Gang gehen.

Werther ergab sich noch nicht, sondern bat nur, der Amtmann möchte durch die Finger sehn, wenn man dem Menschen zur Flucht behülflich wäre! Auch damit wies ihn der Amtmann ab. Albert, der sich endlich ins Gespräch mischte, trat auch auf des Alten Seite. Werther wurde überstimmt, und mit einem entsetzlichen Leiden machte er sich auf den Weg, nachdem ihm der Amtmann einigemal gesagt hatte: »nein, er ist nicht zu retten!«

Wie sehr ihm diese Worte aufgefallen sein müssen, sehn wir aus einem Zettelchen, das sich unter seinen Papieren fand und das gewiß an dem nämlichen Tage geschrieben worden:

»Du bist nicht zu retten, Unglücklicher! Ich sehe wohl, daß wir nicht zu retten sind«.

Was Albert zuletzt über die Sache des Gefangenen in Gegenwart des Amtmanns gesprochen, war Werthern höchst zuwider gewesen: er glaubte einige Empfindlichkeit gegen sich darin bemerkt zu haben, und wenn gleich bei mehrerem Nachdenken seinem Scharfsinne nicht entging, daß beide Männer recht haben möchten, so war es ihm doch, als ob er seinem innersten Dasein entsagen müßte, wenn er es gestehen, wenn er es zugeben sollte.

Ein Blättchen, das sich darauf bezieht, das vielleicht sein ganzes Verhältnis zu Albert ausdrückt, finden wir unter seinen Papieren:

»Was hilft es, daß ich mir's sage und wieder sage, er ist brav und gut, aber es zerreißt mir mein inneres Eingeweide; ich kann nicht gerecht sein«.

Weil es ein gelinder Abend war und das Wetter anfing, sich zum Tauen zu neigen, ging Lotte mit Alberten zu Fuße zurück. Unterwegs sah sie sich hier und da um, eben als wenn sie

Werthers Begleitung vermißte. Albert fing von ihm an zu reden, er tadelte ihn, indem er ihm Gerechtigkeit widerfahren ließ. Er berührte seine unglückliche Leidenschaft und wünschte, daß es möglich sein möchte, ihn zu entfernen. – »ich wünsch' es auch um unsertwillen,« sagt' er, »und ich bitte dich, »fuhr er fort,« siehe zu, seinem Betragen gegen dich eine andere Richtung zu geben, seine öftern Besuche zu vermindern. Die Leute werden aufmerksam, und ich weiß, daß man hier und da drüber gesprochen hat«. – Lotte schwieg, und Albert schien ihr Schweigen empfunden zu haben, wenigstens seit der Zeit erwähnte er Werthers nicht mehr gegen sie, und wenn sie seiner erwähnte, ließ er das Gespräch fallen oder lenkte es woanders hin.

Der vergebliche Versuch, den Werther zur Rettung des Unglücklichen gemacht hatte, war das letzte Auflodern der Flamme eines verlöschenden Lichtes; er versank nur desto tiefer in Schmerz und Untätigkeit; besonders kam er fast außer sich, als er hörte, daß man ihn vielleicht gar zum Zeugen gegen den Menschen, der sich nun aufs Leugnen legte, auffordern könnte.

Alles was ihm Unangenehmes jeweils in seinem wirksamen Leben begegnet war, der Verdruß bei der Gesandtschaft, alles was ihm sonst mißlungen war, was ihn je gekränkt hatte, ging in seiner Seele auf und nieder. Er fand sich durch alles dieses wie zur Untätigkeit berechtigt, er fand sich abgeschnitten von aller Aussicht, unfähig, irgendeine Handhabe zu ergreifen, mit denen man die Geschäfte des gemeinen Lebens anfaßt; und so rückte er endlich, ganz seiner wunderbaren Empfindung, Denkart und einer endlosen Leidenschaft hingegeben, in dem ewigen Einerlei eines traurigen Umgangs mit dem liebenswürdigen und geliebten Geschöpfe, dessen Ruhe er störte, in seine Kräfte stürmend, sie ohne Zweck und Aussicht abarbeitend, immer einem traurigen Ende näher.

Von seiner Verworrenheit, Leidenschaft, von seinem rastlosen Treiben und Streben, von seiner Lebensmüde sind einige hinterlaßne Briefe die stärksten Zeugnisse, die wir hier einrücken wollen.

Am 12. Dezember

»Lieber Wilhelm, ich bin in einem Zustande, in dem jene Unglücklichen gewesen sein müssen, von denen man glaubte, sie würden von einem bösen Geiste umhergetrieben. Manchmal ergreift mich's; es ist nicht Angst, nicht Begier – es ist ein inneres, unbekanntes Toben, das meine Brust zu zerreißen droht, das mir die Gurgel zupreßt! Wehe! Wehe! Und dann schweife ich umher in den furchtbaren nächtlichen Szenen dieser menschenfeindlichen Jahrszeit.

Gestern abend mußte ich hinaus. Es war plötzlich Tauwetter eingefallen, ich hatte gehört, der Fluß sei übergetreten, alle Bäche geschwollen und von Wahlheim herunter mein liebes Tal überschwemmt! Nachts nach eilfe rannte ich hinaus. Ein fürchterliches Schauspiel, vom Fels herunter die wühlenden Fluten in dem Mondlichte wirbeln zu sehen, über Äcker und Wiesen und Hecken und alles, und das weite Tal hinauf und hinab eine stürmende See im Sausen des Windes! Und wenn dann der Mond wieder hervortrat und über der schwarzen Wolke ruhte, und vor mir hinaus die Flut in fürchterlich herrlichem Widerschein rollte und klang: da überfiel mich ein Schauer, und wieder ein Sehnen! Ach, mit offenen Armen stand ich gegen den Abgrund und atmete hinab! Hinab! Und verlor mich in der Wonne, meine Qualen, meine Leiden da hinabzustürmen! Dahinzubrausen wie die Wellen! O! – Und den Fuß vom Boden zu heben vermochtest du nicht, und alle Qualen zu enden! – Meine Uhr ist noch nicht ausgelaufen, ich fühle es! O Wilhelm! Wie gern hätte ich mein Menschsein drum gegeben, mit jenem Sturmwinde sie Wolken zu zerreißen, die Fluten zu fassen! Ha! Und wird nicht vielleicht dem Eingekerkerten einmal diese Wonne zuteil?

– Und wie ich wehmütig hinabsah auf ein Plätzchen, wo ich mit Lotten unter einer Weide geruht, auf einem heißen Spaziergange, – das war auch überschwemmt, und kaum daß ich die Weide erkannte! Wilhelm! Und ihre Wiesen, dachte ich, die Gegend um ihr Jagdhaus! Wie verstört jetzt vom reißenden Strome unsere Laube! Dacht' ich. Und der Vergangenheit Sonnenstrahl blickte herein, wie einem Gefangenen ein Traum von Herden, Wiesen und Ehrenämtern. Ich stand! – ich schelte mich nicht, denn ich habe Mut zu sterben. – ich hätte – nun sitze ich hier wie ein altes Weib, das ihr Holz von Zäunen stoppelt und ihr Brot an den Türen, um ihr hinsterbendes, freudeloses Dasein noch einen Augenblick zu verlängern und zu erleichtern«.

Am 14. Dezember

»Was ist das, mein Lieber? Ich erschrecke vor mir selbst! Ist nicht meine Liebe zu ihr die heiligste, reinste, brüderlichste Liebe? Habe ich jemals einen strafbaren Wunsch in meiner Seele gefühlt? – ich will nicht beteuern – und nun, Träume! O wie wahr fühlten die Menschen, die so widersprechende Wirkungen fremden Mächten zuschrieben! Diese Nacht! Ich zittere, es zu sagen, hielt ich sie in meinen Armen, fest an meinen Busen gedrückt, und deckte ihren liebelispelnden Mund mit unendlichen Küssen; mein Auge schwamm in der Trunkenheit des ihrigen! Gott! Bin ich strafbar, daß ich auch jetzt noch eine Seligkeit fühle, mir diese glühenden Freuden mit voller Innigkeit zurückzurufen? Lotte! Lotte! – und mit mir ist es aus! Meine Sinne verwirren sich, schon acht Tage habe ich keine Besinnungskraft mehr, meine Augen sind voll Tränen. Ich bin nirgend wohl, und überall wohl. Ich wünsche nichts, verlange nichts. Mir wäre besser, ich ginge«.

Der Entschluß, die Welt zu verlassen, hatte in dieser Zeit, unter solchen Umständen in Werthers Seele immer mehr Kraft gewonnen. Seit der Rückkehr zu Lotten war es immer seine letzte Aussicht und Hoffnung gewesen; doch hatte er sich gesagt, es solle keine übereilte, keine rasche Tat sein, er wolle mit der besten Überzeugung, mit der möglichst ruhigen Entschlossenheit diesen Schritt tun.

Seine Zweifel, sein Streit mit sich selbst blicken aus einem Zettelchen hervor, das wahrscheinlich ein angefangener Brief an

Wilhelm ist und ohne Datum unter seinen Papieren gefunden worden:

»Ihre Gegenwart, ihr Schicksal, ihre Teilnehmung an dem meinigen preßt noch die letzten Tränen aus meinem versengten Gehirne. Den Vorhang aufzuheben und dahinter zu treten! Das ist alles! Und warum das Zaudern und Zagen? Weil man nicht weiß, wie es dahinten aussieht? Und man nicht wiederkehrt? Und daß das nun die Eigenschaft unseres Geistes ist, da Verwirrung und Finsternis zu ahnen, wovon wir nichts Bestimmtes wissen«.

Endlich ward er mit dem traurigen Gedanken immer mehr verwandt und befremdet und sein Vorsatz fest und unwiderruflich, wovon folgender zweideutige Brief, den er an seinen Freund schrieb, ein Zeugnis abgibt.

Am 20. Dezember

»Ich danke deiner Liebe, Wilhelm, daß du das Wort so aufgefangen hast. Ja, du hast recht: mir wäre besser, ich ginge. Der Vorschlag, den du zu einer Rückkehr zu euch tust, gefällt mir nicht ganz; wenigstens möchte ich noch gern einen Umweg machen, besonders da wir anhaltenden Frost und gute Wege zu hoffen haben. Auch ist mir es sehr lieb, daß du kommen willst, mich abzuholen; verziehe nur noch vierzehn Tage, und erwarte noch einen Brief von mir mit dem Weiteren. Es ist nötig, daß nichts gepflückt werde, ehe es reif ist. Und vierzehn Tage auf oder ab tun viel. Meiner Mutter sollst du sagen: daß sie für ihren Sohn beten soll, und daß ich sie um Vergebung bitte wegen alles Verdrusses, den ich ihr gemacht habe. Das war nun mein Schicksal, die zu betrüben, denen ich Freude schuldig war. Leb' wohl, mein Teuerster! Allen Segen des Himmels über dich! Leb' wohl!«

Was in dieser Zeit in Lottens Seele vorging, wie ihre Gesinnungen gegen ihren Mann, gegen ihren unglücklichen Freund gewesen, getrauen wir uns kaum mit Worten auszudrücken, ob wir uns gleich davon, nach der Kenntnis ihres Charakters, wohl einen stillen Begriff machen können, und eine schöne weibliche Seele sich in die ihrige denken und mit ihr empfinden kann.

So viel ist gewiß, sie war fest bei sich entschlossen, alles zu tun, um Werthern zu entfernen, und wenn sie zauderte, so war es eine herzliche, freundschaftliche Schonung, weil sie wußte, wie viel es ihm kosten, ja daß es ihm beinahe unmöglich sein würde. Doch ward sie in dieser Zeit mehr gedrängt, Ernst zu machen; es schwieg ihr Mann ganz über dies Verhältnis, wie sie auch immer darüber geschwiegen hatte, und um so mehr war ihr angelegen, ihm durch die Tat zu beweisen, wie ihre Gesinnungen der seinigen wert seien.

An demselben Tage, als Werther den zuletzt eingeschalteten Brief an seinen Freund geschrieben, es war der Sonntag vor Weihnachten, kam er abends zu Lotten und fand sie allein. Sie beschäftigte sich, einige Spielwerke in Ordnung zu bringen, die sie ihren kleinen Geschwistern zum Christgeschenke zurecht gemacht hatte. Er redete von dem Vergnügen, das die Kleinen haben würden, und von den Zeiten, da einen die unerwartete Öffnung der Tür und die Erscheinung eines aufgeputzten Baumes mit Wachslichtern, Zuckerwerk und Äpfeln in paradiesische Entzückung setzte. – »Sie sollen,« sagte Lotte, indem sie ihre Verlegenheit unter ein liebes Lächeln verbarg, »Sie sollen auch beschert kriegen, wenn Sie recht geschickt sind; ein Wachsstöckchen und noch was«. – »Und was heißen Sie geschickt sein?« rief er aus; »wie soll ich sein? Wie kann ich sein? Beste Lotte!« – »Donnerstag abend«, sagte sie, »ist Weihnachtsabend, da kommen die Kinder, mein Vater auch, da kriegt jedes das Seinige, da kommen Sie auch – aber nicht eher«. – Werther stutzte. – »Ich bitte Sie,« fuhr sie fort, »es ist nun einmal so, ich bitte um meiner Ruhe willen, es kann nicht, es kann nicht so bleiben«. – Er wendete seine Augen von ihr und ging in der Stube auf und ab und murmelte das »es kann nicht so bleiben!« zwischen den Zähnen. – Lotte, die den schrecklichen Zustand fühlte, worein ihn diese Worte versetzt hatten, suchte durch allerlei Fragen seine Gedanken abzulenken, aber vergebens. – »Nein, Lotte,« rief er aus, »ich werde Sie nicht wiedersehen!« – »Warum das?« versetzte sie, »Werther, Sie können, Sie müssen uns wiedersehen, nur mäßigen Sie sich. O warum mußten Sie mit dieser Heftigkeit, dieser unbezwinglich haftenden Leidenschaft für alles, was Sie einmal anfassen, geboren werden! Ich bitte Sie,« fuhr sie fort, indem sie ihn bei der Hand nahm, »mäßigen Sie sich! Ihr Geist, Ihre Wissenschaften, Ihre Talente, was bieten die Ihnen für mannigfaltige Ergetzungen dar! Sein Sie ein Mann, wenden Sie diese traurige Anhänglichkeit von einem Geschöpf, das nichts tun kann als Sie bedauern«. – Er knirrte mit den Zähnen und sah sie düster an. – Sie hielt seine Hand. »Nur einen Augenblick ruhigen Sinn, Werther!« sagte sie »Fühlen Sie nicht, daß Sie sich betriegen, sich mit Willen zugrunde richten! Warum denn mich, Werther? Just mich, das Eigentum eines andern? Just das? Ich fürchte, ich fürchte, es ist nur die Unmöglichkeit, mich zu besitzen, die Ihnen diesen Wunsch so reizend macht«. – Er zog seine Hand aus der ihrigen, indem er sie mit einem starren, unwilligen Blick ansah. »Weise!« rief er, »sehr weise! Hat vielleicht Albert diese Anmerkung gemacht? Politisch! Sehr politisch!« – »Es kann sie jeder machen«, versetzte sie drauf, »und sollte denn in der weiten Welt kein Mädchen sein, das die Wünsche Ihres Herzens erfüllte? Gewinnen Sie's über sich, suchen Sie darnach, und ich schwöre Ihnen, Sie werden sie finden; denn schon lange ängstigt mich, für Sie und uns, die Einschränkung, in die Sie sich diese Zeit her selbst gebannt haben. Gewinnen Sie über sich, eine Reise wird Sie, muß Sie zerstreuen! Suchen Sie, finden Sie einen werten Gegenstand Ihrer Liebe, und kehren Sie zurück, und lassen Sie uns zusammen die Seligkeit einer wahren Freundschaft genießen«. »das könnte man«, sagte er mit einem kalten Lachen, »drucken lassen und allen Hofmeistern empfehlen. Liebe Lotte! Lassen Sie mir noch ein klein wenig Ruh, es wird alles werden!« – »nur das, Werther, daß Sie nicht eher kommen als Weihnachtsabend!« – er wollte antworten, und Albert trat in die Stube. Man bot sich einen frostigen Guten Abend und ging verlegen im Zimmer neben einander auf und nieder. Werther fing einen unbedeutenden Diskurs an, der bald aus war, Albert desgleichen, der sodann seine Frau nach gewissen Aufträgen fragte und, als er hörte, sie sei-

en noch nicht ausgerichtet, ihr einige Worte sagte, die Werthern kalt, ja gar hart vorkamen. Er wollte gehen, er konnte nicht und zauderte bis acht, da sich denn sein Unmut und Unwillen immer vermehrte, bis der Tisch gedeckt wurde, und er Hut und Stock nahm. Albert lud ihn zu bleiben, er aber, der nur ein unbedeutendes Kompliment zu hören glaubte, dankte kalt dagegen und ging weg.

Er kam nach Hause, nahm seinem Burschen, der ihm leuchten wollte, das Licht aus der Hand und ging allein in sein Zimmer, weinte laut, redete aufgebracht mit sich selbst, ging heftig die Stube auf und ab und warf sich endlich in seinen Kleidern aufs Bette, wo ihn der Bediente fand, der es gegen eilfe wagte hineinzugehn, um zu fragen, ob er dem Herrn die Stiefeln ausziehen sollte, das er denn zuließ und dem Bedienten verbot, den andern Morgen ins Zimmer zu kommen, bis er ihm rufen würde.

Montags früh, den einundzwanzigsten Dezember, schrieb er folgenden Brief an Lotten, den man nach seinem Tode versiegelt auf seinem Schreibtische gefunden und ihr überbracht hat, und den ich absatzweise hier einrücken will, so wie aus den Umständen erhellet, daß er ihn geschrieben habe.

»Es ist beschlossen, Lotte, ich will sterben, und das schreibe ich dir ohne romantische Überspannung, gelassen, an dem Morgen des Tages, an dem ich dich zum letzten Male sehen werde. Wenn du dieses liesest, meine Beste, deckt schon das kühle Grab die erstarrten Reste des Unruhigen, Unglücklichen, der für die letzten Augenblicke seines Lebens keine größere Süßigkeit weiß, als sich mit dir zu unterhalten. Ich habe eine schreckliche Nacht gehabt und, ach, eine wohltätige Nacht. Sie ist es, die meinen Entschluß befestiget, bestimmt hat: ich will sterben! Wie ich mich gestern von dir riß, in der fürchterlichen Empörung meiner Sinne, wie sich alles das nach meinem Herzen drängte und mein hoffnungsloses, freudeloses Dasein neben dir in gräßlicher Kälte mich anpackte – ich erreichte kaum mein Zimmer, ich warf mich außer mir auf meine Knie, und o Gott! Du gewährtest mir das letzte Labsal der bittersten Tränen! Tausend Anschläge, tausend Aussichten wüteten durch meine Seele, und zuletzt stand er da, fest, ganz, der letzte, einzige Gedanke: ich will sterben! – ich legte mich nieder, und morgens, in der Ruhe des Erwachens, steht er noch fest, noch ganz stark in meinem Herzen: ich will sterben! – es ist nicht Verzweiflung, es ist Gewißheit, daß ich ausgetragen habe, und daß ich mich opfere für dich. Ja, Lotte! Warum sollte ich es verschweigen? Eins von uns dreien muß hinweg, und das will ich sein! O meine Beste! In diesem zerrissenen Herzen ist es wütend herumgeschlichen, oft – deinen Mann zu ermorden! – dich! – mich! – so sei es denn! – wenn du hinaufsteigst auf den Berg, an einem schönen Sommerabende, dann erinnere dich meiner, wie ich so oft das Tal heraufkam, und dann blicke nach dem Kirchhofe hinüber nach meinem Grabe, wie der Wind das hohe Gras im Scheine der sinkenden Sonne hin und her wiegt. – ich war ruhig, da ich anfing, nun, nun weine ich wie ein Kind, da alles das so lebhaft um mich wird.–«

Gegen zehn Uhr rief Werther seinem Bedienten, und unter dem Anziehen sagte er ihm, wie er in einigen Tagen verreisen würde, er solle daher die Kleider auskehren und alles zum Einpacken zurecht machen; auch gab er ihm Befehl, überall Kontos zu fordern, einige ausgeliehene Bücher abzuholen und einigen Armen, denen er wöchentlich etwas zu geben gewohnt war, ihr Zugeteiltes auf zwei Monate voraus zu bezahlen.

Er ließ sich das Essen auf die Stube bringen, und nach Tische ritt er hinaus zum Amtmanne, den er nicht zu Hause antraf. Er ging tiefsinnig im Garten auf und ab und schien noch zuletzt alle Schwermut der Erinnerung auf sich häufen zu wollen.

Die Kleinen ließen ihn nicht lange in Ruhe, sie verfolgten ihn, sprangen an ihm hinauf, erzählen ihm, daß, wenn morgen, und wieder morgen, und noch ein Tag wäre, sie die Christgeschenke bei Lotten holten, und erzählten ihm Wunder, die sich ihre kleine Einbildungskraft versprach. »morgen!« rief er aus, »und wieder morgen! Und noch ein Tag!« – und küßte sie alle herzlich und wollte sie verlassen, als ihm der Kleine noch etwas in das Ohr sagen wollte. Der verriet ihm, die großen Brüder hätten schö-

ne Neujahrswünsche geschrieben, so groß! Und einen für den Papa, für Albert und Lotten einen und auch einen für Herrn Werther; die wollten sie am Neujahrstage früh überreichen. das übermannte ihn, er schenkte jedem etwas, setzte sich zu Pferde, ließ den Alten grüßen und ritt mit Tränen in den Augen davon.

Gegen fünf kam er nach Hause, befahl der Magd, nach dem Feuer zu sehen und es bis in die Nacht zu unterhalten. Den Bedienten hieß er Bücher und Wäsche unten in den Koffer packen und die Kleider einnähen. Darauf schrieb er wahrscheinlich folgenden Absatz seines letzten Briefes an Lotten.

»Du erwartest mich nicht! Du glaubst, ich würde gehorchen und erst Weihnachtsabend dich wieder sehn. O Lotte! Heut oder nie mehr. Weihnachtsabend hältst du dieses Papier in deiner Hand, zitterst und benetzest es mit deinen lieben Tränen. Ich will, ich muß! O wie wohl ist es mir, daß ich entschlossen bin«.

Lotte war indes in einen sonderbaren Zustand geraten. Nach der letzten Unterredung mit Werthern hatte sie empfunden, wie schwer es ihr fallen werde, sich von ihm zu trennen, was er leiden würde, wenn er sich von ihr entfernen sollte.

Es war wie im Vorübergehn in Alberts Gegenwart gesagt worden, daß Werther vor Weihnachtsabend nicht wieder kommen werde, und Albert war zu einem Beamten in der Nachbarschaft geritten, mit dem er Geschäfte abzutun hatte, und wo er über Nacht ausbleiben mußte.

Sie saß nun allein, keins von ihren Geschwistern war um sie, sie überließ sich ihren Gedanken, die stille über ihren Verhältnissen herumschweiften. Sie sah sich nun mit dem Mann auf ewig verbunden, dessen Liebe und Treue sie kannte, dem sie von Herzen zugetan war, dessen Ruhe, dessen Zuverlässigkeit recht vom Himmel dazu bestimmt zu sein schien, daß eine wackere Frau das Glück ihres Lebens darauf gründen sollte; sie fühlte, was er ihr und ihren Kindern auf immer sein würde. Auf der andern Seite war ihr Werther so teuer geworden, gleich von dem ersten Augenblick ihrer Bekanntschaft an hatte sich die Übereinstimmung ihrer Gemüter so schön gezeigt, der lange dauernde Umgang mit ihm, so manche durchlebte Situationen hatten einen unauslöschlichen Eindruck auf ihr Herz gemacht. Alles, was sie Interessantes fühlte und dachte, war sie gewohnt mit ihm zu teilen, und seine Entfernung drohete in ihr ganzes Wesen eine Lücke zu reißen, die nicht wieder ausgefüllt werden konnte. O, hätte sie ihn in dem Augenblick zum Bruder umwandeln können, wie glücklich wäre sie gewesen! Hätte sie ihn einer ihrer Freundinnen verheiraten dürfen, hätte sie hoffen können, auch sein Verhältnis gegen Albert ganz wieder herzustellen!

Sie hatte ihre Freundinnen der Reihe nach durchgedacht und fand bei einer jeglichen etwas auszusetzen, fand keine, der sie ihn gegönnt hätte.

Über allen diesen Betrachtungen fühlte sie erst tief, ohne sich es deutlich zu machen, daß ihr herzliches, heimliches Verlangen sei, ihn für sich zu behalten, und sagte sich daneben, daß sie ihn nicht behalten könne, behalten dürfe; ihr reines, schönes, sonst so leichtes und leicht sich helfendes Gemüt empfand den Druck einer Schwermut, dem die Aussicht zum Glück verschlossen ist. Ihr Herz war gepreßt, und eine trübe Wolke lag über ihrem Auge.

So war es halb sieben geworden, als sie Werthern die Treppe heraufkommen hörte und seinen Tritt, seine Stimme, die nach ihr fragte, bald erkannte. Wie schlug ihr Herz, und wir dürfen fast sagen zum erstenmal, bei seiner Ankunft. Sie hätte sich gern vor ihm verleugnen lassen, und als er hereintrat, rief sie ihm mit einer Art von leidenschaftlicher Verwirrung entgegen: »Sie haben nicht Wort gehalten«. – »Ich habe nichts versprochen« war seine Antwort. – »So hätten Sie wenigstens meiner Bitte stattgeben sollen«, versetzte sie, »ich bat Sie um unser beider Ruhe«.

Sie wußte nicht recht, was sie sagte, ebensowenig was sie tat, als sie nach einigen Freundinnen schickte, um nicht mit Werthern allein zu sein. Er legte einige Bücher hin, die er gebracht hatte, fragte nach andern, und sie wünschte, bald daß ihre Freundinnen kommen, bald daß sie wegbleiben möchten.

Das Mädchen kam zurück und brachte die Nachricht, daß sich beide entschuldigen ließen.

Sie wollte das Mädchen mit ihrer Arbeit in das Nebenzimmer sitzen lassen; dann besann sie sich wieder anders. Werther ging in der Stube auf und ab, sie trat ans Klavier und fing eine Menuett an, sie wollte nicht fließen. Sie nahm sich zusammen und setzte sich gelassen zu Werthern, der seinen gewöhnlichen Platz auf dem Kanapee eingenommen hatte.

»Haben Sie nichts zu lesen?« sagte sie. – Er hatte nichts. – »Da drin in meiner Schublade«, fing sie an, »liegt Ihre Übersetzung einiger Gesänge Ossians; ich habe sie noch nicht gelesen, denn ich hoffte immer, sie von Ihnen zu hören; aber zeither hat sich's nicht finden, nicht machen wollen«. – Er lächelte, holte die Lieder, ein Schauer überfiel ihn, als er sie in die Hände nahm, und die Augen standen ihm voll Tränen, als er hineinsah. Er setzte sich nieder und las.

»Stern der dämmernden Nacht, schön funkelst du in Westen, habst dein strahlend Haupt aus deiner Wolke, wandelst stattlich deinen Hügel hin. Wornach blickst du auf die Heide? Die stürmenden Winde haben sich gelegt; von ferne kommt des Gießbachs Murmeln; rauschende Wellen spielen am Felsen ferne; das Gesumme der Abendfliegen schwärmet übers Feld. Wornach siehst du, schönes Licht? Aber du lächelst und gehst, freudig umgeben dich die Wellen und baden dein liebliches Haar. Lebe wohl, ruhiger Strahl. Erscheine, du herrliches Licht von Ossians Seele!

Und es erscheint in seiner Kraft. Ich sehe meine geschiedenen Freunde, sie sammeln sich auf Lora, wie in den Tagen, die vorüber sind. – Fingal kommt wie eine feuchte Nebelsäule; um ihn sind seine Helden, und, siehe! Die Barden des Gesanges: grauer Ullin! Stattlicher Ryno! Alpin, lieblicher Sänger! Und du, sanft klagende Minona! – Wie verändert seid ihr, meine Freunde, seit den festlichen Tagen auf Selma, da wir buhlten um die Ehre des Gesanges, wie Frühlingslüfte den Hügel hin wechselnd beugen das schwach lispelnde Gras.

Da trat Minona hervor in ihrer Schönheit, mit niedergeschlagenem Blick und tränenvollem Auge, schwer floß ihr Haar im unsteten Winde, der von dem Hügel herstieß. – düster ward's in der Seele der Helden, als sie die liebliche Stimme erhob; denn oft hatten sie das Grab Salgars gesehen, oft die finstere Wohnung der weißen Colma. Colma, verlassen auf dem Hügel, mit der harmonischen Stimme; Salgar versprach zu kommen; aber ringsum zog sich die Nacht. Höret Colmas Stimme, da sie auf dem Hügel allein saß.

Colma

Es ist Nacht! – Ich bin allein, verloren auf dem stürmischen Hügel. Der Wind saust im Gebirge. Der Strom heult den Felsen hinab. Keine Hütte schützt mich vor Regen, mich Verlaßne auf dem stürmischen Hügel. Tritt, o Mond, aus deinen Wolken, erscheinet, Sterne der Nacht! Leite mich irgend ein Strahl zu dem Orte, wo meine Liebe ruht von den Beschwerden der Jagd, sein Bogen neben ihm abgespannt, seine Hunde schnobend um ihn! Aber hier muß ich sitzen allein auf dem Felsen des verwachsenen Stroms. Der Strom und der Sturm saust, ich höre nicht die Stimme meines Geliebten.

Warum zaudert mein Salgar? Hat er sein Wort vergessen? – da ist der Fels und der Baum und hier der rauschende Strom! Mit einbrechender Nacht versprachst du hier zu sein; ach! Wohin hat sich mein Salgar verirrt? Mit dir wollt' ich fliehen, verlassen Vater und Bruder, die stolzen! Lange sind unsere Geschlechter Feinde, aber wir sind keine Feinde, o Salgar!

Schweig eine Weile, o Wind! Still eine kleine Weile, o Strom, daß meine Stimme klinge durchs Tal, daß mein Wanderer mich höre. Salgar! Ich bin's, die ruft! Hier ist der Baum und der Fels! Salgar! Mein Lieber! Hier bin ich; warum zauderst du zu kommen?

Sieh, der Mond erscheint, die Flut glänzt im Tale, die Felsen stehen grau den Hügel hinauf; aber ich seh' ihn nicht auf der Höhe, seine Hunde vor ihm her verkündigen nicht seine Ankunft. Hier muß ich sitzen allein.

Aber wer sind, die dort unten liegen auf der Heide? – Mein Geliebter? Mein Bruder? – Redet, o meine Freunde! Sie antworten nicht. Wie geängstet ist meine Seele! – Ach sie sind tot! Ihre Schwester rot vom Gefechte! O mein Bruder, mein Bruder, warum hast du meinen Salgar erschlagen? O mein Salgar, warum hast du meinen Bruder erschlagen? Ihr wart mir beide so lieb! O du warst schön an dem Hügel unter Tausenden! Es war schrecklich in der Schlacht. Antwortet mir! Hört meine Stimme, meine Geliebten! Aber ach, sie sind stumm, stumm auf ewig! Kalt wie die Erde ist ihr Busen!

O von dem Felsen des Hügels, von dem Gipfel des stürmenden Berges, redet, Geister der Toten! Redet! Mir soll es nicht grausen! – wohin seid ihr zur Ruhe gegangen? In welcher Gruft des Gebirges soll ich euch finden? – keine schwache Stimme vernehme ich im Winde, keine wehende Antwort im Sturme des Hügels. Ich sitze in meinem Jammer, ich harre auf den Morgen in meinen Tränen. Wühlet das Grab, ihr Freunde der Toten, aber schließt es nicht, bis ich komme. Mein Leben schwindet wie ein Traum; wie sollt' ich zurückbleiben! Hier will ich Felsens – wenn's Nacht wird auf dem Hügel, und Wind kommt über die Heide, soll mein Geist im Winde stehn und trauern den Tod meiner Freunde. Der Jäger hört mich aus seiner Laube, fürchtet meine Stimme und liebt sie; denn süß soll meine Stimme sein um meine Freunde, sie waren mir beide so lieb!

Das war dein Gesang, o Minona, Tormans sanft errötende Tochter. Unsere Tränen flossen um Colma, und unsere Seele ward düster.

Ullin trat auf mit der Harfe und gab uns Alpins Gesang – Alpins Stimme war freundlich, Rynos Seele ein Feuerstrahl. Aber schon ruhten sie im engen Hause, und ihre Stimme war verhallet in Selma. Einst kehrte Ullin zurück von der Jagd, ehe die Helden noch fielen. Er hörte ihren Wettegesang auf dem Hügel. Ihr Lied war sanft, aber traurig. Sie klagten Morars Fall, des ersten der Helden. Seine Seele war wie Fingals Seele, sein Schwert wie das Schwert Oskars – aber er fiel, und sein Vater jammerte, und seiner Schwester Augen waren voll Tränen, Minonas Augen waren voll Tränen, der Schwester des herrlichen Morars. Sie trat zurück vor Ullins Gesang, wie der Mond in Westen, der den Sturmregen voraussieht und sein schönes Haupt in eine Wolke verbirgt. – Ich schlug die Harfe mit Ullin zum Gesange des Jammers.

Ryno

Vorbei sind Wind und Regen, der Mittag ist so heiter, die Wolken teilen sich. Fliehend bescheint den Hügel die unbeständige Sonne. Rötlich fließt der Strom des Bergs im Tale hin. Süß ist dein Murmeln, Strom; doch süßer die Stimme, die ich höre. Es ist Alpins Stimme, er bejammert den Toten. Sein Haupt ist vor Alter gebeugt und rot sein tränendes Auge. Alpin, trefflicher Sänger, warum allein auf dem schweigenden Hügel? Warum jammerst du wie ein Windstoß im Walde, wie eine Welle am fernen Gestade?

Alpin

Meine Tränen, Ryno, sind für den Toten, meine Stimme für die Bewohner des Grabs. Schlank bist du auf dem Hügel, schön unter den Söhnen der Heide. Aber du wirst fallen wie Morar, und auf deinem Grabe wird der Trauernde sitzen. Die Hügel werden dich vergessen, dein Bogen in der Halle liegen ungespannt.

Du warst schnell, o Morar, wie ein Reh auf dem Hügel, schrecklich wie die Nachtfeuer am Himmel. Dein Grimm war ein Sturm, dein Schwert in der Schlacht wie Wetterleuchten über der Heide. Deine Stimme glich dem Waldstrome nach dem Regen, dem Donner auf fernen Hügeln. Manche fielen von deinem Arm, die Flamme deines Grimmes verzehrte sie. Aber wenn du wiederkehrtest vom Kriege, wie friedlich war deine Stirne! Dein Angesicht war gleich der Sonne nach dem Gewitter, gleich dem Monde in der schweigenden Nacht, ruhig deine Brust wie der See, wenn sich des Windes Brausen gelegt hat.

Eng ist nun deine Wohnung, finster deine Stätte! Mit drei Schritten mess‘ ich dein Grab, o du, der du ehe so groß warst! Vier Steine mit moosigen Häupten sind dein einziges Gedächtnis; ein entblätterter Baum, langes Gras, das im Winde wispelt, deutet dem Auge des Jägers das Grab des mächtigen Morars. Keine Mutter hast du, dich zu beweinen, kein Mädchen mit Tränen der Liebe. Tot ist, die dich gebar, gefallen die Tochter von Morglan.

Wer auf seinem Stabe ist das? Wer ist es, dessen Haupt weiß ist vor Alter, dessen Augen rot sind von Tränen? Es ist dein Vater, o Morar, der Vater keines Sohnes außer dir. Er hörte von deinem Ruf in der Schlacht, er hörte von zerstobenen Feinden; er hörte Morars Ruhm! Ach! Nichts von seiner Wunde? Weine, Vater Morars, weine! Aber dein Sohn hört dich nicht. Tief ist der Schlaf der Toten, niedrig ihr Kissen von Staube. Nimmer achtet er auf die Stimme, nie erwacht er auf deinen Ruf. O wann wird es Morgen im Grabe, zu bieten dem Schlummerer: erwache!

Lebe wohl, edelster der Menschen, du Eroberer im Felde! Aber nimmer wird dich das Feld sehen, nimmer der düstere Wald leuchten vom Glanze deines Stahls. Du hinterließest keinen Sohn, aber der Gesang soll deinen Namen erhalten, künftige Zeiten sollen von dir hören, hören von dem gefallenen Morar.

Laut war die Trauer der Helden, am lautesten Armins berstender Seufzer. Ihn erinnerte es an den Tod seines Sohnes, er fiel in den Tagen der Jugend. Carmor saß nah bei dem Helden, der Fürst des hallenden Galmal. ›warum schluchzet der Seufzer Armins?‹ sprach er, ›was ist hier zu weinen? Klingt nicht ein Lied und ein Gesang, die Seele zu schmelzen und zu ergetzen? Sie sind wie sanfter Nebel, der steigend vom See aufs Tal sprüht, und die blühenden Blumen füllet das Naß; aber die Sonne kommt wieder in ihrer Kraft, und der Nebel ist gegangen. Warum bist du so jammervoll, Armin, Herrscher des seeumflossenen Gorma?‹

›Jammervoll! Wohl das bin ich, und nicht gering die Ursache meines Wehs. – Carmor, du verlorst keinen Sohn, verlorst keine blühende Tochter; Colgar, der Tapfere, lebt, und Annira, die schönste der Mädchen. Die Zweige deines Hauses blühen, o Carmor; aber Armin ist der Letzte seines Stammes. Finster ist dein Bett, o Daura! Dumpf ist dein Schlaf in dem Grabe – wann erwachst du mit deinen Gesängen, mit deiner melodischen Stimme? Auf, ihr Winde des Herbstes! Auf, stürmt über die finstere Heide! Waldströme, braust! Heult, Ströme, im Gipfel der Eichen! Wandle durch gebrochene Wolken, o Mond, zeige wechselnd dein bleiches Gesicht! Erinnre mich der schrecklichen Nacht, da meine Kinder umkamen, da Arindal, der Mächtige, fiel, Daura, die Liebe, verging.

Daura, meine Tochter, du warst schön, schön wie der Mond auf den Hügeln von Fura, weiß wie der gefallene Schnee, süß wie die atmende Luft! Arindal, dein Bogen war stark, dein Speer schnell auf dem Felde, dein Blick wie Nebel auf der Welle, dein Schild eine Feuerwolke im Sturme! ‹

Armar, berühmt im Kriege, kam und warb um Dauras Liebe; sie widerstand nicht lange. Schön waren die Hoffnungen ihrer Freunde.

Erath, der Sohn Odgals, grollte, denn sein Bruder lag erschlagen von Armar. Er kam, in einen Schiffer verkleidet. Schön war sein Nachen auf der Welle, weiß seine Locken vor Alter, ruhig sein ernstes Gesicht. ›schönste Mädchen,‹ sagte er, ›liebliche Tochter von Armin, dort am Felsen, nicht fern in der See, wo die rote Frucht vom Baume herblinkt, dort wartet Armar auf Daura: ich komme, seine Liebe zu führen über die rollende See.‹

sie folgt‘ ihm und rief nach Armar; nichts antwortete als die Stimme des Felsens. ›Armar! Mein Lieber! Mein Lieber! Warum ängstest du mich so? Höre, Sohn Arnarths! Höre! Daura ist‘s, die dich ruft!‹

Erath, der Verräter, floh lachend zum Lande. Sie erhob ihre Stimme, rief nach ihrem Vater und Bruder: ›Arindal! Armin!

Ist keiner, seine Daura zu retten?‹

Ihre Stimme kam über die See. Arindal, mein Sohn, stieg vom Hügel herab, rauh in der Beute der Jagd, seine Pfeile rasselten an seiner Seite, seinen Bogen trug er in der Hand, fünf schwarzgraue Doggen waren um ihn. Er sah den kühnen Erath am Ufer, faßt‘ und band ihn an die Eiche, fest umflocht er seine Hüften, der Gefesselte füllte mit Ächzen die Winde.

Arindal betritt die Wellen in seinem Boote, Daura herüber zu bringen. Armar kam in seinem Grimme, drückt‘ ab den grau befiederten Pfeil, er klang, er sank in dein Herz, o Arindal, mein Sohn! Statt Eraths, des Verräters, kamst du um, das Boot erreichte den Felsen, er sank dran nieder und starb. Zu deinen Füßen floß deines Bruders Blut, welch war dein Jammer, o Daura! Die Wellen zerschmettern das Boot. Armar stürzt sch in die See, seine Daura zu retten oder zu sterben. Schnell stürmte ein Stoß vom Hügel in die Wellen, er sank und hob sich nicht wieder.

Allein auf den seebespülten Felsen hört‘ ich die Klagen meiner Tochter. Viel und laut war ihr Schreien, doch konnt‘ sie ihr Vater nicht retten. Die ganze Nacht stand ich am Ufer, ich sah sie im schwachen Strahle des Mondes, die ganze Nacht hört‘ ich ihr Schreien, laut war der Wind, und der Regen schlug scharf nach der Seite des Berges. Ihre Stimme ward schwach, ehe der Morgen erschien, sie starb weg wie die Abendluft zwischen dem Grase der Felsen. Beladen mit Jammer starb sie und ließ Armin allein! Dahin ist meine Stärke im Kriege, gefallen mein Stolz unter den Mädchen.

Wenn die Stürme des Berges kommen,
wenn der Nord die Wellen hochhebt,
sitz‘ ich am schallenden Ufer,
schaue nach dem schrecklichen Felsen.

Oft im sinkenden Monde
seh‘ ich die Geister meiner Kinder,
halb dämmernd wandeln sie
zusammen in traurigen Eintracht.«

Ein Strom von Tränen, der aus Lottens Augen brach und ihrem gepreßten Herzen Luft machte, hemmte Werthers Gesang. Er warf das Papier hin, faßte ihre Hand und weinte die bittersten Tränen. Lotte ruhte auf der andern und verbarg ihre Augen ins Schnupftuch. Die Bewegung beider war fürchterlich. Sie fühlten ihr eigenes Elend in dem Schicksale der Edlen, fühlten es zusammen, und ihre Tränen vereinigten sich. Die Lippen und Augen Werthers glühten an Lottens Arme; ein Schauer überfiel sie; sie wollte sich entfernen, und Schmerz und Anteil lagen betäubend wie Blei auf ihr. Sie atmete, sich zu erholen, und bat ihn schluchzend fortzufahren, bat mit der ganzen Stimme des Himmels! Werther zitterte, sein Herz wollte bersten, er hob das Blatt auf und las halb gebrochen:

»Warum weckst du mich, Frühlingsluft? Du buhlst und sprichst: ich betaue mit Tropfen des Himmels! Aber die Zeit meines Welkens ist nahe, nahe der Sturm, der meine Blätter herabstört! Morgen wird der Wanderer kommen, kommen der mich sah in meiner Schönheit, ringsum wird sein Auge im Felde mich suchen und wird mich nicht finden. –«

Die ganze Gewalt dieser Worte fiel über den Unglücklichen. Er warf sich vor Lotten nieder in der vollen Verzweifelung, faßte ihre Hände, drückte sie in seine Augen, wider seine Stirn, und ihr schien eine Ahnung seines schrecklichen Vorhabens durch die Seele zu fliegen. Ihre Sinne verwirrten sich, sie drückte seine Hände, drückte sie wider ihre Brust, neigte sich mit einer wehmütigen Bewegung zu ihm, und ihre glühenden Wangen berührten sich. Die Welt verging ihnen. Er schlang seine Arme um sie her, preßte sie an seine Brust und deckte ihre zitternden, stammelnden Lippen mit wütenden Küssen. – »Werther!« rief sie mit erstickter Stimme, sich abwendend, »Werther!«, und drückte mit schwacher Hand seine Brust von der ihrigen; »Werther!« rief sie mit dem gefaßten Tone des edelsten Gefühles. – Er widerstand nicht, ließ sie sich aus seinen Armen und warf sich unsinnig vor sie hin. – Sie riß sich auf, und in ängstlicher Verwirrung, bebend zwischen

Liebe und Zorn, sagte sie: »das ist das letzte Mal! Werther! Sie sehn mich nicht wieder«. Und mit dem vollsten Blick der Liebe auf den Elenden eilte sie ins Nebenzimmer und schloß hinter sich zu. – Werther streckte ihr die Arme nach, getraute sich nicht, sie zu halten. Er lag an der Erde, den Kopf auf dem Kanapee, und in dieser Stellung blieb er über eine halbe Stunde, bis ihn ein Geräusch zu sich selbst rief. Es war das Mädchen, das den Tisch decken wollte. Er ging im Zimmer auf und ab, und da er sich wieder allein sah, ging er zur Türe des Kabinetts und rief mit leiser Stimme: »Lotte! Lotte! Nur noch ein Wort! Ein Lebewohl!« – sie schwieg. – er harrte und bat und harrte; dann riß er sich weg und rief: »lebe wohl, Lotte! Auf ewig lebe wohl!«

Er kam ans Stadttor. Die Wächter, die ihn schon gewohnt waren, ließen ihn stillschweigend hinaus. Es stiebte zwischen Regen und Schnee, und erst gegen eilfe klopfte er wieder. Sein Diener bemerkte, als Werther nach Hause kam, daß seinem Herrn der Hut fehlte. Er getraute sich nicht, etwas zu sagen, entkleidete ihn, alles war naß. Man hat nachher den Hut auf einem Felsen, der an dem Abhange des Hügels ins Tal sieht, gefunden, und es ist unbegreiflich, wie er ihn in einer finstern, feuchten Nacht, ohne zu stürzen, erstiegen hat.

Er legte sich zu Bette und schlief lange. Der Bediente fand ihn schreibend, als er ihm den andern Morgen auf sein Rufen den Kaffee brachte. Er schrieb folgendes am Briefe an Lotten:

»Zum letztenmale denn, zum letztenmale schlage ich diese Augen auf. Sie sollen, ach, die Sonne nicht mehr sehn, ein trüber, neblichter Tag hält sie bedeckt. So traure denn, Natur! Dein Sohn, dein Freund, dein Geliebter naht sich seinem Ende. Lotte, das ist ein Gefühl ohnegleichen, und doch kommt es dem dämmernden Traum am nächsten, zu sich zu sagen: das ist der letzte Morgen. Der letzte! Lotte, ich habe keinen Sinn für das Wort: der letzte! Stehe ich nicht da in meiner ganzen Kraft, und morgen liege ich ausgestreckt und schlaff am Boden. Sterben! Was heißt das? Siehe, wir träumen, wenn wir vom Tode reden. Ich habe manchen sterben sehen; aber so eingeschränkt ist die Menschheit, daß sie für ihres Daseins Anfang und Ende keinen Sinn hat. Jetzt noch mein, dein! Dein, o Geliebte! Und einen Augenblick – getrennt, geschieden – vielleicht auf ewig? – nein, Lotte, nein – wie kann ich vergehen? Wie kannst du vergehen? Wir sind ja! – vergehen! – was heißt das? Das ist wieder ein Wort, ein leerer Schall, ohne Gefühl für mein Herz. – tot, Lotte! Eingescharrt der kalten Erde, so eng! So finster! – ich hatte eine Freundin, die mein alles war meiner hülflosen Jugend; sie starb, und ich folgte ihrer Leiche und stand an dem Grabe, wie sie den Sarg hinunterließen und die Seile schnurrend unter ihm weg und wieder herauf schnellten, dann die erste Schaufel hinunterschollerte, und die ängstliche Lade einen dumpfen Ton wiedergab, und dumpfer und immer dumpfer, und endlich bedeckt war! – ich stürzte neben das Grab hin – ergriffen, erschüttert, geängstet, zerrissen mein Innerstes, aber ich wußte nicht, wie mir geschah – wie mir geschehen wird – Sterben! Grab! Ich verstehe die Worte nicht!

O vergib mir! Vergib mir! Gestern! Es hätte der letzte Augenblick meines Lebens sein sollen. O du Engel! Zum ersten Male, zum ersten Male ganz ohne Zweifel durch mein innig Innerstes durchglühte mich das Wonnegefühl: sie liebt mich! Sie liebt mich! Es brennt noch auf meinen Lippen das heilige Feuer, das von den deinigen strömte, neue, warme Wonne ist in meinem Herzen. Vergib mir! Vergib mir!

Ach, ich wußte, daß du mich liebtest, wußte es an den ersten seelenvollen Blicken, an dem ersten Händedruck, und doch, wenn ich wieder weg war, wenn ich Alberten an deiner Seite sah, verzagte ich wieder in fieberhaften Zweifeln.

Erinnerst du dich der Blumen, die du mir schicktest, als du in jener fatalen Gesellschaft mir kein Wort sagen, keine Hand reichen konntest? O, ich habe die halbe Nacht davor gekniet, und sie versiegelten mir deine Liebe. Aber ach! Diese Eindrücke gingen vorüber, wie das Gefühl der Gnade seines Gottes allmählich wieder aus der Seele des Gläubigen weicht, die ihm mit ganzer Himmelsfülle in heiligen, sichtbaren Zeichen gereicht ward.

Alles das ist vergänglich, aber keine Ewigkeit soll das glühende Leben auslöschen, das ich gestern auf deinen Lippen genoß, das ich in mir fühle! Sie liebt mich! Dieser Arm hat sie umfaßt, diese Lippen haben auf ihren Lippen gezittert, dieser Mund hat an dem ihrigen gestammelt. Sie ist mein! Du bist mein! Ja, Lotte, auf ewig.

Und was ist das, daß Albert dein Mann ist? Mann! Das wäre denn für diese Welt – und für diese Welt Sünde, daß ich dich liebe, daß ich dich aus seinen Armen in die meinigen reißen möchte? Sünde? Gut, und ich strafe mich dafür; ich habe sie in ihrer ganzen Himmelswonne geschmeckt, diese Sünde, habe Lebensbalsam und Kraft in mein Herz gesaugt. Du bist von diesem Augenblicke mein! Mein, o Lotte! Ich gehe voran! Gehe zu meinem Vater, zu deinem Vater. Dem will ich's klagen, und er wird mich trösten, bis du kommst, und ich fliege dir entgegen und fasse dich und bleibe bei dir vor dem Angesichte des Unendlichen in ewigen Umarmungen.

Ich träume nicht, ich wähne nicht! Nahe am Grabe wird mir es heller. Wir werden sein! Wir werden uns wieder sehen! Deine Mutter sehen! Ich werde sie sehen, werde sie finden, ach, und vor ihr mein ganzes Herz ausschütten! Deine Mutter, dein Ebenbild«.

Gegen eilfe fragte Werther seinen Bedienten, ob wohl Albert zurückgekommen sei? Der Bediente sagte: ja, er habe dessen Pferd dahinführen sehen. Darauf gibt ihm der Herr ein offenes Zettelchen des Inhalts: »wollten Sie mir wohl zu einer vorhabenden Reise Ihre Pistolen leihen? Leben Sie recht wohl!«

Die liebe Frau hatte die letzte Nacht wenig geschlafen; was sie gefürchtet hatte, war entschieden, auf eine Weise entschieden, die sie weder ahnen noch fürchten konnte. Ihr sonst so rein und leicht fließendes Blut war in einer fieberhaften Empörung, tausenderlei Empfindungen zerrütteten das schöne Herz. War es das Feuer von Werthers Umarmungen, das sie in ihrem Busen fühlte? War es Unwille über seine Verwegenheit? War es eine unmutige Vergleichung ihres gegenwärtigen

Zustandes mit jenen Tagen ganz unbefangener, freier Unschuld und sorglosen Zutrauens an sich selbst? Wie sollte sie ihrem Manne entgegengehen, wie ihm eine Szene bekennen, die sie so gut gestehen durfte, und die sie sich doch zu gestehen nicht getraute? Sie hatten so lange gegen einander geschwiegen, und sollte sie die erste sein, die das Stillschweigen bräche und eben zur unrechten Zeit ihrem Gatten eine so unerwartete Entdeckung machte? Schon fürchtete sie, die bloße Nachricht von Werthers Besuch werde ihm einen unangenehmen Eindruck machen, und nun gar diese unerwartete Katastrophe! Konnte sie wohl hoffen, daß ihr Mann sie ganz im rechten Lichte sehen, ganz ohne Vorurteil aufnehmen würde? Und konnte sie wünschen, daß er in ihrer Seele lesen möchte? Und doch wieder, konnte sie sich verstellen gegen den Mann, vor dem sie immer wie ein kristallhelles Glas offen und frei gestanden und dem sie keine ihrer Empfindungen jemals verheimlicht noch verheimlichen können? Eins und das andre machte ihr Sorgen und setzte sie in Verlegenheit; und immer kehrten ihre Gedanken wieder zu Werthern, der für sie verloren war, den sie nicht lassen konnte, den sie – leider! – sich selbst überlassen mußte, und dem, wenn er sie verloren hatte, nichts mehr übrig blieb.

Wie schwer lag jetzt, was sie sich in dem Augenblick nicht deutlich machen konnte, die Stockung auf ihr, die sich unter ihnen festgesetzt hatte! So verständige, so gute Menschen fingen wegen gewisser heimlicher Verschiedenheiten unter einander zu schweigen an, jedes dachte seinem Recht und dem Unrechte des andern nach, und die Verhältnisse verwickelten und verhetzten sich dergestalt, daß es unmöglich ward, den Knoten eben in dem kritischen Momente, von dem alles abhing, zu lösen. Hätte eine glückliche Vertraulichkeit sie früher wieder einander näher gebracht, wäre Liebe und Nachsicht wechselsweise unter ihnen lebendig worden und hätte ihre Herzen aufgeschlossen, vielleicht wäre unser Freund noch zu retten gewesen.

Noch ein sonderbarer Umstand kam dazu. Werther hatte, wie wir aus seinen Briefen wissen, nie ein Geheimnis daraus gemacht, daß er sich diese Welt zu verlassen sehnte. Albert hatte ihn oft bestritten, auch war zwischen Lotten und ihrem Mann manchmal die Rede davon gewesen. Dieser, wie er einen entschiedenen Widerwillen gegen die Tat empfand, hatte auch gar oft mit einer Art von Empfindlichkeit, die sonst ganz außer seinem Charakter lag, zu erkennen gegeben, daß er an dem Ernst eines solchen Vorsatzes sehr zu zweifeln Ursach' finde, er hatte sich sogar darüber einigen Scherz erlaubt und seinen Unglauben Lotten mitgeteilt. Dies beruhigte sie zwar von einer Seite, wenn ihre Gedanken ihr das traurige Bild vorführten, von der andern aber fühlte sie sich auch dadurch gehindert, ihrem Manne die Besorgnisse mitzuteilen, die sie in dem Augenblicke quälten.

Albert kam zurück, und Lotte ging ihm mit einer verlegenen Hastigkeit entgegen, er war nicht heiter, sein Geschäft war nicht vollbracht, er hatte an dem benachbarten Amtmanne einen unbiegsamen, kleinsinnigen Menschen gefunden. Der üble Weg auch hatte ihn verdrießlich gemacht.

Er fragte, ob nichts vorgefallen sei, und sie antwortete mit Übereilung: Werther sei gestern abends dagewesen. Er fragte, ob Briefe gekommen, und er erhielt zur Antwort, daß ein Brief und Pakete auf seiner Stube lägen. Er ging hinüber, und Lotte blieb allein. Die Gegenwart des Mannes, den sie liebte und ehrte, hatte einen neuen Eindruck in ihr Herz gemacht. Das Andenken seines Edelmuts, seiner Liebe und Güte hatte ihr Gemüt mehr beruhigt, sie fühlte einen heimlichen Zug, ihm zu folgen, sie nahm ihre Arbeit und ging auf sein Zimmer, wie sie mehr zu tun pflegte. Sie fand ihn beschäftigt, die Pakete zu erbrechen und zu lesen. Einige schienen nicht das Angenehmste zu enthalten. Sie tat einige Fragen an ihn, die er kurz beantwortete, und sich an den Pult stellte, zu schreiben.

Sie waren auf diese Weise eine Stunde nebeneinander gewesen, und es ward immer dunkler in Lottens Gemüt. Sie fühlte, wie schwer es ihr werden würde, ihrem Mann, auch wenn er bei dem besten Humor wäre, das zu entdecken, was ihr auf dem Herzen lag; sie verfiel in eine Wehmut, die ihr um desto ängstlicher ward, als sie solche zu verbergen und ihre Tränen zu verschlucken suchte.

Die Erscheinung von Werthers Knaben setzte sie in die größte Verlegenheit; er überreichte Alberten das Zettelchen, der sich gelassen nach seiner Frau wendete und sagte: »gib ihm die Pistolen«. – »ich lasse ihm glückliche Reise wünschen«, sagte er zum Jungen. – das fiel auf sie wie ein Donnerschlag, sie schwankte aufzustehen, sie wußte nicht, wie ihr geschah. Langsam ging sie nach der Wand, zitternd nahm sie das Gewehr herunter, putzte den Staub ab und zauderte, und hätte noch lange gezögert, wenn nicht Albert durch einen fragenden Blick sie gedrängt hätte. Sie gab das unglückliche Werkzeug dem Knaben, ohne ein Wort vorbringen zu können, und als der zum Hause hinaus war, machte sie ihre Arbeit zusammen, ging in ihr Zimmer, in dem Zustande der unaussprechlichsten Ungewißheit. Ihr Herz weissagte ihr alle Schrecknisse. Bald war sie im Begriffe, sich zu den Füßen ihres Mannes zu werfen, ihm alles zu entdecken, die Geschichte des gestrigen Abends, ihre Schuld und ihre Ahnungen. Dann sah sie wieder keinen Ausgang des Unternehmens, am wenigsten konnte sie hoffen, ihren Mann zu einem Gange nach Werthern zu bereden. Der Tisch ward gedeckt, und eine gute Freundin, die nur etwas zu fragen kam, gleich gehen wollte – und blieb, machte die Unterhaltung bei Tische erträglich; man zwang sich, man redete, man erzählte, man vergaß sich.

Der Knabe kam mit den Pistolen zu Werthern, der sie ihm mit Entzücken abnahm, als er hörte, Lotte habe sie ihm gegeben. Er ließ sich Brot und Wein bringen, hieß den Knaben zu Tische gehen und setzte sich nieder, zu schreiben.

»Sie sind durch deine Hände gegangen, du hast den Staub davon geputzt, ich küsse sie tausendmal, du hast sie berührt! Und du, Geist des Himmels, begünstigst meinen Entschluß, und du, Lotte, reichst mir das Werkzeug, du, von deren Händen ich den Tod zu empfangen wünschte, und ach! Nun empfange. O ich habe meinen Jungen ausgefragt. Du zittertest, als du sie ihm reichtest, du sagtest kein Lebewohl! – wehe! Wehe!

Kein Lebewohl! – solltest du dein Herz für mich verschlossen haben, um des Augenblicks willen, der mich ewig an dich befestigte? Lotte, kein Jahrtausend vermag den Eindruck auszulöschen! Und ich fühle es, du kannst den nicht hassen, der so für dich glüht«.

Nach Tische hieß er den Knaben alles vollends einpacken, zerriß viele Papiere, ging aus und brachte noch kleine Schulden in Ordnung. Er kam wieder nach Hause, ging wieder aus vors Tor, ungeachtet des Regens, in den gräflichen Garten, schweifte weiter in der Gegend umher und kam mit anbrechender Nacht zurück und schrieb.

»Wilhelm, ich habe zum letzten Male Feld und Wald und den Himmel gesehen. Leb wohl auch du! Liebe Mutter, verzeiht mir! Tröste sie, Wilhelm! Gott segne euch! Meine Sachen sind alle in Ordnung. Lebt wohl! Wir sehen uns wieder und freudiger«.

»Ich habe dir übel gelohnt, Albert, und du vergibst mir. Ich habe den Frieden deines Hauses gestört, ich habe Mißtrauen zwischen euch gebracht. Lebe wohl! Ich will es enden. O daß ihr glücklich wäret durch meinen Tod! Albert! Albert! Mache den Engel glücklich! Und so wohne Gottes Segen über dir!«

Er kannte den Abend noch viel in seinen Papieren, zerriß vieles und warf es in den Ofen, versiegelte einige Päcke mit den Adressen an Wilhelm. Sie enthielten kleine Aufsätze, abgerissene Gedanken, deren ich verschiedene gesehen habe; und nachdem er um zehn Uhr Feuer hatte nachlegen und sich eine Flasche Wein geben lassen, schickte er den Bedienten, dessen Kammer wie auch die Schlafzimmer der Hausleute weit hinten hinaus waren, zu Bette, der sich dann in seinen Kleidern niederlegte, um frühe bei der Hand zu sein; denn sein Herr hatte gesagt, die Postpferde würden vor sechse vors Haus kommen.

Nach Eilfe

»Alles ist so still um mich her, und so ruhig meine Seele. Ich danke dir, Gott, der du diesen letzten Augenblicken diese

Wärme, diese Kraft schenkest.

Ich trete an das Fenster, meine Beste, und sehe, und sehe noch durch die stürmenden, vorüberfliehenden Wolken einzelne Sterne des ewigen Himmels! Nein, ihr werdet nicht fallen! Der Ewige trägt euch an seinem Herzen, und mich. Ich sehe die Deichselsterne des Wagens, des liebsten unter allen Gestirnen. Wenn ich nachts von dir ging, wie ich aus deinem Tore trat, stand er gegen mir über. Mit welcher Trunkenheit habe ich ihn oft angesehen, oft mit aufgehabenen Händen ihn zum Zeichen, zum heiligen Merksteine meiner gegenwärtigen Seligkeit gemacht! Und noch – o Lotte, was erinnert mich nicht an dich! Umgibst du mich nicht! Und habe ich nicht, gleich einem Kinde, ungenügsam allerlei Kleinigkeiten zu mir gerissen, die du Heilige berührt hattest!

Liebes Schattenbild! Ich vermache dir es zurück, Lotte, und bitte dich, es zu ehren. Tausend, tausend Küsse habe ich darauf gedrückt, tausend Grüße ihm zugewinkt, wenn ich ausging oder nach Hause kam. Ich habe deinen Vater in einem Zettelchen gebeten, meine Leiche zu schützen. Auf dem Kirchhofe sind zwei Lindenbäume, hinten in der Ecke nach dem Felde zu; dort wünsche ich zu ruhen. Er kann, er wird das für seinen Freund tun. Bitte ihn auch. Ich will frommen Christen nicht zumuten, ihren Körper neben einen armen Unglücklichen zu legen. Ach, ich wollte, ihr begrübt mich am Wege, oder im einsamen Tale, daß Priester und Levit vor dem bezeichneten Steine sich segnend vorübergingen und der Samariter eine Träne weinte.

Hier, Lotte! Ich schaudre nicht, den kalten, schrecklichen Kelch zu fassen, aus dem ich den Taumel des Todes trinken soll! Du reichtest mir ihn, und zage nicht. All! All! So sind alle die Wünsche und Hoffnungen meines Lebens erfüllt! So kalt, so starr an der ehernen Pforte des Todes anzuklopfen.

Daß ich des Glückes hätte teilhaftig werden können, für dich zu sterben! Lotte, für dich mich hinzugeben! Ich wollte mutig, ich wollte freudig sterben, wenn ich dir die Ruhe, die Wonne deines Lebens wiederschaffen könnte. Aber ach! Das ward nur wenigen Edeln gegeben, ihr Blut für die Ihrigen zu vergießen und durch ihren Tod ein neues, hundertfältiges Leben ihren Freunden anzufachen.

In diesen Kleidern, Lotte, will ich begraben sein, du hast sie berührt, geheiligt; ich habe auch deinen Vater darum gebeten. Meine Seele schwebt über dem Sarge. Man soll meine Taschen nicht aussuchen. Diese blaßrote Schleife, die du am Busen hattest, als ich dich zum ersten Male unter deinen Kindern fand – o küsse sie tausendmal und erzähle ihnen das Schicksal ihres unglücklichen Freundes. Die Lieben! Sie wimmeln um mich. Ach wie ich mich an dich schloß! Seit dem ersten Augenblicke dich nicht lassen konnte! – diese Schleife soll mit mir begraben werden. An meinem Geburtstage schenktest du sie mir! Wie ich das alles verschlang! – ach, ich dachte nicht, daß mich der Weg hierher führen sollte! – sei ruhig! Ich bitte dich, sei ruhig!

– Sie sind geladen – es schlägt zwölfe! So sei es denn! – Lotte! Lotte, lebe wohl! Lebe wohl!«

Ein Nachbar sah den Blick vom Pulver und hörte den Schuß fallen; da aber alles stille blieb, achtete er nicht weiter drauf.

Morgens um sechse tritt der Bediente herein mit dem Lichte. Er findet seinen Herrn an der Erde, die Pistole und Blut. Er ruft, er faßt ihn an; keine Antwort, er röchelt nur noch. Er läuft nach den Ärzten, nach Alberten. Lotte hört die Schelle ziehen, ein Zittern ergreift alle ihre Glieder. Sie weckt ihren Mann, sie stehen auf, der Bediente bringt heulend und stotternd die Nachricht, Lotte sinkt ohnmächtig vor Alberten nieder.

Als der Medikus zu dem Unglücklichen kam, fand er ihn an der Erde ohne Rettung, der Puls schlug, die Glieder waren alle gelähmt. Über dem rechten Auge hatte er sich durch den Kopf geschossen, das Gehirn war herausgetrieben. Man ließ ihm zum Überfluß eine Ader am Arme, das Blut lief, er holte noch immer Atem.

Aus dem Blut auf der Lehne des Sessels konnte man schließen, er habe sitzend vor dem Schreibtische die Tat vollbracht, dann ist er heruntergesunken, hat sich konvulsivisch um den

Stuhl herumgewälzt. Er lag gegen das Fenster entkräftet auf dem Rücken, war in völliger Kleidung, gestiefelt, im blauen Frack mit gelber Weste.

Das Haus, die Nachbarschaft, die Stadt kam in Aufruhr. Albert trat herein. Werthern hatte man auf das Bett gelegt, die Stirn verbunden, sein Gesicht schon wie eines Toten, er rührte kein Glied. Die Lunge röchelte noch fürchterlich, bald schwach, bald stärker; man erwartete sein Ende.

Von dem Weine hatte er nur ein Glas getrunken. »Emilia Galotti« lag auf dem Pulte aufgeschlagen.

Von Alberts Bestürzung, von Lottens Jammer laßt mich nichts sagen.

Der alte Amtmann kam auf die Nachricht hereingesprengt, er küßte den Sterbenden unter den heißesten Tränen. Seine ältesten Söhne kamen bald nach ihm zu Fuße, sie fielen neben dem Bette nieder im Ausdrucke des unbändigsten Schmerzens, küßten ihm die Hände und den Mund, und der älteste, den er immer am meisten geliebt, hing an seinen Lippen, bis er verschieden war und man den Knaben mit Gewalt wegriß. Um zwölfe mittags starb er. Die Gegenwart des Amtmannes und seine Anstalten tuschten einen Auflauf. Nachts gegen eilfe ließ er ihn an die Stätte begraben, die er sich erwählt hatte. Der Alte folgte der Leiche und die Söhne, Albert vermocht's nicht. Man fürchtete für Lottens Leben. Handwerker trugen ihn. Kein Geistlicher hat ihn begleitet.

Reineke Fuchs

Reineke Fuchs
von
Goethe.

Erster Gesang

Pfingsten, das liebliche Fest, war gekommen! es grünten und blühten
Feld und Wald; auf Hügeln und Höhn, in Büschen und Hek-
ken
Übten ein fröhliches Lied die neuermunterten Vögel;
Jede Wiese sproßte von Blumen in duftenden Gründen,
Festlich heiter glänzte der Himmel und farbig die Erde.

Nobel, der König, versammelt den Hof; und seine Vasallen
Eilen gerufen herbei mit großem Gepränge; da kommen
Viele stolze Gesellen von allen Seiten und Enden,
Lütke, der Kranich, und Markart, der Häher, und alle die Be-
sten.
Denn der König gedenkt mit allen seinen Baronen
Hof zu halten in Feier und Pracht; er läßt sie berufen
Alle miteinander, so gut die Großen als Kleinen.
Niemand sollte fehlen! und dennoch fehlte der Eine,
Reineke Fuchs, der Schelm! der viel begangenen Frevels
Halben des Hofs sich enthielt. So scheuet das böse Gewissen
Licht und Tag, es scheute der Fuchs die versammelten Herren.
Alle hatten zu klagen, er hatte sie alle beleidigt,
Und nur Grimbart, den Dachs, den Sohn des Bruders, ver-
schont' er.

Isegrim aber, der Wolf, begann die Klage; von allen
Seinen Vettern und Gönnern, von allen Freunden begleitet,
Trat er vor den König und sprach die gerichtlichen Worte:
Gnädigster König und Herr! vernehmet meine Beschwerden.
Edel seid Ihr und groß und ehrenvoll, jedem erzeigt Ihr
Recht und Gnade: so laßt Euch denn auch des Schadens erbarmen,
Den ich von Reineke Fuchs mit großer Schande gelitten.
Aber vor allen Dingen erbarmt Euch, daß er mein Weib so
Freventlich öfters verhöhnt und meine Kinder verletzt hat.
Ach! er hat sie mit Unrat besudelt, mit ätzendem Unflat,
Daß mir zu Hause noch drei in bittrer Blindheit sich quälen.
Zwar ist alle der Frevel schon lange zur Sprache gekommen,
Ja, ein Tag war gesetzt, zu schlichten solche Beschwerden;
Er erbot sich zum Eide, doch bald besann er sich anders
Und entwischte behend nach seiner Feste. Das wissen
Alle Männer zu wohl, die hier und neben mir stehen.
Herr! ich könnte die Drangsal, die mir der Bube bereitet,
Nicht mit eilenden Worten in vielen Wochen erzählen.
Würde die Leinwand von Gent, so viel auch ihrer gemacht wird,
Alle zu Pergament, sie faßte die Streiche nicht alle,
Und ich schweige davon. Doch meines Weibes Entehrung
Frißt mir das Herz; ich räche sie auch, es werde, was wolle.

Als nun Isegrim so mit traurigem Mute gesprochen,
Trat ein Hündchen hervor, hieß Wackerlos, redte französisch
Vor dem König: wie arm es gewesen und nichts ihm geblieben
Als ein Stückchen Wurst in einem Wintergebüsche;
Reineke hab auch das ihm genommen! Jetzt sprang auch der Kater
Hinze zornig hervor und sprach: Erhabner Gebieter,
Niemand beschwere sich mehr, daß ihm der Bösewicht schade,
Denn der König allein! Ich sag Euch, in dieser Gesellschaft
Ist hier niemand, jung oder alt, er fürchtet den Frevler
Mehr als Euch! Doch Wackerlos' Klage will wenig bedeuten.

Schon sind Jahre vorbei, seit diese Händel geschehen;
Mir gehörte die Wurst! ich sollte mich damals beschweren.
Jagen war ich gegangen; auf meinem Wege durchsucht ich
Eine Mühle zu Nacht; es schlief die Müllerin; sachte
Nahm ich ein Würstchen, ich will es gestehn; doch hatte zu dieser
Wackerlos irgendein Recht, so dankt' ers meiner Bemühung.

Wilhelm Kaulbach gez: Rudolf Kahn gest:

Und der Panther begann: Was helfen Klagen und Worte!
Wenig richten sie aus, genug, das Übel ist ruchtbar.
Er ist ein Dieb, ein Mörder! Ich darf es kühnlich behaupten,

Ja, es wissens die Herren, er übet jeglichen Frevel.
Möchten doch alle die Edlen, ja selbst der erhabene König
Gut und Ehre verlieren: er lachte, gewänn er nur etwa
Einen Bissen dabei von einem fetten Kapaune.
Laßt Euch erzählen, wie er so übel an Lampen, dem Hasen,
Gestern tat; hier steht er! der Mann, der keinen verletzte.
Reineke stellte sich fromm und wollt ihn allerlei Weisen
Kürzlich lehren, und was zum Kaplan noch weiter gehöret,
Und sie setzten sich gegeneinander, begannen das Kredo.
Aber Reineke konnte die alten Tücken nicht lassen;
Innerhalb unsers Königes Fried und freiem Geleite
Hielt er Lampen gefaßt mit seinen Klauen und zerrte
Tückisch den redlichen Mann. Ich kam die Straße gegangen,
Hörte beider Gesang, der, kaum begonnen, schon wieder
Endete. Horchend wundert ich mich, doch als ich hinzukam,
Kannt ich Reineken stracks, er hatte Lampen beim Kragen;
Ja, er hätt ihm gewiß das Leben genommen, wofern ich
Nicht zum Glücke des Wegs gekommen wäre. Da steht er!
Seht die Wunden an ihm, dem frommen Manne, den keiner
Zu beleidigen denkt. Und will es unser Gebieter,
Wollt ihr Herren es leiden, daß so des Königes Friede,
Sein Geleit und Brief von einem Diebe verhöhnt wird,
O, so wird der König und seine Kinder noch späten
Vorwurf hören von Leuten, die Recht und Gerechtigkeit lieben.

Isegrim sagte darauf. So wird es bleiben, und leider
Wird uns Reineke nie was Gutes erzeigen. O! läg er
Lange tot, das wäre das beste für friedliche Leute;
Aber wird ihm diesmal verziehn, so wird er in kurzem
Etliche kühnlich berücken, die nun es am wenigsten glauben.

Reinekens Neffe, der Dachs, nahm jetzt die Rede, und mutig
Sprach er zu Reinekens Bestem, so falsch auch dieser bekannt war.
Alt und wahr, Herr Isegrim! sagt' er, beweist sich das Sprichwort:

Feindes Mund frommt selten. So hat auch wahrlich mein Oheim
Eurer Worte sich nicht zu getrösten. Doch ist es ein leichtes.
Wär er hier am Hofe so gut als Ihr, und erfreut' er
Sich des Königes Gnade, so möcht es Euch sicher gereuen,
Daß Ihr so hämisch gesprochen und alte Geschichten erneu-
ert.

Wilhelm Kaulbach gez: Rudolf Rahn gest:

Aber was Ihr Übels an Reineken selber verübet,
Übergeht Ihr; und doch, es wissen es manche der Herren,
Wie Ihr zusammen ein Bündnis geschlossen und beide versprochen,
Als zwei gleiche Gesellen zu leben. Das muß ich erzählen;
Denn im Winter einmal erduldet' er große Gefahren
Euretwegen. Ein Fuhrmann, er hatte Fische geladen,
Fuhr die Straße, Ihr spürtet ihn aus und hättet um alles
Gern von der Ware gegessen; doch fehlt' es Euch leider am Gelde.
Da beredetet Ihr den Oheim, er legte sich listig
Grade für tot in den Weg. Es war, beim Himmel, ein kühnes
Abenteuer! Doch merket, was ihm für Fische geworden.
Und der Fuhrmann kam und sah im Gleise den Oheim,
Hastig zog er sein Schwert, ihm eins zu versetzen; der Kluge
Rührt' und regte sich nicht, als wär er gestorben; der Fuhrmann
Wirft ihn auf seinen Karrn und freut sich des Balges im voraus.
Ja, das wagte mein Oheim für Isegrim; aber der Fuhrmann
Fuhr dahin, und Reineke warf von den Fischen herunter.
Isegrim kam von ferne geschlichen, verzehrte die Fische.
Reineken mochte nicht länger zu fahren belieben; er hub sich,
Sprang vom Karren und wünschte nun auch von der Beute zu speisen.
Aber Isegrim hatte sie alle verschlungen; er hatte
Über Not sich beladen, er wollte bersten. Die Gräten
Ließ er allein zurück und bot dem Freunde den Rest an.
Noch ein anderes Stückchen! auch dies erzähl ich Euch wahrhaft.
Reineken war es bewußt, bei einem Bauer am Nagel
Hing ein gemästetes Schwein, erst heute geschlachtet; das sagt' er
Treu dem Wolfe: sie gingen dahin, Gewinn und Gefahren
Redlich zu teilen. Doch Müh und Gefahr trug jener alleine.
Denn er kroch zum Fenster hinein und warf mit Bemühen

Die gemeinsame Beute dem Wolf herunter; zum Unglück
Waren Hunde nicht fern, die ihn im Hause verspürten
Und ihm wacker das Fell zerzausten. Verwundet entkam er,
Eilig sucht' er Isegrim auf und klagt' ihm sein Leiden
Und verlangte sein Teil. Da sagte jener: Ich habe
Dir ein köstliches Stück verwahrt, nun mache dich drüber
Und benage mirs wohl; wie wird das Fette dir schmecken!
Und er brachte das Stück, das Krummholz war es, der Schlächter
Hatte daran das Schwein gehängt; der köstliche Braten
War vom gierigen Wolfe, dem ungerechten, verschlungen.
Reineke konnte vor Zorn nicht reden, doch was er sich dachte,
Denket euch selbst. Herr König, gewiß, daß hundert und drüber
Solcher Stückchen der Wolf an meinem Oheim verschuldet!
Aber ich schweige davon. Wird Reineke selber gefordert,
Wird er sich besser verteidigen. Indessen, gnädigster König,
Edler Gebieter, ich darf es bemerken: Ihr habet, es haben
Diese Herren gehört, wie töricht Isegrims Rede
Seinem eignen Weibe und ihrer Ehre zu nah tritt,
Die er mit Leib und Leben beschützen sollte. Denn freilich
Sieben Jahre sinds her und drüber, da schenkte mein Oheim
Seine Lieb und Treue zum guten Teile der schönen
Frauen Gieremund; solches geschah beim nächtlichen Tanze;
Isegrim war verreist, ich sag es, wie mirs bekannt ist.
Freundlich und höflich ist sie ihm oft zu Willen geworden,
Und was ist es denn mehr? Sie bracht es niemals zur Klage,
Ja, sie lebt und befindet sich wohl, was macht er für Wesen?
Wär er klug, so schwieg' er davon, es bringt ihm nur Schande.
Weiter sagte der Dachs: Nun kommt das Märchen vom Hasen!
Eitel leeres Gewäsche! Den Schüler sollte der Meister
Etwa nicht züchtigen, wenn er nicht merkt und übel bestehet?
Sollte man nicht die Knaben bestrafen, und ginge der Leichtsinn,
Ginge die Unart so hin, wie sollte die Jugend erwachsen?
Nun klagt Wackerlos, wie er ein Würstchen im Winter verloren

Hinter der Hecke; das sollt er nur lieber im stillen verschmerzen,
Denn wir hören es ja, sie war gestohlen; zerronnen
Wie gewonnen; und wer kann meinem Oheim verargen,
Daß er gestohlenes Gut dem Diebe genommen? Es sollen
Edle Männer von hoher Geburt sich gehässig den Dieben
Und gefährlich erzeigen. Ja, hätt er ihn damals gehangen,
War es verzeihlich. Doch ließ er ihn los, den König zu ehren;
Denn am Leben zu strafen, gehört dem König alleine.
Aber wenigen Danks kann sich mein Oheim getrösten,
So gerecht er auch sei und Übeltaten verwehret.
Denn seitdem des Königes Friede verkündiget worden,
Hält sich niemand wie er. Er hat sein Leben verändert,
Speiset nur einmal des Tags, lebt wie ein Klausner, kasteit sich,
Trägt ein härenes Kleid auf bloßem Leibe und hat schon
Lange von Wildbret und zahmem Fleische sich gänzlich enthalten,
Wie mir noch gestern einer erzählte, der bei ihm gewesen.
Malepartus, sein Schloß, hat er verlassen und baut sich
Eine Klause zur Wohnung. Wie er so mager geworden,
Bleich von Hunger und Durst und andern strengeren Bußen,
Die er reuig erträgt, das werdet Ihr selber erfahren.
Denn was kann es ihm schaden, daß hier ihn jeder verklaget?
Kommt er hieher, so führt er sein Recht aus und macht sie zuschanden.

Als nun Grimbart geendigt, erschien zu großem Erstaunen
Henning, der Hahn, mit seinem Geschlecht. Auf trauriger Bahre,
Ohne Hals und Kopf, ward eine Henne getragen,
Kratzefuß war es, die beste der eierlegenden Hennen.
Ach, es floß ihr Blut, und Reineke hatt es vergossen!
Jetzo sollt es der König erfahren. Als Henning, der wackre,
Vor dem König erschien, mit höchstbetrübter Gebärde,
Kamen mit ihm zwei Hähne, die gleichfalls trauerten. Kreyant
Hieß der eine, kein besserer Hahn war irgend zu finden

Zwischen Holland und Frankreich; der andere durft ihm zur Seite
Stehen, Kantart genannt, ein stracker, kühner Geselle;
Beide trugen ein brennendes Licht; sie waren die Brüder
Der ermordeten Frau. Sie riefen über den Mörder
Ach und Weh! Es trugen die Bahr zwei jüngere Hähne,
Und man konnte von fern die Jammerklage vernehmen.
Henning sprach: Wir klagen den unersetzlichen Schaden,
Gnädigster Herr und König! Erbarmt Euch, wie ich verletzt bin,
Meine Kinder und ich. Hier seht Ihr Reinekens Werke!
Als der Winter vorbei, und Laub und Blumen und Blüten
Uns zur Fröhlichkeit riefen, erfreut ich mich meines Geschlechtes,
Das so munter mit mir die schönen Tage verlebte!
Zehen junge Söhne, mit vierzehn Töchtern, sie waren
Voller Lust zu leben; mein Weib, die treffliche Henne,
Hatte sie alle zusammen in Einem Sommer erzogen.
Alle waren so stark und wohl zufrieden, sie fanden
Ihre tägliche Nahrung an wohlgesicherter Stätte.
Reichen Mönchen gehörte der Hof, uns schirmte die Mauer,
Und sechs große Hunde, die wackern Genossen des Hauses,
Liebten meine Kinder und wachten über ihr Leben;
Reineken aber, den Dieb, verdroß es, daß wir in Frieden
Glückliche Tage verlebten und seine Ränke vermieden.
Immer schlich er bei Nacht um die Mauer und lauschte beim Tore,
Aber die Hunde bemerktens; da mocht er laufen! sie faßten
Wacker ihn endlich einmal und ruckten das Fell ihm zusammen;
Doch er rettete sich und ließ uns ein Weilchen in Ruhe.
Aber nun höret mich an! es währte nicht lange, so kam er
Als ein Klausner und brachte mir Brief und Siegel. Ich kannt es:
Euer Siegel sah ich am Briefe; da fand ich geschrieben:
Daß Ihr festen Frieden so Tieren als Vögeln verkündigt.

Und er zeigte mir an: er sei ein Klausner geworden,
Habe strenge Gelübde getan, die Sünden zu büßen,
Deren Schuld er leider bekenne. Da habe nun keiner
Mehr vor ihm sich zu fürchten, er habe heilig gelobet,
Nimmermehr Fleisch zu genießen. Er ließ mich die Kutte beschauen,

Zeigte sein Skapulier. Daneben wies er ein Zeugnis,
Das ihm der Prior gestellt, und, um mich sicher zu machen,
Unter der Kutte ein härenes Kleid. Dann ging er und sagte:
Gott dem Herren seid mir befohlen! ich habe noch vieles
Heute zu tun! ich habe die Sext und die None zu lesen
Und die Vesper dazu. Er las im Gehen und dachte
Vieles Böse sich aus, er sann auf unser Verderben.

Ich mit erheitertem Herzen erzählte geschwinde den Kindern
Eures Briefes fröhliche Botschaft, es freuten sich alle.
Da nun Reineke Klausner geworden, so hatten wir weiter
Keine Sorge, noch Furcht. Ich ging mit ihnen zusammen
Vor die Mauer hinaus, wir freuten uns alle der Freiheit.
Aber leider bekam es uns übel. Er lag im Gebüsche
Hinterlistig; da sprang er hervor und verrannt uns die Pforte;
Meiner Söhne schönsten ergriff er und schleppt' ihn von dannen,

Wilhelm Kaulbach gez. Adrian Schleich gest.

Und nun war kein Rat, nachdem er sie einmal gekostet;
Immer versucht' er es wieder, und weder Jäger noch Hunde
Konnten vor seinen Ränken bei Tag und Nacht uns bewahren.
So entriß er mir nun fast alle Kinder; von zwanzig
Bin ich auf fünfe gebracht, die andern raubt' er mir alle.
O, erbarmt Euch des bittern Schmerzes! er tötete gestern
Meine Tochter, es haben die Hunde den Leichnam gerettet.
Seht, hier liegt sie! Er hat es getan, o! nehmt es zu Herzen!

Und der König begann: Kommt näher, Grimbart, und sehet,
Also fastet der Klausner, und so beweist er die Buße!
Leb ich noch aber ein Jahr, so soll es ihn wahrlich gereuen!
Doch was helfen die Worte! Vernehmet, trauriger Henning:
Eurer Tochter ermangl es an nichts, was irgend den Toten
Nur zu Rechte geschieht. Ich lass ihr Vigilie singen,
Sie mit großer Ehre zur Erde bestatten; dann wollen
Wir mit diesen Herren des Mordes Strafe bedenken.

Da gebot der König, man solle Vigilie singen.
Domino placebo begann die Gemeine, sie sangen
Alle Verse davon. Ich könnte ferner erzählen,
Wer die Lektion gesungen und wer die Responsen;
Aber es währte zu lang, ich lass es lieber bewenden.
In ein Grab ward die Leiche gelegt und drüber ein schoner
Marmorstein, poliert wie ein Glas, gehauen im Viereck,
Groß und dick, und oben darauf war deutlich zu lesen:
»Kratzefuß, Tochter Hennings des Hahns, die beste der Hennen,
Legte viel Eier ins Nest und wußte klüglich zu scharren.
Ach, hier liegt sie! durch Reinekens Mord den Ihren genommen.
Alle Welt soll erfahren, wie bös und falsch er gehandelt,
Und die Tote beklagen.« So lautete, was man geschrieben.

Und es ließ der König darauf die Klügsten berufen,
Rat mit ihnen zu halten, wie er den Frevel bestrafte,

Der so klärlich vor ihn und seine Herren gebracht war.
Und sie rieten zuletzt: man habe dem listigen Frevler
Einen Boten zu senden, daß er um Liebes und Leides
Nicht sich entzöge, er solle sich stellen am Hofe des Königs
An dem Tage der Herrn, wenn sie zunächst sich versammeln;
Braun, den Bären, ernannte man aber zum Boten. Der König
Sprach zu Braun, dem Bären: Ich sag es, Euer Gebieter,
Daß Ihr mit Fleiß die Botschaft verrichtet! Doch rat ich zur Vorsicht:
Denn es ist Reineke falsch und boshaft, allerlei Listen
Wird er gebrauchen, er wird Euch schmeicheln, er wird Euch belügen,
Hintergehen, wie er nur kann. Mitnichten, versetzte
Zuversichtlich der Bär: bleibt ruhig! Sollt er sich irgend
Nur vermessen und mir zum Hohne das mindeste wagen,
Seht, ich schwör es bei Gott! der möge mich strafen, wofern ich
Ihm nicht grimmig vergölte, daß er zu bleiben nicht wüßte.

Zweiter Gesang

Also wandelte Braun auf seinem Weg zum Gebirge
Stolzen Mutes dahin, durch eine Wüste, die groß war,
Lang und sandig und breit; und als er sie endlich durchzogen,
Kam er gegen die Berge, wo Reineke pflegte zu jagen;
Selbst noch Tages zuvor hatt er sich dorten erlustigt.
Aber der Bär ging weiter nach Malepartus; da hatte
Reineke schöne Gebäude. Von allen Schlössern und Burgen,
Deren ihm viele gehörten, war Malepartus die beste.
Reineke wohnte daselbst, sobald er Übels besorgte.
Braun erreichte das Schloß und fand die gewöhnliche Pforte
Fest verschlossen. Da trat er davor und besann sich ein wenig;
Endlich rief er und sprach: Herr Oheim, seid Ihr zu Hause?
Braun, der Bär, ist gekommen, des Königs gerichtlicher Bote.
Denn es hat der König geschworen, Ihr sollet bei Hofe
Vor Gericht Euch stellen, ich soll Euch holen, damit Ihr
Recht zu nehmen und Recht zu geben keinem verweigert,
Oder es soll Euch das Leben kosten; denn bleibt Ihr dahinten,
Ist mit Galgen und Rad Euch gedroht. Drum wählet das Beste,
Kommt und folget mir nach, sonst möcht es Euch übel bekom-
men.

Reineke hörte genau vom Anfang zum Ende die Rede,
Lag und lauerte still und dachte: Wenn es gelänge,
Daß ich dem plumpen Kompan die stolzen Worte bezahlte?
Laßt uns die Sache bedenken. Er ging in die Tiefe der Wohnung,
In die Winkel des Schlosses, denn künstlich war es gebauet:
Löcher fanden sich hier und Höhlen mit vielerlei Gängen,
Eng und lang, und mancherlei Türen zum Öffnen und Schließen,
Wie es Zeit war und Not. Erfuhr er, daß man ihn suchte
Wegen schelmischer Tat, da fand er die beste Beschirmung.
Auch aus Einfalt hatten sich oft in diesen Mäandern
Arme Tiere gefangen, willkommene Beute dem Räuber.
Reineke hatte die Worte gehört, doch fürchtet' er klüglich,
Andre möchten noch neben dem Boten im Hinterhalt liegen,
Als er sich aber versichert, der Bär sei einzeln gekommen,
Ging er listig hinaus und sagte: Wertester Oheim,
Seid willkommen! Verzeiht mir! ich habe Vesper gelesen,
Darum ließ ich Euch warten. Ich dank Euch, daß Ihr gekommen,
Denn es nutzt mir gewiß bei Hofe, so darf ich es hoffen.
Seid zu jeglicher Stunde, mein Oheim, willkommen! Indessen
Bleibt der Tadel für den, der Euch die Reise befohlen,
Denn sie ist weit und beschwerlich. O Himmel! wie Ihr erhitzt seid!
Eure Haare sind naß und Euer Odem beklommen.
Hatte der mächtige König sonst keinen Boten zu senden,
Als den edelsten Mann, den er am meisten erhöhet?
Aber so sollt es wohl sein zu meinem Vorteil; ich bitte,
Helft mir am Hofe des Königs, allwo man mich übel verleumdet.
Morgen, setzt ich mir vor, trotz meiner mißlichen Lage,
Frei nach Hofe zu gehen, und so gedenk ich noch immer.
Nur für heute bin ich zu schwer, die Reise zu machen.
Leider hab ich zu viel von einer Speise gegessen,
Die mir übel bekommt; sie schmerzt mich gewaltig im Leibe.

Braun versetzte darauf. Was war es, Oheim? Der andre
Sagte dagegen: Was könnt es Euch helfen, und wenn ichs erzählte!
Kümmerlich frist ich mein Leben; ich leid es aber geduldig,
Ist ein armer Mann doch kein Graf! und findet zuweilen
Sich für uns und die Unsern nichts Besseres, müssen wir freilich
Honigscheiben verzehren, die sind wohl immer zu haben.
Doch ich esse sie nur aus Not; nun bin ich geschwollen.
Wider Willen schluckt ich das Zeug, wie sollt es gedeihen?
Kann ich es immer vermeiden, so bleibt mirs ferne vom Gaumen.

Wilhelm Kaulbach gez. Rudolf Rahn gest.

Ei! was hab ich gehört! versetzte der Braune, Herr Oheim!
Ei! verschmähet Ihr so den Honig, den mancher begehret?
Honig, muß ich Euch sagen, geht über alle Gerichte,
Wenigstens mir; o schafft mir davon, es soll Euch nicht reuen!
Dienen werd ich Euch wieder. – Ihr spottet, sagte der andre.
Nein, wahrhaftig! verschwor sich der Bär, es ist ernstlich gesprochen.
Ist dem also, versetzte der Rote: da kann ich Euch dienen,
Denn der Bauer Rüsteviel wohnt am Fuße des Berges.
Honig hat er! Gewiß, mit allem Eurem Geschlechte
Saht Ihr niemal so viel beisammen. Da lüstet' es Braunen
Übermäßig nach dieser geliebten Speise. O führt mich,
Rief er, eilig dahin! Herr Oheim, ich will es gedenken,
Schafft mir Honig, und wenn ich auch nicht gesättigt werde.
Gehen wir, sagte der Fuchs: es soll an Honig nicht fehlen.
Heute bin ich zwar schlecht zu Fuße; doch soll mir die Liebe,
Die ich Euch lange gewidmet, die sauern Tritte versüßen.
Denn ich kenne niemand von allen meinen Verwandten,
Den ich verehrte, wie Euch! Doch kommt! Ihr werdet dagegen
An des Königes Hof am Herren-Tage mir dienen,
Daß ich der Feinde Gewalt und ihre Klagen beschäme.
Honigsatt mach ich Euch heute, so viel Ihr immer nur tragen
Möget. – Es meinte der Schalk die Schläge der zornigen Bauern.

Reineke lief ihm zuvor, und blindlings folgte der Braune.
Will mirs gelingen, so dachte der Fuchs: ich bringe dich heute
Noch zu Markte, wo dir ein bittrer Honig zuteil wird.
Und sie kamen zu Rüsteviels Hofe; das freute den Bären,
Aber vergebens, wie Toren sich oft mit Hoffnung betrügen.

Abend war es geworden, und Reineke wußte, gewöhnlich
Liege Rüsteviel nun in seiner Kammer zu Bette,
Der ein Zimmermann war, ein tüchtiger Meister. Im Hofe
Lag ein eichener Stamm; er hatte, diesen zu trennen,
Schon zwei tüchtige Keile hineingetrieben, und oben,

Klaffte gespalten der Baum fast ellenweit. Reineke merkt' es,
Und er sagte: Mein Oheim, in diesem Baume befindet
Sich des Honigs mehr, als Ihr vermutet; nun stecket
Eure Schnauze hinein, so tief Ihr möget. Nur rat ich,
Nehmt nicht gierig zu viel, es möcht Euch übel bekommen.
Meint Ihr, sagte der Bär, ich sei ein Vielfraß? mitnichten!
Maß ist überall gut, bei allen Dingen. Und also
Ließ der Bär sich betören und steckte den Kopf in die Spalte
Bis an die Ohren hinein und auch die vordersten Füße.
Reineke machte sich dran, mit vielem Ziehen und Zerren
Bracht er die Keile heraus: nun war der Braune gefangen,
Haupt und Füße geklemmt; es half kein Schelten noch Schmeicheln.
Vollauf hatte der Braune zu tun, so stark er und kühn war,
Und so hielt der Neffe mit List den Oheim gefangen.
Heulend plärrte der Bär, und mit den hintersten Füßen
Scharrt' er grimmig und lärmte so sehr, daß Rüsteviel aufsprang.
Was es wäre? dachte der Meister und brachte sein Beil mit,
Daß man bewaffnet ihn fände, wenn jemand zu schaden gedächte.
Braun befand sich indes in großen Ängsten; die Spalte
Klemmt' ihn gewaltig, er zog und zerrte, brüllend vor Schmerzen.
Aber mit alle der Pein war nichts gewonnen; er glaubte
Nimmer von dannen zu kommen; so meint' auch Reineke freudig.
Als er Rüsteviel sah von ferne schreiten, da rief er:
Braun, wie steht es? Mäßiget Euch und schonet des Honigs!
Sagt, wie schmeckt es? Rüsteviel kommt und will Euch bewirten!
Nach der Mahlzeit bringt er ein Schlückchen, es mag Euch bekommen!

Da ging Reineke wieder nach Malepartus, der Feste.
Aber Rüsteviel kam, und als er den Bären erblickte,

Lief er, die Bauern zu rufen, die noch in der Schenke beisammen
Schmauseten. Kommt! so rief er: in meinem Hofe gefangen
Hat sich ein Bär, ich sage die Wahrheit. Sie folgten und liefen,
Jeder bewehrte sich eilig, so gut er konnte. Der eine
Nahm die Gabel zur Hand, und seinen Rechen der andre,
Und der dritte, der vierte, mit Spieß und Hacke bewaffnet,
Kamen gesprungen, der fünfte mit einem Pfahle gerüstet.
Ja, der Pfarrer und Küster, sie kamen mit ihrem Geräte.

Wilhelm Kaulbach gez. Rudolf Rahn gest.

Auch die Köchin des Pfaffen (sie hieß Frau Jutte, sie konnte
Grütze bereiten und kochen wie keine) blieb nicht dahinten,

Kam mit dem Rocken gelaufen, bei dem sie am Tage gesessen,
Dem unglücklichen Bären den Pelz zu waschen. Der Braune
Hörte den wachsenden Lärm in seinen schrecklichen Nöten,
Und er riß mit Gewalt das Haupt aus der Spalte; da blieb ihm
Haut und Haar des Gesichts bis zu den Ohren im Baume.
Nein! kein kläglicher Tier hat jemand gesehen! es rieselt'
Über die Ohren das Blut. Was half ihm, das Haupt zu befreien?
Denn es blieben die Pfoten im Baume stecken; da riß er
Hastig sie ruckend heraus; er raste sinnlos, die Klauen
Und von den Füßen das Fell blieb in der klemmenden Spalte.
Leider schmeckte dies nicht nach süßem Honig, wozu ihm
Reineke Hoffnung gemacht; die Reise war übel geraten,
Eine sorgliche Fahrt war Braunen geworden. Es blutet'
Ihm der Bart und die Füße dazu, er konnte nicht stehen,
Konnte nicht kriechen, noch gehn. Und Rüsteviel eilte, zu schlagen,
Alle fielen ihn an, die mit dem Meister gekommen;
Ihn zu töten, war ihr Begehr. Es führte der Pater
Einen langen Stab in der Hand und schlug ihn von ferne.
Kümmerlich wandt er sich hin und her, es drängt' ihn der Haufen,
Einige hier mit Spießen, dort andre mit Beilen, es brachte
Hammer und Zange der Schmied, es kamen andre mit Schaufeln,
Andre mit Spaten, sie schlugen drauflos und riefen und schlugen,
Daß er vor schmerzlicher Angst im eignem Unflat sich wälzte.
Alle setzten ihm zu, es blieb auch keiner dahinten;
Der krummbeinige Schloppe mit dem breitnasigen Ludolf
Waren die Schlimmsten, und Gerold bewegte den hölzernen Flegel
Zwischen den krummen Fingern; ihm stand sein Schwager zur Seite,
Kückelrei war es, der dicke, die beiden schlugen am meisten.
Abel Quack und Frau Jutte dazu, sie ließens nicht fehlen;
Talke Lorden Quacks traf mit der Butte den Armen.

Und nicht diese Genannten allein, denn Männer und Weiber,
Alle liefen herzu und wollten das Leben des Bären.
Kückelrei machte das meiste Geschrei, er dünkte sich vornehm:
Denn Frau Willigetrud am hinteren Tore (man wußt es)
War die Mutter, bekannt war nie sein Vater geworden.
Doch es meinten die Bauern, der Stoppelmäher, der schwarze
Sander, sagten sie, möcht es wohl sein, ein stolzer Geselle,
Wenn er allein war. Es kamen auch Steine gewaltig geflogen,
Die den verzweifelten Braunen von allen Seiten bedrängten.
Nun sprang Rüsteviels Bruder hervor und schlug mit dem langen,
Dicken Knüttel den Bären aufs Haupt, daß Hören und Sehen
Ihm verging, doch fuhr er empor vom mächtigen Schlage.
Rasend fuhr er unter die Weiber, die untereinander
Taumelten, fielen und schrien, und einige stürzten ins Wasser,
Und das Wasser war tief. Da rief der Pater und sagte:
Sehet, da unten schwimmt Frau Jutte, die Köchin, im Pelze,
Und der Rocken ist hier! O helft, ihr Männer! Ich gebe
Bier zwei Tonnen zum Lohn und großen Ablaß und Gnade.
Alle ließen für tot den Bären liegen und eilten
Nach den Weibern ans Wasser, man zog aufs Trockne die fünfe.
Da indessen die Männer am Ufer beschäftiget waren,
Kroch der Bär ins Wasser vor großem Elend und brummte
Vor entsetzlichem Weh. Er wollte sich lieber ersäufen,
Als die Schläge so schändlich erdulden. Er hatte zu schwimmen
Nie versucht und hoffte sogleich das Leben zu enden.
Wider Vermuten fühlt' er sich schwimmen, und glücklich getragen
Ward er vom Wasser hinab, es sahen ihn alle die Bauern,
Riefen: Das wird uns gewiß zur ewigen Schande gereichen!
Und sie waren verdrießlich und schalten über die Weiber:
Besser blieben sie doch zu Hause! da seht nun, er schwimmet
Seiner Wege. Sie traten herzu, den Block zu besehen,

Und sie fanden darin noch Haut und Haare vom Kopfe
Und von den Füßen und lachten darob und riefen: Du kommst uns
Sicher wieder, behalten wir doch die Ohren zum Pfande!
So verhöhnten sie ihn noch über den Schaden, doch war er
Froh, daß er nur dem Übel entging. Er fluchte den Bauern,
Die ihn geschlagen, und klagte den Schmerz der Ohren und Füße,
Fluchte Reineken, der ihn verriet. Mit solchen Gebeten
Schwamm er weiter, es trieb ihn der Strom, der reißend und groß war,
Binnen weniger Zeit fast eine Meile hinunter;
Und da kroch er ans Land am selbigen Ufer und keichte.
Kein bedrängteres Tier hat je die Sonne gesehen!
Und er dachte den Morgen nicht zu erleben, er glaubte
Plötzlich zu sterben und rief. O Reineke, falscher Verräter!
Loses Geschöpf!. Er dachte dabei der schlagenden Bauern,
Und er dachte des Baums und fluchte Reinekens Listen.

Aber Reineke Fuchs, nachdem er mit gutem Bedachte
Seinen Ohcim zu Markte geführt, ihm Honig zu schaffen,
Lief er nach Hühnern, er wußte den Ort, und schnappte sich eines,
Lief und schleppte die Beute behend am Flusse hinunter.
Dann verzehrt' er sie gleich und eilte nach andern Geschäften
Immer am Flusse dahin und trank des Wassers und dachte:
O wie bin ich so froh, daß ich den tölpischen Bären
So zu Hofe gebracht! Ich wette, Rüsteviel hat ihm
Wohl das Beil zu kosten gegeben. Es zeigte der Bär sich
Stets mir feindlich gesinnt, ich hab es ihm wieder vergolten.
Oheim hab ich ihn immer genannt, nun ist er am Baume
Tot geblieben; des will ich mich freun, solang ich nur lebe.
Klagen und schaden wird er nicht mehr! – Und wie er so wandelt,
Schaut er am Ufer hinab und sieht den Bären sich wälzen.
Das verdroß ihm im Herzen, daß Braun lebendig entkommen.

Rüsteviel, rief er, du lässiger Wicht! du grober Geselle!
Solche Speise verschmähst du? die fett und guten Geschmacks ist,
Die manch ehrlicher Mann sich wünscht, und die so gemächlich
Dir zu Handen gekommen. Doch hat für deine Bewirtung
Dir der redliche Braun ein Pfand gelassen! So dacht er,
Als er den Braunen betrübt, ermattet und blutig erblickte.
Endlich rief er ihn an: Herr Oheim, find ich Euch wieder?
Habt Ihr etwas vergessen bei Rüsteviel? sagt mir, ich lass ihm
Wissen, wo Ihr geblieben. Doch soll ich sagen, ich glaube,
Vieles Honig habt Ihr gewiß dem Manne gestohlen,
Oder habt Ihr ihn redlich bezahlt? wie ist es geschehen?
Ei! wie seid Ihr gemalt? das ist ein schmähliches Wesen!
War der Honig nicht guten Geschmacks; Zu selbigem Preise
Steht noch manches zu Kauf! Doch, Oheim, saget mir eilig,
Welchem Orden habt Ihr Euch wohl so kürzlich gewidmet,
Daß Ihr ein rotes Barett auf Eurem Haupte zu tragen
Anfangt? Seid Ihr ein Abt? Es hat der Bader gewißlich,
Der die Platte Euch schor, nach Euren Ohren geschnappet.
Ihr verloret den Schopf, wie ich sehe, das Fell von den Wangen
Und die Handschuh dabei. Wo habt Ihr sie hängen gelassen?
Und so mußte der Braune die vielen spöttischen Worte
Hintereinander vernehmen und konnte vor Schmerzen nicht reden,
Sich nicht raten noch helfen. Und um nicht weiter zu hören,
Kroch er ins Wasser zurück und trieb mit dem reißenden Strome
Nieder und landete drauf am flachen Ufer. Da lag er,
Krank und elend, und jammerte laut und sprach zu sich selber:
Schlüge nur einer mich tot! Ich kann nicht gehen und sollte
Nach des Königes Hof die Reise vollenden, und bleibe
So geschändet zurück von Reinekens bösem Verrate.
Bring ich mein Leben davon, gewiß, dich soll es gereuen!
Doch er raffte sich auf und schleppte mit gräßlichen Schmerzen
Durch vier Tage sich fort, und endlich kam er zu Hofe.

Als der König den Bären in seinem Elend erblickte,
Rief er: Gnädiger Gott! Erkenn ich Braunen? Wie kommt er
So geschändet? Und Braun versetzte: Leider erbärmlich
Ist das Ungemach, das Ihr erblickt; so hat mich der Frevler
Reineke schändlich verraten! Da sprach der König entrüstet:
Rächen will ich gewiß ohn alle Gnade den Frevel.
Solch einen Herrn wie Braun, den sollte Reineke schänden?
Ja, bei meiner Ehre, bei meiner Krone! das schwör ich,
Alles soll Reineke büßen, was Braun zu Rechte begehret.
Halt ich mein Wort nicht, so trag ich kein Schwert mehr, ich will es geloben!

Und der König gebot, es solle der Rat sich versammeln,
Überlegen und gleich der Frevel Strafe bestimmen.
Alle rieten darauf, wofern es dem König beliebte,
Solle man Reineken abermals fordern, er solle sich stellen,
Gegen Anspruch und Klage sein Recht zu wahren. Es könne
Hinze, der Kater, sogleich die Botschaft Reineken bringen,
Weil er klug und gewandt sei. So rieten sie alle zusammen.

Und es vereinigte sich der König mit seinen Genossen,
Sprach zu Hinzen: Merket mir recht die Meinung der Herren!
Ließ' er sich aber zum drittenmal fordern, so soll es ihm selbst und
Seinem ganzen Geschlecht zum ewigen Schaden gereichen;
Ist er klug, so komm er inzeiten. Ihr schärft ihm die Lehre;
Andre verachtet er nur, doch Eurem Rate gehorcht er.
Aber Hinze versetzte. Zum Schaden oder zum Frommen

Mag es gereichen, komm ich zu ihm, wie soll ichs beginnen?
Meinetwegen tut oder laßt es, aber ich dächte,
Jeden andern zu schicken, ist besser, da ich so klein bin.
Braun, der Bär, so groß und stark, und konnt ihn nicht zwingen,
Welcher Weise soll ich es enden? O! habt mich entschuldigt.

Du beredest mich nicht, versetzte der König: man findet
Manchen kleinen Mann voll List und Weisheit, die manchem
Großen fremd ist. Seid Ihr auch gleich kein Riese gewachsen,
Seid Ihr doch klug und gelehrt. Da gehorchte der Kater und sagte:
Euer Wille geschehe! und kann ich ein Zeichen erblicken
Rechter Hand am Wege, so wird die Reise gelingen.

Dritter Gesang

Nun war Hinze, der Kater, ein Stückchen Weges gegangen;
Einen Martins-Vogel erblickt' er von weitem, da rief er:
Edler Vogel! Glück auf. o wende die Flügel und fliege
Her zu meiner Rechten! Es flog der Vogel und setzte
Sich zur Linken des Katers, auf einem Baume zu singen.
Hinze betrübte sich sehr, er glaubte sein Unglück zu hören,
Doch er machte nun selber sich Mut, wie mehrere pflegen.
Immer wandert' er fort nach Malepartus, da fand er
Vor dem Hause Reineken sitzen, er grußt' ihn und sagte:
Gott, der reiche, der gute, bescher Euch glücklichen Abend!
Euer Leben bedrohet der König, wofern Ihr Euch weigert,
Mit nach Hofe zu kommen; und ferner laßt er Euch sagen:
Stehet den Klägern zu Recht, sonst werdens die Eurigen büßen.
Reineke sprach: Willkommen dahier, geliebtester Neffe!
Mögt Ihr Segen von Gott nach meinem Wunsche genießen.
Aber er dachte nicht so in seinem verrätrischen Herzen;
Neue Tücke sann er sich aus, er wollte den Boten
Wieder geschändet nach Hofe senden. Er nannte den Kater
Immer seinen Neffen und sagte: Neffe, was setzt man
Euch für Speise nur vor? Man schläft gesättiget besser;
Einmal bin ich der Wirt, wir gingen dann morgen am Tage
Beide nach Hofe: so dünkt es mich gut. Von meinen Verwandten
Ist mir keiner bekannt, auf den ich mich lieber verließe.

Denn der gefräßige Bär war trotzig zu mir gekommen.
Er ist grimmig und stark, daß ich um vieles nicht hätte
Ihm zur Seite die Reise gewagt. Nun aber versteht sichs,
Gerne geh ich mit Euch. Wir machen uns frühe des Morgens
Auf den Weg: so scheinet es mir das beste geraten.
Hinze versetzte darauf. Es wäre besser, wir machten
Gleich uns fort nach Hofe, so wie wir gehen und stehen.

Wilhelm Kaulbach gez: Rudolf Rahn gest:

Auf der Heide scheinet der Mond, die Wege sind trocken.
Reineke sprach: Ich finde bei Nacht das Reisen gefährlich,
Mancher grüßet uns freundlich bei Tage, doch käm er im Finstern
Uns in den Weg, es möchte wohl kaum zum besten geraten.
Aber Hinze versetzte: So laßt mich wissen, mein Neffe,
Bleib ich hier, was sollen wir essen? Und Reineke sagte:
Ärmlich behelfen wir uns; doch wenn Ihr bleibet, so bring ich
Frische Honigscheiben hervor, ich wähle die klärsten.
Niemals eß ich dergleichen, versetzte murrend der Kater:
Fehlet Euch alles im Hause, so gebt eine Maus her! Mit dieser
Bin ich am besten versorgt, und sparet das Honig für andre.
Eßt Ihr Mäuse so gern? sprach Reineke: redet mir ernstlich;
Damit kann ich Euch dienen. Es hat mein Nachbar, der Pfaffe,
Eine Scheun im Hofe, darin sind Mäuse, man führe
Sie auf keinem Wagen hinweg: ich höre den Pfaffen
Klagen, daß sie bei Nacht und Tag ihm lästiger werden.
Unbedächtig sagte der Kater: Tut mir die Liebe,
Bringet mich hin zu den Mäusen! denn über Wildbret und alles
Lob ich mir Mäuse, die schmecken am besten. Und Reineke sagte:
Nun wahrhaftig, Ihr sollt mir ein herrliches Gastmahl genießen.
Da mir bekannt ist, womit ich Euch diene, so laßt uns nicht zaudern.

Hinze glaubt' ihm und folgte; sie kamen zur Scheune des Pfaffen,
Zu der lehmernen Wand. Die hatte Reineke gestern
Klug durchgraben und hatte durchs Loch dem schlafenden Pfaffen
Seiner Hähne den besten entwendet. Das wollte Martinchen
Rächen, des geistlichen Herrn geliebtes Söhnchen; er knüpfte
Klug vor die Öffnung den Strick mit einer Schlinge; so hofft' er
Seinen Hahn zu rächen am wiederkehrenden Diebe.
Reineke wußt und merkte sich das und sagte: Geliebter
Neffe, kriechet hinein gerade zur Öffnung; ich halte

Wache davor, indessen Ihr mauset; Ihr werdet zu Haufen
Sie im Dunkeln erhaschen. O höret, wie munter sie pfeifen!
Seid Ihr satt, so kommt nur zurück, Ihr findet mich wieder.
Trennen dürfen wir nicht uns diesen Abend, denn morgen
Gehen wir früh und kürzen den Weg mit muntern Gesprächen.
Glaubt Ihr, sagte der Kater, es sei hier sicher zu kriechen?
Denn es haben mitunter die Pfaffen auch Böses im Sinne.
Da versetzte der Fuchs, der Schelm: Wer konnte das wissen!
Seid Ihr so blöde? Wir gehen zurück: es soll Euch mein Weibchen
Gut und mit Ehren empfangen, ein schmackhaft Essen bereiten;
Wenn es auch Mäuse nicht sind, so laßt es uns fröhlich verzehren.
Aber Hinze, der Kater, sprang in die Öffnung, er schämte
Sich vor Reinekens spottenden Worten, und fiel in die Schlinge.
Also empfanden Reinekens Gäste die böse Bewirtung.

Da nun Hinze den Strick an seinem Halse verspürte,
Fuhr er ängstlich zusammen und übereilte sich furchtsam,
Denn er sprang mit Gewalt: da zog der Strick sich zusammen.
Kläglich rief er Reineken zu, der außer dem Loche
Horchte, sich hämisch erfreute und so zur Öffnung hineinsprach:
Hinze, wie schmecken die Mäuse? Ihr findet sie, glaub ich, gemästet.
Wüßte Martinchen doch nur, daß Ihr sein Wildbret verzehret;
Sicher brächt er Euch Senf: er ist ein höflicher Knabe.
Singet man so bei Hofe zum Essen? Es klingt mir bedenklich.
Wüßt ich Isegrim nur in diesem Loche, so wie ich
Euch zu Falle gebracht, er sollte mir alles bezahlen,
Was er mir Übels getan! Und so ging Reineke weiter.
Aber er ging nicht allein, um Diebereien zu üben;
Ehbruch, Rauben und Mord und Verrat, er hielt es nicht sündlich.
Und er hatte sich eben was ausgesonnen. Die schöne

Gieremund wollt er besuchen, in doppelter Absicht: fürs erste
Hofft er von ihr zu erfahren, was eigentlich Isegrim klagte;
Zweitens wollte der Schalk die alten Sünden erneuern.
Isegrim war nach Hofe gegangen, das wollt er benutzen.
Denn wer zweifelt daran, es hatte die Neigung der Wölfin
Zu dem schändlichen Fuchse den Zorn des Wolfes entzündet.
Reineke trat in die Wohnung der Frauen und fand sie nicht heimisch.
Grüß euch Gott! Stiefkinderchen! sagt' er, nicht mehr und nicht minder,
Nickte freundlich den Kleinen und eilte nach seinem Gewerbe.
Als Frau Gieremund kam des Morgens, wie es nur tagte,
Sprach sie: Ist niemand kommen, nach mir zu fragen? Soeben
Geht Herr Pate Reineke fort, er wünscht' Euch zu sprechen.
Alle, wie wir hier sind, hat er Stiefkinder geheißen.
Da rief Gieremund aus: Er soll es bezahlen! und eilte,
Diesen Frevel zu rächen zur selben Stunde. Sie wußte,
Wo er pflegte zu gehn; sie erreicht' ihn, zornig begann sie:
Was für Worte sind das? und was für schimpfliche Reden
Habt Ihr ohne Gewissen vor meinen Kindern gesprochen?
Büßen sollt Ihr dafür! So sprach sie zornig und zeigt' ihm
Ein ergrimmtes Gesicht; sie faßt' ihn am Barte, da fühlt' er
Ihrer Zähne Gewalt und lief und wollt ihr entweichen;
Sie behend strich hinter ihm drein. Da gab es Geschichten –
Ein verfallenes Schloß war in der Nähe gelegen,
Hastig liefen die beiden hinein; es hatte sich aber
Altershalben die Mauer in einem Turme gespalten.
Reineke schlupfte hindurch; allein er mußte sich zwängen,
Denn die Spalte war eng; und eilig steckte die Wölfin,
Groß und stark, wie sie war, den Kopf in die Spalte; sie drängte,
Schob und brach und zog und wollte folgen, und immer
Klemmte sie tiefer sich ein und konnte nicht vorwärts noch rückwärts.
Da das Reineke sah, lief er zur anderen Seite
Krummen Weges herein und kam und macht' ihr zu schaffen.

Aber sie ließ es an Worten nicht fehlen, sie schalt ihn: Du handelst
Als ein Schelm! ein Dieb! Und Reineke sagte dagegen:
Ist es noch niemals geschehn, so mag es jetzo geschehen.

Wenig Ehre verschafft es, sein Weib mit andern zu sparen,
Wie nun Reineke tat. Gleichviel war alles dem Bösen.
Da nun endlich die Wölfin sich aus der Spalte gerettet,
War schon Reineke weg und seine Straße gegangen.
Und so dachte die Frau, sich selber Recht zu verschaffen,
Ihrer Ehre zu wahren, und doppelt war sie verloren.

Lasset uns aber zurück nach Hinzen sehen. Der Arme,
Da er gefangen sich fühlte, beklagte nach Weise der Kater
Sich erbärmlich: das hörte Martinchen und sprang aus dem Bette.
Gott sei Dank! Ich habe den Strick zur glücklichen Stunde
Vor die Öffnung geknüpft; der Dieb ist gefangen! Ich denke,
Wohl bezahlen soll er den Hahn! So jauchzte Martinchen.
Zündete hurtig ein Licht an (im Hause schliefen die Leute),
Weckte Vater und Mutter darauf und alles Gesinde,
Rief: Der Fuchs ist gefangen! wir wollen ihm dienen. Sie kamen
Alle, groß und klein, ja selbst der Pater erhub sich,
Warf ein Mäntelchen um; es lief mit doppelten Lichtern
Seine Köchin voran, und eilig hatte Martinchen
Einen Knüttel gefaßt und machte sich über den Kater,
Traf ihm Haut und Haupt und schlug ihm grimmig ein Aug aus.
Alle schlugen auf ihn; es kam mit zackiger Gabel
Hastig der Pater herbei und glaubte den Räuber zu fällen.
Hinze dachte zu sterben; da sprang er wütend entschlossen
Zwischen die Schenkel des Pfaffen und biß und kratzte gefährlich,
Schändete grimmig den Mann und rächte grausam das Auge.
Schreiend stürzte der Pater und fiel ohnmächtig zur Erden.

Unbedachtsam schimpfte die Köchin: es habe der Teufel
Ihr zum Possen das Spiel selbst angerichtet. Und doppelt,
Dreifach schwur sie: wie gern verlöre sie, wäre das Unglück
Nicht dem Herren begegnet, ihr bißchen Habe zusammen.
Ja, sie schwur: ein Schatz von Golde, wenn sie ihn hätte,
Sollte sie wahrlich nicht reuen, sie wollt ihn missen. So jammert'
Sie die Schande des Herrn und seine schwere Verwundung.
Endlich brachten sie ihn mit vielen Klagen zu Bette,
Ließen Hinzen am Strick und hatten seiner vergessen.

Als nun Hinze, der Kater, in seiner Not sich allein sah,
Schmerzlich geschlagen und übel verwundet, so nahe dem Tode,
Faßt' er aus Liebe zum Leben den Strick und nagt' ihn behende.
Sollt ich mich etwa erlösen vom großen Übel? so dacht er.
Und es gelang ihm, der Strick zerriß. Wie fand er sich glücklich!
Eilte, dem Ort zu entfliehn, wo er so vieles erduldet;
Hastig sprang er zum Loche heraus und eilte die Straße
Nach des Königes Hof, den er des Morgens erreichte.
Ärgerlich schalt er sich selbst: So mußte dennoch der Teufel
Dich durch Reinekens List, des bösen Verräters, bezwingen!
Kommst du doch mit Schande zurück, am Auge geblendet
Und mit Schlägen schmerzlich beladen, wie mußt du dich schämen!

Aber des Königes Zorn entbrannte heftig, er dräute
Dem Verräter den Tod ohn alle Gnade. Da ließ er
Seine Räte versammeln; es kamen seine Baronen,
Seine Weisen zu ihm, er fragte: wie man den Frevler
Endlich brächte zu Recht, der schon so vieles verschuldet?
Als nun viele Beschwerden sich über Reineken häuften,
Redete Grimbart, der Dachs: Es mögen in diesem Gerichte
Viele Herren auch sein, die Reineken Übels gedenken,

Doch wird niemand die Rechte des freien Mannes verletzen.

Nun zum drittenmal muß man ihn fordern. Ist dieses geschehen,
Kommt er dann nicht, so möge das Recht ihn schuldig erkennen.
Da versetzte der König: Ich fürchte, keiner von allen
Ginge, dem tückischen Manne die dritte Ladung zu bringen.
Wer hat ein Auge zu viel? wer mag verwegen genug sein,
Leib und Leben zu wagen um diesen bösen Verräter?
Seine Gesundheit aufs Spiel zu setzen und dennoch am Ende
Reineken nicht zu stellen? Ich denke, niemand versucht es.

Überlaut versetzte der Dachs: Herr König, begehret
Ihr es von mir, so will ich sogleich die Botschaft verrichten,
Sei es, wie es auch sei. Wollt Ihr mich öffentlich senden,
Oder geh ich, als käm ich von selber? Ihr dürft nur befehlen.
Da beschied ihn der König: So geht dann! Alle die Klagen
Habt Ihr sämtlich gehört, und geht nur weislich zu Werke
Denn es ist ein gefährlicher Mann. Und Grimbart versetzte:
Einmal muß ich es wagen und hoff ihn dennoch zu bringen.
So betrat er den Weg nach Malepartus, der Feste;
Reineken fand er daselbst mit Weib und Kindern und sagte:
Oheim Reineke, seid mir gegrüßt! Ihr seid ein gelehrter,
Weiser, kluger Mann, wir müssen uns alle verwundern,
Wie Ihr des Königs Ladung verachtet, ich sage, verspottet,
Deucht Euch nicht, es wäre nun Zeit? Es mehren sich immer
Klagen und böse Gerüchte von allen Seiten. Ich rat Euch,
Kommt nach Hofe mit mir, es hilft kein längeres Zaudern.
Viele, viele Beschwerden sind vor den König gekommen,
Heute werdet Ihr nun zum dritten Male geladen;
Stellt Ihr Euch nicht, so seid Ihr verurteilt. Dann führet der König
Seine Vasallen hieher, Euch einzuschließen, in dieser
Feste Malepartus Euch zu belagern; so geht
Ihr mit Weib und Kindern und Gut und Leben zugrunde.
Ihr entfliehet dem Könige nicht; drum ist es am besten,
Kommt nach Hofe mit mir! Es wird an listiger Wendung
Euch nicht fehlen, Ihr habt sie bereit und werdet Euch retten;
Denn Ihr habt ja wohl oft, auch an gerichtlichen Tagen,
Abenteuer bestanden, weit größer als dieses, und immer
Kamt Ihr glücklich davon und Eure Gegner in Schande.

Grimbart hatte gesprochen, und Reineke sagte dagegen:
Oheim, Ihr ratet mir wohl, daß ich zu Hofe mich stelle,
Meines Rechtes selber zu wahren. Ich hoffe, der König
Wird mir Gnade gewähren; er weiß, wie sehr ich ihm nütze;
Aber er weiß auch, wie sehr ich deshalb den andern verhaßt bin.
Ohne mich kann der Hof nicht bestehn. Und hätt ich noch zehnmal

Mehr verbrochen, so weiß ich es schon: sobald mirs gelinget,
Ihm in die Augen zu sehen und ihn zu sprechen, so fühlt er
Seinen Zorn im Busen bezwungen. Denn freilich begleiten
Viele den König und kommen in seinem Rate zu sitzen;
Aber es geht ihm niemal zu Herzen; sie finden zusammen
Weder Rat noch Sinn. Doch bleibet an jeglichem Hofe,
Wo ich immer auch sei, der Ratschluß meinem Verstande.
Denn versammeln sich König und Herren, in kitzlichen Sachen
Klugen Rat zu ersinnen, so muß ihn Reineken finden.
Das mißgönnen mir viele. Die hab ich leider zu fürchten,
Denn sie haben den Tod mir geschworen, und grade die Schlimmsten
Sind am Hofe versammelt, das macht mich eben bekümmert.
Über zehen und Mächtige sinds, wie kann ich alleine
Vielen widerstehn? Drum hab ich immer gezaudert.
Gleichwohl find ich es besser, mit Euch nach Hofe zu wandeln,
Meine Sache zu wahren; das soll mehr Ehre mir bringen,
Als durch Zaudern mein Weib und meine Kinder in Ängsten
Und Gefahren zu stürzen; wir wären alle verloren.
Denn der König ist mir zu mächtig, und was es auch wäre,
Müßt ich tun, sobald ers befiehlt. Wir können versuchen,
Gute Verträge vielleicht mit unsern Feinden zu schließen.

Reineke sagte darnach: Frau Ermelyn, nehmet der Kinder
(Ich empfehl es Euch) wahr, vor allen andern des jüngsten,
Reinharts; es stehn ihm die Zähne so artig ums Mäulchen, ich hoff, er
Wird der leibhaftige Vater; und hier ist Rossel, das Schelmchen,
Der mir ebenso lieb ist. O! tut den Kindern zusammen
Etwas zu gut, indes ich weg bin! Ich wills Euch gedenken,
Kehr ich glücklich zurück und Ihr gehorchet den Worten.
Also schied er von dannen mit Grimbart, seinem Begleiter,
Ließ Frau Ermelyn dort mit beiden Söhnen und eilte;
Unberaten ließ er sein Haus; das schmerzte die Füchsin.

Beide waren noch nicht ein Stündchen Weges gegangen,
Als zu Grimbart Reineke sprach: Mein teuerster Oheim,
Wertester Freund, ich muß Euch gestehn, ich bebe vor Sorgen.
Ich entschlage mich nicht des ängstlichen, bangen Gedankens,
Daß ich wirklich dem Tod entgegensehe. Da seh ich
Meine Sünden vor mir, so viel ich deren begangen.
Ach! Ihr glaubet mir nicht die Unruh, die ich empfinde.
Laßt mich beichten! höret mich an! kein anderer Pater
Ist in der Nähe zu finden; und hab ich alles vom Herzen,
Werd ich nicht schlimmer darum vor meinem Könige stehen.
Grimbart sagte: Verredet zuerst das Rauben und Stehlen,
Allen bösen Verrat und andre gewöhnliche Tücken,
Sonst kann Euch die Beichte nicht helfen. Ich weiß es, versetzte
Reineke: darum laßt mich beginnen und höret bedächtig.

Confiteor tibi Pater et Mater, daß ich der Otter,
Daß ich dem Kater und manchen gar manche Tücke versetzte,
Ich bekenn es und lasse mir gern die Buße gefallen.
Redet Deutsch, versetzte der Dachs, damit ichs verstehe.
Reineke sagte: Ich habe mich freilich, wie sollt ich es leugnen!
Gegen alle Tiere, die jetzo leben, versündigt.
Meinen Oheim, den Bären, den hielt ich im Baume gefangen;
Blutig ward ihm sein Haupt, und viele Prügel ertrug er.
Hinzen führt ich nach Mäusen; allein am Stricke gehalten
Mußt er vieles erdulden und hat sein Auge verloren.
Und so klaget auch Henning mit Recht, ich raubt ihm die Kinder,
Groß und kleine, wie ich sie fand, und ließ sie mir schmecken.
Selbst verschont ich des Königes nicht, und mancherlei Tücken
Übt ich kühnlich an ihm und an der Königin selber;
Spät verwindet sies nur. Und weiter muß ich bekennen:
Isegrim hab ich, den Wolf, mit allem Fleiße geschändet;
Alles zu sagen, fänd ich nicht Zeit. So hab ich ihn immer
Scherzend Oheim genannt, und wir sind keine Verwandte.
Einmal, es werden nun bald sechs Jahre, kam er nach Elkmar
Zu mir ins Kloster, ich wohnte daselbst, und bat mich um Beistand,

Weil er eben ein Mönch zu werden gedächte. Das, meint' er,
Wär ein Handwerk für ihn, und zog die Glocke. Das Läuten
Freut' ihn so sehr! Ich band ihm darauf die vorderen Füße
Mit dem Seile zusammen, er war es zufrieden und stand so,
Zog und erlustigte sich und schien das Läuten zu lernen.
Doch es sollt ihm die Kunst zu schlechter Ehre gedeihen,
Denn er läutete zu wie toll und törig. Die Leute
Liefen eilig bestürzt aus allen Straßen zusammen,
Denn sie glaubten, es sei ein großes Unglück begegnet;
Kamen und fanden ihn da, und eh er sich eben erklärte,
Daß er den geistlichen Stand ergreifen wolle, so war er
Von der dringenden Menge beinah zu Tode geschlagen.
Dennoch beharrte der Tor auf seinem Vorsatz und bat mich,
Daß ich ihm sollte mit Ehren zu einer Platte verhelfen;
Und ich ließ ihm das Haar auf seinem Scheitel versengen,
Daß die Schwarte davon zusammenschrumpfte. So hab ich
Oft ihm Prügel und Stöße mit vieler Schande bereitet.
Fische lehrt ich ihn fangen, sie sind ihm übel bekommen.
Einmal folgt' er mir auch im Jülicher Lande, wir schlichen
Zu der Wohnung des Pfaffen, des reichsten in dortiger Gegend.
Einen Speicher hatte der Mann mit köstlichen Schinken,
Lange Seiten des zartesten Specks verwahrt' er daneben,
Und ein frisch gesalzenes Fleisch befand sich im Troge.
Durch die steinerne Mauer gelang es Isegrim endlich,
Eine Spalte zu kratzen, die ihn gemächlich hindurchließ,
Und ich trieb ihn dazu, es trieb ihn seine Begierde.
Aber da konnt er sich nicht im Überflusse bezwingen,
Übermäßig füllt' er sich an; da hemmte gewaltig
Den geschwollenen Leib und seine Rückkehr die Spalte.
Ach, wie klagt' er sie an, die ungetreue, sie ließ ihn
Hungrig hinein und wollte dem Satten die Rückkehr verwehren.
Und ich machte darauf ein großes Lärmen im Dorfe,
Daß ich die Menschen erregte, die Spuren des Wolfes zu finden.
Denn ich lief in die Wohnung des Pfaffen und traf ihn beim Essen,
Und ein fetter Kapaun ward eben vor ihn getragen,

Wohlgebraten; ich schnappte darnach und trug ihn von dannen.
Hastig wollte der Pfaffe mir nach und lärmte, da stieß er
Über den Haufen den Tisch mit Speisen und allem Getränke.
Schlaget, werfet, fanget und stechet! so rief der ergrimmte
Pater und fiel und kühlte den Zorn (er hatte die Pfütze
Nicht gesehen) und lag. Und alle kamen und schrien:
Schlagt! ich rannte davon und hinter mir alle zusammen,
Die mir das Schlimmste gedachten. Am meisten lärmte der Pfaffe:

Wilhelm Kaulbach gez. Adrian Schleich grav.

Welch ein verwegener Dieb! Er nahm das Huhn mir vom Tische!
Und so lief ich voraus, bis zu dem Speicher, da ließ ich
Wider Willen das Huhn zur Erde fallen, es ward mir
Endlich leider zu schwer; und so verlor mich die Menge.
Aber sie fanden das Huhn, und da der Pater es aufhub,

Ward er des Wolfes im Speicher gewahr, es sah ihn der Haufen.
Allen rief der Pater nun zu: Hierher nur! und trefft ihn!
Uns ist ein anderer Dieb, ein Wolf, in die Hände gefallen,
Käm er davon, wir wären beschimpft; es lachte wahrhaftig
Alles auf unsere Kosten im ganzen Jülicher Lande.
Was er nur konnte, dachte der Wolf. Da regnet' es Schläge
Hierher und dorther ihm über den Leib und schmerzliche Wunden.
Alle schrien, so laut sie konnten; die übrigen Bauern
Liefen zusammen und streckten für tot ihn zur Erde darnieder.
Größeres Weh geschah ihm noch nie, solang er auch lebte.
Malt' es einer auf Leinwand, es wäre seltsam zu sehen,
Wie er dem Pfaffen den Speck und seine Schinken bezahlte.
Auf die Straße warfen sie ihn und schleppten ihn eilig
Über Stock und Stein; es war kein Leben zu spüren.
Und er hatte sich unrein gemacht, da warf man mit Abscheu
Vor das Dorf ihn hinaus: er lag in schlammiger Grube,
Denn sie glaubten ihn tot. In solcher schmählichen Ohnmacht
Blieb er, ich weiß nicht wie lange, bevor er sein Elend gewahr ward.
Wie er noch endlich entkommen, das hab ich niemals erfahren.
Und doch schwur er hernach (es kann ein Jahr sein), mir immer
Treu und gewärtig zu bleiben; nur hat es nicht lange gedauert.
Denn warum er mir schwur, das konnt ich leichtlich begreifen:
Gerne hätt er einmal sich satt an Hühnern gegessen.
Und damit ich ihn tüchtig betröge, beschrieb ich ihm ernstlich
Einen Balken, auf dem sich ein Hahn des Abends gewöhnlich
Neben sieben Hühnern zu setzen pflegte. Da führt' ich
Ihn im stillen bei Nacht, es hatte zwölfe geschlagen,
Und der Laden des Fensters, mit leichter Latte gestützet,
Stand (ich wußt es) noch offen. Ich tat, als wollt ich hineingehn;
Aber ich schmiegte mich an und ließ dem Oheim den Vortritt.
Gehet frei nur hinein, so sagt ich: wollt Ihr gewinnen,
Seid geschäftig, es gilt! Ihr findet gemästete Hennen.
Gar bedächtig kroch er hinein und tastete leise

Hier- und dahin und sagte zuletzt mit zornigen Worten:
O wie führt Ihr mich schlecht! ich finde wahrlich von Hühnern
Keine Feder. Ich sprach: Die vorne pflegten zu sitzen,
Hab' ich selber geholt, die andern sitzen dahinten.
Geht nur unverdrossen voran und tretet behutsam.

Wilhelm Kaulbach gez: Adrian Schleich gest:

Freilich der Balken war schmal, auf dem wir gingen. Ich ließ ihn
Immer voraus und hielt mich zurück und drückte mich rückwärts
Wieder zum Fenster hinaus und zog am Holze; der Laden
Schlug und klappte, das fuhr dem Wolf in die Glieder und schreckt' ihn;
Zitternd plumpt' er hinab vom schmalen Balken zur Erde.
Und erschrocken erwachten die Leute, sie schliefen am Feuer.
Sagt, was fiel zum Fenster herein? so riefen sie alle,
Rafften behende sich auf, und eilig brannte die Lampe.
In der Ecke fanden sie ihn und schlugen und gerbten
Ihm gewaltig das Fell; mich wundert, wie er entkommen.

Weiter bekenn ich vor Euch: daß ich Frau Gieremund heimlich
Öfters besucht und öffentlich auch. Das hätte nun freilich
Unterbleiben sollen, o wär es niemals geschehen!
Denn solange sie lebt, verwindet sie schwerlich die Schande.

Alles hab ich Euch jetzt gebeichtet, dessen ich irgend
Mich zu erinnern vermag, was meine Seele beschweret.
Sprechet mich los! ich bitte darum; ich werde mit Demut
Jede Buße vollbringen, die schwerste, die Ihr mir auflegt.

Grimbart wußte sich schon in solchen Fällen zu nehmen,
Brach ein Reischen am Wege, dann sprach er: Oheim, nun schlagt Euch
Dreimal über den Rücken mit diesem Reischen und legt es,
Wie ichs Euch zeige, zur Erde und springet dreimal darüber;
Dann mit Sanftmut küsset das Reis und zeigt Euch gehorsam.
Solche Buße leg ich Euch auf und spreche von allen
Sünden und allen Strafen Euch los und ledig, vergeb Euch
Alles im Namen des Herrn, soviel Ihr immer begangen.

Und als Reineke nun die Buße willig vollendet,
Sagte Grimbart: Lasset an guten Werken, mein Oheim,

Wilhelm Kaulbach gez: Rudolf Rahn gez:

Eure Besserung spüren und leset Psalmen, besuchet
Fleißig die Kirchen und fastet an rechten gebotenen Tagen;
Wer Euch fraget, dem weiset den Weg, und gebet den Armen
Gern, und schwöret mir zu, das böse Leben zu lassen,
Alles Rauben und Stehlen, Verrat und böse Verführung,
Und so ist es gewiß, daß Ihr zu Gnaden gelanget.
Reineke sprach: So will ich es tun, so sei es geschworen!

Und so war die Beichte vollendet. Da gingen sie weiter
Nach des Königes Hof. Der fromme Grimbart und jener
Kamen durch schwärzliche fette Gebreite; sie sahen ein Kloster
Rechter Hand des Weges. Es dienten geistliche Frauen,
Spat und früh, dem Herren daselbst und nährten im Hofe
Viele Hühner und Hähne, mit manchem schönen Kapaune,

Welche nach Futter zuweilen sich außer der Mauer zerstreuten.
Reineke pflegte sie oft zu besuchen. Da sagt' er zu Grimbart:
Unser kürzester Weg geht an der Mauer vorüber;
Aber er meinte die Hühner, wie sie im Freien spazierten.
Seinen Beichtiger führt' er dahin, sie nahten den Hühnern;
Da verdrehte der Schalk die gierigen Augen im Kopfe.
Ja, vor allen gefiel ihm ein Hahn, der jung und gemästet
Hinter den andern spazierte, den faßt' er treulich ins Auge,
Hastig sprang er hinter ihm drein; es stoben die Federn.

Aber Grimbart, entrüstet, verwies ihm den schändlichen Rückfall.
Handelt Ihr so? unseliger Oheim, und wollt Ihr schon wieder
Um ein Huhn in Sünde geraten, nachdem Ihr gebeichtet?
Schöne Reue heiß ich mir das! Und Reineke sagte:
Hab ich es doch in Gedanken getan! O teuerster Oheim,
Bittet zu Gott, er möge die Sünde mir gnädig vergeben.
Nimmer tu ich es wieder und laß es gerne. Sie kamen
Um das Kloster herum in ihre Straße, sie mußten
Über ein schmales Brückchen hinüber, und Reineke blickte
Wieder nach den Hühnern zurück; er zwang sich vergebens.
Hätte jemand das Haupt ihm abgeschlagen, es wäre
Nach den Hühnern geflogen; so heftig war die Begierde.

Grimbart sah es und rief. Wo laßt Ihr, Neffe, die Augen
Wieder spazieren? Fürwahr, Ihr seid ein häßlicher Vielfraß!
Reineke sagte darauf: Das macht Ihr übel, Herr Oheim!
Übereilet Euch nicht und stört nicht meine Gebete;
Laßt ein Paternoster mich sprechen. Die Seelen der Hühner
Und der Gänse bedürfen es wohl, soviel ich den Nonnen,
Diesen heiligen Frauen, durch meine Klugheit entrissen.
Grimbart schwieg, und Reineke Fuchs verwandte das Haupt nicht
Von den Hühnern, solang er sie sah. Doch endlich gelangten
Sie zur rechten Straße zurück und nahten dem Hofe.

Und als Reineke nun die Burg des Königs erblickte,
Ward er innig betrübt; denn heftig war er beschuldigt.

Vierter Gesang

Als man bei Hofe vernahm, es komme Reineke wirklich,
Drängte sich jeder heraus, ihn zu sehn, die Großen und Kleinen,
Wenige freundlich gesinnt, fast alle hatten zu klagen.
Aber Reineken deuchte, das sei von keiner Bedeutung;
Wenigstens stellt' er sich so, da er mit Grimbart, dem Dachse,
Jetzo dreist und zierlich die hohe Straße daherging.
Mutig kam er heran und gelassen, als wär er des Königs
Eigener Sohn und frei und ledig von allen Gebrechen.
Ja, so trat er vor Nobel, den König, und stand im Palaste
Mitten unter den Herren; er wußte sich ruhig zu stellen.

Edler König, gnädiger Herr! begann er zu sprechen:
Edel seid Ihr und groß, von Ehren und Würden der Erste;
Darum bitt ich von Euch, mich heute rechtlich zu hören.
Keinen treueren Diener hat Eure fürstliche Gnade
Je gefunden als mich, das darf ich kühnlich behaupten.
Viele weiß ich am Hofe, die mich darüber verfolgen.
Eure Freundschaft würd ich verlieren, woferne die Lügen
Meiner Feinde, wie sie es wünschen, Euch glaublich erschienen;
Aber glücklicherweise bedenkt Ihr jeglichen Vortrag,
Hört den Beklagten so gut als den Kläger; und haben sie vieles

Mir im Rücken gelogen, so bleib ich ruhig und denke:
Meine Treue kennt Ihr genug, sie bringt mir Verfolgung.

Schweiget! versetzte der König: es hilft kein Schwätzen und Schmeicheln,
Euer Frevel ist laut, und Euch erwartet die Strafe.
Habt Ihr den Frieden gehalten, den ich den Tieren geboten?
Den ich geschworen? Da steht der Hahn! Ihr habt ihm die Kinder,
Falscher, leidiger Dieb! eins nach dem andern entrissen.
Und wie lieb Ihr mich habt, das wollt Ihr, glaub ich, beweisen,
Wenn Ihr mein Ansehn schmäht und meine Diener beschädigt.
Seine Gesundheit verlor der arme Hinze! Wie langsam
Wird der verwundete Braun von seinen Schmerzen genesen!
Aber ich schelt Euch nicht weiter. Denn hier sind Kläger die Menge,
Viele bewiesene Taten. Ihr möchtet schwerlich entkommen.

Bin ich, gnädiger Herr, deswegen strafbar? versetzte
Reineke: kann ich davor, wenn Braun mit blutiger Platte
Wieder zurückkehrt? Wagt' er sich doch und wollte vermessen
Rüsteviels Honig verzehren; und kamen die tölpischen Bauern
Ihm zu Leibe, so ist er ja stark und mächtig an Gliedern;
Schlugen und schimpften sie ihn, eh er ins Wasser gekommen,
Hätt er als rüstiger Mann die Schande billig gerochen.
Und wenn Hinze, der Kater, den ich mit Ehren empfangen,
Nach Vermögen bewirtet, sich nicht vom Stehlen enthalten,
In die Wohnung des Pfaffen, so sehr ich ihn treulich verwarnte,
Sich bei Nacht geschlichen und dort was Übels erfahren:
Hab ich Strafe verdient, weil jene töricht gehandelt?
Eurer fürstlichen Krone geschähe das wahrlich zu nahe!
Doch Ihr möget mit mir nach Eurem Willen verfahren,
Und, so klar auch die Sache sich zeigt, beliebig verfügen:
Mag es zum Nutzen, mag es zum Schaden auch immer gereichen.
Soll ich gesotten, gebraten, geblendet oder gehangen
Werden oder geköpft, so mag es eben geschehen!

Alle sind wir in Eurer Gewalt, Ihr habt uns in Händen.
Mächtig seid Ihr und stark, was widerstände der Schwache?
Wollt Ihr mich töten, das würde fürwahr ein geringer Gewinn sein.
Doch es komme, was will; ich stehe redlich zu Rechte.

Da begann der Widder Bellyn: Die Zeit ist gekommen,
Laßt uns klagen! Und Isegrim kam mit seinen Verwandten,
Hinze, der Kater, und Braun, der Bär, und Tiere zu Scharen.
Auch der Esel Boldewyn kam und Lampe, der Hase,
Wackerlos kam, das Hündchen, und Ryn, die Dogge, die Ziege
Metke, Hermen, der Bock, dazu das Eichhorn, die Wiesel
Und das Hermelin. Auch waren der Ochs und das Pferd nicht
Außen geblieben; daneben ersah man die Tiere der Wildnis,
Als den Hirsch und das Reh und Bokert, den Biber, den Marder,
Das Kaninchen, den Eber, und alle drängten einander.
Bartolt, der Storch, und Markart, der Häher, und Lütke, der Kranich,
Flogen herüber; es meldeten sich auch Tybbke, die Ente,
Alheid, die Gans, und andere mehr mit ihren Beschwerden.
Henning, der traurige Hahn, mit seinen wenigen Kindern
Klagte heftig; es kamen herbei unzählige Vögel
Und der Tiere so viel, wer wüßte die Menge zu nennen!
Alle gingen dem Fuchs zu Leibe, sie hofften, die Frevel
Nun zur Sprache zu bringen und seine Strafe zu sehen.
Vor den König drängten sie sich mit heftigen Reden,
Häuften Klagen auf Klagen, und alt und neue Geschichten
Brachten sie vor. Man hatte noch nie an Einem Gerichtstag
Vor des Königes Thron so viele Beschwerden gehöret.
Reineke stand und wußte darauf gar künstlich zu dienen:
Denn ergriff er das Wort, so floß die zierliche Rede
Seiner Entschuldigung her, als wäre es lautere Wahrheit;
Alles wußt er beiseite zu lehnen und alles zu stellen.
Hörte man ihn, man wunderte sich und glaubt' ihn entschuldigt,
Ja, er hatte noch übriges Recht und vieles zu klagen.
Aber es standen zuletzt wahrhaftige redliche Männer

Gegen Reineken auf, die wider ihn zeugten, und alle
Seine Frevel fanden sich klar. Nun war es geschehen!
Denn im Rate des Königs mit Einer Stimme beschloß man:
Reineke Fuchs sei schuldig des Todes! So soll man ihn fahen,
Soll ihn binden und hängen an seinem Halse, damit er
Seine schweren Verbrechen mit schmählichem Tode verbüße.

Jetzt gab Reineke selbst das Spiel verloren; es hatten
Seine klugen Worte nur wenig geholfen. Der König
Sprach das Urteil selber. Da schwebte dem losen Verbrecher,
Als sie ihn fingen und banden, sein klägliches Ende vor Augen.

Wie nun nach Urteil und Recht gebunden Reineke dastand,
Seine Feinde sich regten, zum Tod ihn eilend zu führen,
Standen die Freunde betroffen und waren schmerzlich bekümmert,
Martin, der Affe, mit Grimbart und vielen aus Reinekens Sippschaft.
Ungern hörten sie an das Urteil und trauerten alle
Mehr, als man dächte. Denn Reineke war der ersten Baronen
Einer und stand nun entsetzt von allen Ehren und Würden
Und zum schmählichen Tode verdammt. Wie mußte der Anblick
Seine Verwandten empören! Sie nahmen alle zusammen
Urlaub vom Könige, räumten den Hof, so viele sie waren.

Aber dem Könige ward es verdrießlich, daß ihn so viele
Ritter verließen. Es zeigte sich nun die Menge Verwandten,
Die sich, mit Reinekens Tod sehr unzufrieden, entfernten.
Und der König sprach zu einem seiner Vertrauten:
Freilich ist Reineke boshaft, allein man sollte bedenken,
Viele seiner Verwandten sind nicht zu entbehren am Hofe.

Aber Isegrim, Braun und Hinze, der Kater, sie waren
Um den Gebundnen geschäftig, sie wollten die schändliche Strafe,

Wie es der König gebot, an ihrem Feinde vollziehen,
Führten ihn hastig hinaus und sahen den Galgen von ferne.
Da begann der Kater erbost zum Wolfe zu sprechen:
Nun bedenket, Herr Isegrim, wohl, wie Reineke damals
Alles tat und betrieb, wie seinem Hasse gelungen,
Euren Bruder am Galgen zu sehn. Wie zog er so fröhlich
Mit ihm hinaus! Versäumet ihm nicht die Schuld zu bezahlen.
Und gedenket, Herr Braun, er hat Euch schändlich verraten,
Euch in Rüsteviels Hofe dem groben, zornigen Volke,
Männern und Weibern, treulos geliefert und Schlägen und Wunden
Und der Schande dazu, die allerorten bekannt ist.
Habet acht und haltet zusammen! Entkäm er uns heute,
Könnte sein Witz ihn befrein und seine listigen Ränke,
Niemals würd uns die Stunde der süßen Rache beschert sein.
Laßt uns eilen und rächen, was er an allen verschuldet.

Isegrim sprach: Was helfen die Worte? Geschwinde verschafft mir
Einen tüchtigen Strick; wir wollen die Qual ihm verkürzen.
Also sprachen sie wider den Fuchs und zogen die Straße.

Aber Reineke hörte sie schweigend; doch endlich begann er:
Da ihr so grausam mich haßt und tödliche Rache begehret,
Wisset Ihr doch keine Ende zu finden! Wie muß ich mich wundern!
Hinze wüßte wohl Rat zu einem tüchtigen Stricke:
Denn er hat ihn geprüft, als in des Pfaffen Behausung
Er sich nach Mäusen hinabließ und nicht mit Ehren davonkam.
Aber Isegrim, Ihr, und Braun, ihr eilt ja gewaltig,
Euren Oheim zum Tode zu bringen; ihr meint, es gelänge.

Und der König erhob sich mit allen Herren des Hofes,
Um das Urteil vollstrecken zu sehn; es schloß an den Zug sich
Auch die Königin an, von ihren Frauen begleitet;
Hinter ihnen strömte die Menge der Armen und Reichen,

Alle wünschten Reinekens Tod und wollten ihn sehen.
Isegrim sprach indes mit seinen Verwandten und Freunden
Und ermahnete sie, ja, fest aneinander geschlossen,
Auf den gebundenen Fuchs ein wachsam Auge zu haben;
Denn sie fürchteten immer, es möchte der Kluge sich retten.
Seinem Weibe befahl der Wolf besonders: Bei deinem
Leben! siehe mir zu und hilf den Bösewicht halten.
Käm er los, wir würden es alle gar schmählich empfinden.
Und zu Braunen sagt' er: Gedenket, wie er Euch höhnte;
Alles könnt Ihr ihm nun mit reichlichen Zinsen bezahlen.
Hinze klettert und soll uns den Strick da oben befesten;
Haltet ihn und stehet mir bei, ich rücke die Leiter,
Wenig Minuten, so solls um diesen Schelmen getan sein!
Braun versetzte: Stellt nur die Leiter, ich will ihn schon halten.

Seht doch! sagte Reineke drauf: wie seid ihr geschäftig,
Euren Oheim zum Tode zu bringen! Ihr solltet ihn eher
Schützen und schirmen und, wär er in Not, euch seiner erbarmen.
Gerne bät ich um Gnade, allein was könnt es mir helfen?
Isegrim haßt mich zu sehr, ja seinem Weibe gebeut er,
Mich zu halten und mir den Weg zur Flucht zu vertreten.
Dächte sie voriger Zeiten, sie könnte mir wahrlich nicht schaden.
Aber soll es nun über mich gehn, so wollt ich, es wäre
Bald getan. So kam auch mein Vater in schreckliche Nöten,
Doch am Ende ging es geschwind. Es begleiteten freilich
Nicht so viele den sterbenden Mann. Doch wolltet ihr länger
Mich verschonen, es müßt euch gewiß zur Schande gereichen.
Hört ihr, sagte der Bär: wie trotzig der Bösewicht redet?
Immer, immer hinauf! es ist sein Ende gekommen.

Ängstlich dachte Reineke nun: O möcht ich in diesen
Großen Nöten geschwind was glücklich Neues ersinnen,
Daß der König mir gnädig das Leben schenkte und diese
Grimmigen Feinde, die drei, in Schaden und Schande gerieten!

Laßt uns alles bedenken, und helfe, was helfen kann! denn hier
Gilt es den Hals, die Not ist dringend, wie soll ich entkommen?
Alles Übel häuft sich auf mich. Es zürnet der König,
Meine Freunde sind fort und meine Feinde gewaltig;
Selten hab ich was Gutes getan, die Stärke des Königs,
Seiner Räte Verstand wahrhaftig wenig geachtet;
Vieles hab ich verschuldet und hoffte dennoch, mein Unglück
Wieder zu wenden. Gelänge mirs nur, zum Worte zu kommen,
Wahrlich, sie hingen mich nicht; ich lasse die Hoffnung nicht fahren.

Und er wandte darauf sich von der Leiter zum Volke,
Rief: Ich sehe den Tod vor meinen Augen und werd ihm
Nicht entgehen. Nur bitt ich euch alle, so viele mich hören,
Um ein weniges nur, bevor ich die Erde verlasse.
Gerne möcht ich vor euch in aller Wahrheit die Beichte
Noch zum letztenmal öffentlich sprechen und redlich bekennen
Alles Übel, das ich getan, damit nicht ein andrer
Etwa dieses oder jenes von mir im stillen begangnen,
Unbekannten Verbrechens dereinst bezichtiget werde;
So verhüt ich zuletzt noch manches Übel, und hoffen
Kann ich, es werde mirs Gott in allen Gnaden gedenken.

Viele jammerte das. Sie sprachen untereinander:
Klein ist die Bitte, gering nur die Frist! Sie baten den König,
Und der König vergönnt' es. Da wurd es Reineken wieder
Etwas leichter ums Herz, er hoffte glücklichen Ausgang;
Gleich benutzt' er den Raum, der ihm gegönnt war, und sagte:

Spiritus Domini helfe mir nun! Ich sehe nicht Einen
Unter der großen Versammlung, den ich nicht irgend beschädigt.
Erst, ich war noch ein kleiner Kompan und hatte die Brüste
Kaum zu saugen verlernt, da folgt ich meinen Begierden
Unter die jungen Lämmer und Ziegen, die neben der Herde

Sich im Freien zerstreuten; ich hörte die blökenden Stimmen
Gar zu gerne, da lüstete mich nach leckerer Speise.
Lernte hurtig sie kennen. Ein Lämmchen biß ich zu Tode,
Leckte das Blut, es schmeckte mir köstlich! und tötete weiter
Vier der jüngsten Ziegen und aß sie, und übte mich ferner;
Sparte keine Vögel, noch Hühner, noch Enten, noch Gänse,
Wo ich sie fand, und habe gar manches im Sande vergraben,
Was ich geschlachtet und was mir nicht alles zu essen beliebte.

Wilhelm Kaulbach gez. Marian Schleich gest.

Dann begegnet' es mir: in einem Winter am Rheine
Lernt ich Isegrim kennen, er lauerte hinter den Bäumen.

Gleich versichert' er mir, ich sei aus seinem Geschlechte,
Ja, er wußte mir gar die Grade der Sippschaft am Finger
Vorzurechnen. Ich ließ mirs gefallen; wir schlossen ein Bündnis
Und gelobten einander, als treue Gesellen zu wandern,
Leider sollt ich dadurch mir manches Übel bereiten.
Wir durchstrichen zusammen das Land. Da stahl er das Große,
Stahl ich das Kleine. Was wir gewonnen, das sollte gemein sein;
Aber es war nicht gemein, wie billig: er teilte nach Willkür;
Niemals empfing ich die Hälfte. Ja, Schlimmeres hab ich erfahren.
Wenn er ein Kalb sich geraubt, sich einen Widder erbeutet,
Wenn ich im Überfluß sitzen ihn fand, er eben die Ziege,
Frisch geschlachtet, verzehrte, ein Bock ihm unter den Klauen
Lag und zappelte, grinst' er mich an und stellte sich grämlich,
Trieb mich knurrend hinweg: so war mein Teil ihm geblieben.
Immer ging es mir so, es mochte der Braten so groß sein,
Als er wollte. Ja, wenn es geschah, daß wir in Gesellschaft
Einen Ochsen gefangen, wir eine Kuh uns gewonnen,
Gleich erschienen sein Weib und sieben Kinder und warfen
Über die Beute sich her und drängten mich hinter die Mahlzeit.
Keine Rippe konnt ich erlangen, sie wäre denn gänzlich
Glatt und trocken genagt; das sollte mir alles gefallen!
Aber, Gott sei gedankt, ich litt deswegen nicht Hunger;
Heimlich nährt ich mich wohl von meinem herrlichen Schatze,
Von dem Silber und Golde, das ich an sicherer Stätte
Heimlich verwahre; des hab ich genug. Es schafft mir wahrhaftig
Ihn kein Wagen hinweg, und wenn er siebenmal führe.

Und es horchte der König, da von dem Schatze gesagt ward,
Neigte sich vor und sprach: Von wannen ist er Euch kommen?
Saget an! ich meine den Schatz. Und Reineke sagte:
Dieses Geheimnis verhehl ich Euch nicht, was könnt es mir helfen?
Denn ich nehme nichts mit von diesen köstlichen Dingen.
Aber wie Ihr befehlt, will ich Euch alles erzählen,

Denn es muß nun einmal heraus; um Liebes und Leides
Möcht ich wahrhaftig das große Geheimnis nicht länger verhehlen:
Denn der Schatz war gestohlen. Es hatten sich viele verschworen,
Euch, Herr König, zu morden, und wurde zur selbigen Stunde
Nicht der Schatz mit Klugheit entwendet, so war es geschehen.
Merket es, gnädiger Herr! denn Euer Leben und Wohlfahrt
Hing an dem Schatz. Und daß man ihn stahl, das brachte denn leider
Meinen eigenen Vater in große Nöten, es bracht ihn
Frühe zur traurigen Fahrt, vielleicht zu ewigem Schaden;
Aber, gnädiger Herr, zu Eurem Nutzen geschah es!

Und die Königin hörte bestürzt die gräßliche Rede,
Das verworrne Geheimnis von ihres Gemahles Ermordung,
Von dem Verrat, vom Schatz, und was er alles gesprochen.
Ich vermahn Euch, Reineke, rief sie: bedenket! Die lange
Heimfahrt steht Euch bevor, entladet reuig die Seele;
Saget die lautere Wahrheit und redet mir deutlich vom Morde.
Und der König setzte hinzu: ein jeglicher schweige!
Reineke komme nun wieder herab und trete mir näher;
Denn es betrifft die Sache mich selbst, damit ich sie höre.

Reineke, der es vernahm, stand wieder getröstet, die Leiter
Stieg er zum großen Verdruß der Feindlichgesinnten herunter;
Und er nahte sich gleich dem König und seiner Gemahlin,
Die ihn eifrig befragten, wie diese Geschichte begegnet.

Da bereitet' er sich zu neuen gewaltigen Lügen.
Könnt ich des Königes Huld und seiner Gemahlin, so dacht er,
Wiedergewinnen, und könnte zugleich die List mir gelingen,
Daß ich die Feinde, die mich dem Tod entgegengeführet,
Selbst verdürbe, das rettete mich aus allen Gefahren.
Sicher wäre mir das ein unerwarteter Vorteil;
Aber ich sehe schon, Lügen bedarf es und über die Maßen.

Ungeduldig befragte die Königin Reineken weiter:
Lasset uns deutlich vernehmen, wie diese Sache beschaffen!
Saget die Wahrheit, bedenkt das Gewissen, entladet die Seele!

Reineke sagte darauf. Ich will Euch gerne berichten.
Sterben muß ich nun wohl; es ist kein Mittel dagegen.
Sollt ich meine Seele beladen am Ende des Lebens,
Ewige Strafe verwirken, es wäre töricht gehandelt.
Besser ist es, daß ich bekenne; und muß ich dann leider
Meine lieben Verwandten und meine Freunde verklagen,
Ach, was kann ich dafür! es drohen die Qualen der Hölle.

Und es war dem Könige schon bei diesen Gesprächen
Schwer geworden ums Herz. Er sagte: Sprichst du die Wahrheit?
Da versetzte Reineke drauf mit verstellter Gebärde:
Freilich bin ich ein sündiger Mensch; doch red ich die Wahrheit.
Könnt es mir nutzen, wenn ich Euch löge! Da würd ich mich selber
Ewig verdammen. Ihr wißt ja nun wohl, so ist es beschlossen:
Sterben muß ich, ich sehe den Tod und werde nicht lügen;
Denn es kann mir nicht Böses noch Gutes zur Hilfe gedeihen.
Bebend sagte Reineke das und schien zu verzagen.

Und die Königin sprach: Mich jammert seine Beklemmung;
Sehet ihn gnadenreich an, ich bitt Euch, mein Herr! und erwäget:
Manches Unheil wenden wir ab nach seinem Bekenntnis.
Laßt uns je eher je lieber den Grund der Geschichte vernehmen.
Heißet jeglichen schweigen und laßt ihn öffentlich sprechen.

Und der König gebot, da schwieg die ganze Versammlung.
Aber Reineke sprach: Beliebt es Euch, gnädiger König,
So vernehmet, was ich Euch sage. Geschieht auch mein Vortrag

Ohne Brief und Papier, so soll er doch treu und genau sein;
Ihr erfahrt die Verschwörung, und niemands denk ich zu schonen.

Fünfter Gesang

Nun vernehmet die List, und wie der Fuchs sich gewendet,
Seine Frevel wieder zu decken und andern zu schaden.
Bodenlose Lügen ersann er, beschimpfte den Vater
Jenseit der Grube, beschwerte den Dachs mit großer Verleumdung,
Seinen redlichsten Freund, der ihm beständig gedienet.
So erlaubt' er sich alles, damit er seiner Erzählung
Glauben schaffte, damit er an seinen Verklägern sich rächte.

Mein Herr Vater, sagt' er darauf, war so glücklich gewesen,
König Emmrichs, des Mächtigen, Schatz auf verborgenen Wegen
Einst zu entdecken; doch bracht ihm der Fund gar wenigen Nutzen.
Denn er überhub sich des großen Vermögens und schätzte
Seinesgleichen von nun an nicht mehr, und seine Gesellen
Achtet' er viel zu gering: er suchte sich höhere Freunde.
Hinze, den Kater, sendet' er ab in die wilden Ardennen,
Braun, den Bären, zu suchen, dem sollt er Treue versprechen,
Sollt ihn laden, nach Flandern zu kommen und König zu werden.

Als nun Braun das Schreiben gelesen, erfreut' es ihn herzlich;
Unverdrossen und kühn begab er sich eilig nach Flandern,
Denn er hatte schon lange so was in Gedanken getragen.
Meinen Vater fand er daselbst, der sah ihn mit Freuden,
Sendete gleich nach Isegrim aus und nach Grimbart, dem Weisen,
Und die vier verhandelten dann die Sache zusammen;
Doch der fünfte dabei war Hinze, der Kater. Ein Dörfchen
Liegt allda, wird Ifte genannt, und grade da war es,
Zwischen Ifte und Gent, wo sie zusammen gehandelt.
Eine lange, düstere Nacht verbarg die Versammlung;
Nicht mit Gott! es hatte der Teufel, es hatte mein Vater
Sie in seiner Gewalt mit seinem leidigen Golde.
Sie beschlossen des Königes Tod, beschworen zusammen
Festen, ewigen Bund, und also schwuren die fünfe
Sämtlich auf Isegrims Haupt: sie wollten Braunen, den Bären,
Sich zum Könige wählen und auf dem Stuhle zu Aachen
Mit der goldenen Krone das Reich ihm festlich versichern.
Wollte nun auch von des Königes Freunden und seinen Verwandten
Jemand dagegen sich setzen, den sollte mein Vater bereden
Oder bestechen, und ginge das nicht, sogleich ihn verjagen.
Das bekam ich zu wissen: denn Grimbart hatte sich einmal
Morgens lustig getrunken und war gesprächig geworden;
Seinem Weibe verschwätzte der Tor die Heimlichkeit alle,
Legte Schweigen ihr auf; da, glaubt' er, wäre geholfen.
Sie begegnete drauf bald meinem Weibe, die mußt ihr
Der drei Könige Namen zum feierlichen Gelübde
Nennen, Ehr und Treue verpfänden, um Liebes und Leides
Niemand ein Wörtchen zu sagen, und so entdeckt' sie ihr alles.
Ebensowenig hat auch mein Weib das Versprechen gehalten:
Denn sobald sie mich fand, erzählte sie, was sie vernommen,
Gab mir ein Merkmal dazu, woran ich die Wahrheit der Rede
Leicht erkennte; doch war mir dadurch nur schlimmer geschehen.

Ich erinnerte mich der Frösche, deren Gequake
Bis zu den Ohren des Herrn im Himmel endlich gelangte.
Einen König wollten sie haben und wollten im Zwange
Leben, nachdem sie der Freiheit in allen Landen genossen.
Da erhörte sie Gott und sandte den Storch, der beständig
Sie verfolget und haßt und keinen Frieden gewähret.
Ohne Gnade behandelt er sie; nun klagen die Toren,
Aber leider zu spät: denn nun bezwingt sie der König.

Wilhelm Kaulbach gez: Rudolf Rahn gest:

Reineke redete laut zur ganzen Versammlung, es hörten
Alle Tiere sein Wort, und so verfolgt' er die Rede:
Seht, für alle fürchtet ich das. So wär es geworden.
Herr, ich sorgte für Euch und hoffte beßre Belohnung.

Braunens Ränke sind mir bekannt, sein tückisches Wesen,
Manche Missetat auch von ihm; ich besorgte das Schlimmste.
Würd er Herr, so wären wir alle zusammen verdorben.
Unser König ist edel geboren und mächtig und gnädig,
Dacht ich im stillen bei mir: es wär ein trauriger Wechsel,
Einen Bären und tölpischen Taugenicht so zu erhöhen.
Etliche Wochen sann ich darüber und sucht es zu hindern.
Auch vor allem begriff ich es wohl: behielte mein Vater
Seinen Schatz in der Hand, so brächt er viele zusammen,
Sicher gewänn er das Spiel, und wir verlören den König.
Meine Sorge ging nun dahin, den Ort zu entdecken,
Wo der Schatz sich befände, damit ich ihn heimlich entführte.
Zog mein Vater ins Feld, der alte, listige, lief er
Nach dem Walde bei Tag oder Nacht, in Frost oder Hitze,
Näss' oder Trockne, so war ich dahinter und spürte den Gang aus.

Einmal lag ich versteckt in der Erde mit Sorgen und Sinnen,
Wie ich entdeckte den Schatz, von dem mir so vieles bekannt war.
Da erblickt ich den Vater aus einer Ritze sich schleichen,
Zwischen den Steinen kam er hervor und stieg aus der Tiefe.
Still und verborgen hielt ich mich da; er glaubte sich einsam,
Schaute sich überall um, und als er niemand bemerkte
Nah oder fern, begann er sein Spiel, Ihr sollt es vernehmen.
Wieder mit Sande verstopft' er das Loch und wußte geschicklich
Mit dem übrigen Boden es gleichzumachen. Das konnte,
Wer nicht zusah, unmöglich erkennen. Und eh er von dannen
Wanderte, wußt er den Platz, wo seine Füße gestanden,
Über und über geschickt mit seinem Schwanze zu streichen
Und verwühlte die Spur mit seinem Munde. Das lernt ich
Jenes Tages zuerst von meinem listigen Vater,
Der in Ränken und Schwänken und allen Streichen gewandt war.
Und so eilt' er hinweg nach seinem Gewerbe. Da sann ich,
Ob sich der herrliche Schatz wohl in der Nähe befände?

Eilig trat ich herbei und schritt zum Werke: die Ritze
Hatt ich in weniger Zeit mit meinen Pfoten eröffnet,
Kroch begierig hinein. Da fand ich köstliche Sachen,
Feinen Silbers genug und roten Goldes! Wahrhaftig,
Auch der Älteste hier hat nie so vieles gesehen.
Und ich machte mich dran mit meinem Weibe: wir trugen,
Schleppten bei Tag und bei Nacht; uns fehlten Karren und Wagen;

Wilhelm Kaulbach gez: Rudolf Kuhn gest:

Viele Mühe kostet' es uns und manche Beschwernis.
Treulich hielt Frau Ermelyn aus; so hatten wir endlich
Die Kleinode hinweg zu einer Stätte getragen,
Die uns gelegener schien. Indessen hielt sich mein Vater
Täglich mit jenen zusammen, die unsern König verrieten.
Was sie beschlossen, das werdet Ihr hören und werdet erschrecken.

Braun und Isegrim sandten sofort in manche Provinzen
Offene Briefe, die Söldner zu locken: sie sollten zu Haufen
Eilig kommen, es wolle sie Braun mit Diensten versehen,
Milde woll er sogar voraus die Söldner bezahlen.
Da durchstrich mein Vater die Länder und zeigte die Briefe,
Seines Schatzes gewiß: der, glaubt' er, läge geborgen.
Aber es war nun geschehn, er hätte mit allen Gesellen,
Sucht' er auch noch so genau, nicht einen Pfennig gefunden.

Keine Bemühung ließ er sich reun; so war er behende
Zwischen der Elb und dem Rheine durch alle Länder gelaufen,
Manchen Söldner hatt er gefunden und manchen gewonnen,
Kräftigen Nachdruck sollte das Geld den Worten verleihen.

Endlich kam der Sommer ins Land; zu seinen Gesellen
Kehrte mein Vater zurück. Da hatt er von Sorgen und Nöten
Und von Angst zu erzählen, besonders, wie er beinahe
Vor den hohen Burgen in Sachsen sein Leben verloren,
Wo ihn Jäger mit Pferden und Hunden alltäglich verfolgten,
Daß er knapp und mit Not mit heilem Pelze davonkam.

Freudig zeigt' er darauf den vier Verrätern die Liste,
Welche Gesellen er alle mit Gold und Versprechen gewonnen.
Braunen erfreute die Botschaft; es lasen die fünfe zusammen,
Und es hieß: Zwölfhundert von Isegrims kühnen Verwandten
Werden kommen mit offenen Mäulern und spitzigen Zähnen,
Ferner: die Kater und Bären sind alle für Braunen gewonnen,
Jeder Vielfraß und Dachs aus Sachsen und Thüringen stellt sich.

Doch man solle sich ihnen zu der Bedingung verbinden:
Einen Monat des Soldes vorauszuzahlen; sie wollten
Alle dagegen mit Macht beim ersten Gebote sich stellen.
Gott sei ewig gedankt, daß ich die Plane gehindert!

Denn nachdem er nun alles besorgt, so eilte mein Vater
Über Feld und wollte den Schatz auch wieder beschauen.
Da ging erst die Bekümmernis an: da grub er und suchte;
Doch je länger er scharrte, je weniger fand er. Vergebens
War die Mühe, die er sich gab, und seine Verzweiflung:
Denn der Schatz war fort, er konnt ihn nirgend entdecken.
Und vor Ärger und Scham – wie schrecklich quält die Erinnrung
Mich bei Tag und bei Nacht! – erhängte mein Vater sich selber.

Alles das hab ich getan, die böse Tat zu verhindern.
Übel gerät es mir nun; jedoch es soll mich nicht reuen.
Isegrim aber und Braun, die gefräßigen, sitzen am nächsten
Bei dem König zu Rat. Und Reineke! wie dir dagegen,
Armer Mann, jetzt gedankt wird! daß du den leiblichen Vater
Hingegeben, den König zu retten. Wo sind sie zu finden
Die sich selber verderben, nur Euch das Leben zu fristen?

König und Königin hatten indes, den Schatz zu gewinnen,
Große Begierde gefühlt; sie traten seitwärts und riefen
Reineken, ihn besonders zu sprechen, und fragten behende:
Saget an, wo habt Ihr den Schatz? Wir möchten es wissen.
Reineke ließ sich dagegen vernehmen: Was könnt es mir helfen,
Zeigt ich die herrlichen Güter dem Könige, der mich verurteilt?
Glaubet er meinen Feinden doch mehr, den Dieben und Mördern,
Die Euch mit Lügen beschweren, mein Leben mir abzugewinnen.

Nein, versetzte die Königin: nein! so soll es nicht werden!
Leben läßt Euch mein Herr, und das Vergangne vergißt er.

Er bezwingt sich und zürnet nicht mehr. Doch möget Ihr künftig
Klüger handeln und treu und gewärtig dem Könige bleiben.

Reineke sagte: Gnädige Frau, vermöget den König,
Mir zu geloben vor Euch, daß er mich wieder begnadigt,
Daß er mir alle Verbrechen und Schulden und alle den Unmut,
Den ich ihm leider erregt, auf keine Weise gedenket,
So besitzet gewiß in unsern Zeiten kein König
Solchen Reichtum, als er durch meine Treue gewinnet;
Groß ist der Schatz! ich zeige den Ort, Ihr werdet erstaunen.

Glaubet ihm nicht! versetzte der König: doch wenn er von Stehlen,
Lügen und Rauben erzählet, das möget Ihr allenfalls glauben;
Denn ein größerer Lügner ist wahrlich niemals gewesen.

Und die Königin sprach: Fürwahr, sein bisheriges Leben
Hat ihm wenig Vertrauen erworben; doch jetzo bedenket,
Seinen Oheim, den Dachs, und seinen eigenen Vater
Hat er diesmal bezichtigt und ihre Frevel verkündigt.
Wollt er, so konnt er sie schonen und konnte von anderen Tieren
Solche Geschichten erzählen; er wird so törig nicht lügen.

Meinet Ihr so? versetzte der König: und denkt Ihr, es wäre
Wirklich zum besten geraten, daß nicht ein größeres Übel
Draus entstände, so will ich es tun und diese Verbrechen
Reinekens über mich nehmen und seine verwundete Sache.
Einmal trau ich, zum letztenmal noch! das mag er bedenken:
Denn ich schwör es ihm zu bei meiner Krone! wofern er
Künftig frevelt und lügt, es soll ihn ewig gereuen;
Alles, wär es ihm nur verwandt ihm zehenten Grade,
Wer sie auch wären, sie sollens entgelten, und keiner entgeht mir,
Sollen in Unglück und Schmach und schwere Prozesse geraten!

Als nun Reineke sah, wie schnell sich des Königs Gedanken
Wendeten, faßt' er ein Herz und sagte: Sollt ich so töricht
Handeln, gnädiger Herr, und Euch Geschichten erzählen,
Deren Wahrheit sich nicht in wenig Tagen bewiese?

Und der König glaubte den Worten, und alles vergab er,
Erst des Vaters Verrat, dann Reinekens eigne Verbrechen.
Über die Maßen freute sich der; zur glücklichen Stunde,
War er der Feinde Gewalt und seinem Verhängnis entronnen.

Edler König, gnädiger Herr! begann er zu sprechen:
Möge Gott Euch alles vergelten und Eurer Gemahlin,
Was Ihr an mir Unwürdigem tut; ich will es gedenken,
Und ich werde mich immer gar höchlich dankbar erzeigen.
Denn es lebet gewiß in allen Landen und Reichen
Niemand unter der Sonne, dem ich die herrlichen Schätze
Lieber gönnte, denn eben Euch beiden. Was habt Ihr nicht alles
Mir für Gnade bewiesen! Dagegen geb ich Euch willig
König Emmerichs Schatz, so wie ihn dieser besessen.
Wo er liegt, beschreib ich Euch nun, ich sage die Wahrheit.

Höret! Im Osten von Flandern ist eine Wüste, darinnen
Liegt ein einzelner Busch, heißt Hüsterlo, merket den Namen!
Dann ist ein Brunn, der Krekelborn heißt, Ihr werdet verstehen,
Beide nicht weit auseinander. Es kommt in selbige Gegend
Weder Weib noch Mann im ganzen Jahre. Da wohnet
Nur die Eul und der Schuhu, und dort begrub ich die Schätze.
Krekelborn heißt die Stätte, das merket und nützet das Zeichen.
Gehet selber dahin mit Eurer Gemahlin: es wäre
Niemand sicher genug, um ihn als Boten zu senden,
Und der Schande wäre zu groß; ich darf es nicht raten.
Selber müßt Ihr dahin. Bei Krekelborn geht Ihr vorüber,
Seht zwei junge Birken hernach, und merket! die eine
Steht nicht weit von dem Brunnen; so geht nun, gnädiger König,
Grad auf die Birken los, denn drunter liegen die Schätze.

Kratzt und scharret nur zu; erst findet Ihr Moos an den Wurzeln,
Dann entdeckt Ihr sogleich die allerreichsten Geschmeide,
Golden, künstlich und schön, auch findet Ihr Emmerichs Krone:
Wäre des Bären Wille geschehn, der sollte sie tragen.
Manchen Zierat seht Ihr daran und Edelgesteine
Goldnes Kunstwerk; man macht es nicht mehr, wer wollt es bezahlen?

Sehet Ihr alle das Gut, o gnädiger König, beisammen,
Ja, ich bin es gewiß, Ihr denket meiner in Ehren.

Reineke, redlicher Fuchs! so denkt Ihr: der du so klüglich
Unter das Moos die Schätze gegraben, o mög es dir immer,
Wo du auch sein magst, glücklich ergehen! So sagte der Heuchler.

Und der König versetzte darauf: Ihr müßt mich begleiten,
Denn wie will ich allein die Stelle treffen? Ich habe
Wohl von Aachen gehört, wie auch von Lübeck und Köllen
Und von Paris; doch Hüsterlo hört ich im Leben nicht einmal
Nennen, ebensowenig als Krekelborn; sollt ich nicht fürchten,
Daß du uns wieder belügst und solche Namen erdichtest?

Reineke hörte nicht gern des Königs bedächtige Rede,
Sprach: So weis ich Euch doch nicht fern von hinnen, als hättet
Ihr am Jordan zu suchen. Wie schien ich Euch jetzo verdächtig?
Nächst, ich bleibe dabei, ist alles in Flandern zu finden.
Laßt uns einige fragen; es mag es ein andrer versichern.
Krekelborn! Hüsterlo! sagt ich, und also heißen die Namen.
Lampen rief er darauf, und Lampe zauderte bebend.
Reineke rief. So kommt nur getrost, der König begehrt Euch,
Will, Ihr sollt bei Eid und bei Pflicht, die Ihr neulich geleistet,
Wahrhaft reden; so zeiget denn an, wofern Ihr es wisset,
Sagt, wo Hüsterlo liegt und Krekelborn? Lasset uns hören.

Lampe sprach: Das kann ich wohl sagen. Es liegt in der Wüste
Krekelborn nahe bei Hüsterlo. Hüsterlo nennen die Leute
Jenen Busch, wo Simonet lange, der Krumme, sich aufhielt,
Falsche Münzen zu schlagen mit seinen verwegnen Gesellen.
Vieles hab ich daselbst von Frost und Hunger gelitten,
Wenn ich vor Rynen, dem Hund, in großen Nöten geflüchtet.
Reineke sagte darauf: Ihr könnt Euch unter die andern
Wieder stellen; Ihr habet den König genugsam berichtet.
Und der König sagte zu Reineken: Seid mir zufrieden,
Daß ich hastig gewesen und Eure Worte bezweifelt;
Aber sehet nun zu, mich an die Stelle zu bringen.

Reineke sprach: Wie schätzt ich mich glücklich, geziemt' es mir heute
Mit dem König zu gehn und ihm nach Flandern zu folgen;
Aber es müßt Euch zur Sünde gereichen. So sehr ich mich schäme,
Muß es heraus, wie gern ich es auch noch länger verschwiege.
Isegrim ließ vor einiger Zeit zum Mönche sich weihen,
Zwar nicht etwa dem Herren zu dienen, er diente dem Magen,
Zehrte das Kloster fast auf; man reicht' ihm für sechse zu essen,
Alles war ihm zu wenig, er klagte mir Hunger und Kummer.
Endlich erbarmet' es mich, als ich ihn mager und krank sah,
Half ihm treulich davon, er ist mein naher Verwandter.
Und nun hab ich darum den Bann des Papstes verschuldet,
Möchte nun ohne Verzug, mit Eurem Wissen und Willen,
Meine Seele beraten und morgen mit Aufgang der Sonne,
Gnad und Ablaß zu suchen, nach Rom mich als Pilger begeben
Und von dannen über das Meer; so werden die Sünden
Alle von mir genommen, und kehr ich wieder nach Hause,
Darf ich mit Ehren neben Euch gehn. Doch tät ich es heute.
Würde jeglicher sagen: Wie treibt es jetzo der König
Wieder mit Reineken, den er vor kurzem zum Tode verurteilt;
Und der über das alles im Bann des Papstes verstrickt ist!
Gnädiger Herr, Ihr seht es wohl ein, wir lassen es lieber.

Wahr, versetzte der König darauf: das konnt ich nicht wissen.
Bist du im Banne, so wär mirs ein Vorwurf, dich mit mir zu führen,
Lampe kann mich oder ein andrer zum Borne begleiten.
Aber, Reineke, daß du vom Banne dich suchst zu befreien,
Find ich nützlich und gut. Ich gebe dir gnädigen Urlaub,
Morgen beizeiten zu gehn; ich will die Wallfahrt nicht hindern.

Denn mir scheint, Ihr wollt Euch bekehren vom Bösen zum Guten.
Gott gesegne den Vorsatz und laß Euch die Reise vollbringen!

Sechster Gesang

So gelangte Reineke wieder zur Gnade des Königs.
Und es trat der König hervor auf erhabene Stätte,
Sprach vom Steine herab und hieß die sämtlichen Tiere
Stille schweigen; sie sollten ins Gras nach Stand und Geburt sich
Niederlassen. Und Reineke stand an der Königin Seite;
Aber der König begann mit großem Bedachte zu sprechen:

Schweiget und höret mich an, zusammen Vögel und Tiere,
Arm' und Reiche, höret mich an, ihr Großen und Kleinen,
Meine Baronen und meine Genossen des Hofes und Hauses!
Reineke steht hier in meiner Gewalt; man dachte vor kurzem,
Ihn zu hängen, doch hat er bei Hofe so manches Geheimnis
Dargetan, daß ich ihm glaube und wohlbedächtlich die Huld ihm
Wieder schenke. So hat auch die Königin, meine Gemahlin,
Sehr gebeten für ihn, so daß ich ihm günstig geworden,
Mich ihm völlig versöhnet und Leib und Leben und Güter
Frei ihm gegeben. Es schützt ihn fortan und schirmt ihn mein Friede;
Nun sei allen zusammen bei Leibesleben geboten:
Reineken sollt ihr überall ehren mit Weib und mit Kindern,

Wo sie euch immer bei Tag oder Nacht künftig begegnen.
Ferner hör ich von Reinekens Dingen nicht weitere Klage;
Hat er Übels getan, so ist es vorüber; er wird sich
Bessern und tut es gewiß. Denn morgen wird er beizeiten
Stab und Ränzel ergreifen, als frommer Pilger nach Rom gehn
Und von dannen über das Meer; auch kommt er nicht wieder,
Bis er vollkommenen Ablaß der sündigen Taten erlangt hat.

Hinze wandte sich drauf zu Braun und Isegrim zornig:
Nun ist Mühe und Arbeit verloren! so rief er: o wär ich
Weit von hier! Ist Reineke wieder zu Gnaden gekommen,
Braucht er jegliche Kunst, uns alle drei zu verderben.
Um ein Auge bin ich gebracht, ich fürchte fürs andre!

Guter Rat ist teuer, versetzte der Braune: das seh ich.
Isegrim sagte dagegen: Das Ding ist seltsam! wir wollen
Grad zum Könige gehn. Er trat verdrießlich mit Braunen
Gleich vor König und Königin auf, sie redeten vieles
Wider Reineken, redeten heftig; da sagte der König:
Hörtet Ihrs nicht? Ich hab ihn aufs neue zu Gnaden empfangen.
Zornig sagt' es der König und ließ im Augenblick beide
Fahen, binden und schließen; denn er gedachte der Worte,
Die er von Reineken hatte vernommen, und ihres Verrates.

So veränderte sich in dieser Stunde die Sache
Reinekens völlig. Er machte sich los, und seine Verkläger
Wurden zuschanden; er wußte sogar es tückisch zu lenken,
Daß man dem Bären ein Stück von seinem Felle herabzog,
Fußlang, fußbreit, daß auf die Reise daraus ihm ein Ränzel
Fertig würde; so schien zum Pilger ihm wenig zu fehlen.
Aber die Königin bat er, auch Schuh ihm zu schaffen, und sagte:
Ihr erkennt mich, gnädige Frau, nun einmal für Euren
Pilger; helfet mir nun, daß ich die Reise vollbringe.
Isegrim hat vier tüchtige Schuhe, da wär es wohl billig,
Daß er ein Paar mir davon zu meinem Wege verließe;

Schafft mir sie, gnädige Frau, durch meinen Herren, den König.
Auch entbehrte Frau Gieremund wohl ein Paar von den ihren,
Denn als Hausfrau bleibt sie doch meist in ihrem Gemache.

Diese Forderung fand die Königin billig. Sie können
Jedes wahrlich ein Paar entbehren! sagte sie gnädig.
Reineke dankte darauf und sagte mit freudiger Beugung:
Krieg ich doch nun vier tüchtige Schuhe, da will ich nicht zaudern.
Alles Guten, was ich sofort als Pilger vollbringe,
Werdet Ihr teilhaft gewiß, Ihr und mein gnädiger König.
Auf der Wallfahrt sind wir verpflichtet, für alle zu beten,
Die uns irgend geholfen. Es lohne Gott Euch die Milde!

An den vorderen Füßen verlor Herr Isegrim also
Seine Schuhe bis an die Knorren; desgleichen verschonte
Man Frau Gieremund nicht, sie mußte die hintersten lassen.

So verloren sie beide die Haut und Klauen der Füße,
Lagen erbärmlich mit Braunen zusammen und dachten zu sterben;
Aber der Heuchler hatte die Schuh und das Ränzel gewonnen,
Trat herzu und spottete noch besonders der Wölfin:
Liebe, Gute! sagt' er zu ihr: da sehet, wie zierlich
Eure Schuhe mir stehn, ich hoffe, sie sollen auch dauern.
Manche Mühe gabt Ihr Euch schon zu meinem Verderben,
Aber ich habe mich wieder bemüht; es ist mir gelungen.
Habt Ihr Freude gehabt, so kommt nun endlich die Reihe
Wieder an mich; so pflegt es zu gehn, man weiß sich zu fassen.
Wenn ich nun reise, so kann ich mich täglich der lieben Verwandten
Dankbar erinnern; Ihr habt mir die Schuhe gefällig gegeben,
Und es soll Euch nicht reuen; was ich an Ablaß verdiene,
Teil ich mit Euch, ich hol ihn zu Rom und über dem Meere.

Und Frau Gieremund lag in großen Schmerzen, sie konnte
Fast nicht reden, doch griff sie sich an und sagte mit Seufzen:
Unsre Sünden zu strafen, läßt Gott Euch alles gelingen.
Aber Isegrim lag und schwieg mit Braunen zusammen;
Beide waren elend genug, gebunden, verwundet
Und vom Feinde verspottet. Es fehlte Hinze, der Kater;
Reineke wünschte so sehr, auch ihm das Wasser zu wärmen.

Nun beschäftigte sich der Heuchler am anderen Morgen,
Gleich die Schuhe zu schmieren, die seine Verwandten verloren,
Eilte, dem Könige noch sich vorzustellen, und sagte:
Euer Knecht ist bereit, den heiligen Weg zu betreten;
Eurem Priester werdet Ihr nun in Gnaden befehlen,
Daß er mich segne, damit ich von hinnen mit Zuversicht scheide,
Daß mein Ausgang und Eingang gebenedeit sei! So sprach er.
Und es hatte der König den Widder zu seinem Kaplane;
Alle geistlichen Dinge besorgt er, es braucht ihn der König
Auch zum Schreiber, man nennt ihn Bellyn. Da ließ er ihn rufen,
Sagte: Leset sogleich mir etliche heilige Worte
Über Reineken hier, ihn auf die Reise zu segnen,
Die er vorhat; er gehet nach Rom und über das Wasser.
Hänget das Ränzel ihm um und gebt ihm den Stab in die Hände.
Und es erwiderte drauf Bellyn: Herr König, Ihr habet,
Glaub ich, vernommen, daß Reineke noch vom Banne nicht los ist.
Übels würd ich deswegen von meinem Bischof erdulden,
Der es leichtlich erfährt und mich zu strafen Gewalt hat.
Aber ich tue Reineken selbst nichts Grades noch Krummes.
Könnte man freilich die Sache vermitteln, und sollt es kein Vorwurf
Mir beim Bischof, Herrn Ohnegrund, werden, zürnte nicht etwa
Mir darüber der Propst, Herr Losefund, oder der Dechant
Rapiamus, ich segnet ihn gern nach Eurem Befehle.

Und der König versetzte: Was soll das Reimen und Reden?
Viele Worte laßt Ihr uns hören und wenig dahinter.
Leset Ihr über Reineke mir nicht Grades noch Krummes,
Frag ich den Teufel darnach! Was geht mich der Bischof im Dom an?
Reineke macht die Wallfahrt nach Rom, und wollt Ihr das hindern?

Ängstlich kraute Bellyn sich hinter den Ohren; er scheute
Seines Königes Zorn und fing sogleich aus dem Buch an
Über den Pilger zu lesen, doch dieser achtet' es wenig.
Was es mochte, half es denn auch; das kann man sich denken.
Und nun war der Segen gelesen, da gab man ihm weiter
Ränzel und Stab, der Pilger war fertig; so log er die Wallfahrt.
Falsche Tränen liefen dem Schelmen die Wangen herunter
Und benetzten den Bart, als fühlt' er die schmerzlichste Reue.
Freilich schmerzt' es ihn auch, daß er nicht alle zusammen,
Wie sie waren, ins Unglück gebracht und drei nur geschändet.
Doch er stand und bat, sie möchten alle getreulich
Für ihn beten, so gut sie vermöchten. Er machte nun Anstalt,
Fortzueilen, er fühlte sich schuldig und hatte zu fürchten.
Reineke, sagte der König: Ihr seid mir so eilig! Warum das? –
Wer was Gutes beginnt, soll niemals weilen, versetzte
Reineke drauf: ich bitt Euch um Urlaub, es ist die gerechte
Stunde gekommen, gnädiger Herr, und lasset mich wandern.
Habet Urlaub! sagte der König, und also gebot er
Sämtlichen Herren des Hofes, dem falschen Pilger ein Stückchen
Weges zu folgen und ihn zu begleiten. Es lagen indessen
Braun und Isegrim, beide gefangen, in Jammer und Schmerzen.

Und so hatte denn Reineke wieder die Liebe des Königs
Völlig gewonnen und ging mit großen Ehren von Hofe,
Schien mit Ränzel und Stab nach dem Heiligen Grabe zu wallen,
Hatt er dort gleich so wenig zu tun, als ein Maibaum in Aachen.
Ganz was anders führt' er im Schilde. Nun war ihm gelungen,
Einen flächsenen Bart und eine wächserne Nase

Seinem König zu drehen; es mußten ihm alle Verkläger
Folgen, da er nun ging, und ihn mit Ehren begleiten.
Und er konnte die Tücke nicht lassen und sagte noch scheidend:
Sorget, gnädiger Herr, daß Euch die beiden Verräter
Nicht entgehen, und haltet sie wohl im Kerker gebunden.
Würden sie frei, sie ließen nicht ab mit schändlichen Werken.
Eurem Leben drohet Gefahr, Herr König, bedenkt es!

Wilhelm Kaulbach gez. Adrian Schleich

Und so ging er dahin mit stillen, frommen Gebärden,
Mit einfältigem Wesen, als wüßt ers eben nicht anders.

Drauf erhub sich der König zurück zu seinem Palaste,
Sämtliche Tiere folgten dahin. Nach seinem Befehle
Hatten sie Reineken erst ein Stückchen Weges begleitet;
Und es hatte der Schelm sich ängstlich und traurig gebärdet,
Daß er manchen gutmütigen Mann zum Mitleid bewegte.
Lampe, der Hase, besonders war sehr bekümmert. Wir sollen,
Lieber Lampe, sagte der Schelm: und sollen wir scheiden?
Möcht es Euch und Bellyn, dem Widder, heute belieben,
Meine Straße mit mir noch ferner zu wandeln! Ihr würdet
Mir durch eure Gesellschaft die größte Wohltat erzeigen.
Ihr seid angenehme Begleiter und redliche Leute,
Jedermann redet nur Gutes von euch, das brächte mir Ehre;
Geistlich seid ihr und heiliger Sitte. Ihr lebet gerade,
Wie ich als Klausner gelebt. Ihr laßt euch mit Kräutern begnügen,
Pfleget mit Laub und Gras den Hunger zu stillen, und fraget
Nie nach Brot oder Fleisch, noch andrer besonderer Speise.
Also konnt er mit Lob der beiden Schwäche betören;
Beide gingen mit ihm zu seiner Wohnung und sahen
Malepartus, die Burg, und Reineke sagte zum Widder:
Bleibet hieraußen, Bellyn, und laßt die Gräser und Kräuter
Nach Belieben Euch schmecken; es bringen diese Gebirge
Manche Gewächse hervor, gesund und guten Geschmackes.
Lampen nehm ich mit mir; doch bittet ihn, daß er mein Weib mir
Trösten möge, die schon sich betrübt; und wird sie vernehmen,
Daß ich nach Rom als Pilger verreise, so wird sie verzweifeln.
Süße Worte brauchte der Fuchs, die zwei zu betrügen.
Lampen führt' er hinein, da fand er die traurige Füchsin
Liegen neben den Kindern, von großer Sorge bezwungen:
Denn sie glaubte nicht mehr, daß Reineke sollte von Hofe
Wiederkehren. Nun sah sie ihn aber mit Ränzel und Stabe;
Wunderbar kam es ihr vor, und sagte: Reinhart, mein Lieber,
Saget mir doch, wie ists Euch gegangen? Was habt Ihr erfahren?
Und er sprach: Schon war ich verurteilt, gefangen, gebunden,
Aber der König bezeigte sich gnädig, befreite mich wieder,
Und ich zog als Pilger hinweg; es blieben zu Bürgen

Braun und Isegrim beide zurück. Dann hat mir der König
Lampen zur Sühne gegeben, und was wir nur wollen, geschieht ihm.
Denn es sagte der König zuletzt mit gutem Bescheide:
Lampe war es, der dich verriet. So hat er wahrhaftig
Große Strafe verdient und soll mir alles entgelten.
Aber Lampe vernahm erschrocken die drohenden Worte,
War verwirrt und wollte sich retten und eilte, zu fliehen.
Reineke schnell vertrat ihm das Tor, es faßte der Mörder
Bei dem Halse den Armen, der laut und gräßlich um Hilfe
Schrie: O helfet, Bellyn! Ich bin verloren! Der Pilger
Bringt mich um! Doch schrie er nicht lange: denn Reineke hatt ihm
Bald die Kehle zerrissen. Und so empfing er den Gastfreund.
Kommt nun, sagt' er: und essen wir schnell, denn fett ist der Hase,
Guten Geschmackes. Er ist wahrhaftig zum erstenmal etwas
Nütze, der alberne Geck; ich hatt es ihm lange geschworen.
Aber nun ist es vorbei, nun mag der Verräter verklagen!
Reineke machte sich dran mit Weib und Kindern, sie pflückten
Eilig dem Hasen das Fell und speisten mit gutem Behagen.

Köstlich schmeckt' es der Füchsin, und einmal über das andre:
Dank sei König und Königin! rief sie. wir haben durch ihre
Gnade das herrliche Mahl, Gott mög es ihnen belohnen!
Esset nur, sagte Reineke, zu! es reichet für diesmal;
Alle werden wir satt, und mehreres denk ich zu holen:
Denn es müssen doch alle zuletzt die Zeche bezahlen,
Die sich an Reineken machen und ihm zu schaden gedenken.

Und Frau Ermelyn sprach: Ich möchte fragen, wie seid Ihr
Los und ledig geworden? Ich brauchte, sagt' er dagegen,
Viele Stunden, wollt ich erzählen, wie fein ich den König
Umgewendet und ihn und seine Gemahlin betrogen.
Ja, ich leugn es Euch nicht, es ist die Freundschaft nur dünne

Wilhelm Kaulbach gez. Rudolf Rahn gest.

Zwischen dem König und mir und wird nicht lange bestehen.
Wenn er die Wahrheit erfährt, er wird sich grimmig entrüsten.
Kriegt er mich wieder in seine Gewalt, nicht Gold und nicht Silber
Könnte mich retten, er folgt mir gewiß und sucht mich zu fangen.
Keine Gnade darf ich erwarten, das weiß ich am besten;
Ungehangen läßt er mich nicht, wir müssen uns retten.

Laßt uns nach Schwaben entfliehn! dort kennt uns niemand; wir halten
Uns nach Landes Weise daselbst. Hilf Himmel! es findet
Süße Speise sich da und alles Guten die Fülle:
Hühner, Gänse, Hasen, Kaninchen und Zucker und Datteln,
Feigen, Rosinen und Vögel von allen Arten und Größen;
Und man bäckt im Lande das Brot mit Butter und Eiern.
Rein und klar ist das Wasser, die Luft ist heiter und lieblich,
Fische gibt es genug, die heißen Gallinen, und andre
Heißen Pullus und Gallus und Anas, wer nennte sie alle?
Das sind Fische nach meinem Geschmack! Da brauch ich nicht eben
Tief ins Wasser zu tauchen; ich hab sie immer gegessen,
Da ich als Klausner mich hielt. Ja, Weibchen, wollen wir endlich
Friede genießen, so müssen wir hin, Ihr müßt mich begleiten.

Nun versteht mich nur wohl: es ließ mich diesmal der König
Wieder entwischen, weil ich ihm log von seltenen Dingen.
König Emmerichs herrlichen Schatz versprach ich zu liefern;
Den beschrieb ich, er läge bei Krekelborn. Werden sie kommen,
Dort zu suchen, so finden sie leider nicht dieses, noch jenes,
Werden vergeblich im Boden wühlen, und siehet der König
Dergestalt sich betrogen, so wird er schrecklich ergrimmen.
Denn was ich für Lügen ersann, bevor ich entwischte,
Könnt Ihr denken; fürwahr, es ging zunächst an den Kragen!
Niemals war ich in größerer Not, noch schlimmer geängstigt,
Nein! ich wünsche mir solche Gefahr nicht wiederzusehen.
Kurz, es mag mir begegnen, was will, ich lasse mich niemals
Wieder nach Hofe bereden, um in des Königs Gewalt mich
Wieder zu geben; es brauchte wahrhaftig die größte Gewandtheit,
Meinen Daumen mit Not aus seinem Munde zu bringen.

Und Frau Ermelyn sagte betrübt: Was wollte das werden?
Elend sind wir und fremd in jedem anderen Lande;
Hier ist alles nach unserm Begehren. Ihr bleibet der Meister

Eurer Bauern. Und habt Ihr ein Abenteuer zu wagen
Denn so nötig? Fürwahr, um Ungewisses zu suchen,
Das Gewisse zu lassen, ist weder rätlich noch rühmlich.
Leben wir hier doch sicher genug! Wie stark ist die Feste!
Überzög uns der König mit seinem Heere, belegt' er
Auch die Straße mit Macht, wir haben immer so viele
Seitentore, so viel geheime Wege, wir wollen
Glücklich entkommen. Ihr wißt es ja besser, was soll ich es sagen?
Uns mit Macht und Gewalt in seine Hände zu kriegen,
Viel gehörte dazu. Es macht mir keine Besorgnis.
Aber daß Ihr über das Meer zu gehen geschworen,
Das betrübt mich. Ich fasse mich kaum. Was könnte das werden!

Liebe Frau, bekümmert Euch nicht! versetzte dagegen
Reineke, höret mich an und merket: besser geschworen,
Als verloren! So sagte mir einst ein Weiser im Beichtstuhl:
Ein gezwungener Eid bedeute wenig. Das kann mich
Keinen Katzenschwanz hindern! Ich meine den Eid, versteht nur.
Wie Ihr gesagt habt, soll es geschehen. Ich bleibe zu Hause.
Wenig hab ich fürwahr in Rom zu suchen, und hätt ich
Zehen Eide geschworen, so wollt ich Jerusalem nimmer
Sehen; ich bleibe bei Euch und hab es freilich bequemer;
Andrer Orten find ichs nicht besser, als wie ich es habe.
Will mir der König Verdruß bereiten, ich muß es erwarten,
Stark und zu mächtig ist er für mich: doch kann es gelingen,
Daß ich ihn wieder betöre, die bunte Kappe mit Schellen
Über die Ohren ihm schiebe, da soll ers, wenn ichs erlebe,
Schlimmer finden, als er es sucht. Das sei ihm geschworen!

Ungeduldig begann Bellyn am Tore zu schmälen:
Lampe, wollt Ihr nicht fort? So kommt doch! lasset uns gehen!
Reineke hört' es und eilte hinaus und sagte: Mein Lieber,
Lampe bittet Euch sehr, ihm zu vergeben, er freut sich
Drin mit seiner Frau Muhme, das werdet Ihr, sagt er, ihm gönnen.

Gehet sachte voraus. Denn Ermelyn, seine Frau Muhme,
Läßt ihn sobald nicht hinweg; Ihr werdet die Freude nicht stören.

Da versetzte Bellyn: Ich hörte schreien, was war es?
Lampen hört ich; er rief mir: Bellyn, zu Hilfe! zu Hilfe!
Habt Ihr im etwas Übels getan? Da sagte der kluge
Reineke: Höret mich recht! Ich sprach von meiner gelobten
Wallfahrt; da wollte mein Weib darüber völlig verzweifeln,
Es befiel sie ein tödlicher Schrecken, sie lag uns in Ohnmacht.
Lampe sah das und fürchtete sich, und in der Verwirrung
Rief er: Helfet, Bellyn! Bellyn! o säumet nicht lange,
Meine Muhme wird mir gewiß nicht wieder lebendig!
Soviel weiß ich, sagte Bellyn: er hat ängstlich gerufen.
Nicht ein Härchen ist ihm verletzt, verschwor sich der Falsche;
Lieber möchte mir selbst als Lampen was Böses begegnen.
Hörtet Ihr? sagte Reineke drauf: es bat mich der König
Gestern, käm ich nach Hause, da sollt ich in einigen Briefen
Über wichtige Sachen ihm meine Gedanken vermelden.
Lieber Neffe, nehmet sie mit, ich habe sie fertig.
Schöne Dinge sag ich darin und rat ihm das Klügste.
Lampe war über die Maßen vergnügt, ich hörte mit Freuden
Ihn mit seiner Frau Muhme sich alter Geschichten erinnern.
Wie sie schwatzten! sie wurden nicht satt! Sie aßen und tranken,
Freuten sich übereinander; indessen schrieb ich die Briefe.

Lieber Reinhart, sagte Bellyn: Ihr müßt nur die Briefe
Wohl verwahren; es fehlt, sie einzustecken, ein Täschchen.
Wenn ich die Siegel zerbräche, das würde mir übel bekommen.
Reineke sagte: Das weiß ich zu machen. Ich denke, das Ränzel,
Das ich aus Braunens Felle bekam, wird eben sich schicken,
Es ist dicht und stark, darin verwahr ich die Briefe.
Und es wird Euch dagegen der König besonders belohnen;
Er empfangt Euch mit Ehren, Ihr seid ihm dreimal willkommen.
Alles das glaubte der Widder Bellyn. Da eilte der andre
Wieder ins Haus, das Ränzel ergriff er und steckte behende

Lampens Haupt, des ermordeten, drein und dachte daneben,
Wie er dem armen Bellyn die Tasche zu öffnen verwehrte.

Und er sagte, wie er herauskam: Hänget das Ränzel
Nur um den Hals und laßt Euch, mein Neffe, nicht etwa gelüsten,
In die Briefe zu sehen; es wäre schädliche Neugier:
Denn ich habe sie wohl verwahrt, so müßt Ihr sie lassen.
Selbst das Ränzel öffnet mir nicht! Ich habe den Knoten
Künstlich geknüpft, ich pflege das so in wichtigen Dingen
Zwischen dem König und mir; und findet der König die Riemen
So verschlungen, wie er gewohnt ist, so werdet Ihr Gnade
Und Geschenke verdienen als zuverlässiger Bote.

Ja, sobald Ihr den König erblickt und wollt noch in beßres
Ansehn Euch setzen bei ihm, so laßt ihn merken, als hättet
Ihr mit gutem Bedacht zu diesen Briefen geraten,
Ja, dem Schreiber geholfen; es bringt Euch Vorteil und Ehre.

Und Bellyn ergötzte sich sehr und sprang von der Stätte,
Wo er stand, mit Freuden empor und hierhin und dorthin,
Sagte: Reineke! Neffe und Herr, nun seh ich, Ihr liebt mich,
Wollt mich ehren. Es wird vor allen Herren des Hofes
Mir zum Lobe gereichen, daß ich so gute Gedanken,
Schöne, zierliche Worte zusammenbringe. Denn freilich
Weiß ich nicht zu schreiben, wie Ihr; doch sollen sies meinen,
Und ich dank es nur Euch. Zu meinem Besten geschah es,
Daß ich Euch folgte hierher. Nun sagt, was meint Ihr noch weiter?
Geht nicht Lampe mit mir in dieser Stunde von hinnen?

Nein! versteht mich! sagte der Schalk: noch ist es unmöglich.
Geht allmählich voraus, er soll Euch folgen, sobald ich
Einige Sachen von Wichtigkeit ihm vertraut und befohlen.
Gott sei bei Euch! sagte Bellyn: so will ich denn gehen.
Und er eilete fort; um Mittag gelangt' er nach Hofe.

Als ihn der König ersah und zugleich das Ränzel erblickte,
Sprach er: Saget, Bellyn, von wannen kommt Ihr? und wo ist Reineke blieben? Ihr traget das Ränzel, was soll das bedeuten?
Da versetzte Bellyn: Er bat mich, gnädigster König,
Euch zwei Briefe zu bringen, wir haben sie beide zusammen
Ausgedacht. Ihr findet subtil die wichtigsten Sachen
Abgehandelt, und was sie enthalten, das hab ich geraten;
Hier im Ränzel finden sie sich; er knüpfte den Knoten.

Und es ließ der König sogleich dem Biber gebieten,
Der Notarius war und Schreiber des Königs, man nennt ihn
Bokert. Es war sein Geschäft, die schweren, wichtigen Briefe
Vor dem König zu lesen, denn manche Sprache verstand er.
Auch nach Hinzen schickte der König, er sollte dabei sein.

Als nun Bokert den Knoten mit Hinze, seinem Gesellen,
Aufgelöset, zog er das Haupt des ermordeten Hasen
Mit Erstaunen hervor und rief. Das heiß ich mir Briefe!
Seltsam genug! Wer hat sie geschrieben? Wer kann es erklären?
Dies ist Lampens Kopf, es wird ihn niemand verkennen.

Und es erschraken König und Königin. Aber der König
Senkte sein Haupt und sprach: O Reineke! hätt ich dich wieder!
König und Königin beide betrübten sich über die Maßen.
Reineke hat mich betrogen! so rief der König. O hätt ich
Seinen schändlichen Lügen nicht Glauben gegeben! so rief er,
Schien verworren, mit ihm verwirrten sich alle die Tiere.

Aber Lupardus begann, des Königs naher Verwandter:
Traun! ich sehe nicht ein, warum Ihr also betrübt seid,
Und die Königin auch. Entfernet diese Gedanken,
Fasset Mut! es möcht Euch vor allen zur Schande gereichen.
Seid Ihr nicht Herr? Es müssen Euch alle, die hier sind, gehorchen.

Eben deswegen, versetzte der König: so laßt Euch nicht wundern,
Daß ich im Herzen betrübt bin. Ich habe mich leider vergangen.
Denn mich hat der Verräter mit schändlicher Tücke bewogen,
Meine Freunde zu strafen. Es liegen beide geschändet,
Braun und Isegrim; sollte michs nicht von Herzen gereuen?
Ehre bringt es mir nicht, daß ich den besten Baronen
Meines Hofes so übel begegnet, und daß ich dem Lügner
So viel Glauben geschenkt und ohne Vorsicht gehandelt.
Meiner Frauen folgt ich zu schnell. Sie ließ sich betören,
Bat und flehte für ihn; o wär ich nur fester geblieben!
Nun ist die Reue zu spät, und aller Rat ist vergebens.

Und es sagte Lupardus: Herr König, höret die Bitte,
Trauert nicht länger! was Übels geschehen ist, läßt sich vergleichen.
Gebet dem Bären, dem Wolfe, der Wölfin zur Sühne den Widder;
Denn es bekannte Bellyn gar offen und kecklich, er habe
Lampens Tod geraten; das mag er nun wieder bezahlen!
Und wir wollen hernach zusammen auf Reineken losgehn,
Werden ihn fangen, wenn es gerät, da hängt man ihn eilig;
Kommt er zum Worte, so schwätzt er sich los und wird nicht gehangen.
Aber ich weiß es gewiß, es lassen sich jene versöhnen.

Und der König hörte das gern; er sprach zu Lupardus:
Euer Rat gefällt mir; so geht nun eilig und holet
Mir die beiden Baronen, sie sollen sich wieder mit Ehren
In dem Rate neben mich setzen. Laßt mir die Tiere
Sämtlich zusammenberufen, die hier bei Hofe gewesen;
Alle sollen erfahren, wie Reineke schändlich gelogen,
Wie er entgangen und dann mit Bellyn den Lampe getötet.
Alle sollen dem Wolf und dem Bären mit Ehrfurcht begegnen,
Und zur Sühne geb ich den Herren, wie Ihr geraten,
Den Verräter Bellyn und seine Verwandten auf ewig.

Wilhelm Kaulbach gez. Adrian Schleich gest.

Und es eilte Lupardus, bis er die beiden Gebundnen,
Braun und Isegrim, fand. Sie wurden gelöset; da sprach er:
Guten Trost vernehmet von mir! Ich bringe des Königs
Festen Frieden und freies Geleit. Versteht mich, ihr Herren:
Hat der König euch Übels getan, so ist es ihm selber
Leid, er läßt es euch sagen und wünscht euch beide zufrieden;
Und zur Sühne sollt ihr Bellyn mit seinem Geschlechte,
Ja, mit allen Verwandten auf ewige Zeiten empfahen.
Ohne weiteres tastet sie an, ihr möget im Walde,
Möget im Felde sie finden, sie sind euch alle gegeben.
Dann erlaubt euch mein gnädiger Herr noch über das alles,
Reineken, der euch verriet, auf jede Weise zu schaden:

Ihn, sein Weib und Kinder und alle seine Verwandten
Mögt ihr verfolgen, wo ihr sie trefft, es hindert euch niemand.
Diese köstliche Freiheit verkünd ich im Namen des Königs.
Er und alle, die nach ihm herrschen, sie werden es halten!
Nur vergesset denn auch, was euch Verdrießlichs begegnet,
Schwöret, ihm treu und gewärtig zu sein, ihr könnt es mit Ehren.
Nimmer verletzt er euch wieder; ich rat euch, ergreifet den Vorschlag.

Also war die Sühne beschlossen; sie mußte der Widder
Mit dem Halse bezahlen, und alle seine Verwandten
Werden noch immer verfolgt von Isegrims mächtiger Sippschaft.
So begann der ewige Haß. Nun fahren die Wölfe
Ohne Scheu und Scham auf Lämmer und Schafe zu wüten
Fort, sie glauben das Recht auf ihrer Seite zu haben;
Keines verschonet ihr Grimm, sie lassen sich nimmer versöhnen.
Aber um Brauns und Isegrims willen und ihnen zu Ehren
Ließ der König den Hof zwölf Tage verlängern; er wollte
Öffentlich zeigen, wie ernst es ihm sei, die Herrn zu versöhnen.

Siebenter Gesang

Und nun sah man den Hof gar herrlich bestellt und bereitet,
Manche Ritter kamen dahin; den sämtlichen Tieren
Folgten unzählige Vögel, und alle zusammen verehrten
Braun und Isegrim hoch, die ihrer Leiden vergaßen.
Da ergötzte sich festlich die beste Gesellschaft, die jemals
Nur beisammen gewesen; Trompeten und Pauken erklangen,
Und den Hoftanz führte man auf mit guten Manieren.
Überflüssig war alles bereitet, was jeder begehrte.
Boten auf Boten gingen ins Land und luden die Gäste,
Vögel und Tiere machten sich auf, sie kamen zu Paaren,
Reiseten hin bei Tag und bei Nacht und eilten zu kommen.

Aber Reineke Fuchs lag auf der Lauer zu Hause,
Dachte nicht nach Hofe zu gehn, der verlogene Pilger;
Wenig Dankes erwartet' er sich. Nach altem Gebrauche
Seine Tücke zu üben, gefiel am besten dem Schelme.
Und man hörte bei Hof die allerschönsten Gesänge,
Speis und Trank ward über und über den Gästen gereichet,
Und man sah turnieren und fechten. Es hatte sich jeder
Zu den Seinen gesellt, da ward getanzt und gesungen,
Und man hörte Pfeifen dazwischen und hörte Schalmeien.
Freundlich schaute der König von seinem Saale hernieder;
Ihm behagte das große Getümmel, er sah es mit Freuden.

Und acht Tage waren vorbei (es hatte der König
Sich zu Tafel gesetzt mit seinen ersten Baronen,
Neben der Königin saß er), und blutig kam das Kaninchen
Vor den König getreten und sprach mit traurigem Sinne:
Herr! Herr König! und alle zusammen! erbarmet Euch meiner!
Denn Ihr habt so argen Verrat und mördrische Taten,
Wie ich von Reineken diesmal erduldet, nur selten vernommen.
Gestern morgen fand ich ihn sitzen, es war um die sechste
Stunde, da ging ich die Straße vor Malepartus vorüber;

Und ich dachte, den Weg in Frieden zu ziehen. Er hatte,
Wie ein Pilger gekleidet, als läs er Morgengebete,

Sich vor seine Pforte gesetzt. Da wollt ich behende
Meines Weges vorbei, zu Eurem Hofe zu kommen.
Als er mich sah, erhub er sich gleich und trat mir entgegen,
Und ich glaubt, er wollte mich grüßen; da faßt' er mich aber
Mit den Pfoten gar mörderlich an, und zwischen den Ohren
Fühlt ich die Klauen und dachte wahrhaftig das Haupt zu verlieren:
Denn sie sind lang und scharf, er druckte mich nieder zur Erde.
Glücklicherweise macht ich mich los, und da ich so leicht bin,
Konnt ich entspringen; er knurrte mir nach und schwur, mich zu finden.
Aber ich schwieg und machte mich fort, doch leider behielt er
Mir ein Ohr zurück, ich komme mit blutigem Haupte.
Seht, vier Löcher trug ich davon! Ihr werdet begreifen,
Wie er mit Ungestüm schlug, fast wär ich liegen geblieben.
Nun bedenket die Not, bedenket Euer Geleite!
Wer mag reisen? wer mag an Eurem Hofe sich finden,
Wenn der Räuber die Straße belegt und alle beschädigt?

Und er endigte kaum, da kam die gesprächige Krähe,
Merkenau, sagte: Würdiger Herr und gnädiger König!
Traurige Märe bring ich vor Euch, ich bin nicht imstande,
Viel zu reden vor Jammer und Angst, ich fürchte, das bricht mir
Noch das Herz: so jämmerlich Ding begegnet' mir heute
Scharfenebbe, mein Weib, und ich, wir gingen zusammen
Heute früh, und Reineke lag für tot auf der Heide,
Beide Augen im Kopfe verkehrt, es hing ihm die Zunge
Weit zum offenen Munde heraus. Da fing ich vor Schrecken
Laut an zu schrein. Er regte sich nicht, ich schrie und beklagt ihn,
Rief. O weh mir! und Ach! und wiederholte die Klage.
Ach! er ist tot! wie dauert er mich! wie bin ich bekümmert!
Meine Frau betrübte sich auch, wir jammerten beide.
Und ich betastet ihm Bauch und Haupt, es nahte desgleichen
Meine Frau sich und trat ihm ans Kinn, ob irgend der Atem
Einiges Leben verriet', allein sie lauschte vergebens:
Beide hätten wir drauf geschworen. Nun höret das Unglück.

Wie sie nun traurig und ohne Besorgnis dem Munde des Schelmen
Ihren Schnabel näher gebracht, bemerkt' es der Unhold,
Schnappte grimmig nach ihr und riß das Haupt ihr herunter.
Wie ich erschrak, das will ich nicht sagen. O weh mir! o weh mir!

Wilhelm Kaulbach gez.   Rudolf Rahn gest.

Schrie ich und rief. Da schoß er hervor und schnappte mit einmal
Auch nach mir; da fuhr ich zusammen und eilte zu fliehen.
Wär ich nicht so behende gewesen, er hätte mich gleichfalls
Festgehalten; mit Not entkam ich den Klauen des Mörders,
Eilend erreicht ich den Baum! O hätt ich mein trauriges Leben

Nicht gerettet! ich sah mein Weib in des Bösewichts Klauen.
Ach! er hatte die Gute gar bald gegessen. Er schien mir
So begierig und hungrig, als wollt er noch einige speisen;
Nicht ein Beinchen ließ er zurück, kein Knöchelchen übrig.
Solchen Jammer sah ich mit an! Er eilte von dannen,
Aber ich konnt es nicht lassen und flog mit traurigem Herzen
An die Stätte; da fand ich nur Blut und wenige Federn
Meines Weibes. Ich bringe sie her, Beweise der Untat.
Ach, erbarmt Euch, gnädiger Herr, denn solltet Ihr diesmal
Diesen Verräter verschonen, gerechte Rache verzögern,
Eurem Frieden und Eurem Geleite nicht Nachdruck verschaffen,
Vieles würde darüber gesprochen, es würd Euch mißfallen.
Denn man sagt: der ist schuldig der Tat, der zu strafen Gewalt hat
Und nicht strafet; es spielet alsdann ein jeder den Herren.
Eurer Würde ging' es zu nah, Ihr mögt es bedenken.

Also hatte der Hof die Klage des guten Kaninchens
Und der Krähe vernommen. Da zürnte Nobel, der König,
Rief: So sei es geschworen bei meiner ehlichen Treue,
Diesen Frevel bestraf ich, man soll es lange gedenken!
Mein Geleit und Gebot zu verhöhnen! Ich will es nicht dulden.
Gar zu leicht vertraut ich dem Schelm und ließ ihn entkommen,
Stattet ihn selbst als Pilger noch aus und sah ihn von hinnen
Scheiden, als ging' er nach Rom. Was hat uns der Lügner nicht alles
Aufgeheftet! Wie wußt er sich nicht der Königin Vorwort
Leicht zu gewinnen! Sie hat mich beredet, nun ist er entkommen.
Aber ich werde der Letzte nicht sein, den es bitter gereute,
Frauenrat befolget zu haben. Und lassen wir länger
Ungestraft den Bösewicht laufen, wir müssen uns schämen.
Immer war er ein Schalk und wird es bleiben. Bedenket
Nun zusammen, ihr Herren, wie wir ihn fahen und richten!
Greifen wir ernstlich dazu, so wird die Sache gelingen.

Wilhelm Kaulbach gez. Adrian Schleich gest.

Isegrimen und Braunen behagte die Rede des Königs.
Werden wir doch am Ende gerochen! so dachten sie beide.
Aber sie trauten sich nicht zu reden, sie sahen, der König
War verstörten Gemüts und zornig über die Maßen.
Und die Königin sagte zuletzt: Ihr solltet so heftig,
Gnädiger Herr, nicht zürnen, so leicht nicht schwören; es leidet
Euer Ansehn dadurch und Eurer Worte Bedeutung.
Denn wir sehen die Wahrheit noch keineswegs am Tage;
Ist doch erst der Beklagte zu hören. Und wär er zugegen,

Würde mancher verstummen, der wider Reineken redet.
Beide Parteien sind immer zu hören; denn mancher Verwegne
Klagt, um seine Verbrechen zu decken. Für klug und verständig
Hielt ich Reineken, dachte nichts Böses und hatte nur immer
Euer Bestes vor Augen, wiewohl es nun anders gekommen.
Denn sein Rat ist gut zu befolgen, wenn freilich sein Leben
Manchen Tadel verdient. Dabei ist seines Geschlechtes
Große Verbindung wohl zu bedenken. Es werden die Sachen
Nicht durch Übereilung gebessert, und was Ihr beschließet,
Werdet Ihr dennoch zuletzt als Herr und Gebieter vollziehen.

Und Lupardus sagte darauf: Ihr höret so manchen;
Höret diesen denn auch. Er mag sich stellen, und was Ihr
Dann beschließt, vollziehe man gleich. So denken vermutlich
Diese sämtlichen Herrn mit Eurer edlen Gemahlin.

Isegrim sagte darauf: Ein jeder rate zum Besten!
Herr Lupardus, höret mich an. Und wäre zur Stunde
Reineke hier und entledigte sich der doppelten Klage
Dieser beiden, so wär es mir immer ein leichtes, zu zeigen,
Daß er das Leben verwirkt. Allein ich schweige von allem,
Bis wir ihn haben. Und habt Ihr vergessen, wie sehr er den König
Mit dem Schatze belogen? Den sollt er in Hüsterlo neben
Krekelborn finden, und was der groben Lüge noch mehr war.
Alle hat er betrogen und mich und Braunen geschändet;
Aber ich setze mein Leben daran. So treibt es der Lügner
Auf der Heide. Nun streicht er herum und raubet und mordet.
Deucht es dem Könige gut und seinen Herren, so mag man
Also verfahren. Doch wär es ihm Ernst, nach Hofe zu kommen,
Hätt er sich lange gefunden. Es eilten die Boten des Königs
Durch das Land, die Gäste zu laden, doch blieb er zu Hause.

Und es sagte der König darauf: Was sollen wir lange
Hier ihn erwarten? Bereitet euch alle (so sei es geboten!),
Mir am sechsten Tage zu folgen. Denn wahrlich das Ende

Dieser Beschwerden will ich erleben. Was sagen die Herren?
Wär er nicht fähig, zuletzt ein Land zugrunde zu richten?
Macht euch fertig, so gut ihr nur könnt, und kommet im Harnisch,
Kommt mit Bogen und Spießen und allen andern Gewehren,
Und betragt euch wacker und brav! Es führe mir jeder,
Denn ich schlage wohl Ritter im Felde, den Namen mit Ehren.
Malepartus, die Burg, belegen wir, was er im Haus hat,
Wollen wir sehen. Da riefen sie alle: Wir werden gehorchen!

Also dachte der König und seine Genossen, die Feste
Malepartus zu stürmen, den Fuchs zu strafen. Doch Grimbart,
Der im Rate gewesen, entfernte sich heimlich und eilte,
Reineken aufzusuchen und ihm die Nachricht zu bringen;
Traurend ging er und klagte vor sich und sagte die Worte:
Ach, was kann es nun werden, mein Oheim! Billig bedauert
Dich dein ganzes Geschlecht, du Haupt des ganzen Geschlechtes!
Vor Gericht vertratest du uns, wir waren geborgen:
Niemand konnte bestehen vor dir und deiner Gewandtheit.

So erreicht' er das Schloß, und Reineken fand er im Freien
Sitzen. Er hatte sich erst zwei junge Tauben gefangen;
Aus dem Neste wagten sie sich, den Flug zu versuchen,
Aber die Federn waren zu kurz; sie fielen zu Boden,
Nicht imstande, sich wieder zu heben, und Reineke griff sie,
Denn oft ging er umher, zu jagen. Da sah er von weiten
Grimbart kommen und wartete sein; er grüßt' ihn und sagte:
Seid mir, Neffe, willkommen vor allen meines Geschlechtes!
Warum lauft Ihr so sehr! Ihr keichet! bringt Ihr was Neues?

Ihm erwiderte Grimbart: Die Zeitung, die ich vermelde,
Klingt nicht tröstlich, Ihr seht, ich komm in Ängsten gelaufen;
Leben und Gut ist alles verloren! Ich habe des Königs
Zorn gesehen: er schwört, Euch zu fahen und schändlich zu töten.

Allen hat er befohlen, am sechsten Tage gewaffnet
Hier zu erscheinen mit Bogen und Schwert, mit Büchsen und Wagen.
Alles fällt nun über Euch her, bedenkt Euch inzeiten!
Isegrim aber und Braun sind mit dem Könige wieder
Besser vertraut, als ich nur immer mit Euch bin, und alles,
Was sie wollen, geschieht. Den gräßlichsten Mörder und Räuber
Schilt Euch Isegrim laut, und so bewegt er den König;
Er wird Marschall, Ihr werdet es sehen, in wenigen Wochen.
Das Kaninchen erschien, dazu die Krähe, sie brachten
Große Klagen gegen Euch vor. Und sollt Euch der König
Diesmal fahen, so lebt Ihr nicht lange! das muß ich befürchten.

Weiter nichts? versetzte der Fuchs. Das ficht mich nun alles
Keinen Pfifferling an. Und hätte der König mit seinem
Ganzen Rate doppelt und dreifach gelobt und geschworen:
Komm ich nur selber dahin, ich hebe mich über sie alle.
Denn sie raten und raten und wissen es nimmer zu treffen.
Lieber Neffe, lasset das fahren, und folgt mir und sehet,
Was ich Euch gebe. Da hab ich soeben die Tauben gefangen,
Jung und fett. Es bleibt mir das liebste von allen Gerichten!
Denn sie sind leicht zu verdauen, man schluckt sie nur eben hinunter;
Und die Knöchelchen schmecken so süß! sie schmelzen im Munde,
Sind halb Milch, halb Blut. Die leichte Speise bekommt mir,
Und mein Weib ist von gleichem Geschmack. So kommt nur, sie wird uns
Freundlich empfangen; doch merke sie nicht, warum Ihr gekommen!
Jede Kleinigkeit fällt ihr aufs Herz und macht ihr zu schaffen.
Morgen geh ich nach Hofe mit Euch; da hoff ich, Ihr werdet,
Lieber Neffe, mir helfen, so wie es Verwandten geziemet.

Leben und Gut verpflicht ich Euch gern zu Eurem Behufe,
Sagte der Dachs, und Reineke sprach: Ich will es gedenken;

Leb ich lange, so soll es Euch frommen! Der andre versetzte:
Tretet immer getrost vor die Herren und wahret zum besten
Eure Sache, sie werden Euch hören; auch stimmte Lupardus
Schon dahin, man sollt Euch nicht strafen, bevor Ihr genugsam
Euch verteidigt; es meinte das gleiche die Königin selber.
Merket den Umstand und sucht ihn zu nutzen! Doch Reineke sagte:
Seid nur gelassen, es findet sich alles. Der zornige König,
Wenn er mich hört, verändert den Sinn, es frommt mir am Ende.

Und so gingen sie beide hinein und wurden gefällig
Von der Hausfrau empfangen; sie brachte, was sie nur hatte.
Und man teilte die Tauben, man fand sie schmackhaft, und jedes
Speiste sein Teil; sie wurden nicht satt und hätten gewißlich
Ein halb Dutzend verzehrt, wofern sie zu haben gewesen.

Reineke sagte zum Dachse: Bekennt mir, Oheim, ich habe
Kinder trefflicher Art, sie müssen jedem gefallen.
Sagt mir, wie Euch Rossel behagt und Reinhart, der Kleine?
Sie vermehren einst unser Geschlecht und fangen allmählich
An, sich zu bilden, sie machen mir Freude von Morgen bis Abend.
Einer fängt sich ein Huhn, der andre hascht sich ein Küchlein;
Auch ins Wasser ducken sie brav, die Ente zu holen
Und den Kiebitz. Ich schickte sie gern noch öfter zu jagen;
Aber Klugheit muß ich vor allem sie lehren und Vorsicht,
Wie sie vor Strick und Jäger und Hunden sich weise bewahren.
Und verstehen sie dann das rechte Wesen und sind sie
Abgerichtet, wie sichs gehört, dann sollen sie täglich
Speise holen und bringen und soll im Hause nichts fehlen,
Denn sie schlagen mir nach und spielen grimmige Spiele.
Wenn sies beginnen, so ziehn den kürzern die übrigen Tiere,
An der Kehle fühlt sie der Gegner und zappelt nicht lange:
Das ist Reinekens Art und Spiel. Auch greifen sie hastig,
Und ihr Sprung ist gewiß; das dünkt mich eben das Rechte!

Grimbart sprach: Es gereichet zur Ehre, und mag man sich freuen,
Kinder zu haben, wie man sie wünscht, und die zum Gewerbe
Bald sich gewöhnen, den Eltern zu helfen. Ich freue mich herzlich,
Sie von meinem Geschlechte zu wissen, und hoffe das Beste.
Mag es für heute bewenden, versetzte Reineke: gehn wir
Schlafen, denn alle sind müd und Grimbart besonders ermattet.
Und sie legten sich nieder im Saale, der über und über
War mit Heu und Blättern bedeckt, und schliefen zusammen.

Aber Reineke wachte vor Angst; es schien ihm die Sache
Guten Rats zu bedürfen, und sinnend fand ihn der Morgen.
Und er hub vom Lager sich auf und sagte zu seinem
Weibe: Betrübt Euch nicht! es hat mich Grimbart gebeten,
Mit nach Hofe zu gehn; Ihr bleibet ruhig zu Hause.
Redet jemand von mir, so kehret es immer zum besten
Und verwahret die Burg, so ist uns allen geraten.

Und Frau Ermelyn sprach: Ich find es seltsam! Ihr wagt es
Wieder nach Hofe zu gehn, wo Eurer so übel gedacht wird.
Seid Ihr genötigt? Ich seh es nicht ein, bedenkt das Vergangne!

Freilich, sagte Reineke drauf: es war nicht zu scherzen!
Viele wollten mir übel, ich kam in große Bedrängnis;
Aber mancherlei Dinge begegnen unter der Sonne.
Wider alles Vermuten erfährt man dieses und jenes,
Und wer was zu haben vermeint, vermißt es auf einmal.
Also laßt mich nur gehn, ich habe dort manches zu schaffen.
Bleibet ruhig, das bitt ich Euch sehr, Ihr habet nicht nötig,
Euch zu ängstigen. Wartet es ab! Ihr sehet, mein Liebchen,
Ist es mir immer nur möglich, in fünf, sechs Tagen mich wieder.
Und so schied er von dannen, begleitet von Grimbart, dem Dachse.

Achter Gesang

Weiter gingen sie nun zusammen über die Heide,
Grimbart und Reineke, grade den Weg zum Schlosse des Königs.
Aber Reineke sprach: Es falle, wie es auch wolle,
Diesmal ahndet es mir, die Reise führet zum besten.
Lieber Oheim, höret mich nun! Seitdem ich zum letzten
Euch gebeichtet, verging ich mich wieder in sündigem Wesen;
Höret Großes und Kleines, und was ich damals vergessen.

Von dem Leibe des Bären und seinem Felle verschafft ich
Mir ein tüchtiges Stück; es ließen der Wolf und die Wölfin
Ihre Schuhe mir ab; so hab ich mein Mütchen gekühlet.
Meine Lüge verschaffte mir das, ich wußte den König
Aufzubringen und hab ihn dabei entsetzlich betrogen:
Denn ich erzählt ihm ein Märchen, und Schätze wußt ich zu dichten.
Ja, ich hatte daran nicht genug, ich tötete Lampen,
Ich bepackte Bellyn mit dem Haupt des Ermordeten; grimmig
Sah der König auf ihn, er mußte die Zeche bezahlen.
Und das Kaninchen, ich drückt es gewaltig hinter die Ohren,
Daß es beinah das Leben verlor, und war mir verdrießlich,
Daß es entkam. Auch muß ich bekennen, die Krähe beklagt sich

Nicht mit Unrecht, ich habe Frau Scharfenebbe, sein Weibchen,
Aufgegessen. Das hab ich begangen, seitdem ich gebeichtet.
Aber damals vergaß ich nur eines, ich will es erzählen,
Eine Schalkheit, die ich beging, Ihr müßt sie erfahren,
Denn ich möchte nicht gern so etwas tragen; ich lud es
Damals dem Wolf auf den Rücken. Wir gingen nämlich zusammen
Zwischen Kackyß und Elverdingen, da sahn wir von weitem
Eine Stute mit ihrem Fohlen, und eins wie das andre
Wie ein Rabe so schwarz; vier Monat mochte das Fohlen
Alt sein. Und Isegrim war vom Hunger gepeinigt, da bat er:
Fraget mir doch, verkauft uns die Stute nicht etwa das Fohlen?
Und wie teuer? Da ging ich zu ihr und wagte das Stückchen.
Liebe Frau Mähre, sagt ich zu ihr: das Fohlen ist Euer,
Wie ich weiß; verkauft Ihr es wohl? Das möcht ich erfahren.
Sie versetzte: Bezahlt Ihr es gut, so kann ich es missen,
Und die Summe, für die es mir feil ist, Ihr werdet sie lesen,
Hinten steht sie geschrieben an meinem Fuße. Da merkt ich,
Was sie wollte, versetzte darauf: Ich muß Euch bekennen,
Lesen und Schreiben gelingt mir nicht eben so, wie ich es wünschte.
Auch begehr ich des Kindes nicht selbst: denn Isegrim möchte
Das Verhältnis eigentlich wissen; er hat mich gesendet.

Laßt ihn kommen! versetzte sie drauf. er soll es erfahren.
Und ich ging, und Isegrim stand und wartete meiner.
Wollt Ihr Euch sättigen, sagt ich zu ihm: so geht nur, die Mähre
Gibt Euch das Fohlen, es steht der Preis am hinteren Fuße
Unten geschrieben; ich möchte nur, sagte sie, selber da nachsehn.
Aber zu meinem Verdruß mußt ich schon manches versäumen,
Weil ich nicht lesen und schreiben gelernt. Versucht es, mein Oheim,
Und beschauet die Schrift, Ihr werdet vielleicht sie verstehen.

Isegrim sagte: Was sollt ich nicht lesen! das wäre mir seltsam!
Deutsch, Latein und Welsch, sogar Französisch versteh ich:

Denn in Erfurt hab ich mich wohl zur Schule gehalten,
Bei den Weisen, Gelahrten, und mit den Meistern des Rechtes
Fragen und Urteil gestellt; ich habe meine Lizenzen
Förmlich genommen, und was für Skripturen man immer auch findet,
Les ich, als wär es mein Name. Drum wird es mir heute nicht fehlen.
Bleibet, ich geh und lese die Schrift, wir wollen doch sehen!

Und er ging und fragte die Frau: Wie teuer das Fohlen?
Macht es billig! Sie sagte darauf: Ihr dürft nur die Summe
Lesen, sie stehet geschrieben an meinem hinteren Fuße.
Laßt mich sehen! versetzte der Wolf. Sie sagte: Das tu ich!
Und sie hub den Fuß empor aus dem Grase, der war erst
Mit sechs Nägeln beschlagen; sie schlug gar richtig und fehlte
Nicht ein Härchen, sie traf ihm den Kopf, er stürzte zur Erden,
Lag betäubt wie tot. Sie aber eilte von dannen,
Was sie konnte. So lag er verwundet, es dauerte lange.

Eine Stunde verging, da regt' er sich wieder und heulte
Wie ein Hund. Ich trat ihm zur Seite und sagte: Herr Oheim,
Wo ist die Stute? Wie schmeckte das Fohlen? Ihr habt Euch gesättigt,
Habt mich vergessen! Ihr tatet nicht wohl: ich brachte die Botschaft!
Nach der Mahlzeit schmeckte das Schläfchen. Wie lautete, sagt mir,
Unter dem Fuße die Schrift? Ihr seid ein großer Gelehrter.

Ach, versetzt' er: spottet Ihr noch? Wie bin ich so übel
Diesmal gefahren! Es sollte fürwahr ein Stein sich erbarmen.
Die langbeinige Mähre! Der Henker mags ihr bezahlen!
Denn der Fuß war mit Eisen beschlagen, das waren die Schriften!
Neue Nägel! Ich habe davon sechs Wunden im Kopfe.

Kaum behielt er sein Leben. Ich habe nun alles gebeichtet.
Lieber Neffe! vergebet mir nun die sündigen Werke!
Wie es bei Hofe gerät, ist mißlich; aber ich habe
Mein Gewissen befreit und mich von Sünden gereinigt.
Saget nun, wie ich mich beßre, damit ich zu Gnaden gelänge.

Grimbart sprach: Ich find Euch von neuem mit Sünden beladen.
Doch es werden die Toten nicht wieder lebendig; es wäre
Freilich besser, wenn sie noch lebten. So will ich, mein Oheim,
In Betrachtung der schrecklichen Stunde, der Nähe des Todes,
Der Euch droht, die Sünde vergeben als Diener des Herren:
Denn sie streben Euch nach mit Gewalt, ich fürchte das Schlimmste,
Und man wird Euch vor allem das Haupt des Hasen gedenken!
Große Dreistigkeit war es, gestehts, den König zu reizen,
Und es schadet Euch mehr, als Euer Leichtsinn gedacht hat.

Nicht ein Haar! versetzte der Schelm: und daß ich Euch sage,
Durch die Welt sich zu helfen, ist ganz was Eignes; man kann sich
Nicht so heilig bewahren als wie im Kloster, das wißt Ihr.
Handelt einer mit Honig, er leckt zuweilen die Finger.
Lampe reizte mich sehr; er sprang herüber, hinüber,
Mir vor den Augen herum, sein fettes Wesen gefiel mir,
Und ich setzte die Liebe beiseite. So gönnt ich Bellynen
Wenig Gutes. Sie haben den Schaden; ich habe die Sünde.
Aber sie sind zum Teil auch so plump, in jeglichen Dingen
Grob und stumpf. Ich sollte noch viel Zeremonien machen?
Wenig Lust behielt ich dazu. Ich hatte von Hofe
Mich mit Ängsten gerettet und lehrte sie dieses und jenes,
Aber es wollte nicht fort. Zwar jeder sollte den Nächsten
Lieben, das muß ich gestehn; indessen achtet ich diese
Wenig, und tot ist tot, so sagt Ihr selber. Doch laßt uns
Andre Dinge besprechen; es sind gefährliche Zeiten.
Denn wie geht es von oben herab? Man soll ja nicht reden;
Doch wir andern merken darauf und denken das Unsre.

Raubt der König ja selbst so gut als einer, wir wissens;
Was er selber nicht nimmt, das laßt er Bären und Wölfe
Holen und glaubt, es geschähe mit Recht. Da findet sich keiner,
Der sich getraut, ihm die Wahrheit zu sagen – so weit hinein ist es
Böse – kein Beichtiger, kein Kaplan; sie schweigen! Warum das?
Sie genießen es mit, und wär nur ein Rock zu gewinnen.
Komme dann einer und klage! der haschte mit gleichem Gewinne
Nach der Luft, er tötet die Zeit und beschäftigte besser
Sich mit neuem Erwerb. Denn fort ist fort, und was einmal
Dir ein Mächtiger nimmt, das hast du besessen. Der Klage
Gibt man wenig Gehör, und sie ermüdet am Ende.
Unser Herr ist der Löwe, und alles an sich zu reißen,

Hält er seiner Würde gemäß. Er nennt uns gewöhnlich
Seine Leute: fürwahr, das Unsre, scheint es, gehört ihm!

Darf ich reden, mein Oheim? Der edle König, er liebt sich
Ganz besonders Leute, die bringen und die nach der Weise,
Die er singt, zu tanzen verstehn. Man sieht es zu deutlich.
Daß der Wolf und der Bär zum Rate wieder gelangen,
Schadet noch manchem. Sie stehlen und rauben, es liebt sie der König;
Jeglicher sieht es und schweigt: er denkt, an die Reihe zu kommen.
Mehr als vier befinden sich so zur Seite des Herren,
Ausgezeichnet vor allen, sie sind die Größten am Hofe.
Nimmt ein armer Teufel, wie Reineke, irgendein Hühnchen,
Wollen sie alle gleich über ihn her, ihn suchen und fangen,
Und verdammen ihn laut mit Einer Stimme zum Tode.
Kleine Diebe hängt man so weg, es haben die großen
Starken Vorsprung, mögen das Land und die Schlösser verwalten.
Sehet, Oheim, bemerk ich nun das und sinne darüber,
Nun, so spiel ich halt auch mein Spiel und denke daneben
Öfters bei mir: es muß ja wohl recht sein, tuns doch so viele!
Freilich regt sich dann auch das Gewissen und zeigt mir von ferne
Gottes Zorn und Gericht und läßt mich das Ende bedenken.
Ungerecht Gut, so klein es auch sei, man muß es erstatten.
Und da fühl ich denn Reu im Herzen; doch währt es nicht lange.
Ja, was hilft dichs, der Beste zu sein, es bleiben die Besten
Doch nicht unberedet in diesen Zeiten vom Volke.
Denn es weiß die Menge genau nach allem zu forschen,
Niemand vergessen sie leicht, erfinden dieses und jenes;
Wenig Gutes ist in der Gemeine, und wirklich verdienen
Wenige drunter auch gute, gerechte Herren zu haben.
Denn sie singen und sagen vom Bösen immer und immer;
Auch das Gute wissen sie zwar von großen und kleinen

Herren, doch schweigt man davon, und selten kommt es zur Sprache.
Doch das Schlimmste find ich den Dünkel des irrigen Wahnes,
Der die Menschen ergreift: es könne jeder im Taumel
Seines heftigen Wollens die Welt beherrschen und richten.
Hielte doch jeder sein Weib und seine Kinder in Ordnung,
Wüßte sein trotzig Gesinde zu bändigen, könnte sich stille,
Wenn die Toren verschwenden, in mäßigem Leben erfreuen!
Aber wie sollte die Welt sich verbessern? Es läßt sich ein jeder
Alles zu und will mit Gewalt die andern bezwingen.
Und so sinken wir tiefer und immer tiefer ins Arge.
Afterreden, Lug und Verrat und Diebstahl und falscher
Eidschwur, Rauben und Morden, man hört nichts anders erzählen.
Falsche Propheten und Heuchler betrügen schändlich die Menschen.

Jeder lebt nur so hin! und will man sie treulich ermahnen,
Nehmen sies leicht und sagen auch wohl: Ei, wäre die Sünde
Groß und schwer, wie hier und dort uns manche Gelehrte
Predigen, würde der Pfaffe die Sünde selber vermeiden.
Sie entschuldigen sich mit bösem Exempel und gleichen
Gänzlich dem Affengeschlecht, das, nachzuahmen geboren,
Weil es nicht denket und wählt, empfindlichen Schaden erduldet.

Freilich sollten die geistlichen Herren sich besser betragen!
Manches könnten sie tun, wofern sie es heimlich vollbrächten:
Aber sie schonen uns nicht, uns andre Laien, und treiben
Alles, was ihnen beliebt, vor unsern Augen, als wären
Wir mit Blindheit geschlagen; allein wir sehen zu deutlich,
Ihre Gelübde gefallen den guten Herren so wenig,
Als sie dem sündigen Freunde der weltlichen Werke behagen.

Denn so haben über den Alpen die Pfaffen gewöhnlich
Eigens ein Liebchen; nicht weniger sind in diesen Provinzen,

Die sich sündlich vergehn. Man will mir sagen, sie haben
Kinder wie andre verehlichte Leute; und sie zu versorgen,
Sind sie eifrig bemüht und bringen sie hoch in die Höhe.
Diese denken hernach nicht weiter, woher sie gekommen,
Lassen niemand den Rang und gehen stolz und gerade,
Eben als wären sie edlen Geschlechts, und bleiben der Meinung,
Ihre Sache sei richtig. So pflegte man aber vor diesem
Pfaffenkinder so hoch nicht zu halten; nun heißen sie alle
Herren und Frauen. Das Geld ist freilich alles vermögend.

Selten findet man fürstliche Lande, worin nicht die Pfaffen
Zölle und Zinsen erhüben und Dörfer und Mühlen benutzten.
Diese verkehren die Welt, es lernt die Gemeine das Böse:
Denn man sieht, so hält es der Pfaffe, da sündiget jeder,
Und vom Guten leitet hinweg ein Blinder den andern.
Ja, wer merkte denn wohl die guten Werke der frommen
Priester, und wie sie die heilige Kirche mit gutem Exempel
Auferbauen? Wer lebt nun darnach? Man stärkt sich im Bösen.
So geschieht es im Volke, wie sollte die Welt sich verbessern?

Aber höret mich weiter. Ist einer unecht geboren,
Sei er ruhig darüber, was kann er weiter zur Sache?
Denn ich meine nur so, versteht mich. Wird sich ein solcher
Nur mit Demut betragen und nicht durch eitles Benehmen
Andre reizen, so fällt es nicht auf, und hätte man unrecht,
Über dergleichen Leute zu reden. Es macht die Geburt uns
Weder edel noch gut, noch kann sie zur Schande gereichen.
Aber Tugend und Laster, sie unterscheiden die Menschen.
Gute, gelehrte geistliche Männer, man hält sie, wie billig,
Hoch in Ehren, doch geben die bösen ein böses Exempel.
Predigt so einer das Beste, so sagen doch endlich die Laien:
Spricht er das Gute und tut er das Böse, was soll man erwählen?
Auch der Kirche tut er nichts Gutes, er prediget jedem:
Leget nur aus und bauet die Kirche; das rat ich, ihr Lieben,
Wollt ihr Gnade verdienen und Ablaß! so schließt er die Rede,
Und er legt wohl wenig dazu, ja gar nichts, und fiele

Seinetwegen die Kirche zusammen. So hält er denn weiter
Für die beste Weise zu leben, sich köstlich zu kleiden,
Lecker zu essen. Und hat sich so einer um weltliche Sachen
Übermäßig bekümmert, wie will er beten und singen?
Gute Priester sind täglich und stündlich im Dienste des Herren
Fleißig begriffen und üben das Gute; der heiligen Kirche
Sind sie nütze, sie wissen die Laien durch gutes Exempel
Auf dem Wege des Heils zur rechten Pforte zu leiten.

Aber ich kenne denn auch die Bekappten; sie plärren und plappern
Immer zum Scheine so fort und suchen immer die Reichen,
Wissen den Leuten zu schmeicheln und gehn am liebsten zu Gaste.
Bittet man einen, so kommt auch der zweite; da finden sich weiter
Noch zu diesen zwei oder drei. Und wer in dem Kloster
Gut zu schwatzen versteht, der wird im Orden erhoben,
Wird zum Lesemeister, zum Kustos oder zum Prior.
Andere stehen beiseite. Die Schüsseln werden gar ungleich
Aufgetragen. Denn einige müssen des Nachts in dem Chore
Singen, lesen, die Gräber umgehn; die anderen haben
Guten Vorteil und Ruh und essen die köstlichen Bissen.

Und die Legaten des Papstes, die Äbte, Pröpste, Prälaten,
Die Beguinen und Nonnen, da wäre vieles zu sagen!
Überall heißt es: Gebt mir das Eure und laßt mir das Meine.
Wenige finden sich wahrlich, nicht sieben, welche der Vorschrift
Ihres Ordens gemäß ein heiliges Leben beweisen.
Und so ist der geistliche Stand gar schwach und gebrechlich.

Oheim! sagte der Dachs: ich find es besonders, Ihr beichtet
Fremde Sünden. Was will es Euch helfen? Mich dünket, es wären
Eurer eignen genug. Und sagt mir, Oheim, was habt Ihr
Um die Geistlichkeit Euch zu bekümmern, und dieses und jenes?
Seine Bürde mag jeglicher tragen, und jeglicher gebe
Red und Antwort, wie er in seinem Stande die Pflichten

Zu erfüllen strebt; dem soll sich niemand entziehen,
Weder Alte noch Junge, hier außen oder im Kloster.
Doch Ihr redet zu viel von allerlei Dingen und könntet
Mich zuletzt zum Irrtum verleiten. Ihr kennet vortrefflich,
Wie die Welt nun besteht und alle Dinge sich fügen;
Niemand schickte sich besser zum Pfaffen. Ich käme mit andern
Schafen, zu beichten bei Euch und Eurer Lehre zu horchen,
Eure Weisheit zu lernen; denn freilich muß ich gestehen:
Stumpf und grob sind die meisten von uns und hättens vonnöten.

Also hatten sie sich dem Hofe des Königs genähert.
Reineke sagte: So ist es gewagt! und nahm sich zusammen.
Und sie begegneten Martin, dem Affen, der hatte sich eben
Aufgemacht und wollte nach Rom; er grüßte die beiden.
Lieber Oheim, fasset ein Herz! so sprach er zum Fuchse,
Fragt' ihn dieses und jenes, obschon ihm die Sache bekannt war.
Ach, wie ist mir das Glück in diesen Tagen entgegen!
Sagte Reineke drauf da haben mich etliche Diebe
Wieder beschuldigt, wer sie auch sind, besonders die Krähe
Mit dem Kaninchen; sein Weib verlor das eine, dem andern
Fehlt ein Ohr. Was kümmert mich das? Und könnt ich nur selber
Mit dem Könige reden, sie beide solltens empfinden.
Aber mich hindert am meisten, daß ich im Banne des Papstes
Leider noch bin. Nun hat in der Sache der Dompropst die Vollmacht,
Der beim Könige gilt. Und in dem Banne befind ich
Mich um Isegrims willen, der einst ein Klausner geworden,
Aber dem Kloster entlief, von Elkmar, wo er gewohnet.
Und er schwur, so könnt er nicht leben, man halt ihn zu strenge,
Lange könn er nicht fasten und könne nicht immer so lesen.
Damals half ich ihm fort. Es reut mich; denn er verleumdet
Mich beim Könige nun und sucht mir immer zu schaden.
Soll ich nach Rom? Wie werden indes zu Hause die Meinen
In Verlegenheit sein! Denn Isegrim kann es nicht lassen,

Wo er sie findet, beschädigt er sie. Auch sind noch so viele,
Die mir Übels gedenken und sich an die Meinigen halten.
Wär ich aus dem Banne gelöst, so hätt ich es besser,
Könnte gemächlich mein Glück bei Hofe wieder versuchen.

Martin versetzte: Da kann ich Euch helfen, es trifft sich! Soeben
Geh ich nach Rom und nütz Euch daselbst mit künstlichen Stücken.
Unterdrücken laß ich Euch nicht! Als Schreiber des Bischofs,
Dünkt mich, versteh ich das Werk. Ich schaffe, daß man den Dompropst
Grade nach Rom zitiert, da will ich gegen ihn fechten.
Seht nur, Oheim, ich treibe die Sache und weiß sie zu leiten;
Exequieren laß ich das Urteil, Ihr werdet mir sicher
Absolviert, ich bring es Euch mit; es sollen die Feinde
Übel sich freun und ihr Geld zusamt der Mühe verlieren:
Denn ich kenne den Gang der Dinge zu Rom und verstehe,
Was zu tun und zu lassen. Da ist Herr Simon, mein Oheim,
Angesehn und mächtig; er hilft den guten Bezahlern.
Schalkefund, das ist ein Herr! und Doktor Greifzu und andre,
Wendemantel und Losefund hab ich alle zu Freunden.
Meine Gelder schickt ich voraus; denn, seht nur, so wird man
Dort am besten bekannt. Sie reden wohl von Zitieren:
Aber das Geld begehren sie nur. Und wäre die Sache
Noch so krumm, ich mache sie grad mit guter Bezahlung.
Bringst du Geld, so findest du Gnade; sobald es dir mangelt,
Schließen die Türen sich zu. Ihr bleibet ruhig im Lande;
Eurer Sache nehm ich mich an, ich löse den Knoten.
Geht nur nach Hofe, Ihr werdet daselbst Frau Rückenau finden,
Meine Gattin; es liebt sie der König, unser Gebieter,
Und die Königin auch, sie ist behenden Verstandes.
Sprecht sie an, sie ist klug, verwendet sich gerne für Freunde.
Viele Verwandte findet Ihr da. Es hilft nicht immer,
Recht zu haben. Ihr findet bei ihr zwei Schwestern, und meiner
Kinder sind drei, daneben noch manche von Eurem Geschlechte,

Euch zu dienen bereit, wie Ihr es immer begehret.
Und versagte man Euch das Recht, so sollt Ihr erfahren,
Was ich vermag. Und wenn man Euch druckt, berichtet mirs eilig!
Und ich lasse das Land in Bann tun, den König und alle
Weiber und Männer und Kinder. Ein Interdikt will ich senden,
Singen soll man nicht mehr, noch Messe lesen, noch taufen,
Noch begraben, was es auch sei. Des tröstet Euch, Neffe!

Denn der Papst ist alt und krank und nimmt sich der Dinge
Weiter nicht an, man achtet ihn wenig. Auch hat nun am Hofe
Kardinal Ohnegenüge die ganze Gewalt, der ein junger
Rüstiger Mann ist, ein feuriger Mann von schnellem Entschlusse.
Dieser liebt ein Weib, das ich kenne; sie soll ihm ein Schreiben
Bringen, und was sie begehrt, das weiß sie trefflich zu machen.
Und sein Schreiber Johannes Partey, der kennt aufs genauste
Alte und neue Münze; dann Horchegenau, sein Geselle,
Ist ein Hofmann; Schleifenundwenden ist Notarius.
Bakkalaureus beider Rechte, und bleibt er nur etwa
Noch ein Jahr, so ist er vollkommen in praktischen Schriften.
Dann sind noch zwei Richter daselbst, die heißen Moneta
Und Donarius; sprechen sie ab, so bleibt es gesprochen.

So verübt man in Rom gar manche Listen und Tücken,
Die der Papst nicht erfährt. Man muß sich Freunde verschaffen!
Denn durch sie vergibt man die Sünden und löset die Völker
Aus dem Banne. Verlaßt Euch darauf, mein wertester Oheim!
Denn es weiß der König schon lang, ich laß Euch nicht fallen;
Eure Sache führ ich hinaus und bin es vermögend.
Ferner mag er bedenken, es sind gar viele den Affen
Und den Füchsen verwandt, die ihn am besten beraten,
Und das hilft Euch gewiß, es gehe, wie es auch wolle.

Reineke sprach: Das tröstet mich sehr; ich denk es Euch wieder,

Komm ich diesmal nur los. Und einer empfahl sich dem andern.
Ohne Geleit ging Reineke nun mit Grimbart, dem Dachse,
Nach dem Hofe des Königs, wo man ihm übel gesinnt war.

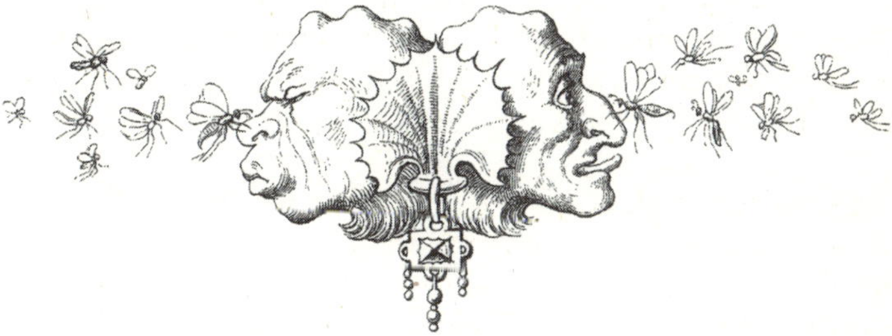

Neunter Gesang

Reineke war nach Hofe gelangt, er dachte die Klagen
Abzuwenden, die ihn bedrohten. Doch als er die vielen
Feinde beisammen erblickte, wie alle standen und alle
Sich zu rächen begehrten und ihn am Leben zu strafen,
Fiel ihm der Mut; er zweifelte nun, doch ging er mit Kühnheit
Grade durch alle Baronen, und Grimbart ging ihm zur Seite.
Sie gelangten zum Throne des Königs, da lispelte Grimbart:
Seid nicht furchtsam Reineke, diesmal; gedenket: dem Blöden
Wird das Glück nicht zuteil, der Kühne sucht die Gefahr auf
Und erfreut sich mit ihr; sie hilft ihm wieder entkommen.
Reineke sprach: Ihr sagt mir die Wahrheit, ich danke zum schönsten
Für den herrlichen Trost, und komm ich wieder in Freiheit,
Werd ichs gedenken. Er sah nun umher, und viele Verwandte
Fanden sich unter der Schar, doch wenige Gönner, den meisten
Pflegt' er übel zu dienen; ja, unter den Ottern und Bibern,
Unter Großen und Kleinen trieb er sein schelmisches Wesen.
Doch entdeckt' er noch Freunde genug im Saale des Königs.

Reineke kniete vorm Throne zur Erden und sagte bedächtig:
Gott, dem alles bekannt ist und der in Ewigkeit mächtig

Bleibt, bewähr Euch, mein Herr und König, bewahre nicht minder
Meine Frau, die Königin, immer, und beiden zusammen
Geb er Weisheit und gute Gedanken, damit sie besonnen
Recht und Unrecht erkennen; denn viele Falschheit ist jetzo
Unter den Menschen im Gange. Da scheinen viele von außen,
Was sie nicht sind. O hätte doch jeder am Vorhaupt geschrieben,
Wie er gedenkt, und säh es der König! da würde sich zeigen,
Daß ich nicht lüge und daß ich Euch immer zu dienen bereit bin.
Zwar verklagen die Bösen mich heftig; sie möchten mir gerne
Schaden und Eurer Huld mich berauben, als wär ich derselben
Unwert. Aber ich kenne die strenge Gerechtigkeitsliebe
Meines Königs und Herrn, denn ihn verleitete keiner
Je, die Wege des Rechtes zu schmälern; so wird es auch bleiben.

Alles kam und drängte sich nun, ein jeglicher mußte
Reinekens Kühnheit bewundern, es wünscht' ihn jeder zu hören;
Seine Verbrechen waren bekannt, wie wollt er entrinnen?

Reineke, Bösewicht! sagte der König: für diesmal erretten
Deine losen Worte dich nicht, sie helfen nicht länger
Lügen und Trug zu verkleiden, nun bist du ans Ende gekommen.
Denn du hast die Treue zu mir, ich glaube, bewiesen
Am Kaninchen und an der Krähe! Das wäre genugsam.
Aber du übest Verrat an allen Orten und Enden;
Deine Streiche sind falsch und behende, doch werden sie nicht mehr
Lange dauern, denn voll ist das Maß, ich schelte nicht länger.

Reineke dachte: Wie wird es mir gehn? O hätt ich nur wieder
Meine Behausung erreicht! Wo will ich Mittel ersinnen?
Wie es auch geht, ich muß nun hindurch, versuchen wir alles.

Mächtiger König, edelster Fürst! so ließ er sich hören:
Meint Ihr, ich habe den Tod verdient, so habt Ihr die Sache

Nicht von der rechten Seite betrachtet; drum bitt ich, Ihr wollet
Erst mich hören. Ich habe ja sonst Euch nützlich geraten,
In der Not bin ich bei Euch geblieben, wenn etliche wichen,
Die sich zwischen uns beide nun stellen zu meinem Verderben
Und die Gelegenheit nützen, wenn ich entfernt bin. Ihr möget,
Edler König, hab ich gesprochen, die Sache dann schlichten;
Werd ich schuldig befunden, so muß ich es freilich ertragen.
Wenig habt Ihr meiner gedacht, indes ich im Lande
Vieler Orten und Enden die sorglichste Wache gehalten.
Meint Ihr, ich wäre nach Hofe gekommen, wofern ich mich schuldig
Wußte groß- oder kleiner Vergehn? Ich würde bedächtig
Eure Gegenwart fliehn und meine Feinde vermeiden.
Nein, mich hätten gewiß aus meiner Feste nicht sollen
Alle Schätze der Welt hierher verleiten; da war ich
Frei auf eigenem Grund und Boden. Nun bin ich mir aber
Keines Übels bewußt, und also bin ich gekommen.
Eben stand ich, Wache zu halten; da brachte mein Oheim
Mir die Zeitung, ich solle nach Hof. Ich hatte von neuem,
Wie ich dem Bann mich entzöge, gedacht, darüber mit Martin
Vieles gesprochen, und er gelobte mir heilig, er wolle
Mich von dieser Bürde befrein. Ich werde nach Rom gehn,
Sagt' er, und nehme die Sache von nun an völlig auf meine
Schultern, geht nur nach Hofe, des Bannes werdet Ihr ledig.
Sehet, so hat mir Martin geraten, er muß es verstehen:
Denn der vortreffliche Bischof, Herr Ohnegrund, braucht ihn beständig;
Schon fünf Jahre dient er demselben in rechtlichen Sachen.
Und so kam ich hieher und finde Klagen auf Klagen.
Das Kaninchen, der Äugler, verleumdet mich; aber es steht nun
Reineke hier: so tret er hervor mir unter die Augen!
Denn es ist freilich was leichtes, sich über Entfernte beklagen
Aber man soll den Gegenteil hören, bevor man ihn richtet.
Diese falschen Gesellen, bei meiner Treue! sie haben
Gutes genossen von mir, die Krähe mit dem Kaninchen:
Denn vorgestern am Morgen in aller Frühe begegnet'

Mir das Kaninchen und grüßte mich schön; ich hatte soeben
Vor mein Schloß mich gestellt und las die Gebete des Morgens.
Und er zeigte mir an, er gehe nach Hofe; da sagt ich:
Gott begleit Euch! Er klagte darauf. Wie hungrig und müde
Bin ich geworden! Da fragt ich ihn freundlich: Begehrt Ihr zu essen?
Dankbar nehm ich es an, versetzt' er. Aber ich sagte:
Geb ichs doch gerne. So ging ich mit ihm und bracht ihm behende
Kirschen und Butter: ich pflege kein Fleisch am Mittwoch zu essen.
Und er sättigte sich mit Brot und Butter und Früchten.
Aber es trat mein Söhnchen, das jüngste, zum Tische, zu sehen,
Ob was übriggeblieben: denn Kinder lieben das Essen;
Und der Knabe haschte darnach. Da schlug das Kaninchen
Hastig ihn über das Maul, es bluteten Lippen und Zähne.
Reinhart, mein andrer, sah die Begegnung und faßte den Äugler
Grad an der Kehle, spielte sein Spiel und rächte den Bruder.
Das geschah, nicht mehr und nicht minder. Ich säumte nicht lange,
Lief und strafte die Knaben und brachte mit Mühe die beiden
Auseinander. Kriegt er was ab, so mag er es tragen,
Denn er hatte noch mehr verdient; auch waren die Jungen,
Hätt ich es übel gemeint, mit ihm wohl fertig geworden.
Und so dankt er mir nun! Ich riß ihm, sagt er, ein Ohr ab;
Ehre hat er genossen und hat ein Zeichen behalten.

Ferner kam die Krähe zu mir und klagte: die Gattin
Hab er verloren, sie habe sich leider zu Tode gegessen,
Einen ziemlichen Fisch mit allen Gräten verschlungen;
Wo es geschah, das weiß er am besten. Nun sagt er: ich habe
Sie gemordet; er tat es wohl selbst, und würde man ernstlich
Ihn verhören, dürft ich es tun, er spräche wohl anders.
Denn sie fliegen, es reichet kein Sprung so hoch, in die Lüfte.

Will nun solcher verbotenen Taten mich jemand bezüchten,
Tu ers mit redlichen, gültigen Zeugen: denn also gehört sichs,
Gegen edle Männer zu rechten; ich müßt es erwarten.
Aber finden sich keine, so gibts ein anderes Mittel.
Hier! Ich bin zum Kampfe bereit! Man setze den Tag an
Und den Ort. Es zeige sich dann ein würdiger Gegner,
Gleich mit mir von Geburt, ein jeder führe sein Recht aus.
Wer dann Ehre gewinnt, dem mag sie bleiben. So hat es
Immer zu Rechte gegolten, und ich verlang es nicht besser.

Alle standen und hörten und waren über die Worte
Reinekens höchlich verwundert, die er so trotzig gesprochen.
Und es erschraken die beiden, die Krähe mit dem Kaninchen,
Räumten den Hof und trauten nicht weiter ein Wörtchen zu sprechen,
Gingen und sagten untereinander: Es wäre nicht ratsam,
Gegen ihn weiter zu rechten. Wir möchten alles versuchen,
Und wir kämen nicht aus. Wer hats gesehen? Wir waren
Ganz allein mit dem Schelm; wer sollte zeugen? Am Ende
Bleibt der Schaden uns doch. Für alle seine Verbrechen
Warte der Henker ihm auf und lohn ihm, wie ers verdiente!
Kämpfen will er mit uns? das möcht uns übel bekommen.
Nein, fürwahr, wir lassen es lieber. Denn falsch und behende,
Lose und tückisch kennen wir ihn. Es wären ihm wahrlich
Unser fünfe zu wenig, wir müßten es teuer bezahlen.

Isegrim aber und Braunen war übel zumute; sie sahen
Ungern die beiden von Hofe sich schleichen. Da sagte der König:
Hat noch jemand zu klagen, der komme! Laßt uns vernehmen!
Gestern drohten so viele, hier steht der Beklagte! wo sind sie?

Reineke sagte: So pflegt es zu gehn, man klagt und beschuldigt
Diesen und jenen; doch stünde er dabei, man bliebe zu Hause.
Diese losen Verräter, die Krähe mit dem Kaninchen,
Hätten mich gern in Schande gebracht und Schaden und Strafe,
Aber sie bitten mirs ab, und ich vergebe; denn freilich,

Da ich komme, bedenken sie sich und weichen zur Seite.
Wie beschämt ich sie nicht! Ihr sehet, wie es gefährlich
Ist, die losen Verleumder entfernter Diener zu hören;
Sie verdrehen das Rechte und sind den Besten gehässig.
Andre dauern mich nur, an mir ist wenig gelegen.

Höre mich, sagte der König darauf: du loser Verräter!
Sage, was trieb dich dazu, daß du mir Lampen, den treuen,
Der mir die Briefe zu tragen pflegte, so schmählich getötet?
Hatt ich nicht alles vergeben, so viel du immer verbrochen?
Ränzel und Stab empfingst du von mir, so warst du versehen,
Solltest nach Rom und über das Meer; ich gönnte dir alles,
Und ich hoffte Beßrung von dir. Nun seh ich zum Anfang,
Wie du Lampen gemordet; es mußte Bellyn dir zum Boten
Dienen, der brachte das Haupt im Ränzel getragen und sagte
Öffentlich aus, er bringe mir Briefe, die ihr zusammen
Ausgedacht und geschrieben, er habe das Beste geraten.
Und im Ränzel fand sich das Haupt, nicht mehr und nicht minder.
Mir zum Hohne tatet ihr das. Bellynen behielt ich
Gleich zum Pfande, sein Leben verlor er; nun geht es an deines.

Reineke sagte: Was hör ich? Ist Lampe tot? und Bellynen
Find ich nicht mehr? Was wird nun aus mir? O wär ich gestorben!
Ach, mit beiden geht mir ein Schatz, der größte, verloren!
Denn ich sandt Euch durch sie Kleinode, welche nicht besser
Über der Erde sich finden. Wer sollte glauben, der Widder
Würde Lampen ermorden und Euch der Schätze berauben?
Hüte sich einer, wo niemand Gefahr und Tücke vermutet.

Zornig hörte der König nicht aus, was Reineke sagte,
Wandte sich weg nach seinem Gemach und hatte nicht deutlich
Reinekens Rede vernommen, er dacht ihn am Leben zu strafen;
Und er fand die Königin eben in seinem Gemache
Mit Frau Rückenau stehn. Es war die Äffin besonders
König und Königin lieb. Das sollte Reineken helfen.

Unterrichtet war sie und klug und wußte zu reden;
Wo sie erschien, sah jeder auf sie und ehrte sie höchlich.
Diese merkte des Königs Verdruß und sprach mit Bedachte
Wenn Ihr, gnädiger Herr, auf meine Bitte zuweilen
Hörtet, gereut' es Euch nie, und Ihr vergabt mir die Kühnheit,
Wenn Ihr zürntet, ein Wort gelinder Meinung zu sagen.
Seid auch diesmal geneigt, mich anzuhören, betrifft es
Doch mein eignes Geschlecht! Wer kann die Seinen verleugnen?
Reineke, wie er auch sei, ist mein Verwandter, und soll ich,
Wie sein Betragen mir scheint, aufrichtig bekennen: ich denke,
Da er zu Rechte sich stellt, von seiner Sache das Beste.
Mußte sein Vater doch auch, den Euer Vater begünstigt,
Viel von losen Mäulern erdulden und falschen Verklägern!
Doch beschämt' er sie stets. Sobald man die Sache genauer
Untersuchte, fand es sich klar: die tückischen Neider
Suchten Verdienste sogar als schwere Verbrechen zu deuten.
So erhielt er sich immer in größerem Ansehn bei Hof, als
Braun und Isegrim jetzt: denn diesen wäre zu wünschen,
Daß sie alle Beschwerden auch zu beseitigen wüßten,
Die man häufig über sie hört; allein sie verstehen
Wenig vom Rechte, so zeigt es ihr Rat, so zeigt es ihr Leben.

Doch der König versetzte darauf: Wie kann es Euch wundern,
Daß ich Reineken gram bin, dem Diebe, der mir vor kurzem
Lampen getötet, Bellynen verführt und frecher als jemals
Alles leugnet und sich als treuen und redlichen Diener
Anzupreisen erkühnt, indessen alle zusammen
Laute Klagen erheben und nur zu deutlich beweisen,
Wie er mein sicher Geleite verletzt und wie er mit Stehlen,
Rauben und Morden das Land und meine Getreuen beschädigt.
Nein! ich duld es nicht länger! Dagegen sagte die Äffin:
Freilich ists nicht vielen gegeben, in jeglichen Fällen
Klug zu handeln und klug zu raten, und wem es gelinget,
Der erwirbt sich Vertrauen; allein es suchen die Neider
Ihm dagegen heimlich zu schaden, und werden sie zahlreich,

Treten sie öffentlich auf. So ist es Reineken mehrmals
Schon ergangen; doch werden sie nicht die Erinnrung vertilgen,
Wie er in Fällen Euch weise geraten, wenn alle verstummten.
Wißt Ihr noch? vor kurzem geschahs. Der Mann und die Schlange
Kamen vor Euch, und niemand verstund die Sache zu schlichten;
Aber Reineke fands, Ihr lobtet ihn damals vor allen.

Und der König versetzte nach kurzem Bedenken dagegen:
Ich erinnre der Sache mich wohl, doch hab ich vergessen,
Wie sie zusammenhing; sie war verworren, so dünkt mich.

Wißt Ihr sie noch, so laßt sie mich hören, es macht mir Vergnügen.
Und sie sagte: Befiehlt es mein Herr, so soll es geschehen.

Eben sinds zwei Jahre, da kam ein Lindwurm und klagte
Stürmisch, gnädiger Herr, vor Euch: es woll ihm ein Bauer
Nicht im Rechte sich fügen, ein Mann, den zweimal das Urteil
Nicht begünstigt. Er brachte den Bauer, vor Euern Gerichtshof
Und erzählte die Sache mit vielen heftigen Worten.

Durch ein Loch im Zaune zu kriechen, gedachte die Schlange,
Fing sich aber im Stricke, der vor die Öffnung gelegt war,
Fester zog die Schlinge sich zu, sie hätte das Leben
Dort gelassen, da kam ihr zum Glück ein Wandrer gegangen.
Ängstlich rief sie: Erbarme dich meiner und mache mich ledig!
Laß dich erbitten! Da sagte der Mann: Ich will dich erlösen,
Denn mich jammert dein Elend; allein erst sollst du mir schwören,
Mir nichts Leides zu tun. Die Schlange fand sich erbötig,
Schwur den teuersten Eid: sie wolle auf keinerlei Weise
Ihren Befreier verletzen, und so erlöste der Mann sie.

Und sie gingen ein Weilchen zusammen, da fühlte die Schlange
Schmerzlichen Hunger, sie schoß auf den Mann und wollt ihn erwürgen,
Ihn verzehren; mit Angst und Not entsprang ihr der Arme.
Das ist dein Dank? Das hab ich verdient? so rief er: und hast du
Nicht geschworen den teuersten Eid? Da sagte die Schlange:
Leider nötiget mich der Hunger, ich kann mir nicht helfen;
Not erkennt kein Gebot, und so besteht es zu Rechte.

Da versetzte der Mann: So schone nur meiner so lange,
Bis wir zu Leuten kommen, die unparteiisch uns richten.
Und es sagte der Wurm: Ich will mich so lange gedulden.

Also gingen sie weiter und fanden über dem Wasser
Pflückebeutel, den Raben, mit seinem Sohne; man nennt ihn
Quackeler. Und die Schlange berief sie zu sich und sagte:
Kommt und höret! Es hörte die Sache der Rabe bedächtig,
Und er richtete gleich: den Mann zu essen. Er hoffte,
Selbst ein Stück zu gewinnen. Da freute die Schlange sich höchlich:
Nun, ich habe gesiegt! es kann mirs niemand verdenken.
Nein, versetzte der Mann: ich habe nicht völlig verloren;
Sollt ein Räuber zum Tode verdammen? und sollte nur Einer
Richten? ich fordere ferner Gehör, im Gange des Rechtes;
Laßt uns vor vier, vor zehn die Sache bringen und hören.

Gehn wir! sagte die Schlange. Sie gingen, und es begegnet'
Ihnen der Wolf und der Bär, und alle traten zusammen.
Alles befürchtete nun der Mann: denn zwischen den fünfen
War es gefährlich zu stehn und zwischen solchen Gesellen;
Ihn umringten die Schlange, der Wolf, der Bär und die Raben.
Bange war ihm genug: denn bald verglichen sich beide,
Wolf und Bär, das Urteil in dieser Maße zu fällen:
Töten dürfe die Schlange den Mann; der leidige Hunger
Kenne keine Gesetze, die Not entbinde vom Eidschwur.
Sorgen und Angst befielen den Wandrer, denn alle zusammen
Wollten sein Leben. Da schoß die Schlange mit grimmigem Zischen,
Spritzte Geifer auf ihn, und ängstlich sprang er zur Seite.
Großes Unrecht, rief er: begehst du! Wer hat dich zum Herren
Über mein Leben gemacht? Sie sprach: Du hast es vernommen;
Zweimal sprachen die Richter, und zweimal hast du verloren.
Ihr versetzte der Mann: Sie rauben selber und stehlen;
Ich erkenne sie nicht, wir wollen zum Könige gehen.
Mag er sprechen, ich füge mich drein; und wenn ich verliere,
Hab ich noch Übels genug, allein ich will es ertragen.
Spottend sagte der Wolf und der Bär: Du magst es versuchen,
Aber die Schlange gewinnt, sie wirds nicht besser begehren.
Denn sie dachten, es würden die sämtlichen Herren des Hofes

Sprechen wie sie, und gingen getrost und führten den Wandrer,
Kamen vor Euch, die Schlange, der Wolf, der Bär und die Raben.
Ja, selbdritt erschien der Wolf, er hatte zwei Kinder,
Eitelbauch hieß der eine, der andre Nimmersatt, beide
Machten dem Mann am meisten zu schaffen; sie waren gekommen,
Auch ihr Teil zu verzehren, denn sie sind immer begierig,
Heulten damals vor Euch mit unerträglicher Grobheit.
Ihr verbotet den Hof den beiden plumpen Gesellen.
Da berief sich der Mann auf Eure Gnaden, erzählte,
Wie ihn die Schlange zu töten gedenke, sie habe der Wohltat
Völlig vergessen, sie breche den Eid! So fleht' er um Rettung.
Aber die Schlange leugnete nicht: Es zwingt mich des Hungers
Allgewaltige Not, sie kennet keine Gesetze.

Gnädiger Herr, da wart Ihr bekümmert; es schien Euch die Sache
Gar bedenklich zu sein und rechtlich schwer zu entscheiden.
Denn es schien Euch hart, den guten Mann zu verdammen,
Der sich hilfreich bewiesen; allein Ihr dachtet dagegen
Auch des schmählichen Hungers. Und so berieft Ihr die Räte.
Leider war die Meinung der meisten dem Manne zum Nachteil;
Denn sie wünschten die Mahlzeit und dachten der Schlange zu helfen.
Doch Ihr sendetet Boten nach Reineken: alle die andern
Sprachen gar manches und konnten die Sache zu Rechte nicht scheiden.
Reineke kam und hörte den Vortrag, Ihr legtet das Urteil
Ihm in die Hände, und wie er es spräche, so sollt es geschehen.

Reineke sprach mit gutem Bedacht: Ich finde vor allem
Nötig, den Ort zu besuchen, und seh ich die Schlange gebunden,
Wie der Bauer sie fand, so wird das Urteil sich geben.
Und man band die Schlange von neuem an selbiger Stätte,
In der Maße, wie sie der Bauer im Zaune gefunden.

Reineke sagte darauf: Hier ist nun jedes von beiden
Wieder im vorigen Stand, und keines hat weder gewonnen,
Noch verloren; jetzt zeigt sich das Recht, so scheint mirs, von selber.
Denn beliebt es dem Manne, so mag er die Schlange noch einmal
Aus der Schlinge befrein; wo nicht, so läßt er sie hängen,
Frei, mit Ehren geht er die Straße nach seinen Geschäften.
Da sie untreu geworden, als sie die Wohltat empfangen,
Hat der Mann nun billig die Wahl. Das scheint mit des Rechtes
Wahrer Sinn; wers besser versteht, der laß es uns hören.

Damals gefiel Euch das Urteil und Euren Räten zusammen;
Reineke wurde gepriesen, der Bauer dankt' Euch, und jeder
Rühmte Reinekens Klugheit, ihn rühmte die Königin selber.
Vieles wurde gesprochen: im Kriege wären noch eher
Isegrim und Braun zu gebrauchen, man fürchte sie beide
Weit und breit, sie fänden sich gern, wo alles verzehrt wird.
Groß und stark und kühn sei jeder, man könn es nicht leugnen;
Doch im Rate fehle gar oft die nötige Klugheit:
Denn sie pflegen zu sehr auf ihre Stärke zu trotzen,
Kommt man ins Feld und naht sich dem Werke, da hinkt es gewaltig.
Mutiger kann man nichts sehn, als sie zu Hause sich zeigen;
Draußen liegen sie gern im Hinterhalt. Setzt es denn einmal
Tüchtige Schläge, so nimmt man sie mit, so gut als ein andrer.
Bären und Wölfe verderben das Land; es kümmert sie wenig,
Wessen Haus die Flamme verzehrt, sie pflegen sich immer
An den Kohlen zu wärmen, und sie erbarmen sich keines,
Wenn ihr Kropf sich nur füllt. Man schlürft die Eier hinunter,
Läßt den Armen die Schalen und glaubt noch redlich zu teilen.
Reineke Fuchs mit seinem Geschlecht versteht sich dagegen
Wohl auf Weisheit und Rat, und hat er nun etwas versehen,
Gnädiger Herr, so ist er kein Stein. Doch wird Euch ein andrer
Niemals besser beraten. Darum verzeiht ihm, ich bitte!

Da versetzte der König: Ich will es bedenken. Das Urteil
Ward gesprochen, wie Ihr erzählt, es büßte die Schlange.
Doch von Grund aus bleibt er ein Schalk, wie sollt er sich bessern?
Macht man ein Bündnis mit ihm, so bleibt man am Ende betrogen;
Denn er dreht sich so listig heraus, wer ist ihm gewachsen?
Wolf und Bär und Kater, Kaninchen und Krähe, sie sind ihm
Nicht behende genug, er bringt sie in Schaden und Schande.
Diesem behielt er ein Ohr, dem andern das Auge, das Leben
Raubt' er dem dritten! Fürwahr, ich weiß nicht, wie Ihr dem Bösen
So zugunsten sprecht und seine Sache verteidigt.
Gnädiger Herr, versetzte die Äffin: ich kann es nicht bergen,
Sein Geschlecht ist edel und groß, Ihr mögt es bedenken.

Da erhub sich der König, herauszutreten, es stunden
Alle zusammen und warteten sein. Er sah in dem Kreise
Viele von Reinekens nächsten Verwandten, sie waren gekommen,
Ihren Vetter zu schützen, sie wären schwerlich zu nennen.
Und er sah das große Geschlecht, er sah auf der andern
Seite Reinekens Feinde: es schien der Hof sich zu teilen.

Da begann der König: So höre mich, Reineke! Kannst du
Solchen Frevel entschuldigen, daß du mit Hilfe Bellynens
Meinen frommen Lampe getötet? und daß Ihr Verwegnen
Mir sein Haupt ins Ränzel gesteckt, als wären es Briefe?
Mich zu höhnen, tatet ihr das! ich habe den einen
Schon bestraft, es büßte Bellyn; erwarte das gleiche.

Weh mir! sagte Reineke drauf: o wär ich gestorben!
Höret mich an, und wie es sich findet, so mag es geschehen:
Bin ich schuldig, so tötet mich gleich, ich werde doch nimmer
Aus der Not und Sorge mich retten, ich bleibe verloren.
Denn der Verräter Bellyn, er unterschlug mir die größten

Schätze, kein Sterblicher hat dergleichen jemals gesehen.
Ach, sie kosten Lampen das Leben! Ich hatte sie beiden
Anvertraut, nun raubte Bellyn die köstlichen Sachen.
Ließen sie sich doch wieder erforschen! Allein ich befürchte,
Niemand findet sie mehr, sie bleiben auf immer verloren.

Aber die Äffin versetzte darauf: Wer wollte verzweifeln?
Sind sie nur über der Erde, so ist noch Hoffnung zu schöpfen.
Früh und späte wollen wir gehn und Laien und Pfaffen
Emsig fragen; doch zeiget uns an, wie waren die Schätze?

Reineke sagte: sie waren so köstlich, wir finden sie nimmer;
Wer sie besitzt, verwahrt sie gewiß. Wie wird sich darüber
Nicht Frau Ermelyn quälen! sie wird mirs niemals verzeihen.
Denn sie mißriet mir, den beiden das köstliche Kleinod zu geben.
Nun erfindet man Lügen auf mich und will mich verklagen!
Doch ich verfechte mein Recht, erwarte das Urteil, und werd ich
Losgesprochen, so reis ich umher durch Länder und Reiche,
Suche die Schätze zu schaffen, und sollt ich mein Leben verlieren.

Zehnter Gesang

O mein König! sagte darauf der listige Redner:
Laßt mich, edelster Fürst, vor meinen Freunden erzählen,
Was Euch alles von mir an köstlichen Dingen bestimmt war.
Habt Ihr sie gleich nicht erhalten, so war mein Wille doch löblich.
Sage nur an, versetzte der König: und kürze die Worte.

Glück und Ehre sind hin! Ihr werdet alles erfahren,
Sagte Reineke traurig. Das erste köstliche Kleinod
War ein Ring; ich gab ihn Bellynen, er sollt ihn dem König
Überliefern. Es war auf wunderbarliche Weise
Dieser Ring zusammengesetzt und würdig, im Schatze
Meines Fürsten zu glänzen, aus feinem Golde gebildet.
Auf der inneren Seite, die nach dem Finger sich kehret,
Standen Lettern gegraben und eingeschmolzen; es waren
Drei hebräische Worte von ganz besonderer Deutung.
Niemand erklärte so leicht in diesen Landen die Züge,
Meister Abryon nur von Trier, der konnte sie lesen.
Es ist ein Jude, gelehrt, und alle Zungen und Sprachen
Kennt er, die von Poitou bis Lüneburg werden gesprochen;
Und auf Kräuter und Steine versteht sich der Jude besonders.

Als ich den Ring ihm gezeigt, da sagt' er: Köstliche Dinge
Sind hierinnen verborgen. Die drei gegrabenen Namen

Brachte Seth, der Fromme, vom Paradiese hernieder,
Als er das Öl der Barmherzigkeit suchte; und wer ihn am Finger
Trägt, der findet sich frei von allen Gefahren: es werden
Weder Donner, noch Blitz, noch Zauberei ihn verletzen.
Ferner sagte der Meister: er habe gelesen, es könne
Wer den Ring am Finger bewahrt, in grimmiger Kälte
Nicht erfrieren; er lebe gewiß ein ruhiges Alter.
Außen stand ein Edelgestein, ein heller Karfunkel,
Dieser leuchtete nachts und zeigte deutlich die Sachen.
Viele Kräfte hatte der Stein: er heilte die Kranken,
Wer ihn berührte, fühlte sich frei von allen Gebrechen,
Aller Bedrängnis, nur ließ sich der Tod allein nicht bezwingen.
Weiter entdeckte der Meister des Steines herrliche Kräfte:
Glücklich reist der Besitzer durch alle Lande, ihm schadet
Weder Wasser, noch Feuer; gefangen oder verraten
Kann er nicht werden, und jeder Gewalt des Feindes entgeht er.
Und besieht er nüchtern den Stein, so wird er im Kampfe
Hundert überwinden und mehr. Die Tugend des Steines
Nimmt dem Gifte die Wirkung und allen schädlichen Säften.
Ebenso vertilgt sie den Haß, und sollte gleich mancher
Den Besitzer nicht lieben, er fühlt sich in kurzem verändert.

Wer vermöchte die Kräfte des Steines alle zu zählen,
Den ich im Schatze des Vaters gefunden und den ich dem König
Nun zu senden gedachte? Denn solches köstlichen Ringes
War ich nicht wert, ich wußt es recht wohl; er sollte dem Einen,
Der von allen der Edelste bleibt, so dacht ich, gehören:
Unser Wohl beruht nur auf ihm und unser Vermögen,
Und ich hoffte, sein Leben vor allem Übel zu schützen.

Ferner sollte Widder Bellyn der Königin gleichfalls
Kamm und Spiegel verehren, damit sie meiner gedächte.
Diese hatt ich einmal zur Lust vom Schatze des Vaters
Zu mir genommen, es fand sich auf Erden kein schöneres Kunstwerk.
O wie oft versucht' es mein Weib und wollte sie haben!

Sie verlangte nichts weiter von allen Gütern der Erde,
Und wir stritten darum; sie konnte mich niemals bewegen,
Doch nun sendet ich Spiegel und Kamm mit gutem Bedachte
Meiner gnädigen Frauen, der Königin, welche mir immer
Große Wohltat erwies und mich vor Übel beschirmte;
Öfters hat sie für mich ein günstiges Wörtchen gesprochen,
Edel ist sie, von hoher Geburt, es ziert sie die Tugend,
Und ihr altes Geschlecht bewährt sich in Worten und Werken;
Würdig war sie des Spiegels und Kammes! die hat sie nun leider
Nicht mit Augen gesehn, sie bleiben auf immer verloren.

Nun vom Kamme zu reden. Zu diesem hatte der Künstler
Pantherknochen genommen, die Reste des edlen Geschöpfes;
Zwischen Indien wohnt es und zwischen dem Paradiese,
Allerlei Farben zieren sein Fell, und süße Gerüche
Breiten sich aus, wohin es sich wendet, darum auch die Tiere
Seine Fährte so gern auf allen Wegen verfolgen;
Denn sie werden gesund von diesem Geruche, das fühlen
Und bekennen sie alle. Von solchen Knochen und Beinen
War der zierliche Kamm mit vielem Fleiße gebildet,
Klar wie Silber und weiß, von unaussprechlicher Reinheit,
Und des Kammes Geruch ging über Nelken und Zimmet.
Stirbt das Tier, so fährt der Geruch in alle Gebeine,
Bleibt beständig darin und läßt sie nimmer verwesen,
Alle Seuche treibt er hinweg und alle Vergiftung.

Ferner sah man die köstlichsten Bilder am Rücken des Kammes
Hocherhaben, durchflochten mit goldenen zierlichen Ranken
Und mit rot- und blauer Lasur. Im mittelsten Felde
War die Geschichte künstlich gebildet, wie Paris von Troja
Eines Tages am Brunnen saß, drei göttliche Frauen
Vor sich sah, man nannte sie Pallas und Juno und Venus.
Lange stritten sie erst, denn jegliche wollte den Apfel
Gerne besitzen, der ihnen bisher zusammen gehörte;

Endlich verglichen sie sich: es solle den goldenen Apfel
Paris der Schönsten bestimmen, sie sollt allein ihn behalten.

Und der Jüngling beschaute sie wohl mit gutem Bedachte.
Juno sagte zu ihm: Erhalt ich den Apfel, erkennst du
Mich für die Schönste, so wirst du der erste vor allen an Reichtum.
Pallas versetzte: Bedenke dich wohl und gib mir den Apfel,
Und du wirst der mächtigste Mann; es fürchten dich alle,
Wird dein Name genannt, so Feind als Freunde zusammen.
Venus sprach: Was soll die Gewalt? was sollen die Schätze?
Ist dein Vater nicht König Priamus? deine Gebrüder,
Hektor und andre, sind sie nicht reich und mächtig im Lande?
Ist nicht Troja geschützt von seinem Heere? und habt ihr
Nicht umher das Land bezwungen und fernere Völker?
Wirst du die Schönste mich preisen und mir den Apfel erteilen,
Sollst du des herrlichsten Schatzes auf dieser Erde dich freuen.
Dieser Schatz ist ein treffliches Weib, die Schönste von allen,
Tugendsam, edel und weise, wer könnte würdig sie loben?
Gib mir den Apfel, du sollst des griechischen Königs Gemahlin,
Helena mein ich, die schöne, den Schatz der Schätze besitzen.

Und er gab ihr den Apfel und pries sie von allen die Schönste.
Aber sie half ihm dagegen die schöne Königin rauben,
Menelaus' Gemahlin, sie ward in Troja die Seine.
Diese Geschichte sah man erhaben im mittelsten Felde.
Und es waren Schilder umher mit künstlichen Schriften;
Jeder durfte nur lesen, und so verstand er die Fabel.

Höret nun weiter vom Spiegel! daran die Stelle des Glases
Ein Beryll vertrat von großer Klarheit und Schönheit;
Alles zeigte sich drin, und wenn es meilenweit vorging,
War es Tag oder Nacht. Und hatte jemand im Antlitz
Einen Fehler, wie er auch war, ein Fleckchen im Auge,
Durft er sich nur im Spiegel besehn, so gingen von Stund an
Alle Mängel hinweg und alle fremden Gebrechen.

Ists ein Wunder, daß mich es verdrießt, den Spiegel zu missen?
Und es war ein köstliches Holz zur Fassung der Tafel,
Sethym heißt es, genommen, von festem, glänzendem Wuchse;
Keine Würmer stechen es an und wird auch, wie billig,
Höher gehalten als Gold, nur Ebenholz kommt ihm am nächsten.
Denn aus diesem verfertigt' einmal ein trefflicher Künstler
Unter König Krompardes ein Pferd von seltnem Vermögen:
Eine Stunde brauchte der Reiter und mehr nicht zu hundert
Meilen. Ich könnte die Sache für jetzt nicht gründlich erzählen,
Denn es fand sich kein ähnliches Roß, solange die Welt steht.

Anderthalb Fuß war rings die ganze Breite des Rahmens
Um die Tafel herum, geziert mit künstlichem Schnitzwerk,
Und mit goldenen Lettern stand unter jeglichem Bilde,
Wie sichs gehört, die Bedeutung geschrieben. Ich will die Geschichten
Kürzlich erzählen. Die erste war von dem neidischen Pferde:
Um die Wette gedacht es mit einem Hirsche zu laufen,
Aber hinter ihm blieb es zurück, das schmerzte gewaltig;
Und es eilte darauf, mit einem Hirten zu reden,
Sprach: Du findest dein Glück, wenn du mir eilig gehorchest.
Setze dich auf, ich bringe dich hin, es hat sich vor kurzem
Dort ein Hirsch im Walde verborgen, den sollst du gewinnen;
Fleisch und Haut und Geweih, du magst sie teuer verkaufen,
Setze dich auf, wir wollen ihm nach! – Das will ich wohl wagen!
Sagte der Hirt und setzte sich auf, sie eilten von dannen.
Und sie erblickten den Hirsch in kurzem, folgten behende
Seiner Spur und jagten ihm nach. Er hatte den Vorsprung,
Und es ward dem Pferde zu sauer, da sagt' es zum Manne:
Sitze was ab, ich bin müde geworden, der Ruhe bedarf ich.
Nein! wahrhaftig, versetzte der Mann: du sollst mir gehorchen,
Meine Sporen sollst du empfinden, du hast mich ja selber
Zu dem Ritte gebracht; und so bezwang es der Reiter.
Seht, so lohnet sich der mit vielem Bösen, der, andern
Schaden zu bringen, sich selbst mit Pein und Übel beladet.

Ferner zeig ich Euch an, was auf dem Spiegel gebildet
Stand: Wie ein Esel und Hund bei einem Reichen in Diensten
Beide gewesen! so war denn der Hund nun freilich der Liebling,
Denn er saß beim Tische des Herrn und aß mit demselben
Fisch und Fleisch und ruhte wohl auch im Schoße des Gönners,
Der ihm das beste Brot zu reichen pflegte; dagegen
Wedelte mit dem Schwanze der Hund und leckte den Herren.

Boldewyn sah des Glück des Hundes, und traurig im Herzen
Ward der Esel und sagte bei sich: Wo denkt doch der Herr hin,
Daß er dem faulen Geschöpfe so äußerst freundlich begegnet?
Springt das Tier nicht auf ihm herum und leckt ihn am Barte!
Und ich muß die Arbeit verrichten und schleppe die Säcke.
Er probier es einmal und tu mit fünf, ja mit zehen
Hunden im Jahre so viel, als ich des Monats verrichte!
Und doch wird ihm das Beste gereicht, mich speist man mit Stroh ab,
Läßt auf der harten Erde mich liegen, und wo man mich hintreibt
Oder reitet, spottet man meiner. Ich kann und ich will es
Länger nicht dulden, will auch des Herren Gunst mir erwerben.

Als er so sprach, kam eben sein Herr die Straße gegangen;
Da erhub der Esel den Schwanz und bäumte sich springend
Über den Herren und schrie und sang und plärrte gewaltig,
Leckt' ihm den Bart und wollte nach Art und Weise des Hundes
An die Wange sich schmiegen und stieß ihm einige Beulen.
Ängstlich entsprang ihm der Herr und rief. O! fangt mir den Esel,
Schlagt ihn tot! Es kamen die Knechte, da regnet' es Prügel,
Nach dem Stalle trieb man ihn fort: da blieb er ein Esel.

Mancher findet sich noch von seinem Geschlechte, der andern
Ihre Wohlfahrt mißgönnt und sich nicht besser befindet.
Kommt dann aber einmal so einer in reichlichen Zustand,
Schickt sichs grad, als äße das Schwein mit Löffeln die Suppe,
Nicht viel besser fürwahr. Der Esel trage die Säcke,

Habe Stroh zum Lager und finde Disteln zur Nahrung.
Will man ihn anders behandeln, so bleibt es doch immer beim alten.
Wo ein Esel zur Herrschaft gelangt, kanns wenig gedeihen,
Ihren Vorteil suchen sie wohl, was kümmert sie weiter?

Ferner sollt Ihr erfahren, mein König, und laßt Euch die Rede
Nicht verdrießen, es stand noch auf dem Rahmen des Spiegels
Schön gebildet und deutlich beschrieben, wie ehmals mein Vater
Sich mit Hinzen verbündet, auf Abenteuer zu ziehen,
Und wie beide heilig geschworen, in allen Gefahren
Tapfer zusammenzuhalten und jede Beute zu teilen.
Als sie nun vorwärtszogen, bemerkten sie Jäger und Hunde
Nicht gar ferne vom Wege; da sagte Hinze, der Kater:
Guter Rat scheint teuer zu werden! Mein Alter versetzte:
Wunderlich sieht es wohl aus, doch hab ich mit herrlichem Rate
Meinen Sack noch gefüllt, und wir gedenken des Eides,
Halten wacker zusammen, das bleibt vor allem das erste.
Hinze sagte dagegen: Es gehe, wie es auch wolle,
Bleibt mir doch ein Mittel bekannt, das denk ich zu brauchen.
Und so sprang er behend auf einen Baum, sich zu retten
Vor der Hunde Gewalt, und so verließ er den Oheim.
Ängstlich stand mein Vater nun da; es kamen die Jäger.
Hinze sprach: Nun, Oheim? Wie stehts? so öffnet den Sack doch!
Ist er voll Rates, so braucht ihn doch jetzt, die Zeit ist gekommen.
Und die Jäger bliesen das Horn und riefen einander.
Lief mein Vater, so liefen die Hunde, sie folgten mit Bellen,
Und er schwitzte vor Angst, und häufige Losung entfiel ihm;
Leichter fand er sich da, und so entging er den Feinden.

Schändlich, Ihr habt es gehört, verriet ihn der nächste Verwandte,

Dem er sich doch am meisten vertraut. Es ging ihm ans Leben,
Denn die Hunde waren zu schnell, und hätt er nicht eilig
Einer Höhle sich wieder erinnert, so war es geschehen;
Aber da schlupft' er hinein, und ihm verloren die Feinde.
Solcher Bursche gibt es noch viel, wie Hinze sich damals
Gegen den Vater bewies: wie sollt ich ihn lieben und ehren?
Halb zwar hab ichs vergeben, doch bleibt noch etwas zurücke.
All dies war auf dem Spiegel geschnitten mit Bildern und Worten.

Ferner sah man daselbst ein eignes Stückchen vom Wolfe,
Wie er zu danken bereit ist für Gutes, das er empfangen.
Auf dem Anger fand er ein Pferd, woran nur die Knochen
Übrig waren; doch hungert' ihn sehr, er nagte sie gierig,
Und es kam ihm ein spitziges Bein die Quer in den Kragen;
Ängstlich stellt' er sich an, es war ihm übel geraten.
Boten auf Boten sendet' er fort, die Ärzte zu rufen;
Niemand vermochte zu helfen, wiewohl er große Belohnung
Allen geboten. Da meldete sich am Ende der Kranich,
Mit dem roten Barett auf dem Haupt. Ihm flehte der Kranke:
Doktor, helft mir geschwind von diesen Nöten! ich geb Euch,
Bringt Ihr den Knochen heraus, soviel Ihr immer begehret.

Also glaubte der Kranich den Worten und steckte den Schnabel
Mit dem Haupt in den Rachen des Wolfes und holte den Knochen.
Weh mir! heulte der Wolf: du tust mir Schaden! es schmerzet!
Laß es nicht wieder geschehn! Für heute sei es vergeben.
Wär es ein andrer, ich hätte das nicht geduldig gelitten.
Gebt Euch zufrieden, versetzte der Kranich: Ihr seid nun genesen;
Gebt mir den Lohn, ich hab ihn verdient, ich hab Euch geholfen.
Höret den Gecken! sagte der Wolf. ich habe das Übel,
Er verlangt die Belohnung und hat die Gnade vergessen,
Die ich ihm eben erwies. Hab ich ihm Schnabel und Schädel,
Den ich im Munde gefühlt, nicht unbeschädigt entlassen?
Hat mir der Schäker nicht Schmerzen gemacht? Ich könnte wahrhaftig,
Ist von Belohnung die Rede, sie selbst am ersten verlangen.
Also pflegen die Schälke mit ihren Knechten zu handeln.

Diese Geschichten und mehr verzierten, künstlich geschnitten,
Rings die Fassung des Spiegels und mancher gegrabene Zierat,

Manche goldene Schrift. Ich hielt des köstlichen Kleinods
Mich nicht wert, ich bin zu gering, und sandt es deswegen
Meiner Frauen, der Königin, zu. Ich dachte durch solches
Ihr und ihrem Gemahl mich ehrerbietig zu zeigen.
Meine Kinder betrübten sich sehr, die artigen Knaben,
Als ich den Spiegel dahingab. Sie sprangen gewöhnlich und spielten
Vor dem Glase, beschauten sich gern, sie sahen die Schwänzchen
Hängen vom Rücken herab und lachten den eigenen Mäulchen.

Leider vermutet ich nicht den Tod des ehrlichen Lampe,
Da ich ihm und Bellyn auf Treu und Glauben die Schätze
Heilig empfahl; ich hielt sie beide für redliche Leute,
Keine besseren Freunde gedacht ich jemals zu haben.
Wehe sei über den Mörder gerufen! Ich will es erfahren,
Wer die Schätze verborgen, es bleibt kein Mörder verhohlen.
Wüßte doch ein und andrer vielleicht im Kreis hier zu sagen,
Wo die Schätze geblieben und wie man Lampen getötet!

Seht, mein gnädiger König, es kommen täglich so viele
Wichtige Sachen vor Euch, Ihr könnt nicht alles behalten;
Doch vielleicht gedenket Ihr noch des herrlichen Dienstes,
Den mein Vater dem Euren an dieser Stätte bewiesen.
Krank lag Euer Vater, sein Leben rettete meiner,
Und doch sagt Ihr, ich habe noch nie, es habe mein Vater
Euch nichts Gutes erzeigt. Beliebt, mich weiter zu hören.
Sei es mit Eurer Erlaubnis gesagt: es fand sich am Hofe
Eures Vaters der meine bei großen Würden und Ehren
Als erfahrener Arzt. Er wußte das Wasser des Kranken
Klug zu besehn; er half der Natur; was immer den Augen,
Was den edelsten Gliedern gebrach, gelang ihm zu heilen;
Kannte wohl die emetischen Kräfte, verstand auch daneben
Auf die Zähne sich gut und holte die schmerzenden spielend.
Gerne glaub ich, Ihr habt es vergessen; es wäre kein Wunder,
Denn drei Jahre hattet Ihr nur. Es legte sich damals
Euer Vater im Winter mit großen Schmerzen zu Bette,
Ja, man mußt ihn heben und tragen. Da ließ er die Ärzte
Zwischen hier und Rom zusammenberufen, und alle
Gaben ihn auf; er schickte zuletzt, man holte den Alten;
Dieser hörte die Not und sah die gefährliche Krankheit.

Meinen Vater jammert' es sehr, er sagte: Mein König,
Gnädiger Herr, ich setzte, wie gern! mein eigenes Leben,
Könnt ich Euch retten, daran! Doch laßt im Glase mich Euer
Wasser besehn. Der König befolgte die Worte des Vaters,
Aber klagte dabei, es werde je länger, je schlimmer.

Auf dem Spiegel war es gebildet, wie glücklich zur Stunde
Euer Vater genesen. Denn meiner sagte bedächtig:
Wenn Ihr Gesundheit verlangt, entschließt Euch ohne Versäumnis,
Eines Wolfes Leber zu speisen, doch sollte derselbe
Sieben Jahre zum wenigsten haben; die müßt Ihr verzehren.
Sparen dürft Ihr mir nicht, denn Euer Leben betrifft es.
Euer Wasser zeuget nur Blut, entschließt Euch geschwinde!

In dem Kreise befand sich der Wolf und hört' es nicht gerne.
Euer Vater sagte darauf. Ihr habt es vernommen,
Höret, Herr Wolf, Ihr werdet mir nicht zu meiner Genesung
Eure Leber verweigern. Der Wolf versetzte dagegen:
Nicht fünf Jahre bin ich geboren! was kann sie Euch nutzen?
Eitles Geschwätz! versetzte mein Vater: es soll uns nicht hindern,
An der Leber seh ich das gleich. Es mußte zur Stelle
Nach der Küche der Wolf, und brauchbar fand sich die Leber.
Euer Vater verzehrte sie stracks. Zur selbigen Stunde
War er von aller Krankheit befreit und allen Gebrechen.
Meinem Vater dankt' er genug, es mußt ihn ein jeder
Doktor heißen am Hofe, man durft es niemals vergessen.

Also ging mein Vater beständig dem König zur Rechten.
Euer Vater verehrt' ihm hernach, ich weiß es am besten,
Eine goldene Spange mit einem roten Barette,
Sie vor allen Herren zu tragen; so haben ihn alle
Hoch in Ehren gehalten. Es hat sich aber mit seinem
Sohne leider geändert, und an die Tugend des Vaters
Wird nicht weiter gedacht. Die allergierigsten Schälke
Werden erhoben, und Nutz und Gewinn bedenkt man alleine,
Recht und Weisheit stehen zurück. Es werden die Diener
Große Herren, das muß der Arme gewöhnlich entgelten.
Hat ein solcher Macht und Gewalt, so schlägt er nur blindlings
Unter die Leute, gedenket nicht mehr, woher er gekommen;
Seinen Vorteil gedenkt er aus allem Spiele zu nehmen.

Um die Großen finden sich viele von diesem Gelichter.
Keine Bitte hören sie je, wozu nicht die Gabe
Gleich sich reichlich gesellt, und wenn sie die Leute bescheiden,
Heißt es: Bringt nur! und bringt! zum ersten, zweiten und dritten.

Solche gierige Wölfe behalten köstliche Bissen
Gerne für sich, und wär es zu tun, mit kleinem Verluste
Ihres Herren Leben zu retten, sie trügen Bedenken.
Wollte der Wolf doch die Leber nicht lassen, dem König zu dienen!
Und was Leber! Ich sag es heraus! Es möchten auch zwanzig
Wölfe das Leben verlieren, behielte der König und seine
Teure Gemahlin das ihre, so wär es weniger schade.
Denn ein schlechter Same, was kann er Gutes erzeugen?
Was in Eurer Jugend geschah, Ihr habt es vergessen;
Aber ich weiß es genau, als wär es gestern geschehen.
Auf dem Spiegel stand die Geschichte, so wollt es mein Vater;
Edelsteine zierten das Werk und goldene Ranken.
Könnt ich den Spiegel erfragen, ich wagte Vermögen und Leben.

Reineke, sagte der König: die Rede hab ich verstanden,
Habe die Worte gehört, und was du alles erzähltest.
War dein Vater so groß hier am Hofe und hat er so viele
Nützliche Taten getan, das mag wohl lange schon her sein.
Ich erinnre michs nicht, auch hat mirs niemand berichtet.
Eure Händel dagegen, die kommen mir öfters zu Ohren,
Immer seid Ihr im Spiele, so hör ich wenigstens sagen;
Tun sie Euch unrecht damit, und sind es alte Geschichten,
Möcht ich einmal was Gutes vernehmen; es findet sich selten.

Herr, versetzte Reineke drauf: ich darf mich hierüber
Wohl erklären vor Euch, denn mich betrifft ja die Sache.
Gutes hab ich Euch selber getan! es sei Euch nicht etwa
Vorgeworfen; behüte mich Gott! ich erkenne mich schuldig,
Euch zu leisten, soviel ich vermag. Ihr habt die Geschichte

Wilhelm Kaulbach gez. Steifensand gest.

Ganz gewiß nicht vergessen. Ich war mit Isegrim glücklich
Einst ein Schwein zu erjagen, es schrie, wir bissen es nieder;
Und Ihr kamt und klagtet so sehr und sagtet: es käme
Eure Frau noch hinter Euch drein, und teilte nur jemand
Wenige Speise mit Euch, so wär euch beiden geholfen.
Gebet von Eurem Gewinne was ab! so sagtet Ihr damals.
Isegrim sagte wohl: Ja! doch murmelt' er unter dem Barte,
Daß man kaum es verstand. Ich aber sagte dagegen:
Herr! es ist Euch gegönnt, und wärens der Schweine die Menge.
Sagt, wer soll es verteilen? Der Wolf! versetztet Ihr wieder.
Isegrim freute sich sehr; er teilte, wie er gewohnt war,

Ohne Scham und Scheu und gab Euch eben ein Viertel,
Eurer Frauen das andre, und er fiel über die Hälfte,
Schlang begierig hinein und reichte mir außer den Ohren
Nur die Nase noch hin und eine Hälfte der Lunge;
Alles andre behielt er für sich, Ihr habt es gesehen.
Wenig Edelmut zeigt' er uns da. Ihr wißt es, mein König!
Euer Teil verzehrtet Ihr bald, doch merkt ich, Ihr hattet
Nicht den Hunger gestillt, nur Isegrim wollt es nicht sehen,
Aß und kaute so fort und bot Euch nicht das geringste.
Aber da traft Ihr ihn auch mit Euren Tatzen gewaltig
Hinter die Ohren, verschobt ihm das Fell, mit blutiger Glatze
Lief er davon, mit Beulen am Kopf, und heulte vor Schmerzen.
Und Ihr rieft ihm noch zu: Komm wieder, lerne dich schämen!
Teilst du wieder, so triff mirs besser, sonst will ich dirs zeigen.
Jetzt mach eilig dich fort und bring uns ferner zu essen!
Herr! gebietet Ihr das? versetzt ich: so will ich ihm folgen,
Und ich weiß, ich hole schon was. Ihr wart es zufrieden.
Ungeschickt hielt sich Isegrim damals, er blutete, seufzte,
Klagte mir vor; doch trieb ich ihn an, wir jagten zusammen,
Fingen ein Kalb! Ihr liebt Euch die Speise. Und als wir es brachten,
Fand sichs fett; Ihr lachtet dazu und sagtet zu meinem
Lobe manch freundliches Wort; ich wäre, meintet Ihr, trefflich
Auszusenden zur Stunde der Not, und sagtet daneben:
Teile das Kalb! Da sprach ich: Die Hälfte gehöret schon Euer!
Und die Hälfte gehört der Königin: was sich im Leibe
Findet, als Herz und Leber und Lunge, gehöret, wie billig,
Euern Kindern; ich nehme die Füße, die lieb ich zu nagen,
Und das Haupt behalte der Wolf, die köstliche Speise.

Als Ihr die Rede vernommen, versetztet Ihr: Sage! wer hat dich
So nach Hofart teilen gelehrt? ich möcht es erfahren.
Da versetzt ich: Mein Lehrer ist nah, denn dieser mit rotem
Kopfe, mit blutiger Glatze, hat mir das Verständnis geöffnet.
Ich bemerkte genau, wie er heut frühe das Ferkel

Teilte, da lernt ich den Sinn von solcher Teilung begreifen;
Kalb oder Schwein, ich find es nun leicht und werde nicht fehlen.

Schaden und Schande befiel den Wolf und seine Begierde.
Seinesgleichen gibt es genug! Sie schlingen der Güter
Reichliche Früchte zusamt den Untersassen hinunter.
Alles Wohl zerstören sie leicht, und keine Verschonung,
Ist zu erwarten, und wehe dem Lande, das selbige nähret!

Seht! Herr König, so hab ich Euch oft in Ehren gehalten.
Alles, was ich besitze und was ich nur immer gewinne,
Alles widm ich Euch gern und Eurer Königin; sei es
Wenig oder auch viel, Ihr nehmt das meiste von allem.
Wenn Ihr des Kalbes und Schweines gedenkt, so merkt ihr die Wahrheit,
Wo die rechte Treue sich findet. Und dürfte wohl etwa
Isegrim sich mit Reineken messen? Doch leider im Ansehn
Steht der Wolf als oberster Vogt, und alle bedrängt er.
Euren Vorteil besorgt er nicht sehr; zum halben und ganzen
Weiß er den seinen zu fördern. So führt er freilich mit Braunen
Nun das Wort, und Reinekens Rede wird wenig geachtet.
Herr! es ist wahr, man hat mich verklagt, ich werde nicht weichen,
Denn ich muß nun hindurch, und also sei es gesprochen:
Ist hier einer, der glaubt zu beweisen, so komm er mit Zeugen,
Halte sich fest an die Sache und setze gerichtlich zum Pfande
Sein Vermögen, sein Ohr, sein Leben, wenn er verlöre,
Und ich setze das gleiche dagegen: so hat es zu Rechte
Stets gegolten, so halte mans noch, und alle die Sache,
Wie man sie für und wider gesprochen, sie werde getreulich
Solcherweise geführt und gerichtet, ich darf es verlangen!

Wie es auch sei, versetzte der König: am Wege des Rechtes
Will und kann ich nicht schmälern, ich hab es auch niemals gelitten,
Groß ist zwar der Verdacht, du habest an Lampens Ermordung
Teilgenommen, des redlichen Boten! ich liebt ihn besonders

Und verlor ihn nicht gern, betrübte mich über die Maßen,
Als man sein blutiges Haupt aus deinem Ränzel herauszog;
Auf der Stelle büßt' es Bellyn, der böse Begleiter,
Und du magst die Sache nun weiter gerichtlich verfechten.
Was mich selber betrifft, vergeb ich Reineken alles,
Denn er hielt sich zu mir in manchen bedenklichen Fällen.
Hätte weiter jemand zu klagen, wir wollen ihn hören:
Stell er unbescholtene Zeugen und bringe die Klage
Gegen Reineken ordentlich vor, hier steht er zu Rechte!

Reineke sagte: Gnädiger Herr! ich danke zum besten.
Jeden hört Ihr, und jeder genießt die Wohltat des Rechtes.
Laßt mich heilig beteuern, mit welchem traurigen Herzen
Ich Bellyn und Lampen entließ: mir ahndete, glaub ich,
Was den beiden sollte geschehn, ich liebte sie zärtlich.

So staffierte Reineke klug Erzählung und Worte.
Jedermann glaubt' ihm; er hatte die Schätze so zierlich beschrieben,
Sich so ernstlich betragen, er schien die Wahrheit zu reden;
Ja, man sucht' ihn zu trösten. Und so betrog er den König,
Dem die Schätze gefielen; er hätte sie gerne besessen,
Sagte zu Reineken: Gebt Euch zufrieden, Ihr reiset und suchet
Weit und breit, das Verlorne zu finden, das mögliche tut Ihr;
Wenn Ihr meiner Hilfe bedürft, sie steht Euch zu Diensten.

Dankbar, sagte Reineke drauf, erkenn ich die Gnade;
Diese Worte richten mich auf und lassen mich hoffen.
Raub und Mord zu bestrafen, ist Eure höchste Behörde.
Dunkel bleibt mir die Sache, doch wird sichs finden; ich sehe
Mit dem größten Fleiße darnach und werde des Tages
Emsig reisen und nachts und alle Leute befragen.
Hab ich erfahren, wo sie sich finden, und kann sie nicht selber
Wiedergewinnen, wär ich zu schwach, so bitt ich um Hilfe,
Die gewährt Ihr alsdann, und sicher wird es geraten.
Bring ich glücklich die Schätze vor Euch, so find ich am Ende

Meine Mühe belohnt und meine Treue bewähret.

Gerne hört' es der König und fiel in allem und jedem
Reineken bei, der hatte die Lüge so künstlich geflochten.
Alle die andern glaubten es auch; er durfte nun wieder
Reisen und gehen, wohin ihm gefiel, und ohne zu fragen.

Aber Isegrim konnte sich länger nicht halten, und knirschend
Sprach er: Gnädiger Herr! So glaubt Ihr wieder dem Diebe,
Der Euch zwei- und dreifach belog? Wen sollt es nicht wundern!
Seht Ihr nicht, daß der Schalk Euch betrügt und uns alle beschädigt?
Wahrheit redet er nie, und eitel Lügen ersinnt er.
Aber ich laß ihn so leicht nicht davon! Ihr sollt es erfahren,
Daß er ein Schelm ist und falsch. Ich weiß drei große Verbrechen,
Die er begangen; er soll nicht entgehn, und sollten wir kämpfen.
Zwar man fordert Zeugen von uns, was wollte das helfen?
Stünden sie hier und sprächen und zeugten den ganzen Gerichtstag,
Könnte das fruchten? er täte nur immer nach seinem Belieben,
Oft sind keine Zeugen zu stellen, da sollte der Frevler
Nach wie vor die Tücke verüben? Wer traut sich, zu reden?
Jedem hängt er was an, und jeder fürchtet den Schaden.
Ihr und die Euren empfinden es auch und alle zusammen.
Heute will ich ihn halten, er soll nicht wanken noch weichen,
Und er soll zu Rechte mir stehn; nun mag er sich wahren!

Elfter Gesang

Isegrim klagte, der Wolf, und sprach: Ihr werdet verstehen!
Reineke, gnädiger König, so wie er immer ein Schalk war,
Bleibt er es auch und steht und redet schändliche Dinge,
Mein Geschlecht zu beschimpfen und mich. So hat er mir immer,
Meinem Weibe noch mehr, empfindliche Schande bereitet.
So bewog er sie einst, in einem Teiche zu waten
Durch den Morast und hatte versprochen, sie solle des Tages
Viele Fische gewinnen; sie habe den Schwanz nur ins Wasser
Einzutauchen und hängen zu lassen: es würden die Fische
Fest sich beißen, sie könne selbviert nicht alle verzehren.
Watend kam sie darauf und schwimmend gegen das Ende,
Gegen den Zapfen; da hatte das Wasser sich tiefer gesammelt,
Und er hieß sie den Schwanz ins Wasser hängen. Die Kälte
Gegen Abend war groß, und grimmig begann es zu frieren,
Daß sie fast nicht länger sich hielt; so war auch in kurzem
Ihr der Schwanz ins Eis gefroren, sie konnt ihn nicht regen,
Glaubte, die Fische wären so schwer, es wäre gelungen.
Reineke merkt' es, der schändliche Dieb, und was er getrieben,
Darf ich nicht sagen, er kam und übermannte sie leider.
Von der Stelle soll er mir nicht! es kostet der Frevel

Einen von beiden, wie Ihr uns seht, noch heute das Leben.
Denn er schwätzt sich nicht durch; ich hab ihn selber betroffen
Über der Tat, mich führte der Zufall am Hügel den Weg her.
Laut um Hilfe hört ich sie schreien, die arme Betrogne,
Fest im Eise stand sie gefangen und konnt ihm nicht wehren,
Und ich kam und mußte mit eignen Augen das alles
Sehen! Ein Wunder fürwahr, daß mir das Herz nicht gebrochen.
Reineke! rief ich: was tust du? Er hörte mich kommen und eilte
Seine Straße. Da ging ich hinzu mit traurigem Herzen,
Mußte waten und frieren im kalten Wasser und konnte
Nur mit Mühe das Eis zerbrechen, mein Weib zu erlösen.
Ach, es ging nicht glücklich vonstatten! sie zerrte gewaltig,
Und es blieb ihr ein Viertel des Schwanzes im Eise gefangen.
Jammernd klagte sie laut und viel, das hörten die Bauern,
Kamen hervor und spürten uns aus und riefen einander.
Hitzig liefen sie über den Damm mit Piken und Äxten,
Mit dem Rocken kamen die Weiber und lärmten gewaltig:
Fangt sie! schlagt nur und werft! so riefen sie gegeneinander.
Angst wie damals empfand ich noch nie, das gleiche bekennet
Gieremund auch, wir retteten kaum mit Mühe das Leben,
Liefen, es rauchte das Fell. Da kam ein Bube gelaufen,
Ein vertrackter Geselle, mit einer Pike bewaffnet;
Leicht zu Fuße, stach er nach uns und drängt' uns gewaltig.
Wäre die Nacht nicht gekommen, wir hatten das Leben gelassen.
Und die Weiber riefen noch immer, die Hexen, wir hätten
Ihre Schafe gefressen. Sie hätten uns gerne getroffen,
Schimpften und schmähten hinter uns drein. Wir wandten uns aber
Von dem Lande wieder zum Wasser und schlupften behende
Zwischen die Binsen; da trauten die Bauern nicht weiter zu folgen,
Denn es war dunkel geworden, sie machten sich wieder nach Hause.
Knapp entkamen wir so. Ihr sehet, gnädiger König,

Überwältigung, Mord und Verrat, von solchen Verbrechen
Ist die Rede; die werdet Ihr streng, mein König, bestrafen.

Als der König die Klage vernommen, versetzt' er: Es werde
Rechtlich hierüber erkannt, doch laßt uns Reineken hören.
Reineke sprach: Verhielt' es sich also, würde die Sache
Wenig Ehre mir bringen, und Gott bewahre mich gnädig,
Daß man es fände, wie er erzählt! Doch will ich nicht leugnen,
Daß ich sie Fische fangen gelehrt und auch ihr die beste
Straße, zu Wasser zu kommen, und sie zu dem Teiche gewiesen.
Aber sie lief so gierig darnach, sobald sie nur Fische
Nennen gehört, und Weg und Maß und Lehre vergaß sie.
Blieb sie fest im Eise befroren, so hatte sie freilich
Viel zu lange gesessen; denn hätte sie zeitig gezogen,
Hätte sie Fische genug zum köstlichen Mahle gefangen.
Allzu große Begierde wird immer schädlich. Gewöhnt sich
Ungenügsam das Herz, so muß es vieles vermissen;
Wer den Geist der Gierigkeit hat, er lebt nur in Sorgen,
Niemand sättiget ihn. Frau Gieremund hat es erfahren,
Da sie im Eise befror. Sie dankt nun meiner Bemühung
Schlecht. Das hab ich davon, daß ich ihr redlich geholfen!
Denn ich schob und wollte mit allen Kräften sie heben,
Doch sie war mir zu schwer, und über dieser Bemühung
Traf mich Isegrim an, der längs dem Ufer daherging,
Stand da droben und rief und fluchte grimmig herunter.
Ja fürwahr, ich erschrak, den schönen Segen zu hören.
Eins und zwei- und dreimal warf er die gräßlichsten Flüche
Über mich her und schrie, von wildem Zorne getrieben,
Und ich dachte: du machst dich davon und wartest nicht länger;
Besser laufen, als faulen. Ich hatt es eben getroffen,
Denn er hätte mich damals zerrissen. Und wenn es begegnet,
Daß zwei Hunde sich beißen um Einen Knochen, da muß wohl
Einer verlieren. So schien mir auch da das Beste geraten,
Seinem Zorn zu entweichen und seinem verworrnen Gemüte.

Grimmig war er und bleibt es, wie kann ers leugnen? Befraget
Seine Frau; was hab ich mit ihm, dem Lügner, zu schaffen?
Denn sobald er sein Weib im Eise befroren bemerkte,
Flucht' und schalt er gewaltig und kam und half ihr entkommen.
Machten die Bauern sich hinter sie her, so war es zum besten;
Denn so kam ihr Blut in Bewegung, sie froren nicht länger.
Was ist weiter zu sagen? Es ist ein schlechtes Benehmen,
Wer sein eigenes Weib mit solchen Lügen beschimpfet.
Fragt sie selber, da steht sie, und hätt er die Wahrheit gesprochen,
Würde sie selber zu klagen nicht fehlen. Indessen erbitt ich
Eine Woche mir Frist, mit meinen Freunden zu sprechen,
Was für Antwort dem Wolf und seiner Klage gebühret.

Gieremund sagte darauf: In Eurem Treiben und Wesen
Ist nur Schalkheit, wir wissen es wohl, und Lügen und Trügen,
Büberei, Täuschung und Trotz. Wer Euren verfänglichen Reden
Glaubt, wird sicher am Ende beschädigt. Immer gebraucht Ihr
Lose verworrene Worte. So hab ichs am Borne gefunden.
Denn zwei Eimer hingen daran, Ihr hattet in einen,
Weiß ich, warum? Euch gesetzt und wart herniedergefahren;
Nun vermochtet Ihr nicht, Euch selber wieder zu heben,
Und Ihr klagtet gewaltig. Des Morgens kam ich zum Brunnen,
Fragte: Wer bracht Euch herein? Ihr sagtet: Kommt Ihr doch eben,
Liebe Gevatterin, recht! ich gonn Euch jeglichen Vorteil;
Steigt in den Eimer da droben, so fahrt Ihr hernieder und esset
Hier an Fischen Euch satt. Ich war zum Unglück gekommen,
Denn ich glaubt es, Ihr schwurt noch dazu: Ihr hättet so viele
Fische verzehrt, es schmerz Euch der Leib. Ich ließ mich betören,
Dumm, wie ich war, und stieg in den Eimer; da ging er hernieder
Und der andere wieder herauf, Ihr kamt mir entgegen.
Wunderlich schien mirs zu sein, ich fragte voller Erstaunen:
Sagt, wie gehet das zu? Ihr aber sagtet dawider:
Auf und ab, so gehts in der Welt, so geht es uns beiden.

Ist es doch also der Lauf. Erniedrigt werden die einen,
Und die andern erhöht, nach eines jeglichen Tugend.
Aus dem Eimer sprangt Ihr und lieft und eiltet von dannen.
Aber ich saß im Brunnen bekümmert und mußte den Tag lang
Harren und Schläge genug am selbigen Abend erdulden,
Eh ich entkam. Es traten zum Brunnen einige Bauern,
Sie bemerkten mich da. Von grimmigem Hunger gepeinigt,
Saß ich in Trauer und Angst, erbärmlich war mir zumute.
Untereinander sprachen die Bauern: Da sieh nur, im Eimer
Sitzt da unten der Feind, der unsre Schafe vermindert.
Hol ihn herauf, versetzte der eine: ich halte mich fertig
Und empfang ihn am Rand, er soll uns die Lämmer bezahlen!
Wie er mich aber empfing, das war ein Jammer! Es fielen
Schläg auf Schläge mir über den Pelz, ich hatte mein Leben
Keinen traurigern Tag, und kaum entrann ich dem Tode.

Reineke sagte darauf. Bedenkt genauer die Folgen,
Und Ihr findet gewiß, wie heilsam die Schläge gewesen.
Ich für meine Person mag lieber dergleichen entbehren,
Und wie die Sache stand, so mußte wohl eines von beiden
Sich mit den Schlägen beladen, wir konnten zugleich nicht entgehen.
Wenn Ihrs Euch merkt, so nutzt es Euch wohl, und künftig vertraut Ihr
Keinem so leicht in ähnlichen Fällen. Die Welt ist voll Schalkheit.

Ja, versetzte der Wolf: was braucht es weiter Beweise!
Niemand verletzte mich mehr, als dieser böse Verräter.
Eines erzählt ich noch nicht, wie er in Sachsen mich einmal
Unter das Affengeschlecht zu Schand und Schaden geführet.
Er beredete mich, in eine Höhle zu kriechen,
Und er wußte voraus, es würde mir Übels begegnen.
Wär ich nicht eilig entflohn, ich wär um Augen und Ohren
Dort gekommen. Er sagte vorher mit gleisenden Worten:
Seine Frau Muhme find ich daselbst, er meinte die Äffin;

Doch es verdroß ihn, daß ich entkam. Er schickte mich tückisch
In das abscheuliche Nest, ich dacht, es wäre die Hölle.

Reineke sagte darauf vor allen Herren des Hofes:
Isegrim redet verwirrt, er scheint nicht völlig bei Sinnen.
Von der Äffin will er erzählen, so sag er es deutlich.
Drittehalb Jahr sinds her, als nach dem Lande zu Sachsen
Er mit großem Prassen gezogen, wohin ich ihm folgte.
Das ist wahr, das übrige lügt er. Es waren nicht Affen,
Meerkatzen warens, von welchen er redet; und nimmermehr werd ich
Diese für meine Muhmen erkennen. Martin, der Affe,
Und Frau Rückenau sind mir verwandt; sie ehr ich als Muhme,
Ihn als Vetter, und rühme mich des. Notarius ist er
Und versteht sich aufs Recht. Doch was von jenen Geschöpfen
Isegrim sagt, geschieht mir zum Hohn, ich habe mit ihnen
Nichts zu tun, und nie sinds meine Verwandten gewesen;
Denn sie gleichen dem höllischen Teufel. Und daß ich die Alte
Damals Muhme geheißen, das tat ich mit gutem Bedachte.
Nichts verlor ich dabei, das will ich gerne gestehen:
Gut gastierte sie mich, sonst hätte sie mögen ersticken.

Seht, Ihr Herren! wir hatten den Weg zur Seite gelassen,
Gingen hinter dem Berg, und eine düstere Höhle,
Tief und lang, bemerkten wir da. Es fühlte sich aber
Isegrim krank, wie gewöhnlich, vor Hunger. Wann hätt ihn auch jemals
Einer so satt gesehen, daß er zufrieden gewesen?
Und ich sagte zu ihm: In dieser Höhle befindet
Speise fürwahr sich genug, ich zweifle nicht, ihre Bewohner
Teilen gerne mit uns, was sie haben, wir kommen gelegen.
Isegrim aber versetzte darauf: Ich werde, mein Oheim,
Unter dem Baume hier warten, Ihr seid in allem geschickter,
Neue Bekannte zu machen, und wenn Euch Essen gereicht wird,
Tut mirs zu wissen! So dachte der Schalk, auf meine Gefahr erst

Abzuwarten, was sich ergäbe; ich aber begab mich
In die Höhle hinein. Nicht ohne Schauer durchwandert
Ich den langen und krummen Gang, er wollte nicht enden.
Aber was ich dann fand – den Schrecken wollt ich um vieles
Rotes Gold nicht zweimal in meinem Leben erfahren!
Welch ein Nest voll häßlicher Tiere, großer und kleiner!
Und die Mutter dabei, ich dacht, es wäre der Teufel.
Weit und groß ihr Maul mit langen häßlichen Zähnen,
Lange Nägel an Händen und Füßen und hinten ein langer
Schwanz an den Rücken gesetzt; so was Abscheuliches hab ich
Nicht im Leben gesehn! Die schwarzen leidigen Kinder
Waren seltsam gebildet, wie lauter junge Gespenster.
Greulich sah sie mich an. Ich dachte: wär ich von dannen!
Größer war sie als Isegrim selbst, und einige Kinder
Fast von gleicher Statur. Im faulen Heue gebettet
Fand ich die garstige Brut und über und über beschlabbert
Bis an die Ohren mit Kot, es stank in ihrem Reviere
Ärger als höllisches Pech. Die reine Wahrheit zu sagen:
Wenig gefiel es mir da, denn ihrer waren so viele,
Und ich stand nur allein. Sie zogen greuliche Fratzen.
Da besann ich mich denn, und einen Ausweg versucht ich,
Grüßte sie schön – ich meint es nicht so – und wußte so freundlich
Und bekannt mich zu stellen. Frau Muhme! sagt ich zur Alten,
Vettern hieß ich die Kinder und ließ es an Worten nicht fehlen.
Spar Euch der gnädige Gott auf lange glückliche Zeiten!
Sind das Eure Kinder? Fürwahr! ich sollte nicht fragen;
Wie behagen sie mir! Hilf Himmel! wie sie so lustig,
Wie sie so schön sind! Man nähme sie alle für Söhne des Königs.
Seid mir vielmal gelobt, daß Ihr mit würdigen Sprossen
Mehret unser Geschlecht, ich freue mich über die Maßen.
Glücklich find ich mich nun, von solchen Öhmen zu wissen;
Denn zu Zeiten der Not bedarf man seiner Verwandten.

Als ich ihr soviel Ehre geboten, wiewohl ich es anders
Meinte, bezeigte sie mir von ihrer Seite desgleichen,

Hieß mich Oheim und tat so bekannt, so wenig die Närrin
Auch zu meinem Geschlechte gehört. Doch konnte für diesmal
Gar nicht schaden, sie Muhme zu heißen. Ich schwitzte dazwischen
Über und über vor Angst; allein sie redete freundlich:
Reineke, werter Verwandter, ich heiß Euch schönstens willkommen!
Seid Ihr auch wohl? Ich bin Euch mein ganzes Leben verbunden,
Daß Ihr zu mir gekommen. Ihr lehret kluge Gedanken
Meine Kinder fortan, daß sie zu Ehren gelangen.
Also hört ich sie reden; das hatt ich mit wenigen Worten,
Daß ich sie Muhme genannt und daß ich die Wahrheit geschonet,
Reichlich verdient. Doch wär ich so gern im Freien gewesen.
Aber sie ließ mich nicht fort und sprach: Ihr dürfet, mein Oheim,
Unbewirtet nicht weg! Verweilet, laßt Euch bedienen.
Und sie brachte mir Speise genug, ich wüßte sie wahrlich
Jetzt nicht alle zu nennen; verwundert war ich zum höchsten,
Wie sie zu allem gekommen. Von Fischen, Rehen und anderm
Guten Wildbret, ich speiste davon, es schmeckte mir herrlich.
Als ich zur Gnüge gegessen, belud sie mich über das alles,
Bracht ein Stück vom Hirsche getragen, ich sollt es nach Hause
Zu den Meinigen bringen, und ich empfahl mich zum besten.
Reineke, sagte sie noch: besucht mich öfters. Ich hätte,
Was sie wollte, versprochen; ich machte, daß ich herauskam.
Lieblich war es nicht da für Augen und Nase, ich hätte
Mir den Tod beinahe geholt; ich suchte zu fliehen,
Lief behende den Gang bis zu der Öffnung am Baume.
Isegrim lag und stöhnte daselbst; ich sagte: Wie gehts Euch,
Oheim? Er sprach: Nicht wohl! ich muß vor Hunger verderben.
Ich erbarmte mich seiner und gab ihm den köstlichen Braten,
Den ich mit mir gebracht. Er aß mit großer Begierde,
Vielen Dank erzeigt' er mir da; nun hat ers vergessen!
Als er nun fertig geworden, begann er: Laßt mich erfahren,
Wer die Höhle bewohnt? Wie habt Ihrs drinne gefunden?

Gut oder schlecht? Ich sagt ihm darauf die lauterste Wahrheit,
Unterrichtet ihn wohl. Das Nest sei böse, dagegen
Finde sich drin viel köstliche Speise. Sobald er begehre,
Seinen Teil zu erhalten, so mög er kecklich hineingehn,
Nur vor allem sich hüten, die grade Wahrheit zu sagen.
Soll es Euch nach Wünschen ergehn, so spart mir die Wahrheit!
Wiederholt ich ihm noch: denn führt sie jemand beständig
Unklug im Munde, der leidet Verfolgung, wohin er sich wendet;
Überall steht er zurück, die andern werden geladen.
Also hieß ich ihn gehn; ich lehrt ihn: was er auch fände,
Sollt er reden, was jeglicher gerne zu hören begehret,
Und man werd ihn freundlich empfangen. Das waren die Worte,
Gnädiger König und Herr, nach meinem besten Gewissen.
Aber das Gegenteil tat er hernach, und kriegt' er darüber
Etwas ab, so hab er es auch; er sollte mir folgen.
Grau sind seine Zotteln fürwahr, doch sucht man die Weisheit
Nur vergebens dahinter. Es achten solche Gesellen
Weder Klugheit noch feine Gedanken; es bleibet dem groben
Tölpischen Volke der Wert von aller Weisheit verborgen.
Treulich schärft ich ihm ein, die Wahrheit diesmal zu sparen;
Weiß ich doch selbst, was sich ziemt! versetzt' er trotzig dagegen,
Und so trabt' er die Höhle hinein, da hat ers getroffen.
Hinten saß das abscheuliche Weib, er glaubte, den Teufel
Vor sich zu sehn! die Kinder dazu! da rief er betroffen:
Hilfe! Was für abscheuliche Tiere! Sind diese Geschöpfe
Eure Kinder? Sie scheinen fürwahr ein Höllengesindel.
Geht, ertränkt sie, das wäre das beste, damit sich die Brut nicht
Über die Erde verbreite! Wenn es die meinigen wären,
Ich erdrosselte sie. Man finge wahrlich mit ihnen
Junge Teufel, man brauchte sie nur in einem Moraste
Auf das Schilf zu binden, die garstigen, schmutzigen Rangen!
Ja, Mooraffen sollten sie heißen, da paßte der Name!

Eilig versetzte die Mutter und sprach mit zornigen Worten:
Welcher Teufel schickt uns den Boten? Wer hat Euch gerufen,

Hier uns grob zu begegnen? Und meine Kinder! Was habt Ihr,
Schön oder häßlich, mit ihnen zu tun? Soeben verläßt uns
Reineke Fuchs, der erfahrene Mann, der muß es verstehen;
Meine Kinder, beteuert' er hoch, er finde sie sämtlich'
Schön und sittig, von guter Manier; er mochte mit Freuden
Sie für seine Verwandten erkennen. Das hat er uns alles
Hier an diesem Platz vor einer Stunde versichert.
Wenn sie Euch nicht wie ihm gefallen, so hat Euch wahrhaftig
Niemand zu kommen gebeten. Das mögt Ihr, Isegrim, wissen.

Und er forderte gleich von ihr zu essen und sagte:
Holt herbei, sonst helf ich Euch suchen! Was wollen die Reden
Weiter helfen? Er machte sich dran und wollte gewaltsam
Ihren Vorrat betasten; das war ihm übel geraten!
Denn sie warf sich über ihn her, zerbiß und zerkratzt' ihm
Mit den Nägeln das Fell und klaut' und zerrt' ihn gewaltig;
Ihre Kinder taten das gleiche, sie bissen und krammten
Greulich auf ihn; da heult' er und schrie mit blutigen Wangen,
Wehrte sich nicht und lief mit hastigen Schritten zur Öffnung.
Übel zerrissen sah ich ihn kommen, zerkratzt, und die Fetzen
Hingen herum, ein Ohr war gespalten und blutig die Nase,
Manche Wunde kneipten sie ihm und hatten das Fell ihm
Garstig zusammengeruckt. Ich fragt ihn, wie er heraustrat:
Habt Ihr die Wahrheit gesagt? Er aber sagte dagegen:
Wie ichs gefunden, so hab ich gesprochen. Die leidige Hexe
Hat mich übel geschändet, ich wollte, sie wäre hier außen,
Teuer bezahlte sie mirs! Was dünkt Euch, Reineke? habt Ihr
Jemals solche Kinder gesehn? so garstig, so böse?
Da ichs ihr sagte, da war es geschehn, da fand ich nicht weiter
Gnade vor ihr und habe mich übel im Loche befunden.

Seid Ihr verrückt? versetzt ich ihm drauf. ich hab es Euch anders
Weislich geheißen. Ich grüß Euch zum schönsten (so solltet Ihr sagen),
Liebe Muhme, wie geht es mit Euch? Wie geht es den lieben

Wilhelm Kaulbach gez: Adrian Schleich gest:

Artigen Kindern? Ich freue mich sehr, die großen und kleinen
Neffen wiederzusehn. Doch Isegrim sagte dagegen:
Muhme das Weib zu begrüßen? und Neffen die häßlichen Kinder?
Nehm sie der Teufel zu sich! Mir graut vor solcher Verwandtschaft.
Pfui! ein ganz abscheuliches Pack! ich seh sie nicht wieder.
Darum ward er so übel bezahlt. Nun richtet, Herr König!
Sagt er mit Recht, ich hab ihn verraten? Er mag es gestehen,
Hat die Sache sich nicht, wie ich erzähle, begeben?

Isegrim sprach entschlossen dagegen: Wir machen wahrhaftig
Diesen Streit mit Worten nicht aus. Was sollen wir keifen?
Recht bleibt Recht, und wer es auch hat, es zeigt sich am Ende.
Trotzig, Reineke, tretet Ihr auf, so mögt Ihr es haben!
Kämpfen wollen wir gegeneinander, da wird es sich finden.
Vieles wißt Ihr zu sagen, wie vor der Affen Behausung
Ich so großen Hunger gelitten, und wie Ihr mich damals
Treulich genährt. Ich wüßte nicht, wie! Es war nur ein Knochen,
Den Ihr brachtet, das Fleisch vermutlich speistet Ihr selber.
Wo Ihr stehet, spottet Ihr mein und redet verwegen,
Meiner Ehre zu nah. Ihr habt mit schändlichen Lügen
Mich verdächtig gemacht, als hätt ich böse Verschwörung
Gegen den König im Sinne gehabt und hätte sein Leben
Ihm zu rauben gewünscht; Ihr aber prahltet dagegen
Ihm von Schätzen was vor; er möchte schwerlich sie finden!
Schmählich behandeltet Ihr mein Weib und sollt es mir büßen.
Dieser Sachen klag ich Euch an! ich denke zu kämpfen
Über Altes und Neues und wiederhol es: ein Mörder,
Ein Verräter seid Ihr, ein Dieb; und Leben um Leben
Wollen wir kämpfen, es endige nun das Keifen und Schelten.
Einen Handschuh biet ich Euch an, so wie ihn zu Rechte
Jeder Fordernde reicht, Ihr mögt ihn zum Pfande behalten,
Und wir finden uns bald. Der König hat es vernommen,
Alle die Herren habens gehört! ich hoffe, sie werden
Zeugen sein des rechtlichen Kampfs. Ihr sollt nicht entweichen,
Bis die Sache sich endlich entscheidet; dann wollen wir sehen.

Reineke dachte bei sich: Das geht um Vermögen und Leben!
Groß ist er, ich aber bin klein, und könnt es mir diesmal
Etwa mißlingen, so hätten mir alle die listigen Streiche
Wenig geholfen. Doch warten wirs ab. Denn, wenn ichs bedenke,
Bin ich im Vorteil: verlor er ja schon die vordersten Klauen!
Ist der Tor nicht kühler geworden, so soll er am Ende
Seinen Willen nicht haben, es koste, was es auch wolle.

Reineke sagte zum Wolfe darauf: Ihr mögt mir wohl selber
Ein Verräter, Isegrim, sein, und alle Beschwerden,
Die Ihr auf mich zu bringen gedenket, sind alle gelogen.
Wollt Ihr kämpfen? ich wag es mit Euch und werde nicht wanken.
Lange wünscht ich mir das! hier ist mein Handschuh dagegen.

So empfing der König die Pfänder, es reichten sie beide
Kühnlich. Er sagte darauf: Ihr sollt mir Bürgen bestellen,
Daß Ihr morgen zum Kampfe nicht fehlt; denn beide Parteien
Find ich verworren, wer mag die Reden alle verstehen?

Isegrims Bürgen wurden sogleich der Bär und der Kater,
Braun und Hinze; für Reineken aber verbürgten sich gleichfalls
Vetter Moneke, Sohn von Märtenaffe, mit Grimbart.

Reineke, sagte Frau Rückenau drauf: nun bleibet gelassen,
Klug von Sinnen! Es lehrte mein Mann, der jetzo nach Rom ist,
Euer Oheim, mich einst ein Gebet; es hatte dasselbe
Abt von Schluckauf gesetzt und gab es meinem Gemahle,
Dem er sich günstig erwies, auf einen Zettel geschrieben.
Dieses Gebet, so sagte der Abt, ist heilsam den Männern,
Die ins Gefecht sich begeben; man muß es nüchtern des Morgens
Überlesen, so bleibt man des Tags von Not und Gefahren
Völlig befreit, vorm Tode geschützt, vor Schmerzen und Wunden.
Tröstet Euch, Neffe, damit, ich will es morgen beizeiten
Über Euch lesen, so geht Ihr getrost und ohne Besorgnis.
Liebe Muhme, versetzte der Fuchs: ich danke von Herzen,
Ich gedenk es Euch wieder. Doch muß mir immer am meisten
Meiner Sache Gerechtigkeit helfen und meine Gewandtheit.

Reinekens Freunde blieben beisammen die Nacht durch und scheuchten

Seine Grillen durch muntre Gespräche. Frau Rückenau aber
War vor allen besorgt und geschäftig, sie ließ ihn behende
Zwischen Kopf und Schwanz und Brust und Bauche bescheren
Und mit Fett und Öle bestreichen; es zeigte sich aber
Reineke fett und rund und wohl zu Fuße. Daneben
Sprach sie: Höret mich an, bedenket, was Ihr zu tun habt,
Höret den Rat verständiger Freunde, das hilft Euch am besten.
Trinket nur brav und haltet das Wasser, und kommt Ihr des Morgens

In den Kreis, so macht es gescheit, benetzet den rauhen
Wedel über und über und sucht den Gegner zu treffen;
Könnt Ihr die Augen ihm salben, so ists am besten geraten,
Sein Gesicht verdunkelt sich gleich; es kommt Euch zustatten,
Und ihn hindert es sehr. Auch müßt Ihr anfangs Euch furchtsam
Stellen und gegen den Wind mit flüchtigen Füßen entweichen.
Wenn er Euch folget, erregt nur den Staub, auf daß Ihr die Augen
Ihm mit Unrat und Sande verschließt. Dann springet zur Seite,
Paßt auf jede Bewegung, und wenn er die Augen sich auswischt,
Nehmt des Vorteils gewahr und salbt ihm aufs neue die Augen
Mit dem ätzenden Wasser, damit er völlig erblinde,
Nicht mehr wisse, wo aus noch ein, und der Sieg Euch verbleibe.
Lieber Neffe, schlaft nur ein wenig, wir wollen Euch wecken,
Wenn es Zeit ist. Doch will ich sogleich die heiligen Worte
Über Euch lesen, von welchen ich sprach, auf daß ich Euch stärke.
Und sie legt' ihm die Hand aufs Haupt und sagte die Worte:
Nekräts negibaul geid sum namteflih dnudna mein tedahcs!
Nun Glück auf! nun seid Ihr verwahrt! Das Nämliche sagte
Oheim Grimbart; dann führten sie ihn und legten ihn schlafen.
Ruhig schlief er. Die Sonne ging auf; da kamen die Otter
Und der Dachs, den Vetter zu wecken. Sie grüßten ihn freundlich,
Und sie sagten: Bereitet Euch wohl! Da brachte die Otter
Eine junge Ente hervor und reicht' sie ihm, sagend:
Eßt, ich habe sie Euch mit manchem Sprunge gewonnen
An dem Damme bei Hünerbrot; laßts Euch belieben, mein Vetter.

Gutes Handgeld ist das, versetzte Reineke munter:
So was verschmäh ich nicht leicht. Das möge Gott Euch vergelten,
Daß Ihr meiner gedenkt! Er ließ das Essen sich schmecken

Und das Trinken dazu und ging mit seinen Verwandten
In den Kreis, auf den ebenen Sand, da sollte man kämpfen.

Zwölfter Gesang

Als der König Reineken sah, wie dieser am Kreise
Glatt geschoren sich zeigte, mit Öl und schlüpfrigem Fette
Über und über gesalbt, da lacht' er über die Maßen.
Fuchs! wer lehrte dich das? so rief er: mag man doch billig
Reineke Fuchs dich heißen, du bist beständig der Lose!
Allerorten kennst du ein Loch und weißt dir zu helfen.

Reineke neigte sich tief vor dem Könige, neigte besonders
Vor der Königin sich und kam mit mutigen Sprüngen
In den Kreis. Da hatte der Wolf mit seinen Verwandten
Schon sich gefunden; sie wünschten dem Fuchs ein schmähliches Ende;
Manches zornige Wort und manche Drohung vernahm er.
Aber Lynx und Lupardus, die Wärter des Kreises, sie brachten
Nun die Heilgen hervor, und beide Kämpfer beschworen,
Wolf und Fuchs, mit Bedacht die zu behauptende Sache.

Isegrim schwur mit heftigen Worten und drohenden Blicken:
Reineke sei ein Verräter, ein Dieb, ein Mörder und aller
Missetat schuldig, er sei auf Gewalt und Ehbruch betreten,
Falsch in jeglicher Sache; das gelte Leben um Leben!

Reineke schwur zur Stelle dagegen: er seie sich keiner
Dieser Verbrechen bewußt, und Isegrim lüge wie immer,
Schwöre falsch wie gewöhnlich, doch soll' es ihm nimmer gelingen,
Seine Lüge zur Wahrheit zu machen, am wenigsten diesmal.
Und es sagten die Wärter des Kreises: Ein jeglicher tue,
Was er schuldig zu tun ist! das Recht wird bald sich ergeben.
Groß und klein verließen den Kreis, die beiden alleine
Drin zu verschließen. Geschwind begann die Äffin zu flüstern:
Merket, was ich Euch sagte, vergeßt nicht, dem Rate zu folgen!
Reineke sagte heiter darauf: Die gute Vermahnung
Macht mich mutiger gehn. Getrost! ich werde der Kühnheit
Und der List auch jetzt nicht vergessen, durch die ich aus manchen
Größern Gefahren entronnen, worein ich öfters geraten,
Wenn ich mir dieses und jenes geholt, was bis jetzt nicht bezahlt ist,
Und mein Leben kühnlich gewagt. Wie sollt ich nicht jetzo
Gegen den Bösewicht stehen? Ich hoff, ihn gewißlich zu schänden,
Ihn und sein ganzes Geschlecht, und Ehre den Meinen zu bringen.
Was er auch lügt, ich tränk es ihm ein. Nun ließ man die beiden
In dem Kreise zusammen, und alle schauten begierig.

Isegrim zeigte sich wild und grimmig, reckte die Tatzen,
Kam daher mit offenem Maul und gewaltigen Sprüngen.
Reineke, leichter als er, entsprang dem stürmenden Gegner
Und benetzte behende den rauhen Wedel mit seinem
Ätzenden Wasser und schleift' ihn im Staube, mit Sand ihn zu füllen.
Isegrim dachte, nun hab er ihn schon! da schlug ihm der Lose
Über die Augen den Schwanz, und Hören und Sehen verging ihm.
Nicht das erstemal übt' er die List, schon viele Geschöpfe
Hatten die schädliche Kraft des ätzenden Wassers erfahren.

Isegrims Kinder blendet' er so, wie anfangs gesagt ist;
Und nun dacht er den Vater zu zeichnen. Nachdem er dem Gegner
So die Augen gesalbt, entsprang er seitwärts und stellte
Gegen den Wind sich, rührte den Sand und jagte des Staubes
Viel in die Augen des Wolfs, der sich mit Reiben und Wischen
Hastig und übel benahm und seine Schmerzen vermehrte.
Reineke wußte dagegen geschickt den Wedel zu führen,
Seinen Gegner aufs neue zu treffen und gänzlich zu blenden.
Übel bekam es dem Wolfe! denn seinen Vorteil benutzte
Nun der Fuchs. Sobald er die schmerzlich tränenden Augen
Seines Feindes erblickte, begann er mit heftigen Sprüngen,
Mit gewaltigen Schlägen auf ihn zu stürmen, zu kratzen
Und zu beißen und immer die Augen ihm wieder zu salben.
Halb von Sinnen tappte der Wolf, da spottete seiner
Reineke dreister und sprach: Herr Wolf, Ihr habt wohl vorzeiten
Manch unschuldiges Lamm verschlungen, in Euerem Leben
Manch unsträfliches Tier verzehrt: ich hoffe, sie sollen
Künftig Ruhe genießen, auf alle Fälle bequemt Ihr
Euch, sie in Frieden zu lassen, und nehmet Segen zum Lohne.
Eure Seele gewinnt bei dieser Buße, besonders
Wenn Ihr das Ende geduldig erwartet. Ihr werdet für diesmal
Nicht aus meinen Händen entrinnen, Ihr müßtet mit Bitten
Mich versöhnen, da schont ich Euch wohl und ließ' Euch das Leben.

Hastig sagte Reineke das und hatte den Gegner
Fest an der Kehle gepackt und hofft ihn also zu zwingen.
Isegrim aber, stärker als er, bewegte sich grimmig,
Mit zwei Zügen riß er sich los. Doch Reineke griff ihm
Ins Gesicht, verwundet' ihn hart und riß ihm ein Auge
Aus dem Kopfe, es rann ihm das Blut die Nase herunter.
Reineke rief: So wollt ich es haben! so ist es gelungen!
Blutend verzagte der Wolf, und sein verlorenes Auge
Macht' ihn rasend, er sprang, vergessend Wunden und Schmerzen,

Gegen Reineken los und druckt' ihn nieder zu Boden.
Übel befand sich der Fuchs, und wenig half ihm die Klugheit.
Einen der vorderen Füße, die er als Hände gebrauchte,
Faßt' ihm Isegrim schnell und hielt ihn zwischen den Zähnen.
Reineke lag bekümmert am Boden, er sorgte zur Stunde
Seine Hand zu verlieren und dachte tausend Gedanken.
Isegrim brummte dagegen mit hohler Stimme die Worte:

Deine Stunde, Dieb, ist gekommen! Ergib dich zur Stelle,
Oder ich schlage dich tot für deine betrüglichen Taten!
Ich bezahle dich nun, es hat dir wenig geholfen,
Staub zu kratzen, Wasser zu lassen, das Fell zu bescheren,
Dich zu schmieren; wehe dir nun! du hast mir so vieles
Übel getan, gelogen auf mich, mir das Auge geblendet,
Aber du sollst nicht entgehn, ergib dich, oder ich beiße!

Reineke dachte: Nun geht es mir schlimm, was soll ich beginnen?
Geb ich mich nicht, so bringt er mich um, und wenn ich mich gebe,
Bin ich auf ewig beschimpft. Ja, ich verdiene die Strafe,
Denn ich hab ihn zu übel behandelt, zu gröblich beleidigt.
Süße Worte versucht' er darauf, den Gegner zu mildern.
Lieber Oheim! sagt' er zu ihm: ich werde mit Freuden
Euer Lehnsmann sogleich mit allem, was ich besitze.
Gerne geh ich als Pilger für Euch zum Heiligen Grabe,
In das Heilige Land, in alle Kirchen, und bringe
Ablaß genug von dannen zurück. Es gereichet derselbe
Eurer Seele zu Nutz und soll für Vater und Mutter
Übrig bleiben, damit sich auch die im ewigen Leben
Dieser Wohltat erfreun; wer ist nicht ihrer bedürftig?
Ich verehr Euch, als wärt Ihr der Papst, und schwöre den teuren
Heiligen Eid, von jetzt auf alle künftige Zeiten
Ganz der Eure zu sein mit allen meinen Verwandten.
Alle sollen Euch dienen zu jeder Stunde. So schwör ich!

Wilhelm Kaulbach gez. Adrian Schleich gest.

Was ich dem Könige selbst nicht verspräche, das sei Euch geboten.
Nehmt Ihr es an, so wird Euch dereinst die Herrschaft des Landes.
Alles, was ich zu fangen verstehe, das will ich Euch bringen:
Gänse, Hühner, Enten und Fische, bevor ich das mindste
Solcher Speise verzehre, ich laß Euch immer die Auswahl,
Eurem Weib und Kindern. Ich will mit Fleiße darneben
Euer Leben beraten, es soll Euch kein Übel berühren.
Lose heiß ich, und Ihr seid stark, so können wir beide
Große Dinge verrichten. Zusammen müssen wir halten,

Einer mit Macht, der andre mit Rat, wer wollt uns bezwingen?
Kämpfen wir gegeneinander, so ist es übel gehandelt.
Ja, ich hätt es niemals getan, wofern ich nur schicklich
Hätte den Kampf zu vermeiden gewußt; Ihr fordertet aber,
Und ich mußte denn wohl mich ehrenhalber bequemen.
Aber ich habe mich höflich gehalten und während des Streites
Meine ganze Macht nicht bewiesen; es muß dir, so dacht ich,
Deinen Oheim zu schonen, zur größten Ehre gereichen.
Hätt ich Euch aber gehaßt, es wär Euch anders gegangen.
Wenig Schaden habt Ihr gelitten, und wenn aus Versehen
Euer Auge verletzt ist, so bin ich herzlich bekümmert.
Doch das Beste bleibt mir dabei: ich kenne das Mittel,
Euch zu heilen, und teil ichs Euch mit, Ihr werdet mirs danken.
Bliebe das Auge gleich weg, und seid Ihr sonst nur genesen,
Ist es Euch immer bequem; Ihr habet, legt Ihr Euch schlafen,
Nur Ein Fenster zu schließen, wir andern bemühen uns doppelt.
Euch zu versöhnen, sollen sogleich sich meine Verwandten
Vor Euch neigen, mein Weib und meine Kinder, sie sollen
Vor des Königes Augen im Angesicht dieser Versammlung
Euch ersuchen und bitten, daß Ihr mir gnädig vergebet
Und mein Leben mir schenkt. Dann will ich offen bekennen,
Daß ich unwahr gesprochen und Euch mit Lügen geschandet,
Euch betrogen, wo ich gekonnt. Ich verspreche, zu schwören,
Daß mir von Euch nichts Böses bekannt ist und daß ich von nun an
Nimmer Euch zu beleidigen denke. Wie könntet Ihr jemals
Größere Sühne verlangen, als die, wozu ich bereit bin?
Schlagt Ihr mich tot, was habt Ihr davon? es bleiben Euch immer
Meine Verwandten zu fürchten und meine Freunde; dagegen,
Wenn Ihr mich schont, verlaßt Ihr mit Ruhm und Ehren den Kampfplatz,
Scheinet jeglichem edel und weise: denn höher vermag sich
Niemand zu heben, als wenn er vergibt. Es kommt Euch so bald nicht
Diese Gelegenheit wieder, benutzt sie. Übrigens kann mir
Jetzt ganz einerlei sein, zu sterben oder zu leben.

Falscher Fuchs! versetzte der Wolf. wie wärst du so gerne
Wieder los! Doch wäre die Welt von Golde geschaffen,
Und bötest du sie mir in deinen Nöten, ich würde
Dich nicht lassen! Du hast mir so oft vergeblich geschworen,
Falscher Geselle! Gewiß, nicht Eierschalen erhielt' ich
Ließ' ich dich los. Ich achte nicht viel auf deine Verwandten;
Ich erwarte, was sie vermögen, und denke so ziemlich
Ihre Feindschaft zu tragen. Du Schadenfroher! wie würdest
Du nicht spotten, gäb ich dich frei auf deine Beteurung.
Wer dich nicht kennte, wäre betrogen. Du hast mich, so sagst du,
Heute geschont, du leidiger Dieb! und hängt mir das Auge
Nicht zum Kopfe heraus? Du Bösewicht, hast du die Haut mir
Nicht an zwanzig Orten verletzt? und konnt ich nur einmal
Wieder zu Atem gelangen, da du den Vorteil gewonnen?
Töricht wär es gehandelt, wenn ich für Schaden und Schande
Dir nun Gnad und Mitleid erzeigte. Du brachtest, Verräter,
Mich und mein Weib in Schaden und Schmach, das kostet dein Leben.

Also sagte der Wolf. Indessen hatte der Lose
Zwischen die Schenkel des Gegners die andre Tatze geschoben;
Bei den empfindlichsten Teilen ergriff er denselben und ruckte,
Zerrt' ihn grausam, ich sage nicht mehr – Erbärmlich zu schreien
Und zu heulen begann der Wolf mit offenem Munde.
Reineke zog die Tatze behend aus den klemmenden Zähnen,
Hielt mit beiden den Wolf nun immer fester und fester,
Kneipt' und zog; da heulte der Wolf und schrie so gewaltig
Daß er Blut zu speien begann, es brach ihm vor Schmerzen
Über und über der Schweiß durch seine Zotten, er löste
Sich vor Angst. Das freute den Fuchs, nun hofft' er zu siegen,
Hielt ihn immer mit Händen und Zähnen, und große Bedrängnis,
Große Pein kam über den Wolf, er gab sich verloren.
Blut rann über sein Haupt, aus seinen Augen, er stürzte
Nieder, betäubt. Es hätte der Fuchs des Goldes die Fülle

Nicht für diesen Anblick genommen; so hielt er ihn immer
Fest und schleppte den Wolf und zog, daß alle das Elend
Sahen, und kneipt' und druckt' und biß und klaute den Armen,
Der mit dumpfem Geheul im Staub und eigenen Unrat
Sich mit Zuckungen wälzte, mit ungebärdigem Wesen.
Seine Freunde jammerten laut, sie baten den König:
Aufzunehmen den Kampf, wenn es ihm also beliebte.

Und der König versetzte: Sobald Euch allen bedünket,
Allen lieb ist, daß es geschehe, so bin ichs zufrieden.
Und der König gebot: die beiden Wärter des Kreises,
Lynx und Lupardus, sollten zu beiden Kämpfern hineingehn.
Und sie traten darauf in die Schranken und sprachen dem Sieger
Reineke zu: es sei nun genug, es wünsche der König,
Aufzunehmen den Kampf, den Zwist geendigt zu sehen.
Er verlangt, so fuhren sie fort: Ihr mögt ihm den Gegner
Überlassen, das Leben dem Überwundenen schenken.
Denn, wenn einer getötet in diesem Zweikampf erläge,
Wäre es schade auf jeglicher Seite. Ihr habt ja den Vorteil!
Alle sahen es, Klein und Große. Auch fallen die besten
Männer Euch bei, Ihr habt sie für Euch auf immer gewonnen.

Reineke sprach: Ich werde dafür mich dankbar beweisen!
Gerne folg ich dem Willen des Königs, und was sich gebühret,
Tu ich gern; ich habe gesiegt, und Schöners verlang ich
Nichts zu erleben! Es gönne mir nur der König das Eine,
Daß ich meine Freunde befrage. Da riefen die Freunde
Reinekens alle: Es dünket uns gut, den Willen des Königs
Gleich zu erfüllen. Sie kamen zu Scharen zum Sieger gelaufen,
Alle Verwandte, der Dachs und der Affe und Otter und Biber.
Seine Freunde waren nun auch der Marder, die Wiesel,
Hermelin und Eichhorn und viele, die ihn befeindet,
Seinen Namen zuvor nicht nennen mochten, sie liefen
Alle zu ihm. Da fanden sich auch, die sonst ihn verklagten,
Seine Verwandte anjetzt, und brachten Weiber und Kinder,
Große, mittlere, kleine, dazu die kleinsten; es tat ihm

Jeglicher schön, sie schmeichelten ihm und konnten nicht enden.

In der Welt gehts immer so zu. Dem Glücklichen sagt man:
Bleibet lange gesund! er findet Freunde die Menge.
Aber wem es übel gerät, der mag sich gedulden!
Ebenso fand es sich hier. Ein jeglicher wollte der nächste
Neben dem Sieger sich blähn. Die einen flöteten, andre
Sangen, bliesen Posaunen und schlugen Pauken dazwischen.
Reinekens Freunde sprachen zu ihm: Erfreut Euch, Ihr habet
Euch und Euer Geschlecht in dieser Stunde gehoben!
Sehr betrübten wir uns, Euch unterliegen zu sehen,
Doch es wandte sich bald, es war ein treffliches Stückchen.
Reineke sprach: Es ist mit geglückt, und dankte den Freunden.
Also gingen sie hin mit großem Getümmel, vor allen
Reineke mit den Wärtern des Kreises, und so gelangten
Sie zum Throne des Königs, da kniete Reineke nieder.
Aufstehn hieß ihn der König und sagte vor allen den Herren:
Euren Tag bewahrtet Ihr wohl, Ihr habet mit Ehren
Eure Sache vollführt, deswegen sprech ich Euch ledig;
Alle Strafe hebet sich auf, ich werde darüber
Nächstens sprechen im Rat mit meinen Edlen, sobald nur
Isegrim wieder geheilt ist; für heute schließ ich die Sache.

Eurem Rate, gnädiger Herr, versetzte bescheiden
Reineke drauf: ist heilsam zu folgen; Ihr wißt es am besten.
Als ich hierher kam, klagten so viele, sie logen dem Wolfe,
Meinem mächtigen Feinde, zulieb, der wollte mich stürzen,
Hatte mich fast in seiner Gewalt; da riefen die andern:
Kreuzige! klagten mit ihm, nur mich aufs letzte zu bringen,
Ihm gefällig zu sein; denn alle konnten bemerken:
Besser stand er bei Euch als ich, und keiner gedachte
Weder ans Ende, noch wie sich vielleicht die Wahrheit verhalte.
Jenen Hunden vergleich ich sie wohl, die pflegten in Menge
Vor der Küche zu stehn und hofften, es werde wohl ihrer

Wilhelm Kaulbach gez. Adrian Schleich gest.

Auch der günstige Koch mit einigen Knochen gedenken.
Einen ihrer Gesellen erblickten die wartenden Hunde,
Der ein Stück gesottenes Fleisch dem Koche genommen
Und nicht eilig genug zu seinem Unglück davonsprang.
Denn es begoß ihn der Koch mit heißem Wasser von hinten
Und verbrüht' ihm den Schwanz; doch ließ er die Beute nicht fallen,
Mengte sich unter die andern, sie aber sprachen zusammen:
Seht, wie diesen der Koch vor allen andern begünstigt!

Seht, welch köstliches Stück er ihm gab! Und jener versetzte:
Wenig begreift ihr davon, ihr lobt und preist mich von vorne,
Wo es euch freilich gefällt, das köstliche Fleisch zu erblicken;
Aber beseht mich von hinten und preist mich glücklich, wofern ihr

Wilhelm Kaulbach gez. Rudolf Rahn gest.

Eure Meinung nicht ändert. Da sie ihn aber besahen,
War er schrecklich verbrannt, es fielen die Haare herunter,
Und die Haut verschrumpft' ihm am Leib. Ein Grauen befiel sie,
Niemand wollte zur Küche, sie liefen und ließen ihn stehen.
Herr, die Gierigen mein ich hiermit. Solange sie mächtig
Sind, verlangt sie ein jeder zu seinem Freunde zu haben.
Stündlich sieht man sie, sie tragen das Fleisch in dem Munde.

Wer sich nicht nach ihnen bequemt, der muß es entgelten,
Loben muß man sie immer, so übel sie handeln, und also
Stärkt man sie nur in sträflicher Tat. So tut es ein jeder,
Der nicht das Ende bedenkt. Doch werden solche Gesellen
Öfters gestraft, und ihre Gewalt nimmt ein trauriges Ende.
Niemand leidet sie mehr, so fallen zur Rechten und Linken
Ihnen die Haare vom Leibe. Das sind die vorigen Freunde,
Groß und klein, sie fallen nun ab und lassen sie nackend;
So wie sämtliche Hunde sogleich den Gesellen verließen,
Als sie den Schaden bemerkt und seine geschändete Hälfte.
Gnädiger Herr, Ihr werdet verstehn, von Reineken soll man
Nie so reden, es sollen die Freunde sich meiner nicht schämen.
Euer Gnaden dank ich aufs beste, und könnt ich nur immer
Euren Willen erfahren, ich würd ihn gerne vollbringen.

Viele Worte helfen uns nichts, versetzte der König:
Alles hab ich gehört und, was Ihr meinet, verstanden.
Euch, als edlen Baron, Euch will ich im Rate wie vormals
Wiedersehen, ich mach Euch zur Pflicht, zu jeglicher Stunde
Meinen geheimen Rat zu besuchen. So bring ich Euch wieder
Völlig zu Ehren und Macht, und Ihr verdient es, ich hoffe.
Helfet alles zum besten wenden. Ich kann Euch am Hofe
Nicht entbehren, und wenn Ihr die Weisheit mit Tugend verbindet,
So wird niemand über Euch gehn und schärfer und kluger
Rat und Wege bezeichnen. Ich werde künftig die Klagen
Über Euch weiter nicht hören. Und Ihr sollt immer an meiner
Stelle reden und handeln als Kanzler des Reiches. Es sei Euch
Also mein Siegel befohlen, und was Ihr tuet und schreibet,
Bleibe getan und geschrieben. – So hat nun Reineke billig
Sich zu großen Gunsten geschwungen, und alles befolgt man,
Was er rät und beschließt, zu Frommen oder zu Schaden.

Reineke dankte dem König und sprach: Mein edler Gebieter,
Zu viel Ehre tut Ihr mir an, ich will es gedenken,
Wie ich hoffe Verstand zu behalten. Ihr sollt es erfahren.

Wilhelm Kaulbach gez. Rudolf Rahn gest.

Wie es dem Wolf indessen erging, vernehmen wir kürzlich.
Überwunden lag er im Kreise und übel behandelt,
Weib und Freunde gingen zu ihm und Hinze, der Kater,
Braun, der Bär, und Kind und Gesind und seine Verwandten.
Klagend legten sie ihn auf eine Bahre, man hatte
Wohl mit Heu sie gepolstert, ihn warm zu halten, und trugen
Aus dem Kreis ihn heraus. Man untersuchte die Wunden,
Zählete sechsundzwanzig; es kamen viele Chirurgen,
Die sogleich ihn verbanden und heilende Tropfen ihm reichten.
Alle Glieder waren ihm lahm. Sie rieben ihm gleichfalls
Kraut ins Ohr, er nieste gewaltig von vornen und hinten.
Und sie sprachen zusammen: Wir wollen ihn salben und baden;

Trösteten solchergestalt des Wolfes traurige Sippschaft,
Legten ihn sorglich zu Bette, da schlief er, aber nicht lange,
Wachte verworren und kümmerte sich, die Schande, die Schmerzen
Setzten ihm zu, er jammerte laut und schien zu verzweifeln;
Sorglich wartete Gieremund sein, mit traurigem Mute,
Dachte den großen Verlust. Mit mannigfaltigen Schmerzen
Stand sie, bedauerte sich und ihre Kinder und Freunde,
Sah den leidenden Mann, er konnt es niemals verwinden,
Raste vor Schmerz, der Schmerz war groß und traurig die Folgen.

Wilhelm Kaulbach gez.

Reineken aber behagte das wohl, er schwatzte vergnüglich
Seinen Freunden was vor und hörte sich preisen und loben.
Hohen Mutes schied er von dannen. Der gnädige König
Sandte Geleite mit ihm und sagte freundlich zum Abschied:
Kommt bald wieder! Da kniete der Fuchs am Throne zur Erden,
Sprach: Ich dank Euch von Herzen und meiner gnädigen Frauen,
Eurem Rate, den Herren zusamt. Es spare, mein König,
Gott zu vielen Ehren Euch auf, und was Ihr begehret,
Tu ich gern, ich lieb Euch gewiß und bin es Euch schuldig.
Jetzo, wenn Ihrs vergönnt, gedenk ich nach Hause zu reisen,
Meine Frau und Kinder zu sehn, sie warten und trauren.

Reiset nur hin, versetzte der König: und fürchtet nichts weiter.
Also machte sich Reineke fort, vor allen begünstigt.
Manche seines Gelichters verstehen dieselbigen Künste,
Rote Bärte tragen nicht alle; doch sind sie geborgen.

Reineke zog mit seinem Geschlecht, mit vierzig Verwandten,
Stolz von Hofe, sie waren geehrt und freuten sich dessen.
Als ein Herr trat Reineke vor, es folgten die andern.
Frohen Mutes erzeigt' er sich da, es war ihm der Wedel
Breit geworden, er hatte die Gunst des Königs gefunden.
War nun wieder im Rat und dachte, wie er es nutzte.
Wen ich liebe, dem frommts, und meine Freunde genießens,
Also dacht er: die Weisheit ist mehr als Gold zu verehren.

So begab sich Reineke fort, begleitet von allen
Seinen Freunden, den Weg nach Malepartus, der Feste.
Allen zeigt' er sich dankbar, die sich ihm günstig erwiesen,
Die in bedenklicher Zeit an seiner Seite gestanden.
Seine Dienste bot er dagegen; sie schieden und gingen
Zu den Seinigen jeder, und er in seiner Behausung
Fand sein Weib, Frau Ermelyn, wohl: sie grüßt' ihn mit Freuden,
Fragte nach seinem Verdruß, und wie er wieder entkommen.
Reineke sagte: Gelang es mir doch! ich habe mich wieder

In die Gunst des Königs gehoben, ich werde wie vormals
Wieder im Rate mich finden, und unserm ganzen Geschlechte
Wird es zur Ehre gedeihn. Er hat mich zum Kanzler des Reiches
Laut vor allen ernannt und mir das Siegel befohlen.
Alles, was Reineke tut und schreibt, es bleibet für immer
Wohlgetan und geschrieben, das mag sich jeglicher merken!

Unterwiesen hab ich den Wolf in wenig Minuten,
Und er klagt mir nicht mehr. Geblendet ist er, verwundet
Und beschimpft sein ganzes Geschlecht; ich hab ihn gezeichnet!
Wenig nützt er künftig der Welt. Wir kämpften zusammen,
Und ich hab ihn untergebracht. Er wird mir auch schwerlich
Wieder gesund. Was liegt mir daran? Ich bleibe sein Vormann,
Aller seiner Gesellen, die mit ihm halten und stehen.

Reinekens Frau vergnügte sich sehr; so wuchs auch den beiden
Kleinen Knaben der Mut bei ihres Vaters Erhöhung.
Untereinander sprachen sie froh: Vergnügliche Tage
Leben wir nun, von allen verehrt, und denken indessen
Unsre Burg zu befestgen und heiter und sorglos zu leben.

Hochgeehrt ist Reineke nun! Zur Weisheit bekehre
Bald sich jeder und meide das Böse, verehre die Tugend!
Dieses ist der Sinn des Gesangs, in welchem der Dichter
Fabel und Wahrheit gemischt, damit ihr das Böse vom Guten
Sondern möget und schätzen die Weisheit, damit auch die Käufer
Dieses Buchs vom Laufe der Welt sich täglich belehren.
Denn so ist es beschaffen, so wird es bleiben, und also
Endigt sich unser Gedicht von Reinekens Wesen und Taten.
Uns verhelfe der Herr zur ewigen Herrlichkeit! Amen.

Erlkönig

Wer reitet so spät durch Nacht und Wind?
Es ist der Vater mit seinem Kind;
Er hat den Knaben wohl in dem Arm,
Er faßt ihn sicher, er hält ihn warm.

Mein Sohn, was birgst du so bang dein Gesicht? –
Siehst Vater, du den Erlkönig nicht?
Den Erlenkönig mit Kron und Schweif? –
Mein Sohn, es ist ein Nebelstreif. –

»Du liebes Kind, komm, geh mit mir!
Gar schöne Spiele spiel ich mit dir;
Manch bunte Blumen sind an dem Strand,
Meine Mutter hat manch gülden Gewand.«

Mein Vater, mein Vater, und hörest du nicht,
Was Erlenkönig mir leise verspricht? –
Sei ruhig, bleibe ruhig, mein Kind;
In dürren Blättern säuselt der Wind. –

»Willst, feiner Knabe, du mit mir gehn?
Meine Töchter sollen dich warten schön;
Meine Töchter führen den nächtlichen Reihn
Und wiegen und tanzen und singen dich ein.«

Mein Vater, mein Vater, und siehst du nicht dort
Erlkönigs Töchter am düstern Ort? –
Mein Sohn, mein Sohn, ich seh es genau:
Es scheinen die alten Weiden so grau. –

»Ich liebe dich, mich reizt deine schöne Gestalt;
Und bist du nicht willig, so brauch ich Gewalt.«
Mein Vater, mein Vater, jetzt faßt er mich an!
Erlkönig hat mir ein Leids getan! –

Dem Vater grauset's, er reitet geschwind,
Er hält in den Armen das ächzende Kind,
Erreicht den Hof mit Mühe und Not;
In seinen Armen das Kind war tot.

Der Zauberlehrling

Hat der alte Hexenmeister
Sich doch einmal wegbegeben!
Und nun sollen seine Geister
Auch nach meinem Willen leben.
Seine Wort und Werke
Merkt ich und den Brauch,
Und mit Geistesstärke
Tu ich Wunder auch.

Walle! walle
Manche Strecke,
Daß, zum Zwecke,
Wasser fließe
Und mit reichem, vollem Schwalle
Zu dem Bade sich ergieße.

Und nun komm, du alter Besen,
Nimm die schlechten Lumpenhüllen!
Bist schon lange Knecht gewesen:
Nun erfülle meinen Willen!
Auf zwei Beinen stehe, =
Oben sei ein Kopf,
Eile nun und gehe
Mit dem Wassertopf!

Walle! walle
Manche Strecke,
Daß, zum Zwecke,
Wasser fließe
Und mit reichem, vollem Schwalle
Zu dem Bade sich ergieße.

Seht, er läuft zum Ufer nieder!
Wahrlich! ist schon an dem Flusse,
Und mit Blitzesschnelle wieder
Ist er hier mit raschem Gusse.

Schon zum zweiten Male!
Wie das Becken schwillt!
Wie sich jede Schale
Voll mit Wasser füllt!

Stehe! stehe!
Denn wir haben
Deiner Gaben
Vollgemessen! -
Ach, ich merk es! Wehe! wehe!
Hab ich doch das Wort vergessen!

Ach, das Wort, worauf am Ende
Er das wird, was er gewesen!
Ach, er läuft und bringt behende!
Wärst du doch der alte Besen!
Immer neue Güsse
Bringt er schnell herein,
Ach, und hundert Flüsse
Stürzen auf mich ein!

Nein, nicht länger
Kann ichs lassen:
Will ihn fassen!
Das ist Tücke!
Ach, nun wird mir immer bänger!
Welche Miene! welche Blicke!

O, du Ausgeburt der Hölle!
Soll das ganze Haus ersaufen?
Seh ich über jede Schwelle
Doch schon Wasserströme laufen.
Ein verruchter Besen, =
Der nicht hören will!
Stock, der du gewesen,
Steh doch wieder still!

Willst am Ende
Gar nicht lassen?
Will dich fassen,
Will dich halten
Und das alte Holz behende
Mit dem scharfen Beile spalten!

Seht, da kommt er schleppend wieder!
Wie ich mich nur auf dich werfe,
Gleich, o Kobold, liegst du nieder;
Krachend trifft die glatte Schärfe.
Wahrlich! brav getroffen! =
Seht, er ist entzwei!
Und nun kann ich hoffen,
Und ich atme frei!

Wehe! wehe!
Beide Teile
Stehn in Eile
Schon als Knechte
Völlig fertig in die Höhe!
Helft mir, ach! ihr hohen Mächte!

Und sie laufen! Naß und nässer
Wirds im Saal und auf den Stufen:
Welch entsetzliches Gewässer!
Herr und Meister, hör mich rufen! -
Ach, da kommt der Meister!
Herr, die Not ist groß!
Die ich rief, die Geister,
Werd ich nun nicht los.

„In die Ecke,
Besen! Besen!
Seids gewesen!
Denn als Geister

Ruft euch nur, zu seinem Zwecke,
Erst hervor der alte Meister.“

Prometheus

Bedecke deinen Himmel, Zeus,
Mit Wolkendunst!
Und übe, Knaben gleich,
Der Disteln köpft,
An Eichen dich und Bergeshöhn!
Mußt mir meine Erde
Doch lassen stehn,
Und meine Hütte,
Die du nicht gebaut,
Und meinen Herd,
Um dessen Glut
Du mich beneidest.

Ich kenne nichts Ärmeres
Unter der Sonn als euch Götter.
Ihr nähret kümmerlich
Von Opfersteuern
Und Gebetshauch
Eure Majestät
Und darbtet, wären
Nicht Kinder und Bettler
Hoffnungsvolle Toren.

Da ich ein Kind war,
Nicht wußte, wo aus, wo ein,
Kehrte mein verirrtes Aug
Zur Sonne, als wenn drüber wär
Ein Ohr zu hören meine Klage,
Ein Herz wie meins,
Sich des Bedrängten zu erbarmen.

Wer half mir wider
Der Titanen Übermut?
Wer rettete vom Tode mich,
Von Sklaverei?
Hast du's nicht alles selbst vollendet,

Heilig glühend Herz?
Und glühtest, jung und gut,
Betrogen, Rettungsdank
Dem Schlafenden dadroben?

Ich dich ehren? Wofür?
Hast du die Schmerzen gelindert
Je des Beladenen?
Hast du die Tränen gestillet
Je des Geängsteten?

Hat nicht mich zum Manne geschmiedet
Die allmächtige Zeit
Und das ewige Schicksal,
Meine Herren und deine?

Wähntest du etwa,
Ich sollte das Leben hassen,
In Wüsten fliehn,
Weil nicht alle Knabenmorgen-
Blütenträume reiften?

Hier sitz ich, forme Menschen
Nach meinem Bilde,
Ein Geschlecht, das mir gleich sei,
Zu leiden, weinen,
Genießen und zu freuen sich,
Und dein nicht zu achten,
Wie ich.

Faust
Der Tragödie Erster Teil

Zueignung

Ihr naht euch wieder, schwankende Gestalten!
Die früh sich einst dem trüben Blick gezeigt.
Versuch ich wohl euch diesmal fest zu halten?
Fühl ich mein Herz noch jenem Wahn geneigt?
Ihr drängt euch zu! nun gut, so mögt ihr walten,
Wie ihr aus Dunst und Nebel um mich steigt;
Mein Busen fühlt sich jugendlich erschüttert
Vom Zauberhauch, der euren Zug umwittert.

Ihr bringt mit euch die Bilder froher Tage,
Und manche liebe Schatten steigen auf;
Gleich einer alten halbverklungnen Sage,
Kommt erste Lieb und Freundschaft mit herauf;
Der Schmerz wird neu, es wiederholt die Klage
Des Lebens labyrinthisch irren Lauf,
Und nennt die Guten, die, um schöne Stunden
Vom Glück getäuscht, vor mir hinweggeschwunden.

Sie hören nicht die folgenden Gesänge,
Die Seelen, denen ich die ersten sang;
Zerstoben ist das freundliche Gedränge,
Verklungen ach! der erste Widerklang.
Mein Lied ertönt der unbekannten Menge,
Ihr Beifall selbst macht meinem Herzen bang,
Und was sich sonst an meinem Lied erfreuet,
Wenn es noch lebt, irrt in der Welt zerstreuet.

Und mich ergreift ein längst entwöhntes Sehnen
Nach jenem stillen ernsten Geisterreich,
Es schwebet nun in unbestimmten Tönen
Mein lispelnd Lied, der Äolsharfe gleich,
Ein Schauer fasst mich, Träne folgt den Tränen,
Das strenge Herz es fühlt sich mild und weich;
Was ich besitze seh ich wie im Weiten,
Und was verschwand wird mir zu Wirklichkeiten.

Vorspiel auf dem Theater

DIREKTOR. THEATERDICHTER. LUSTIGE PERSON.

DIREKTOR. Ihr beiden, die ihr mir so oft,
In Not und Trübsal, beigestanden,
Sagt was ihr wohl in deutschen Landen
Von unsrer Unternehmung hofft?
Ich wünschte sehr der Menge zu behagen,
Besonders weil sie lebt und leben lässt.
Die Pfosten sind, die Bretter aufgeschlagen,
Und jedermann erwartet sich ein Fest.
Sie sitzen schon, mit hohen Augenbraunen,
Gelassen da und möchten gern erstaunen.
Ich weiß wie man den Geist des Volks versöhnt;
Doch so verlegen bin ich nie gewesen;
Zwar sind sie an das Beste nicht gewöhnt,
Allein sie haben schrecklich viel gelesen.
Wie machen wir's, dass alles frisch und neu
Und mit Bedeutung auch gefällig sei?
Denn freilich mag ich gern die Menge sehen,
Wenn sich der Strom nach unsrer Bude drängt,
Und mit gewaltig wiederholten Wehen
Sich durch die enge Gnadenpforte zwängt,
Bei hellem Tage, schon vor Vieren,
Mit Stößen sich bis an die Kasse ficht
Und, wie in Hungersnot um Brot an Bäckertüren,
Um ein Billet sich fast die Hälse bricht,
Dies Wunder wirkt auf so verschiedne Leute
Der Dichter nur; mein Freund, o! tu es heute!
DICHTER. O sprich mir nicht von jener bunten Menge,
Bei deren Anblick uns der Geist entflieht.
Verhülle mir das wogende Gedränge,
Das wider Willen uns zum Strudel zieht.
Nein, führe mich zur stillen Himmelsenge,
Wo nur dem Dichter reine Freude blüht;

Wo Lieb und Freundschaft unsres Herzens Segen
Mit Götterhand erschaffen und erpflegen.

Ach! was in tiefer Brust uns da entsprungen,
Was sich die Lippe schüchtern vorgelallt,
Missraten jetzt und jetzt vielleicht gelungen,
Verschlingt des wilden Augenblicks Gewalt.
Oft wenn es erst durch Jahre durchgedrungen
Erscheint es in vollendeter Gestalt.
Was glänzt ist für den Augenblick geboren;
Das Echte bleibt der Nachwelt unverloren.

LUSTIGE PERSON.

Wenn ich nur nichts von Nachwelt hören sollte;
Gesetzt dass *ich* von Nachwelt reden wollte,
Wer machte denn der Mitwelt Spaß?
Den will sie doch und soll ihn haben.
Die Gegenwart von einem braven Knaben
Ist, dächt ich, immer auch schon was.
Wer sich behaglich mitzuteilen weiß,
Den wird des Volkes Laune nicht erbittern;
Er wünscht sich einen großen Kreis,
Um ihn gewisser zu erschüttern.
Drum seid nur brav und zeigt euch musterhaft,
Lasst Phantasie, mit allen ihren Chören,
Vernunft, Verstand, Empfindung Leidenschaft,
Doch, merkt euch wohl! nicht ohne Narrheit hören.

DIREKTOR.

Besonders aber lasst genug geschehn!
Man kommt zu schaun, man will am liebsten sehn.
Wird vieles vor den Augen abgesponnen,
So dass die Menge staunend gaffen kann,
Da habt Ihr in der Breite gleich gewonnen,
Ihr seid ein vielgeliebter Mann.

Die Masse könnt Ihr nur durch Masse zwingen,
Ein jeder sucht sich endlich selbst was aus.

Wer vieles bringt, wird manchem etwas bringen;
Und jeder geht zufrieden aus dem Haus.
Gebt Ihr ein Stück, so gebt es gleich in Stücken!
Solch ein Ragout es muss Euch glücken;
Leicht ist es vorgelegt, so leicht als ausgedacht.
Was hilft's, wenn Ihr ein Ganzes dargebracht,
Das Publikum wird es Euch doch zerpflücken.

DICHTER.
Ihr fühlet nicht, wie schlecht ein solches Handwerk sei!
Wie wenig das dem echten Künstler zieme!
Der saubern Herren Pfuscherei
Ist, merk ich, schon bei Euch Maxime.

DIREKTOR. Ein solcher Vorwurf lässt mich ungekränkt;
Ein Mann, der recht zu wirken denkt,
Muss auf das beste Werkzeug halten.
Bedenkt, Ihr habet weiches Holz zu spalten,
Und seht nur hin für wen Ihr schreibt!
Wenn diesen Langeweile treibt,
Kommt jener satt vom übertischten Mahle,
Und, was das Allerschlimmste bleibt,
Gar mancher kommt vom Lesen der Journale.
Man eilt zerstreut zu uns, wie zu den Maskenfesten,
Und Neugier nur beflügelt jeden Schritt;
Die Damen geben sich und ihren Putz zum Besten
Und spielen ohne Gage mit.
Was träumet Ihr auf Eurer Dichter-Höhe?
Was macht ein volles Haus Euch froh?
Beseht die Gönner in der Nähe!
Halb sind sie kalt, halb sind sie roh.
Der, nach dem Schauspiel, hofft ein Kartenspiel,
Der eine wilde Nacht an einer Dirne Busen.
Was plagt ihr armen Toren viel,
Zu solchem Zweck, die holden Musen?
Ich sag Euch, gebt nur mehr, und immer immer mehr,
So könnt Ihr Euch vom Ziele nie verirren,
Sucht nur die Menschen zu verwirren,

Sie zu befriedigen ist schwer – –
Was fällt Euch an? Entzückung oder Schmerzen?
DICHTER. Geh hin und such dir einen andern Knecht!
Der Dichter sollte wohl das höchste Recht,
Das Menschenrecht, das ihm Natur vergönnt,
Um deinetwillen freventlich verscherzen!
Wodurch bewegt er alle Herzen?
Wodurch besiegt er jedes Element?
Ist es der Einklang nicht, der aus dem Busen dringt,
Und in sein Herz die Welt zurücke schlingt?
Wenn die Natur des Fadens ew'ge Länge,
Gleichgültig drehend, auf die Spindel zwingt,
Wenn aller Wesen unharmon'sche Menge
Verdrießlich durcheinander klingt;
Wer teilt die fließend immer gleiche Reihe
Belebend ab, dass sie sich rhythmisch regt?
Wer ruft das Einzelne zur allgemeinen Weihe,
Wo es in herrlichen Akkorden schlägt?
Wer lässt den Sturm zu Leidenschaften wüten?
Das Abendrot im ernsten Sinne glühn?
Wer schüttet alle schönen Frühlingsblüten
Auf der Geliebten Pfade hin?
Wer flicht die unbedeutend grünen Blätter
Zum Ehrenkranz Verdiensten jeder Art?
Wer sichert den Olymp, vereinet Götter?
Des Menschen Kraft im Dichter offenbart.
LUSTIGE PERSON.
So braucht sie denn die schönen Kräfte
Und treibt die dicht'rischen Geschäfte,
Wie man ein Liebesabenteuer treibt.
Zufällig naht man sich, man fühlt, man bleibt
Und nach und nach wird man verflochten;
Es wächst das Glück, dann wird es angefochten,
Man ist entzückt, nun kommt der Schmerz heran,
Und eh man sich's versieht, ist's eben ein Roman.
Lasst uns auch so ein Schauspiel geben!

Greift nur hinein ins volle Menschenleben!
Ein jeder lebt's, nicht vielen ist's bekannt,
Und wo ihr's packt, da ist's interessant.
In bunten Bildern wenig Klarheit,
Viel Irrtum und ein Fünkchen Wahrheit,
So wird der beste Trank gebraut,
Der alle Welt erquickt und auferbaut.
Dann sammelt sich der Jugend schönste Blüte
Vor eurem Spiel und lauscht der Offenbarung,
Dann sauget jedes zärtliche Gemüte
Aus eurem Werk sich melanchol'sche Nahrung,
Dann wird bald dies bald jenes aufgeregt,
Ein jeder sieht was er im Herzen trägt.
Noch sind sie gleich bereit zu weinen und zu lachen,
Sie ehren noch den Schwung, erfreuen sich am Schein;
Wer fertig ist, dem ist nichts recht zu machen;
Ein Werdender wird immer dankbar sein.
DICHTER. So gib mir auch die Zeiten wieder,
Da ich noch selbst im Werden war,
Da sich ein Quell gedrängter Lieder
Ununterbrochen neu gebar,
Da Nebel mir die Welt verhüllten,
Die Knospe Wunder noch versprach,
Da ich die tausend Blumen brach,
Die alle Täler reichlich füllten.
Ich hatte nichts und doch genug,
Den Drang nach Wahrheit und die Lust am Trug.
Gib ungebändigt jene Triebe,
Das tiefe schmerzenvolle Glück,
Des Hasses Kraft, die Macht der Liebe,
Gib meine Jugend mir zurück!
LUSTIGE PERSON.
Der Jugend, guter Freund, bedarfst du allenfalls,
Wenn dich in Schlachten Feinde drängen,
Wenn mit Gewalt an deinen Hals
Sich allerliebste Mädchen hängen,

Wenn fern des schnellen Laufes Kranz
Vom schwer erreichten Ziele winket,
Wenn nach dem heft'gen Wirbeltanz
Die Nächte schmausend man vertrinket.
Doch ins bekannte Saitenspiel
Mit Mut und Anmut einzugreifen,
Nach einem selbgesteckten Ziel
Mit holdem Irren hinzuschweifen,
Das, alte Herrn, ist eure Pflicht,
Und wir verehren euch darum nicht minder.
Das Alter macht nicht kindisch, wie man spricht,
Es findet uns nur noch als wahre Kinder.
DIREKTOR. Der Worte sind genug gewechselt,
Lasst mich auch endlich Taten sehn;
Indes ihr Komplimente drechselt,
Kann etwas Nützliches geschehn.
Was hilft es viel von Stimmung reden?
Dem Zaudernden erscheint sie nie.
Gebt ihr euch einmal für Poeten,
So kommandiert die Poesie.
Euch ist bekannt, was wir bedürfen,
Wir wollen stark Getränke schlürfen;
Nun braut mir unverzüglich dran!
Was heute nicht geschieht, ist morgen nicht getan,
Und keinen Tag soll man verpassen,
Das Mögliche soll der Entschluss
Beherzt sogleich beim Schopfe fassen,
Er will es dann nicht fahren lassen,
Und wirket weiter, weil er muss.
Ihr wisst, auf unsern deutschen Bühnen
Probiert ein jeder was er mag;
Drum schonet mir an diesem Tag
Prospekte nicht und nicht Maschinen.
Gebraucht das groß' und kleine Himmelslicht,
Die Sterne dürfet Ihr verschwenden;
An Wasser, Feuer, Felsenwänden,

An Tier und Vögeln fehlt es nicht.
So schreitet in dem engen Bretterhaus
Den ganzen Kreis der Schöpfung aus,
Und wandelt mit bedächt'ger Schnelle
Vom Himmel durch die Welt zur Hölle.

Prolog im Himmel

Der Herr, die himmlischen Heerscharen,
nachher MEPHISTOPHELES. Die drei Erzengel *treten vor.*

RAPHAEL. Die Sonne tönt nach alter Weise
In Brudersphären Wettgesang,
Und ihre vorgeschriebne Reise
Vollendet sie mit Donnergang.
Ihr Anblick gibt den Engeln Stärke,
Wenn keiner sie ergründen mag;
Die unbegreiflich hohen Werke
Sind herrlich wie am ersten Tag.
GABRIEL. Und schnell und unbegreiflich schnelle
Dreht sich umher der Erde Pracht;
Es wechselt Paradieses-Helle
Mit tiefer schauervoller Nacht;
Es schäumt das Meer in breiten Flüssen
Am tiefen Grund der Felsen auf,
Und Fels und Meer wird fortgerissen
In ewig schnellem Sphärenlauf.
MICHAEL. Und Stürme brausen um die Wette,
Vom Meer aufs Land, vom Land aufs Meer,
Und bilden wütend eine Kette
Der tiefsten Wirkung rings umher.
Da flammt ein blitzendes Verheeren
Dem Pfade vor des Donnerschlags;

Doch deine Boten, Herr, verehren
Das sanfte Wandeln deines Tags.
ZU DREI. Der Anblick gibt den Engeln Stärke
Da keiner dich ergründen mag,
Und alle deine hohen Werke
Sind herrlich wie am ersten Tag.
MEPHISTOPHELES.
Da du, o Herr, dich einmal wieder nahst
Und fragst wie alles sich bei uns befinde,
Und du mich sonst gewöhnlich gerne sahst;
So siehst du mich auch unter dem Gesinde.
Verzeih, ich kann nicht hohe Worte machen,
Und wenn mich auch der ganze Kreis verhöhnt;
Mein Pathos brächte dich gewiss zum Lachen,
Hättst du dir nicht das Lachen abgewöhnt.
Von Sonn' und Welten weiß ich nichts zu sagen,
Ich sehe nur wie sich die Menschen plagen.
Der kleine Gott der Welt bleibt stets von gleichem Schlag,
Und ist so wunderlich als wie am ersten Tag.
Ein wenig besser würd er leben,
Hättst du ihm nicht den Schein des Himmelslichts gegeben;
Er nennt's Vernunft und braucht's allein,
Nur tierischer als jedes Tier zu sein.
Er scheint mir, mit Verlaub von Euer Gnaden,
Wie eine der langbeinigen Zikaden,
Die immer fliegt und fliegend springt
Und gleich im Gras ihr altes Liedchen singt;
Und läg er nur noch immer in dem Grase!
In jeden Quark begräbt er seine Nase.
DER HERR. Hast du mir weiter nichts zu sagen?
Kommst du nur immer anzuklagen?
Ist auf der Erde ewig dir nichts recht?
MEPHISTOPHELES.
Nein Herr! ich find es dort, wie immer, herzlich schlecht.
Die Menschen dauern mich in ihren Jammertagen,
Ich mag sogar die armen selbst nicht plagen.

DER HERR. Kennst du den Faust?
MEPHISTOPHELES. Den Doktor?
DER HERR. Meinen Knecht!
MEPHISTOPHELES.
Fürwahr! er dient euch auf besondre Weise.
Nicht irdisch ist des Toren Trank noch Speise.
Ihn treibt die Gärung in die Ferne,
Er ist sich seiner Tollheit halb bewusst;
Vom Himmel fordert er die schönsten Sterne,
Und von der Erde jede höchste Lust,
Und alle Näh und alle Ferne
Befriedigt nicht die tiefbewegte Brust.
DER HERR. Wenn er mir jetzt auch nur verworren dient;
So werd ich ihn bald in die Klarheit führen.
Weiß doch der Gärtner, wenn das Bäumchen grünt,
Dass Blüt und Frucht die künft'gen Jahre zieren.
MEPHISTOPHELES.
Was wettet Ihr? den sollt Ihr noch verlieren,
Wenn Ihr mir die Erlaubnis gebt
Ihn meine Straße sacht zu führen!
DER HERR So lang er auf der Erde lebt,
So lange sei dir's nicht verboten.
Es irrt der Mensch so lang er strebt.
MEPHISTOPHELES.
Da dank ich Euch; denn mit den Toten
Hab ich mich niemals gern befangen.
Am meisten lieb ich mir die vollen frischen Wangen.
Für einen Leichnam bin ich nicht zu Haus;
Mir geht es wie der Katze mit der Maus.
DER HERR. Nun gut, es sei dir überlassen!
Zieh diesen Geist von seinem Urquell ab,
Und führ ihn, kannst du ihn erfassen,
Auf deinem Wege mit herab,
Und steh beschämt, wenn du bekennen musst:
Ein guter Mensch in seinem dunkeln Drange
Ist sich des rechten Weges wohl bewusst.

MEPHISTOPHELES.
Schon gut! nur dauert es nicht lange.
Mir ist für meine Wette gar nicht bange.
Wenn ich zu meinem Zweck gelange,
Erlaubt Ihr mir Triumph aus voller Brust.
Staub soll er fressen, und mit Lust,
Wie meine Muhme, die berühmte Schlange.
DER HERR. Du darfst auch da nur frei erscheinen;
Ich habe deinesgleichen nie gehasst.
Von allen Geistern die verneinen
Ist mir der Schalk am wenigsten zur Last.
Des Menschen Tätigkeit kann allzu leicht erschlaffen,
Er liebt sich bald die unbedingte Ruh;
Drum geb ich gern ihm den Gesellen zu,
Der reizt und wirkt, und muss, als Teufel, schaffen.
Doch ihr, die echten Göttersöhne,
Erfreut euch der lebendig reichen Schöne!
Das Werdende, das ewig wirkt und lebt,
Umfass' euch mit der Liebe holden Schranken,
Und was in schwankender Erscheinung schwebt,
Befestiget mit dauernden Gedanken.
(Der Himmel schließt, die Erzengel verteilen sich.)
MEPHISTOPHELES *(allein).*
Von Zeit zu Zeit seh ich den Alten gern,
Und hüte mich mit ihm zu brechen.
Es ist gar hübsch von einem großen Herrn,
So menschlich mit dem Teufel selbst zu sprechen.

Der Tragödie Erster Teil

Nacht

In einem hochgewölbten, engen, gotischen Zimmer
Faust unruhig auf seinem Sessel am Pulte.

FAUST.
Habe nun, ach! Philosophie,
Juristerei und Medizin,
Und leider auch Theologie!
Durchaus studiert, mit heißem Bemühn.
Da steh ich nun, ich armer Tor!
Und bin so klug als wie zuvor;
Heiße Magister, heiße Doktor gar,
Und ziehe schon an die zehen Jahr,
Herauf, herab und quer und krumm,
Meine Schüler an der Nase herum –
Und sehe, dass wir nichts wissen können!
Das will mir schier das Herz verbrennen.
Zwar bin ich gescheiter als alle die Laffen,
Doktoren, Magister, Schreiber und Pfaffen;
Mich plagen keine Skrupel noch Zweifel,
Fürchte mich weder vor Hölle noch Teufel –
Dafür ist mir auch alle Freud entrissen,
Bilde mir nicht ein was Rechts zu wissen,
Bilde mir nicht ein ich könnte was lehren
Die Menschen zu bessern und zu bekehren.
Auch hab ich weder Gut noch Geld,
Noch Ehr und Herrlichkeit der Welt;
Es möchte kein Hund so länger leben!
Drum hab ich mich der Magie ergeben,
Ob mir, durch Geistes Kraft und Mund,
Nicht manch Geheimnis würde kund;
Dass ich nicht mehr, mit sauerm Schweiß,

Zu sagen brauche was ich nicht weiß;
Dass ich erkenne was die Welt
Im Innersten zusammenhält,
Schau alle Wirkenskraft und Samen,
Und tu nicht mehr in Worten kramen.

O sähst du, voller Mondenschein,
Zum letzten Mal auf meine Pein,
Den ich so manche Mitternacht
An diesem Pult herangewacht:
Dann, über Büchern und Papier,
Trübsel'ger Freund, erschienst du mir!
Ach! könnt ich doch auf Bergeshöhn,
In deinem lieben Lichte gehn,
Um Bergeshöhle mit Geistern schweben,
Auf Wiesen in deinem Dämmer weben,
Von allem Wissensqualm entladen
In deinem Tau gesund mich baden!

Weh! steck ich in dem Kerker noch?
Verfluchtes dumpfes Mauerloch!
Wo selbst das liebe Himmelslicht
Trüb durch gemalte Scheiben bricht!
Beschränkt von diesem Bücherhauf,
Den Würme nagen, Staub bedeckt,
Den, bis ans hohe Gewölb hinauf,
Ein angeraucht Papier umsteckt;
Mit Gläsern, Büchsen rings umstellt,
Mit Instrumenten vollgepfropft,
Urväter Hausrat drein gestopft –
Das ist deine Welt! das heißt eine Welt!

Und fragst du noch, warum dein Herz
Sich bang in deinem Busen klemmt?
Warum ein unerklärter Schmerz
Dir alle Lebensregung hemmt?

Statt der lebendigen Natur,
Da Gott die Menschen schuf hinein,
Umgibt in Rauch und Moder nur
Dich Tiergeripp und Totenbein.

Flieh! Auf! Hinaus ins weite Land!
Und dies geheimnisvolle Buch,
Von Nostradamus' eigner Hand,
Ist dir es nicht Geleit genug?
Erkennest dann der Sterne Lauf,
Und wenn Natur dich unterweist,
Dann geht die Seelenkraft dir auf,
Wie spricht ein Geist zum andern Geist.
Umsonst, dass trocknes Sinnen hier
Die heil'gen Zeichen dir erklärt.
Ihr schwebt, ihr Geister, neben mir;
Antwortet mir, wenn ihr mich hört!
(Er schlägt das Buch auf und erblickt das Zeichen des Makrokosmus.)

Ha! welche Wonne fließt in diesem Blick
Auf einmal mir durch alle meine Sinnen!
Ich fühle junges heil'ges Lebensglück
Neuglühend mir durch Nerv' und Adern rinnen.
War es ein Gott, der diese Zeichen schrieb,
Die mir das innre Toben stillen,
Das arme Herz mit Freude füllen,
Und mit geheimnisvollem Trieb,
Die Kräfte der Natur rings um mich her enthüllen?
Bin ich ein Gott? Mir wird so licht!
Ich schau in diesen reinen Zügen
Die wirkende Natur vor meiner Seele liegen.
Jetzt erst erkenn ich was der Weise spricht.
»Die Geisterwelt ist nicht verschlossen;
Dein Sinn ist zu, dein Herz ist tot!
Auf, bade, Schüler, unverdrossen

Die ird'sche Brust im Morgenrot!«
(Er beschaut das Zeichen.)

Wie alles sich zum Ganzen webt,
Eins in dem andern wirkt und lebt!
Wie Himmelskräfte auf und nieder steigen
Und sich die goldnen Eimer reichen!
Mit segenduftenden Schwingen
Vom Himmel durch die Erde dringen,
Harmonisch all' das All durchklingen!

Welch Schauspiel! aber ach! ein Schauspiel nur!
Wo fass ich dich, unendliche Natur?
Euch Brüste, wo? Ihr Quellen alles Lebens,
An denen Himmel und Erde hängt,
Dahin die welke Brust sich drängt –
Ihr quellt, ihr tränkt, und schmacnt ich so vergebens?
(Er schlägt unwillig das Buch um, und erblickt das Zeichen des Erdgeistes.)

Wie anders wirkt dies Zeichen auf mich ein!
Du, Geist der Erde, bist mir näher;
Schon fühl ich meine Kräfte höher,
Schon glüh ich wie von neuem Wein,
Ich fühle Mut mich in die Welt zu wagen,
Der Erde Weh, der Erde Glück zu tragen,
Mit Stürmen mich herumzuschlagen,
Und in des Schiffbruchs Knirschen nicht zu zagen,
Es wölkt sich über mir –
Der Mond verbirgt sein Licht –
Die Lampe schwindet!
Es dampft! – Es zucken rote Strahlen
Mir um das Haupt – Es weht
Ein Schauer vom Gewölb herab
Und fasst mich an!
Ich fühl's, du schwebst um mich, erflehter Geist.

Enthülle dich!
Ha! wie's in meinem Herzen reißt!
Zu neuen Gefühlen
All meine Sinnen sich erwühlen!
Ich fühle ganz mein Herz dir hingegeben!
Du musst! du musst! und kostet' es mein Leben!
(Er fasst das Buch und spricht das Zeichen des Geistes geheimnisvoll aus. Es zuckt eine rötliche Flamme, der Geist er- scheint in der Flamme.)
GEIST. Wer ruft mir?
FAUST *(abgewendet)*. Schreckliches Gesicht!
GEIST. Du hast mich mächtig angezogen,
An meiner Sphäre lang gesogen,
Und nun –
FAUST. Weh! ich ertrag dich nicht!
GEIST. Du flehst eratmend mich zu schauen,
Meine Stimme zu hören, mein Antlitz zu sehn;
Mich neigt dein mächtig Seelenflehn,
Da bin ich! – Welch erbärmlich Grauen
Fasst Übermenschen dich! Wo ist der Seele Ruf?
Wo ist die Brust, die eine Welt in sich erschuf,
Und trug und hegte, die mit Freudebeben
Erschwoll, sich uns, den Geistern, gleich zu heben?
Wo bist du, Faust, des Stimme mir erklang,
Der sich an mich mit allen Kräften drang?
Bist Du es? der, von meinem Hauch umwittert,
In allen Lebenstiefen zittert,
Ein furchtsam weggekrümmter Wurm!
FAUST. Soll ich dir, Flammenbildung, weichen?
Ich bin's, bin Faust, bin deinesgleichen!
GEIST. In Lebensfluten, im Tatensturm
Wall ich auf und ab,
Webe hin und her!
Geburt und Grab,
Ein ewiges Meer,
Ein wechselnd Weben,

Ein glühend Leben,
So schaff ich am sausenden Webstuhl der Zeit,
Und wirke der Gottheit lebendiges Kleid.
FAUST.
Der du die weite Welt umschweifst,
Geschäftiger Geist, wie nah fühl ich mich dir!
geist. Du gleichst dem Geist den du begreifst,
Nicht mir! *(Verschwindet.)*
FAUST *(zusammenstürzend).*
Nicht dir?
Wem denn?
Ich Ebenbild der Gottheit!
Und nicht einmal dir!
(Es klopft.)

O Tod! ich kenn's – das ist mein Famulus –
Es wird mein schönstes Glück zunichte!
Dass diese Fülle der Gesichte
Der trockne Schleicher stören muss!

Wagner im Schlafrocke und der Nachtmütze, eine Lampe in der Hand. Faust wendet sich unwillig.

WAGNER. Verzeiht! ich hör Euch deklamieren;
Ihr last gewiss ein griechisch Trauerspiel?
In dieser Kunst möcht ich was profitieren,
Denn heutzutage wirkt das viel.
Ich hab es öfters rühmen hören,
Ein Komödiant könnt einen Pfarrer lehren.
FAUST. Ja, wenn der Pfarrer ein Komödiant ist;
Wie das denn wohl zuzeiten kommen mag.
WAGNER.
Ach! wenn man so in sein Museum gebannt ist,
Und sieht die Welt kaum einen Feiertag,
Kaum durch ein Fernglas, nur von weiten,
Wie soll man sie durch Überredung leiten?

FAUST.
Wenn ihr's nicht fühlt, ihr werdet's nicht erjagen,
Wenn es nicht aus der Seele dringt,
Und mit urkräftigem Behagen
Die Herzen aller Hörer zwingt.
Sitzt ihr nur immer! Leimt zusammen,
Braut ein Ragout von andrer Schmaus,
Und blast die kümmerlichen Flammen
Aus eurem Aschenhäufchen raus!
Bewundrung von Kindern und Affen,
Wenn euch darnach der Gaumen steht;
Doch werdet ihr nie Herz zu Herzen schaffen,
Wenn es euch nicht von Herzen geht.
WAGNER.
Allein der Vortrag macht des Redners Glück;
Ich fühl es wohl noch bin ich weit zurück.
FAUST. Such' Er den redlichen Gewinn!
Sei Er kein schellenlauter Tor!
Es trägt Verstand und rechter Sinn
Mit wenig Kunst sich selber vor;
Und wenn's euch ernst ist was zu sagen,
Ist's nötig Worten nachzujagen?
Ja, eure Reden, die so blinkend sind,
In denen ihr der Menschheit Schnitzel kräuselt,
Sind unerquicklich wie der Nebelwind,
Der herbstlich durch die dürren Blätter säuselt!
WAGNER. Ach Gott! die Kunst ist lang!
Und kurz ist unser Leben.
Mir wird, bei meinem kritischen Bestreben,
Doch oft um Kopf und Busen bang.
Wie schwer sind nicht die Mittel zu erwerben,
Durch die man zu den Quellen steigt!
Und eh man nur den halben Weg erreicht,
Muss wohl ein armer Teufel sterben.
FAUST.
Das Pergament ist das der heil'ge Bronnen,

Woraus ein Trunk den Durst auf ewig stillt?
Erquickung hast du nicht gewonnen,
Wenn sie dir nicht aus eigner Seele quillt.

WAGNER.

Verzeiht! es ist ein groß Ergetzen
Sich in den Geist der Zeiten zu versetzen,
Zu schauen wie vor uns ein weiser Mann gedacht,
Und wie wir's dann zuletzt so herrlich weit gebracht.

FAUST.

O ja, bis an die Sterne weit!
Mein Freund, die Zeiten der Vergangenheit
Sind uns ein Buch mit sieben Siegeln;
Was ihr den Geist der Zeiten heißt,
Das ist im Grund der Herren eigner Geist,
In dem die Zeiten sich bespiegeln.
Da ist's denn wahrlich oft ein Jammer!
Man läuft euch bei dem ersten Blick davon.
Ein Kehrichtfass und eine Rumpelkammer,
Und höchstens eine Haupt- und Staatsaktion,
Mit trefflichen pragmatischen Maximen,
Wie sie den Puppen wohl im Munde ziemen!

WAGNER.

Allein die Welt! des Menschen Herz und Geist!
Möcht jeglicher doch was davon erkennen.

FAUST.

Ja was man so erkennen heißt!
Wer darf das Kind beim rechten Namen nennen?
Die wenigen, die was davon erkannt,
Die töricht g'nug ihr volles Herz nicht wahrten,
Dem Pöbel ihr Gefühl, ihr Schauen offenbarten,
Hat man von je gekreuzigt und verbrannt.
Ich bitt Euch, Freund, es ist tief in der Nacht,
Wir müssen's diesmal unterbrechen.

WAGNER.

Ich hätte gern nur immer fortgewacht,
Um so gelehrt mit Euch mich zu besprechen.

Doch morgen, als am ersten Ostertage,
Erlaubt mir ein' und andre Frage.
Mit Eifer hab ich mich der Studien beflissen;
Zwar weiß ich viel, doch möcht ich alles wissen. *(Ab.)*

FAUST *(allein).*
Wie nur dem Kopf nicht alle Hoffnung schwindet,
Der immerfort an schalem Zeuge klebt,
Mit gier'ger Hand nach Schätzen gräbt,
Und froh ist wenn er Regenwürmer findet!

Darf eine solche Menschenstimme hier,
Wo Geisterfülle mich umgab, ertönen?
Doch ach! für diesmal dank ich dir,
Dem ärmlichsten von allen Erdensöhnen.
Du rissest mich von der Verzweiflung los,
Die mir die Sinne schon zerstören wollte.
Ach! die Erscheinung war so riesengroß,
Dass ich mich recht als Zwerg empfinden sollte.
Ich, Ebenbild der Gottheit, das sich schon
Ganz nah gedünkt dem Spiegel ew'ger Wahrheit,
Sein selbst genoss in Himmelsglanz und Klarheit,
Und abgestreift den Erdensohn;
Ich, mehr als Cherub, dessen freie Kraft
Schon durch die Adern der Natur zu fließen
Und schaffend, Götterleben zu genießen
Sich ahnungsvoll vermaß, wie muss ich's büßen!
Ein Donnerwort hat mich hinweggerafft.

Nicht darf ich dir zu gleichen mich vermessen.
Hab ich die Kraft dich anzuziehn besessen;
So hatt ich dich zu halten keine Kraft.
In jenem sel'gen Augenblicke
Ich fühlte mich so klein, so groß,
Du stießest grausam mich zurücke,
Ins ungewisse Menschenlos.
Wer lehret mich? was soll ich meiden?

Soll ich gehorchen jenem Drang?
Ach! unsre Taten selbst, so gut als unsre Leiden,
Sie hemmen unsres Lebens Gang.

Dem Herrlichsten, was auch der Geist empfangen,
Drängt immer fremd und fremder Stoff sich an;
Wenn wir zum Guten dieser Welt gelangen,
Dann heißt das Bessre Trug und Wahn.
Die uns das Leben gaben, herrliche Gefühle
Erstarren in dem irdischen Gewühle.

Wenn Phantasie sich sonst, mit kühnem Flug,
Und hoffnungsvoll zum Ewigen erweitert,
So ist ein kleiner Raum ihr nun genug,
Wenn Glück auf Glück im Zeitenstrudel scheitert.
Die Sorge nistet gleich im tiefen Herzen,
Dort wirket sie geheime Schmerzen,
Unruhig wiegt sie sich und störet Lust und Ruh;
Sie deckt sich stets mit neuen Masken zu,
Sie mag als Haus und Hof, als Weib und Kind erscheinen,
Als Feuer, Wasser, Dolch und Gift;
Du bebst vor allem was nicht trifft,
Und was du nie verlierst das musst du stets beweinen.

Den Göttern gleich ich nicht! Zu tief ist es gefühlt;
Dem Wurme gleich ich, der den Staub durchwühlt;
Den, wie er sich im Staube nährend lebt,
Des Wandrers Tritt vernichtet und begräbt.

Ist es nicht Staub was diese hohe Wand,
Aus hundert Fächern, mir verenget;
Der Trödel, der mit tausendfachem Tand,
In dieser Mottenwelt mich dränget?
Hier soll ich finden was mir fehlt?
Soll ich vielleicht in tausend Büchern lesen,
Dass überall die Menschen sich gequält,

Dass hie und da ein Glücklicher gewesen? –
Was grinsest du mir hohler Schädel her?
Als dass dein Hirn, wie meines, einst verwirret,
Den leichten Tag gesucht und in der Dämmrung schwer,
Mit Lust nach Wahrheit, jämmerlich geirret.
Ihr Instrumente freilich, spottet mein,
Mit Rad und Kämmen, Walz' und Bügel.
Ich stand am Tor, ihr solltet Schlüssel sein;
Zwar euer Bart ist kraus, doch hebt ihr nicht die Riegel.
Geheimnisvoll am lichten Tag
Lässt sich Natur des Schleiers nicht berauben,
Und was sie deinem Geist nicht offenbaren mag,
Das zwingst du ihr nicht ab mit Hebeln und mit Schrauben.
Du alt Geräte das ich nicht gebraucht,
Du stehst nur hier, weil dich mein Vater brauchte.
Du alte Rolle, du wirst angeraucht,
So lang an diesem Pult die trübe Lampe schmauchte.
Weit besser hätt ich doch mein Weniges verprasst,

Als mit dem Wenigen belastet hier zu schwitzen!
Was du ererbt von deinen Vätern hast
Erwirb es um es zu besitzen.
Was man nicht nützt ist eine schwere Last;
Nur was der Augenblick erschafft das kann er nützen.

Doch warum heftet sich mein Blick auf jene Stelle?
Ist jenes Fläschchen dort den Augen ein Magnet?
Warum wird mir auf einmal lieblich helle,
Als wenn im nächt'gen Wald uns Mondenglanz umweht?

Ich grüße dich, du einzige Phiole!
Die ich mit Andacht nun herunterhole,
In dir verehr ich Menschenwitz und Kunst.
Du Inbegriff der holden Schlummersäfte,
Du Auszug aller tödlich feinen Kräfte,
Erweise deinem Meister deine Gunst!
Ich sehe dich, es wird der Schmerz gelindert,
Ich fasse dich, das Streben wird gemindert,
Des Geistes Flutstrom ebbet nach und nach.
Ins hohe Meer werd ich hinausgewiesen,
Die Spiegelflut erglänzt zu meinen Füßen,
Zu neuen Ufern lockt ein neuer Tag,

Ein Feuerwagen schwebt, auf leichten Schwingen,
An mich heran! Ich fühle mich bereit
Auf neuer Bahn den Äther zu durchdringen,
Zu neuen Sphären reiner Tätigkeit.
Dies hohe Leben, diese Götterwonne!
Du, erst noch Wurm, und die verdienest du?
Ja, kehre nur der holden Erdensonne
Entschlossen deinen Rücken zu!
Vermesse dich die Pforten aufzureißen,
Vor denen jeder gern vorüberschleicht.
Hier ist es Zeit durch Taten zu beweisen,
Dass Manneswürde nicht der Götterhöhe weicht,

Vor jener dunkeln Höhle nicht zu beben,
In der sich Phantasie zu eigner Qual verdammt,
Nach jenem Durchgang hinzustreben,
Um dessen engen Mund die ganze Hölle flammt;
Zu diesem Schritt sich heiter zu entschließen
Und, wär es mit Gefahr, ins Nichts dahin zu fließen.

Nun komm herab, kristallne reine Schale!
Hervor aus deinem alten Futterale,
An die ich viele Jahre nicht gedacht.
Du glänztest bei der Väter Freudenfeste,
Erheitertest die ernsten Gäste,
Wenn einer dich dem andern zugebracht.
Der vielen Bilder künstlich reiche Pracht,
Des Trinkers Pflicht, sie reimweis zu erklären,
Auf Einen Zug die Höhlung auszuleeren,
Erinnert mich an manche Jugend-Nacht;
Ich werde jetzt dich keinem Nachbar reichen,
Ich werde meinen Witz an deiner Kunst nicht zeigen;
Hier ist ein Saft, der eilig trunken macht.
Mit brauner Flut erfüllt er deine Höhle.
Den ich bereitet, den ich wähle,
Der letzte Trunk sei nun, mit ganzer Seele,
Als festlich hoher Gruß, dem Morgen zugebracht!
(Er setzt die Schale an den Mund.)

Glockenklang und Chorgesang

CHOR DER ENGEL.
Christ ist erstanden!
Freude dem Sterblichen,
Den die verderblichen, Schleichenden,
erblichen Mängel umwanden.
FAUST.
Welch tiefes Summen, welch ein heller Ton,
Zieht mit Gewalt das Glas von meinem Munde?

Verkündiget ihr dumpfen Glocken schon
Des Osterfestes erste Feierstunde?
Ihr Chöre singt ihr schon den tröstlichen Gesang
Der einst, um Grabes Nacht, von Engelslippen klang,
Gewissheit einem neuen Bunde?

CHOR DER WEIBER.
Mit Spezereien
Hatten wir ihn gepflegt,
Wir seine Treuen
Hatten ihn hingelegt;
Tücher und Binden
Reinlich umwanden wir,
Ach! und wir finden
Christ nicht mehr hier.

CHOR DER ENGEL.
Christ ist erstanden!
Selig der Liebende,
Der die betrübende,
Heilsam' und übende
Prüfung bestanden.

FAUST.
Was sucht ihr, mächtig und gelind,
Ihr Himmelstöne, mich am Staube?
Klingt dort umher, wo weiche Menschen sind.
Die Botschaft hör ich wohl, allein mir fehlt der Glaube;
Das Wunder ist des Glaubens liebstes Kind.
Zu jenen Sphären wag ich nicht zu streben,
Woher die holde Nachricht tönt;
Und doch, an diesen Klang von Jugend auf gewöhnt,
Ruft er auch jetzt zurück mich in das Leben.
Sonst stürzte sich der Himmels-Liebe Kuss
Auf mich herab, in ernster Sabbatstille;
Da klang so ahnungsvoll des Glockentones Fülle,
Und ein Gebet war brünstiger Genuss;
Ein unbegreiflich holdes Sehnen
Trieb mich durch Wald und Wiesen hinzugehn,

Und unter tausend heißen Tränen,
Fühlt ich mir eine Welt entstehn.
Dies Lied verkündete der Jugend muntre Spiele,
Der Frühlingsfeier freies Glück;
Erinnrung hält mich nun, mit kindlichem Gefühle,
Vom letzten, ernsten Schritt zurück.
O tönet fort ihr süßen Himmelslieder!
Die Träne quillt, die Erde hat mich wieder!

CHOR DER JÜNGER.
Hat der Begrabene
Schon sich nach oben,
Lebend Erhabene,
Herrlich erhoben;
Ist er in Werdelust
Schaffender Freude nah;
Ach! an der Erde Brust,
Sind wir zum Leide da.
Ließ er die Seinen
Schmachtend uns hier zurück;
Ach! wir beweinen
Meister dein Glück!

CHOR DER ENGEL.
Christ ist erstanden,
Aus der Verwesung Schoß.
Reißet von Banden
Freudig euch los!
Tätig ihn Preisenden,
Liebe Beweisenden,
Brüderlich Speisenden,
Predigend Reisenden,
Wonne Verheißenden
Euch ist der Meister nah,
Euch ist er da!

Vor dem Tor

Spaziergänger aller Art ziehen hinaus.

EINIGE HANDWERKSBURSCHE.
Warum denn dort hinaus?
ANDRE. Wir gehn hinaus aufs Jägerhaus.
DIE ERSTEN. Wir aber wollen nach der Mühle wandern.
EIN HANDWERKSBURSCH.
Ich rat euch nach dem Wasserhof zu gehn.
ZWEITER. Der Weg dahin ist gar nicht schön.
DIE ZWEITEN. Was tust denn du?
EIN DRITTER. Ich gehe mit den andern.
VIERTER.
Nach Burgdorf kommt herauf, gewiss dort findet ihr
Die schönsten Mädchen und das beste Bier,
Und Händel von der ersten Sorte.
FÜNFTER. Du überlustiger Gesell,
Juckt dich zum dritten Mal das Fell?
Ich mag nicht hin, mir graut es vor dem Orte.
DIENSTMÄDCHEN.
Nein, nein! ich gehe nach der Stadt zurück.
ANDRE. Wir finden ihn gewiss bei jenen Pappeln stehen.
ERSTE. Das ist für mich kein großes Glück;
Er wird an deiner Seite gehen,
Mit dir nur tanzt er auf dem Plan.
Was gehn mich deine Freuden an!
ANDRE. Heut ist er sicher nicht allein,
Der Krauskopf, sagt er, würde bei ihm sein.
SCHÜLER. Blitz, wie die wackern Dirnen schreiten!
Herr Bruder komm! wir müssen sie begleiten.
Ein starkes Bier, ein beizender Toback,
Und eine Magd im Putz das ist nun mein Geschmack.
BÜRGERMÄDCHEN.
Da sieh mir nur die schönen Knaben!
Es ist wahrhaftig eine Schmach;

Gesellschaft könnten sie die allerbeste haben,
Und laufen diesen Mägden nach!
ZWEITER SCHÜLER *(zum ersten).*
Nicht so geschwind! dort hinten kommen zwei,
Sie sind gar niedlich angezogen,
's ist meine Nachbarin dabei;
Ich bin dem Mädchen sehr gewogen.
Sie gehen ihren stillen Schritt
Und nehmen uns doch auch am Ende mit.
ERSTER. Herr Bruder nein! Ich bin nicht gern geniert.
Geschwind! dass wir das Wildbret nicht verlieren.
Die Hand, die samstags ihren Besen führt,
Wird sonntags dich am besten karessieren.
BÜRGER. Nein, er gefällt mir nicht der neue Burgemeister!
Nun, da er's ist, wird er nur täglich dreister.
Und für die Stadt was tut denn er?
Wird es nicht alle Tage schlimmer?
Gehorchen soll man mehr als immer,
Und zahlen mehr als je vorher.
BETTLER *(singt).* Ihr guten Herrn, ihr schönen Frauen,
So wohlgeputzt und backenrot,
Belieb' es euch mich anzuschauen,
Und seht und mildert meine Not!
Lasst hier mich nicht vergebens leiern!
Nur der ist froh, der geben mag.
Ein Tag den alle Menschen feiern,
Er sei für mich ein Erntetag.
ANDERER BÜRGER.
Nichts Bessers weiß ich mir an Sonn- und Feiertagen,
Als ein Gespräch von Krieg und Kriegsgeschrei,
Wenn hinten, weit, in der Türkei,
Die Völker aufeinander schlagen.
Man steht am Fenster, trinkt sein Gläschen aus
Und sieht den Fluss hinab die bunten Schiffe gleiten;
Dann kehrt man abends froh nach Haus,
Und segnet Fried und Friedenszeiten.

DRITTER BÜRGER.
Herr Nachbar, ja! so lass ich's auch geschehn,
Sie mögen sich die Köpfe spalten,
Mag alles durcheinander gehn;
Doch nur zu Hause bleib's beim Alten.
ALTE *(zu den Bürgermädchen).*
Ei! wie geputzt! das schöne junge Blut!
Wer soll sich nicht in euch vergaffen? –
Nur nicht so stolz! Es ist schon gut!
Und was ihr wünscht das wüsst ich wohl zu schaffen.
BÜRGERMÄDCHEN.
Agathe fort! ich nehme mich in Acht
Mit solchen Hexen öffentlich zu gehen;
Sie ließ mich zwar, in Sankt Andreas' Nacht,
Den künft'gen Liebsten leiblich sehen.
DIE ANDRE.
Mir zeigte sie ihn im Kristall,
Soldatenhaft, mit mehreren Verwegnen;
Ich seh mich um, ich such ihn überall,
Allein mir will er nicht begegnen.
SOLDATEN.
Burgen mit hohen
Mauern und Zinnen,
Mädchen mit stolzen
Höhnenden Sinnen
Möcht ich gewinnen!
Kühn ist das Mühen,
Herrlich der Lohn!

Und die Trompete
Lassen wir werben,
Wie zu der Freude,
So zum Verderben.
Das ist ein Stürmen!
Das ist ein Leben!
Mädchen und Burgen

Müssen sich geben.
Kühn ist das Mühen,
Herrlich der Lohn!
Und die Soldaten
Ziehen davon.

Faust und Wagner

FAUST.
Vom Eise befreit sind Strom und Bäche
Durch des Frühlings holden, belebenden Blick;
Im Tale grünet Hoffnungs-Glück;
Der alte Winter, in seiner Schwäche,
Zog sich in raue Berge zurück.
Von dorther sendet er, fliehend, nur
Ohnmächtige Schauer körnigen Eises
In Streifen über die grünende Flur;
Aber die Sonne duldet kein Weißes,
Überall regt sich Bildung und Streben,
Alles will sie mit Farben beleben;
Doch an Blumen fehlt's im Revier,
Sie nimmt geputzte Menschen dafür.
Kehre dich um, von diesen Höhen
Nach der Stadt zurück zu sehen.
Aus dem hohlen finstern Tor
Dringt ein buntes Gewimmel hervor.
Jeder sonnt sich heute so gern.
Sie feiern die Auferstehung des Herrn,
Denn sie sind selber auferstanden,
Aus niedriger Häuser dumpfen Gemächern,
Aus Handwerks- und Gewerbes-Banden,
Aus dem Druck von Giebeln und Dächern,
Aus der Straßen quetschender Enge,
Aus der Kirchen ehrwürdiger Nacht
Sind sie alle ans Licht gebracht.
Sieh nur sieh! wie behend sich die Menge

Durch die Gärten und Felder zerschlägt,
Wie der Fluss, in Breit und Länge,
So manchen lustigen Nachen bewegt,
Und, bis zum Sinken überladen,
Entfernt sich dieser letzte Kahn.
Selbst von des Berges fernen Pfaden
Blinken uns farbige Kleider an.
Ich höre schon des Dorfs Getümmel,
Hier ist des Volkes wahrer Himmel,
Zufrieden jauchzet Groß und Klein:
Hier bin ich Mensch, hier darf ich's sein.

WAGNER.

Mit Euch, Herr Doktor, zu spazieren
Ist ehrenvoll und ist Gewinn;
Doch würd ich nicht allein mich her verlieren,
Weil ich ein Feind von allem Rohen bin.
Das Fiedeln, Schreien, Kegelschieben,
Ist mir ein gar verhasster Klang;
Sie toben wie vom bösen Geist getrieben
Und nennen's Freude, nennen's Gesang.

Bauern unter der Linde.

Tanz und Gesang.

Der Schäfer putzte sich zum Tanz,
Mit bunter Jacke, Band und Kranz,
Schmuck war er angezogen.
Schon um die Linde war es voll
Und alles tanzte schon wie toll.
Juchhe! Juchhe! Juchheisa! Heisa! He!
So ging der Fiedelbogen.

Er drückte hastig sich heran,
Da stieß er an ein Mädchen an
Mit seinem Ellenbogen;

Die frische Dirne kehrt sich um
Und sagte: nun das find ich dumm!
Juchhe! Juchhe!
Juchheisa! Heisa! He!
Seid nicht so ungezogen.

Doch hurtig in dem Kreise ging's,
Sie tanzten rechts, sie tanzten links
Und alle Röcke flogen.
Sie wurden rot, sie wurden warm
Und ruhten atmend Arm in Arm,
Juchhe! Juchhe!
Juchheisa! Heisa! He!
Und Hüft an Ellenbogen.
Und tu mir doch nicht so vertraut!
Wie mancher hat nicht seine Braut
Belogen und betrogen!
Er schmeichelte sie doch beiseit
Und von der Linde scholl es weit:
Juchhe! Juchhe!
Juchheisa! Heisa! He!
Geschrei und Fiedelbogen.

ALTER BAUER.
Herr Doktor, das ist schön von Euch,
Dass Ihr uns heute nicht verschmäht,
Und unter dieses Volksgedräng,
Als ein so Hochgelahrter, geht.
So nehmet auch den schönsten Krug,
Den wir mit frischem Trunk gefüllt,
Ich bring ihn zu und wünsche laut,
Dass er nicht nur den Durst Euch stillt;
Die Zahl der Tropfen, die er hegt,
Sei Euren Tagen zugelegt.

FAUST.
Ich nehme den Erquickungs-Trank,
Erwidr' euch allen Heil und Dank.

Das Volk sammelt sich im Kreis umher.

ALTER BAUER. Fürwahr es ist sehr wohl getan,
Dass Ihr am frohen Tag erscheint;
Habt Ihr es vormals doch mit uns
An bösen Tagen gut gemeint!
Gar mancher steht lebendig hier,
Den Euer Vater noch zuletzt
Der heißen Fieberwut entriss,
Als er der Seuche Ziel gesetzt.
Auch damals Ihr, ein junger Mann,
Ihr gingt in jedes Krankenhaus,
Gar manche Leiche trug man fort,
Ihr aber kamt gesund heraus.
Bestandet manche harte Proben;
Dem Helfer half der Helfer droben.
ALLE. Gesundheit dem bewährten Mann,
Dass er noch lange helfen kann!
FAUST. Vor jenem droben steht gebückt,
Der helfen lehrt und Hülfe schickt.
(Er geht mit Wagnern weiter.)
WAGNER. Welch ein Gefühl musst du, o großer Mann!
Bei der Verehrung dieser Menge haben!
O! glücklich! wer von seinen Gaben
Solch einen Vorteil ziehen kann.
Der Vater zeigt dich seinem Knaben,
Ein jeder fragt und drängt und eilt,
Die Fiedel stockt, der Tänzer weilt.
Du gehst, in Reihen stehen sie,
Die Mützen fliegen in die Höh:
Und wenig fehlt, so beugten sich die Knie,
Als käm das Venerabile.
FAUST. Nur wenig Schritte noch hinauf zu jenem Stein,
Hier wollen wir von unsrer Wandrung rasten.
Hier saß ich oft gedankenvoll allein
Und quälte mich mit Beten und mit Fasten.

An Hoffnung reich, im Glauben fest,
Mit Tränen, Seufzen, Händeringen
Dacht ich das Ende jener Pest
Vom Herrn des Himmels zu erzwingen.
Der Menge Beifall tönt mir nun wie Hohn.
O könntest du in meinem Innern lesen,
Wie wenig Vater und Sohn
Solch eines Ruhmes wert gewesen!
Mein Vater war ein dunkler Ehrenmann,
Der über die Natur und ihre heil'gen Kreise,
In Redlichkeit, jedoch auf seine Weise,
Mit grillenhafter Mühe sann.
Der, in Gesellschaft von Adepten,
Sich in die schwarze Küche schloss,
Und, nach unendlichen Rezepten,
Das Widrige zusammengoss.
Da ward ein roter Leu, ein kühner Freier,
Im lauen Bad, der Lilie vermählt
Und beide dann, mit offnem Flammenfeuer,
Aus einem Brautgemach ins andere gequält.
Erschien darauf mit bunten Farben
Die junge Königin im Glas,
Hier war die Arzenei, die Patienten starben,
Und niemand fragte: wer genas?
So haben wir, mit höllischen Latwergen,
In diesen Tälern, diesen Bergen,
Weit schlimmer als die Pest getobt.
Ich habe selbst den Gift an Tausende gegeben,
Sie welkten hin, ich muss erleben
Dass man die frechen Mörder lobt.

WAGNER.

Wie könnt Ihr Euch darum betrüben!
Tut nicht ein braver Mann genug,
Die Kunst, die man ihm übertrug,
Gewissenhaft und pünktlich auszuüben.
Wenn du, als Jüngling, deinen Vater ehrst,

So wirst du gern von ihm empfangen;
Wenn du, als Mann, die Wissenschaft vermehrst,
So kann dein Sohn zu höh'rem Ziel gelangen.
FAUST. O glücklich! wer noch hoffen kann
Aus diesem Meer des Irrtums aufzutauchen.
Was man nicht weiß das eben brauchte man,
Und was man weiß kann man nicht brauchen.
Doch lass uns dieser Stunde schönes Gut
Durch solchen Trübsinn nicht verkümmern!
Betrachte wie in Abendsonne-Glut
Die grünumgebnen Hütten schimmern.
Sie rückt und weicht, der Tag ist überlebt,
Dort eilt sie hin und fördert neues Leben.
O dass kein Flügel mich vom Boden hebt,
Ihr nach und immer nach zu streben!
Ich säh im ewigen Abendstrahl
Die stille Welt zu meinen Füßen,
Entzündet alle Höhn, beruhigt jedes Tal,
Den Silberbach in goldne Ströme fließen.
Nicht hemmte dann den göttergleichen Lauf
Der wilde Berg mit allen seinen Schluchten;
Schon tut das Meer sich mit erwärmten Buchten
Vor den erstaunten Augen auf.
Doch scheint die Göttin endlich wegzusinken;
Allein der neue Trieb erwacht,
Ich eile fort ihr ew'ges Licht zu trinken,
Vor mir den Tag, und hinter mir die Nacht,
Den Himmel über mir und unter mir die Wellen.
Ein schöner Traum, indessen sie entweicht.
Ach! zu des Geistes Flügeln wird so leicht
Kein körperlicher Flügel sich gesellen.
Doch ist es jedem eingeboren,

Dass sein Gefühl hinauf und vorwärts dringt,
Wenn über uns, im blauen Raum verloren,
Ihr schmetternd Lied die Lerche singt;
Wenn über schroffen Fichtenhöhen
Der Adler ausgebreitet schwebt,
Und über Flächen, über Seen,
Der Kranich nach der Heimat strebt.
WAGNER. Ich hatte selbst oft grillenhafte Stunden,
Doch solchen Trieb hab ich noch nie empfunden.
Man sieht sich leicht an Wald und Feldern satt,
Des Vogels Fittich werd ich nie beneiden.
Wie anders tragen uns die Geistesfreuden,
Von Buch zu Buch, von Blatt zu Blatt!
Da werden Winternächte hold und schön,
Ein selig Leben wärmet alle Glieder,
Und ach! entrollst du gar ein würdig Pergamen,
So steigt der ganze Himmel zu dir nieder.

FAUST. Du bist dir nur des einen Triebs bewusst;
O lerne nie den andern kennen!
Zwei Seelen wohnen, ach! in meiner Brust,
Die eine will sich von der andern trennen;
Die eine hält, in derber Liebeslust,
Sich an die Welt, mit klammernden Organen;
Die andre hebt gewaltsam sich vom Dust
Zu den Gefilden hoher Ahnen.
O gibt es Geister in der Luft,
Die zwischen Erd und Himmel herrschend weben,
So steiget nieder aus dem goldnen Duft
Und führt mich weg, zu neuem buntem Leben!
Ja, wäre nur ein Zaubermantel mein!
Und trüg er mich in fremde Länder,
Mir sollt' er um die köstlichsten Gewänder,
Nicht feil um einen Königsmantel sein.
WAGNER. Berufe nicht die wohlbekannte Schar,
Die strömend sich im Dunstkreis überbreitet,
Dem Menschen tausendfältige Gefahr,
Von allen Enden her, bereitet.
Von Norden dringt der scharfe Geisterzahn
Auf dich herbei, mit pfeilgespitzten Zungen;
Von Morgen ziehn, vertrocknend, sie heran,
Und nähren sich von deinen Lungen;
Wenn sie der Mittag aus der Wüste schickt,
Die Glut auf Glut um deinen Scheitel häufen,
So bringt der West den Schwarm, der erst erquickt,
Um dich und Feld und Aue zu ersaufen.
Sie hören gern, zum Schaden froh gewandt,
Gehorchen gern, weil sie uns gern betriegen,
Sie stellen wie vom Himmel sich gesandt,
Und lispeln englisch, wenn sie lügen.
Doch gehen wir! Ergraut ist schon die Welt,
Die Luft gekühlt, der Nebel fällt!
Am Abend schätzt man erst das Haus. –
Was stehst du so und blickst erstaunt hinaus?

Was kann dich in der Dämmrung so ergreifen?
FAUST. Siehst du den schwarzen Hund durch Saat und Stoppel streifen?
WAGNER.
Ich sah ihn lange schon, nicht wichtig schien er mir.
FAUST. Betracht ihn recht! Für was hältst du das Tier?
WAGNER. Für einen Pudel, der auf seine Weise
Sich auf der Spur des Herren plagt.
FAUST. Bemerkst du, wie in weitem Schneckenkreise
Er um uns her und immer näher jagt?
Und irr ich nicht, so zieht ein Feuerstrudel
Auf seinen Pfaden hinterdrein.
WAGNER. Ich sehe nichts als einen schwarzen Pudel;
Es mag bei Euch wohl Augentäuschung sein.
FAUST. Mir scheint es, dass er magisch leise Schlingen
Zu künft'gem Band um unsre Füße zieht.
WAGNER.
Ich seh ihn ungewiss und furchtsam uns umspringen,
Weil er, statt seines Herrn, zwei Unbekannte sieht.
FAUST. Der Kreis wird eng, schon ist er nah!
WAGNER. Du siehst! ein Hund, und kein Gespenst ist da.
Er knurrt und zweifelt, legt sich auf den Bauch.
Er wedelt. Alles Hunde-Brauch.
FAUST. Geselle dich zu uns! Komm hier!
WAGNER. Es ist ein pudelnärrisch Tier.
Du stehest still, er wartet auf;
Du sprichst ihn an, er strebt an dir hinauf;
Verliere was, er wird es bringen,
Nach deinem Stock ins Wasser springen.
FAUST. Du hast wohl Recht; ich finde nicht die Spur
Von einem Geist, und alles ist Dressur.
WAGNER. Dem Hunde, wenn er gut gezogen,
Wird selbst ein weiser Mann gewogen.
Ja deine Gunst verdient er ganz und gar,
Er der Studenten trefflicher Skolar.
(Sie gehen in das Stadttor.)

Studierzimmer

FAUST *mit dem Pudel hereintretend.*

FAUST.
Verlassen hab ich Feld und Auen,
Die eine tiefe Nacht bedeckt,
Mit ahnungsvollem heil'gem Grauen
In uns die bessre Seele weckt.
Entschlafen sind nun wilde Triebe,
Mit jedem ungestümen Tun;
Es reget sich die Menschenliebe,
Die Liebe Gottes regt sich nun.

Sei ruhig Pudel! renne nicht hin und wider!
An der Schwelle was schnoberst du hier?
Lege dich hinter den Ofen nieder,
Mein bestes Kissen geb ich dir.
Wie du draußen auf dem bergigen Wege
Durch Rennen und Springen ergetzt uns hast,
So nimm nun auch von mir die Pflege,
Als ein willkommner stiller Gast.

Ach wenn in unsrer engen Zelle
Die Lampe freundlich wieder brennt,
Dann wird's in unserm Busen helle,
Im Herzen, das sich selber kennt.
Vernunft fängt wieder an zu sprechen,
Und Hoffnung wieder an zu blühn;
Man sehnt sich nach des Lebens Bächen,
Ach! nach des Lebens Quelle hin.

Knurre nicht Pudel! Zu den heiligen Tönen,
Die jetzt meine ganze Seel umfassen,
Will der tierische Laut nicht passen.
Wir sind gewohnt, dass die Menschen verhöhnen

Was sie nicht verstehn,
Dass sie vor dem Guten und Schönen,
Das ihnen oft beschwerlich ist, murren;
Will es der Hund, wie sie, beknurren?Aber ach! schon fühl ich, bei dem besten Willen,
Befriedigung nicht mehr aus dem Busen quillen.
Aber warum muss der Strom so bald versiegen,
Und wir wieder im Durste liegen?
Davon hab ich so viel Erfahrung.
Doch dieser Mangel lässt sich ersetzen,
Wir lernen das Überirdische schätzen,
Wir sehnen uns nach Offenbarung,
Die nirgends würd'ger und schöner brennt,
Als in dem Neuen Testament.
Mich drängt's den Grundtext aufzuschlagen,
Mit redlichem Gefühl einmal
Das heilige Original
In mein geliebtes Deutsch zu übertragen.
(Er schlägt ein Volum auf und schickt sich an.)
Geschrieben steht: »im Anfang war das Wort!«
Hier stock ich schon! Wer hilft mir weiter fort?
Ich kann das *Wort* so hoch unmöglich schätzen,
Ich muss es anders übersetzen,
Wenn ich vom Geiste recht erleuchtet bin.
Geschrieben steht: im Anfang war der *Sinn*.
Bedenke wohl die erste Zeile,
Dass deine Feder sich nicht übereile!
Ist es der Sinn, der alles wirkt und schafft?
Es sollte stehn: im Anfang war die *Kraft*!
Doch, auch indem ich dieses niederschreibe,
Schon warnt mich was, dass ich dabei nicht bleibe.
Mir hilft der Geist! Auf einmal seh ich Rat
Und schreibe getrost: im Anfang war die *Tat*!

Soll ich mit dir das Zimmer teilen,
Pudel, so lass das Heulen,

So lass das Bellen!
Solch einen störenden Gesellen
Mag ich nicht in der Nähe leiden.
Einer von uns beiden
Muss die Zelle meiden.
Ungern heb ich das Gastrecht auf,
Die Tür ist offen, hast freien Lauf.
Aber was muss ich sehen!
Kann das natürlich geschehen?
Ist es Schatten? ist's Wirklichkeit?
Wie wird mein Pudel lang und breit!
Er hebt sich mit Gewalt,
Das ist nicht eines Hundes Gestalt!
Welch ein Gespenst bracht ich ins Haus!
Schon sieht er wie ein Nilpferd aus.
Mit feurigen Augen, schrecklichem Gebiss.
O! du bist mir gewiss!
Für solche halbe Höllenbrut
Ist Salomonis Schlüssel gut.

GEISTER

(auf dem Gange).
Drinnen gefangen ist einer!
Bleibet haußen, folg' ihm keiner
Wie im Eisen der Fuchs
Zagt ein alter Höllenluchs.
Aber gebt Acht!
Schwebet hin, schwebet wider,
Auf und nieder,
Und er hat sich losgemacht.
Könnt ihr ihm nützen,
Lasst ihn nicht sitzen!
Denn er tat uns allen
Schon viel zu Gefallen.

FAUST.

Erst zu begegnen dem Tiere,
Brauch ich den Spruch der Viere:

Salamander soll glühen,
Undene sich winden,
Sylphe verschwinden,
Kobold sich mühen.

Wer sie nicht kennte
Die Elemente,
Ihre Kraft
Und Eigenschaft,
Wäre kein Meister
Über die Geister.

Verschwind in Flammen
Salamander!
Rauschend fließe zusammen
Undene!
Leucht in Meteoren-Schöne
Sylphe!
Bring häusliche Hülfe
Incubus! Incubus!
Tritt hervor und mache den Schluss.

Keines der Viere
Steckt in dem Tiere.
Es liegt ganz ruhig und grinst mich an;
Ich hab ihm noch nicht weh getan.
Du sollst mich hören
Stärker beschwören.

Bist du Geselle
Ein Flüchtling der Hölle?
So sieh dies Zeichen!
Dem sie sich beugen
Die schwarzen Scharen.

Schon schwillt es auf mit borstigen Haaren.

Verworfnes Wesen!
Kannst du ihn lesen?
Den nie Entsprossnen,
Unausgesprochnen,
Durch alle Himmel Gegossnen,
Freventlich Durchstochnen?

Hinter den Ofen gebannt
Schwillt es wie ein Elefant,
Den ganzen Raum füllt es an,
Es will zum Nebel zerfließen.
Steige nicht zur Decke hinan!
Lege dich zu des Meisters Füßen!
Du siehst dass ich nicht vergebens drohe.
Ich versenge dich mit heiliger Lohe!
Erwarte nicht
Das dreimal glühende Licht!
Erwarte nicht
Die stärkste von meinen Künsten!

MEPHISTOPHELES
tritt, indem der Nebel fällt,
gekleidet wie ein fahrender Scholasticus,
hinter dem Ofen hervor.
MEPHISTOPHELES.
Wozu der Lärm? was steht dem Herrn zu Diensten?
FAUST. Das also war des Pudels Kern!
Ein fahrender Scolast? Der Casus macht mich lachen.
MEPHISTOPHELES.
Ich salutiere den gelehrten Herrn!
Ihr habt mich weidlich schwitzen machen.
FAUST. Wie nennst du dich?
MEPHISTOPHELES. Die Frage scheint mir klein
Für einen der das Wort so sehr verachtet,
Der, weit entfernt von allem Schein,
Nur in der Wesen Tiefe trachtet.

FAUST. Bei euch, ihr Herrn, kann man das Wesen
Gewöhnlich aus dem Namen lesen,
Wo es sich allzu deutlich weist,
Wenn man euch Fliegengott, Verderber, Lügner heißt.
Nun gut wer bist du denn?
MEPHISTOPHELES. Ein Teil von jener Kraft,
Die stets das Böse will und stets das Gute schafft.
FAUST. Was ist mit diesem Rätselwort gemeint?
MEPHISTOPHELES.
Ich bin der Geist der stets verneint!
Und das mit Recht; denn alles was entsteht
Ist wert dass es zugrunde geht;
Drum besser wär's dass nichts entstünde.
So ist denn alles was ihr Sünde,
Zerstörung, kurz das Böse nennt,
Mein eigentliches Element.
FAUST.
Du nennst dich einen Teil, und stehst doch ganz vor mir?
MEPHISTOPHELES.
Bescheidne Wahrheit Sprech ich dir.
Wenn sich der Mensch, die kleine Narrenwelt,
Gewöhnlich für ein Ganzes hält;
Ich bin ein Teil des Teils, der anfangs alles war,
Ein Teil der Finsternis, die sich das Licht gebar,
Das stolze Licht, das nun der Mutter Nacht
Den alten Rang, den Raum ihr streitig macht,
Und doch gelingt's ihm nicht, da es, so viel es strebt,
Verhaftet an den Körpern klebt.
Von Körpern strömt's, die Körper macht es schön,
Ein Körper hemmt's auf seinem Gange,
So, hoff ich, dauert es nicht lange
Und mit den Körpern wird's zugrunde gehn.
FAUST.
Nun kenn ich deine würd'gen Pflichten!
Du kannst im Großen nichts vernichten
Und fängst es nun im Kleinen an.

MEPHISTOPHELES. Und freilich ist nicht viel damit getan.
Was sich dem Nichts entgegenstellt,
Das Etwas, diese plumpe Welt,
So viel als ich schon unternommen,
Ich wusste nicht ihr beizukommen,
Mit Wellen, Stürmen, Schütteln, Brand,
Geruhig bleibt am Ende Meer und Land!
Und dem verdammten Zeug, der Tier- und Menschenbrut,
Dem ist nun gar nichts anzuhaben.
Wie viele hab ich schon begraben!
Und immer zirkuliert ein neues, frisches Blut.
So geht es fort, man möchte rasend werden!
Der Luft, dem Wasser, wie der Erden
Entwinden tausend Keime sich,
Im Trocknen, Feuchten, Warmen, Kalten!
Hätt ich mir nicht die Flamme vorbehalten;
Ich hätte nichts Aparts für mich.
FAUST. So setzest du der ewig regen,
Der heilsam schaffenden Gewalt
Die kalte Teufelsfaust entgegen,
Die sich vergebens tückisch ballt!
Was anders suche zu beginnen
Des Chaos wunderlicher Sohn!
MEPHISTOPHELES.
Wir wollen wirklich uns besinnen,
Die nächsten Male mehr davon!
Dürft ich wohl diesmal mich entfernen?
FAUST. Ich sehe nicht warum du fragst.
Ich habe jetzt dich kennen lernen,
Besuche nun mich wie du magst.
Hier ist das Fenster, hier die Türe,
Ein Rauchfang ist dir auch gewiss.
MEPHISTOPHELES.
Gesteh' ich's nur! Dass ich hinausspaziere
Verbietet mir ein kleines Hindernis,
Der Drudenfuß auf Eurer Schwelle –

FAUST. Das Pentagramma macht dir Pein?
Ei sage mir, du Sohn der Hölle,
Wenn das dich bannt, wie kamst du denn herein?
Wie ward ein solcher Geist betrogen?
MEPHISTOPHELES.
Beschaut es recht! es ist nicht gut gezogen;
Der eine Winkel, der nach außen zu,
Ist, wie du siehst, ein wenig offen.
FAUST. Das hat der Zufall gut getroffen!
Und mein Gefangner wärst denn du?
Das ist von ohngefähr gelungen!
MEPHISTOPHELES.
Der Pudel merkte nichts als er hereingesprungen,
Die Sache sieht jetzt anders aus;
Der Teufel kann nicht aus dem Haus.
FAUST. Doch warum gehst du nicht durchs Fenster?
MEPHISTOPHELES.
’s ist ein Gesetz der Teufel und Gespenster:
Wo sie hereingeschlüpft, da müssen sie hinaus.
Das Erste steht uns frei, beim Zweiten sind wir Knechte.
FAUST. Die Hölle selbst hat ihre Rechte?
Das find ich gut, da ließe sich ein Pakt,
Und sicher wohl, mit euch ihr Herren schließen?
MEPHISTOPHELES.
Was man verspricht, das sollst du rein genießen,
Dir wird davon nichts abgezwackt.
Doch das ist nicht so kurz zu fassen,
Und wir besprechen das zunächst;
Doch jetzo bitt ich, hoch und höchst,
Für dieses Mal mich zu entlassen.
FAUST. So bleibe doch noch einen Augenblick,
Um mir erst gute Mär zu sagen.
MEPHISTOPHELES.
Jetzt lass mich los! ich komme bald zurück;
Dann magst du nach Belieben fragen.
FAUST. Ich habe dir nicht nachgestellt,

Bist du doch selbst ins Garn gegangen.
Den Teufel halte wer ihn hält!
Er wird ihn nicht so bald zum zweiten Male fangen.
MEPHISTOPHELES.
Wenn dir's beliebt, so bin ich auch bereit
Dir zur Gesellschaft hier zu bleiben;
Doch mit Bedingnis, dir die Zeit,
Durch meine Künste, würdig zu vertreiben.
FAUST. Ich seh es gern, das steht dir frei;
Nur dass die Kunst gefällig sei!
MEPHISTOPHELES.
Du wirst, mein Freund, für deine Sinnen,
In dieser Stunde mehr gewinnen,
Als in des Jahres Einerlei.
Was dir die zarten Geister singen,
Die schönen Bilder die sie bringen,
Sind nicht ein leeres Zauberspiel.
Auch dein Geruch wird sich ergetzen,
Dann wirst du deinen Gaumen letzen,
Und dann entzückt sich dein Gefühl.
Bereitung braucht es nicht voran,
Beisammen sind wir, fanget an!
GEISTER.
Schwindet, ihr dunkeln
Wölbungen droben!
Reizender schaue
Freundlich der blaue
Äther herein!
Wären die dunkeln
Wolken zerronnen!
Sternelein funkeln,
Mildere Sonnen
Scheinen darein.
Himmlischer Söhne
Geistige Schöne,
Schwankende Beugung

Schwebet vorüber.
Sehnende Neigung
Folget hinüber;
Und der Gewänder
Flatternde Bänder
Decken die Länder,
Decken die Laube,
Wo sich fürs Leben,
Tief in Gedanken,
Liebende geben.
Laube bei Laube!
Sprossende Ranken!
Lastende Traube
Stürzt ins Behälter
Drängender Kelter,
Stürzen in Bächen
Schäumende Weine,
Rieseln durch reine,
Edle Gesteine,
Lassen die Höhen
Hinter sich liegen,
Breiten zu Seen
Sich ums Genügen
Grünender Hügel.
Und das Geflügel
Schlürfet sich Wonne,
Flieget der Sonne,
Flieget den hellen
Inseln entgegen,
Die sich auf Wellen
Gauklend bewegen;
Wo wir in Chören
Jauchzende hören,
Über den Auen
Tanzende schauen,
Die sich im Freien

Alle zerstreuen.
Einige klimmen
Über die Höhen,
Andere schwimmen
Über die Seen,
Andere schweben;
Alle zum Leben,
Alle zur Ferne
Liebender Sterne
Seliger Huld.

MEPHISTOPHELES.
Er schläft! So recht, ihr luft'gen zarten Jungen!
Ihr habt ihn treulich eingesungen!
Für dies Konzert bin ich in eurer Schuld.
Du bist noch nicht der Mann den Teufel festzuhalten!
Umgaukelt ihn mit süßen Traumgestalten,
Versenkt ihn in ein Meer des Wahns;
Doch dieser Schwelle Zauber zu zerspalten
Bedarf ich eines Rattenzahns.
Nicht lange brauch ich zu beschwören,
Schon raschelt eine hier und wird sogleich mich hören.
Der Herr der Ratten und der Mäuse,
Der Fliegen, Frösche, Wanzen, Läuse,
Befiehlt dir dich hervorzuwagen
Und diese Schwelle zu benagen,
So wie er sie mit Öl betupft –
Da kommst du schon hervorgehupft!
Nur frisch ans Werk! Die Spitze, die mich bannte,
Sie sitzt ganz vornen an der Kante.
Noch einen Biss, so ist's geschehn. –
Nun, Fauste, träume fort, bis wir uns wiedersehn.

FAUST *(erwachend)*.
Bin ich denn abermals betrogen?
Verschwindet so der geisterreiche Drang,
Dass mir ein Traum den Teufel vorgelogen,
Und dass ein Pudel mir entsprang?

Studierzimmer

FAUST. MEPHISTOPHELES.

FAUST. Es klopft? Herein! Wer will mich wieder plagen?
MEPHISTOPHELES. Ich bin's.
FAUST. Herein!
MEPHISTOPHELES. Du musst es dreimal sagen
FAUST. Herein denn!
MEPHISTOPHELES. So gefällst du mir.
Wir werden, hoff ich, uns vertragen!
Denn dir die Grillen zu verjagen
Bin ich, als edler Junker, hier,
In rotem goldverbrämtem Kleide,
Das Mäntelchen von starrer Seide,
Die Hahnenfeder auf dem Hut,
Mit einem langen, spitzen Degen,
Und rate nun dir, kurz und gut,
Dergleichen gleichfalls anzulegen;
Damit du, losgebunden, frei,
Erfahrest was das Leben sei.
FAUST. In jedem Kleide werd ich wohl die Pein
Des engen Erdelebens fühlen.
Ich bin zu alt, um nur zu spielen,
Zu jung, um ohne Wunsch zu sein.
Was kann die Welt mir wohl gewähren?
Entbehren sollst du! sollst entbehren!
Das ist der ewige Gesang,
Der jedem an die Ohren klingt,
Den, unser ganzes Leben lang,
Uns heiser jede Stunde singt.
Nur mit Entsetzen wach ich morgens auf,
Ich möchte bittre Tränen weinen,
Den Tag zu sehn, der mir in seinem Lauf
Nicht Einen Wunsch erfüllen wird, nicht Einen,
Der selbst die Ahnung jeder Lust

Mit eigensinnigem Krittel mindert,
Die Schöpfung meiner regen Brust
Mit tausend Lebensfratzen hindert.
Auch muss ich, wenn die Nacht sich niedersenkt,
Mich ängstlich auf das Lager strecken;
Auch da wird keine Rast geschenkt,
Mich werden wilde Träume schrecken.
Der Gott, der mir im Busen wohnt,
Kann tief mein Innerstes erregen;
Der über allen meinen Kräften thront,
Er kann nach außen nichts bewegen;
Und so ist mir das Dasein eine Last,
Der Tod erwünscht, das Leben mir verhasst.
MEPHISTOPHELES.
Und doch ist nie der Tod ein ganz willkommner Gast.
FAUST. O selig der, dem er im Siegesglanze
Die blut'gen Lorbeern um die Schläfe windet,
Den er, nach rasch durchrastem Tanze,
In eines Mädchens Armen findet.
O wär ich vor des hohen Geistes Kraft
Entzückt, entseelt dahingesunken!
MEPHISTOPHELES.
Und doch hat jemand einen braunen Saft,
In jener Nacht, nicht ausgetrunken.
FAUST. Das Spionieren, scheint's, ist deine Lust.
MEPHISTOPHELES.
Allwissend bin ich nicht; doch viel ist mir bewusst.
FAUST. Wenn aus dem schrecklichen Gewühle
Ein süß bekannter Ton mich zog,
Den Rest von kindlichem Gefühle
Mit Anklang froher Zeit betrog;
So fluch ich allem was die Seele
Mit Lock- und Gaukelwerk umspannt,
Und sie in diese Trauerhöhle
Mit Blend- und Schmeichelkräften bannt!
Verflucht voraus die hohe Meinung,

Womit der Geist sich selbst umfängt!
Verflucht das Blenden der Erscheinung,
Die sich an unsre Sinne drängt!
Verflucht was uns in Träumen heuchelt,
Des Ruhms, der Namensdauer Trug!
Verflucht was als Besitz uns schmeichelt,
Als Weib und Kind, als Knecht und Pflug!
Verflucht sei Mammon, wenn mit Schätzen
Er uns zu kühnen Taten regt,
Wenn er zu müßigem Ergetzen
Die Polster uns zurechte legt!
Fluch sei dem Balsamsaft der Trauben!
Fluch jener höchsten Liebeshuld!
Fluch sei der Hoffnung! Fluch dem Glauben,
Und Fluch vor allen der Geduld!

GEISTERCHOR
(unsichtbar). Weh! weh!
Du hast sie zerstört,
Die schöne Welt,
Mit mächtiger Faust;
Sie stürzt, sie zerfällt!
Ein Halbgott hat sie zerschlagen!
Wir tragen
Die Trümmern ins Nichts hinüber,
Und klagen
Über die verlorne Schöne.
Mächtiger
Der Erdensöhne,
Prächtiger
Baue sie wieder,
In deinem Busen baue sie auf!
Neuen Lebenslauf
Beginne,
Mit hellem Sinne,
Und neue Lieder
Tönen darauf!

MEPHISTOPHELES. Dies sind die Kleinen
Von den Meinen.
Höre, wie zu Lust und Taten
Altklug sie raten!
In die Welt weit,
Aus der Einsamkeit,
Wo Sinnen und Säfte stocken,
Wollen sie dich locken.
Hör auf mit deinem Gram zu spielen,
Der, wie ein Geier, dir am Leben frisst;
Die schlechteste Gesellschaft lässt dich fühlen,
Dass du ein Mensch mit Menschen bist.
Doch so ist's nicht gemeint
Dich unter das Pack zu stoßen.
Ich bin keiner von den Großen;
Doch willst du, mit mir vereint,
Deine Schritte durchs Leben nehmen,
So will ich mich gern bequemen
Dein zu sein, auf der Stelle.
Ich bin dein Geselle
Und, mach ich dir's recht,
Bin ich dein Diener, bin dein Knecht!
FAUST. Und was soll ich dagegen dir erfüllen?
MEPHISTOPHELES.
Dazu hast du noch eine lange Frist.
FAUST. Nein, nein! der Teufel ist ein Egoist
Und tut nicht leicht um Gottes willen
Was einem andern nützlich ist.
Sprich die Bedingung deutlich aus;
Ein solcher Diener bringt Gefahr ins Haus.
MEPHISTOPHELES.
Ich will mich *hier* zu deinem Dienst verbinden,
Auf deinen Wink nicht rasten und nicht ruhn;
Wenn wir uns *drüben* wiederfinden,
So sollst du mir das Gleiche tun.
FAUST. Das Drüben kann mich wenig kümmern,

Schlägst du erst diese Welt zu Trümmern,
Die andre mag darnach entstehn.
Aus dieser Erde quillen meine Freuden,
Und diese Sonne scheinet meinen Leiden;
Kann ich mich erst von ihnen scheiden,
Dann mag was will und kann geschehn.
Davon will ich nichts weiter hören,
Ob man auch künftig hasst und liebt,
Und ob es auch in jenen Sphären
Ein Oben oder Unten gibt.
MEPHISTOPHELES. In diesem Sinne kannst du's wagen.
Verbinde dich; du sollst, in diesen Tagen,
Mit Freuden meine Künste sehn,
Ich gebe dir was noch kein Mensch gesehn.
FAUST. Was willst du armer Teufel geben?
Ward eines Menschen Geist, in seinem hohen Streben,
Von deinesgleichen je gefasst?
Doch hast du Speise die nicht sättigt, hast
Du rotes Gold, das ohne Rast,
Quecksilber gleich, dir in der Hand zerrinnt,
Ein Spiel, bei dem man nie gewinnt,
Ein Mädchen, das an meiner Brust
Mit Äugeln schon dem Nachbar sich verbindet,
Der Ehre schöne Götterlust,
Die, wie ein Meteor, verschwindet.
Zeig mir die Frucht die fault, eh man sie bricht,
Und Bäume die sich täglich neu begrünen!
MEPHISTOPHELES.
Ein solcher Auftrag schreckt mich nicht,
Mit solchen Schätzen kann ich dienen.
Doch, guter Freund, die Zeit kommt auch heran
Wo wir was Guts in Ruhe schmausen mögen.
FAUST. Werd ich beruhigt je mich auf ein Faulbett legen;
So sei es gleich um mich getan!
Kannst du mich schmeichelnd je belügen
Dass ich mir selbst gefallen mag,

Kannst du mich mit Genuss betriegen;
Das sei für mich der letzte Tag!
Die Wette biet ich!
MEPHISTOPHELES.
Topp!
FAUST. Und Schlag auf Schlag!
Werd ich zum Augenblicke sagen:
Verweile doch! du bist so schön!
Dann magst du mich in Fesseln schlagen,
Dann will ich gern zugrunde gehn!
Dann mag die Totenglocke schallen,
Dann bist du deines Dienstes frei,
Die Uhr mag stehn, der Zeiger fallen,
Es sei die Zeit für mich vorbei!
MEPHISTOPHELES.
Bedenk es wohl, wir werden's nicht vergessen.
FAUST. Dazu hast du ein volles Recht,
Ich habe mich nicht freventlich vermessen.
Wie ich beharre bin ich Knecht,
Ob dein, was frag ich, oder wessen.
MEPHISTOPHELES.
Ich werde heute gleich, beim Doktorschmaus,
Als Diener, meine Pflicht erfüllen.
Nur eins! – Um Lebens oder Sterbens willen,
Bitt ich mir ein paar Zeilen aus.
FAUST. Auch was Geschriebnes forderst du Pedant?
Hast du noch keinen Mann, nicht Mannes-Wort gekannt?
Ist's nicht genug, dass mein gesprochnes Wort
Auf ewig soll mit meinen Tagen schalten?
Rast nicht die Welt in allen Strömen fort,
Und mich soll ein Versprechen halten?
Doch dieser Wahn ist uns ins Herz gelegt,
Wer mag sich gern davon befreien?
Beglückt wer Treue rein im Busen trägt,
Kein Opfer wird ihn je gereuen!
Allein ein Pergament, beschrieben und beprägt,

Ist ein Gespenst vor dem sich Alle scheuen.
Das Wort erstirbt schon in der Feder,
Die Herrschaft führen Wachs und Leder.
Was willst du böser Geist von mir?
Erz, Marmor, Pergament, Papier?
Soll ich mit Griffel, Meißel, Feder schreiben?
Ich gebe jede Wahl dir frei.
MEPHISTOPHELES. Wie magst du deine Rednerei
Nur gleich so hitzig übertreiben?
Ist doch ein jedes Blättchen gut.
Du unterzeichnest dich mit einem Tröpfchen Blut.
FAUST. Wenn dies dir völlig G'nüge tut,
So mag es bei der Fratze bleiben.
MEPHISTOPHELES. Blut ist ein ganz besondrer Saft.
FAUST. Nur keine Furcht, dass ich dies Bündnis breche!
Das Streben meiner ganzen Kraft
Ist grade das was ich verspreche.
Ich habe mich zu hoch gebläht;
In deinen Rang gehör ich nur.
Der große Geist hat mich verschmäht,
Vor mir verschließt sich die Natur.
Des Denkens Faden ist zerrissen,
Mir ekelt lange vor allem Wissen.
Lass in den Tiefen der Sinnlichkeit
Uns glühende Leidenschaften stillen!
In undurchdrungnen Zauberhüllen
Sei jedes Wunder gleich bereit!
Stürzen wir uns in das Rauschen der Zeit,
Ins Rollen der Begebenheit!
Da mag denn Schmerz und Genuss,
Gelingen und Verdruss,
Miteinander wechseln wie es kann;
Nur rastlos betätigt sich der Mann.
MEPHISTOPHELES. Euch ist kein Maß und Ziel gesetzt.
Beliebt's Euch überall zu naschen,
Im Fliehen etwas zu erhaschen,

Bekomm' Euch wohl was Euch ergetzt.
Nur greift mir zu und seid nicht blöde!
FAUST. Du hörest ja, von Freud' ist nicht die Rede.
Dem Taumel weih ich mich, dem schmerzlichsten Genuss,
Verliebtem Hass, erquickendem Verdruss.
Mein Busen, der vom Wissensdrang geheilt ist,
Soll keinen Schmerzen künftig sich verschließen,
Und was der ganzen Menschheit zugeteilt ist,
Will ich in meinem innern Selbst genießen,
Mit meinem Geist das Höchst' und Tiefste greifen,
Ihr Wohl und Weh auf meinen Busen häufen,
Und so mein eigen Selbst zu ihrem Selbst erweitern,
Und, wie sie selbst, am End auch ich zerscheitern.
MEPHISTOPHELES.
O glaube mir, der manche tausend Jahre
An dieser harten Speise kaut,
Dass von der Wiege bis zur Bahre
Kein Mensch den alten Sauerteig verdaut!
Glaub unsereinem, dieses Ganze
Ist nur für einen Gott gemacht!
Er findet sich in einem ew'gen Glanze,
Uns hat er in die Finsternis gebracht,
Und euch taugt einzig Tag und Nacht.
FAUST. Allein ich will!
MEPHISTOPHELES. Das lässt sich hören!
Doch nur vor Einem ist mir bang;
Die Zeit ist kurz, die Kunst ist lang.
Ich dächt, Ihr ließet Euch belehren.
Assoziiert Euch mit einem Poeten.
Lasst den Herrn in Gedanken schweifen,
Und alle edlen Qualitäten
Auf Euren Ehren-Scheitel häufen,
Des Löwen Mut,
Des Hirsches Schnelligkeit,
Des Italieners feurig Blut,
Des Nordens Dau'rbarkeit.

Lasst ihn Euch das Geheimnis finden,
Großmut und Arglist zu verbinden,
Und Euch, mit warmen Jugendtrieben,
Nach einem Plane, zu verlieben.
Möchte selbst solch einen Herren kennen,
Würd ihn Herrn Mikrokosmus nennen.
FAUST. Was bin ich denn, wenn es nicht möglich ist
Der Menschheit Krone zu erringen,
Nach der sich alle Sinne dringen?
MEPHISTOPHELES. Du bist am Ende – was du bist.
Setz dir Perücken auf von Millionen Locken,
Setz deinen Fuß auf ellenhohe Socken,
Du bleibst doch immer was du bist.
FAUST. Ich fühl's, vergebens hab ich alle Schätze
Des Menschengeists auf mich herbeigerafft,
Und wenn ich mich am Ende niedersetze,
Quillt innerlich doch keine neue Kraft;
Ich bin nicht um ein Haar breit höher,
Bin dem Unendlichen nicht näher.
MEPHISTOPHELES.
Mein guter Herr, Ihr seht die Sachen,
Wie man die Sachen eben sieht;
Wir müssen das gescheiter machen,
Eh uns des Lebens Freude flieht.
Was Henker! freilich Händ und Füße
Und Kopf und H – – die sind dein;
Doch alles, was ich frisch genieße,
Ist das drum weniger mein?
Wenn ich sechs Hengste zahlen kann,
Sind ihre Kräfte nicht die meine?
Ich renne zu und bin ein rechter Mann,
Als hätt ich vierundzwanzig Beine.
Drum frisch! Lass alles Sinnen sein,
Und grad mit in die Welt hinein!
Ich sag es dir: ein Kerl, der spekuliert,
Ist wie ein Tier, auf dürrer Heide

Von einem bösen Geist im Kreis herum geführt,
Und rings umher liegt schöne grüne Weide.
FAUST. Wie fangen wir das an?
MEPHISTOPHELES. Wir gehen eben fort.
Was ist das für ein Marterort?
Was heißt das für ein Leben führen,
Sich und die Jungens ennuyieren?
Lass du das dem Herrn Nachbar Wanst!
Was willst du dich das Stroh zu dreschen plagen?
Das Beste, was du wissen kannst,
Darfst du den Buben doch nicht sagen.
Gleich hör ich einen auf dem Gange!
FAUST. Mir ist's nicht möglich ihn zu sehn.
MEPHISTOPHELES. Der arme Knabe wartet lange,
Der darf nicht ungetröstet gehn.
Komm, gib mir deinen Rock und Mütze;
Die Maske muss mir köstlich stehn. (Er kleidet sich um.)
Nun überlass es meinem Witze!
Ich brauche nur ein Viertelstündchen Zeit;
Indessen mache dich zur schönen Fahrt bereit!
(Faust ab.)
MEPHISTOPHELES
(in Fausts langem Kleide).
Verachte nur Vernunft und Wissenschaft,
Des Menschen allerhöchste Kraft,
Lass nur in Blend- und Zauberwerken
Dich von dem Lügengeist bestärken,
So hab ich dich schon unbedingt
Ihm hat das Schicksal einen Geist gegeben,
Der ungebändigt immer vorwärts dringt,
Und dessen übereiltes Streben
Der Erde Freuden überspringt.
Den schlepp ich durch das wilde Leben,
Durch flache Unbedeutenheit,
Er soll mir zappeln, starren, kleben,
Und seiner Unersättlichkeit

Soll Speis und Trank vor gier'gen Lippen schweben;
Er wird Erquickung sich umsonst erflehn,
Und hätt er sich auch nicht dem Teufel übergeben,
Er müsste doch zugrunde gehn!
Ein Schüler tritt auf.
SCHÜLER. Ich bin allhier erst kurze Zeit,
Und komme voll Ergebenheit,
Einen Mann zu sprechen und zu kennen,
Den Alle mir mit Ehrfucht nennen.
MEPHISTOPHELES. Eure Höflichkeit erfreut mich sehr!
Ihr seht einen Mann wie andre mehr.
Habt Ihr Euch sonst schon umgetan?
SCHÜLER. Ich bitt Euch, nehmt Euch meiner an!
Ich komme mit allem guten Mut,
Leidlichem Geld und frischem Blut;
Meine Mutter wollte mich kaum entfernen;
Möchte gern was Rechts hieraußen lernen.
MEPHISTOPHELES. Da seid Ihr eben recht am Ort.
SCHÜLER. Aufrichtig, möchte schon wieder fort:
In diesen Mauern, diesen Hallen,
Will es mir keineswegs gefallen.
Es ist ein gar beschränkter Raum,
Man sieht nichts Grünes, keinen Baum,
Und in den Sälen, auf den Bänken,
Vergeht mir Hören, Sehn und Denken.
MEPHISTOPHELES.
Das kommt nur auf Gewohnheit an.
So nimmt ein Kind der Mutter Brust
Nicht gleich im Anfang willig an,
Doch bald ernährt es sich mit Lust.
So wird's Euch an der Weisheit Brüsten
Mit jedem Tage mehr gelüsten.
SCHÜLER. An ihrem Hals will ich mit Freuden hangen;
Doch sagt mir nur, wie kann ich hingelangen?
MEPHISTOPHELES. Erklärt Euch, eh Ihr weiter geht,
Was wählt Ihr für eine Fakultät?

SCHÜLER. Ich wünschte recht gelehrt zu werden,
Und möchte gern was auf der Erden
Und in dem Himmel ist erfassen,
Die Wissenschaft und die Natur.
MEPHISTOPHELES. Da seid Ihr auf der rechten Spur;
Doch müsst Ihr Euch nicht zerstreuen lassen.
SCHÜLER. Ich bin dabei mit Seel und Leib;
Doch freilich würde mir behagen
Ein wenig Freiheit und Zeitvertreib
An schönen Sommerfeiertagen.
MEPHISTOPHELES.
Gebraucht der Zeit, sie geht so schnell von hinnen,
Doch Ordnung lehrt Euch Zeit gewinnen.
Mein teurer Freund, ich rat Euch drum
Zuerst Collegium Logicum.
Da wird der Geist Euch wohl dressiert,
In spanische Stiefeln eingeschnürt,
Dass er bedächtiger so fortan
Hinschleiche die Gedankenbahn,
Und nicht etwa, die kreuz und quer,
Irrlichteliere hin und her.
Dann lehret man Euch manchen Tag,
Dass, was Ihr sonst auf einen Schlag
Getrieben, wie Essen und Trinken frei,
Eins! Zwei! *Drei!* dazu nötig sei.
Zwar ist's mit der Gedanken-Fabrik
Wie mit einem Weber-Meisterstück,
Wo Ein Tritt tausend Fäden regt,
Die Schifflein herüber hinüber schießen,
Die Fäden ungesehen fließen,
Ein Schlag tausend Verbindungen schlägt:
Der Philosoph der tritt herein,
Und beweist Euch, es müsst so sein:
Das Erst' wär so, das Zweite so,
Und drum das Dritt' und Vierte so;
Und wenn das Erst' und Zweit' nicht wär,

Das Dritt' und Viert' war nimmermehr.
Das preisen die Schüler allerorten,
Sind aber keine Weber geworden.
Wer will was Lebendigs erkennen und beschreiben,
Sucht erst den Geist heraus zu treiben,
Dann hat er die Teile in seiner Hand,
Fehlt leider! nur das geistige Band.
Encheiresin naturae nennt's die Chemie,
Spottet ihrer selbst und weiß nicht wie.
SCHÜLER. Kann Euch nicht eben ganz verstehen.
MEPHISTOPHELES.
Das wird nächstens schon besser gehen,
Wenn Ihr lernt alles reduzieren
Und gehörig klassifizieren.
SCHÜLER. Mir wird von alledem so dumm,
Als ging' mir ein Mühlrad im Kopf herum.
MEPHISTOPHELES. Nachher, vor allen andern Sachen
Müsst Ihr Euch an die Metaphysik machen!
Da seht dass Ihr tiefsinnig fasst,
Was in des Menschen Hirn nicht passt;
Für was drein geht und nicht drein geht,
Ein prächtig Wort zu Diensten steht.
Doch vorerst dieses halbe Jahr
Nehmt ja der besten Ordnung wahr.
Fünf Stunden habt Ihr jeden Tag;
Seid drinnen mit dem Glockenschlag!
Habt Euch vorher wohl präpariert,
Paragraphos wohl einstudiert,
Damit Ihr nachher besser seht,
Dass er nichts sagt, als was im Buche steht;
Doch Euch des Schreibens ja befleißt,
Als diktiert' Euch der Heilig Geist!
SCHÜLER. Das sollt Ihr mir nicht zweimal sagen!
Ich denke mir wie viel es nützt;
Denn, was man schwarz auf weiß besitzt,
Kann man getrost nach Hause tragen.

MEPHISTOPHELES.
Doch wählt mir eine Fakultät!
SCHÜLER.
Zur Rechtsgelehrsamkeit kann ich mich nicht bequemen.
MEPHISTOPHELES.
Ich kann es Euch so sehr nicht übel nehmen,
Ich weiß wie es um diese Lehre steht.
Es erben sich Gesetz' und Rechte
Wie eine ew'ge Krankheit fort;
Sie schleppen von Geschlecht sich zum Geschlechte,
Und rücken sacht von Ort zu Ort.
Vernunft wird Unsinn, Wohltat Plage;
Weh dir, dass du ein Enkel bist!
Vom Rechte, das mit uns geboren ist,
Von dem ist leider! nie die Frage.
SCHÜLER. Mein Abscheu wird durch Euch vermehrt.
O glücklich der! den Ihr belehrt.
Fast möcht ich nun Theologie studieren.
MEPHISTOPHELES.
Ich wünschte nicht Euch irrezuführen.
Was diese Wissenschaft betrifft,
Es ist so schwer den falschen Weg zu meiden,
Es liegt in ihr so viel verborgnes Gift,
Und von der Arzenei ist's kaum zu unterscheiden.
Am besten ist's auch hier, wenn Ihr nur Einen hört,
Und auf des Meisters Worte schwört.
Im Ganzen – haltet Euch an Worte!
Dann geht Ihr durch die sichre Pforte
Zum Tempel der Gewissheit ein.
SCHÜLER. Doch ein Begriff muss bei dem Worte sein.
MEPHISTOPHELES.
Schon gut! Nur muss man sich nicht allzu ängstlich quälen;
Denn eben wo Begriffe fehlen,
Da stellt ein Wort zur rechten Zeit sich ein.
Mit Worten lässt sich trefflich streiten,
Mit Worten ein System bereiten,

An Worte lässt sich trefflich glauben,
Von einem Wort lässt sich kein Jota rauben.
SCHÜLER.
Verzeiht, ich halt Euch auf mit vielen Fragen,
Allein ich muss Euch noch bemühn.
Wollt Ihr mir von der Medizin
Nicht auch ein kräftig Wörtchen sagen?
Drei Jahr ist eine kurze Zeit,
Und, Gott! das Feld ist gar zu weit.
Wenn man einen Fingerzeig nur hat,
Lässt sich's schon eher weiter fühlen.
MEPHISTOPHELES
(für sich).
Ich bin des trocknen Tons nun satt,
Muss wieder recht den Teufel spielen.
(Laut.) Der Geist der Medizin ist leicht zu fassen;
Ihr durchstudiert die groß' und kleine Welt
Um es am Ende gehn zu lassen,
Wie's Gott gefällt.
Vergebens dass Ihr ringsum wissenschaftlich schweift,
Ein jeder lernt nur was er lernen kann;
Doch der den Augenblick ergreift,
Das ist der rechte Mann.
Ihr seid noch ziemlich wohlgebaut,
An Kühnheit wird's Euch auch nicht fehlen,
Und wenn Ihr Euch nur selbst vertraut,
Vertrauen Euch die andern Seelen.
Besonders lernt die Weiber führen;
Es ist ihr ewig Weh und Ach
So tausendfach
Aus Einem Punkte zu kurieren,
Und wenn Ihr halbweg ehrbar tut,
Dann habt Ihr sie all unterm Hut.
Ein Titel muss sie erst vertraulich machen,
Dass Eure Kunst viel Künste übersteigt;
Zum Willkomm' tappt Ihr dann nach allen Siebensachen,

Um die ein andrer viele Jahre streicht,
Versteht das Pülslein wohl zu drücken,
Und fasset sie, mit feurig schlauen Blicken,
Wohl um die schlanke Hüfte frei,
Zu sehn, wie fest geschnürt sie sei.
SCHÜLER.
Das sieht schon besser aus! Man sieht doch wo und wie?
MEPHISTOPHELES. Grau, teurer Freund, ist alle Theorie,
Und grün des Lebens goldner Baum.
SCHÜLER. Ich schwör Euch zu, mir ist's als wie ein Traum.
Dürft ich Euch wohl ein andermal beschweren,
Von Eurer Weisheit auf den Grund zu hören?
MEPHISTOPHELES. Was ich vermag, soll gern geschehn.
SCHÜLER. Ich kann unmöglich wieder gehn,
Ich muss Euch noch mein Stammbuch überreichen.
Gönn' Eure Gunst mir dieses Zeichen!
MEPHISTOPHELES. Sehr wohl. *(Er schreibt und gibt's.)*
SCHÜLER
(liest). Eritis sicut Deus, scientes bonum et malum.
(Macht's ehrerbietig zu und empfiehlt sich.)
MEPHISTOPHELES.
Folg nur dem alten Spruch und meiner Muhme der Schlange,
Dir wird gewiss einmal bei deiner Gottähnlichkeit bange!
Faust tritt auf.
FAUST. Wohin soll es nun gehn?
MEPHISTOPHELES. Wohin es dir gefällt.
Wir sehn die kleine, dann die große Welt.
Mit welcher Freude, welchem Nutzen,
Wirst du den Cursum durchschmarutzen!
FAUST. Allein bei meinem langen Bart
Fehlt mir die leichte Lebensart.
Es wird mir der Versuch nicht glücken;
Ich wusste nie mich in die Welt zu schicken,
Vor andern fühl ich mich so klein;
Ich werde stets verlegen sein.

MEPHISTOPHELES.
Mein guter Freund, das wird sich alles geben;
Sobald du dir vertraust, so bald weißt du zu leben.
FAUST. Wie kommen wir denn aus dem Haus?
Wo hast du Pferde, Knecht und Wagen?
MEPHISTOPHELES. Wir breiten nur den Mantel aus,
Der soll uns durch die Lüfte tragen.
Du nimmst bei diesem kühnen Schritt
Nur keinen großen Bündel mit.
Ein bisschen Feuerluft, die ich bereiten werde,
Hebt uns behend von dieser Erde.
Und sind wir leicht, so geht es schnell hinauf;
Ich gratuliere dir zum neuen Lebenslauf.

Auerbachs Keller in Leipzig

Zeche lustiger Gesellen.

FROSCH. Will keiner trinken? keiner lachen?
Ich will euch lehren Gesichter machen!
Ihr seid ja heut wie nasses Stroh,
Und brennt sonst immer lichterloh.
BRANDER. Das liegt an dir; du bringst ja nichts herbei,
Nicht eine Dummheit, keine Sauerei.
frosch
(gießt ihm ein Glas Wein über den Kopf).
Da hast du beides!
BRANDER. Doppelt Schwein!
FROSCH. Ihr wollt es ja, man soll es sein!
SIEBEL. Zur Tür hinaus wer sich entzweit!
Mit offner Brust singt Runda, sauft und schreit
Auf! Holla! Ho!
ALTMAYER. Weh mir, ich bin verloren!
Baumwolle her! der Kerl sprengt mir die Ohren.
SIEBEL. Wenn das Gewölbe widerschallt,
Fühlt man erst recht des Basses Grundgewalt.

FROSCH. So recht, hinaus mit dem der etwas übel nimmt!
A! tara lara da!
ALTMAYER. A! tara lara da!
FROSCH. Die Kehlen sind gestimmt.
(Singt.)
Das liebe, heil'ge Röm'sche Reich,
Wie hält's nur noch zusammen?
BRANDER. Ein garstig Lied! Pfui! ein politisch Lied!
Ein leidig Lied! Dankt Gott mit jedem Morgen
Dass ihr nicht braucht fürs Röm'sche Reich zu sorgen!
Ich halt es wenigstens für reichlichen Gewinn,
Dass ich nicht Kaiser oder Kanzler bin.
Doch muss auch uns ein Oberhaupt nicht fehlen;
Wir wollen einen Papst erwählen.
Ihr wisst, welch eine Qualität
Den Ausschlag gibt, den Mann erhöht.
FROSCH
(singt). Schwing dich auf, Frau Nachtigall,
Grüß mir mein Liebchen zehentausendmal.
SIEBEL.
Dem Liebchen keinen Gruß! Ich will davon nichts hören!
FROSCH. Dem Liebchen Gruß und Kuss! du wirst mir's nicht verwehren!
(Singt.) Riegel auf! in stiller Nacht.
Riegel auf! der Liebste wacht.
Riegel zu! des Morgens früh.
SIEBEL. Ja, singe, singe nur, und lob und rühme sie!
Ich will zu meiner Zeit schon lachen.
Sie hat mich angeführt, dir wird sie's auch so machen.
Zum Liebsten sei ein Kobold ihr beschert!
Der mag mit ihr auf einem Kreuzweg schäkern;
Ein alter Bock, wenn er vom Blocksberg kehrt,
Mag im Galopp noch gute Nacht ihr meckern!
Ein braver Kerl von echtem Fleisch und Blut
Ist für die Dirne viel zu gut.
Ich will von keinem Gruße wissen,

Als ihr die Fenster eingeschmissen!
BRANDER
(auf den Tisch schlagend).
Passt auf! passt auf! Gehorchet mir!
Ihr Herrn gesteht, ich weiß zu leben;
Verliebte Leute sitzen hier,
Und diesen muss, nach Standsgebühr,
Zur guten Nacht ich was zum Besten geben.
Gebt Acht! Ein Lied vom neusten Schnitt!
Und singt den Rundreim kräftig mit!
(Er singt.) Es war eine Ratt im Kellernest,
Lebte nur von Fett und Butter,
Hatte sich ein Ränzlein angemäst't,
Als wie der Doktor Luther.
Die Köchin hatt ihr Gift gestellt;
Da ward's so eng ihr in der Welt,
Als hätte sie Lieb im Leibe.
CHORUS
(jauchzend). Als hätte sie Lieb im Leibe.
BRANDER.
Sie fuhr herum, sie fuhr heraus,
Und soff aus allen Pfützen,
Zernagt', zerkratzt' das ganze Haus,
Wollte nichts ihr Wüten nützen;
Sie tät gar manchen Ängstesprung,
Bald hatte das arme Tier genung,
Als hätt es Lieb im Leibe.
CHORUS. Als hätt es Lieb im Leibe.
BRANDER. Sie kam vor Angst am hellen Tag
Der Küche zugelaufen,
Fiel an den Herd und zuckt' und lag,
Und tät erbärmlich schnaufen.
Da lachte die Vergifterin noch;
Ha! sie pfeift auf dem letzten Loch,
Als hätte sie Lieb im Leibe.
chorus. Als hätte sie Lieb im Leibe.

SIEBEL. Wie sich die platten Bursche freuen!
Es ist mir eine rechte Kunst,
Den armen Ratten Gift zu streuen!
BRANDER. Sie stehn wohl sehr in deiner Gunst?
ALTMAYER. Der Schmerbauch mit der kahlen Platte!
Das Unglück macht ihn zahm und mild;
Er sieht in der geschwollnen Ratte
Sein ganz natürlich Ebenbild.
Faust und Mephistopheles.
MEPHISTOPHELES. Ich muss dich nun vor allen Dingen
In lustige Gesellschaft bringen,
Damit du siehst wie leicht sich's leben lässt.
Dem Volke hier wird jeder Tag ein Fest.
Mit wenig Witz und viel Behagen
Dreht jeder sich im engen Zirkeltanz,
Wie junge Katzen mit dem Schwanz.
Wenn sie nicht über Kopfweh klagen,
So lang der Wirt nur weiter borgt,
Sind sie vergnügt und unbesorgt.
BRANDER. Die kommen eben von der Reise,
Man sieht's an ihrer wunderlichen Weise;
Sie sind nicht eine Stunde hier.
FROSCH.
Wahrhaftig du hast Recht! Mein Leipzig lob ich mir!
Es ist ein klein Paris, und bildet seine Leute.
SIEBEL. Für was siehst du die Fremden an?
FROSCH. Lass mich nur gehn! Bei einem vollen Glase,
Zieh ich, wie einen Kinderzahn,
Den Burschen leicht die Würmer aus der Nase.
Sie scheinen mir aus einem edlen Haus,
Sie sehen stolz und unzufrieden aus.
BRANDER. Marktschreier sind's gewiss, ich wette!
ALTMAYER. Vielleicht.
FROSCH. Gib Acht, ich schraube sie!
mephistopheles
(zu Faust).

Den Teufel spürt das Völkchen nie,
Und wenn er sie beim Kragen hätte.
FAUST. Seid uns gegrüßt, ihr Herrn!
SIEBEL. Viel Dank zum Gegengruß.
(Leise, Mephistopheles von der Seite ansehend.)
Was hinkt der Kerl auf Einem Fuß?
MEPHISTOPHELES.
Ist es erlaubt, uns auch zu euch zu setzen?
Statt eines guten Trunks, den man nicht haben kann,
Soll die Gesellschaft uns ergetzen.
ALTMAYER. Ihr scheint ein sehr verwöhnter Mann.
FROSCH.
Ihr seid wohl spät von Rippach aufgebrochen?
Habt ihr mit Herren Hans noch erst zu Nacht gespeist?
MEPHISTOPHELES.
Heut sind wir ihn vorbeigereist!
Wir haben ihn das letzte Mal gesprochen.
Von seinen Vettern wusst er viel zu sagen,
Viel Grüße hat er uns an jeden aufgetragen.
(Er neigt sich gegen Frosch.)
ALTMAYER
(leise).
Da hast du's! der versteht's!
SIEBEL. Ein pfiffiger Patron!
FROSCH. Nun, warte nur, ich krieg ihn schon!
MEPHISTOPHELES. Wenn ich nicht irrte, hörten wir
Geübte Stimmen Chorus singen?
Gewiss, Gesang muss trefflich hier
Von dieser Wölbung widerklingen!
FROSCH. Seid Ihr wohl gar ein Virtuos?
MEPHISTOPHELES.
O nein! die Kraft ist schwach, allein die Lust ist groß.
ALTMAYER. Gebt uns ein Lied!
MEPHISTOPHELES. Wenn ihr begehrt, die Menge.
SIEBEL. Nur auch ein nagelneues Stück!
MEPHISTOPHELES. Wir kommen erst aus Spanien zurück,

Dem schönen Land des Weins und der Gesänge.
(Singt.)
Es war einmal ein König,
Der hatt einen großen Floh –
FROSCH.
Horcht! Einen Floh! Habt ihr das wohl gefaßt?
Ein Floh ist mir ein saubrer Gast.
mephistopheles
(singt). Es war einmal ein König,
Der hatt einen großen Floh,
Den liebt' er gar nicht wenig,
Als wie seinen eignen Sohn.
Da rief er seinen Schneider,
Der Schneider kam heran:
Da, miss dem Junker Kleider,
Und miss ihm Hosen an!
BRANDER.
Vergesst nur nicht dem Schneider einzuschärfen,
Dass er mir aufs Genauste misst,
Und dass, so lieb sein Kopf ihm ist,
Die Hosen keine Falten werfen!
MEPHISTOPHELES. In Sammet und in Seide
War er nun angetan,
Hatte Bänder auf dem Kleide,
Hatt auch ein Kreuz daran,
Und war sogleich Minister,
Und hatt einen großen Stern.
Da wurden seine Geschwister
Bei Hof auch große Herrn.

Und Herrn und Fraun am Hofe,
Die waren sehr geplagt,
Die Königin und die Zofe
Gestochen und genagt,
Und durften sie nicht knicken,
Und weg sie jucken nicht.

Wir knicken und ersticken
Doch gleich wenn einer sticht.
CHORUS
(jauchzend). Wir knicken und ersticken
Doch gleich wenn einer sticht.
FROSCH. Bravo! Bravo! Das war schön!
SIEBEL. So soll es jedem Floh ergehn!
BRANDER. Spitzt die Finger und packt sie fein!
ALTMAYER. Es lebe die Freiheit! Es lebe der Wein!
MEPHISTOPHELES.
Ich tränke gern ein Glas, die Freiheit hoch zu ehren,
Wenn eure Weine nur ein bisschen besser wären.
SIEBEL. Wir mögen das nicht wieder hören!
MEPHISTOPHELES.
Ich fürchte nur der Wirt beschweret sich;
Sonst gäb ich diesen werten Gästen
Aus unserm Keller was zum Besten.
SIEBEL. Nur immer her! ich nehm's auf mich.
FROSCH.
Schafft Ihr ein gutes Glas, so wollen wir Euch loben.
Nur gebt nicht gar zu kleine Proben;
Denn wenn ich judizieren soll,
Verlang ich auch das Maul recht voll.
ALTMAYER
(leise). Sie sind vom Rheine, wie ich spüre.
MEPHISTOPHELES.
Schafft einen Bohrer an!
BRANDER. Was soll mit dem geschehn?
Ihr habt doch nicht die Fässer vor der Türe?
ALTMAYER.
Dahinten hat der Wirt ein Körbchen Werkzeug stehn.
MEPHISTOPHELES
(nimmt den Bohrer. Zu Frosch).
Nun sagt, was wünschet Ihr zu schmecken?
FROSCH. Wie meint Ihr das? Habt Ihr so mancherlei?
MEPHISTOPHELES. Ich stell es einem jeden frei.

ALTMAYER
(zu Frosch).
Aha, du fängst schon an die Lippen abzulecken.
FROSCH.
Gut! wenn ich wählen soll, so will ich Rheinwein haben.
Das Vaterland verleiht die allerbesten Gaben.
MEPHISTOPHELES
(indem er an dem Platz, wo Frosch sitzt,
ein Loch in den Tischrand bohrt).
Verschafft ein wenig Wachs, die Pfropfen gleich zu machen!
ALTMAYER. Ach das sind Taschenspielersachen.
MEPHISTOPHELES
(zu Brander).
Und Ihr?
BRANDER. Ich will Champagner Wein,
Und recht moussierend soll er sein!
(Mephistopheles bohrt; einer hat indessen die Wachspfropfen gemacht und verstopft.)
Man kann nicht stets das Fremde meiden,
Das Gute liegt uns oft so fern.
Ein echter deutscher Mann mag keinen Franzen leiden,
Doch ihre Weine trinkt er gern.
SIEBEL
(indem sich Mephistopheles seinem Platze nähert).
Ich muss gestehn, den sauren mag ich nicht,
Gebt mir ein Glas vom echten süßen!
MEPHISTOPHELES
(bohrt). Euch soll sogleich Tokayer fließen.
ALTMAYER. Nein, Herren, seht mir ins Gesicht!
Ich seh es ein, ihr habt uns nur zum Besten.
MEPHISTOPHELES. Ei! Ei! Mit solchen edlen Gästen
Wär es ein bisschen viel gewagt.
Geschwind! Nur grad heraus gesagt!
Mit welchem Weine kann ich dienen?
ALTMAYER. Mit jedem! Nur nicht lang gefragt.
(Nachdem die Löcher alle gebohrt und verstopft sind.)

MEPHISTOPHELES
(mit seltsamen Gebärden).
Trauben trägt der Weinstock!
Hörner der Ziegenbock;
Der Wein ist saftig, Holz die Reben,
Der hölzerne Tisch kann Wein auch geben.
Ein tiefer Blick in die Natur!
Hier ist ein Wunder, glaubet nur!

Nun zieht die Pfropfen und genießt!
ALLE
(indem sie die Pfropfen ziehen, und jedem der verlangte Wein ins Glas läuft).
O schöner Brunnen, der uns fließt!
MEPHISTOPHELES.
Nur hütet euch, dass ihr mir nichts vergießt!
(Sie trinken wiederholt.)
ALLE
(singen). Uns ist ganz kannibalisch wohl,
Als wie fünfhundert Säuen!
MEPHISTOPHELES.
Das Volk ist frei, seht an, wie wohl's ihm geht!
FAUST. Ich hätte Lust nun abzufahren.
MEPHISTOPHELES.
Gib nur erst Acht, die Bestialität
Wird sich gar herrlich offenbaren.
SIEBEL
(trinkt unvorsichtig, der Wein fließt auf die Erde, und wird zur Flamme).
Helft! Feuer! Helft! Die Hölle brennt!
MEPHISTOPHELES
(die Flamme besprechend).
Sei ruhig, freundlich Element! *(Zu dem Gesellen.)*
Für diesmal war es nur ein Tropfen Fegefeuer.
SIEBEL. Was soll das sein? Wart! Ihr bezahlt es teuer!
Es scheinet, dass Ihr uns nicht kennt.

FROSCH. Lass' Er uns das zum zweiten Male bleiben!
ALTMAYER.
Ich dächt, wir hießen ihn ganz sachte seitwärts gehn.
SIEBEL. Was Herr? Er will sich unterstehn,
Und hier sein Hokuspokus treiben?
MEPHISTOPHELES. Still, altes Weinfass!
SIEBEL. Besenstiel!
Du willst uns gar noch grob begegnen?
BRANDER. Wart nur! Es sollen Schläge regnen!
altmayer
(zieht einen Pfropf aus dem Tisch, es springt ihm Feuer entgegen). Ich brenne! ich brenne!
SIEBEL. Zauberei!
Stoßt zu! der Kerl ist vogelfrei!
(Sie ziehen die Messer und gehn auf Mephistopheles los.)
MEPHISTOPHELES
(mit ernsthafter Gebärde).
Falsch Gebild und Wort
Verändern Sinn und Ort!
Seid hier und dort!
(Sie stehn erstaunt und sehn einander an.)
ALTMAYER. Wo bin ich? Welches schöne Land?
FROSCH. Weinberge! Seh ich recht?
SIEBEL. Und Trauben gleich zur Hand!
BRANDER. Hier unter diesem grünen Laube,
Seht, welch ein Stock! Seht, welche Traube!
(Er fasst Siebeln bei der Nase. Die andern tun es wechselseitig und heben die Messer.)
MEPHISTOPHELES
(wie oben).
Irrtum, lass los der Augen Band!
Und merkt euch wie der Teufel spaße.
(Er verschwindet mit Faust, die Gesellen fahren auseinander.)
SIEBEL. Was gibt's?
ALTMAYER. Wie?
FROSCH. War das deine Nase?

BRANDER
(*zu Siebel*). Und deine hab ich in der Hand!
ALTMAYER. Es war ein Schlag, der ging durch alle Glieder!
Schafft einen Stuhl, ich sinke nieder!
FROSCH. Nein, sagt mir nur, was ist geschehn?
SIEBEL. Wo ist der Kerl? Wenn ich ihn spüre,
Er soll mir nicht lebendig gehn!
ALTMAYER. Ich hab ihn selbst hinaus zur Kellertüre –
Auf einem Fasse reiten sehn – –
Es liegt mir bleischwer in den Füßen.
(Sich nach dem Tische wendend.)
Mein! Sollte wohl der Wein noch fließen?
SIEBEL. Betrug war alles, Lug und Schein.
FROSCH. Mir deuchte doch als tränk ich Wein.
BRANDER. Aber wie war es mit den Trauben?
ALTMAYER.
Nun sag' mir eins, man soll kein Wunder glauben!

Hexenküche

Auf einem niedrigen Herde steht ein großer Kessel über dem Feuer. In dem Dampfe, der davon in die Höhe steigt, zeigen sich verschiedene Gestalten. eine meerkatze sitzt bei dem Kessel und schäumt ihn, und sorgt dass er nicht überläuft. Der Meerkater mit den Jungen sitzt darneben und wärmt sich, Wände und Decke sind mit dem seltsamsten Hexenhausrat ausgeschmückt.

FAUST. MEPHISTOPHELES.
FAUST. Mir widersteht das tolle Zauberwesen;
Versprichst du mir, ich soll genesen,
In diesem Wust von Raserei?
Verlang ich Rat von einem alten Weibe?
Und schafft die Sudelköcherei
Wohl dreißig Jahre mir vom Leibe?
Weh mir, wenn du nichts Bessers weißt!
Schon ist die Hoffnung mir verschwunden.

Hat die Natur und hat ein edler Geist
Nicht irgendeinen Balsam ausgefunden?
MEPHISTOPHELES.
Mein Freund, nun sprichst du wieder klug!
Doch zu verjüngen gibt's auch ein natürlich Mittel;
Allein es steht in einem andern Buch,
Und ist ein wunderlich Kapitel.
FAUST. Ich will es wissen.
MEPHISTOPHELES. Gut! Ein Mittel, ohne Geld
Und Arzt und Zauberei, zu haben:
Begib dich gleich hinaus aufs Feld,
Fang an zu hacken und zu graben,
Erhalte dich und deinen Sinn
In einem ganz beschränkten Kreise,
Ernähre dich mit ungemischter Speise,
Leb mit dem Vieh als Vieh, und acht es nicht für Raub,
Den Acker, den du erntest, selbst zu düngen;
Das ist das beste Mittel, glaub,
Auf achtzig Jahr dich zu verjüngen!
FAUST.
Das bin ich nicht gewöhnt, ich kann mich nicht bequemen,
Den Spaten in die Hand zu nehmen.
Das enge Leben steht mir gar nicht an.
MEPHISTOPHELES. So muss denn doch die Hexe dran.
FAUST. Warum denn just das alte Weib!
Kannst du den Trank nicht selber brauen?
MEPHISTOPHELES. Das wär ein schöner Zeitvertreib!
Ich wollt' indes wohl tausend Brücken bauen.
Nicht Kunst und Wissenschaft allein,
Geduld will bei dem Werke sein.
Ein stiller Geist ist jahrelang geschäftig;
Die Zeit nur macht die feine Gärung kräftig.
Und alles was dazu gehört
Es sind gar wunderbare Sachen!
Der Teufel hat sie's zwar gelehrt;
Allein der Teufel kann's nicht machen.

(Die Tiere erblickend.)
Sieh, welch ein zierliches Geschlecht!
Das ist die Magd! das ist der Knecht!
(Zu den Tieren.)
Es scheint, die Frau ist nicht zu Hause?
DIE TIERE. Beim Schmause,
Aus dem Haus
Zum Schornstein hinaus!
MEPHISTOPHELES.
Wie lange pflegt sie wohl zu schwärmen?
die tiere. So lange wir uns die Pfoten wärmen.
mephistopheles *(zu Faust).*
Wie findest du die zarten Tiere?
FAUST. So abgeschmackt als ich nur jemand sah!
MEPHISTOPHELES. Nein, ein Discours wie dieser da,
Ist grade der den ich am liebsten führe!
(Zu den Tieren.) So sagt mir doch, verfluchte Puppen!
Was quirlt ihr in dem Brei herum?
die tiere. Wir kochen breite Bettelsuppen.
MEPHISTOPHELES. Da habt ihr ein groß Publikum.
(der Kater macht sich herbei und schmeichelt dem Mephistopheles).
O würfle nur gleich
Und mache mich reich,
Und lass mich gewinnen!
Gar schlecht ist's bestellt,
Und wär ich bei Geld,
So wär ich bei Sinnen.
MEPHISTOPHELES.
Wie glücklich würde sich der Affe schätzen,
Könnt er nur auch ins Lotto setzen!
(Indessen haben die jungen Meerkätzchen mit einer großen Kugel gespielt und rollen sie hervor.)
DER KATER. Das ist die Welt;
Sie steigt und fällt
Und rollt beständig;

Sie klingt wie Glas:
Wie bald bricht das?
Ist hohl inwendig.
Hier glänzt sie sehr,
Und hier noch mehr,
Ich bin lebendig!
Mein lieber Sohn,
Halt dich davon!
Du musst sterben!
Sie ist von Ton,
Es gibt Scherben.
MEPHISTOPHELES. Was soll das Sieb?
der kater *(holt es herunter).*
Wärst du ein Dieb,
Wollt' ich dich gleich erkennen.
(Er läuft zur Kätzin und lässt sie durchsehen.)
Sieh durch das Sieb!
Erkennst du den Dieb,
Und darfst ihn nicht nennen?
MEPHISTOPHELES *(sich dem Feuer nähernd).*
Und dieser Topf?
KATER UND KÄTZIN. Der alberne Tropf!
Er kennt nicht den Topf,
Er kennt nicht den Kessel!
MEPHISTOPHELES. Unhöfliches Tier!
DER KATER. Den Wedel nimm hier,
Und setz dich in Sessel!
(Er nötigt den Mephistopheles zu sitzen.)
FAUST *(welcher diese Zeit über vor einem Spiegel gestanden, sich ihm bald genähert, bald sich von ihm entfernt hat).*
Was seh ich? Welch ein himmlisch Bild
Zeigt sich in diesem Zauberspiegel!
O Liebe, leihe mir den schnellsten deiner Flügel,
Und führe mich in ihr Gefild!
Ach wenn ich nicht auf dieser Stelle bleibe,
Wenn ich es wage nah zu gehn,

Kann ich sie nur als wie im Nebel sehn! –
Das schönste Bild von einem Weibe!
Ist's möglich, ist das Weib so schön?
Muss ich an diesem hingestreckten Leibe
Den Inbegriff von allen Himmeln sehn?
So etwas findet sich auf Erden?

MEPHISTOPHELES.
Natürlich, wenn ein Gott sich erst sechs Tage plagt,
Und selbst am Ende Bravo sagt,
Da muss es was Gescheites werden.
Für diesmal sieh dich immer satt;
Ich weiß dir so ein Schätzchen auszuspüren,
Und selig wer das gute Schicksal hat,
Als Bräutigam sie heimzuführen!
(Faust sieht immerfort in den Spiegel. Mephistopheles, sich in dem Sessel dehnend und mit dem Wedel spielend, fährt fort zu sprechen.)
Hier sitz ich wie der König auf dem Throne,
Den Zepter halt ich hier, es fehlt nur noch die Krone.

DIE TIERE *(welche bisher allerlei wunderliche Bewegungen durcheinander gemacht haben, bringen dem Mephistopheles eine Krone mit großem Geschrei).*
O sei doch so gut,
Mit Schweiß und mit Blut
Die Krone zu leimen!
(Sie gehn ungeschickt mit der Krone um und zerbrechen sie in zwei Stücke, mit welchen sie herumspringen.)
Nun ist es geschehn!
Wir reden und sehn,
Wir hören und reimen;

FAUST *(gegen den Spiegel).*
Weh mir! ich werde schier verrückt.

MEPHISTOPHELES *(auf die Tiere deutend).*
Nun fängt mir an fast selbst der Kopf zu schwanken.

DIE TIERE. Und wenn es uns glückt,
Und wenn es sich schickt,

So sind es Gedanken!
FAUST *(wie oben).* Mein Busen fängt mir an zu brennen!
Entfernen wir uns nur geschwind!
MEPHISTOPHELES *(in obiger Stellung).*
Nun, wenigstens muss man bekennen,
Dass es aufrichtige Poeten sind.
(Der Kessel, welchen die Kätzin bisher außer Acht gelassen, fängt an überzulaufen; es entsteht eine große Flamme, welche zum Schornstein hinausschlägt. die hexe kommt durch die Flamme mit entsetzlichem Geschrei heruntergefahren.)
DIE HEXE. Au! Au! Au! Au!
Verdammtes Tier! verfluchte Sau!
Versäumst den Kessel, versengst die Frau!
Verfluchtes Tier! (Faust und Mephistopheles erblickend.)
Was ist das hier?
Wer seid ihr hier?
Was wollt ihr da?
Wer schlich sich ein?
Die Feuerpein
Euch ins Gebein!
(Sie fährt mit dem Schaumlöffel in den Kessel und spritzt Flammen nach Faust, Mephistopheles und den Tieren. Die Tiere winseln.)
MEPHISTOPHELES *(welcher den Wedel, den er in der Hand hält, umkehrt, und unter die Gläser und Töpfe schlägt).*
Entzwei! entzwei!
Da liegt der Brei!
Da liegt das Glas!
Es ist nur Spaß,
Der Takt, du Aas,
Zu deiner Melodei.
(Indem die Hexe voll Grimm und Entsetzen zurücktritt.)
Erkennst du mich? Gerippe! Scheusal du!
Erkennst du deinen Herrn und Meister?
Was hält mich ab, so schlag ich zu,
Zerschmettre dich und deine Katzen-Geister!

Hast du vorm roten Wams nicht mehr Respekt?
Kannst du die Hahnenfeder nicht erkennen?
Hab ich dies Angesicht versteckt?
Soll ich mich etwa selber nennen?
DIE HEXE. O Herr, verzeiht den rohen Gruß!
Seh ich doch keinen Pferdefuß.
Wo sind denn Eure beiden Raben?
MEPHISTOPHELES. Für diesmal kommst du so davon;
Denn freilich ist es eine Weile schon,
Dass wir uns nicht gesehen haben.
Auch die Kultur, die alle Welt beleckt,
Hat auf den Teufel sich erstreckt;
Das nordische Phantom ist nun nicht mehr zu schauen;
Wo siehst du Hörner, Schweif und Klauen?
Und was den Fuß betrifft, den ich nicht missen kann,
Der würde mir bei Leuten schaden;
Darum bedien ich mich, wie mancher junge Mann,
Seit vielen Jahren falscher Waden.
DIE HEXE *(tanzend)*.
Sinn und Verstand verlier ich schier,
Seh ich den Junker Satan wieder hier!
MEPHISTOPHELES. Den Namen, Weib, verbitt ich mir!
DIE HEXE. Warum? Was hat er Euch getan?
MEPHISTOPHELES.
Er ist schon lang ins Fabelbuch geschrieben;
Allein die Menschen sind nichts besser dran,
Den Bösen sind sie los, die Bösen sind geblieben.
Du nennst mich Herr Baron, so ist die Sache gut;
Ich bin ein Kavalier, wie andre Kavaliere.
Du zweifelst nicht an meinem edlen Blut;
Sieh her, das ist das Wappen, das ich führe!
(Er macht eine unanständige Gebärde.)
DIE HEXE *(lacht unmäßig)*. Ha! Ha! Das ist in Eurer Art!
Ihr seid ein Schelm, wie Ihr nur immer wart!
MEPHISTOPHELES *(zu Faust)*.
Mein Freund, das lerne wohl verstehn!

Dies ist die Art mit Hexen umzugehn.
DIE HEXE. Nun sagt, ihr Herren, was ihr schafft.
MEPHISTOPHELES.
Ein gutes Glas von dem bekannten Saft,
Doch muss ich Euch ums ältste bitten;
Die Jahre doppeln seine Kraft.
DIE HEXE. Gar gern! Hier hab ich eine Flasche,
Aus der ich selbst zuweilen nasche,
Die auch nicht mehr im Mindsten stinkt;
Ich will euch gern ein Gläschen geben.
(Leise.) Doch wenn es dieser Mann unvorbereitet trinkt,
So kann er, wisst Ihr wohl, nicht eine Stunde leben.
MEPHISTOPHELES.
Es ist ein guter Freund, dem es gedeihen soll;
Ich gönn ihm gern das Beste deiner Küche.
Zieh deinen Kreis, sprich deine Sprüche,
Und gib ihm eine Tasse voll!
DIE HEXE *(mit seltsamen Gebärden, zieht einen Kreis und stellt wunderbare Sachen hinein; indessen fangen die Gläser an zu klingen, die Kessel zu tönen, und machen Musik. Zuletzt bringt sie ein großes Buch, stellt die Meerkatzen in den Kreis, die ihr zum Pult dienen und die Fackel halten müssen. Sie winkt Fausten, zu ihr zu treten).*
FAUST *(zu Mephistopheles).*
Nein, sage mir, was soll das werden?
Das tolle Zeug, die rasenden Gebärden,
Der abgeschmackteste Betrug,
Sind mir bekannt, verhasst genug.
MEPHISTOPHELES. Ei, Possen! Das ist nur zum Lachen;
Sei nur nicht ein so strenger Mann!
Sie muss als Arzt ein Hokuspokus machen,
Damit der Saft dir wohl gedeihen kann.
(Er nötigt Fausten in den Kreis zu treten.)
DIE HEXE *(mit großer Emphase fängt an aus dem Buche zu deklamieren).* Du musst verstehn!
Aus Eins mach Zehn,

Und Zwei lass gehn,
Und Drei mach gleich,
So bist du reich.
Verlier die Vier!
Aus Fünf und Sechs,
So sagt die Hex,
Mach Sieben und Acht,
So ist's vollbracht:
Und Neun ist Eins,
Und Zehn ist keins.
Das ist das Hexen-Einmal-Eins!
FAUST. Mich dünkt, die Alte spricht im Fieber.
MEPHISTOPHELES. Das ist noch lange nicht vorüber,
Ich kenn es wohl, so klingt das ganze Buch;
Ich habe manche Zeit damit verloren,
Denn ein vollkommner Widerspruch
Bleibt gleich geheimnisvoll für Kluge wie für Toren.
Mein Freund, die Kunst ist alt und neu.
Es war die Art zu allen Zeiten,
Durch Drei und Eins, und Eins und Drei
Irrtum statt Wahrheit zu verbreiten.
So schwätzt und lehrt man ungestört;
Wer will sich mit den Narr'n befassen?
Gewöhnlich glaubt der Mensch, wenn er nur Worte hört,
Es müsse sich dabei doch auch was denken lassen.
DIE HEXE *(fährt fort).* Die hohe Kraft
Der Wissenschaft,
Der ganzen Welt verborgen!
Und wer nicht denkt,
Dem wird sie geschenkt,
Er hat sie ohne Sorgen.
FAUST. Was sagt sie uns für Unsinn vor?
Es wird mir gleich der Kopf zerbrechen.
Mich dünkt, ich hör ein ganzes Chor
Von hunderttausend Narren sprechen.
MEPHISTOPHELES. Genug, genug, o treffliche Sibylle!

Gib deinen Trank herbei, und fülle
Die Schale rasch bis an den Rand hinan;
Denn meinem Freund wird dieser Trunk nicht schaden:
Er ist ein Mann von vielen Graden,
Der manchen guten Schluck getan.

DIE HEXE *(mit vielen Zeremonien, schenkt den Trank in eine Schale; wie sie Faust an den Mund bringt, entsteht eine leichte Flamme).*

MEPHISTOPHELES. Nur frisch hinunter! Immer zu!
Es wird dir gleich das Herz erfreuen.
Bist mit dem Teufel du und du,
Und willst dich vor der Flamme scheuen?

DIE HEXE *(löst den Kreis. Faust tritt heraus).*

MEPHISTOPHELES. Nun frisch hinaus! Du darfst nicht ruhn.

DIE HEXE. Mög Euch das Schlückchen wohl behagen!
mephistopheles *(zur Hexe).*
Und kann ich dir was zu Gefallen tun;
So darfst du mir's nur auf Walpurgis sagen.

DIE HEXE. Hier ist ein Lied! wenn Ihr's zuweilen singt,
So werdet Ihr besondre Wirkung spüren.

MEPHISTOPHELES *(zu Faust).*
Komm nur geschwind und lass dich führen;
Du musst notwendig transpirieren,
Damit die Kraft durch Inn- und Äußres dringt.
Den edlen Müßiggang lehr ich hernach dich schätzen,
Und bald empfindest du mit innigem Ergetzen,
Wie sich Cupido regt und hin und wider springt.

FAUST.
Lass mich nur schnell noch in den Spiegel schauen!
Das Frauenbild war gar zu schön!

MEPHISTOPHELES.
Nein! Nein! Du sollst das Muster aller Frauen
Nun bald leibhaftig vor dir sehn.
(Leise.) Du siehst, mit diesem Trank im Leibe,
Bald Helenen in jedem Weibe.

Straße

FAUST. MARGARETE *vorübergehend.*

FAUST. Mein schönes Fräulein, darf ich wagen,
Meinen Arm und Geleit Ihr anzutragen?
MARGARETE.
Bin weder Fräulein, weder schön,
Kann ungeleitet nach Hause gehn.
(Sie macht sich los und ab.)
FAUST. Beim Himmel, dieses Kind ist schön!
So etwas hab ich nie gesehn.
Sie ist so sitt- und tugendreich,
Und etwas schnippisch doch zugleich.
Der Lippe Rot, der Wange Licht,
Die Tage der Welt vergess ich's nicht!
Wie sie die Augen niederschlägt,
Hat tief sich in mein Herz geprägt;
Wie sie kurz angebunden war,
Das ist nun zum Entzücken gar!
mephistopheles tritt auf.
FAUST. Hör, du musst mir die Dirne schaffen!
MEPHISTOPHELES. Nun, welche?
FAUST. Sie ging just vorbei.
MEPHISTOPHELES. Da die? Sie kam von ihrem Pfaffen,
Der sprach sie aller Sünden frei;
Ich schlich mich hart am Stuhl vorbei,
Es ist ein gar unschuldig Ding,
Das eben für nichts zur Beichte ging;
Über die hab ich keine Gewalt!
FAUST. Ist über vierzehn Jahr doch alt.
MEPHISTOPHELES. Du sprichst ja wie Hans Liederlich,
Der begehrt jede liebe Blum für sich,
Und dünkelt ihm es wär kein Ehr
Und Gunst die nicht zu pflücken wär;
Geht aber doch nicht immer an.

FAUST. Mein Herr Magister Lobesan,
Lass' Er mich mit dem Gesetz in Frieden!
Und das sag ich Ihm kurz und gut,
Wenn nicht das süße junge Blut
Heut Nacht in meinen Armen ruht;
So sind wir um Mitternacht geschieden.
MEPHISTOPHELES. Bedenk was gehn und stehen mag!
Ich brauche wenigstens vierzehn Tag,
Nur die Gelegenheit auszuspüren.
FAUST. Hätt ich nur sieben Stunden Ruh,
Brauchte den Teufel nicht dazu,
So ein Geschöpfchen zu verführen.
MEPHISTOPHELES.
Ihr sprecht schon fast wie ein Franzos;
Doch bitt ich, lasst's Euch nicht verdrießen:
Was hilft's nur grade zu genießen?
Die Freud ist lange nicht so groß,
Als wenn Ihr erst herauf, herum,
Durch allerlei Brimborium,
Das Püppchen geknetet und zugericht't,
Wie's lehret manche welsche Geschicht.
FAUST. Hab Appetit auch ohne das.
MEPHISTOPHELES.
Jetzt ohne Schimpf und ohne Spaß.
Ich sag Euch, mit dem schönen Kind
Geht's ein für allemal nicht geschwind.
Mit Sturm ist da nichts einzunehmen;
Wir müssen uns zur List bequemen.
FAUST. Schaff mir etwas vom Engelsschatz!
Führ mich an ihren Ruheplatz!
Schaff mir ein Halstuch von ihrer Brust,
Ein Strumpfband meiner Liebeslust!
MEPHISTOPHELES. Damit Ihr seht, dass ich Eurer Pein
Will förderlich und dienstlich sein;
Wollen wir keinen Augenblick verlieren,
Will Euch noch heut in ihr Zimmer führen.

FAUST. Und soll sie sehn? sie haben?
MEPHISTOPHELES.
Nein!
Sie wird bei einer Nachbarin sein.
Indessen könnt Ihr ganz allein
An aller Hoffnung künft'ger Freuden
In ihrem Dunstkreis satt Euch weiden.
FAUST. Können wir hin?
MEPHISTOPHELES. Es ist noch zu früh.
FAUST. Sorg du mir für ein Geschenk für sie. *(Ab.)*
MEPHISTOPHELES.
Gleich schenken? Das ist brav! Da wird er reüssieren!
Ich kenne manchen schönen Platz
Und manchen altvergrabnen Schatz;
Ich muss ein bisschen revidieren. *(Ab.)*

Abend

Ein kleines reinliches Zimmer
MARGARETE *ihre Zöpfe flechtend und aufbindend.*

MARGARETE. Ich gäb was drum, wenn ich nur wüsst
Wer heut der Herr gewesen ist!
Er sah gewiss recht wacker aus,
Und ist aus einem edlen Haus;
Das konnt ich ihm an der Stirne lesen –
Er wär auch sonst nicht so keck gewesen. *(Ab.)*
Mephistopheles. Faust.
MEPHISTOPHELES.
Herein, ganz leise, nur herein!
FAUST *(nach einigem Stillschweigen).*
Ich bitte dich, lass mich allein!
mephistopheles (herumspürend).
Nicht jedes Mädchen hält so rein. *(Ab.)*
FAUST *(rings aufschauend).*
Willkommen süßer Dämmerschein!

Der du dies Heiligtum durchwebst.
Ergreif mein Herz, du süße Liebespein!
Die du vom Tau der Hoffnung schmachtend lebst.
Wie atmet rings Gefühl der Stille,
Der Ordnung, der Zufriedenheit!
In dieser Armut welche Fülle!
In diesem Kerker welche Seligkeit!
(Er wirft sich auf den ledernen Sessel am Bette.)
O nimm mich auf! der du die Vorwelt schon
Bei Freud und Schmerz im offnen Arm empfangen!
Wie oft, ach! hat an diesem Väter-Thron
Schon eine Schar von Kindern rings gehangen!
Vielleicht hat, dankbar für den heil'gen Christ,
Mein Liebchen hier, mit vollen Kinderwangen,
Dem Ahnherrn fromm die welke Hand geküsst.
Ich fühl, o Mädchen, deinen Geist
Der Füll und Ordnung um mich säuseln,
Der mütterlich dich täglich unterweist,
Den Teppich auf den Tisch dich reinlich breiten heißt,
Sogar den Sand zu deinen Füßen kräuseln.
O liebe Hand! so göttergleich!
Die Hütte wird durch dich ein Himmelreich.
Und hier!
(Er hebt einen Bettvorhang auf.)
Was fasst mich für ein Wonnegraus!
Hier möcht ich volle Stunden säumen.
Natur! Hier bildetest in leichten Träumen
Den eingebornen Engel aus;
Hier lag das Kind! mit warmem Leben
Den zarten Busen angefüllt,
Und hier mit heilig reinem Weben
Entwirkte sich das Götterbild!

Und du! Was hat dich hergeführt?
Wie innig fühl ich mich gerührt!
Was willst du hier? Was wird das Herz dir schwer?

Armsel'ger Faust! ich kenne dich nicht mehr.

Umgibt mich hier ein Zauberduft?
Mich drang's so grade zu genießen,
Und fühle mich in Liebestraum zerfließen!
Sind wir ein Spiel von jedem Druck der Luft?

Und träte sie den Augenblick herein,
Wie würdest du für deinen Frevel büßen!
Der große Hans, ach wie so klein!
Läg, hingeschmolzen, ihr zu Füßen.

MEPHISTOPHELES
(kommt).
Geschwind! ich seh sie unten kommen.
FAUST.
Fort! Fort! Ich kehre nimmermehr!
MEPHISTOPHELES.
Hier ist ein Kästchen leidlich schwer,
Ich hab's woanders hergenommen.
Stellt's hier nur immer in den Schrein,
Ich schwör Euch, ihr vergehn die Sinnen;
Ich tat Euch Sächelchen hinein,
Um eine andre zu gewinnen.
Zwar Kind ist Kind und Spiel ist Spiel.
FAUST. Ich weiß nicht soll ich?
MEPHISTOPHELES. Fragt Ihr viel?
Meint Ihr vielleicht den Schatz zu wahren?
Dann rat ich Eurer Lüsternheit,
Die liebe schöne Tageszeit
Und mir die weitre Müh zu sparen.
Ich hoff nicht dass Ihr geizig seid!
Ich kratz den Kopf, reib an den Händen –
(Er stellt das Kästchen in den Schrein und drückt das Schloss wieder zu.) Nur fort! geschwind! –
Um Euch das süße junge Kind

Nach Herzens Wunsch und Will' zu wenden;
Und Ihr seht drein,
Als solltet Ihr in den Hörsaal hinein,
Als stünden grau leibhaftig vor Euch da
Physik und Metaphysika!
Nur fort! – *(Ab.)*

MARGARETE
mit einer Lampe.

MARGARETE. Es ist so schwül, so dumpfig hie
(sie macht das Fenster auf)
Und ist doch eben so warm nicht drauß'.
Es wird mir so, ich weiß nicht wie –
Ich wollt', die Mutter käm nach Haus.
Mir läuft ein Schauer übern ganzen Leib –
Bin doch ein töricht furchtsam Weib!
(Sie fängt an zu singen, indem sie sich auszieht.)

Es war ein König in Thule
Gar treu bis an das Grab,
Dem sterbend seine Buhle
Einen goldnen Becher gab.

Es ging ihm nichts darüber,
Er leert ihn jeden Schmaus;
Die Augen gingen ihm über,
So oft er trank daraus.

Und als er kam zu sterben,
Zählt' er seine Städt im Reich,
Gönnt' alles seinem Erben,
Den Becher nicht zugleich.

Er saß beim Königsmahle,
Die Ritter um ihn her,
Auf hohem Väter-Saale,
Dort auf dem Schloss am Meer.

Dort stand der alte Zecher,
Trank letzte Lebensglut,
Und warf den heiligen Becher
Hinunter in die Flut.

Er sah ihn stürzen, trinken
Und sinken tief ins Meer,
Die Augen täten ihm sinken,
Trank nie einen Tropfen mehr.

(Sie eröffnet den Schrein, ihre Kleider einzuräumen, und erblickt das Schmuckkästchen.)
Wie kommt das schöne Kästchen hier herein?
Ich schloss doch ganz gewiss den Schrein.
Es ist doch wunderbar! Was mag wohl drinne sein?
Vielleicht bracht's jemand als ein Pfand,
Und meine Mutter lieh darauf.
Da hängt ein Schlüsselchen am Band,
Ich denke wohl ich mach es auf!
Was ist das? Gott im Himmel! Schau,
So was hab ich mein' Tage nicht gesehn!
Ein Schmuck! Mit dem könnt eine Edelfrau
Am höchsten Feiertage gehn.
Wie sollte mir die Kette stehn?
Wem mag die Herrlichkeit gehören?
(Sie putzt sich damit auf und tritt vor den Spiegel.)
Wenn nur die Ohrring' meine wären!
Man sieht doch gleich ganz anders drein.
Was hilft euch Schönheit, junges Blut?
Das ist wohl alles schön und gut,
Allein man lässt's auch alles sein;
Man lobt euch halb mit Erbarmen.
Nach Golde drängt,
Am Golde hängt
Doch Alles. Ach wir Armen!

Spaziergang

FAUST *in Gedanken auf und ab gehend.*
Zu ihm mephistopheles.

MEPHISTOPHELES.
Bei aller verschmähten Liebe! Beim höllischen Elemente!
Ich wollt' ich wüsste was Ärgers, dass ich's fluchen könnte!
FAUST. Was hast? was kneipt dich denn so sehr?
So kein Gesicht sah ich in meinem Leben!
MEPHISTOPHELES.
Ich möcht mich gleich dem Teufel übergeben,
Wenn ich nur selbst kein Teufel wär!
FAUST. Hat sich dir was im Kopf verschoben?
Dich kleidet's, wie ein Rasender zu toben!
MEPHISTOPHELES.
Denkt nur, den Schmuck für Gretchen angeschafft,
Den hat ein Pfaff hinweggerafft! –
Die Mutter kriegt das Ding zu schauen,
Gleich fängt's ihr heimlich an zu grauen:
Die Frau hat gar einen feinen Geruch,
Schnuffelt immer im Gebetbuch,
Und riecht's einem jeden Möbel an,
Ob das Ding heilig ist oder profan;
Und an dem Schmuck da spürt sie's klar,
Dass dabei nicht viel Segen war.
Mein Kind, rief sie, ungerechtes Gut
Befängt die Seele, zehrt auf das Blut.
Wollen's der Mutter Gottes weihen,
Wird uns mit Himmels-Manna erfreuen!
Margretlein zog ein schiefes Maul,
Ist halt, dacht sie, ein geschenkter Gaul,
Und wahrlich! gottlos ist nicht der,
Der ihn so fein gebracht hierher.
Die Mutter ließ einen Pfaffen kommen;
Der hatte kaum den Spaß vernommen,

Ließ sich den Anblick wohl behagen.
Er sprach: So ist man recht gesinnt!
Wer überwindet der gewinnt.
Die Kirche hat einen guten Magen,
Hat ganze Länder aufgefressen,
Und doch noch nie sich übergessen;
Die Kirch allein, meine lieben Frauen,
Kann ungerechtes Gut verdauen.
FAUST. Das ist ein allgemeiner Brauch,
Ein Jud und König kann es auch.
MEPHISTOPHELES. Strich drauf ein Spange, Kett' und Ring',
Als wären's eben Pfifferling',
Dankt' nicht weniger und nicht mehr,
Als ob's ein Korb voll Nüsse war,
Versprach ihnen allen himmlischen Lohn –
Und sie waren sehr erbaut davon.
FAUST. Und Gretchen?
MEPHISTOPHELES. Sitzt nun unruhvoll,
Weiß weder was sie will noch soll,
Denkt ans Geschmeide Tag und Nacht,
Noch mehr an den der's ihr gebracht.
FAUST. Des Liebchens Kummer tut mir leid.
Schaff du ihr gleich ein neu Geschmeid!
Am ersten war ja so nicht viel.
MEPHISTOPHELES. O ja, dem Herrn ist Alles Kinderspiel!
FAUST. Und mach, und richt's nach meinem Sinn
Häng dich an ihre Nachbarin.
Sei Teufel doch nur nicht wie Brei.
Und schaff einen neuen Schmuck herbei!
MEPHISTOPHELES.
Ja, gnäd'ger Herr, von Herzen gerne.
(Faust ab.)
So ein verliebter Tor verpufft
Euch Sonne, Mond und alle Sterne
Zum Zeitvertreib dem Liebchen in die Luft. (Ab.)

Der Nachbarin Haus

MARTHE
allein.
MARTHE. Gott verzeih's meinem lieben Mann,
Er hat an mir nicht wohl getan!
Geht da stracks in die Welt hinein,
Und lässt mich auf dem Stroh allein.
Tät ihn doch wahrlich nicht betrüben,
Tät ihn, weiß Gott, recht herzlich lieben.
(Sie weint.)
Vielleicht ist er gar tot! – O Pein! –
Hätt ich nur einen Totenschein!
Margarete kommt.
MARGARETE. Frau Marthe!
MARTHE. Gretelchen, was soll's?
MARGARETE. Fast sinken mir die Kniee nieder!
Da find ich so ein Kästchen wieder
In meinem Schrein, von Ebenholz,
Und Sachen herrlich ganz und gar,
Weit reicher als das erste war.
MARTHE. Das muss Sie nicht der Mutter sagen;
Tät's wieder gleich zur Beichte tragen.
MARGARETE. Ach seh' Sie nur! ach schau' Sie nur!
MARTHE
(putzt sie auf).
O du glücksel'ge Kreatur!
MARGARETE. Darf mich, leider, nicht auf der Gassen,
Noch in der Kirche mit sehen lassen.
MARTHE. Komm du nur oft zu mir herüber,
Und leg den Schmuck hier heimlich an;
Spazier ein Stündchen lang dem Spiegelglas vorüber,
Wir haben unsre Freude dran;
Und dann gibt's einen Anlass, gibt's ein Fest,
Wo man's so nach und nach den Leuten sehen lässt.
Ein Kettchen erst, die Perle dann ins Ohr;

Die Mutter sieht's wohl nicht, man macht ihr auch was vor.
MARGARETE. Wer konnte nur die beiden Kästchen bringen?
Es geht nicht zu mit rechten Dingen!
(Es klopft.)
Ach Gott! mag das meine Mutter sein?
MARTHE
(durchs Vorhängel guckend).
Es ist ein fremder Herr – Herein!
MEPHISTOPHELES
tritt auf.
MEPHISTOPHELES. Bin so frei grad hereinzutreten,
Muss bei den Frauen Verzeihn erbeten.
(Tritt ehrerbietig vor Margareten zurück.)
Wollte nach Frau Marthe Schwerdtlein fragen!
MARTHE. Ich bin's, was hat der Herr zu sagen?
mephistopheles
(leise zu ihr).
Ich kenne Sie jetzt, mir ist das genug;
Sie hat da gar vornehmen Besuch.
Verzeiht die Freiheit die ich genommen,
Will Nachmittage wieder kommen.
MARTHE
(laut).
Denk, Kind, um alles in der Welt!
Der Herr dich für ein Fräulein hält.
MARGARETE. Ich bin ein armes junges Blut;
Ach Gott! der Herr ist gar zu gut:
Schmuck und Geschmeide sind nicht mein.
MEPHISTOPHELES.
Ach, es ist nicht der Schmuck allein;
Sie hat ein Wesen, einen Blick so scharf!
Wie freut mich's dass ich bleiben darf.
MARTHE. Was bringt Er denn? Verlange sehr –
MEPHISTOPHELES.
Ich wollt' ich hätt eine frohere Mär!

Ich hoffe Sie lässt mich's drum nicht büßen:
Ihr Mann ist tot und lässt Sie grüßen.
MARTHE. Ist tot? das treue Herz! O weh!
Mein Mann ist tot! Ach ich vergeh!
MARGARETE. Ach! liebe Frau, verzweifelt nicht!
MEPHISTOPHELES. So hört die traurige Geschicht!
MARGARETE. Ich möchte drum mein' Tag' nicht lieben,
Würde mich Verlust zu Tode betrüben.
MEPHISTOPHELES.
Freud muss Leid, Leid muss Freude haben.
MARTHE. Erzählt mir seines Lebens Schluss!
MEPHISTOPHELES. Er liegt in Padua begraben
Beim heiligen Antonius,
An einer wohlgeweihten Stätte
Zum ewig kühlen Ruhebette.
MARTHE. Habt Ihr sonst nichts an mich zu bringen?
MEPHISTOPHELES. Ja, eine Bitte, groß und schwer;
Lass' Sie doch ja für ihn dreihundert Messen singen!
Im Übrigen sind meine Taschen leer.
MARTHE. Was! Nicht ein Schaustück? Kein Geschmeid?
Was jeder Handwerksbursch im Grund des Säckels spart,
Zum Angedenken aufbewahrt,
Und lieber hungert, lieber bettelt!
MEPHISTOPHELES. Madam, es tut mir herzlich leid;
Allein er hat sein Geld wahrhaftig nicht verzettelt.
Auch er bereute seine Fehler sehr,
Ja, und bejammerte sein Unglück noch viel mehr.
MARGARETE. Ach! dass die Menschen so unglücklich sind!
Gewiss ich will für ihn manch Requiem noch beten.
MEPHISTOPHELES.
Ihr wäret wert, gleich in die Eh' zu treten:
Ihr seid ein liebenswürdig Kind.
MARGARETE. Ach nein, das geht jetzt noch nicht an.
MEPHISTOPHELES.
Ist's nicht ein Mann, sei's derweil ein Galan.
's ist eine der größten Himmelsgaben,

So ein lieb Ding im Arm zu haben.
MARGARETE. Das ist des Landes nicht der Brauch.
MEPHISTOPHELES. Brauch oder nicht! Es gibt sich auch.
MARTHE. Erzählt mir doch!
MEPHISTOPHELES. Ich stand an seinem Sterbebette,
Es war was besser als von Mist,
Von halbgefaultem Stroh; allein er starb als Christ,
Und fand dass er weit mehr noch auf der Zeche hätte.
Wie, rief er, muss ich mich von Grund aus hassen,
So mein Gewerb, mein Weib so zu verlassen!
Ach! die Erinnrung tötet mich.
Vergäb sie mir nur noch in diesem Leben! –
MARTHE
(weinend).
Der gute Mann! ich hab ihm längst vergeben.
MEPHISTOPHELES.
Allein, weiß Gott! sie war mehr schuld als ich.
MARTHE. Das lügt er! Was! am Rand des Grabs zu lügen!
MEPHISTOPHELES. Er fabelte gewiss in letzten Zügen,
Wenn ich nur halb ein Kenner bin.
Ich hatte, sprach er, nicht zum Zeitvertreib zu gaffen,
Erst Kinder, und dann Brot für sie zu schaffen,
Und Brot im allerweitsten Sinn,
Und konnte nicht einmal mein Teil in Frieden essen.
MARTHE. Hat er so aller Treu, so aller Lieb vergessen,
Der Plackerei bei Tag und Nacht!
MEPHISTOPHELES.
Nicht doch, er hat Euch herzlich dran gedacht.
Er sprach: Als ich nun weg von Malta ging,
Da betet' ich für Frau und Kinder brünstig;
Uns war denn auch der Himmel günstig,
Dass unser Schiff ein türkisch Fahrzeug fing,
Das einen Schatz des großen Sultans führte.
Da ward der Tapferkeit ihr Lohn,
Und ich empfing denn auch, wie sich's gebührte,
Mein wohlgemessnes Teil davon.

MARTHE. Ei wie? Ei wo? Hat er's vielleicht vergraben?
MEPHISTOPHELES.
Wer weiß, wo nun es die vier Winde haben.
Ein schönes Fräulein nahm sich seiner an,
Als er in Napel fremd umher spazierte;
Sie hat an ihm viel Liebs und Treus getan,
Dass er's bis an sein selig Ende spürte.
MARTHE. Der Schelm! der Dieb an seinen Kindern!
Auch alles Elend, alle Not
Konnt nicht sein schändlich Leben hindern!
MEPHISTOPHELES. Ja seht! dafür ist er nun tot.
Wär ich nun jetzt an Eurem Platze,
Betraurt' ich ihn ein züchtig Jahr.
Visierte dann unterweil nach einem neuen Schatze.
MARTHE. Ach Gott! wie doch mein erster war,
Find ich nicht leicht auf dieser Welt den andern!
Es konnte kaum ein herziger Närrchen sein.
Er liebte nur das allzu viele Wandern;
Und fremde Weiber, und fremden Wein,
Und das verfluchte Würfelspiel.
MEPHISTOPHELES.
Nun, nun, so konnt es gehn und stehen,
Wenn er Euch ungefähr so viel
Von seiner Seite nachgesehen.
Ich schwör Euch zu, mit dem Beding
Wechselt' ich selbst mit Euch den Ring!
MARTHE. O es beliebt dem Herrn zu scherzen!
MEPHISTOPHELES
(für sich).
Nun mach ich mich beizeiten fort!
Die hielte wohl den Teufel selbst beim Wort.
(Zu GRETCHEN.*)*
Wie steht es denn mit Ihrem Herzen?
MARGARETE. Was meint der Herr damit?
mephistopheles
(für sich). Du guts, unschuldigs Kind!

(Laut.) Lebt wohl ihr Fraun!
MARGARETE. Lebt wohl!
MARTHE. O sagt mir doch geschwind!
Ich möchte gern ein Zeugnis haben,
Wo, wie und wann mein Schatz gestorben und begraben.
Ich bin von je der Ordnung Freund gewesen,
Möcht ihn auch tot im Wochenblättchen lesen.
MEPHISTOPHELES. Ja, gute Frau, durch zweier Zeugen Mund
Wird allerwegs die Wahrheit kund;
Habe noch gar einen feinen Gesellen,
Den will ich Euch vor den Richter stellen.
Ich bring ihn her.
MARTHE. O tut das ja!
MEPHISTOPHELES. Und hier die Jungfrau ist auch da? –
Ein braver Knab! ist viel gereist,
Fräuleins alle Höflichkeit erweist.
MARGARETE. Müsste vor dem Herren schamrot werden.
MEPHISTOPHELES. Vor keinem Könige der Erden.
MARTHE. Da hinterm Haus in meinem Garten
Wollen wir der Herrn heut Abend warten.

Straße

FAUST. MEPHISTOPHELES.

FAUST. Wie ist's? Will's fördern? Will's bald gehn?
MEPHISTOPHELES. Ah bravo! Find ich Euch in Feuer?
In kurzer Zeit ist Gretchen Euer.
Heut Abend sollt Ihr sie bei Nachbar' Marthen sehn:
Das ist ein Weib wie auserlesen
Zum Kuppler- und Zigeunerwesen!
FAUST. So recht!
MEPHISTOPHELES. Doch wird auch was von uns begehrt.
FAUST. Ein Dienst ist wohl des andern wert.
MEPHISTOPHELES.

Wir legen nur ein gültig Zeugnis nieder,
Dass ihres Ehherrn ausgereckte Glieder
In Padua an heil'ger Stätte ruhn.
FAUST.
Sehr klug! Wir werden erst die Reise machen müssen!
MEPHISTOPHELES.
Sancta Simplicitas! darum ist's nicht zu tun;
Bezeugt nur ohne viel zu wissen.
FAUST.
Wenn Er nichts Bessers hat, so ist der Plan zerrissen.
MEPHISTOPHELES.
O heil'ger Mann! Da wärt Ihr's nun!
Ist es das erste Mal in Eurem Leben,
Dass Ihr falsch Zeugnis abgelegt?
Habt Ihr von Gott, der Welt und was sich drin bewegt,
Vom Menschen, was sich ihm in Kopf und Herzen regt,
Definitionen nicht mit großer Kraft gegeben?
Mit frecher Stirne, kühner Brust?
Und wollt Ihr recht ins Innre gehen,
Habt Ihr davon, Ihr müsst es grad gestehen,
So viel als von Herrn Schwerdtleins Tod gewusst!
FAUST. Du bist und bleibst ein Lügner, ein Sophiste.
MEPHISTOPHELES.
Ja, wenn man's nicht ein bisschen tiefer wüsste.
Denn morgen wirst, in allen Ehren,
Das arme Gretchen nicht betören,
Und alle Seelenlieb ihr schwören?
FAUST. Und zwar von Herzen.
MEPHISTOPHELES. Gut und schön!
Dann wird von ewiger Treu und Liebe,
Von einzig überallmächt'gem Triebe –
Wird das auch so von Herzen gehn?
FAUST. Lass das! Es wird! – Wenn ich empfinde,
Für das Gefühl, für das Gewühl
Nach Namen suche, keinen finde,
Dann durch die Welt mit allen Sinnen schweife,

Nach allen höchsten Worten greife,
Und diese Glut, von der ich brenne,
Unendlich, ewig, ewig nenne,
Ist das ein teuflisch Lügenspiel?
MEPHISTOPHELES. Ich hab doch Recht!
FAUST. Hör! merk dir dies –
Ich bitte dich, und schone meine Lunge –
Wer Recht behalten will und hat nur eine Zunge,
Behält's gewiss.
Und komm, ich hab des Schwätzens Überdruss,
Denn du hast Recht, vorzüglich weil ich muss.

Garten

MARGARETE *an Faustens Arm.*
MARTHE *mit* MEPHISTOPHELES *auf und ab spazierend.*

MARGARETE. Ich fühl es wohl, dass mich der Herr nur schont,
Herab sich lässt, mich zu beschämen.
Ein Reisender ist so gewohnt
Aus Gütigkeit fürlieb zu nehmen;
Ich weiß zu gut, dass solch erfahrnen Mann
Mein arm Gespräch nicht unterhalten kann.
FAUST. Ein Blick von dir, Ein Wort mehr unterhält,
Als alle Weisheit dieser Welt. *(Er küsst ihre Hand.)*
MARGARETE.
Inkommodiert Euch nicht! Wie könnt Ihr sie nur küssen?
Sie ist so garstig, ist so rauh!
Was hab ich nicht schon alles schaffen müssen!
Die Mutter ist gar zu genau. *(Gehn vorüber.)*
MARTHE.
Und Ihr, mein Herr, Ihr reist so immer fort?
MEPHISTOPHELES.
Ach, dass Gewerb und Pflicht uns dazu treiben!
Mit wie viel Schmerz verlässt man manchen Ort,

Und darf doch nun einmal nicht bleiben!
MARTHE. In raschen Jahren geht's wohl an,
So um und um frei durch die Welt zu streifen;
Doch kömmt die böse Zeit heran,
Und sich als Hagestolz allein zum Grab zu schleifen,
Das hat noch Keinem wohl getan.
MEPHISTOPHELES. Mit Grausen seh ich das von weiten.
MARTHE. Drum, werter Herr, beratet Euch in Zeiten.
(Gehn vorüber.)
MARGARETE. Ja, aus den Augen aus dem Sinn!
Die Höflichkeit ist Euch geläufig;
Allein Ihr habt der Freunde häufig,
Sie sind verständiger als ich bin.
FAUST. O Beste! glaube, was man so verständig nennt,
Ist oft mehr Eitelkeit und Kurzsinn.
MARGARETE. Wie?
FAUST. Ach, dass die Einfalt, dass die Unschuld nie
Sich selbst und ihren heil'gen Wert erkennt!
Dass Demut, Niedrigkeit, die höchsten Gaben
Der liebevoll austeilenden Natur –
MARGARETE.
Denkt Ihr an mich ein Augenblickchen nur,
Ich werde Zeit genug an Euch zu denken haben.
FAUST. Ihr seid wohl viel allein?
MARGARETE. Ja, unsre Wirtschaft ist nur klein,
Und doch will sie versehen sein.
Wir haben keine Magd; muss kochen, fegen, stricken
Und nähn, und laufen früh und spat;
Und meine Mutter ist in allen Stücken
So akkurat!
Nicht dass sie just so sehr sich einzuschränken hat;
Wir könnten uns weit eh'r als andre regen:
Mein Vater hinterließ ein hübsch Vermögen,
Ein Häuschen und ein Gärtchen vor der Stadt
Doch hab ich jetzt so ziemlich stille Tage;
Mein Bruder ist Soldat,

Mein Schwesterchen ist tot.
Ich hatte mit dem Kind wohl meine liebe Not;
Doch übernähm ich gern noch einmal alle Plage,
So lieb war mir das Kind.
FAUST. Ein Engel, wenn dir's glich.
MARGARETE. Ich zog es auf, und herzlich liebt' es mich.
Es war nach meines Vaters Tod geboren,
Die Mutter gaben wir verloren,
So elend wie sie damals lag,
Und sie erholte sich sehr langsam, nach und nach.
Da konnte sie nun nicht dran denken
Das arme Würmchen selbst zu tränken,
Und so erzog ich's ganz allein,
Mit Milch und Wasser; so ward's mein.
Auf meinem Arm, in meinem Schoß
War's freundlich, zappelte, ward groß.
FAUST. Du hast gewiss das reinste Glück empfunden.
MARGARETE.
Doch auch gewiss gar manche schwere Stunden.
Des Kleinen Wiege stand zu Nacht
An meinem Bett, es durfte kaum sich regen,
War ich erwacht;
Bald musst ich's tränken, bald es zu mir legen,
Bald, wenn's nicht schwieg, vom Bett aufstehn,
Und tänzelnd in der Kammer auf und nieder gehn,
Und früh am Tage schon am Waschtrog stehn;
Dann auf dem Markt und an dem Herde sorgen,
Und immer fort wie heut so morgen.
Da geht's, mein Herr, nicht immer mutig zu;
Doch schmeckt dafür das Essen, schmeckt die Ruh.
(Gehn vorüber.)
MARTHE. Die armen Weiber sind doch übel dran:
Ein Hagestolz ist schwerlich zu bekehren.
MEPHISTOPHELES. Es käme nur auf Euresgleichen an,
Mich eines Bessern zu belehren.
MARTHE.

Sagt grad, mein Herr, habt Ihr noch nichts gefunden?
Hat sich das Herz nicht irgendwo gebunden?
MEPHISTOPHELES.
Das Sprichwort sagt: Ein eigner Herd,
Ein braves Weib, sind Gold und Perlen wert.
MARTHE. Ich meine, ob Ihr niemals Lust bekommen?
MEPHISTOPHELES.
Man hat mich überall recht höflich aufgenommen.
MARTHE.
Ich wollte sagen: ward's nie Ernst in Eurem Herzen?
MEPHISTOPHELES.
Mit Frauen soll man sich nie unterstehn zu scherzen.
MARTHE. Ach, Ihr versteht mich nicht!
MEPHISTOPHELES. Das tut mir herzlich leid!
Doch ich versteh – dass Ihr sehr gütig seid.
(Gehn vorüber.)
FAUST. Du kanntest mich, o kleiner Engel, wieder,
Gleich als ich in den Garten kam?
MARGARETE. Saht Ihr es nicht? ich schlug die Augen nieder.
FAUST. Und du verzeihst die Freiheit, die ich nahm,
Was sich die Frechheit unterfangen,
Als du jüngst aus dem Dom gegangen?
MARGARETE.
Ich war bestürzt, mir war das nie geschehn;
Es konnte niemand von mir Übels sagen.
Ach, dacht ich, hat er in deinem Betragen
Was Freches, Unanständiges gesehn?
Es schien ihn gleich nur anzuwandeln,
Mit dieser Dirne grade hin zu handeln.
Gesteh' ich's doch! Ich wusste nicht was sich
Zu Eurem Vorteil hier zu regen gleich begonnte;
Allein gewiss, ich war recht bös auf mich,
Dass ich auf Euch nicht böser werden konnte.
FAUST. Süß Liebchen!
MARGARETE. Lasst einmal!

(Sie pflückt eine Sternblume und zupft die Blätter ab, eins nach dem andern.)

FAUST. Was soll das? Einen Strauß!

MARGARETE.
Nein, es soll nur ein Spiel.

FAUST. Wie?

MARGARETE. Geht! Ihr lacht mich aus.
(Sie rupft und murmelt.)

FAUST. Was murmelst du?

MARGARETE
(halblaut). Er liebt mich – liebt mich nicht.

FAUST. Du holdes Himmels-Angesicht!

MARGARETE
(fährt fort).
Liebt mich – Nicht – Liebt mich – Nicht –
(Das letzte Blatt ausrupfend, mit holder Freude.)
Er liebt mich!

FAUST. Ja, mein Kind! Lass dieses Blumenwort
Dir Götter-Ausspruch sein. Er liebt dich!
Verstehst du, was das heißt? Er liebt dich!
(Er fasst ihre beiden Hände.)

MARGARETE. Mich überläuft's!

FAUST. O schaudre nicht! Lass diesen Blick,
Lass diesen Händedruck dir sagen,
Was unaussprechlich ist:
Sich hinzugeben ganz und eine Wonne
Zu fühlen, die ewig sein muss!
Ewig! – Ihr Ende würde Verzweiflung sein.
Nein, kein Ende! Kein Ende!

MARGARETE
(drückt ihm die Hände, macht sich los und läuft weg. Er steht einen Augenblick in Gedanken, dann folgt er ihr).

MARTHE
(kommend). Die Nacht bricht an.

MEPHISTOPHELES. Ja, und wir wollen fort.

MARTHE. Ich bät Euch länger hier zu bleiben,

Allein es ist ein gar zu böser Ort.
Es ist als hätte niemand nichts zu treiben
Und nichts zu schaffen,
Als auf des Nachbarn Schritt und Tritt zu gaffen,
Und man kommt ins Gered, wie man sich immer stellt.
Und unser Pärchen?
MEPHISTOPHELES. Ist den Gang dort aufgeflogen.
Mutwill'ge Sommervögel!
MARTHE. Er scheint ihr gewogen.
MEPHISTOPHELES.
Und sie ihm auch. Das ist der Lauf der Welt.

Ein Gartenhäuschen

MARGARETE *springt herein, steckt sich hinter die Tür, hält die Fingerspitze an die Lippen, und guckt durch die Ritze.*
MARGARETE. Er kommt!
FAUST
kommt.
FAUST. Ach Schelm, so neckst du mich!
Treff ich dich! *(Er küsst sie.)*
MARGARETE
(ihn fassend und den Kuss zurückgebend).
Bester Mann! von Herzen lieb ich dich!
MEPHISTOPHELES klopft an.
FAUST
(stampfend).
Wer da?
MEPHISTOPHELES.
Gut Freund!
FAUST. Ein Tier!
MEPHISTOPHELES. Es ist wohl Zeit zu scheiden.
MARTHE kommt.
MARTHE. Ja, es ist spät, mein Herr.
FAUST. Darf ich Euch nicht geleiten?
MARGARETE.

Die Mutter würde mich – Lebt wohl!
FAUST. Muss ich denn gehn?
Lebt wohl!
MARTHE. Ade!
MARGARETE. Auf baldig Wiedersehn!
(Faust und Mephistopheles ab.)
MARGARETE. Du lieber Gott! was so ein Mann
Nicht alles alles denken kann!
Beschämt nur steh ich vor ihm da,
Und sag zu allen Sachen ja.
Bin doch ein arm unwissend Kind,
Begreife nicht was er an mir find't. *(Ab.)*

Wald und Höhle

FAUST
allein.

FAUST. Erhabner Geist, du gabst mir, gabst mir alles,
Warum ich bat. Du hast mir nicht umsonst
Dein Angesicht im Feuer zugewendet.
Gabst mir die herrliche Natur zum Königreich,
Kraft, sie zu fühlen, zu genießen. Nicht
Kalt staunenden Besuch erlaubst du nur,
Vergönnest mir in ihre tiefe Brust
Wie in den Busen eines Freunds zu schauen.
Du führst die Reihe der Lebendigen
Vor mir vorbei, und lehrst mich meine Brüder
Im stillen Busch, in Luft und Wasser kennen.
Und wenn der Sturm im Walde braust und knarrt,
Die Riesenfichte stürzend Nachbaräste
Und Nachbarstämme quetschend niederstreift,
Und ihrem Fall dumpf hohl der Hügel donnert;
Dann führst du mich zur sichern Höhle, zeigst
Mich dann mir selbst, und meiner eignen Brust
Geheime tiefe Wunder öffnen sich.

Und steigt vor meinem Blick der reine Mond
Besänftigend herüber; schweben mir
Von Felsenwänden, aus dem feuchten Busch,
Der Vorwelt silberne Gestalten auf,
Und lindern der Betrachtung strenge Lust.
O dass dem Menschen nichts Vollkommnes wird,
Empfind ich nun. Du gabst zu dieser Wonne,
Die mich den Göttern nah und näher bringt,
Mir den Gefährten, den ich schon nicht mehr
Entbehren kann, wenn er gleich, kalt und frech,
Mich vor mir selbst erniedrigt, und zu Nichts,
Mit einem Worthauch, deine Gaben wandelt.
Er facht in meiner Brust ein wildes Feuer
Nach jenem schönen Bild geschäftig an.
So tauml' ich von Begierde zu Genuss,
Und im Genuss verschmacht ich nach Begierde.

MEPHISTOPHELES
tritt auf.

MEPHISTOPHELES. Habt Ihr nun bald das Leben g'nug geführt?
Wie kann's Euch in die Länge freuen?
Es ist wohl gut, dass man's einmal probiert;
Dann aber wieder zu was Neuen!

FAUST. Ich wollt', du hättest mehr zu tun,
Als mich am guten Tag zu plagen.

MEPHISTOPHELES. Nun nun! ich lass dich gerne ruhn,
Du darfst mir's nicht im Ernste sagen.
An dir Gesellen unhold, barsch und toll,
Ist wahrlich wenig zu verlieren.
Den ganzen Tag hat man die Hände voll!
Was ihm gefällt und was man lassen soll,
Kann man dem Herrn nie an der Nase spüren.

FAUST. Das ist so just der rechte Ton!
Er will noch Dank, dass er mich ennuyiert.

MEPHISTOPHELES. Wie hättst du, armer Erdensohn,
Dein Leben ohne mich geführt?

Vom Kribskrabs der Imagination
Hab ich dich doch auf Zeiten lang kuriert;
Und war ich nicht, so wärst du schon
Von diesem Erdball abspaziert.
Was hast du da in Höhlen, Felsenritzen
Dich wie ein Schuhu zu versitzen?
Was schlurfst aus dumpfem Moos und triefendem Gestein,
Wie eine Kröte, Nahrung ein?
Ein schöner, süßer Zeitvertreib!
Dir steckt der Doktor noch im Leib.
FAUST. Verstehst du, was für neue Lebenskraft
Mir dieser Wandel in der Öde schafft?
Ja, würdest du es ahnen können,
Du wärest Teufel g'nug mein Glück mir nicht zu gönnen.
MEPHISTOPHELES. Ein überirdisches Vergnügen!
In Nacht und Tau auf den Gebirgen liegen,
Und Erd und Himmel wonniglich umfassen,
Zu einer Gottheit sich aufschwellen lassen,
Der Erde Mark mit Ahnungsdrang durchwühlen,
Alle sechs Tagewerk im Busen fühlen,
In stolzer Kraft ich weiß nicht was genießen,
Bald liebewonniglich in alles überfließen,
Verschwunden ganz der Erdensohn,
Und dann die hohe Intuition – *(mit einer Gebärde)*
Ich darf nicht sagen wie – zu schließen.
FAUST. Pfui über dich!
MEPHISTOPHELES. Das will Euch nicht behagen;
Ihr habt das Recht gesittet pfui zu sagen.
Man darf das nicht vor keuschen Ohren nennen,
Was keusche Herzen nicht entbehren können.
Und kurz und gut, ich gönn Ihm das Vergnügen,
Gelegentlich sich etwas vorzulügen;
Doch lange hält Er das nicht aus.
Du bist schon wieder abgetrieben,
Und, währt es länger, aufgerieben
In Tollheit oder Angst und Graus.

Genug damit! Dein Liebchen sitzt dadrinne,
Und alles wird ihr eng und trüb.
Du kommst ihr gar nicht aus dem Sinne,
Sie hat dich übermächtig lieb.
Erst kam deine Liebeswut übergeflossen,
Wie vom geschmolznen Schnee ein Bächlein übersteigt;
Du hast sie ihr ins Herz gegossen;
Nun ist dein Bächlein wieder seicht.
Mich dünkt, anstatt in Wäldern zu thronen,
Ließ' es dem großen Herren gut,
Das arme affenjunge Blut
Für seine Liebe zu belohnen.
Die Zeit wird ihr erbärmlich lang;
Sie steht am Fenster, sieht die Wolken ziehn
Über die alte Stadtmauer hin.
Wenn ich ein Vöglein wär! so geht ihr Gesang
Tagelang, halbe Nächte lang.
Einmal ist sie munter, meist betrübt,
Einmal recht ausgeweint,
Dann wieder ruhig, wie's scheint,
Und immer verliebt.

FAUST. Schlange! Schlange!

MEPHISTOPHELES
(für sich).
Gelt! dass ich dich fange!

FAUST. Verruchter! hebe dich von hinnen,
Und nenne nicht das schöne Weib!
Bring die Begier zu ihrem süßen Leib
Nicht wieder vor die halb verrückten Sinnen!

MEPHISTOPHELES.
Was soll es denn? Sie meint, du seist entflohn,
Und halb und halb bist du es schon.

FAUST. Ich bin ihr nah, und wär ich noch so fern,
Ich kann sie nie vergessen, nie verlieren;
Ja, ich beneide schon den Leib des Herrn,
Wenn ihre Lippen ihn indes berühren.

MEPHISTOPHELES.
Gar wohl, mein Freund! Ich hab Euch oft beneidet
Ums Zwillingspaar, das unter Rosen weidet.
FAUST.
Entfliehe, Kuppler!
MEPHISTOPHELES.
Schön! Ihr schimpft und ich muss lachen.
Der Gott, der Bub und Mädchen schuf,
Erkannte gleich den edelsten Beruf,
Auch selbst Gelegenheit zu machen.
Nur fort, es ist ein großer Jammer!
Ihr sollt in Eures Liebchens Kammer,
Nicht etwa in den Tod.
FAUST. Was ist die Himmelsfreud in ihren Armen?
Lass mich an ihrer Brust erwarmen!
Fühl ich nicht immer ihre Not?
Bin ich der Flüchtling nicht? der Unbehauste?
Der Unmensch ohne Zweck und Ruh?
Der wie ein Wassersturz von Fels zu Felsen brauste
Begierig wütend nach dem Abgrund zu.
Und seitwärts sie, mit kindlich dumpfen Sinnen,
Im Hüttchen auf dem kleinen Alpenfeld,
Und all ihr häusliches Beginnen
Umfangen in der kleinen Welt.
Und ich, der Gottverhasste,
Hatte nicht genug,
Dass ich die Felsen fasste
Und sie zu Trümmern schlug!
Sie, ihren Frieden musst ich untergraben!
Du, Hölle, musstest dieses Opfer haben!
Hilf, Teufel, mir die Zeit der Angst verkürzen!
Was muss geschehn, mag's gleich geschehn!
Mag ihr Geschick auf mich zusammenstürzen
Und sie mit mir zugrunde gehn.
MEPHISTOPHELES.
Wie's wieder siedet, wieder glüht!

Geh ein und tröste sie, du Tor!
Wo so ein Köpfchen keinen Ausgang sieht,
Stellt er sich gleich das Ende vor.
Es lebe wer sich tapfer hält!
Du bist doch sonst so ziemlich eingeteufelt.
Nichts Abgeschmackters find ich auf der Welt,
Als einen Teufel der verzweifelt.

Gretchens Stube

GRETCHEN
am Spinnrade allein.
Meine Ruh ist hin,
Mein Herz ist schwer;
Ich finde sie nimmer
Und nimmermehr.

Wo ich ihn nicht hab
Ist mir das Grab,
Die ganze Welt
Ist mir vergällt.

Mein armer Kopf
Ist mir verrückt,
Mein armer Sinn
Ist mir zerstückt.

Meine Ruh ist hin,
Mein Herz ist schwer;
Ich finde sie nimmer
Und nimmermehr.

Nach ihm nur schau ich
Zum Fenster hinaus,
Nach ihm nur geh ich
Aus dem Haus.

Sein hoher Gang,
Sein' edle Gestalt,
Seines Mundes Lächeln,
Seiner Augen Gewalt,

Und seiner Rede
Zauberfluss,
Sein Händedruck,
Und ach sein Kuss!

Meine Ruh ist hin,
Mein Herz ist schwer,
Ich finde sie nimmer
Und nimmermehr.

Mein Busen drängt
Sich nach ihm hin.
Ach dürft ich fassen
Und halten ihn!

Und küssen ihn
So wie ich wollt,
An seinen Küssen
Vergehen sollt!

Marthens Garten

MARGARETE. FAUST.

MARGARETE. Versprich mir, Heinrich!
FAUST. Was ich kann!
MARGARETE. Nun sag, wie hast du's mit der Religion?
Du bist ein herzlich guter Mann,
Allein ich glaub, du hältst nicht viel davon.
FAUST. Lass das, mein Kind! Du fühlst, ich bin dir gut;
Für meine Lieben ließ' ich Leib und Blut,

Will niemand sein Gefühl und seine Kirche rauben.
MARGARETE.
Das ist nicht recht, man muss dran glauben!
FAUST. Muss man?
MARGARETE. Ach! wenn ich etwas auf dich könnte!
Du ehrst auch nicht die heil'gen Sakramente.
FAUST. Ich ehre sie.
MARGARETE. Doch ohne Verlangen.
Zur Messe, zur Beichte bist du lange nicht gegangen.
Glaubst du an Gott?
FAUST. Mein Liebchen, wer darf sagen,
Ich glaub an Gott?
Magst Priester oder Weise fragen,
Und ihre Antwort scheint nur Spott
Über den Frager zu sein.
MARGARETE. So glaubst du nicht?
FAUST. Misshör mich nicht, du holdes Angesicht!
Wer darf ihn nennen?
Und wer bekennen:
Ich glaub ihn.
Wer empfinden
Und sich unterwinden
Zu sagen: ich glaub ihn nicht?
Der Allumfasser,
Der Allerhalter,
Fasst und erhält er nicht
Dich, mich, sich selbst?
Wölbt sich der Himmel nicht dadroben?
Liegt die Erde nicht hierunten fest?
Und steigen freundlich blickend
Ewige Sterne nicht herauf?
Schau ich nicht Auge in Auge dir,
Und drängt nicht alles
Nach Haupt und Herzen dir,
Und webt in ewigem Geheimnis
Unsichtbar sichtbar neben dir?

Erfüll davon dein Herz, so groß es ist,
Und wenn du ganz in dem Gefühle selig bist,
Nenn es dann wie du willst,
Nenn's Glück! Herz! Liebe! Gott!
Ich habe keinen Namen
Dafür! Gefühl ist alles;
Name ist Schall und Rauch,
Umnebelnd Himmelsglut.
MARGARETE. Das ist alles recht schön und gut;
Ungefähr sagt das der Pfarrer auch,
Nur mit ein bisschen andern Worten.
FAUST. Es sagen's allerorten
Alle Herzen unter dem himmlischen Tage,
Jedes in seiner Sprache;
Warum nicht ich in der meinen?
MARGARETE.
Wenn man's so hört, möcht's leidlich scheinen,
Steht aber doch immer schief darum;
Denn du hast kein Christentum.
FAUST. Liebs Kind!
MARGARETE. Es tut mir lang schon weh,
Dass ich dich in der Gesellschaft seh.
FAUST. Wieso?
MARGARETE. Der Mensch, den du da bei dir hast,
Ist mir in tiefer innrer Seele verhasst;
Es hat mir in meinem Leben
So nichts einen Stich ins Herz gegeben,
Als des Menschen widrig Gesicht.
FAUST. Liebe Puppe, fürcht ihn nicht!
MARGARETE. Seine Gegenwart bewegt mir das Blut.
Ich bin sonst allen Menschen gut;
Aber, wie ich mich sehne dich zu schauen,
Hab ich vor dem Menschen ein heimlich Grauen,
Und halt ihn für einen Schelm dazu!
Gott verzeih' mir's, wenn ich ihm Unrecht tu!
FAUST. Es muss auch solche Käuze geben.

MARGARETE.
Wollte nicht mit seinesgleichen leben!
Kommt er einmal zur Tür herein,
Sieht er immer so spöttisch drein,
Und halb ergrimmt;
Man sieht, dass er an nichts keinen Anteil nimmt;
Es steht ihm an der Stirn geschrieben,
Dass er nicht mag eine Seele lieben.
Mir wird's so wohl in deinem Arm,
So frei, so hingegeben warm,
Und seine Gegenwart schnürt mir das Innre zu.
FAUST. Du ahnungsvoller Engel du!
MARGARETE.
Das übermannt mich so sehr,
Dass, wo er nur mag zu uns treten,
Mein ich sogar, ich liebte dich nicht mehr.
Auch wenn er da ist, könnt ich nimmer beten,
Und das frisst mir ins Herz hinein;
Dir, Heinrich, muss es auch so sein.
FAUST. Du hast nun die Antipathie!
MARGARETE. Ich muss nun fort.
FAUST. Ach kann ich nie
Ein Stündchen ruhig dir am Busen hängen,
Und Brust an Brust und Seel in Seele drängen?
MARGARETE. Ach wenn ich nur alleine schlief'!
Ich ließ' dir gern heut Nacht den Riegel offen;
Doch meine Mutter schläft nicht tief:
Und würden wir von ihr betroffen,
Ich war gleich auf der Stelle tot!
FAUST. Du Engel, das hat keine Not.
Hier ist ein Fläschchen! Drei Tropfen nur
In ihren Trank umhüllen
Mit tiefem Schlaf gefällig die Natur.
MARGARETE.
Was tu ich nicht um deinetwillen?
Es wird ihr hoffentlich nicht schaden!

FAUST. Würd ich sonst, Liebchen, dir es raten?
MARGARETE. Seh ich dich, bester Mann, nur an,
Weiß nicht was mich nach deinem Willen treibt;
Ich habe schon so viel für dich getan,
Dass mir zu tun fast nichts mehr übrig bleibt. *(Ab.)*
MEPHISTOPHELES *tritt auf.*
MEPHISTOPHELES.
Der Grasaff! ist er weg?
FAUST. Hast wieder spioniert?
MEPHISTOPHELES.
Ich hab's ausführlich wohl vernommen,
Herr Doktor wurden da katechisiert;
Hoff es soll Ihnen wohl bekommen.
Die Mädels sind doch sehr interessiert,
Ob einer fromm und schlicht nach altem Brauch.
Sie denken, duckt er da, folgt er uns eben auch.
FAUST. Du Ungeheuer siehst nicht ein,
Wie diese treue liebe Seele
Von ihrem Glauben voll,
Der ganz allein
Ihr selig machend ist, sich heilig quäle,
Dass sie den liebsten Mann verloren halten soll.
MEPHISTOPHELES.
Du übersinnlicher, sinnlicher Freier,
Ein Mägdelein nasführet dich.
FAUST. Du Spottgeburt von Dreck und Feuer!
MEPHISTOPHELES.
Und die Physiognomie versteht sie meisterlich.
In meiner Gegenwart wird's ihr sie weiß nicht wie,
Mein Mäskchen da weissagt verborgnen Sinn;
Sie fühlt, dass ich ganz sicher ein Genie,
Vielleicht wohl gar der Teufel bin.
Nun heute Nacht –?
FAUST. Was geht dich's an?
MEPHISTOPHELES.
Hab ich doch meine Freude dran!

Am Brunnen

GRETCHEN *und* LIESCHEN *mit Krügen.*

LIESCHEN. Hast nichts von Bärbelchen gehört?
GRETCHEN. Kein Wort. Ich komm gar wenig unter Leute.
LIESCHEN. Gewiss, Sibylle sagt' mir's heute!
Die hat sich endlich auch betört.
Das ist das Vornehmtun!
GRETCHEN. Wieso?
LIESCHEN. Es stinkt!
Sie füttert zwei, wenn sie nun isst und trinkt.
GRETCHEN. Ach!
LIESCHEN. So ist's ihr endlich recht ergangen.
Wie lange hat sie an dem Kerl gehangen!
Das war ein Spazieren,
Auf Dorf und Tanzplatz Führen,
Musst überall die Erste sein,
Kurtesiert' ihr immer mit Pastetchen und Wein;
Bild't' sich was auf ihre Schönheit ein,
War doch so ehrlos sich nicht zu schämen
Geschenke von ihm anzunehmen.
War ein Gekos und ein Geschleck;
Da ist denn auch das Blümchen weg!
GRETCHEN. Das arme Ding!
LIESCHEN. Bedauerst sie noch gar!
Wenn unsereins am Spinnen war,
Uns nachts die Mutter nicht hinunterließ;
Stand sie bei ihrem Buhlen süß,
Auf der Türbank und im dunkeln Gang
Ward ihnen keine Stunde zu lang.
Da mag sie denn sich ducken nun,
Im Sünderhemdchen Kirchbuß tun!
GRETCHEN. Er nimmt sie gewiss zu seiner Frau.
LIESCHEN. Er wär ein Narr! Ein flinker Jung
Hat anderwärts noch Luft genung,

Er ist auch fort.
GRETCHEN. Das ist nicht schön!
LIESCHEN. Kriegt sie ihn, soll's ihr übel gehn.
Das Kränzel reißen die Buben ihr,
Und Häckerling streuen wir vor die Tür! *(Ab.)*
GRETCHEN
(nach Hause gehend).
Wie konnt ich sonst so tapfer schmälen,
Wenn tät ein armes Mägdlein fehlen!
Wie konnt ich über andrer Sünden
Nicht Worte g'nug der Zunge finden!
Wie schien mir's schwarz, und schwärzt's noch gar,
Mir's immer doch nicht schwarz g'nug war,
Und segnet' mich und tat so groß,
Und bin nun selbst der Sünde bloß!
Doch – alles was dazu mich trieb,
Gott! war so gut! ach war so lieb!

Zwinger

In der Mauerhöhle ein Andachtsbild der Mater dolorosa, Blumenkrüge davor.

GRETCHEN *steckt frische Blumen in die Krüge.*
Ach neige,
Du Schmerzenreiche,
Dein Antlitz gnädig meiner Not!
Das Schwert im Herzen,
Mit tausend Schmerzen
Blickst auf zu deines Sohnes Tod.

Zum Vater blickst du,
Und Seufzer schickst du
Hinauf um sein' und deine Not.
Wer fühlet,
Wie wühlet

Der Schmerz mir im Gebein?
Was mein armes Herz hier banget,
Was es zittert, was verlanget,
Weißt nur du, nur du allein!

Wohin ich immer gehe,
Wie weh, wie weh, wie wehe
Wird mir im Busen hier!
Ich bin ach kaum alleine,
Ich wein, ich wein, ich weine,
Das Herz zerbricht in mir.

Die Scherben vor meinem Fenster
Betaut ich mit Tränen, ach!
Als ich am frühen Morgen
Dir diese Blumen brach.

Schien hell in meine Kammer
Die Sonne früh herauf,
Saß ich in allem Jammer
In meinem Bett schon auf.

Hilf! rette mich von Schmach und Tod!
Ach neige,
Du Schmerzenreiche,
Dein Antlitz gnädig meiner Not!

Nacht

Straße vor Gretchens Türe
Valentin, Soldat, Gretchens Bruder.

VALENTIN. Wenn ich so saß bei einem Gelag,
Wo mancher sich berühmen mag,
Und die Gesellen mir den Flor
Der Mägdlein laut gepriesen vor,

Mit vollem Glas das Lob verschwemmt,
Den Ellenbogen aufgestemmt
Saß ich in meiner sichern Ruh,
Hört all dem Schwadronieren zu,
Und streiche lächelnd meinen Bart,
Und kriege das volle Glas zur Hand
Und sage: Alles nach seiner Art!
Aber ist eine im ganzen Land,
Die meiner trauten Gretel gleicht,
Die meiner Schwester das Wasser reicht?
Topp! Topp! Kling! Klang! das ging herum!
Die einen schrieen: er hat Recht,
Sie ist die Zier vom ganzen Geschlecht!
Da saßen alle die Lober stumm.
Und nun! – ums Haar sich auszuraufen
Und an den Wänden hinauf zu laufen! –
Mit Stichelreden, Naserümpfen
Soll jeder Schurke mich beschimpfen!
Soll wie ein böser Schuldner sitzen,
Bei jedem Zufallswörtchen schwitzen!
Und möcht ich sie zusammenschmeißen;
Könnt ich sie doch nicht Lügner heißen.

Was kommt heran? Was schleicht herbei?
Irr ich nicht, es sind ihrer zwei.
Ist er's, gleich pack ich ihn beim Felle,
Soll nicht lebendig von der Stelle!

FAUST. MEPHISTOPHELES.

FAUST. Wie von dem Fenster dort der Sakristei
Aufwärts der Schein des ew'gen Lämpchens flämmert
Und schwach und schwächer seitwärts dämmert,
Und Finsternis drängt ringsum bei!
So sieht's in meinem Busen nächtig.

MEPHISTOPHELES.
Und mir ist's wie dem Kätzlein schmächtig,

Das an den Feuerleitern schleicht,
Sich leis dann um die Mauern streicht;
Mir ist's ganz tugendlich dabei,
Ein bisschen Diebsgelüst, ein bisschen Rammelei.
So spukt mir schon durch alle Glieder
Die nerrliche Walpurgisnacht.
Die kommt uns übermorgen wieder,
Da weiß man doch warum man wacht.
FAUST. Rückt wohl der Schatz indessen in die Höh,
Den ich dorthinten flimmern seh?
MEPHISTOPHELES.
Du kannst die Freude bald erleben,
Das Kesselchen herauszuheben.
Ich schielte neulich so hinein,
Sind herrliche Löwentaler drein.
FAUST. Nicht ein Geschmeide? Nicht ein Ring?
Meine liebe Buhle damit zu zieren.
MEPHISTOPHELES.
Ich sah dabei wohl so ein Ding,
Als wie eine Art von Perlenschnüren.
FAUST. So ist es recht! Mir tut es weh,
Wenn ich ohne Geschenke zu ihr geh.
MEPHISTOPHELES.
Es sollt Euch eben nicht verdrießen
Umsonst auch etwas zu genießen.
Jetzt da der Himmel voller Sterne glüht,
Sollt Ihr ein wahres Kunststück hören:
Ich sing ihr ein moralisch Lied,
Um sie gewisser zu betören. *(Singt zur Zither.)*
Was machst du mir
Vor Liebchens Tür
Kathrinchen hier
Bei frühem Tagesblicke?
Lass, lass es sein!
Er lässt dich ein
Als Mädchen ein,

Als Mädchen nicht zurücke.
Nehmt euch in Acht!
Ist es vollbracht,
Dann gute Nacht
Ihr armen, armen Dinger!
Habt ihr euch lieb,
Tut keinem Dieb
Nur nichts zulieb,
Als mit dem Ring am Finger.

VALENTIN
(tritt vor). Wen lockst du hier? beim Element!
Vermaledeiter Rattenfänger!
Zum Teufel erst das Instrument!
Zum Teufel hinterdrein den Sänger!

MEPHISTOPHELES.
Die Zither ist entzwei! an der ist nichts zu halten.

VALENTIN. Nun soll es an ein Schädelspalten!

MEPHISTOPHELES
(zu Faust).
Herr Doktor nicht gewichen! Frisch!
Hart an mich an, wie ich Euch führe.
Heraus mit Eurem Flederwisch!
Nur zugestoßen! Ich pariere.

VALENTIN. Pariere den!

MEPHISTOPHELES. Warum denn nicht?

VALENTIN. Auch den!

MEPHISTOPHELES. Gewiss!

VALENTIN. Ich glaub der Teufel ficht!
Was ist denn das? Schon wird die Hand mir lahm.

MEPHISTOPHELES
(zu Faust).
Stoß zu!

VALENTIN
(fällt). O weh!

MEPHISTOPHELES. Nun ist der Lümmel zahm!
Nun aber fort! Wir müssen gleich verschwinden:

Denn schon entsteht ein mörderlich Geschrei.
Ich weiß mich trefflich mit der Polizei,
Doch mit dem Blutbann schlecht mich abzufinden.

MARTHE
(am Fenster). Heraus! Heraus!

GRETCHEN
(am Fenster). Herbei ein Licht!

MARTHE
(wie oben).
Man schilt und rauft, man schreit und ficht.

VOLK. Da liegt schon einer tot!

MARTHE
(heraustretend).
Die Mörder sind sie denn entflohn?

GRETCHEN
(heraustretend). Wer liegt hier?

VOLK. Deiner Mutter Sohn.

GRETCHEN. Allmächtiger! welche Not!

VALENTIN. Ich sterbe! das ist bald gesagt
Und bälder noch getan.
Was steht ihr Weiber heult und klagt?
Kommt her und hört mich an! *(Alle treten um ihn.)*
Mein Gretchen sieh! du bist noch jung,
Bist gar noch nicht gescheit genung,
Machst deine Sachen schlecht.
Ich sag dir's im Vertrauen nur:
Du bist doch nun einmal eine Hur;
So sei's auch eben recht.

GRETCHEN. Mein Bruder! Gott! Was soll mir das?

VALENTIN. Lass unsern Herrgott aus dem Spaß.
Geschehn ist leider nun geschehn,
Und wie es gehn kann, so wird's gehn.
Du fingst mit Einem heimlich an,
Bald kommen ihrer mehre dran,
Und wenn dich erst ein Dutzend hat,
So hat dich auch die ganze Stadt.

Wenn erst die Schande wird geboren,
Wird sie heimlich zur Welt gebracht,
Und man zieht den Schleier der Nacht
Ihr über Kopf und Ohren;
Ja, man möchte sie gern ermorden.
Wächst sie aber und macht sich groß,
Dann geht sie auch bei Tage bloß,
Und ist doch nicht schöner geworden.
Je hässlicher wird ihr Gesicht,
Je mehr sucht sie des Tages Licht.
Ich seh wahrhaftig schon die Zeit,
Dass alle brave Bürgersleut,
Wie von einer angesteckten Leichen,
Von dir, du Metze! seitab weichen.
Dir soll das Herz im Leib verzagen,
Wenn sie dir in die Augen sehn!
Sollst keine goldne Kette mehr tragen!
In der Kirche nicht mehr am Altar stehn!
In einem schönen Spitzenkragen
Dich nicht beim Tanze wohlbehagen!
In eine finstre Jammerecken
Unter Bettler und Krüppel dich verstecken,
Und wenn dir denn auch Gott verzeiht,
Auf Erden sein vermaledeit!

MARTHE. Befehlt Eure Seele Gott zu Gnaden!
Wollt Ihr noch Lästrung auf Euch laden?

VALENTIN. Könnt ich dir nur an den dürren Leib,
Du schändlich kupplerisches Weib!
Da hofft' ich aller meiner Sünden
Vergebung reiche Maß zu finden.

GRETCHEN. Mein Bruder! Welche Höllenpein!

VALENTIN. Ich sage, lass die Tränen sein!
Da du dich sprachst der Ehre los,
Gabst mir den schwersten Herzensstoß.
Ich gehe durch den Todesschlaf
Zu Gott ein als Soldat und brav. (Stirbt.)

Dom

Amt, Orgel und Gesang
Gretchen unter vielem Volke. Böser Geist hinter Gretchen.

BÖSER GEIST.
Wie anders, Gretchen, war dir's,
Als du noch voll Unschuld
Hier zum Altar tratst,
Aus dem vergriffnen Büchelchen
Gebete lalltest,
Halb Kinderspiele,
Halb Gott im Herzen!
Gretchen!
Wo steht dein Kopf?
In deinem Herzen,
Welche Missetat?
Betst du für deiner Mutter Seele, die
Durch dich zur langen, langen Pein hinüberschlief?
Auf deiner Schwelle wessen Blut?
– Und unter deinem Herzen
Regt sich's nicht quillend schon,
Und ängstet dich und sich
Mit ahnungsvoller Gegenwart?
GRETCHEN. Weh! Weh!
Wär ich der Gedanken los,
Die mir herüber und hinüber gehen
Wider mich!
CHOR. *Dies irae, dies illa*
Solvet saeclum in favilla.
(Orgelton.)
BÖSER GEIST. Grimm fasst dich!
Die Posaune tönt!
Die Gräber beben!
Und dein Herz,

Aus Aschenruh
Zu Flammenqualen
Wieder aufgeschaffen,
Bebt auf!
GRETCHEN.
Wär ich hier weg!
Mir ist als ob die Orgel mir
Den Atem versetzte,
Gesang mein Herz
Im Tiefsten löste.
CHOR. *Judex ergo cum sedebit,*
Quidquid latet adparebit,
Nil inultum remanebit.
GRETCHEN.
Mir wird so eng!
Die Mauern-Pfeiler
Befangen mich!
Das Gewölbe
Drängt mich! – Luft!
BÖSER GEIST.
Verbirg dich! Sünd und Schande
Bleibt nicht verborgen.
Luft? Licht?
Weh dir!
CHOR. *Quid sum miser tunc dicturus?*
Quem patronum rogaturus?
Cum vix justus sit securus.
BÖSER GEIST. Ihr Antlitz wenden
Verklärte von dir ab.
Die Hände dir zu reichen,
Schauert's den Reinen.
Weh!
CHOR. *Quid sum miser tunc dicturus?*
GRETCHEN.
Nachbarin! Euer Fläschchen! –
(Sie fällt in Ohnmacht.)

Walpurgisnacht

Harzgebirg
Gegend von Schierke und Elend

FAUST. MEPHISTOPHELES.
MEPHISTOPHELES.
Verlangst du nicht nach einem Besenstiele?
Ich wünschte mir den allerderbsten Bock.
Auf diesem Weg sind wir noch weit vom Ziele.
FAUST.
So lang ich mich noch frisch auf meinen Beinen fühle,
Genügt mir dieser Knotenstock.
Was hilft's dass man den Weg verkürzt! –
Im Labyrinth der Täler hinzuschleichen,
Dann diesen Felsen zu ersteigen,
Von dem der Quell sich ewig sprudelnd stürzt,
Das ist die Lust, die solche Pfade würzt!
Der Frühling webt schon in den Birken
Und selbst die Fichte fühlt ihn schon;
Sollt' er nicht auch auf unsre Glieder wirken?
MEPHISTOPHELES.
Fürwahr ich spüre nichts davon!
Mir ist es winterlich im Leibe;
Ich wünschte Schnee und Frost auf meiner Bahn.
Wie traurig steigt die unvollkommne Scheibe
Des roten Monds mit später Glut heran,
Und leuchtet schlecht, dass man bei jedem Schritte,
Vor einen Baum, vor einen Felsen rennt!
Erlaub dass ich ein Irrlicht bitte!
Dort seh ich eins, das eben lustig brennt.
He da! mein Freund! Darf ich dich zu uns fodern?
Was willst du so vergebens lodern?
Sei doch so gut und leucht uns da hinauf!
IRRLICHT.
Aus Ehrfurcht, hoff ich, soll es mir gelingen,

Mein leichtes Naturell zu zwingen;
Nur zickzack geht gewöhnlich unser Lauf.
MEPHISTOPHELES.
Ei! Ei! Er denkt's den Menschen nachzuahmen.
Geh' Er nur grad, in's Teufels Namen!
Sonst blas ich Ihm sein Flacker-Leben aus.
IRRLICHT. Ich merke wohl, Ihr seid der Herr vom Haus,
Und will mich gern nach Euch bequemen.
Allein bedenkt! der Berg ist heute zaubertoll,
Und wenn ein Irrlicht Euch die Wege weisen soll,
So müsst Ihr's so genau nicht nehmen.
FAUST, MEPHISTOPHELES, IRRLICHT *im Wechselgesang.*
In die Traum- und Zaubersphäre
Sind wir, scheint es, eingegangen.
Führ uns gut und mach dir Ehre!
Dass wir vorwärts bald gelangen,
In den weiten öden Räumen.

Seh die Bäume hinter Bäumen,
Wie sie schnell vorüberrücken,
Und die Klippen, die sich bücken,
Und die langen Felsennasen,
Wie sie schnarchen, wie sie blasen!

Durch die Steine, durch den Rasen
Eilet Bach und Bächlein nieder.
Hör ich Rauschen? hör ich Lieder?
Hör ich holde Liebesklage,
Stimmen jener Himmelstage?
Was wir hoffen, was wir lieben!
Und das Echo, wie die Sage
Alter Zeiten, hallet wider.

Uhu! Schuhu! tönt es näher,
Kauz und Kiebitz und der Häher,

Sind sie alle wach geblieben?
Sind das Molche durchs Gesträuche?
Lange Beine, dicke Bäuche!
Und die Wurzeln, wie die Schlangen,
Winden sich aus Fels und Sande,
Strecken wunderliche Bande,
Uns zu schrecken, uns zu fangen;
Aus belebten derben Masern
Strecken sie Polypenfasern
Nach dem Wandrer. Und die Mäuse
Tausendfärbig, scharenweise,
Durch das Moos und durch die Heide!
Und die Funkenwürmer fliegen,
Mit gedrängten Schwärme-Zügen,
Zum verwirrenden Geleite.

Aber sag mir ob wir stehen,
Oder ob wir weiter gehen?
Alles, alles scheint zu drehen,
Fels und Bäume, die Gesichter
Schneiden, und die irren Lichter,
Die sich mehren, die sich blähen.

MEPHISTOPHELES. Fasse wacker meinen Zipfel!
Hier ist so ein Mittelgipfel,
Wo man mit Erstaunen sieht,
Wie im Berg der Mammon glüht.
FAUST. Wie seltsam glimmert durch die Gründe
Ein morgenrötlich trüber Schein!
Und selbst bis in die tiefen Schlünde
Des Abgrunds wittert er hinein.
Da steigt ein Dampf, dort ziehen Schwaden,
Hier leuchtet Glut aus Dunst und Flor,
Dann schleicht sie wie ein zarter Faden,
Dann bricht sie wie ein Quell hervor.
Hier schlingt sie eine ganze Strecke,

Mit hundert Adern, sich durchs Tal,
Und hier in der gedrängten Ecke
Vereinzelt sie sich auf einmal.
Da sprühen Funken in der Nähe,
Wie ausgestreuter goldner Sand.
Doch schau! in ihrer ganzen Höhe
Entzündet sich die Felsenwand.

MEPHISTOPHELES. Erleuchtet nicht zu diesem Feste
Herr Mammon prächtig den Palast?
Ein Glück dass du's gesehen hast;
Ich spüre schon die ungestümen Gäste.

FAUST. Wie rast die Windsbraut durch die Luft!
Mit welchen Schlägen trifft sie meinen Nacken!

MEPHISTOPHELES. Du musst des Felsens alte Rippen packen;
Sonst stürzt sie dich hinab in dieser Schlünde Gruft.
Ein Nebel verdichtet die Nacht.
Höre wie's durch die Wälder kracht!
Aufgescheucht fliegen die Eulen.
Hör es splittern die Säulen
Ewig grüner Paläste.
Girren und Brechen der Äste
Der Stämme mächtiges Dröhnen!
Der Wurzeln Knarren und Gähnen!
Im fürchterlich verworrenen Falle
Übereinander krachen sie alle,
Und durch die übertrümmerten Klüfte
Zischen und heulen die Lüfte.
Hörst du Stimmen in der Höhe?
In der Ferne, in der Nähe?
Ja, den ganzen Berg entlang
Strömt ein wütender Zaubergesang!

HEXEN
(im Chor).
Die Hexen zu dem Brocken ziehn,
Die Stoppel ist gelb, die Saat ist grün.

Dort sammelt sich der große Hauf,
Herr Urian sitzt oben auf.
So geht es über Stein und Stock,
Es f-t die Hexe, es st-t der Bock.
STIMME.
Die alte Baubo kommt allein;
Sie reitet auf einem Mutterschwein.
CHOR.
So Ehre dem, wem Ehre gebührt!
Frau Baubo vor! und angeführt!
Ein tüchtig Schwein und Mutter drauf,
Da folgt der ganze Hexenhauf.
STIMME. Welchen Weg kommst du her?
STIMME. Übern Ilsenstein!
Da guckt ich der Eule ins Nest hinein.
Die macht ein Paar Augen!
STIMME. O fahre zur Hölle!
Was reitst du so schnelle!
STIMME. Mich hat sie geschunden,
Da sieh nur die Wunden!
HEXEN. *(Chor.)* Der Weg ist breit, der Weg ist lang,
Was ist das für ein toller Drang?
Die Gabel sticht, der Besen kratzt,
Das Kind erstickt, die Mutter platzt.
HEXENMEISTER. *(Halbes Chor.)*
Wir schleichen wie die Schneck im Haus,
Die Weiber alle sind voraus.
Denn, geht es zu des Bösen Haus,
Das Weib hat tausend Schritt voraus.
ANDRE HÄLFTE. Wir nehmen das nicht so genau,
Mit tausend Schritten macht's die Frau;
Doch, wie sie auch sich eilen kann,
Mit einem Sprunge macht's der Mann.
STIMME *(oben)*. Kommt mit, kommt mit, vom Felsensee!
STIMMEN *(von unten)*.
Wir möchten gerne mit in die Höh.

Wir waschen und blank sind wir ganz und gar;
Aber auch ewig unfruchtbar.

BEIDE CHÖRE.
Es schweigt der Wind, es flieht der Stern,
Der trübe Mond verbirgt sich gern.
Im Sausen sprüht das Zauber-Chor
Viel tausend Feuerfunken hervor.

STIMME *(von unten).* Halte! Halte!

STIMME *(von oben).* Wer ruft da aus der Felsenspalte?

STIMME *(unten).* Nehmt mich mit! Nehmt mich mit!
Ich steige schon dreihundert Jahr,
Und kann den Gipfel nicht erreichen.
Ich wäre gern bei meinesgleichen.

BEIDE CHÖRE. Es trägt der Besen, trägt der Stock,
Die Gabel trägt, es trägt der Bock;
Wer heute sich nicht heben kann,
Ist ewig ein verlorner Mann.

HALBHEXE *(unten).* Ich tripple nach, so lange Zeit;
Wie sind die andern schon so weit!
Ich hab zu Hause keine Ruh,
Und komme hier doch nicht dazu.

CHOR DER HEXEN. Die Salbe gibt den Hexen Mut,
Ein Lumpen ist zum Segel gut,
Ein gutes Schiff ist jeder Trog;
Der flieget nie, der heut nicht flog.

BEIDE CHÖRE. Und wenn wir um den Gipfel ziehn,
So streichet an dem Boden hin.
Und deckt die Heide weit und breit
Mit eurem Schwarm der Hexenheit.
(Sie lassen sich nieder.)

MEPHISTOPHELES.
Das drängt und stößt, das ruscht und klappert!
Das zischt und quirlt, das zieht und plappert!
Das leuchtet, sprüht und stinkt und brennt!
Ein wahres Hexenelement!
Nur fest an mir! sonst sind wir gleich getrennt.

Wo bist du?
FAUST *(in der Ferne).* Hier!
MEPHISTOPHELES. Was! dort schon hingerissen?
Da werd ich Hausrecht brauchen müssen.
Platz! Junker Voland kommt. Platz! süßer Pöbel, Platz!
Hier, Doktor, fasse mich! und nun, in Einem Satz,
Lass uns aus dem Gedräng entweichen;
Es ist zu toll, sogar für meinesgleichen.
Dort neben leuchtet was mit ganz besondrem Schein,
Es zieht mich was nach jenen Sträuchen.
Komm, komm! wir schlupfen da hinein.
FAUST.
Du Geist des Widerspruchs! Nur zu! du magst mich führen.
Ich denke doch, das war recht klug gemacht;
Zum Brocken wandeln wir in der Walpurgisnacht,
Um uns beliebig nun hieselbst zu isolieren.
MEPHISTOPHELES. Da sieh nur welche bunten Flammen!
Es ist ein muntrer Klub beisammen.
Im Kleinen ist man nicht allein.
FAUST. Doch droben möcht ich lieber sein!
Schon seh ich Glut und Wirbelrauch.
Dort strömt die Menge zu dem Bösen;
Da muss sich manches Rätsel lösen.
MEPHISTOPHELES.
Doch manches Rätsel knüpft sich auch.
Lass du die große Welt nur sausen,
Wir wollen hier im Stillen hausen.
Es ist doch lange hergebracht,
Dass in der großen Welt man kleine Welten macht.
Da seh ich junge Hexchen nackt und bloß,
Und alte die sich klug verhüllen.
Seid freundlich, nur um meinetwillen;
Die Müh ist klein, der Spaß ist groß.
Ich höre was von Instrumenten tönen!
Verflucht Geschnarr! Man muss sich dran gewöhnen.

Komm mit! Komm mit! Es kann nicht anders sein,
Ich tret heran und führe dich herein,
Und ich verbinde dich aufs Neue.
Was sagst du, Freund? das ist kein kleiner Raum.
Da sieh nur hin! du siehst das Ende kaum.
Ein Hundert Feuer brennen in der Reihe;
Man tanzt, man schwatzt, man kocht, man trinkt, man liebt;
Nun sage mir, wo es was Bessers gibt?

FAUST. Willst du dich nun, um uns hier einzuführen
Als Zaubrer oder Teufel produzieren?

MEPHISTOPHELES.
Zwar bin ich sehr gewohnt incognito zu gehn;
Doch lässt am Galatag man seinen Orden sehn.
Ein Knieband zeichnet mich nicht aus,
Doch ist der Pferdefuß hier ehrenvoll zu Haus.
Siehst du die Schnecke da? Sie kommt herangekrochen;
Mit ihrem tastenden Gesicht
Hat sie mir schon was abgerochen.
Wenn ich auch will, verleugn' ich hier mich nicht.
Komm nur! von Feuer gehen wir zu Feuer,
Ich bin der Werber und du bist der Freier.
(Zu einigen, die um verglimmende Kohlen sitzen.)
Ihr alten Herrn, was macht ihr hier am Ende?
Ich lobt' euch, wenn ich euch hübsch in der Mitte fände,
Von Saus umzirkt und Jugendbraus;
Genug allein ist jeder ja zu Haus.

GENERAL. Wer mag auf Nationen trauen!
Man habe noch so viel für sie getan;
Denn bei dem Volk, wie bei den Frauen,
Steht immerfort die Jugend obenan.

MINISTER.
Jetzt ist man von dem Rechten allzu weit,
Ich lobe mir die guten Alten;
Denn freilich, da wir alles galten,
Da war die rechte goldne Zeit.

PARVENU. Wir waren wahrlich auch nicht dumm,
Und taten oft was wir nicht sollten;
Doch jetzo kehrt sich alles um und um,
Und eben da wir's fest erhalten wollten.
AUTOR. Wer mag wohl überhaupt jetzt eine Schrift
Von mäßig klugem Inhalt lesen!
Und was das liebe junge Volk betrifft,
Das ist noch nie so naseweis gewesen.
MEPHISTOPHELES
(der auf einmal sehr alt erscheint).
Zum Jüngsten Tag fühl ich das Volk gereift,
Da ich zum letzten Mal den Hexenberg ersteige,
Und, weil mein Fässchen trübe läuft,
So ist die Welt auch auf der Neige.
TRÖDELHEXE. Ihr Herren geht nicht so vorbei!
Lasst die Gelegenheit nicht fahren!
Aufmerksam blickt nach meinen Waren;
Es steht dahier gar mancherlei.
Und doch ist nichts in meinem Laden,
Dem keiner auf der Erde gleicht,
Das nicht einmal zum tücht'gen Schaden
Der Menschen und der Welt gereicht.
Kein Dolch ist hier, von dem nicht Blut geflossen,
Kein Kelch, aus dem sich nicht, in ganz gesunden Leib,
Verzehrend heißes Gift ergossen,
Kein Schmuck, der nicht ein liebenswürdig Weib
Verführt, kein Schwert das nicht den Bund gebrochen,
Nicht etwa hinterrücks den Gegenmann durchstochen.
MEPHISTOPHELES.
Frau Muhme! Sie versteht mir schlecht die Zeiten,
Getan geschehn! Geschehn getan!
Verleg' Sie sich auf Neuigkeiten!
Nur Neuigkeiten ziehn uns an.
FAUST. Dass ich mich nur nicht selbst vergesse!
Heiß ich mir das doch eine Messe!
MEPHISTOPHELES. Der ganze Strudel strebt nach oben;

Du glaubst zu schieben und du wirst geschoben.
FAUST. Wer ist denn das?
MEPHISTOPHELES. Betrachte sie genau!
Lilith ist das.
FAUST. Wer?
MEPHISTOPHELES. Adams erste Frau.
Nimm dich in Acht vor ihren schönen Haaren
Vor diesem Schmuck, mit dem sie einzig prangt.
Wenn sie damit den jungen Mann erlangt,
So lässt sie ihn so bald nicht wieder fahren.
FAUST. Da sitzen zwei, die Alte mit der Jungen;
Die haben schon was Rechts gesprungen!
MEPHISTOPHELES. Das hat nun heute keine Ruh.
Es geht zum neuen Tanz; nun komm! wir greifen zu.
FAUST *(mit der Jungen tanzend)*.
Einst hatt ich einen schönen Traum;
Da sah ich einen Apfelbaum,
Zwei schöne Äpfel glänzten dran,
Sie reizten mich, ich stieg hinan.
DIE SCHÖNE. Der Äpfelchen begehrt ihr sehr
Und schon vom Paradiese her.
Von Freuden fühl ich mich bewegt,
Dass auch mein Garten solche trägt.
MEPHISTOPHELES *(mit der Alten)*.
Einst hatt ich einen wüsten Traum;
Da sah ich einen gespaltnen Baum,
Der hatt ein – – –;
So – es war, gefiel mir's doch.
DIE ALTE. Ich biete meinen besten Gruß
Dem Ritter mit dem Pferdefuß
Halt' Er einen – – bereit,
Wenn er – – – nicht scheut.
PROKTOPHANTASMIST.
Verfluchtes Volk! was untersteht ihr euch?
Hat man euch lange nicht bewiesen,
Ein Geist steht nie auf ordentlichen Füßen?

Nun tanzt ihr gar, uns andern Menschen gleich!
DIE SCHÖNE *(tanzend).*
Was will denn der auf unserm Ball?
FAUST *(tanzend).*
Ei! der ist eben überall.
Was andre tanzen muss er schätzen.
Kann er nicht jeden Schritt beschwätzen,
So ist der Schritt so gut als nicht geschehn.
Am meisten ärgert ihn, sobald wir vorwärts gehn.
Wenn ihr euch so im Kreise drehen wolltet,
Wie er's in seiner alten Mühle tut,
Das hieß' er allenfalls noch gut;
Besonders wenn ihr ihn darum begrüßen solltet.
PROKTOPHANTASMIST.
Ihr seid noch immer da! Nein das ist unerhört.
Verschwindet doch! Wir haben ja aufgeklärt!
Das Teufelspack es fragt nach keiner Regel.
Wir sind so klug und dennoch spukt's in Tegel.
Wie lange hab ich nicht am Wahn hinausgekehrt
Und nie wird's rein, das ist doch unerhört!
DIE SCHÖNE. So hört doch auf uns hier zu ennuyieren!
PROKTOPHANTASMIST.
Ich sag's euch Geistern ins Gesicht,
Den Geistesdespotismus leid ich nicht;
Mein Geist kann ihn nicht exerzieren.
(Es wird fortgetanzt.)
Heut, seh ich, will mir nichts gelingen;
Doch eine Reise nehm ich immer mit
Und hoffe noch, vor meinem letzten Schritt,
Die Teufel und die Dichter zu bezwingen.
MEPHISTOPHELES. Er wird sich gleich in eine Pfütze setzen,
Das ist die Art wie er sich soulagiert,
Und wenn Blutegel sich an seinem Steiß ergetzen,
Ist er von Geistern und von Geist kuriert.
(Zu Faust, der aus dem Tanz getreten ist.)

Was lassest du das schöne Mädchen fahren?
Das dir zum Tanz so lieblich sang.
FAUST. Ach! mitten im Gesange sprang
Ein rotes Mäuschen ihr aus dem Munde.
MEPHISTOPHELES.
Das ist was Rechts! Das nimmt man nicht genau;
Genug die Maus war doch nicht grau.
Wer fragt darnach in einer Schäferstunde?
FAUST. Dann sah ich –
MEPHISTOPHELES. Was?
FAUST. Mephisto, siehst du dort
Ein blasses, schönes Kind allein und ferne stehen?
Sie schiebt sich langsam nur vom Ort,
Sie scheint mit geschlossnen Füßen zu gehen.
Ich muss bekennen, dass mir deucht,
Dass sie dem guten Gretchen gleicht.
MEPHISTOPHELES.
Lass das nur stehn! Dabei wird's niemand wohl.
Es ist ein Zauberbild, ist leblos, ein Idol.
Ihm zu begegnen ist nicht gut;
Vom starren Blick erstarrt des Menschen Blut,
Und er wird fast in Stein verkehrt,
Von der Meduse hast du ja gehört.
FAUST. Fürwahr es sind die Augen einer Toten,
Die eine liebende Hand nicht schloss.
Das ist die Brust, die Gretchen mir geboten,
Das ist der süße Leib, den ich genoss.
MEPHISTOPHELES.
Das ist die Zauberei, du leicht verführter Tor!
Denn jedem kommt sie wie sein Liebchen vor.
FAUST. Welch eine Wonne! welch ein Leiden!
Ich kann von diesem Blick nicht scheiden.
Wie sonderbar muss diesen schönen Hals
Ein einzig rotes Schnürchen schmücken,
Nicht breiter als ein Messerrücken!
MEPHISTOPHELES. Ganz recht! ich seh es ebenfalls.

Sie kann das Haupt auch unterm Arme tragen;
Denn Perseus hat's ihr abgeschlagen. –
Nur immer diese Lust zum Wahn!
Komm doch das Hügelchen heran,
Hier ist's so lustig wie im Prater;
Und hat man mir's nicht angetan,
So seh ich wahrlich ein Theater.
Was gibt's denn da?
SERVIBILIS. Gleich fängt man wieder an.
Ein neues Stück, das letzte Stück von sieben;
So viel zu geben ist allhier der Brauch.
Ein Dilettant hat es geschrieben,
Und Dilettanten spielen's auch.
Verzeiht ihr Herrn, wenn ich verschwinde;
Mich dilettiert's den Vorhang aufzuziehn.
MEPHISTOPHELES.
Wenn ich euch auf dem Blocksberg finde,
Das find ich gut; denn da gehört ihr hin.

Walpurgisnachtstraum

oder
Oberons und Titanias goldne Hochzeit
Intermezzo

THEATERMEISTER. Heute ruhen wir einmal
Miedings wackre Söhne.
Alter Berg und feuchtes Tal,
Das ist die ganze Szene!
HEROLD. Dass die Hochzeit golden sei
Soll'n funfzig Jahr sein vorüber;
Aber ist der Streit vorbei,
Das golden ist mir lieber.
OBERON. Seid ihr Geister wo ich bin,
So zeigt's in diesen Stunden;
König und die Königin,

Sie sind aufs Neu verbunden.
PUCK. Kommt der Puck und dreht sich quer
Und schleift den Fuß im Reihen;
Hunden kommen hinterher
Sich auch mit ihm zu freuen.
ARIEL. Ariel bewegt den Sang
In himmlisch reinen Tönen;
Viele Fratzen lockt sein Klang,
Doch lockt er auch die Schönen.
OBERON. Gatten die sich vertragen wollen,
Lernen's von uns beiden!
Wenn sich zweie lieben sollen,
Braucht man sie nur zu scheiden.
TITANIA. Schmollt der Mann und grillt die Frau,
So fasst sie nur behende,
Führt mir nach dem Mittag Sie
Und Ihn an Nordens Ende.
ORCHESTER, TUTTI
(Fortissimo). Fliegenschnauz und Mückennas
Mit ihren Anverwandten,
Frosch im Laub und Grill' im Gras
Das sind die Musikanten!
SOLO.
Seht da kommt der Dudelsack!
Es ist die Seifenblase.
Hört den Schneckeschnickeschnack
Durch seine stumpfe Nase.
GEIST DER SICH ERST BILDET.
Spinnenfuß und Krötenbauch
Und Flügelchen dem Wichtchen!
Zwar ein Tierchen gibt es nicht,
Doch gibt es ein Gedichtchen.
EIN PÄRCHEN. Kleiner Schritt und hoher Sprung
Durch Honigtau und Düfte;
Zwar du trippelst mir genung,
Doch geht's nicht in die Lüfte.

NEUGIERIGER REISENDER.
Ist das nicht Maskeraden-Spott?
Soll ich den Augen trauen?
Oberon den schönen Gott
Auch heute hier zu schauen!
ORTHODOX. Keine Klauen, keinen Schwanz!
Doch bleibt es außer Zweifel,
So wie die Götter Griechenlands,
So ist auch er ein Teufel.
NORDISCHER KÜNSTLER.
Was ich ergreife das ist heut
Fürwahr nur skizzenweise;
Doch ich bereite mich beizeit
Zur italien'schen Reise.
PURIST.
Ach! mein Unglück führt mich her:
Wie wird nicht hier geludert!
Und von dem ganzen Hexenheer
Sind zweie nur gepudert.
JUNGE HEXE. Der Puder ist so wie der Rock
Für alt' und graue Weibchen;
Drum sitz ich nackt auf meinem Bock
Und zeig ein derbes Leibchen.
MATRONE. Wir haben zu viel Lebensart
Um hier mit euch zu maulen;
Doch hoff ich, sollt ihr jung und zart,
So wie ihr seid, verfaulen.
KAPELLMEISTER. Fliegenschnauz und Mückennas
Umschwärmt mir nicht die Nackte!
Frosch im Laub und Grill' im Gras
So bleibt doch auch im Takte!
WINDFAHNE *(nach der einen Seite).*
Gesellschaft wie man wünschen kann.
Wahrhaftig lauter Bräute!
Und Junggesellen, Mann für Mann,
Die hoffnungsvollsten Leute.

WINDFAHNE *(nach der andern Seite).*
Und tut sich nicht der Boden auf
Sie alle zu verschlingen,
So will ich mit behendem Lauf
Gleich in die Hölle springen.
XENIEN. Als Insekten sind wir da,
Mit kleinen scharfen Scheren,
Satan, unsern Herrn Papa,
Nach Würden zu verehren.
HENNINGS. Seht! wie sie in gedrängter Schar
Naiv zusammen scherzen.
Am Ende sagen sie noch gar,
Sie hätten gute Herzen.
MUSAGET. Ich mag in diesem Hexenheer
Mich gar zu gern verlieren;
Denn freilich diese wüsst ich eh'r,
Als Musen anzuführen.
CI-DEVANT GENIUS DER ZEIT.
Mit rechten Leuten wird man was.
Komm, fasse meinen Zipfel!
Der Blocksberg, wie der deutsche Parnass,
Hat gar einen breiten Gipfel.
NEUGIERIGER REISENDER.
Sagt wie heißt der steife Mann?
Er geht mit stolzen Schritten.
Er schnopert was er schnopern kann.
»Er spürt nach Jesuiten.«
KRANICH. In dem Klaren mag ich gern
Und auch im Trüben fischen;
Darum seht ihr den frommen Herrn
Sich auch mit Teufeln mischen.
WELTKIND. Ja für die Frommen, glaubet mir,
Ist alles ein Vehikel;
Sie bilden auf dem Blocksberg hier
Gar manches Konventikel.
TÄNZER. Da kommt ja wohl ein neues Chor?

Ich höre ferne Trommeln.
Nur ungestört! es sind im Rohr
Die unisonen Dommeln.
TANZMEISTER. Wie jeder doch die Beine lupft!
Sich wie er kann herauszieht!
Der Krumme springt, der Plumpe hupft
Und fragt nicht wie es aussieht.
FIDELER. Das hasst sich schwer das Lumpenpack
Und gäb sich gern das Restchen;
Es eint sie hier der Dudelsack
Wie Orpheus' Leier die Bestien.
DOGMATIKER. Ich lasse mich nicht irre schrein,
Nicht durch Kritik noch Zweifel.
Der Teufel muss doch etwas sein;
Wie gäb's denn sonst auch Teufel?
IDEALIST. Die Phantasie in meinem Sinn
Ist diesmal gar zu herrisch.
Fürwahr, wenn ich das alles bin,
So bin ich heute närrisch.
REALIST.
Das Wesen ist mir recht zur Qual
Und muss mich bass verdrießen;
Ich stehe hier zum ersten Mal
Nicht fest auf meinen Füßen.
SUPERNATURALIST. Mit viel Vergnügen bin ich da
Und freue mich mit diesen;
Denn von den Teufeln kann ich ja
Auf gute Geister schließen.
SKEPTIKER. Sie gehn den Flämmchen auf der Spur,
Und glaub'n sich nah dem Schatze.
Auf Teufel reimt der Zweifel nur;
Da bin ich recht am Platze.
KAPELLMEISTER. Frosch im Laub und Grill' im Gras
Verfluchte Dilettanten!
Fliegenschnauz und Mückennas
Ihr seid doch Musikanten!

DIE GEWANDTEN.
Sanssouci so heißt das Heer
Von lustigen Geschöpfen,
Auf den Füßen geht's nicht mehr,
Drum gehn wir auf den Köpfen.
DIE UNBEHÜLFLICHEN.
Sonst haben wir manchen Bissen erschranzt,
Nun aber Gott befohlen!
Unsere Schuhe sind durchgetanzt,
Wir laufen auf nackten Sohlen.
IRRLICHTER. Von dem Sumpfe kommen wir,
Woraus wir erst entstanden;
Doch sind wir gleich im Reihen hier
Die glänzenden Galanten.
STERNSCHNUPPE. Aus der Höhe schoss ich her
Im Stern- und Feuerscheine,
Liege nun im Grase quer,
Wer hilft mir auf die Beine?
DIE MASSIVEN.
Platz und Platz! und ringsherum!
So gehn die Gräschen nieder,
Geister kommen, Geister auch
Sie haben plumpe Glieder.
PUCK. Tretet nicht so mastig auf
Wie Elefantenkälber,
Und der Plumpst' an diesem Tag
Sei Puck der Derbe selber.
ARIEL. Gab die liebende Natur
Gab der Geist euch Flügel,
Folget meiner leichten Spur,
Auf zum Rosenhügel!
ORCHESTER *(Pianissimo)*.
Wolkenzug und Nebelflor
Erhellen sich von oben.
Luft im Laub und Wind im Rohr,
Und alles ist zerstoben.

Trüber Tag. Feld

FAUST. MEPHISTOPHELES.

FAUST. Im Elend! Verzweifelnd! Erbärmlich auf der Erde lange verirrt und nun gefangen! Als Missetäterin im Kerker zu entsetzlichen Qualen eingesperrt das holde unselige Geschöpf! Bis dahin! dahin! – Verräterischer, nichtswürdiger Geist, und das hast du mir verheimlicht! – Steh nur, steh! Wälze die teuflischen Augen ingrimmend im Kopf herum! Steh und trutze mir durch deine unerträgliche Gegenwart! Gefangen! Im unwiederbringlichen Elend! Bösen Geistern übergeben und der richtenden gefühllosen Menschheit! Und mich wiegst du indes in abgeschmackten Zerstreuungen, verbirgst mir ihren wachsenden Jammer und lässest sie hülflos verderben!

MEPHISTOPHELES. Sie ist die Erste nicht.

FAUST. Hund! abscheuliches Untier! – Wandle ihn, du unendlicher Geist! wandle den Wurm wieder in seine Hundsgestalt, wie er sich oft nächtlicherweise gefiel vor mir herzutrotten, dem harmlosen Wandrer vor die Füße zu kollern und sich dem niederstürzenden auf die Schultern zu hängen. Wandl' ihn wieder in seine Lieblingsbildung, dass er vor mir im Sand auf dem Bauch krieche, ich ihn mit Füßen trete, den Verworfnen! – Die Erste nicht! – Jammer! Jammer! von keiner Menschenseele zu fassen, dass mehr als ein Geschöpf in die Tiefe dieses Elendes versank, dass nicht das erste genugtat für die Schuld aller übrigen in seiner windenden Todesnot vor den Augen des ewig Verzeihenden! Mir wühlt es Mark und Leben durch, das Elend dieser Einzigen; du grinsest gelassen über das Schicksal von Tausenden hin!

MEPHISTOPHELES.
Nun sind wir schon wieder an der Grenze unsres Witzes, da wo euch Menschen der Sinn überschnappt. Warum machst du Gemeinschaft mit uns, wenn du sie nicht durchführen kannst? Willst fliegen und bist vorm Schwindel nicht sicher?

Drangen wir uns dir auf, oder du dich uns?

FAUST. Fletsche deine gefräßigen Zähne mir nicht so entgegen! Mir ekelt's! – Großer herrlicher Geist, der du mir zu erscheinen würdigtest, der du mein Herz kennest und meine Seele, warum an den Schandgesellen mich schmieden, der sich am Schaden weidet und an Verderben sich letzt?

MEPHISTOPHELES. Endigst du?

FAUST. Rette sie! oder weh dir! Den grässlichsten Fluch über dich auf Jahrtausende!

MEPHISTOPHELES. Ich kann die Bande des Rächers nicht lösen, seine Riegel nicht öffnen. – Rette sie! – Wer war's, der sie ins Verderben stürzte? Ich oder du?

(Faust blickt wild umher.)

Greifst du nach dem Donner? Wohl, dass er euch elenden Sterblichen nicht gegeben ward! Den unschuldig Entgegnenden zu zerschmettern, das ist so Tyrannen-Art sich in Verlegenheiten Luft zu machen.

FAUST. Bringe mich hin! Sie soll frei sein!

MEPHISTOPHELES. Und die Gefahr der du dich aussetzest? Wisse, noch liegt auf der Stadt Blutschuld von deiner Hand. Über des Erschlagenen Stätte schweben rächende Geister und lauern auf den wiederkehrenden Mörder.

FAUST. Noch das von dir? Mord und Tod einer Welt über dich Ungeheuer! Führe mich hin, sag ich, und befrei sie!

MEPHISTOPHELES. Ich führe dich und was ich tun kann, höre! Habe ich alle Macht im Himmel und auf Erden? Des Türners Sinne will ich umnebeln, bemächtige dich der Schlüssel und führe sie heraus mit Menschenhand. Ich wache! die Zauberpferde sind bereit, ich entführe euch. Das vermag ich.

FAUST. Auf und davon!

Nacht, offen Feld

FAUST, MEPHISTOPHELES,
auf schwarzen Pferden daherbrausend.

FAUST. Was weben die dort um den Rabenstein?
MEPHISTOPHELES.
Weiß nicht was sie kochen und schaffen.
FAUST.
Schweben auf, schweben ab, neigen sich, beugen sich.
MEPHISTOPHELES. Eine Hexenzunft.
FAUST. Sie streuen und weihen.
MEPHISTOPHELES. Vorbei! Vorbei!

Kerker

FAUST *(mit einem Bund Schlüssel und einer Lampe, vor einem eisernen Türchen).*
Mich fasst ein längst entwohnter Schauer,
Der Menschheit ganzer Jammer fasst mich an.
Hier wohnt sie hinter dieser feuchten Mauer,
Und ihr Verbrechen war ein guter Wahn!
Du zauderst zu ihr zu gehen!
Du fürchtest sie wieder zu sehen!
Fort! Dein Zagen zögert den Tod heran.
(Er ergreift das Schloss. Es singt inwendig.)

Meine Mutter, die Hur,
Die mich umgebracht hat!
Mein Vater, der Schelm,
Der mich gessen hat!
Mein Schwesterlein klein
Hub auf die Bein',
An einem kühlen Ort;
Da ward ich ein schönes Waldvögelein;
Fliege fort, fliege fort!

FAUST
(aufschließend).
Sie ahnet nicht, dass der Geliebte lauscht,
Die Ketten klirren hört, das Stroh das rauscht. *(Er tritt ein).*
MARGARETE
(sich auf dem Lager verbergend).
Weh! Weh! Sie kommen. Bittrer Tod!
FAUST
(leise). Still! Still! ich komme dich zu befreien.
MARGARETE
(sich vor ihn hinwälzend).
Bist du ein Mensch, so fühle meine Not.
FAUST. Du wirst die Wächter aus dem Schlafe schreien!
(Er fasst die Ketten, sie aufzuschließen.)
MARGARETE
(auf den Knieen).
Wer hat dir Henker diese Macht
Über mich gegeben!
Du holst mich schon um Mitternacht.
Erbarme dich und lass mich leben!
Ist's morgen früh nicht zeitig genung? *(Sie steht auf.)*
Bin ich doch noch so jung, so jung!
Und soll schon sterben!
Schön war ich auch, und das war mein Verderben.
Nah war der Freund, nun ist er weit;
Zerrissen liegt der Kranz, die Blumen zerstreut.
Fasse mich nicht so gewaltsam an!
Schone mich! Was hab ich dir getan?
Lass mich nicht vergebens flehen,
Hab ich dich doch mein Tage nicht gesehen!
FAUST. Werd ich den Jammer überstehen!
MARGARETE. Ich bin nun ganz in deiner Macht.
Lass mich nur erst das Kind noch tränken.
Ich herzt es diese ganze Nacht;
Sie nahmen mir's um mich zu kranken
Und sagen nun, ich hätt es umgebracht.

Und niemals werd ich wieder froh.
Sie singen Lieder auf mich! Es ist bös von den Leuten!
Ein altes Märchen endigt so,
Wer heißt sie's deuten?

FAUST
(wirft sich nieder).
Ein Liebender liegt dir zu Füßen
Die Jammerknechtschaft aufzuschließen.

MARGARETE
(wirft sich zu ihm).
O lass uns knien die Heil'gen anzurufen!
Sieh! unter diesen Stufen,
Unter der Schwelle
Siedet die Hölle!
Der Böse,
Mit furchtbarem Grimme,
Macht ein Getöse!

FAUST
(laut). Gretchen! Gretchen!

MARGARETE
(aufmerksam).
Das war des Freundes Stimme!
(Sie springt auf. Die Ketten fallen ab.)
Wo ist er? Ich hab ihn rufen hören.
Ich bin frei! Mir soll niemand wehren.
An seinen Hals will ich fliegen,
An seinem Busen liegen!
Er rief Gretchen! Er stand auf der Schwelle.
Mitten durchs Heulen und Klappen der Hölle,
Durch den grimmigen, teuflischen Hohn,
Erkannt ich den süßen, den liebenden Ton.

FAUST. Ich bin's!

MARGARETE. Du bist's! O sag es noch einmal!
(Ihn fassend.) Er ist's! Er ist's! Wohin ist alle Qual?
Wohin die Angst des Kerkers? der Ketten?
Du bist's! Kommst mich zu retten!

Ich bin gerettet! –
Schon ist die Straße wieder da,
Auf der ich dich zum ersten Male sah.
Und der heitere Garten,
Wo ich und Marthe deiner warten.
FAUST
(fortstrebend). Komm mit! Komm mit!
MARGARETE. O weile!
Weil' ich doch so gern wo du weilest. *(Liebkosend.)*
FAUST. Eile!
Wenn du nicht eilest,
Werden wir's teuer büßen müssen.
MARGARETE. Wie? du kannst nicht mehr küssen?
Mein Freund, so kurz von mir entfernt,
Und hast 's Küssen verlernt?
Warum wird mir an deinem Halse so bang?
Wenn sonst von deinen Worten, deinen Blicken
Ein ganzer Himmel mich überdrang,
Und du mich küsstest als wolltest du mich ersticken.
Küsse mich!
Sonst küss ich dich! *(Sie umfasst ihn.)*
O weh! deine Lippen sind kalt,
Sind stumm.
Wo ist dein Lieben
Geblieben?
Wer brachte mich drum? *(Sie wendet sich von ihm.)*
FAUST. Komm! Folge mir! Liebchen, fasse Mut!
Ich herze dich mit tausendfacher Glut;
Nur folge mir! Ich bitte dich nur dies!
MARGARETE
(zu ihm gewendet).
Und bist du's denn? Und bist du's auch gewiss?
FAUST. Ich bin's! Komm mit!
MARGARETE. Du machst die Fesseln los,
Nimmst wieder mich in deinen Schoß.
Wie kommt es, dass du dich vor mir nicht scheust? –

Und weißt du denn, mein Freund, wen du befreist?
FAUST. Komm! komm! Schon weicht die tiefe Nacht.
MARGARETE.
Meine Mutter hab ich umgebracht,
Mein Kind hab ich ertränkt.
War es nicht dir und mir geschenkt?
Dir auch – Du bist's! ich glaub es kaum.
Gib deine Hand! Es ist kein Traum!
Deine liebe Hand! – Ach aber sie ist feucht!
Wische sie ab! Wie mich deucht
Ist Blut dran.
Ach Gott! Was hast du getan!
Stecke den Degen ein;
Ich bitte dich drum!
FAUST. Lass das Vergangne vergangen sein,
Du bringst mich um.
MARGARETE. Nein, du musst übrig bleiben!
Ich will dir die Gräber beschreiben,
Für die musst du sorgen
Gleich morgen;
Der Mutter den besten Platz geben,
Meinen Bruder sogleich darneben,
Mich ein wenig beiseit,
Nur nicht gar zu weit!
Und das Kleine mir an die rechte Brust.
Niemand wird sonst bei mir liegen! –
Mich an deine Seite zu schmiegen
Das war ein süßes, ein holdes Glück!
Aber es will mir nicht mehr gelingen;
Mir ist's als müsst ich mich zu dir zwingen,
Als stießest du mich von dir zurück;
Und doch bist du's und blickst so gut, so fromm.
FAUST. Fühlst du dass ich es bin, so komm!
MARGARETE. Dahinaus?
FAUST. Ins Freie.
MARGARETE. Ist das Grab drauß',

Lauert der Tod, so komm!
Von hier ins ewige Ruhebett
Und weiter keinen Schritt –
Du gehst nun fort? O Heinrich, könnt ich mit!
FAUST. Du kannst! So wolle nur! Die Tür steht offen.
MARGARETE.
Ich darf nicht fort; für mich ist nichts zu hoffen.
Was hilft es fliehn? Sie lauern doch mir auf.
Es ist so elend betteln zu müssen,
Und noch dazu mit bösem Gewissen!
Es ist so elend in der Fremde schweifen,
Und sie werden mich doch ergreifen!
FAUST. Ich bleibe bei dir.
MARGARETE. Geschwind! Geschwind!
Rette dein armes Kind.
Fort! Immer den Weg
Am Bach hinauf,
Über den Steg
In den Wald hinein,
Links wo die Planke steht,
Im Teich.
Fass es nur gleich!
Es will sich heben,
Es zappelt noch!
Rette! rette!
FAUST. Besinne dich doch!
Nur Einen Schritt, so bist du frei!
MARGARETE. Wären wir nur den Berg vorbei!
Da sitzt meine Mutter auf einem Stein,
Es fasst mich kalt beim Schopfe!
Da sitzt meine Mutter auf einem Stein
Und wackelt mit dem Kopfe;
Sie winkt nicht, sie nickt nicht, der Kopf ist ihr schwer,
Sie schlief so lange, sie wacht nicht mehr.
Sie schlief damit wir uns freuten.
Es waren glückliche Zeiten!

FAUST. Hilft hier kein Flehen, hilft kein Sagen;
So wag ich's dich hinweg zu tragen.
MARGARETE.
Lass mich! Nein, ich leide keine Gewalt!
Fasse mich nicht so mörderisch an!
Sonst hab ich dir ja alles zulieb getan.
FAUST. Der Tag graut! Liebchen! Liebchen!
MARGARETE.
Tag! Ja es wird Tag! der letzte Tag dringt herein;
Mein Hochzeittag sollt es sein!
Sag niemand dass du schon bei Gretchen warst.
Weh meinem Kranze!
Es ist eben geschehn!
Wir werden uns wiedersehn;
Aber nicht beim Tanze.
Die Menge drängt sich, man hört sie nicht.
Der Platz, die Gassen
Können sie nicht fassen.
Die Glocke ruft, das Stäbchen bricht.
Wie sie mich binden und packen!
Zum Blutstuhl bin ich schon entrückt.
Schon zuckt nach jedem Nacken
Die Schärfe die nach meinem zückt.
Stumm liegt die Welt wie das Grab!
FAUST. O wär ich nie geboren!
MEPHISTOPHELES
(erscheint draußen).
Auf! oder ihr seid verloren.
Unnützes Zagen! Zaudern und Plaudern!
Meine Pferde schaudern,
Der Morgen dämmert auf.
MARGARETE. Was steigt aus dem Boden herauf?
Der! der! Schick ihn fort!
Was will der an dem heiligen Ort?
Er will mich!
FAUST. Du sollst leben!

MARGARETE.
Gericht Gottes! Dir hab ich mich übergeben!
MEPHISTOPHELES
(zu Faust).
Komm! komm! Ich lasse dich mit ihr im Stich
MARGARETE. Dein bin ich, Vater! Rette mich!
Ihr Engel! Ihr heiligen Scharen,
Lagert euch umher, mich zu bewahren!
Heinrich! Mir graut's vor dir.
MEPHISTOPHELES.
Sie ist gerichtet!
STIMME
(von oben). Ist gerettet!
MEPHISTOPHELES
(zu Faust). Her zu mir!
(Verschwindet mit Faust.)
STIMME
(von innen, verhallend).
Heinrich! Heinrich!

Faust
Der Tragödie Zweiter Teil

Erster Akt

Anmutige Gegend

FAUST *auf blumigen Rasen gebettet, ermüdet, unruhig, schlafsuchend.*
Dämmerung.
GEISTERKREIS *schwebend bewegt, anmutige kleine Gestalten.*

ARIEL. *Gesang, von Äolsharfen begleitet.*
Wenn der Blüten Frühlingsregen
Über alle schwebend sinkt,
Wenn der Felder grüner Segen
Allen Erdgebornen blinkt,
Kleiner Elfen Geistergröße
Eilet, wo sie helfen kann,
Ob er heilig, ob er böse,
Jammert sie der Unglücksmann.
Die ihr dies Haupt umschwebt im luft'gen Kreise,
Erzeigt euch hier nach edler Elfen Weise,
Besänftiget des Herzens grimmen Strauß,
Entfernt des Vorwurfs glühend bittre Pfeile,
Sein Innres reinigt von erlebtem Graus.
Vier sind die Pausen nächtiger Weile,
Nun ohne Säumen füllt sie freundlich aus.
Erst senkt sein Haupt aufs kühle Polster nieder,
Dann badet ihn im Tau aus Lethes Flut;
Gelenk sind bald die krampferstarrten Glieder,
Wenn er gestärkt dem Tag entgegenruht;
Vollbringt der Elfen schönste Pflicht,
Gebt ihn zurück dem heiligen Licht.
CHOR. *Einzeln, zu zweien und vielen, abwechselnd und gesamt.*
Wenn sich lau die Lüfte füllen
Um den grünumschränkten Plan,

Süße Düfte, Nebelhüllen
Senkt die Dämmerung heran.
Lispelt leise süßen Frieden,
Wiegt das Herz in Kindesruh;
Und den Augen dieses Müden
Schließt des Tages Pforte zu.

Nacht ist schon hereingesunken,
Schließt sich heilig Stern an Stern,
Große Lichter, kleine Funken
Glitzern nah und glänzen fern;
Glitzern hier im See sich spiegelnd,
Glänzen droben klarer Nacht,
Tiefsten Ruhens Glück besiegelnd
Herrscht des Mondes volle Pracht.

Schon verloschen sind die Stunden,
Hingeschwunden Schmerz und Glück;
Fühl es vor! Du wirst gesunden;
Traue neuem Tagesblick.
Täler grünen, Hügel schwellen,
Buschen sich zu Schattenruh;
Und in schwanken Silberwellen
Wogt die Saat der Ernte zu.

Wunsch um Wünsche zu erlangen,
Schaue nach dem Glanze dort!
Leise bist du nur umfangen,
Schlaf ist Schale, wirf sie fort!
Säume nicht, dich zu erdreisten,
Wenn die Menge zaudernd schweift;
Alles kann der Edle leisten,
Der versteht und rasch ergreift.
Ungeheures Getöse verkündet das Herannahen der Sonne.
ARIEL. Horchet! horcht dem Sturm der Horen!
Tönend wird für Geistesohren

Schon der neue Tag geboren.
Felsentore knarren rasselnd,
Phöbus' Räder rollen prasselnd,
Welch Getöse bringt das Licht!
Es trommetet, es posaunet,
Auge blinzt und Ohr erstaunet,
Unerhörtes hört sich nicht.
Schlüpfet zu den Blumenkronen,
Tiefer, tiefer, still zu wohnen,
In die Felsen, unters Laub;
Trifft es euch, so seid ihr taub.

FAUST. Des Lebens Pulse schlagen frisch lebendig,
Ätherische Dämmerung milde zu begrüßen;
Du, Erde, warst auch diese Nacht beständig
Und atmest neu erquickt zu meinen Füßen,
Beginnest schon, mit Lust mich zu umgeben,
Du regst und rührst ein kräftiges Beschließen,
Zum höchsten Dasein immerfort zu streben. –
In Dämmerschein liegt schon die Welt erschlossen,
Der Wald ertönt von tausendstimmigem Leben,
Tal aus, Tal ein ist Nebelstreif ergossen,
Doch senkt sich Himmelsklarheit in die Tiefen,
Und Zweig und Äste, frisch erquickt, entsprossen
Dem duft'gen Abgrund, wo versenkt sie schliefen;
Auch Farb' an Farbe klart sich los vom Grunde,
Wo Blum' und Blatt von Zitterperle triefen –
Ein Paradies wird um mich her die Runde.

Hinaufgeschaut! – Der Berge Gipfelriesen
Verkünden schon die feierlichste Stunde;
Sie dürfen früh des ewigen Lichts genießen,
Das später sich zu uns hernieder wendet.
Jetzt zu der Alpe grüngesenkten Wiesen
Wird neuer Glanz und Deutlichkeit gespendet,
Und stufenweis herab ist es gelungen; –
Sie tritt hervor! – und leider schon geblendet,

Kehr' ich mich weg, vom Augenschmerz durchdrungen

So ist es also, wenn ein sehnend Hoffen
Dem höchsten Wunsch sich traulich zugerungen,
Erfüllungspforten findet flügeloffen;
Nun aber bricht aus jenen ewigen Gründen
Ein Flammenübermaß, wir stehn betroffen;
Des Lebens Fackel wollten wir entzünden,
Ein Feuermeer umschlingt uns, welch ein Feuer!
Ist's Lieb'? ist's Hass? die glühend uns umwinden,
Mit Schmerz und Freuden wechselnd ungeheuer,
So dass wir wieder nach der Erde blicken,
Zu bergen uns in jugendlichstem Schleier.

So bleibe denn die Sonne mir im Rücken!
Der Wassersturz, das Felsenriff durchbrausend,
Ihn schau' ich an mit wachsendem Entzücken.
Von Sturz zu Sturzen wälzt er jetzt in tausend,
Dann abertausend Strömen sich ergießend,
Hoch in die Lüfte Schaum an Schäume sausend.
Allein wie herrlich, diesem Sturm ersprießend,
Wölbt sich des bunten Bogens Wechseldauer,
Bald rein gezeichnet, bald in Luft zerfließend,
Umher verbreitend duftig kühle Schauer.
Der spiegelt ab das menschliche Bestreben.
Ihm sinne nach, und du begreifst genauer:
Am farbigen Abglanz haben wir das Leben.

Kaiserliche Pfalz · Saal des Thrones

Staatsrat in Erwartung des Kaisers.
Trompeten.

HOFGESINDE *aller Art, prächtig gekleidet, tritt vor.*

Der KAISER *gelangt auf den Thron,*
zu seiner Rechten der ASTROLOG.

KAISER. Ich grüße die Getreuen, Lieben,
Versammelt aus der Näh' und Weite; –
Den Weisen seh' ich mir zur Seite,
Allein wo ist der Narr geblieben?

JUNKER. Gleich hinter deiner Mantelschleppe
Stürzt' er zusammen auf der Treppe,
Man trug hinweg das Fettgewicht,
Tot oder trunken? weiß man nicht.

ZWEITER JUNKER. Sogleich mit wunderbarer Schnelle
Drängt sich ein andrer an die Stelle.
Gar köstlich ist er aufgeputzt,
Doch fratzenhaft, dass jeder stutzt;
Die Wache hält ihm an der Schwelle
Kreuzweis die Hellebarden vor –
Da ist er doch, der kühne Tor!

MEPHISTOPHELES *am Throne knieend.*
Was ist verwünscht und stets willkommen?
Was ist ersehnt und stets verjagt?
Was immerfort in Schutz genommen?
Was hart gescholten und verklagt?
Wen darfst du nicht herbeiberufen?
Wen höret jeder gern genannt?
Was naht sich deines Thrones Stufen?
Was hat sich selbst hinweggebannt?

KAISER. Für diesmal spare deine Worte!
Hier sind die Rätsel nicht am Orte,
Das ist die Sache dieser Herrn. –
Da löse du! das hört' ich gern.
Mein alter Narr ging, fürcht' ich, weit ins Weite;
Nimm seinen Platz und komm an meine Seite.
Mephistopheles steigt hinauf und stellt sich zur Linken.

GEMURMEL DER MENGE. Ein neuer Narr – Zu neuer Pein –
Wo kommt er her? – Wie kam er ein? –

Der alte fiel – Der hat vertan –
Es war ein Fass – Nun ist's ein Span –
KAISER. Und also, ihr Getreuen, Lieben,
Willkommen aus der Näh' und Ferne!
Ihr sammelt euch mit günstigem Sterne,
Da droben ist uns Glück und Heil geschrieben.
Doch sagt, warum in diesen Tagen,
Wo wir der Sorgen uns entschlagen,
Schönbärte mummenschänzlich tragen
Und Heitres nur genießen wollten,
Warum wir uns ratschlagend quälen sollten?
Doch weil ihr meint, es ging' nicht anders an,
Geschehen ist's, so sei's getan.
KANZLER. Die höchste Tugend, wie ein Heiligenschein,
Umgibt des Kaisers Haupt; nur er allein
Vermag sie gültig auszuüben:
Gerechtigkeit! – Was alle Menschen lieben,
Was alle fordern, wünschen, schwer entbehren,
Es liegt an ihm, dem Volk es zu gewähren.
Doch ach! Was hilft dem Menschengeist Verstand,
Dem Herzen Güte, Willigkeit der Hand,
Wenn's fieberhaft durchaus im Staate wütet
Und Übel sich in Übeln überbrütet?
Wer schaut hinab von diesem hohen Raum
Ins weite Reich, ihm scheint's ein schwerer Traum,
Wo Missgestalt in Missgestalten schaltet,
Das Ungesetz gesetzlich überwaltet
Und eine Welt des Irrtums sich entfaltet.
Der raubt sich Herden, der ein Weib,
Kelch, Kreuz und Leuchter vom Altare,
Berühmt sich dessen manche Jahre
Mit heiler Haut, mit unverletztem Leib.
Jetzt drängen Kläger sich zur Halle,
Der Richter prunkt auf hohem Pfühl,
Indessen wogt in grimmigem Schwalle
Des Aufruhrs wachsendes Gewühl.

Der darf auf Schand' und Frevel pochen,
Der auf Mitschuldigste sich stützt,
Und: *Schuldig!* hörst du ausgesprochen,
Wo Unschuld nur sich selber schützt.
So will sich alle Welt zerstückeln,
Vernichtigen, was sich gebührt;
Wie soll sich da der Sinn entwickeln,
Der einzig uns zum Rechten führt?
Zuletzt ein wohlgesinnter Mann
Neigt sich dem Schmeichler, dem Bestecher,
Ein Richter, der nicht strafen kann,
Gesellt sich endlich zum Verbrecher.
Ich malte schwarz, doch dichtem Flor
Zög' ich dem Bilde lieber vor. *Pause.*
Entschlüsse sind nicht zu vermeiden;
Wenn alle schädigen, alle leiden,
Geht selbst die Majestät zu Raub.
HEERMEISTER. Wie tobt's in diesen wilden Tagen!
Ein jeder schlägt und wird erschlagen,
Und fürs Kommando bleibt man taub.
Der Bürger hinter seinen Mauern,
Der Ritter auf dem Felsennest
Verschwuren sich, uns auszudauern,
Und halten ihre Kräfte fest.
Der Mietsoldat wird ungeduldig,
Mit Ungestüm verlangt er seinen Lohn,
Und wären wir ihm nichts mehr schuldig,
Er liefe ganz und gar davon.
Verbiete wer, was alle wollten,
Der hat ins Wespennest gestört;
Das Reich, das sie beschützen sollten,
Es liegt geplündert und verheert.
Man lässt ihr Toben wütend hausen,
Schon ist die halbe Welt vertan;
Es sind noch Könige da draußen,
Doch keiner denkt, es ging' ihn irgend an.

SCHATZMEISTER.
Wer wird auf Bundsgenossen pochen!
Subsidien, die man uns versprochen,
Wie Röhrenwasser bleiben aus.
Auch, Herr, in deinen weiten Staaten
An wen ist der Besitz geraten?
Wohin man kommt, da hält ein Neuer Haus,
Und unabhängig will er leben,
Zusehen muss man, wie er's treibt;
Wir haben so viel Rechte hingegeben,
Dass uns auf nichts ein Recht mehr übrigbleibt.
Auch auf Parteien, wie sie heißen,
Ist heutzutage kein Verlass;
Sie mögen schelten oder preisen,
Gleichgültig wurden Lieb' und Hass.
Die Ghibellinen wie die Guelfen
Verbergen sich, um auszuruhn;
Wer jetzt will seinem Nachbar helfen?
Ein jeder hat für sich zu tun.
Die Goldespforten sind verrammelt,
Ein jeder kratzt und scharrt und sammelt,
Und unsre Kassen bleiben leer.
MARSCHALK. Welch Unheil muss auch ich erfahren!
Wir wollen alle Tage sparen
Und brauchen alle Tage mehr,
Und täglich wächst mir neue Pein.
Den Köchen tut kein Mangel wehe;
Wildschweine, Hirsche, Hasen, Rehe,
Welschhühner, Hühner, Gäns' und Enten,
Die Deputate, sichre Renten,
Sie gehen noch so ziemlich ein.
Jedoch am Ende fehlt's an Wein.
Wenn sonst im Keller Fass an Fass sich häufte,
Der besten Berg' und Jahresläufte,
So schlürft unendliches Gesäufte
Der edlen Herrn den letzten Tropfen aus.

Der Stadtrat muss sein Lager auch verzapfen,
Man greift zu Humpen, greift zu Napfen,
Und unterm Tische liegt der Schmaus.
Nun soll ich zahlen, alle lohnen;
Der Jude wird mich nicht verschonen,
Der schafft Antizipationen,
Die speisen Jahr um Jahr voraus.
Die Schweine kommen nicht zu Fette,
Verpfändet ist der Pfühl im Bette,
Und auf den Tisch kommt vorgegessen Brot.

KAISER
nach einigem Nachdenken zu MEPHISTOPHELES.
Sag, weißt du Narr nicht auch noch eine Not?

MEPHISTOPHELES.
Ich? Keineswegs. Den Glanz umher zu schauen,
Dich und die Deinen! – Mangelte Vertrauen,
Wo Majestät unweigerlich gebeut,
Bereite Macht Feindseliges zerstreut?
Wo guter Wille, kräftig durch Verstand,
Und Tätigkeit, vielfältige, zur Hand?
Was könnte da zum Unheil sich vereinen,
Zur Finsternis, wo solche Sterne scheinen?

GEMURMEL. Das ist ein Schalk – Der's wohl versteht –
Er lügt sich ein – So lang' es geht –
Ich weiß schon – Was dahinter steckt –
Und was denn weiter? – Ein Projekt –

MEPH. Wo fehlt's nicht irgendwo auf dieser Welt?
Dem dies, dem das, hier aber fehlt das Geld.
Vom Estrich zwar ist es nicht aufzuraffen;
Doch Weisheit weiß das Tiefste herzuschaffen.
In Bergesadern, Mauergründen
Ist Gold gemünzt und ungemünzt zu finden,
Und fragt ihr mich, wer es zutage schafft:
Begabten Manns Natur- und Geisteskraft.

KANZLER.
Natur und Geist – so spricht man nicht zu Christen.
Deshalb verbrennt man Atheisten,
Weil solche Reden höchst gefährlich sind.
Natur ist Sünde, Geist ist Teufel,
Sie hegen zwischen sich den Zweifel,
Ihr missgestaltet Zwitterkind.
Uns nicht so! – Kaisers alten Landen
Sind zwei Geschlechter nur entstanden,
Sie stützen würdig seinen Thron:
Die Heiligen sind es und die Ritter;
Sie stehen jedem Ungewitter
Und nehmen Kirch' und Staat zum Lohn.
Dem Pöbelsinn verworrner Geister
Entwickelt sich ein Widerstand:
Die Ketzer sind's! die Hexenmeister!
Und sie verderben Stadt und Land.
Die willst du nun mit frechen Scherzen
In diese hohen Kreise schwärzen;
Ihr hegt euch an verderbtem Herzen,
Dem Narren sind sie nah verwandt.
MEPHISTOPHELES. Daran erkenn' ich den gelehrten Herrn!
Was ihr nicht tastet, steht euch meilenfern,
Was ihr nicht fasst, das fehlt euch ganz und gar,
Was ihr nicht rechnet, glaubt ihr, sei nicht wahr,
Was ihr nicht wägt, hat für euch kein Gewicht,
Was ihr nicht münzt, das, meint ihr, gelte nicht.
KAISER. Dadurch sind unsre Mängel nicht erledigt,
Was willst du jetzt mit deiner Fastenpredigt?
Ich habe satt das ewige Wie und Wenn;
Es fehlt an Geld, nun gut, so schaff es denn.
MEPH. Ich schaffe, was ihr wollt, und schaffe mehr;
Zwar ist es leicht, doch ist das Leichte schwer;
Es liegt schon da, doch um es zu erlangen,
Das ist die Kunst, wer weiß es anzufangen?

Bedenkt doch nur: in jenen Schreckensläuften,
Wo Menschenfluten Land und Volk ersäuften,
Wie der und der, so sehr es ihn erschreckte,
Sein Liebstes da- und dortwohin versteckte.
So war's von je in mächtiger Römer Zeit,
Und so fortan, bis gestern, ja bis heut.
Das alles liegt im Boden still begraben,
Der Boden ist des Kaisers, der soll's haben.

SCHATZMEISTER. Für einen Narren spricht er gar nicht schlecht,
Das ist fürwahr des alten Kaisers Recht.

KANZLER. Der Satan legt euch goldgewirkte Schlingen:
Es geht nicht zu mit frommen rechten Dingen.

MARSCHALK. Schafft' er uns nur zu Hof willkommne Gaben,
Ich wollte gern ein bisschen Unrecht haben.

heermeister. Der Narr ist klug, verspricht, was jedem frommt;
Fragt der Soldat doch nicht, woher es kommt.

MEPH. Und glaubt ihr euch vielleicht durch mich betrogen,
Hier steht ein Mann! da, fragt den Astrologen!
In Kreis' um Kreise kennt er Stund' und Haus;
So sage denn: wie sieht's am Himmel aus?

GEMURMEL. Zwei Schelme sind's – Verstehn sich schon –
Narr und Phantast – So nah dem Thron –
Ein mattgesungen – Alt Gedicht –
Der Tor bläst ein – Der Weise spricht –

ASTROLOG

spricht, Mephistopheles bläst ein.
Die Sonne selbst, sie ist ein lautres Gold,
Merkur, der Bote, dient um Gunst und Sold,
Frau Venus hat's euch allen angetan,
So früh als spat blickt sie euch lieblich an;
Die keusche Luna launet grillenhaft;
Mars, trifft er nicht, so dräut euch seine Kraft.
Und Jupiter bleibt doch der schönste Schein,

Saturn ist groß, dem Auge fern und klein.
Ihn als Metall verehren wir nicht sehr,
An Wert gering, doch im Gewichte schwer.
Ja! wenn zu Sol sich Luna fein gesellt,
Zum Silber Gold, dann ist es heitre Welt;
Das übrige ist alles zu erlangen:
Paläste, Gärten, Brüstlein, rote Wangen,
Das alles schafft der hochgelahrte Mann,
Der das vermag, was unser keiner kann.
KAISER. Ich höre doppelt, was er spricht,
Und dennoch überzeugt's mich nicht.
GEMURMEL. Was soll uns das? – Gedroschner Spaß –
Kalenderei – Chymisterei –
Das hört' ich oft – Und falsch gehofft –
Und kommt er auch – So ist's ein Gauch –
MEPHISTOPHELES. Da stehen sie umher und staunen,
Vertrauen nicht dem hohen Fund,
Der eine faselt von Alraunen,
Der andre von dem schwarzen Hund.
Was soll es, dass der eine witzelt,
Ein andrer Zauberei verklagt,
Wenn ihm doch auch einmal die Sohle kitzelt,
Wenn ihm der sichre Schritt versagt.
Ihr alle fühlt geheimes Wirken
Der ewig waltenden Natur,
Und aus den untersten Bezirken
Schmiegt sich herauf lebend'ge Spur.
Wenn es in allen Gliedern zwackt,
Wenn es unheimlich wird am Platz,
Nur gleich entschlossen grabt und hackt,
Da liegt der Spielmann, liegt der Schatz!
GEMURMEL. Mir liegt's im Fuß wie Bleigewicht –
Mir krampft's im Arme – Das ist Gicht –
Mir krabbelt's an der großen Zeh' –
Mir tut der ganze Rücken weh –
Nach solchen Zeichen wäre hier

Das allerreichste Schatzrevier.
KAISER. Nur eilig! du entschlüpfst nicht wieder,
Erprobe deine Lügenschäume
Und zeig uns gleich die edlen Räume.
Ich lege Schwert und Zepter nieder
Und will mit eignen hohen Händen,
Wenn du nicht lügst, das Werk vollenden,
Dich, wenn du lügst, zur Hölle senden!
MEPH. Den Weg dahin wüsst' allenfalls zu finden –
Doch kann ich nicht genug verkünden,
Was überall besitzlos harrend liegt.
Der Bauer, der die Furche pflügt,
Hebt einen Goldtopf mit der Scholle,
Salpeter hofft er von der Leimenwand
Und findet golden-goldne Rolle
Erschreckt, erfreut in kümmerlicher Hand.
Was für Gewölbe sind zu sprengen,
In welchen Klüften, welchen Gängen
Muss sich der Schatzbewusste drängen,
Zur Nachbarschaft der Unterwelt!
In weiten, altverwahrten Kellern
Von goldnen Humpen, Schüsseln, Tellern
Sieht er sich Reihen aufgestellt;
Pokale stehen aus Rubinen,
Und will er deren sich bedienen,
Daneben liegt uraltes Nass.
Doch – werdet ihr dem Kundigen glauben –
Verfault ist längst das Holz der Dauben,
Der Weinstein schuf dem Wein ein Fass.
Essenzen solcher edlen Weine,
Gold und Juwelen nicht alleine
Umhüllen sich mit Nacht und Graus.
Der Weise forscht hier unverdrossen;
Am Tag erkennen, das sind Possen,
Im Finstern sind Mysterien zu Haus.
KAISER. Die lass' ich dir! Was will das Düstre frommen?

Hat etwas Wert, es muss zu Tage kommen.
Wer kennt den Schelm in tiefer Nacht genau?
Schwarz sind die Kühe, so die Katzen grau.
Die Töpfe drunten, voll von Goldgewicht –
Zieh deinen Pflug und ackre sie ans Licht.

MEPHISTOPHELES. Nimm Hack' und Spaten, grabe selber,
Die Bauernarbeit macht dich groß,
Und eine Herde goldner Kälber,
Sie reißen sich vom Boden los.
Dann ohne Zaudern, mit Entzücken
Kannst du dich selbst, wirst die Geliebte schmücken;
Ein leuchtend Farb- und Glanzgestein erhöht
Die Schönheit wie die Majestät.

KAISER. Nur gleich, nur gleich! Wie lange soll es währen!

ASTROLOG
wie oben. Herr, mäßige solch dringendes Begehren,
Lass erst vorbei das bunte Freudenspiel;
Zerstreutes Wesen führt uns nicht zum Ziel.
Erst müssen wir in Fassung uns versühnen,
Das Untre durch das Obere verdienen.
Wer Gutes will, der sei erst gut;
Wer Freude will, besänftige sein Blut;
Wer Wein verlangt, der keltre reife Trauben;
Wer Wunder hofft, der stärke seinen Glauben.

KAISER. So sei die Zeit in Fröhlichkeit vertan!
Und ganz erwünscht kommt Aschermittwoch an.
Indessen feiern wir, auf jeden Fall,
Nur lustiger das wilde Karneval.
Trompeten. Exeunt.

MEPHISTOPHELES. Wie sich Verdienst und Glück verketten,
Das fällt den Toren niemals ein;
Wenn sie den Stein der Weisen hätten,
Der Weise mangelte dem Stein.

Weitläufiger Saal mit Nebengemächern

verziert und aufgeputzt zur Mummenschanz

HEROLD. Denkt nicht, ihr seid in deutschen Grenzen
Von Teufels-, Narren- und Totentänzen;
Ein heitres Fest erwartet euch.
Der Herr, auf seinen Römerzügen,
Hat, sich zu Nutz, euch zum Vergnügen,
Die hohen Alpen überstiegen,
Gewonnen sich ein heitres Reich.
Der Kaiser, er, an heiligen Sohlen
Erbat sich erst das Recht zur Macht,
Und als er ging, die Krone sich zu holen,
Hat er uns auch die Kappe mitgebracht.
Nun sind wir alle neugeboren;
Ein jeder weltgewandte Mann
Zieht sie behaglich über Kopf und Ohren;
Sie ähnelt ihn verrückten Toren,
Er ist darunter weise, wie er kann.
Ich sehe schon, wie sie sich scharen,
Sich schwankend sondern, traulich paaren;
Zudringlich schließt sich Chor an Chor.
Herein, hinaus, nur unverdrossen;
Es bleibt doch endlich nach wie vor
Mit ihren hunderttausend Possen
Die Welt ein einzig großer Tor.
GÄRTNERINNEN. *Gesang, begleitet von Mandolinen.*
Euren Beifall zu gewinnen,
Schmückten wir uns diese Nacht,

Junge Florentinerinnen
Folgten deutschen Hofes Pracht;

Tragen wir in braunen Locken
Mancher heitern Blume Zier;

Seidenfäden, Seidenflocken
Spielen ihre Rolle hier.

Denn wir halten es verdienstlich,
Lobenswürdig ganz und gar,
Unsere Blumen, glänzend künstlich,
Blühen fort das ganze Jahr.

Allerlei gefärbten Schnitzeln
Ward symmetrisch Recht getan;
Mögt ihr Stück für Stück bewitzeln
Doch das Ganze zieht euch an.

Niedlich sind wir anzuschauen,
Gärtnerinnen und galant;
Denn das Naturell der Frauen
Ist so nah mit Kunst verwandt.
HEROLD. Lasst die reichen Körbe sehen,
Die ihr auf den Häupten traget,
Die sich bunt am Arme blähen,
Jeder wähle, was behaget.
Eilig, dass in Laub und Gängen
Sich ein Garten offenbare!
Würdig sind sie zu umdrängen,
Krämerinnen wie die Ware.
GÄRTNERINNEN. Feilschet nun am heitern Orte,
Doch kein Markten finde statt!
Und mit sinnig kurzem Worte
Wisse jeder, was er hat.
OLIVENZWEIG MIT FRÜCHTEN.
Keinen Blumenflor beneid' ich,
Allen Widerstreit vermeid' ich;
Mir ist's gegen die Natur:
Bin ich doch das Mark der Lande
Und, zum sichern Unterpfande,
Friedenszeichen jeder Flur.

Heute, hoff' ich, soll mir's glücken,
Würdig schönes Haupt zu schmücken.
ÄHRENKRANZ, *golden*. Ceres' Gaben, euch zu putzen,
Werden hold und lieblich stehn:
Das Erwünschteste dem Nutzen
Sei als eure Zierde schön.
PHANTASIEKRANZ. Bunte Blumen, Malven ähnlich,
Aus dem Moos ein Wunderflor!
Der Natur ist's nicht gewöhnlich,
Doch die Mode bringt's hervor.
PHANTASIESTRAUSS. Meinen Namen euch zu sagen,
Würde Theophrast nicht wagen;
Und doch hoff' ich, wo nicht allen,
Aber mancher zu gefallen,
Der ich mich wohl eignen möchte,
Wenn sie mich ins Haar verflöchte,
Wenn sie sich entschließen könnte,
Mir am Herzen Platz vergönnte.
ROSENKNOSPEN. *Ausforderung*.
Mögen bunte Phantasieen
Für des Tages Mode blühen,
Wunderseltsam sein gestaltet,
Wie Natur sich nie entfaltet;
Grüne Stiele, goldne Glocken,
Blickt hervor aus reichen Locken! –
Doch wir – halten uns versteckt:
Glücklich, wer uns frisch entdeckt.
Wenn der Sommer sich verkündet,
Rosenknospe sich entzündet,
Wer mag solches Glück entbehren?
Das Versprechen, das Gewähren,
Das beherrscht in Florens Reich
Blick und Sinn und Herz zugleich.
Unter grünen Laubgängen putzen die Gärtnerinnen zierlich ihren Kram auf.
GÄRTNER. *Gesang, begleitet von Theorben*.

Blumen sehet ruhig sprießen,
Reizend euer Haupt umzieren;
Früchte wollen nicht verführen,
Kostend mag man sie genießen.

Bieten bräunliche Gesichter
Kirschen, Pfirschen, Königspflaumen,
Kauft! denn gegen Zung' und Gaumen
Hält sich Auge schlecht als Richter.

Kommt, von allerreifsten Früchten
Mit Geschmack und Lust zu speisen!
Über Rosen lässt sich dichten,
In die Äpfel muss man beißen.

Sei's erlaubt, uns anzupaaren
Eurem reichen Jugendflor,
Und wir putzen reifer Waren
Fülle nachbarlich empor.

Unter lustigen Gewinden,
In geschmückter Lauben Bucht,
Alles ist zugleich zu finden:
Knospe, Blätter, Blume, Frucht.

Unter Wechselgesang, begleitet von Gitarren und Theorben, fahren beide Chöre fort, ihre Waren stufenweis in die Höhe zu schmücken und auszubieten.

MUTTER *und* TOCHTER.

MUTTER.

Mädchen, als du kamst ans Licht,
Schmückt' ich dich im Häubchen;
Warst so lieblich von Gesicht
Und so zart am Leibchen.
Dachte dich sogleich als Braut,
Gleich dem Reichsten angetraut,
Dachte dich als Weibchen.

Ach! Nun ist schon manches Jahr
Ungenützt verflogen,
Der Sponsierer bunte Schar
Schnell vorbeigezogen;
Tanztest mit dem einen flink,
Gabst dem andern feinen Wink
Mit dem Ellenbogen.
Welches Fest man auch ersann,
Ward umsonst begangen,
Pfänderspiel und dritter Mann
Wollten nicht verfangen;
Heute sind die Narren los,
Liebchen, öffne deinen Schoß,
Bleibt wohl einer hangen.

GESPIELINNEN, *jung und schön, gesellen sich hinzu, ein vertrauliches Geplauder wird laut.*

FISCHER *und* VOGELSTELLER *mit Netzen, Angeln und Leimruten, auch sonstigem Geräte treten auf, mischen sich unter die schönen Kinder. Wechselseitige Versuche, zu gewinnen, zu fangen, zu entgehen und festzuhalten, geben zu den angenehmsten Dialogen Gelegenheit.*

HOLZHAUER

treten ein, ungestüm und ungeschlacht.

Nur Platz! nur Blöße!
Wir brauchen Räume,
Wir fällen Bäume,
Die krachen, schlagen;
Und wenn wir tragen,
Da gibt es Stöße.
Zu unserm Lobe
Bringt dies ins reine;
Denn wirkten Grobe
Nicht auch im Lande,
Wie kämen Feine
Für sich zustande,
So sehr sie witzten?

Des seid belehret!
Denn ihr erfröret,
Wenn wir nicht schwitzten.

PULCINELLE, *täppisch, fast läppisch.* Ihr seid die Toren,
Gebückt geboren.
Wir sind die Klugen,
Die nie was trugen;
Denn unsre Kappen,
Jacken und Lappen
Sind leicht zu tragen;
Und mit Behagen
Wir immer müßig,
Pantoffelfüßig,
Durch Markt und Haufen
Einherzulaufen,
Gaffend zu stehen,
Uns anzukrähen;
Auf solche Klänge
Durch Drang und Menge
Aalgleich zu schlüpfen,
Gesamt zu hüpfen,
Vereint zu toben.
Ihr mögt uns loben,
Ihr mögt uns schelten,
Wir lassen's gelten.

PARASITEN, *schmeichelnd-lüstern*. Ihr wackern Träger
Und eure Schwäger,
Die Kohlenbrenner,
Sind unsre Männer.
Denn alles Bücken,
Bejahndes Nicken,
Gewundne Phrasen,
Das Doppelblasen,
Das wärmt und kühlet,
Wie's einer fühlet,
Was könnt' es frommen?

Es möchte Feuer
Selbst ungeheuer
Vom Himmel kommen,
Gäb' es nicht Scheite
Und Kohlentrachten,
Die Herdesbreite
Zur Glut entfachten.
Da brät's und prudelt's,
Da kocht's und strudelt's.
Der wahre Schmecker,
Der Tellerlecker,
Er riecht den Braten,
Er ahnet Fische;
Das regt zu Taten
An Gönners Tische.

TRUNKNER

unbewusst. Sei mir heute nichts zuwider!
Fühle mich so frank und frei;
Frische Lust und heitre Lieder,
Holt' ich selbst sie doch herbei.
Und so trink' ich! Trinke, trinke!
Stoßet an, ihr! Tinke, Tinke!
Du dorthinten, komm heran!
Stoßet an, so ist's getan.
Schrie mein Weibchen doch entrüstet,
Rümpfte diesem bunten Rock,
Und, wie sehr ich mich gebrüstet,
Schalt mich einen Maskenstock.
Doch ich trinke! Trinke, trinke!
Angeklungen! Tinke, Tinke!
Maskenstöcke, stoßet an!
Wenn es klingt, so ist's getan.

Saget nicht, dass ich verirrt bin,
Bin ich doch, wo mir's behagt.
Borgt der Wirt nicht, borgt die Wirtin,

Und am Ende borgt die Magd.
Immer trink' ich! Trinke, trinke!
Auf, ihr andern! Tinke, Tinke!
Jeder jedem! so fortan!
Dünkt mich's doch, es sei getan.

Wie und wo ich mich vergnüge,
Mag es immerhin geschehn;
Lasst mich liegen, wo ich liege,
Denn ich mag nicht länger stehn.
CHOR. Jeder Bruder trinke, trinke!
Toastet frisch ein Tinke, Tinke!
Sitzet fest auf Bank und Span!
Unterm Tisch dem ist's getan.
Der HEROLD
kündigt verschiedene POETEN *an, Naturdichter, Hof- und Rittersänger, zärtliche sowie Enthusiasten. Im Gedräng von Mitwerbern aller Art lässt keiner den andern zum Vortrag kommen. Einer schleicht mit wenigen Worten vorüber.*
SATIRIKER.
Wisst ihr, was mich Poeten
Erst recht erfreuen sollte?
Dürft' ich singen und reden,
Was niemand hören wollte.
Die Nacht- und Grabdichter lassen sich entschuldigen, weil sie soeben im interessantesten Gespräch mit einem frisch erstandenen Vampyren begriffen seien, woraus eine neue Dichtart sich vielleicht entwickeln könnte; der Herold muss es gelten lassen und ruft indessen die griechische Mythologie hervor, die, selbst in moderner Maske, weder Charakter noch Gefälliges verliert.

DIE GRAZIEN.

AGLAIA. Anmut bringen wir ins Leben;
Leget Anmut in das Geben.

HEGEMONE. Leget Anmut ins Empfangen,
Lieblich ist's, den Wunsch erlangen.
EUPHROSYNE. Und in stiller Tage Schranken
Höchst anmutig sei das Danken.

DIE PARZEN.

ATROPOS. Mich, die Älteste, zum Spinnen
Hat man diesmal eingeladen;
Viel zu denken, viel zu sinnen
Gibt's beim zarten Lebensfaden.

Dass er euch gelenk und weich sei,
Wusst' ich feinsten Flachs zu sichten;
Dass er glatt und schlank und gleich sei,
Wird der kluge Finger schlichten.

Wolltet ihr bei Lust und Tänzen
Allzu üppig euch erweisen,
Denkt an dieses Fadens Grenzen,
Hütet euch! Er möchte reißen.

KLOTHO. Wisst, in diesen letzten Tagen
Ward die Schere mir vertraut;
Denn man war von dem Betragen
Unsrer Alten nicht erbaut.

Zerrt unnützeste Gespinste
Lange sie an Licht und Luft,
Hoffnung herrlichster Gewinste
Schleppt sie schneidend zu der Gruft.

Doch auch ich im Jugendwalten
Irrte mich schon hundertmal;
Heute mich im Zaum zu halten,
Schere steckt im Futteral.

Und so bin ich gern gebunden,
Blicke freundlich diesem Ort;
Ihr in diesen freien Stunden
Schwärmt nur immer fort und fort.

LACHESIS. Mir, die ich allein verständig,
Blieb das Ordnen zugeteilt;
Meine Weife, stets lebendig,
Hat noch nie sich übereilt.

Fäden kommen, Fäden weifen,
Jeden lenk' ich seine Bahn,
Keinen lass' ich überschweifen,
Füg' er sich im Kreis heran.

Könnt' ich einmal mich vergessen,
Wär' es um die Welt mir bang;
Stunden zählen, Jahre messen,
Und der Weber nimmt den Strang.
HEROLD. Die jetzo kommen, werdet ihr nicht kennen,
Wärt ihr noch so gelehrt in alten Schriften;
Sie anzusehn, die so viel Übel stiften,
Ihr würdet sie willkommne Gäste nennen.

Die *Furien* sind es, niemand wird uns glauben,
Hübsch, wohlgestaltet, freundlich, jung von Jahren;
Lasst euch mit ihnen ein, ihr sollt erfahren,
Wie Schlangenhaft verletzen solche Tauben.

Zwar sind sie tückisch, doch am heutigen Tage,
Wo jeder Narr sich rühmet seiner Mängel,
Auch sie verlangen nicht den Ruhm als Engel,
Bekennen sich als Stadt- und Landesplage.

DIE FURIEN.

ALEKTO. Was hilft es euch? ihr werdet uns vertrauen,
Denn wir sind hübsch und jung und Schmeichelkätzchen;
Hat einer unter euch ein Liebeschätzchen,
Wir werden ihm so lang die Ohren krauen,

Bis wir ihm sagen dürfen, Aug' in Auge:
Dass sie zugleich auch dem und jenem winke,
Im Kopfe dumm, im Rücken krumm, und hinke
Und, wenn sie seine Braut ist, gar nichts tauge.

So wissen wir die Braut auch zu bedrängen:
Es hat sogar der Freund, vor wenig Wochen,
Verächtliches von ihr zu der gesprochen! –
Versöhnt man sich, so bleibt doch etwas hängen.

MEGÄRA. Das ist nur Spaß! denn, sind sie erst verbunden,
Ich nehm' es auf und weiß, in allen Fällen,
Das schönste Glück durch Grille zu vergällen;
Der Mensch ist ungleich, ungleich sind die Stunden.

Und niemand hat Erwünschtes fest in Armen,
Der sich nicht nach Erwünschterem törig sehnte,
Vom höchsten Glück, woran er sich gewöhnte;
Die Sonne flieht er, will den Frost erwarmen.

Mit diesem allen weiß ich zu gebaren
Und führe her Asmodi, den Getreuen,
Zu rechter Zeit Unseliges auszustreuen,
Verderbe so das Menschenvolk in Paaren.

TISIPHONE. Gift und Dolch statt böser Zungen
Misch' ich, schärf ich dem Verräter;
Liebst du andre, früher, später
Hat Verderben dich durchdrungen.

Muss der Augenblicke Süßtes
Sich zu Gischt und Galle wandeln!
Hier kein Markten, hier kein Handeln –
Wie er es beging', er büßt es.

Singe keiner vom Vergeben!
Felsen klag' ich meine Sache,
Echo! horch! erwidert: Rache!
Und wer wechselt, soll nicht leben.

HEROLD. Belieb' es euch, zur Seite wegzuweichen,
Denn was jetzt kommt, ist nicht von euresgleichen.
Ihr seht, wie sich ein Berg herangedrängt,
Mit bunten Teppichen die Weichen stolz behängt,
Ein Haupt mit langen Zähnen, Schlangenrüssel,
Geheimnisvoll, doch zeig' ich euch den Schlüssel.
Im Nacken sitzt ihm zierlich-zarte Frau,
Mit feinem Stäbchen lenkt sie ihn genau;
Die andre, droben stehend herrlich-hehr,
Umgibt ein Glanz, der blendet mich zu sehr.
Zur Seite gehn gekettet edle Frauen,
Die eine bang, die andre froh zu schauen;
Die eine wünscht, die andre fühlt sich frei.
Verkünde jede, wer sie sei.

FURCHT. Dunstige Fackeln, Lampen, Lichter
Dämmern durchs verworrne Fest;
Zwischen diese Truggesichter
Bannt mich, ach! die Kette fest.

Fort, ihr lächerlichen Lacher!
Euer Grinsen gibt Verdacht;
Alle meine Widersacher
Drängen mich in dieser Nacht.

Hier! ein Freund ist Feind geworden,
Seine Maske kenn' ich schon;

Jener wollte mich ermorden,
Nun entdeckt schleicht er davon.

Ach wie gern in jeder Richtung
Flöh' ich zu der Welt hinaus;
Doch von drüben droht Vernichtung,
Hält mich zwischen Dunst und Graus.

HOFFNUNG. Seid gegrüßt, ihr lieben Schwestern!
Habt ihr euch schon heut' und gestern
In Vermummungen gefallen,
Weiß ich doch gewiss von allen:
Morgen wollt ihr euch enthüllen.
Und wenn wir bei Fackelscheine
Uns nicht sonderlich behagen,
Werden wir in heitern Tagen
Ganz nach unserm eignen Willen
Bald gesellig, bald alleine
Frei durch schöne Fluren wandeln,
Nach Belieben ruhn und handeln
Und in sorgenfreiem Leben
Nie entbehren, stets erstreben;
Überall willkommne Gäste,
Treten wir getrost hinein:
Sicherlich, es muss das Beste
Irgendwo zu finden sein.

KLUGHEIT. Zwei der größten Menschenfeinde,
Furcht und Hoffnung, angekettet,
Halt' ich ab von der Gemeinde;
Platz gemacht! ihr seid gerettet.

Den lebendigen Kolossen
Führ' ich, seht ihr, turmbeladen,
Und er wandelt unverdrossen
Schritt vor Schritt auf steilen Pfaden.

Droben aber auf der Zinne
Jene Göttin, mit behenden
Breiten Flügeln, zum Gewinne
Allerseits sich hinzuwenden.

Rings umgibt sie Glanz und Glorie,
Leuchtend fern nach allen Seiten;
Und sie nennet sich Viktorie,
Göttin aller Tätigkeiten.

ZOILO-THERSITES.
Hu! Hu! da komm' ich eben recht,
Ich schelt' euch allzusammen schlecht!
Doch was ich mir zum Ziel ersah,
Ist oben Frau Viktoria.
Mit ihrem weißen Flügelpaar
Sie dünkt sich wohl, sie sei ein Aar,
Und wo sie sich nur hingewandt,
Gehör' ihr alles Volk und Land;
Doch, wo was Rühmliches gelingt,
Es mich sogleich in Harnisch bringt.
Das Tiefe hoch, das Hohe tief,
Das Schiefe grad, das Grade schief,
Das ganz allein macht mich gesund,
So will ich's auf dem Erdenrund.
HEROLD. So treffe dich, du Lumpenhund,
Des frommen Stabes Meisterstreich!
Da krümm und winde dich sogleich! –
Wie sich die Doppelzwerggestalt
So schnell zum eklen Klumpen ballt! –
– Doch Wunder! – Klumpen wird zum Ei,
Das bläht sich auf und platzt entzwei.
Nun fällt ein Zwillingspaar heraus,
Die Otter und die Fledermaus;
Die eine fort im Staube kriecht,
Die andre schwarz zur Decke fliegt.

Sie eilen draußen zum Verein;
Da möcht' ich nicht der dritte sein.
GEMURMEL. Frisch! dahinten tanzt man schon –
Nein! Ich wollt', ich wär' davon –
Fühlst du, wie uns das umflicht,
Das gespenstische Gezücht? –
Saust es mir doch übers Haar –
Ward ich's doch am Fuß gewahr –
Keiner ist von uns verletzt –
Alle doch in Furcht gesetzt –
Ganz verdorben ist der Spaß –
Und die Bestien wollten das.
HEROLD. Seit mir sind bei Maskeraden
Heroldspflichten aufgeladen,
Wach' ich ernstlich an der Pforte,
Dass euch hier am lustigen Orte
Nichts Verderbliches erschleiche,
Weder wanke, weder weiche.
Doch ich fürchte, durch die Fenster
Ziehen luftige Gespenster,
Und von Spuk und Zaubereien
Wüsst' ich euch nicht zu befreien.
Machte sich der Zwerg verdächtig,
Nun! dort hinten strömt es mächtig.
Die Bedeutung der Gestalten
Möcht' ich amtsgemäß entfalten.
Aber was nicht zu begreifen,
Wüsst' ich auch nicht zu erklären;
Helfet alle mich belehren! –
Seht ihr's durch die Menge schweifen?
Vierbespannt ein prächtiger Wagen
Wird durch alles durchgetragen;
Doch er teilet nicht die Menge,
Nirgend seh' ich ein Gedränge.
Farbig glitzert's in der Ferne,
Irrend leuchten bunte Sterne

Wie von magischer Laterne,
Schnaubt heran mit Sturmgewalt.
Platz gemacht! Mich schaudert's!
KNABE WAGENLENKER. Halt!
Rosse, hemmet eure Flügel,
Fühlet den gewohnten Zügel,
Meistert euch, wie ich euch meistre,
Rauschet hin, wenn ich begeistre –
Diese Räume lasst uns ehren!
Schaut umher, wie sie sich mehren,
Die Bewundrer, Kreis um Kreise.
Herold auf! nach deiner Weise,
Ehe wir von euch entfliehen,
Uns zu schildern, uns zu nennen;
Denn wir sind Allegorien,
Und so solltest du uns kennen.
HEROLD. Wüsste nicht, dich zu benennen;
Eher könnt' ich dich beschreiben.
KNABE LENKER. So probier's!
HEROLD. Man muss gestehn:
Erstlich bist du jung und schön.
Halbwüchsiger Knabe bist du; doch die Frauen,
Sie möchten dich ganz ausgewachsen schauen.
Du scheinest mir ein künftiger Sponsierer,
Recht so von Haus aus ein Verführer.
KNABE LENKER. Das lässt sich hören! fahre fort,
Erfinde dir des Rätsels heitres Wort.
HEROLD. Der Augen schwarzer Blitz, die Nacht der Locken,
Erheitert von juwelnem Band!
Und welch ein zierliches Gewand
Fließt dir von Schultern zu den Socken,
Mit Purpursaum und Glitzertand!
Man könnte dich ein Mädchen schelten;
Doch würdest du, zu Wohl und Weh,
Auch jetzo schon bei Mädchen gelten,
Sie lehrten dich das ABC.

KNABE LENKER. Und dieser, der als Prachtgebilde
Hier auf dem Wagenthrone prangt?
HEROLD. Er scheint ein König reich und milde,
Wohl dem, der seine Gunst erlangt!
Er hat nichts weiter zu erstreben,
Wo's irgend fehlte, späht sein Blick,
Und seine reine Lust zu geben
Ist größer als Besitz und Glück.
KNABE LENKER. Hiebei darfst du nicht stehen bleiben,
Du musst ihn recht genau beschreiben.
HEROLD. Das Würdige beschreibt sich nicht.
Doch das gesunde Mondgesicht,
Ein voller Mund, erblühte Wangen,
Die unterm Schmuck des Turbans prangen;
Im Faltenkleid ein reich Behagen!
Was soll ich von dem Anstand sagen?
Als Herrscher scheint er mir bekannt.
KNABE LENKER. Plutus, des Reichtums Gott genannt!
Derselbe kommt in Prunk daher,
Der hohe Kaiser wünscht ihn sehr.
HEROLD. Sag von dir selber auch das *Was* und *Wie!*
KNABE LENKER. Bin die Verschwendung, bin die Poesie;
Bin der Poet, der sich vollendet,
Wenn er sein eigenst Gut verschwendet.
Auch ich bin unermesslich reich
Und schätze mich dem Plutus gleich,
Beleb' und schmück' ihm Tanz und Schmaus,
Das, was ihm fehlt, das teil' ich aus.
HEROLD. Das Prahlen steht dir gar zu schön,
Doch lass uns deine Künste sehn.
KNABE LENKER. Hier seht mich nur ein Schnippchen schlagen,
Schon glänzt's und glitzert's um den Wagen.
Da springt eine Perlenschnur hervor!
Immerfort umherschnippend.
Nehmt goldne Spange für Hals und Ohr;

Auch Kamm und Krönchen ohne Fehl,
In Ringen köstlichstes Juwel;
Auch Flämmchen spend' ich dann und wann,
Erwartend, wo es zünden kann.

HEROLD. Wie greift und hascht die liebe Menge!
Fast kommt der Geber ins Gedränge.
Kleinode schnippt er wie ein Traum,
Und alles hascht im weiten Raum.
Doch da erleb' ich neue Pfiffe:
Was einer noch so emsig griffe,
Des hat er wirklich schlechten Lohn,
Die Gabe flattert ihm davon.
Es löst sich auf das Perlenband,
Ihm krabbeln Käfer in der Hand,
Er wirft sie weg, der arme Tropf,
Und sie umsummen ihm den Kopf.
Die andern statt solider Dinge
Erhaschen frevle Schmetterlinge.
Wie doch der Schelm so viel verheißt
Und nur verleiht, was golden gleißt!

KNABE LENKER.
Zwar Masken, merk' ich, weißt du zu verkünden,
Allein der Schale Wesen zu ergründen,
Sind Herolds Hofgeschäfte nicht;
Das fordert schärferes Gesicht.
Doch hüt' ich mich vor jeder Fehde;
An dich, Gebieter, wend' ich Frag' und Rede.
Zu Plutus gewendet.
Hast du mir nicht die Windesbraut
Des Viergespannes anvertraut?
Lenk' ich nicht glücklich, wie du leitest?
Bin ich nicht da, wohin du deutest?
Und wusst' ich nicht auf kühnen Schwingen
Für dich die Palme zu erringen?
Wie oft ich auch für dich gefochten,
Mir ist es jederzeit geglückt:

Wenn Lorbeer deine Stirne schmückt,
Hab' ich ihn nicht mit Sinn und Hand geflochten?
PLUTUS. Wenn's nötig ist, dass ich dir Zeugnis leiste,
So sag' ich gern: Bist Geist von meinem Geiste.
Du handelst stets nach meinem Sinn,
Bist reicher, als ich selber bin.
Ich schätze, deinen Dienst zu lohnen,
Den grünen Zweig vor allen meinen Kronen.
Ein wahres Wort verkünd' ich allen:
Mein lieber Sohn, an dir hab' ich Gefallen.
KNABE LENKER *zur Menge.*
Die größten Gaben meiner Hand,
Seht! hab' ich rings umher gesandt.
Auf dem und jenem Kopfe glüht
Ein Flämmchen, das ich angesprüht;
Von einem zu dem andern hüpft's,
An diesem hält sich's, dem entschlüpft's,
Gar selten aber flammt's empor,
Und leuchtet rasch in kurzem Flor;
Doch vielen, eh' man's noch erkannt,
Verlischt es, traurig ausgebrannt.
WEIBERGEKLATSCH. Da droben auf dem Viergespann
Das ist gewiss ein Scharlatan;
Gekauzt da hintendrauf Hanswurst,
Doch abgezehrt von Hunger und Durst,
Wie man ihn niemals noch erblickt;
Er fühlt wohl nicht, wenn man ihn zwickt.
DER ABGEMAGERTE. Vom Leibe mir, ekles Weibsgeschlecht!
Ich weiß, dir komm' ich niemals recht. –
Wie noch die Frau den Herd versah,
Da hieß ich Avaritia;
Da stand es gut um unser Haus:
Nur viel herein und nichts hinaus!
Ich eiferte für Kist' und Schrein;
Das sollte wohl gar ein Laster sein.

Doch als in allerneusten Jahren
Das Weib nicht mehr gewohnt zu sparen,
Und, wie ein jeder böser Zahler,
Weit mehr Begierden hat als Taler,
Da bleibt dem Manne viel zu dulden,
Wo er nur hinsieht, da sind Schulden.
Sie wendet's, kann sie was erspulen,
An ihren Leib, an ihren Buhlen;
Auch speist sie besser, trinkt noch mehr
Mit der Sponsierer leidigem Heer;
Das steigert mir des Goldes Reiz:
Bin männlichen Geschlechts, der Geiz!
HAUPTWEIB. Mit Drachen mag der Drache geizen;
Ist's doch am Ende Lug und Trug!
Er kommt, die Männer aufzureizen,
Sie sind schon unbequem genug.
WEIBER IN MASSE.
Der Strohmann! Reich ihm eine Schlappe!
Was will das Marterholz uns dräun?
Wir sollen seine Fratze scheun!
Die Drachen sind von Holz und Pappe,
Frisch an und dringt auf ihn hinein!
HEROLD. Bei meinem Stabe! Ruh gehalten! –
Doch braucht es meiner Hülfe kaum;
Seht, wie die grimmen Ungestalten,
Bewegt im rasch gewonnenen Raum,
Das Doppel-Flügelpaar entfalten.
Entrüstet schütteln sich der Drachen
Umschuppte, feuerspeiende Rachen;
Die Menge flieht, rein ist der Platz.
Plutus steigt vom Wagen.
HEROLD. Er tritt herab, wie königlich!
Er winkt, die Drachen rühren sich,
Die Kiste haben sie vom Wagen
Mit Gold und Geiz herangetragen,
Sie steht zu seinen Füßen da:

Ein Wunder ist es, wie's geschah.
PLUTUS *zum Lenker.*
Nun bist du los der allzulästigen Schwere,
Bist frei und frank, nun frisch zu deiner Sphäre!
Hier ist sie nicht! Verworren, scheckig, wild
Umdrängt uns hier ein fratzenhaft Gebild.
Nur wo du klar ins holde Klare schaust,
Dir angehörst und dir allein vertraust,
Dorthin, wo Schönes, Gutes nur gefällt,
Zur Einsamkeit! – Da schaffe deine Welt.
KNABE LENKER. So acht' ich mich als werten Abgesandten,
So lieb' ich dich als nächsten Anverwandten.
Wo du verweilst, ist Fülle; wo ich bin,
Fühlt jeder sich im herrlichsten Gewinn.
Auch schwankt er oft im widersinnigen Leben:
Soll er sich dir? soll er sich mir ergeben?
Die Deinen freilich können müßig ruhn,
Doch wer mir folgt, hat immer was zu tun.
Nicht insgeheim vollführ' ich meine Taten,
Ich atme nur, und schon bin ich verraten.
So lebe wohl! Du gönnst mir ja mein Glück;
Doch lisple leis', und gleich bin ich zurück. *Ab, wie er kam.*
PLUTUS. Nun ist es Zeit, die Schätze zu entfesseln!
Die Schlösser treff' ich mit des Herolds Rute.
Es tut sich auf! schaut her! in ehrnen Kesseln
Entwickelt sich's und wallt von goldnem Blute,
Zunächst der Schmuck von Kronen, Ketten, Ringen;
Es schwillt und droht, ihn schmelzend zu verschlingen.
WECHSELGESCHREI DER MENGE.
Seht hier, o hin! wie's reichlich quillt,
Die Kiste bis zum Rande füllt. –
Gefäße, goldne, schmelzen sich,
Gemünzte Rollen wälzen sich. –
Dukaten hüpfen wie geprägt,
O wie mir das den Busen regt –
Wie schau' ich alle mein Begehr!

Da kollern sie am Boden her. –
Man bietet's euch, benutzt's nur gleich
Und bückt euch nur und werdet reich. –
Wir andern, rüstig wie der Blitz,
Wir nehmen den Koffer in Besitz.
HEROLD. Was soll's, ihr Toren? soll mir das?
Es ist ja nur ein Maskenspaß.
Heut abend wird nicht mehr begehrt;
Glaubt ihr, man geb' euch Gold und Wert?
Sind doch für euch in diesem Spiel
Selbst Rechenpfennige zuviel.
Ihr Täppischen! ein artiger Schein
Soll gleich die plumpe Wahrheit sein.
Was soll euch Wahrheit? – Dumpfen Wahn
Packt ihr an allen Zipfeln an. –
Vermummter Plutus, Maskenheld,
Schlag dieses Volk mir aus dem Feld.
PLUTUS. Dein Stab ist wohl dazu bereit,
Verleih ihn mir auf kurze Zeit. –
Ich tauch' ihn rasch in Sud und Glut. –
Nun, Masken, seid auf eurer Hut!
Wie's blitzt und platzt, in Funken sprüht!
Der Stab, schon ist er angeglüht.
Wer sich zu nah herangedrängt,
Ist unbarmherzig gleich versengt. –
Jetzt fang' ich meinen Umgang an.
GESCHREI UND GEDRÄNG.
O weh! Es ist um uns getan. –
Entfliehe, wer entfliehen kann! –
Zurück, zurück, du Hintermann! –
Mir sprüht es heiß ins Angesicht. –
Mich drückt des glühenden Stabs Gewicht –
Verloren sind wir all' und all'. –
Zurück, zurück, du Maskenschwall!
Zurück, zurück, unsinniger Hauf! –
O hätt' ich Flügel, flög' ich auf. –

PLUTUS. Schon ist der Kreis zurückgedrängt,
Und niemand, glaub' ich, ist versengt.
Die Menge weicht,
Sie ist verscheucht. –
Doch solcher Ordnung Unterpfand
Zieh' ich ein unsichtbares Band.
HEROLD. Du hast ein herrlich Werk vollbracht,
Wie dank' ich deiner klugen Macht!
PLUTUS. Noch braucht es, edler Freund, Geduld:
Es droht noch mancherlei Tumult.
GEIZ. So kann man doch, wenn es beliebt,
Vergnüglich diesen Kreis beschauen;
Denn immerfort sind vornenan die Frauen,
Wo's was zu gaffen, was zu naschen gibt.
Noch bin ich nicht so völlig eingerostet!
Ein schönes Weib ist immer schön;
Und heute, weil es mich nichts kostet,
So wollen wir getrost sponsieren gehn.
Doch weil am überfüllten Orte
Nicht jedem Ohr vernehmlich alle Worte,
Versuch' ich klug und hoff', es soll mir glücken,
Mich pantomimisch deutlich auszudrücken.
Hand, Fuß, Gebärde reicht mir da nicht hin,
Da muss ich mich um einen Schwank bemühn.
Wie feuchten Ton will ich das Gold behandeln,
Denn dies Metall lässt sich in alles wandeln.
HEROLD. Was fängt der an, der magre Tor!
Hat so ein Hungermann Humor?
Er knetet alles Gold zu Teig,
Ihm wird es untern Händen weich;
Wie er es drückt und wie es ballt,
Bleibt's immer doch nur ungestalt.
Er wendet sich zu den Weibern dort,
Sie schreien alle, möchten fort,
Gebärden sich gar widerwärtig;
Der Schalk erweist sich übelfertig.

Ich fürchte, dass er sich ergetzt,
Wenn er die Sittlichkeit verletzt.
Dazu darf ich nicht schweigsam bleiben,
Gib meinen Stab, ihn zu vertreiben.
PLUTUS. Er ahnet nicht, was uns von außen droht;
Lass ihn die Narrenteidung treiben!
Ihm wird kein Raum für seine Possen bleiben;
Gesetz ist mächtig, mächtiger ist die Not.
GETÜMMEL UND GESANG.
Das wilde Heer, es kommt zumal
Von Bergeshöh' und Waldestal,
Unwiderstehlich schreitet's an:
Sie feiern ihren großen Pan.
Sie wissen doch, was keiner weiß,
Und drängen in den leeren Kreis.
PLUTUS. Ich kenn' euch wohl und euren großen Pan!
Zusammen habt ihr kühnen Schritt getan.
Ich weiß recht gut, was nicht ein jeder weiß,
Und öffne schuldig diesen engen Kreis.
Mag sie ein gut Geschick begleiten!
Das Wunderlichste kann geschehn;
Sie wissen nicht, wohin sie schreiten,
Sie haben sich nicht vorgesehn.
WILDGESANG.
Geputztes Volk du, Flitterschau!
Sie kommen roh, sie kommen rauh,
In hohem Sprung, in raschem Lauf,
Sie treten derb und tüchtig auf.
FAUNEN. Die Faunenschar
Im lustigen Tanz,
Den Eichenkranz
Im krausen Haar,
Ein feines zugespitztes Ohr
Dringt an dem Lockenkopf hervor,
Ein stumpfes Näschen, ein breit Gesicht,
Das schadet alles bei Frauen nicht:

Dem Faun, wenn er die Patsche reicht,
Versagt die Schönste den Tanz nicht leicht.
SATYR. Der Satyr hüpft nun hinterdrein
Mit Ziegenfuß und dürrem Bein,
Ihm sollen sie mager und sehnig sein,
Und gemsenartig auf Bergeshöhn
Belustigt er sich, umherzusehn.
In Freiheitsluft erquickt alsdann,
Verhöhnt er Kind und Weib und Mann,
Die tief in Tales Dampf und Rauch
Behaglich meinen, sie lebten auch,
Da ihm doch rein und ungestört
Die Welt dort oben allein gehört.
GNOMEN. Da trippelt ein die kleine Schar,
Sie hält nicht gern sich Paar und Paar;
Im moosigen Kleid mit Lämplein hell
Bewegt sich's durcheinander schnell,
Wo jedes für sich selber schafft,
Wie Leucht-Ameisen wimmelhaft;
Und wuselt emsig hin und her,
Beschäftigt in die Kreuz und Quer.
Den frommen Gütchen nah verwandt,
Als Felschirurgen wohlbekannt;
Die hohen Berge schröpfen wir,
Aus vollen Adern schöpfen wir;
Metalle stürzen wir zuhauf,
Mit Gruß getrost: Glück auf! Glück auf!
Das ist von Grund aus wohlgemeint:
Wir sind der guten Menschen Freund.
Doch bringen wir das Gold zu Tag,
Damit man stehlen und kuppeln mag,
Nicht Eisen fehle dem stolzen Mann,
Der allgemeinen Mord ersann.
Und wer die drei Gebot' veracht't,
Sich auch nichts aus den andern macht.
Das alles ist nicht unsre Schuld;

Drum habt so fort, wie wir, Geduld.
RIESEN. Die wilden Männer sind s' genannt,
Am Harzgebirge wohlbekannt;
Natürlich nackt in aller Kraft,
Sie kommen sämtlich riesenhaft.
Den Fichtenstamm in rechter Hand
Und um den Leib ein wulstig Band,
Den derbsten Schurz von Zweig und Blatt,
Leibwache, wie der Papst nicht hat.
NYMPHEN IM CHOR. *Sie umschließen den großen Pan.*
Auch kommt er an! –
Das All der Welt
Wird vorgestellt
Im großen Pan.
Ihr Heitersten, umgebet ihn,
Im Gaukeltanz umschwebet ihn:
Denn weil er ernst und gut dabei,
So will er, dass man fröhlich sei.
Auch unterm blauen Wölbedach
Verhielt' er sich beständig wach;
Doch rieseln ihm die Bäche zu,
Und Lüftlein wiegen ihn mild in Ruh.
Und wenn er zu Mittage schläft,
Sich nicht das Blatt am Zweige regt;
Gesunder Pflanzen Balsamduft
Erfüllt die schweigsam stille Luft;
Die Nymphe darf nicht munter sein,
Und wo sie stand, da schläft sie ein.
Wenn unerwartet mit Gewalt
Dann aber seine Stimm' erschallt,
Wie Blitzes Knattern, Meergebraus,
Dann niemand weiß, wo ein noch aus,
Zerstreut sich tapfres Heer im Feld,
Und im Getümmel bebt der Held.
So Ehre dem, dem Ehre gebührt,
Und Heil ihm, der uns hergeführt!

DEPUTATION DER GNOMEN *an den großen Pan.*
Wenn das glänzend reiche Gute
Fadenweis durch Klüfte streicht,
Nur der klugen Wünschelrute
Seine Labyrinthe zeigt,

Wölben wir in dunklen Grüften
Troglodytisch unser Haus,
Und an reinen Tageslüften
Teilst du Schätze gnädig aus.

Nun entdecken wir hieneben
Eine Quelle wunderbar,
Die bequem verspricht zu geben,
Was kaum zu erreichen war.

Dies vermagst du zu vollenden,
Nimm es, Herr, in deine Hut:
Jeder Schatz in deinen Händen
Kommt der ganzen Welt zugut.
PLUTUS *zum Herold.* Wir müssen uns im hohen Sinne fassen
Und, was geschieht, getrost geschehen lassen,
Du bist ja sonst des stärksten Mutes voll.
Nun wird sich gleich ein Greulichstes eräugnen,
Hartnäckig wird es Welt und Nachwelt leugnen:
Du schreib es treulich in dein Protokoll.
HEROLD
den Stab anfassend, welchen Plutus in der Hand behält.
Die Zwerge führen den großen Pan
Zur Feuerquelle sacht heran;
Sie siedet auf vom tiefsten Schlund,
Dann sinkt sie wieder hinab zum Grund,
Und finster steht der offne Mund;
Wallt wieder auf in Glut und Sud,
Der große Pan steht wohlgemut,
Freut sich des wundersamen Dings,

Und Perlenschaum sprüht rechts und links.
Wie mag er solchem Wesen traun?
Er bückt sich tief hineinzuschaun. –
Nun aber fällt sein Bart hinein! –
Wer mag das glatte Kinn wohl sein?
Die Hand verbirgt es unserm Blick. –
Nun folgt ein großes Ungeschick:
Der Bart entflammt und fliegt zurück,
Entzündet Kranz und Haupt und Brust,
Zu Leiden wandelt sich die Lust. –
Zu löschen läuft die Schar herbei,
Doch keiner bleibt von Flammen frei,
Und wie es patscht und wie es schlägt,
Wird neues Flammen aufgeregt;
Verflochten in das Element,
Ein ganzer Maskenklump verbrennt.

Was aber, hör' ich, wird uns kund
Von Ohr zu Ohr, von Mund zu Mund!
O ewig unglücksel'ge Nacht,
Was hast du uns für Leid gebracht!
Verkünden wird der nächste Tag,
Was niemand willig hören mag;
Doch hör' ich aller Orten schrein:
»Der Kaiser leidet solche Pein.«
O wäre doch ein andres wahr!
Der Kaiser brennt und seine Schar.
Sie sei verflucht, die ihn verführt,
In harzig Reis sich eingeschnürt,
Zu toben her mit Brüllgesang
Zu allerseitigem Untergang.
O Jugend, Jugend, wirst du nie
Der Freude reines Maß bezirken?
O Hoheit, Hoheit, wirst du nie
Vernünftig wie allmächtig wirken?

Schon geht der Wald in Flammen auf,
Sie züngeln leckend spitz hinauf
Zum holzverschränkten Deckenband;
Uns droht ein allgemeiner Brand.
Des Jammers Maß ist übervoll,
Ich weiß nicht, wer uns retten soll.
Ein Aschenhaufen einer Nacht
Liegt morgen reiche Kaiserpracht.

PLUTUS.
Schrecken ist genug verbreitet,
Hilfe sei nun eingeleitet! –
Schlage, heil'gen Stabs Gewalt,
Dass der Boden bebt und schallt!
Du, geräumig weite Luft,
Fülle dich mit kühlem Duft!
Zieht heran, umherzuschweifen,
Nebeldünste, schwangre Streifen,
Deckt ein flammendes Gewühl!
Rieselt, säuselt, Wölkchen kräuselt,
Schlüpfet wallend, leise dämpfet,
Löschend überall bekämpfet,
Ihr, die lindernden, die feuchten,
Wandelt in ein Wetterleuchten
Solcher eitlen Flamme Spiel! –
Drohen Geister, uns zu schädigen,
Soll sich die Magie betätigen.

Lustgarten

Morgensonne.

DER KAISER, HOFLEUTE · FAUST,
MEPHISTOPHELES, *anständig,*
nicht auffallend, nach Sitte gekleidet; beide knieen.

FAUST. Verzeihst du, Herr, das Flammengaukelspiel?

KAISER *zum Aufstehn winkend.*
Ich wünsche mir dergleichen Scherze viel. –
Auf einmal sah ich mich in glühnder Sphäre,
Es schien mir fast, als ob ich Pluto wäre.
Aus Nacht und Kohlen lag ein Felsengrund,
Von Flämmchen glühend. Dem und jenem Schlund
Aufwirbelten viel tausend wilde Flammen
Und flackerten in ein Gewölb' zusammen.
Zum höchsten Dome züngelt' es empor,
Der immer ward und immer sich verlor.
Durch fernen Raum gewundner Feuersäulen
Sah ich bewegt der Völker lange Zeilen,
Sie drängten sich im weiten Kreis heran
Und huldigten, wie sie es stets getan.
Von meinem Hof erkannt' ich ein und andern,
Ich schien ein Fürst von tausend Salamandern.
MEPHISTOPHELES. Das bist du, Herr! weil jedes Element
Die Majestät als unbedingt erkennt.
Gehorsam Feuer hast du nun erprobt;
Wirf dich ins Meer, wo es am wildsten tobt,
Und kaum betrittst du perlenreichen Grund,
So bildet wallend sich ein herrlich Rund;
Siehst auf und ab lichtgrüne schwanke Wellen,
Mit Purpursaum, zur schönsten Wohnung schwellen
Um dich, den Mittelpunkt. Bei jedem Schritt,
Wohin du gehst, gehn die Paläste mit.
Die Wände selbst erfreuen sich des Lebens,
Pfeilschnellen Wimmlens, Hin- und Widerstrebens.
Meerwunder drängen sich zum neuen milden Schein,
Sie schießen an, und keines darf herein.
Da spielen farbig goldbeschuppte Drachen,
Der Haifisch klafft, du lachst ihm in den Rachen.
Wie sich auch jetzt der Hof um dich entzückt,
Hast du doch nie ein solch Gedräng' erblickt.
Doch bleibst du nicht vom Lieblichsten geschieden:
Es nahen sich neugierige Nereiden

Der prächt'gen Wohnung in der ew'gen Frische,
Die jüngsten scheu und lüstern wie die Fische,
Die spätern klug. Schon wird es Thetis kund,
Dem zweiten Peleus reicht sie Hand und Mund. –
Den Sitz alsdann auf des Olymps Revier …
KAISER. Die luft'gen Räume, die erlass' ich dir:
Noch früh genug besteigt man jenen Thron.
MEPHISTOPHELES.
Und, höchster Herr! die Erde hast du schon.
KAISER. Welch gut Geschick hat dich hieher gebracht,
Unmittelbar aus Tausend Einer Nacht?
Gleichst du an Fruchtbarkeit Scheherazaden,
Versichr' ich dich der höchsten aller Gnaden.
Sei stets bereit, wenn eure Tageswelt,
Wie's oft geschieht, mir widerlichst missfällt.
MARSCHALK *tritt eilig auf.*
Durchlauchtigster, ich dacht' in meinem Leben
Vom schönsten Glück Verkündung nicht zu geben
Als diese, die mich hoch beglückt,
In deiner Gegenwart entzückt:
Rechnung für Rechnung ist berichtigt,
Die Wucherklauen sind beschwichtigt,
Los bin ich solcher Höllenpein;
Im Himmel kann's nicht heitrer sein.
HEERMEISTER *folgt eilig.*
Abschläglich ist der Sold entrichtet,
Das ganze Heer aufs neu' verpflichtet,
Der Landsknecht fühlt sich frisches Blut,
Und Wirt und Dirnen haben's gut.
KAISER. Wie atmet eure Brust erweitert!
Das faltige Gesicht erheitert!
Wie eilig tretet ihr heran!
SCHATZMEISTER *der sich einfindet.*
Befrage diese, die das Werk getan.
FAUST. Dem Kanzler ziemt's, die Sache vorzutragen.
KANZLER, *der langsam herankommt.*

Beglückt genug in meinen alten Tagen. –
So hört und schaut das schicksalschwere Blatt,
Das alles Weh in Wohl verwandelt hat.
Er liest. »Zu wissen sei es jedem, der's begehrt:
Der Zettel hier ist tausend Kronen wert.
Ihm liegt gesichert, als gewisses Pfand,
Unzahl vergrabnen Guts im Kaiserland.
Nun ist gesorgt, damit der reiche Schatz,
Sogleich gehoben, diene zum Ersatz.«
KAISER. Ich ahne Frevel, ungeheuren Trug!
Wer fälschte hier des Kaisers Namenszug?
Ist solch Verbrechen ungestraft geblieben?
SCHATZMEISTER. Erinnre dich! hast selbst es unterschrieben;
Erst heute nacht. Du standst als großer Pan,
Der Kanzler sprach mit uns zu dir heran:
»Gewähre dir das hohe Festvergnügen,
Des Volkes Heil, mit wenig Federzügen.«
Du zogst sie rein, dann ward's in dieser Nacht
Durch Tausendkünstler schnell vertausendfacht.
Damit die Wohltat allen gleich gedeihe,
So stempelten wir gleich die ganze Reihe,
Zehn, Dreißig, Fünfzig, Hundert sind parat.
Ihr denkt euch nicht, wie wohl's dem Volke tat.
Seht eure Stadt, sonst halb im Tod verschimmelt,
Wie alles lebt und lustgenießend wimmelt!
Obschon dein Name längst die Welt beglückt,
Man hat ihn nie so freundlich angeblickt.
Das Alphabet ist nun erst überzählig,
In diesem Zeichen wird nun jeder selig
KAISER. Und meinen Leuten gilt's für gutes Gold?
Dem Heer, dem Hofe gnügt's zu vollem Sold?
So sehr mich's wundert, muss ich's gelten lassen.
MARSCHALK. Unmöglich wär's, die Flüchtigen einzufassen;
Mit Blitzeswink zerstreute sich's im Lauf.

Die Wechslerbänke stehen sperrig auf:
Man honoriert daselbst ein jedes Blatt
Durch Gold und Silber, freilich mit Rabatt.
Nun geht's von da zum Fleischer, Bäcker, Schenken;
Die halbe Welt scheint nur an Schmaus zu denken,
Wenn sich die andre neu in Kleidern bläht.
Der Krämer schneidet aus, der Schneider näht.
Bei »Hoch dem Kaiser!« sprudelt's in den Kellern,
Dort kocht's und brät's und klappert mit den Tellern.

MEPHISTOPHELES.
Wer die Terrassen einsam abspaziert,
Gewahrt die Schönste, herrlich aufgeziert,
Ein Aug' verdeckt vom stolzen Pfauenwedel,
Sie schmunzelt uns und blickt nach solcher Schedel;
Und hurt'ger als durch Witz und Redekunst
Vermittelt sich die reichste Liebesgunst.
Man wird sich nicht mit Börs' und Beutel plagen,
Ein Blättchen ist im Busen leicht zu tragen,
Mit Liebesbrieflein paart's bequem sich hier.
Der Priester trägt's andächtig im Brevier,
Und der Soldat, um rascher sich zu wenden,
Erleichtert schnell den Gürtel seiner Lenden.
Die Majestät verzeihe, wenn ins Kleine
Das hohe Werk ich zu erniedern scheine.

FAUST. Das Übermaß der Schätze, das, erstarrt,
In deinen Landen tief im Boden harrt,
Liegt ungenutzt. Der weiteste Gedanke
Ist solchen Reichtums kümmerlichste Schranke;
Die Phantasie, in ihrem höchsten Flug,
Sie strengt sich an und tut sich nie genug.
Doch fassen Geister, würdig, tief zu schauen,
Zum Grenzenlosen grenzenlos Vertrauen.

MEPHISTOPHELES.
Ein solch Papier, an Gold und Perlen Statt,
Ist so bequem, man weiß doch, was man hat;
Man braucht nicht erst zu markten, noch zu tauschen,

Kann sich nach Lust in Lieb' und Wein berauschen.
Will man Metall, ein Wechsler ist bereit,
Und fehlt es da, so gräbt man eine Zeit.
Pokal und Kette wird verauktioniert,
Und das Papier, sogleich amortisiert,
Beschämt den Zweifler, der uns frech verhöhnt.
Man will nichts anders, ist daran gewöhnt.
So bleibt von nun an allen Kaiserlanden
An Kleinod, Gold, Papier genug vorhanden.

KAISER. Das hohe Wohl verdankt euch unser Reich;
Wo möglich sei der Lohn dem Dienste gleich.
Vertraut sei euch des Reiches innrer Boden,
Ihr seid der Schätze würdigste Kustoden.
Ihr kennt den weiten, wohlverwahrten Hort,
Und wenn man gräbt, so sei's auf euer Wort.
Vereint euch nun, ihr Meister unsres Schatzes,
Erfüllt mit Lust die Würden eures Platzes,
Wo mit der obern sich die Unterwelt,
In Einigkeit beglückt, zusammenstellt.

SCHATZMEISTER.
Soll zwischen uns kein fernster Zwist sich regen,
Ich liebe mir den Zaubrer zum Kollegen. *Ab mit Faust.*

KAISER. Beschenk' ich nun bei Hofe Mann für Mann,
Gesteh' er mir, wozu er's brauchen kann.

PAGE *empfangend.* Ich lebe lustig, heiter, guter Dinge.

EIN ANDRER *gleichfalls.*
Ich schaffe gleich dem Liebchen Kett' und Ringe.

KÄMMERER *annehmend.*
Von nun an trink' ich doppelt bessre Flasche.

EIN ANDRER *gleichfalls.*
Die Würfel jucken mich schon in der Tasche.

BANNERHERR *mit Bedacht.*
Mein Schloss und Feld, ich mach' es schuldenfrei.

EIN ANDRER *gleichfalls.*
Es ist ein Schatz, den leg' ich Schätzen bei.

KAISER. Ich hoffte Lust und Mut zu neuen Taten;

Doch wer euch kennt, der wird euch leicht erraten.
Ich merk' es wohl: bei aller Schätze Flor,
Wie ihr gewesen, bleibt ihr nach wie vor.
NARR, *herbeikommend.*
Ihr spendet Gnaden, gönnt auch mir davon!
KAISER. Und lebst du wieder, du vertrinkst sie schon.
NARR. Die Zauberblätter! ich versteh's nicht recht.
KAISER. Das glaub' ich wohl, denn du gebrauchst sie schlecht.
NARR. Da fallen andere; weiß nicht, was ich tu'.
KAISER. Nimm sie nur hin, sie fielen dir ja zu. *Ab.*
NARR. Fünftausend Kronen wären mir zu Handen!
MEPH. Zweibeiniger Schlauch, bist wieder auferstanden?
NARR. Geschieht mir oft, doch nicht so gut als jetzt.
MEPH. Du freust dich so, dass dich's in Schweiß versetzt.
NARR. Da seht nur her, ist das wohl Geldes wert?
MEPH. Du hast dafür, was Schlund und Bauch begehrt.
NARR. Und kaufen kann ich Acker, Haus und Vieh?
MEPHISTOPHELES. Versteht sich! Biete nur, das fehlt dir nie.
NARR. Und Schloss, mit Wald und Jagd und Fischbach?
MEPHISTOPHELES. Traun!
Ich möchte dich gestrengen Herrn wohl schaun!
NARR. Heut abend wieg' ich mich im Grundbesitz! – *Ab.*
MEPHISTOPHELES *solus.*
Wer zweifelt noch an unsres Narren Witz!

Finstere Galerie

FAUST. MEPHISTOPHELES.

MEPHISTOPHELES. Was ziehst du mich in diese düstern Gänge?
Ist nicht da drinnen Lust genug,
Im dichten, bunten Hofgedränge
Gelegenheit zu Spaß und Trug?
FAUST. Sag mir das nicht, du hast's in alten Tagen

Längst an den Sohlen abgetragen;
Doch jetzt dein Hin- und Widergehn
Ist nur, um mir nicht Wort zu stehn.
Ich aber bin gequält zu tun:
Der Marschalk und der Kämmrer treibt mich nun.
Der Kaiser will, es muss sogleich geschehn,
Will Helena und Paris vor sich sehn;
Das Musterbild der Männer so der Frauen
In deutlichen Gestalten will er schauen.
Geschwind ans Werk! ich darf mein Wort nicht brechen.

MEPHISTOPHELES.
Unsinnig war's, leichtsinnig zu versprechen.

FAUST. Du hast, Geselle, nicht bedacht,
Wohin uns deine Künste führen;
Erst haben wir ihn reich gemacht,
Nun sollen wir ihn amüsieren.

MEPHISTOPHELES. Du wähnst, es füge sich sogleich;
Hier stehen wir vor steilern Stufen,
Greifst in ein fremdestes Bereich,
Machst frevelhaft am Ende neue Schulden,
Denkst Helenen so leicht hervorzurufen
Wie das Papiergespenst der Gulden. –
Mit Hexen-Fexen, mit Gespenst-Gespinsten,
Kielkröpfigen Zwergen steh' ich gleich zu Diensten;
Doch Teufels-Liebchen, wenn auch nicht zu schelten,
Sie können nicht für Heroinen gelten.

FAUST. Da haben wir den alten Leierton!
Bei dir gerät man stets ins Ungewisse.
Der Vater bist du aller Hindernisse,
Für jedes Mittel willst du neuen Lohn.
Mit wenig Murmeln, weiß ich, ist's getan;
Wie man sich umschaut, bringst du sie zur Stelle.

MEPHISTOPHELES. Das Heidenvolk geht mich nichts an,
Es haust in seiner eignen Hölle;
Doch gibt's ein Mittel.

FAUST. Sprich, und ohne Säumnis!

MEPHISTOPHELES. Ungern entdeck' ich höheres Geheim-
nis.
Göttinnen thronen hehr in Einsamkeit,
Um sie kein Ort, noch weniger eine Zeit;
Von ihnen sprechen ist Verlegenheit.
Die *Mütter* sind es!
FAUST, *aufgeschreckt*. Mütter!
MEPHISTOPHELES. Schaudert's dich?
FAUST. Die Mütter! Mütter! – 's klingt so wunderlich!
MEPHISTOPHELES. Das ist es auch. Göttinnen, ungekannt
Euch Sterblichen, von uns nicht gern genannt.
Nach ihrer Wohnung magst ins Tiefste schürfen;
Du selbst bist schuld, dass ihrer wir bedürfen.
FAUST. Wohin der Weg?
MEPHISTOPHELES. Kein Weg! Ins Unbetretene,
Nicht zu Betretende; ein Weg ans Unerbetene,
Nicht zu Erbittende. Bist du bereit? –
Nicht Schlösser sind, nicht Riegel wegzuschieben,
Von Einsamkeiten wirst umhergetrieben.
Hast du Begriff von Öd' und Einsamkeit?
FAUST. Du spartest, dächt' ich, solche Sprüche;
Hier wittert's nach der Hexenküche,
Nach einer längst vergangnen Zeit.
Musst' ich nicht mit der Welt verkehren?
Das Leere lernen, Leeres lehren? –
Sprach ich vernünftig, wie ich's angeschaut,
Erklang der Widerspruch gedoppelt laut;
Musst' ich sogar vor widerwärtigen Streichen
Zur Einsamkeit, zur Wildernis entweichen
Und, um nicht ganz versäumt allein zu leben,
Mich doch zuletzt dem Teufel übergeben.
MEPHISTOPHELES.
Und hättest du den Ozean durchschwommen,
Das Grenzenlose dort geschaut,
So sähst du dort doch Well' auf Welle kommen,
Selbst wenn es dir vorm Untergange graut.

Du sähst doch etwas. Sähst wohl in der Grüne
Gestillter Meere streichende Delphine;
Sähst Wolken ziehen, Sonne, Mond und Sterne –
Nichts wirst du sehn in ewig leerer Ferne,
Den Schritt nicht hören, den du tust,
Nichts Festes finden, wo du ruhst.
FAUST. Du sprichst als erster aller Mystagogen,
Die treue Neophyten je betrogen;
Nur umgekehrt. Du sendest mich ins Leere,
Damit ich dort so Kunst als Kraft vermehre;
Behandelst mich, dass ich, wie jene Katze,
Dir die Kastanien aus den Gluten kratze.
Nur immer zu! wir wollen es ergründen,
In deinem Nichts hoff' ich das All zu finden.
MEPH. Ich rühme dich, eh' du dich von mir trennst,
Und sehe wohl, dass du den Teufel kennst;
Hier diesen Schlüssel nimm.
FAUST. Das kleine Ding!
MEPH. Erst fass ihn an und schätz ihn nicht gering.
FAUST. Er wächst in meiner Hand! er leuchtet, blitzt!
MEPH. Merkst du nun bald, was man an ihm besitzt?
Der Schlüssel wird die rechte Stelle wittern,
Folg ihm hinab, er führt dich zu den Müttern.
FAUST *schaudernd.*
Den Müttern! Trifft's mich immer wie ein Schlag!
Was ist das Wort, das ich nicht hören mag?
MEPH. Bist du beschränkt, dass neues Wort dich stört?
Willst du nur hören, was du schon gehört?
Dich störe nichts, wie es auch weiter klinge,
Schon längst gewohnt der wunderbarsten Dinge.
FAUST. Doch im Erstarren such' ich nicht mein Heil,
Das Schaudern ist der Menschheit bestes Teil;
Wie auch die Welt ihm das Gefühl verteure,
Ergriffen, fühlt er tief das Ungeheure.
MEPH. Versinke denn! Ich könnt' auch sagen: steige!
's ist einerlei. Entfliehe dem Entstandnen

In der Gebilde losgebundne Reiche!
Ergetze dich am längst nicht mehr Vorhandnen;
Wie Wolkenzüge schlingt sich das Getreibe,
Den Schlüssel schwinge, halte sie vom Leibe!
FAUST *begeistert.* Wohl! fest ihn fassend fühl' ich neue Stärke,
Die Brust erweitert, hin zum großen Werke.
MEPH. Ein glühnder Dreifuß tut dir endlich kund,
Du seist im tiefsten, allertiefsten Grund.
Bei seinem Schein wirst du die Mütter sehn,
Die einen sitzen, andre stehn und gehn,
Wie's eben kommt. Gestaltung, Umgestaltung,
Des ewigen Sinnes ewige Unterhaltung.
Umschwebt von Bildern aller Kreatur;
Sie sehn dich nicht, denn Schemen sehn sie nur.
Da fass ein Herz, denn die Gefahr ist groß,
Und gehe grad' auf jenen Dreifuß los,
Berühr ihn mit dem Schlüssel!
FAUST *macht eine entschieden gebietende Attitüde mit dem Schlüssel.*
MEPHISTOPHELES *ihn betrachtend.* So ist's recht!
Er schließt sich an, er folgt als treuer Knecht;
Gelassen steigst du, dich erhebt das Glück,
Und eh' sie's merken, bist mit ihm zurück.
Und hast du ihn einmal hierher gebracht,
So rufst du Held und Heldin aus der Nacht,
Der erste, der sich jener Tat erdreistet;
Sie ist getan, und du hast es geleistet.
Dann muss fortan, nach magischem Behandeln,
Der Weihrauchsnebel sich in Götter wandeln.
FAUST. Und nun was jetzt?
MEPHISTOPHELES. Dein Wesen strebe nieder;
Versinke stampfend, stampfend steigst du wieder.
FAUST *stampft und versinkt.*
MEPH. Wenn ihm der Schlüssel nur zum besten frommt!
Neugierig bin ich, ob er wiederkommt.

Hell erleuchtete Säle

KAISER *und* FÜRSTEN, *Hof in Bewegung.*

KÄMMERER *zu Mephistopheles.*
Ihr seid uns noch die Geisterszene schuldig;
Macht Euch daran! der Herr ist ungeduldig.
MARSCHALK. Soeben fragt der Gnädigste darnach;
Ihr! zaudert nicht der Majestät zur Schmach.
MEPHISTOPHELES.
Ist mein Kumpan doch deshalb weggegangen;
Er weiß schon, wie es anzufangen,
Und laboriert verschlossen still,
Muss ganz besonders sich befleißen;
Denn wer den Schatz, das Schöne, heben will,
Bedarf der höchsten Kunst, Magie der Weisen.
MARSCHALK. Was ihr für Künste braucht, ist einerlei:
Der Kaiser will, dass alles fertig sei.
BLONDINE *zu Mephistopheles.*
Ein Wort, mein Herr! Ihr seht ein klar Gesicht,
Jedoch so ist's im leidigen Sommer nicht!
Da sprossen hundert bräunlich rote Flecken,
Die zum Verdruss die weiße Haut bedecken.
Ein Mittel!
MEPHISTOPHELES. Schade! so ein leuchtend Schätzchen
Im Mai getupft wie eure Pantherkätzchen.
Nehmt Froschlaich, Krötenzungen, kohobiert,
Im vollsten Mondlicht sorglich distilliert
Und, wenn er abnimmt, reinlich aufgestrichen,
Der Frühling kommt, die Tupfen sind entwichen.
BRAUNE. Die Menge drängt heran, Euch zu umschranzen.
Ich bitt' um Mittel! Ein erfrorner Fuß
Verhindert mich am Wandeln wie am Tanzen,
Selbst ungeschickt beweg' ich mich zum Gruß.
MEPHISTOPHELES. Erlaubet einen Tritt von meinem Fuß.
braune. Nun, das geschieht wohl unter Liebesleuten.

MEPH. Mein Fußtritt, Kind! hat Größres zu bedeuten.
Zu Gleichem Gleiches, was auch einer litt;
Fuß heilet Fuß, so ist's mit allen Gliedern.
Heran! Gebt acht! Ihr sollt es nicht erwidern.
BRAUNE *schreiend.*
Weh! Weh! das brennt! das war ein harter Tritt,
Wie Pferdehuf.
MEPHISTOPHELES. Die Heilung nehmt Ihr mit.
Du kannst nunmehr den Tanz nach Lust verüben,
Bei Tafel schwelgend füßle mit dem Lieben.
DAME *herandringend.*
Lasst mich hindurch! Zu groß sind meine Schmerzen,
Sie wühlen siedend mir im tiefsten Herzen;
Bis gestern sucht' Er Heil in meinen Blicken,
Er schwatzt mit ihr und wendet mir den Rücken.
MEPHISTOPHELES. Bedenklich ist es, aber höre mich.
An ihn heran musst du dich leise drücken;
Nimm diese Kohle, streich ihm einen Strich
Auf Ärmel, Mantel, Schulter, wie sich's macht;
Er fühlt im Herzen holden Reuestich.
Die Kohle doch musst du sogleich verschlingen,
Nicht Wein, nicht Wasser an die Lippen bringen;
Er seufzt vor deiner Tür noch heute nacht.
DAME. Ist doch kein Gift?
MEPHISTOPHELES *entrüstet.* Respekt, wo sich's gebührt!
Weit müsstet Ihr nach solcher Kohle laufen;
Sie kommt von einem Scheiterhaufen,
Den wir sonst emsiger angeschürt.
PAGE. Ich bin verliebt, man hält mich nicht für voll.
MEPHISTOPHELES *beiseite.*
Ich weiß nicht mehr, wohin ich hören soll.
Zum Pagen. *Müsst Euer Glück nicht auf die Jüngste setzen.*
Die Angejahrten wissen Euch zu schätzen. –
Andere drängen sich herzu
Schon wieder Neue! Welch ein harter Strauß!
Ich helfe mir zuletzt mit Wahrheit aus;

Der schlechteste Behelf! Die Not ist groß. –
O Mütter, Mütter! Lasst nur Fausten los! Umherschauend.
Die Lichter brennen trübe schon im Saal,
Der ganze Hof bewegt sich auf einmal.
Anständig seh' ich sie in Folge ziehn
Durch lange Gänge, ferne Galerien.
Nun! sie versammeln sich im weiten Raum
Des alten Rittersaals, er fasst sie kaum.
Auf breite Wände Teppiche spendiert,
Mit Rüstung Eck' und Nischen ausgeziert.
Hier braucht es, dächt' ich, keine Zauberworte;
Die Geister finden sich von selbst zum Orte.

Rittersaal

Dämmernde Beleuchtung.

KAISER *und* HOF *sind eingezogen.*

HEROLD. Mein alt Geschäft, das Schauspiel anzukünden,
Verkümmert mir der Geister heimlich Walten;
Vergebens wagt man, aus verständigen Gründen
Sich zu erklären das verworrene Schalten.
Die Sessel sind, die Stühle schon zur Hand;
Den Kaiser setzt man grade vor die Wand;
Auf den Tapeten mag er da die Schlachten
Der großen Zeit bequemlichstens betrachten.
Hier sitzt nun alles, Herr und Hof im Runde,
Die Bänke drängen sich im Hintergrunde;
Auch Liebchen hat, in düstern Geisterstunden,
Zur Seite Liebchens lieblich Raum gefunden.
Und so, da alle schicklich Platz genommen,
Sind wir bereit; die Geister mögen kommen! Posaunen.
ASTROLOG. Beginne gleich das Drama seinen Lauf,
Der Herr befiehlt's, ihr Wände tut euch auf!
Nichts hindert mehr, hier ist Magie zur Hand:

Die Teppiche schwinden, wie gerollt vom Brand;
Die Mauer spaltet sich, sie kehrt sich um,
Ein tief Theater scheint sich aufzustellen,
Geheimnisvoll ein Schein uns zu erhellen,
Und ich besteige das Proszenium.

MEPHISTOPHELES, *aus dem Souffleurloche auftauchend.*
Von hier aus hoff' ich allgemeine Gunst,
Einbläsereien sind des Teufels Redekunst.
Zum Astrologen.
Du kennst den Takt, in dem die Sterne gehn,
Und wirst mein Flüstern meisterlich verstehn.

ASTROLOG. Durch Wunderkraft erscheint allhier zur Schau,
Massiv genug, ein alter Tempelbau.
Dem Atlas gleich, der einst den Himmel trug,
Stehn reihenweis der Säulen hier genug;
Sie mögen wohl der Felsenlast genügen,
Da zweie schon ein groß Gebäude trügen.

ARCHITEKT. Das wär' antik! Ich wüsst' es nicht zu preisen,
Es sollte plump und überlästig heißen.
Roh nennt man edel, unbehülflich groß.
Schmalpfeiler lieb' ich, strebend, grenzenlos;
Spitzbögiger Zenit erhebt den Geist;
Solch ein Gebäu erbaut uns allermeist.

ASTROLOG. Empfangt mit Ehrfurcht sterngegönnte Stunden;
Durch magisch Wort sei die Vernunft gebunden;
Dagegen weit heran bewege frei
Sich herrliche verwegne Phantasei.
Mit Augen schaut nun, was ihr kühn begehrt,
Unmöglich ist's, drum eben glaubenswert.

FAUST *steigt auf der andern Seite des Proszeniums herauf.*

ASTROLOG. Im Priesterkleid, bekränzt, ein Wundermann,
Der nun vollbringt, was er getrost begann.
Ein Dreifuß steigt mit ihm aus hohler Gruft,
Schon ahn' ich aus der Schale Weihrauchduft.

Er rüstet sich, das hohe Werk zu segnen;
Es kann fortan nur Glückliches begegnen.
FAUST *großartig.* In eurem Namen, Mütter, die ihr thront
Im Grenzenlosen, ewig einsam wohnt,
Und doch gesellig. Euer Haupt umschweben
Des Lebens Bilder, regsam, ohne Leben.
Was einmal war, in allem Glanz und Schein,
Es regt sich dort; denn es will ewig sein.
Und ihr verteilt es, allgewaltige Mächte,
Zum Zelt des Tages, zum Gewölb der Nächte.
Die einen fasst des Lebens holder Lauf,
Die andern sucht der kühne Magier auf;
In reicher Spende lässt er, voll Vertrauen,
Was jeder wünscht, das Wunderwürdige schauen.
ASTROLOG.
Der glühnde Schlüssel rührt die Schale kaum,
Ein dunstiger Nebel deckt sogleich den Raum;
Er schleicht sich ein, er wogt nach Wolkenart,
Gedehnt, geballt, verschränkt, geteilt, gepaart.
Und nun erkennt ein Geister-Meisterstück!
So wie sie wandeln, machen sie Musik.
Aus luft'gen Tönen quillt ein Weißnichtwie,
Indem sie ziehn, wird alles Melodie.
Der Säulenschaft, auch die Triglyphe klingt,
Ich glaube gar, der ganze Tempel singt.
Das Dunstige senkt sich; aus dem leichten Flor
Ein schöner Jüngling tritt im Takt hervor.
Hier schweigt mein Amt, ich brauch' ihn nicht zu nennen,
Wer sollte nicht den holden Paris kennen!
PARIS *hervortretend.*
DAME. O! welch ein Glanz aufblühender Jugendkraft!
ZWEITE. Wie eine Pfirsche frisch und voller Saft!
DRITTE. Die fein gezognen, süß geschwollnen Lippen!
VIERTE. Du möchtest wohl an solchem Becher nippen?
FÜNFTE. Er ist gar hübsch, wenn auch nicht eben fein.
SECHSTE. Ein bisschen könnt' er doch gewandter sein.

RITTER. Den Schäferknecht glaub' ich allhier zu spüren,
Vom Prinzen nichts und nichts von Hofmanieren.
ANDRER. Eh nun! halb nackt ist wohl der Junge schön,
Doch müssten wir ihn erst im Harnisch sehn!
DAME. Er setzt sich nieder, weichlich, angenehm.
RITTER. Auf seinem Schoße wär' Euch wohl bequem?
ANDRE. Er lehnt den Arm so zierlich übers Haupt.
KÄMMERER. Die Flegelei! Das find' ich unerlaubt!
DAME. Ihr Herren wisst an allem was zu mäkeln.
derselbe. In Kaisers Gegenwart sich hinzuräkeln!
DAME. Er stellt's nur vor! Er glaubt sich ganz allein.
derselbe. Das Schauspiel selbst, hier sollt' es höflich sein.
DAME. Sanft hat der Schlaf den Holden übernommen.
DERSELBE.
Er schnarcht nun gleich; natürlich ist's, vollkommen!
JUNGE DAME *entzückt.*
Zum Weihrauchsdampf was duftet so gemischt,
Das mir das Herz zum innigsten erfrischt?
ÄLTERE. Fürwahr! Es dringt ein Hauch tief ins Gemüte,
Er kommt von ihm!
ÄLTESTE. Es ist des Wachstums Blüte,
Im Jüngling als Ambrosia bereitet
Und atmosphärisch ringsumher verbreitet.
HELENA *hervortretend.*
MEPHISTOPHELES.
Das wär' sie denn! Vor dieser hätt' ich Ruh';
Hübsch ist sie wohl, doch sagt sie mir nicht zu.
ASTROLOG. Für mich ist diesmal weiter nichts zu tun,
Als Ehrenmann gesteh', bekenn' ich's nun.
Die Schöne kommt, und hätt' ich Feuerzungen! –
Von Schönheit ward von jeher viel gesungen –
Wem sie erscheint, wird aus sich selbst entrückt,
Wem sie gehörte, ward zu hoch beglückt.
FAUST. Hab' ich noch Augen? Zeigt sich tief im Sinn
Der Schönheit Quelle reichlichstens ergossen?
Mein Schreckensgang bringt seligsten Gewinn.

Wie war die Welt mir nichtig, unerschlossen!
Was ist sie nun seit meiner Priesterschaft?
Erst wünschenswert, gegründet, dauerhaft!
Verschwinde mir des Lebens Atemkraft,
Wenn ich mich je von dir zurückgewöhne! –
Die Wohlgestalt, die mich voreinst entzückte,
In Zauberspiegelung beglückte,
War nur ein Schaumbild solcher Schöne! –
Du bist's, der ich die Regung aller Kraft,
Den Inbegriff der Leidenschaft,
Dir Neigung, Lieb', Anbetung, Wahnsinn zolle.
MEPHISTOPHELES *aus dem Kasten.*
So fasst Euch doch und fallt nicht aus der Rolle!
ÄLTERE DAME. Groß, wohlgestaltet, nur der Kopf zu klein.
JÜNGERE. Seht nur den Fuß! Wie könnt' er plumper sein!
DIPLOMAT. Fürstinnen hab' ich dieser Art gesehn,
Mich deucht, sie ist vom Kopf zum Fuße schön.
HOFMANN. Sie nähert sich dem Schläfer listig mild.
DAME. Wie hässlich neben jugendreinem Bild!
POET. Von ihrer Schönheit ist er angestrahlt.
DAME. Endymion und Luna! wie gemalt!
DERSELBE. Ganz recht! Die Göttin scheint herabzusinken,
Sie neigt sich über, seinen Hauch zu trinken;
Beneidenswert! – Ein Kuss! – Das Maß ist voll.
DUENNA. Vor allen Leuten! Das ist doch zu toll!
FAUST. Furchtbare Gunst dem Knaben! –
MEPHISTOPHELES. Ruhig! still!
Lass das Gespenst doch machen, was es will.
HOFMANN. Sie schleicht sich weg, leichtfüßig; er erwacht.
DAME. Sie sieht sich um! Das hab' ich wohl gedacht.
HOFMANN. Er staunt! Ein Wunder ist's, was ihm geschieht.
DAME. Ihr ist kein Wunder, was sie vor sich sieht.
HOFMANN. Mit Anstand kehrt sie sich zu ihm herum.
DAME. Ich merke schon, sie nimmt ihn in die Lehre;
In solchem Fall sind alle Männer dumm,
Er glaubt wohl auch, dass er der erste wäre.

RITTER. Lasst mir sie gelten! Majestätisch fein! –
DAME. Die Buhlerin! Das nenn' ich doch gemein!
PAGE. Ich möchte wohl an seiner Stelle sein!
HOFMANN. Wer würde nicht in solchem Netz gefangen?
DAME. Das Kleinod ist durch manche Hand gegangen,
  Auch die Verguldung ziemlich abgebraucht.
ANDRE. Vom zehnten Jahr an hat sie nichts getaugt.
RITTER. Gelegentlich nimmt jeder sich das Beste;
  Ich hielte mich an diese schönen Reste.
GELAHRTER. Ich seh' sie deutlich, doch gesteh' ich frei:
  Zu zweiflen ist, ob sie die rechte sei.
  Die Gegenwart verführt ins Übertriebne,
  Ich halte mich vor allem ans Geschriebne.
  Da les' ich denn, sie habe wirklich allen
  Graubärten Trojas sonderlich gefallen;
  Und wie mich dünkt, vollkommen passt das hier:
  Ich bin nicht jung, und doch gefällt sie mir.
ASTROLOG. Nicht Knabe mehr! Ein kühner Heldenmann,
  Umfasst er sie, die kaum sich wehren kann.
  Gestärkten Arms hebt er sie hoch empor,
  Entführt er sie wohl gar?
FAUST. Verwegner Tor!
  Du wagst! Du hörst nicht! halt! das ist zu viel!
MEPHISTOPHELES.
  Machst du's doch selbst, das Fratzengeisterspiel!
ASTROLOG. Nur noch ein Wort! Nach allem, was geschah,
Nenn' ich das Stück den *Raub der Helena.*
FAUST. Was Raub! Bin ich für nichts an dieser Stelle!
  Ist dieser Schlüssel nicht in meiner Hand!
  Er führte mich, durch Graus und Wog' und Welle
  Der Einsamkeiten, her zum festen Strand.
  Hier fass' ich Fuß! Hier sind es Wirklichkeiten,
  Von hier aus darf der Geist mit Geistern streiten,
  Das Doppelreich, das große, sich bereiten.
  So fern sie war, wie kann sie näher sein!
  Ich rette sie, und sie ist doppelt mein.

Gewagt! Ihr Mütter! Mütter! müsst's gewähren!
Wer sie erkannt, der darf sie nicht entbehren.
ASTROLOG. Was tust du, Fauste! Fauste! – Mit Gewalt
Fasst er sie an, schon trübt sich die Gestalt.
Den Schlüssel kehrt er nach dem Jüngling zu,
Berührt ihn! – Weh uns, Wehe! Nu! im Nu!
Explosion, Faust liegt am Boden.
Die Geister gehen in Dunst auf.
MEPHISTOPHELES, *der Fausten auf die Schulter nimmt.*
Da habt ihr's nun! mit Narren sich beladen,
Das kommt zuletzt dem Teufel selbst zu Schaden.
Finsternis, Tumult.

Zweiter Akt

Hochgewölbtes enges gotisches Zimmer

ehemals Faustens, unverändert

MEPHISTOPHELES *hinter einem Vorhang hervortretend. Indem er ihn aufhebt und zurücksieht, erblickt man fausten hinge streckt auf einem altväterischen Bette.*

Hier lieg, Unseliger! verführt
Zu schwergelöstem Liebesbande!
Wen Helena paralysiert,
Der kommt so leicht nicht zu Verstande. *Sich umschauend.*
Blick' ich hinauf, hierher, hinüber,
Allunverändert ist es, unversehrt;
Die bunten Scheiben sind, so dünkt mich, trüber,
Die Spinneweben haben sich vermehrt;
Die Tinte starrt, vergilbt ist das Papier;
Doch alles ist am Platz geblieben;
Sogar die Feder liegt noch hier,
Mit welcher Faust dem Teufel sich verschrieben.
Ja! tiefer in dem Rohre stockt
Ein Tröpflein Blut, wie ich's ihm abgelockt.
Zu einem solchen einzigen Stück
Wünscht' ich dem größten Sammler Glück.
Auch hängt der alte Pelz am alten Haken,
Erinnert mich an jene Schnaken,
Wie ich den Knaben einst belehrt,
Woran er noch vielleicht als Jüngling zehrt.
Es kommt mir wahrlich das Gelüsten,
Rauchwarme Hülle, dir vereint
Mich als Dozent noch einmal zu erbrüsten,
Wie man so völlig recht zu haben meint.
Gelehrte wissen's zu erlangen,
Dem Teufel ist es längst vergangen.
Er schüttelt den herabgenommenen Pelz; Zikaden, Käfer und

Farfarellen fahren heraus.

CHOR DER INSEKTEN. Willkommen! willkommen,
Du alter Patron!
Wir schweben und summen
Und kennen dich schon.
Nur einzeln im stillen
Du hast uns gepflanzt;
Zu Tausenden kommen wir,
Vater, getanzt.
Der Schalk in dem Busen
Verbirgt sich so sehr,
Vom Pelze die Läuschen
Enthüllen sich eh'r.

MEPHISTOPHELES.
Wie überraschend mich die junge Schöpfung freut!
Man säe nur, man erntet mit der Zeit.
Ich schüttle noch einmal den alten Flaus,
Noch eines flattert hier und dort hinaus. –
Hinauf! umher! in hunderttausend Ecken
Eilt euch, ihr Liebchen, zu verstecken.
Dort, wo die alten Schachteln stehn,
Hier im bebräunten Pergamen,
In staubigen Scherben alter Töpfe,
Dem Hohlaug' jener Totenköpfe.
In solchem Wust und Moderleben
Muss es für ewig Grillen geben. *Schlüpft in den Pelz.*
Komm, decke mir die Schultern noch einmal!
Heut bin ich wieder Prinzipal.
Doch hilft es nichts, mich so zu nennen;
Wo sind die Leute, die mich anerkennen?

Er zieht die Glocke, die einen gellenden, durchdringenden Ton erschallen lässt, wovon die Hallen erbeben und die Türen aufspringen.

FAMULUS, *den langen finstern Gang herwankend.*
Welch ein Tönen! welch ein Schauer!
Treppe schwankt, es bebt die Mauer;

Durch der Fenster buntes Zittern
Seh' ich wetterleuchtend Wittern.
Springt das Estrich, und von oben
Rieselt Kalk und Schutt verschoben.
Und die Türe, fest verriegelt,
Ist durch Wunderkraft entsiegelt. –
Dort! Wie fürchterlich! Ein Riese
Steht in Faustens altem Vliese!
Seinen Blicken, seinem Winken
Möcht' ich in die Kniee sinken.
Soll ich fliehen? Soll ich stehn?
Ach, wie wird es mir ergehn!

MEPHISTOPHELES *winkend.*
Heran, mein Freund! – Ihr heißet Nikodemus.

FAMULUS. Hochwürdiger Herr! so ist mein Nam' – Oremus.

MEPHISTOPHELES. Das lassen wir!

FAMULUS. Wie froh, dass Ihr mich kennt!

MEPHISTOPHELES.
Ich weiß es wohl, bejahrt und noch Student,
Bemooster Herr! Auch ein gelehrter Mann
Studiert so fort, weil er nicht anders kann.
So baut man sich ein mäßig Kartenhaus,
Der größte Geist baut's doch nicht völlig aus.
Doch Euer Meister, das ist ein Beschlagner:
Wer kennt ihn nicht, den edlen Doktor Wagner,
Den Ersten jetzt in der gelehrten Welt!
Er ist's allein, der sie zusammenhält,
Der Weisheit täglicher Vermehrer.
Allwissbegierige Horcher, Hörer
Versammeln sich um ihn zuhauf.
Er leuchtet einzig vom Katheder;
Die Schlüssel übt er wie Sankt Peter,
Das Untre so das Obre schließt er auf.
Wie er vor allen glüht und funkelt,
Kein Ruf, kein Ruhm hält weiter stand;
Selbst Faustus' Name wird verdunkelt,

Er ist es, der allein erfand.
FAMULUS.
Verzeiht, hochwürdiger Herr! wenn ich Euch sage,
Wenn ich zu widersprechen wage:
Von allem dem ist nicht die Frage;
Bescheidenheit ist sein beschieden Teil.
Ins unbegreifliche Verschwinden
Des hohen Manns weiß er sich nicht zu finden;
Von dessen Wiederkunft erfleht er Trost und Heil.
Das Zimmer, wie zu Doktor Faustus' Tagen,
Noch unberührt seitdem er fern,
Erwartet seinen alten Herrn.
Kaum wag' ich's, mich hereinzuwagen.
Was muss die Sternenstunde sein? –
Gemäuer scheint mir zu erbangen;
Türpfosten bebten, Riegel sprangen,
Sonst kamt Ihr selber nicht herein.
MEPHISTOPHELES. Wo hat der Mann sich hingetan?
Führt mich zu ihm, bringt ihn heran!
FAMULUS. Ach! sein Verbot ist gar zu scharf,
Ich weiß nicht, ob ich's wagen darf.
Monatelang, des großen Werkes willen,
Lebt' er im allerstillsten Stillen.
Der zarteste gelehrter Männer,
Er sieht aus wie ein Kohlenbrenner,
Geschwärzt vom Ohre bis zur Nasen,
Die Augen rot vom Feuerblasen,
So lechzt er jedem Augenblick;
Geklirr der Zange gibt Musik.
MEPHISTOPHELES. Sollt' er den Zutritt mir verneinen?
Ich bin der Mann, das Glück ihm zu beschleunen.
Der Famulus geht ab, Mephistopheles setzt sich gravitätisch nieder.
Kaum hab' ich Posto hier gefasst,
Regt sich dort hinten, mir bekannt, ein Gast.
Doch diesmal ist er von den Neusten,

Er wird sich grenzenlos erdreusten.
BACCALAUREUS, *den Gang herstürmend.*
Tor und Türe find' ich offen!
Nun, da lässt sich endlich hoffen,
Dass nicht, wie bisher, im Moder
Der Lebendige wie ein Toter
Sich verkümmere, sich verderbe
Und am Leben selber sterbe.

Diese Mauern, diese Wände
Neigen, senken sich zum Ende,
Und wenn wir nicht bald entweichen,
Wird uns Fall und Sturz erreichen.
Bin verwegen, wie nicht einer,
Aber weiter bringt mich keiner.

Doch was soll ich heut erfahren!
War's nicht hier, vor so viel Jahren,
Wo ich, ängstlich und beklommen,
War als guter Fuchs gekommen?
Wo ich diesen Bärtigen traute,
Mich an ihrem Schnack erbaute?

Aus den alten Bücherkrusten
Logen sie mir, was sie wussten,
Was sie wussten, selbst nicht glaubten,
Sich und mir das Leben raubten.
Wie? – Dort hinten in der Zelle
Sitzt noch einer dunkel-helle!

Nahend seh' ich's mit Erstaunen,
Sitzt er noch im Pelz, dem braunen,
Wahrlich, wie ich ihn verließ,
Noch gehüllt im rauhen Vlies!
Damals schien er zwar gewandt,
Als ich ihn noch nicht verstand.

Heute wird es nichts verfangen,
Frisch an ihn herangegangen!

Wenn, alter Herr, nicht Lethes trübe Fluten
Das schiefgesenkte, kahle Haupt durchschwommen,
Seht anerkennend hier den Schüler kommen,
Entwachsen akademischen Ruten.
Ich find' Euch noch, wie ich Euch sah;
Ein anderer bin ich wieder da.
MEPHISTOPHELES. Mich freut, dass ich Euch hergeläutet.
Ich schätzt' Euch damals nicht gering;
Die Raupe schon, die Chrysalide deutet
Den künftigen bunten Schmetterling.
Am Lockenkopf und Spitzenkragen
Empfandet Ihr ein kindliches Behagen. –
Ihr trugt wohl niemals einen Zopf? –
Heut schau' ich Euch im Schwedenkopf.
Ganz resolut und wacker seht Ihr aus;
Kommt nur nicht absolut nach Haus.
BACCALAUREUS. Mein alter Herr! Wir sind am alten Orte;
Bedenkt jedoch erneuter Zeiten Lauf
Und sparet doppelsinnige Worte;
Wir passen nun ganz anders auf.
Ihr hänseltet den guten treuen Jungen;
Das ist Euch ohne Kunst gelungen,
Was heutzutage niemand wagt.
MEPH. Wenn man der Jugend reine Wahrheit sagt,
Die gelben Schnäbeln keineswegs behagt,
Sie aber hinterdrein nach Jahren
Das alles derb an eigner Haut erfahren,
Dann dünkeln sie, es käm' aus eignem Schopf;
Da heißt es denn: der Meister war ein Tropf.
BACCALAUREUS.
Ein Schelm vielleicht! – denn welcher Lehrer spricht
Die Wahrheit uns direkt ins Angesicht?

Ein jeder weiß zu mehren wie zu mindern,
Bald ernst, bald heiter klug zu frommen Kindern.
MEPHISTOPHELES. Zum Lernen gibt es freilich eine Zeit;
Zum Lehren seid Ihr, merk' ich, selbst bereit.
Seit manchen Monden, einigen Sonnen
Erfahrungsfülle habt Ihr wohl gewonnen.
BACCALAUREUS. Erfahrungswesen! Schaum und Dust!
Und mit dem Geist nicht ebenbürtig.
Gesteht! was man von je gewusst,
Es ist durchaus nicht wissenswürdig.
MEPHISTOPHELES *nach einer Pause.*
Mich deucht es längst. Ich war ein Tor,
Nun komm' ich mir recht schal und albern vor.
BACC. Das freut mich sehr! Da hör' ich doch Verstand;
Der erste Greis, den ich vernünftig fand!
MEPH. Ich suchte nach verborgen-goldnem Schatze,
Und schauerliche Kohlen trug ich fort.
BACCALAUREUS. Gesteht nur, Euer Schädel, Eure Glatze
Ist nicht mehr wert als jene hohlen dort?
MEPHISTOPHELES *gemütlich.*
Du weißt wohl nicht, mein Freund, wie grob du bist?
BACCALAUREUS.
Im Deutschen lügt man, wenn man höflich ist.
MEPHISTOPHELES, *der mit seinem Rollstuhle immer näher ins Proszenium rückt, zum Parterre.*
Hier oben wird mir Licht und Luft benommen;
Ich finde wohl bei euch ein Unterkommen?
BACCALAUREUS.
Anmaßlich find' ich, dass zur schlechtsten Frist
Man etwas sein will, wo man nichts mehr ist.
Des Menschen Leben lebt im Blut, und wo
Bewegt das Blut sich wie im Jüngling so?
Das ist lebendig Blut in frischer Kraft,
Das neues Leben sich aus Leben schafft.
Da regt sich alles, da wird was getan,
Das Schwache fällt, das Tüchtige tritt heran.

Indessen wir die halbe Welt gewonnen,
Was habt Ihr denn getan? genickt, gesonnen,
Geträumt, erwogen, Plan und immer Plan.
Gewiss! das Alter ist ein kaltes Fieber
Im Frost von grillenhafter Not.
Hat einer dreißig Jahr vorüber,
So ist er schon so gut wie tot.
Am besten wär's, euch zeitig totzuschlagen.
MEPH. Der Teufel hat hier weiter nichts zu sagen.
bacc. Wenn ich nicht will, so darf kein Teufel sein.
MEPHISTOPHELES *abseits.*
Der Teufel stellt dir nächstens doch ein Bein.
BACCALAUREUS. Dies ist der Jugend edelster Beruf!
Die Welt, sie war nicht, eh' ich sie erschuf;
Die Sonne führt' ich aus dem Meer herauf;
Mit mir begann der Mond des Wechsels Lauf;
Da schmückte sich der Tag auf meinen Wegen,
Die Erde grünte, blühte mir entgegen.
Auf meinen Wink, in jener ersten Nacht,
Entfaltete sich aller Sterne Pracht.
Wer, außer mir, entband euch aller Schranken
Philisterhaft einklemmender Gedanken?
Ich aber frei, wie mir's im Geiste spricht,
Verfolge froh mein innerliches Licht,
Und wandle rasch, im eigensten Entzücken,
Das Helle vor mir, Finsternis im Rücken. *Ab.*
MEPHISTOPHELES. Original, fahr hin in deiner Pracht! –
Wie würde dich die Einsicht kränken:
Wer kann was Dummes, wer was Kluges denken,
Das nicht die Vorwelt schon gedacht? –
Doch sind wir auch mit diesem nicht gefährdet,
In wenig Jahren wird es anders sein:
Wenn sich der Most auch ganz absurd gebärdet,
Es gibt zuletzt doch noch e' Wein.
Zu dem jüngern Parterre, das nicht applaudiert.
Ihr bleibt bei meinem Worte kalt,

Euch guten Kindern lass ich's gehen;
Bedenkt: der Teufel, der ist alt,
So werdet alt, ihn zu verstehen!

Laboratorium

im Sinne des Mittelalters, weitläufige unbehülfliche Apparate zu phantastischen Zwecken

WAGNER *am Herde.* Die Glocke tönt, die fürchterliche,
Durchschauert die berußten Mauern.
Nicht länger kann das Ungewisse
Der ernstesten Erwartung dauern.
Schon hellen sich die Finsternisse;
Schon in der innersten Phiole
Erglüht es wie lebendige Kohle,
Ja wie der herrlichste Karfunkel,
Verstrahlend Blitze durch das Dunkel.
Ein helles weißes Licht erscheint!
O dass ich's diesmal nicht verliere! –
Ach Gott! was rasselt an der Türe?
MEPH. *eintretend.* Willkommen! es ist gut gemeint.
WAGNER *ängstlich.* Willkommen zu dem Stern der Stunde!
Leise. Doch haltet Wort und Atem fest im Munde,
Ein herrlich Werk ist gleich zustand gebracht.
MEPHISTOPHELES *leiser.*
Was gibt es denn?
WAGNER *leiser.* Es wird ein Mensch gemacht.
MEPHISTOPHELES. Ein Mensch? Und welch verliebtes Paar
Habt ihr ins Rauchloch eingeschlossen?
WAGNER. Behüte Gott! wie sonst das Zeugen Mode war,
Erklären wir für eitel Possen.
Der zarte Punkt, aus dem das Leben sprang,
Die holde Kraft, die aus dem Innern drang
Und nahm und gab, bestimmt sich selbst zu zeichnen,

Erst Nächstes, dann sich Fremdes anzueignen,
Die ist von ihrer Würde nun entsetzt;
Wenn sich das Tier noch weiter dran ergetzt,
So muss der Mensch mit seinen großen Gaben
Doch künftig höhern, höhern Ursprung haben.
Zum Herd gewendet.
Es leuchtet! seht! – Nun lässt sich wirklich hoffen,
Dass, wenn wir aus viel hundert Stoffen
Durch Mischung – denn auf Mischung kommt es an –
Den Menschenstoff gemächlich komponieren,
In einen Kolben verlutieren
Und ihn gehörig kohobieren,
So ist das Werk im stillen abgetan.
Zum Herd gewendet.
Es wird! die Masse regt sich klarer!
Die Überzeugung wahrer, wahrer:
Was man an der Natur Geheimnisvolles pries,
Das wagen wir verständig zu probieren,
Und was sie sonst organisieren ließ,
Das lassen wir kristallisieren.
MEPHISTOPHELES. Wer lange lebt, hat viel erfahren,
Nichts Neues kann für ihn auf dieser Welt geschehn.
Ich habe schon in meinen Wanderjahren
Kristallisiertes Menschenvolk gesehn.
WAGNER, *bisher immer aufmerksam auf die Phiole.*
Es steigt, es blitzt, es häuft sich an,
Im Augenblick ist es getan.
Ein großer Vorsatz scheint im Anfang toll;
Doch wollen wir des Zufalls künftig lachen,
Und so ein Hirn, das trefflich denken soll,
Wird künftig auch ein Denker machen.
Entzückt die Phiole betrachtend.
Das Glas erklingt von lieblicher Gewalt,
Es trübt, es klärt sich; also muss es werden!
Ich seh' in zierlicher Gestalt
Ein artig Männlein sich gebärden.

Was wollen wir, was will die Welt nun mehr?
Denn das Geheimnis liegt am Tage.
Gebt diesem Laute nur Gehör,
Er wird zur Stimme, wird zur Sprache.

HOMUNCULUS *in der Phiole zu Wagner.*
Nun Väterchen! wie steht's? es war kein Scherz.
Komm, drücke mich recht zärtlich an dein Herz!
Doch nicht zu fest, damit das Glas nicht springe.
Das ist die Eigenschaft der Dinge:
Natürlichem genügt das Weltall kaum,
Was künstlich ist, verlangt geschlossnen Raum.
Zu Mephistopheles.
Du aber, Schalk, Herr Vetter, bist du hier
Im rechten Augenblick? ich danke dir.
Ein gut Geschick führt dich zu uns herein;
Dieweil ich bin, muss ich auch tätig sein.
Ich möchte mich sogleich zur Arbeit schürzen.
Du bist gewandt, die Wege mir zu kürzen.

WAGNER. Nur noch ein Wort! Bisher musst' ich mich schämen,
Denn alt und jung bestürmt mich mit Problemen,
Zum Beispiel nur: noch niemand konnt' es fassen,
Wie Seel' und Leib so schön zusammenpassen,
So fest sich halten, als um nie zu scheiden,
Und doch den Tag sich immerfort verleiden.
Sodann –

MEPHISTOPHELES. Halt ein! ich wollte lieber fragen:
Warum sich Mann und Frau so schlecht vertragen?
Du kommst, mein Freund, hierüber nie ins reine.
Hier gibt's zu tun, das eben will der Kleine.

HOMUNCULUS. Was gibt's zu tun?

MEPHISTOPHELES, *auf eine Seitentüre deutend.*
Hier zeige deine Gabe!

WAGNER, *immer in die Phiole schauend.*
Fürwahr, du bist ein allerliebster Knabe!
Die Seitentür öffnet sich, man sieht faust auf dem Lager

hingestreckt.
HOMUNCULUS *erstaunt.* Bedeutend! –
Die Phiole entschlüpft aus Wagners Händen, schwebt über Faust und beleuchtet ihn.
Schön umgeben! – Klar Gewässer
Im dichten Haine! Fraun, die sich entkleiden,
Die allerliebsten! – Das wird immer besser.
Doch eine lässt sich glänzend unterscheiden,
Aus höchstem Helden-, wohl aus Götterstamme.
Sie setzt den Fuß in das durchsichtige Helle;
Des edlen Körpers holde Lebensflamme
Kühlt sich im schmiegsamen Kristall der Welle. –
Doch welch Getöse rasch bewegter Flügel,
Welch Sausen, Plätschern wühlt im glatten Spiegel?
Die Mädchen fliehn verschüchtert; doch allein
Die Königin, sie blickt gelassen drein
Und sieht mit stolzem weiblichem Vergnügen
Der Schwäne Fürsten ihrem Knie sich schmiegen,
Zudringlich-zahm. Er scheint sich zu gewöhnen. –
Auf einmal aber steigt ein Dunst empor
Und deckt mit dichtgewebtem Flor
Die lieblichste von allen Szenen.
MEPHISTOPHELES. Was du nicht alles zu erzählen hast!
So klein du bist, so groß bist du Phantast.
Ich sehe nichts –
HOMUNCULUS. Das glaub' ich. Du aus Norden,
Im Nebelalter jung geworden,
Im Wust von Rittertum und Pfäfferei,
Wo wäre da dein Auge frei!
Im Düstern bist du nur zu Hause. Umherschauend.
Verbräunt Gestein, bemodert, widrig,
Spitzbögig, schnörkelhaftest, niedrig! –
Erwacht uns dieser, gibt es neue Not,
Er bleibt gleich auf der Stelle tot.
Waldquellen, Schwäne, nackte Schönen,
Das war sein ahnungsvoller Traum;

Wie wollt' er sich hierher gewöhnen!
Ich, der Bequemste, duld' es kaum.
Nun fort mit ihm!
MEPHISTOPHELES. Der Ausweg soll mich freuen.
HOMUNCULUS. Befiehl den Krieger in die Schlacht,
Das Mädchen führe du zum Reihen,
So ist gleich alles abgemacht.
Jetzt eben, wie ich schnell bedacht,
Ist klassische Walpurgisnacht;
Das Beste, was begegnen könnte.
Bringt ihn zu seinem Elemente!
MEPHISTOPHELES. Dergleichen hab' ich nie vernommen.
HOMUNCULUS.
Wie wollt' es auch zu euren Ohren kommen?
Romantische Gespenster kennt ihr nur allein;
Ein echt Gespenst, auch klassisch hat's zu sein.
MEPHISTOPHELES.
Wohin denn aber soll die Fahrt sich regen?
Mich widern schon antikische Kollegen.
HOMUNCULUS. Nordwestlich, Satan, ist dein Lustrevier,
Südöstlich diesmal aber segeln wir –
An großer Fläche fließt Peneios frei,
Umbuscht, umbaumt, in still- und feuchten Buchten;
Die Ebne dehnt sich zu der Berge Schluchten,
Und oben liegt Pharsalus, alt und neu.
MEPHISTOPHELES. O weh! hinweg! und lasst mir jene Streite
Von Tyrannei und Sklaverei beiseite.
Mich langeweilt's; denn kaum ist's abgetan,
So fangen sie von vorne wieder an;
Und keiner merkt: er ist doch nur geneckt
Vom Asmodeus, der dahinter steckt.
Sie streiten sich, so heißt's, um Freiheitsrechte;
Genau besehn, sind's Knechte gegen Knechte.
HOMUNCULUS. Den Menschen lass ihr widerspenstig Wesen,

Ein jeder muss sich wehren, wie er kann,
Vom Knaben auf, so wird's zuletzt ein Mann.
Hier fragt sich's nur, wie dieser kann genesen.
Hast du ein Mittel, so erprob' es hier,
Vermagst du's nicht, so überlass es mir.
MEPH. Manch Brockenstückchen wäre durchzuproben,
Doch Heidenriegel find' ich vorgeschoben.
Das Griechenvolk, es taugte nie recht viel!
Doch blendet's euch mit freiem Sinnenspiel,
Verlockt des Menschen Brust zu heitern Sünden;
Die unsern wird man immer düster finden.
Und nun, was soll's?
HOMUNCULUS. Du bist ja sonst nicht blöde;
Und wenn ich von thessalischen Hexen rede,
So denk' ich, hab' ich was gesagt.
MEPHISTOPHELES *lüstern.*
Thessalische Hexen! Wohl! das sind Personen,
Nach denen hab' ich lang' gefragt.
Mit ihnen Nacht für Nacht zu wohnen,
Ich glaube nicht, dass es behagt;
Doch zum Besuch, Versuch –
HOMUNCULUS. Den Mantel her,
Und um den Ritter umgeschlagen!
Der Lappen wird euch, wie bisher,
Den einen mit dem andern tragen;
Ich leuchte vor.
WAGNER *ängstlich.* Und ich?
HOMUNCULUS. Eh nun,
Du bleibst zu Hause, Wichtigstes zu tun.
Entfalte du die alten Pergamente,
Nach Vorschrift sammle Lebenselemente
Und füge sie mit Vorsicht eins ans andre.
Das Was bedenke, mehr bedenke Wie.
Indessen ich ein Stückchen Welt durchwandre,
Entdeck' ich wohl das Tüpfchen auf das i.
Dann ist der große Zweck erreicht;

Solch einen Lohn verdient ein solches Streben:
Gold, Ehre, Ruhm, gesundes langes Leben,
Und Wissenschaft und Tugend – auch vielleicht.
Leb wohl!
WAGNER *betrübt.* Leb wohl! Das drückt das Herz mir nieder.
Ich fürchte schon, ich seh' dich niemals wieder.
MEPHISTOPHELES. Nun zum Peneios frisch hinab!
Herr Vetter ist nicht zu verachten.
Ad spectatores. Am Ende hängen wir doch ab
Von Kreaturen, die wir machten.

Klassische Walpurgisnacht

Pharsalische Felder

Finsternis.

ERICHTHO. Zum Schauderfeste dieser Nacht, wie öfter schon,
Tret' ich einher, Erichtho, ich, die düstere;
Nicht so abscheulich, wie die leidigen Dichter mich
Im Übermaß verlästern ... Endigen sie doch nie
In Lob und Tadel ... Überbleicht erscheint mir schon
Von grauer Zelten Woge weit das Tal dahin,
Als Nachgesicht der sorg- und grauenvollsten Nacht.
Wie oft schon wiederholt' sich's! wird sich immerfort
Ins Ewige wiederholen ... Keiner gönnt das Reich
Dem andern; dem gönnt's keiner, der's mit Kraft erwarb
Und kräftig herrscht. Denn jeder, der sein innres Selbst
Nicht zu regieren weiß, regierte gar zu gern
Des Nachbars Willen, eignem stolzem Sinn gemäß ...
Hier aber ward ein großes Beispiel durchgekämpft:
Wie sich Gewalt Gewaltigerem entgegenstellt,
Der Freiheit holder, tausendblumiger Kranz zerreißt,
Der starre Lorbeer sich ums Haupt des Herrschers biegt.

Hier träumte Magnus früher Größe Blütentag,
Dem schwanken Zünglein lauschend wachte Cäsar dort!
Das wird sich messen. Weiß die Welt doch, wem's gelang.

Wachfeuer glühen, rote Flammen spendende,
Der Boden haucht vergoßnen Blutes Widerschein,
Und angelockt von seltnem Wunderglanz der Nacht,
Versammelt sich hellenischer Sage Legion.
Um alle Feuer schwankt unsicher oder sitzt
Behaglich alter Tage fabelhaft Gebild …
Der Mond, zwar unvollkommen, aber leuchtend hell,
Erhebt sich, milden Glanz verbreitend überall;
Der Zelten Trug verschwindet, Feuer brennen blau.

Doch über mir! welch unerwartet Meteor?
Es leuchtet und beleuchtet körperlichen Ball.
Ich wittre Leben. Da geziemen will mir's nicht,
Lebendigem zu nahen, dem ich schädlich bin;
Das bringt mir bösen Ruf und frommt mir nicht.
Schon sinkt es nieder. Weich' ich aus mit Wohlbedacht!
Entfernt sich.
Die LUFTFAHRER *oben.*

HOMUNCULUS. Schwebe noch einmal die Runde
Über Flamm- und Schaudergrauen;
Ist es doch in Tal und Grunde
Gar gespenstisch anzuschauen.

MEPHISTOPHELES. Seh' ich, wie durchs alte Fenster
In des Nordens Wust und Graus,
Ganz abscheuliche Gespenster,
Bin ich hier wie dort zu Haus.

HOMUNCULUS. Sieh! da schreitet eine Lange
Weiten Schrittes vor uns hin.

MEPHISTOPHELES. Ist es doch, als wär' ihr bange;
Sah uns durch die Lüfte ziehn.

HOMUNCULUS. Lass sie schreiten! setz ihn nieder,
Deinen Ritter, und sogleich

Kehret ihm das Leben wieder,
Denn er sucht's im Fabelreich.
FAUST, *den Boden berührend.*
Wo ist sie? –
HOMUNCULUS. Wüßten's nicht zu sagen,
Doch hier wahrscheinlich zu erfragen.
In Eile magst du, eh' es tagt,
Von Flamm' zu Flamme spürend gehen:
Wer zu den Müttern sich gewagt,
Hat weiter nichts zu überstehen.
MEPHISTOPHELES. Auch ich bin hier an meinem Teil;
Doch wüsst' ich Besseres nicht zu unserm Heil,
Als: jeder möge durch die Feuer
Versuchen sich sein eigen Abenteuer.
Dann, um uns wieder zu vereinen,
Lass deine Leuchte, Kleiner, tönend scheinen.
HOMUNCULUS. So soll es blitzen, soll es klingen.
Das Glas dröhnt und leuchtet gewaltig.
Nun frisch zu neuen Wunderdingen!
FAUST allein. Wo ist sie? – Frage jetzt nicht weiter nach …
Wär's nicht die Scholle, die sie trug,
Die Welle nicht, die ihr entgegenschlug,
So ist's die Luft, die ihre Sprache sprach.
Hier! durch ein Wunder, hier in Griechenland!
Ich fühlte gleich den Boden, wo ich stand;
Wie mich, den Schläfer, frisch ein Geist durchglühte,
So steh' ich, ein Antäus an Gemüte.
Und find' ich hier das Seltsamste beisammen,
Durchforsch' ich ernst dies Labyrinth der Flammen.
Entfernt sich.

Am oberen Peneios

MEPHISTOPHELES *umherspürend.*
Und wie ich diese Feuerchen durchschweife,
So find' ich mich doch ganz und gar entfremdet,
Fast alles nackt, nur hie und da behemdet:

Die Sphinxe schamlos, unverschämt die Greife,
Und was nicht alles, lockig und beflügelt,
Von vorn und hinten sich im Auge spiegelt …
Zwar sind auch wir von Herzen unanständig,
Doch das Antike find' ich zu lebendig;
Das müsste man mit neustem Sinn bemeistern
Und mannigfaltig modisch überkleistern …
Ein widrig Volk! Doch darf mich's nicht verdrießen,
Als neuer Gast anständig sie zu grüßen …
Glückzu den schönen Fraun, den klugen Greisen!

GREIF *schnarrend.*
Nicht Greisen! Greifen! – Niemand hört es gern,
Dass man ihn Greis nennt. Jedem Worte klingt
Der Ursprung nach, wo es sich her bedingt:
Grau, grämlich, griesgram, greulich, Gräber, grimmig,
Etymologisch gleicherweise stimmig,
Verstimmen uns.

MEPHISTOPHELES. Und doch, nicht abzuschweifen,
Gefällt das Grei im Ehrentitel Greifen.

GREIF *wie oben und immer so fort.*
Natürlich! Die Verwandtschaft ist erprobt,
Zwar oft gescholten, mehr jedoch gelobt;
Man greife nun nach Mädchen, Kronen, Gold,
Dem Greifenden ist meist Fortuna hold.

AMEISEN *von der kolossalen Art.*
Ihr sprecht von Gold, wir hatten viel gesammelt,
In Fels- und Höhlen heimlich eingerammelt;
Das Arimaspen-Volk hat's ausgespürt,
Sie lachen dort, wie weit sie's weggeführt.

GREIFE. Wir wollen sie schon zum Geständnis bringen.

ARIMASPEN. Nur nicht zur freien Jubelnacht.
Bis morgen ist's alles durchgebracht,
Es wird uns diesmal wohl gelingen.

MEPHISTOPHELES *hat sich zwischen die Sphinxe gesetzt.*
Wie leicht und gern ich mich hierher gewöhne,
Denn ich verstehe Mann für Mann.

SPHINX. Wir hauchen unsre Geistertöne,
Und ihr verkörpert sie alsdann.
Jetzt nenne dich, bis wir dich weiter kennen.
MEPH. Mit vielen Namen glaubt man mich zu nennen –
Sind Briten hier? Sie reisen sonst so viel,
Schlachtfeldern nachzuspüren, Wasserfällen,
Gestürzten Mauern, klassisch dumpfen Stellen;
Das wäre hier für sie ein würdig Ziel.
Sie zeugten auch: Im alten Bühnenspiel
Sah man mich dort als old Iniquity.
SPHINX. Wie kam man drauf?
MEPHISTOPHELES. Ich weiß es selbst nicht wie.
SPHINX. Mag sein! Hast du von Sternen einige Kunde?
Was sagst du zu der gegenwärt'gen Stunde?
MEPHISTOPHELES *aufschauend.*
Stern schießt nach Stern, beschnittner Mond scheint helle,
Und mir ist wohl an dieser trauten Stelle,
Ich wärme mich an deinem Löwenfelle.
Hinauf sich zu versteigen, wär' zum Schaden;
Gib Rätsel auf, gib allenfalls Scharaden.
SPHINX. Sprich nur dich selbst aus, wird schon Rätsel sein.
Versuch einmal, dich innigst aufzulösen:
»Dem frommen Manne nötig wie dem bösen,
Dem ein Plastron, aszetisch zu rapieren,
Kumpan dem andern, Tolles zu vollführen,
Und beides nur, um Zeus zu amüsieren.«
ERSTER GREIF *schnarrend.* Den mag ich nicht!
ZWEITER GREIF *stärker schnarrend.* Was will uns der?
BEIDE. Der Garstige gehöret nicht hierher!
MEPHISTOPHELES *brutal.*
Du glaubst vielleicht, des Gastes Nägel krauen
Nicht auch so gut wie deine scharfen Klauen?
Versuch's einmal!
SPHINX *milde.* Du magst nur immer bleiben,
Wird dich's doch selbst aus unsrer Mitte treiben;
In deinem Lande tust dir was zugute,

Doch, irr' ich nicht, hier ist dir schlecht zumute.
MEPHISTOPHELES. Du bist recht appetitlich oben anzuschauen,
Doch untenhin die Bestie macht mir Grauen.
SPHINX. Du Falscher kommst zu deiner bittern Buße,
Denn unsre Tatzen sind gesund;
Dir mit verschrumpftem Pferdefuße
Behagt es nicht in unserem Bund.
SIRENEN *präludieren oben.*
MEPHISTOPHELES. Wer sind die Vögel, in den Ästen
Des Pappelstromes hingewiegt?
SPHINX. Gewahrt euch nur! Die Allerbesten
Hat solch ein Singsang schon besiegt.
SIRENEN. Ach was wollt ihr euch verwöhnen
In dem Hässlich-Wunderbaren!
Horcht, wir kommen hier zu Scharen
Und in wohlgestimmten Tönen;
So geziemet es SIRENEN.
SPHINXE, *sie verspottend in derselben Melodie.*
Nötigt sie, herabzusteigen!
Sie verbergen in den Zweigen
Ihre garstigen Habichtskrallen,
Euch verderblich anzufallen,
Wenn ihr euer Ohr verleiht.
SIRENEN. Weg das Hassen! weg das Neiden!
Sammeln wir die klarsten Freuden,
Unterm Himmel ausgestreut!
Auf dem Wasser, auf der Erde
Sei's die heiterste Gebärde,
Die man dem Willkommnen beut.
MEPHISTOPHELES. Das sind die saubern Neuigkeiten,
Wo aus der Kehle, von den Saiten
Ein Ton sich um den andern flicht.
Das Trallern ist bei mir verloren:
Es krabbelt wohl mir um die Ohren,
Allein zum Herzen dringt es nicht.

SPHINXE. Sprich nicht vom Herzen! das ist eitel;
Ein lederner verschrumpfter Beutel,
Das passt dir eher zu Gesicht.
FAUST *herantretend.*
Wie wunderbar! das Anschaun tut mir Gnüge,
Im Widerwärtigen große, tüchtige Züge.
Ich ahne schon ein günstiges Geschick;
Wohin versetzt mich dieser ernste Blick?
Auf Sphinxe bezüglich.
Vor solchen hat einst Ödipus gestanden;
Auf Sirenen bezüglich.
Vor solchen krümmte sich Ulyss in hänfnen Banden;
Auf Ameisen bezüglich.
Von solchen ward der höchste Schatz gespart,
Auf Greife bezüglich.
Von diesen treu und ohne Fehl bewahrt.
Vom frischen Geiste fühl' ich mich durchdrungen;
Gestalten groß, groß die Erinnerungen.
MEPHISTOPHELES. Sonst hättest du dergleichen weggeflucht,
Doch jetzo scheint es dir zu frommen;
Denn wo man die Geliebte sucht,
Sind Ungeheuer selbst willkommen.
FAUST *zu den Sphinxen.*
Ihr Frauenbilder müsst mir Rede stehn:
Hat eins der Euren Helena gesehn?
SPHINXE. Wir reichen nicht hinauf zu ihren Tagen,
Die letztesten hat Herkules erschlagen.
Von Chiron könntest du's erfragen;
Der sprengt herum in dieser Geisternacht;
Wenn er dir steht, so hast du's weit gebracht.
SIRENEN. Sollte dir's doch auch nicht fehlen! …
Wie Ulyss bei uns verweilte,
Schmähend nicht vorübereilte,
Wusst' er vieles zu erzählen;
Würden alles dir vertrauen,

Wolltest du zu unsern Gauen
Dich ans grüne Meer verfügen.
SPHINX. Lass dich, Edler, nicht betrügen.
Statt dass Ulyss sich binden ließ,
Lass unsern guten Rat dich binden;
Kannst du den hohen Chiron finden,
Erfährst du, was ich dir verhieß.
FAUST *entfernt sich.*
MEPHISTOPHELES *verdrießlich.*
Was krächzt vorbei mit Flügelschlag?
So schnell, dass man's nicht sehen mag,
Und immer eins dem andern nach,
Den Jäger würden sie ermüden.
SPHINX. Dem Sturm des Winterwinds vergleichbar,
Alcides' Pfeilen kaum erreichbar;
Es sind die raschen Stymphaliden,
Und wohlgemeint ihr Krächzegruß,
Mit Geierschnabel und Gänsefuß.
Sie möchten gern in unsern Kreisen
Als Stammverwandte sich erweisen.
MEPHISTOPHELES, *wie verschüchtert.*
Noch andres Zeug zischt zwischen drein.
SPHINX. Vor diesen sei Euch ja nicht bange!
Es sind die Köpfe der lernäischen Schlange,
Vom Rumpf getrennt, und glauben was zu sein.
Doch sagt, was soll nur aus Euch werden?
Was für unruhige Gebärden?
Wo wollt Ihr hin? Begebt Euch fort! …
Ich sehe, jener Chorus dort
Macht Euch zum Wendehals. Bezwingt Euch nicht,
Geht hin! begrüßt manch reizendes Gesicht!
Die Lamien sind's, lustfeine Dirnen,
Mit Lächelmund und frechen Stirnen,
Wie sie dem Satyrvolk behagen;
Ein Bocksfuß darf dort alles wagen.
MEPH. Ihr bleibt doch hier? dass ich euch wiederfinde.

SPHINXE. Ja! Mische dich zum luftigen Gesinde.
Wir, von Ägypten her, sind längst gewohnt,
Dass unsereins in tausend Jahre thront.
Und respektiert nur unsre Lage,
So regeln wir die Mond- und Sonnentage.
Sitzen vor den Pyramiden,
Zu der Völker Hochgericht;
Überschwemmung, Krieg und Frieden –
Und verziehen kein Gesicht.

Am untern Peneios

PENEIOS *umgeben von Gewässern und Nymphen.*

PENEIOS. Rege dich, du Schilfgeflüster!
Hauche leise, Rohrgeschwister,
Säuselt, leichte Weidensträuche,
Lispelt, Pappelzitterzweige,
Unterbrochnen Träumen zu! …
Weckt mich doch ein grauslich Wittern,
Heimlich allbewegend Zittern
Aus dem Wallestrom und Ruh'.
FAUST, *an den Fluss tretend.*
Hör' ich recht, so muss ich glauben:
Hinter den verschränkten Lauben
Dieser Zweige, dieser Stauden
Tönt ein menschenähnlichs Lauten.
Scheint die Welle doch ein Schwätzen,
Lüftlein wie – ein Scherzergetzen.
NYMPHEN *zu Faust.* Am besten geschäh' dir,
Du legtest dich nieder,
Erholtest im Kühlen
Ermüdete Glieder,
Genössest der immer
Dich meidenden Ruh;
Wir säuseln, wir rieseln,

Wir flüstern dir zu.
FAUST. Ich wache ja! O lasst sie walten,
Die unvergleichlichen Gestalten,
Wie sie dorthin mein Auge schickt.
So wunderbar bin ich durchdrungen!
Sind's Träume? Sind's Erinnerungen?
Schon einmal warst du so beglückt.
Gewässer schleichen durch die Frische
Der dichten, sanft bewegten Büsche,
Nicht rauschen sie, sie rieseln kaum;
Von allen Seiten hundert Quellen
Vereinen sich im reinlich hellen,
Zum Bade flach vertieften Raum.
Gesunde junge Frauenglieder,
Vom feuchten Spiegel doppelt wieder
Ergetztem Auge zugebracht!
Gesellig dann und fröhlich badend,
Erdreistet schwimmend, furchtsam watend;
Geschrei zuletzt und Wasserschlacht.
Begnügen sollt' ich mich an diesen,
Mein Auge sollte hier genießen,
Doch immer weiter strebt mein Sinn.
Der Blick dringt scharf nach jener Hülle,
Das reiche Laub der grünen Fülle
Verbirgt die hohe Königin.
Wundersam! auch Schwäne kommen
Aus den Buchten hergeschwommen,
Majestätisch rein bewegt.
Ruhig schwebend, zart gesellig,
Aber stolz und selbstgefällig,
Wie sich Haupt und Schnabel regt …
Einer aber scheint vor allen
Brüstend kühn sich zu gefallen,
Segelnd rasch durch alle fort;
Sein Gefieder bläht sich schwellend,
Welle selbst, auf Wogen wellend,

Dringt er zu dem heiligen Ort …
Die andern schwimmen hin und wider
Mit ruhig glänzendem Gefieder,
Bald auch in regem prächtigen Streit,
Die scheuen Mädchen abzulenken,
Dass sie an ihren Dienst nicht denken,
Nur an die eigne Sicherheit.
NYMPHEN. Leget, Schwestern, euer Ohr
An des Ufers grüne Stufe;
Hör' ich recht, so kommt mir's vor
Als der Schall von Pferdes Hufe.
Wüsst' ich nur, wer dieser Nacht
Schnelle Botschaft zugebracht.
FAUST. Ist mir doch, als dröhnt' die Erde,
Schallend unter eiligem Pferde.
Dorthin mein Blick!
Ein günstiges Geschick,
Soll es mich schon erreichen?
O Wunder ohnegleichen!
Ein Reuter kommt herangetrabt,
Er scheint von Geist und Mut begabt,
Von blendend-weißem Pferd getragen …
Ich irre nicht, ich kenn' ihn schon,
Der Philyra berühmter Sohn! –
Halt, Chiron! halt! Ich habe dir zu sagen …
CHIRON. Was gibt's? Was ist's?
FAUST. Bezähme deinen Schritt!
CHIRON. Ich raste nicht.
FAUST. So bitte! nimm mich mit!
CHIRON. Sitz auf! so kann ich nach Belieben fragen:
Wohin des Wegs? Du stehst am Ufer hier,
Ich bin bereit, dich durch den Fluss zu tragen.
FAUST *aufsitzend.*
Wohin du willst. Für ewig dank' ich's dir …
Der große Mann, der edle Pädagog,
Der, sich zum Ruhm, ein Heldenvolk erzog,

Den schönen Kreis der edlen Argonauten
Und alle, die des Dichters Welt erbauten.
CHIRON. Das lassen wir an seinem Ort!
Selbst Pallas kommt als Mentor nicht zu Ehren;
Am Ende treiben sie's nach ihrer Weise fort,
Als wenn sie nicht erzogen wären.
FAUST. Den Arzt, der jede Pflanze nennt,
Die Wurzeln bis ins tiefste kennt,
Dem Kranken Heil, dem Wunden Lindrung schafft,
Umarm' ich hier in Geist- und Körperkraft!
CHIRON. Ward neben mir ein Held verletzt,
Da wusst' ich Hülf' und Rat zu schaffen;
Doch ließ ich meine Kunst zuletzt
Den Wurzelweibern und den Pfaffen.
FAUST. Du bist der wahre große Mann,
Der Lobeswort nicht hören kann.
Er sucht bescheiden auszuweichen
Und tut, als gäb' es seinesgleichen.
CHIRON. Du scheinest mir geschickt zu heucheln,
Dem Fürsten wie dem Volk zu schmeicheln.
FAUST. So wirst du mir denn doch gestehn:
Du hast die Größten deiner Zeit gesehn,
Dem Edelsten in Taten nachgestrebt,
Halbgöttlich ernst die Tage durchgelebt.
Doch unter den heroischen Gestalten
Wen hast du für den Tüchtigsten gehalten?
CHIRON. Im hehren Argonautenkreise
War jeder brav nach seiner eignen Weise,
Und nach der Kraft, die ihn beseelte,
Konnt' er genügen, wo's den andern fehlte.
Die Dioskuren haben stets gesiegt,
Wo Jugendfüll' und Schönheit überwiegt.
Entschluss und schnelle Tat zu andrer Heil,
Den Boreaden ward's zum schönen Teil.
Nachsinnend, kräftig, klug, im Rat bequem,
So herrschte Jason, Frauen angenehm.

Dann Orpheus: zart und immer still bedächtig,
Schlug er die Leier allen übermächtig.
Scharfsichtig Lynceus, der bei Tag und Nacht
Das heil'ge Schiff durch Klipp' und Strand gebracht …
Gesellig nur lässt sich Gefahr erproben:
Wenn einer wirkt, die andern alle loben.
FAUST. Von Herkules willst nichts erwähnen?
CHIRON. O weh! errege nicht mein Sehnen …
Ich hatte Phöbus nie gesehn,
Noch Ares, Hermes, wie sie heißen;
Da sah ich mir vor Augen stehn,
Was alle Menschen göttlich preisen.
So war er ein geborner König,
Als Jüngling herrlichst anzuschaun;
Dem ältern Bruder untertänig
Und auch den allerliebsten Fraun.
Den zweiten zeugt nicht Gäa wieder,
Nicht führt ihn Hebe himmelein;
Vergebens mühen sich die Lieder,
Vergebens quälen sie den Stein.
FAUST. So sehr auch Bildner auf ihn pochen,
So herrlich kam er nie zur Schau.
Vom schönsten Mann hast du gesprochen,
Nun sprich auch von der schönsten Frau!
CHIRON. Was! … Frauenschönheit will nichts heißen,
Ist gar zu oft ein starres Bild;
Nur solch ein Wesen kann ich preisen,
Das froh und lebenslustig quillt.
Die Schöne bleibt sich selber selig;
Die Anmut macht unwiderstehlich,
Wie Helena, da ich sie trug.
FAUST. Du trugst sie?
CHIRON. Ja, auf diesem Rücken.
FAUST. Bin ich nicht schon verwirrt genug?
Und solch ein Sitz muss mich beglücken!
CHIRON. Sie fasste so mich in das Haar,

Wie du es tust.
FAUST. O ganz und gar
Verlier' ich mich! Erzähle, wie?
Sie ist mein einziges Begehren!
Woher, wohin, ach, trugst du sie?
CHIRON. Die Frage lässt sich leicht gewähren.
Die Dioskuren hatten jener Zeit
Das Schwesterchen aus Räuberfaust befreit.
Doch diese, nicht gewohnt, besiegt zu sein,
Ermannten sich und stürmten hinterdrein.
Da hielten der Geschwister eiligen Lauf
Die Sümpfe bei Eleusis auf;
Die Brüder wateten, ich patschte, schwamm hinüber;
Da sprang sie ab und streichelte
Die feuchte Mähne, schmeichelte
Und dankte lieblich-klug und selbstbewusst.
Wie war sie reizend! jung, des Alten Lust!
FAUST. Erst zehen Jahr! …
CHIRON. Ich seh', die Philologen,
Sie haben dich so wie sich selbst betrogen.
Ganz eigen ist's mit mythologischer Frau,
Der Dichter bringt sie, wie er's braucht, zur Schau:
Nie wird sie mündig, wird nicht alt,
Stets appetitlicher Gestalt,
Wird jung entführt, im Alter noch umfreit;
Gnug, den Poeten bindet keine Zeit.
FAUST. So sei auch sie durch keine Zeit gebunden!
Hat doch Achill auf Pherä sie gefunden,
Selbst außer aller Zeit. Welch seltnes Glück:
Errungen Liebe gegen das Geschick!
Und sollt' ich nicht, sehnsüchtigster Gewalt,
Ins Leben ziehn die einzigste Gestalt?
Das ewige Wesen, Göttern ebenbürtig,
So groß als zart, so hehr als liebenswürdig?
Du sahst sie einst; heut hab' ich sie gesehn,
So schön wie reizend, wie ersehnt so schön.

Nun ist mein Sinn, mein Wesen streng umfangen;
Ich lebe nicht, kann ich sie nicht erlangen.
CHIRON. Mein fremder Mann! als Mensch bist du entzückt;
Doch unter Geistern scheinst du wohl verrückt.
Nun trifft sich's hier zu deinem Glücke;
Denn alle Jahr, nur wenig Augenblicke,
Pfleg' ich bei Manto vorzutreten,
Der Tochter Äskulaps; im stillen Beten
Fleht sie zum Vater, dass, zu seiner Ehre,
Er endlich doch der Ärzte Sinn verkläre
Und vom verwegnen Totschlag sie bekehre …
Die liebste mir aus der Sibyllengilde,
Nicht fratzenhaft bewegt, wohltätig milde;
Ihr glückt es wohl, bei einigem Verweilen,
Mit Wurzelkräften dich von Grund zu heilen.
FAUST. Geheilt will ich nicht sein, mein Sinn ist mächtig;
Da wär' ich ja wie andre niederträchtig.
CHIRON. Versäume nicht das Heil der edlen Quelle!
Geschwind herab! Wir sind zur Stelle.
FAUST. Sag an! Wohin hast du, in grauser Nacht,
Durch Kiesgewässer mich ans Land gebracht?
CHIRON. Hier trotzten Rom und Griechenland im Streite,
Peneios rechts, links den Olymp zur Seite,
Das größte Reich, das sich im Sand verliert;
Der König flieht, der Bürger triumphiert.
Blick auf! hier steht, bedeutend nah,
Im Mondenschein der ewige Tempel da.
MANTO *inwendig träumend.*
Von Pferdes Hufe
Erklingt die heilige Stufe,
Halbgötter treten heran.
CHIRON. Ganz recht!
Nur die Augen aufgetan!
MANTO *erwachend.*
Willkommen! ich seh', du bleibst nicht aus.
CHIRON. Steht dir doch auch dein Tempelhaus!

MANTO. Streifst du noch immer unermüdet?
CHIRON. Wohnst du doch immer still umfriedet,
  Indes zu kreisen mich erfreut.
MANTO. Ich harre, mich umkreist die Zeit.
  Und dieser?
CHIRON. Die verrufene Nacht
  Hat strudelnd ihn hierher gebracht.
  Helenen, mit verrückten Sinnen,
  Helenen will er sich gewinnen
  Und weiß nicht, wie und wo beginnen;
  Asklepischer Kur vor andern wert.
MANTO. Den lieb' ich, der Unmögliches begehrt.
  chiron ist schon weit weg.
MANTO. Tritt ein, Verwegner, sollst dich freuen!
  Der dunkle Gang führt zu Persephoneien.
  In des Olympus hohlem Fuß
  Lauscht sie geheim verbotnem Gruß.
  Hier hab' ich einst den Orpheus eingeschwärzt;
  Benutz es besser! frisch! beherzt!
  Sie steigen hinab.

Am obern Peneios

wie zuvor

SIRENEN.
  Stürzt euch in Peneios' Flut!
  Plätschernd ziemt es da zu schwimmen,
  Lied um Lieder anzustimmen,
  Dem unseligen Volk zugut.
  Ohne Wasser ist kein Heil!
  Führen wir mit hellem Heere
  Eilig zum Ägäischen Meere,
  Würd' uns jede Lust zuteil.
  Erdbeben.

SIRENEN.
Schäumend kehrt die Welle wieder,
Fließt nicht mehr im Bett darnieder;
Grund erbebt, das Wasser staucht,
Kies und Ufer berstend raucht.
Flüchten wir! Kommt alle, kommt!
Niemand, dem das Wunder frommt.

Fort! ihr edlen frohen Gäste,
Zu dem seeisch heitern Feste,
Blinkend, wo die Zitterwellen,
Ufernetzend, leise schwellen;
Da, wo Luna doppelt leuchtet,
Uns mit heil'gem Tau befeuchtet.
Dort ein freibewegtes Leben,
Hier ein ängstlich Erdebeben;
Eile jeder Kluge fort!
Schauderhaft ist's um den Ort.

SEISMOS, *in der Tiefe brummend und polternd.*
Einmal noch mit Kraft geschoben,
Mit den Schultern brav gehoben!
So gelangen wir nach oben,
Wo uns alles weichen muss.

SPHINXE. Welch ein widerwärtig Zittern,
Hässlich grausenhaftes Wittern!
Welch ein Schwanken, welches Beben,
Schaukelnd Hin- und Widerstreben!
Welch unleidlicher Verdruss!
Doch wir ändern nicht die Stelle,
Bräche los die ganze Hölle.

Nun erhebt sich ein Gewölbe
Wundersam. Es ist derselbe,
Jener Alte, längst Ergraute,
Der die Insel Delos baute,
Einer Kreißenden zulieb'

Aus der Wog' empor sie trieb.
Er, mit Streben, Drängen, Drücken,
Arme straff, gekrümmt den Rücken,
Wie ein Atlas an Gebärde,
Hebt er Boden, Rasen, Erde,
Kies und Grieß und Sand und Letten,
Unsres Ufers stille Betten.
So zerreißt er eine Strecke
Quer des Tales ruhige Decke.
Angestrengtest, nimmer müde,
Kolossale Karyatide,
Trägt ein furchtbar Steingerüste,
Noch im Boden bis zur Büste;
Weiter aber soll's nicht kommen,
Sphinxe haben Platz genommen.
SEISMOS. Das hab' ich ganz allein vermittelt,
Man wird mir's endlich zugestehn;
Und hätt' ich nicht geschüttelt und gerüttelt,
Wie wäre diese Welt so schön? –
Wie ständen eure Berge droben
In prächtig-reinem Ätherblau,
Hätt' ich sie nicht hervorgeschoben
Zu malerisch-entzückter Schau?
Als, angesichts der höchsten Ahnen,
Der Nacht, des Chaos, ich mich stark betrug
Und, in Gesellschaft von Titanen,
Mit Pelion und Ossa als mit Ballen schlug,
Wir tollten fort in jugendlicher Hitze,
Bis überdrüssig noch zuletzt
Wir dem Parnass, als eine Doppelmütze,
Die beiden Berge frevelnd aufgesetzt …
Apollen hält ein froh Verweilen
Dort nun mit seliger Musen Chor.
Selbst Jupitern und seinen Donnerkeilen
Hob ich den Sessel hoch empor.
Jetzt so, mit ungeheurem Streben,

Drang aus dem Abgrund ich herauf
Und fordre laut, zu neuem Leben,
Mir fröhliche Bewohner auf.
SPHINXE. Uralt, müsste man gestehen,
Sei das hier Emporgebürgte,
Hätten wir nicht selbst gesehen,
Wie sich's aus dem Boden würgte.
Bebuschter Wald verbreitet sich hinan,
Noch drängt sich Fels auf Fels bewegt heran;
Ein Sphinx wird sich daran nicht kehren:
Wir lassen uns im heiligen Sitz nicht stören.
GREIFE. Gold in Blättchen, Gold in Flittern
Durch die Ritzen seh ich zittern.
Lasst euch solchen Schatz nicht rauben,
Imsen, auf! es auszuklauben.
CHOR DER AMEISEN.
Wie ihn die Riesigen
Emporgeschoben,
Ihr Zappelfüßigen,
Geschwind nach oben!
Behendest aus und ein!
In solchen Ritzen
Ist jedes Bröselein
Wert zu besitzen.
Das Allermindeste
Müsst ihr entdecken
Auf das geschwindeste
In allen Ecken.
Allemsig müsst ihr sein,
Ihr Wimmelscharen;
Nur mit dem Gold herein!
Den Berg lasst fahren.
GREIFE. Herein! Herein! Nur Gold zu Hauf!
Wir legen unsre Klauen drauf;
Sind Riegel von der besten Art,
Der größte Schatz ist wohlverwahrt.

PYGMÄEN. Haben wirklich Platz genommen,
Wissen nicht, wie es geschah.
Fraget nicht, woher wir kommen,
Denn wir sind nun einmal da!
Zu des Lebens lustigem Sitze
Eignet sich ein jedes Land;
Zeigt sich eine Felsenritze,
Ist auch schon der Zwerg zur Hand.
Zwerg und Zwergin, rasch zum Fleiße,
Musterhaft ein jedes Paar;
Weiß nicht, ob es gleicher Weise
Schon im Paradiese war.
Doch wir finden's hier zum besten,
Segnen dankbar unsern Stern;
Denn im Osten wie im Westen
Zeugt die Mutter Erde gern.
DAKTYLE.
Hat sie in einer Nacht
Die Kleinen hervorgebracht,
Sie wird die Kleinsten erzeugen;
Finden auch ihresgleichen.
PYGMÄEN-ÄLTESTE. Eilet, bequemen
Sitz einzunehmen!
Eilig zum Werke!
Schnelle für Stärke!
Noch ist es Friede;
Baut euch die Schmiede,
Harnisch und Waffen
Dem Heer zu schaffen.
Ihr Imsen alle,
Rührig im Schwalle,
Schafft uns Metalle!
Und ihr Daktyle,
Kleinste, so viele,
Euch sei befohlen,
Höker zu holen!

Schichtet zusammen
Heimliche Flammen,
Schaffet uns Kohlen.
GENERALISSIMUS. Mit Pfeil und Bogen
Frisch ausgezogen!
An jenem Weiher
Schießt mir die Reiher,
Unzählig nistende,
Hochmütig brüstende,
Auf einen Ruck,
Alle wie einen!
Dass wir erscheinen
Mit Helm und Schmuck.
IMSEN UND DAKTYLE. Wer wird uns retten!
Wir schaffen 's Eisen,
Sie schmieden Ketten.
Uns loszureißen,
Ist noch nicht zeitig,
Drum seid geschmeidig.
DIE KRANICHE DES IBYKUS.
Mordgeschrei und Sterbeklagen!
Ängstlich Flügelflatterschlagen!
Welch ein Ächzen, welch Gestöhn
Dringt herauf zu unsern Höhn!
Alle sind sie schon ertötet,
See von ihrem Blut gerötet.
Missgestaltete Begierde
Raubt des Reihers edle Zierde.
Weht sie doch schon auf dem Helme
Dieser Fettbauch-Krummbein-Schelme.
Ihr Genossen unsres Heeres,
Reihenwanderer des Meeres,
Euch berufen wir zur Rache
In so nahverwandter Sache.
Keiner spare Kraft und Blut,
Ewige Feindschaft dieser Brut!

Zerstreuen sich krächzend in den Lüften.
MEPHISTOPHELES, *in der Ebne.*
Die nordischen Hexen wusst' ich wohl zu meistern,
Mir wird's nicht just mit diesen fremden Geistern.
Der Blocksberg bleibt ein gar bequem Lokal,
Wo man auch sei, man findet sich zumal.
Frau Ilse wacht für uns auf ihrem Stein,
Auf seiner *Höh'* wird *Heinrich* munter sein,
Die *Schnarcher* schnauzen zwar das Elend an,
Doch alles ist für tausend Jahr getan.
Wer weiß denn hier nur, wo er geht und steht,
Ob unter ihm sich nicht der Boden bläht? …
Ich wandle lustig durch ein glattes Tal,
Und hinter mir erhebt sich auf einmal
Ein Berg, zwar kaum ein Berg zu nennen,
Von meinen Sphinxen mich jedoch zu trennen
Schon hoch genug – hier zuckt noch manches Feuer
Das Tal hinab und flammt ums Abenteuer …
Noch tanzt und schwebt mir lockend, weichend vor,
Spitzbübisch gaukelnd, der galante Chor.
Nur sachte drauf! Allzugewohnt ans Naschen,
Wo es auch sei, man sucht was zu erhaschen.
LAMIEN, *Mephistopheles nach sich ziehend.*
Geschwind, geschwinder!
Und immer weiter!
Dann wieder zaudernd,
Geschwätzig plaudernd.
Es ist so heiter,
Den alten Sünder
Uns nachzuziehen,
Zu schwerer Buße.
Mit starrem Fuße
Kommt er geholpert,
Einhergestolpert;
Er schleppt das Bein,
Wie wir ihn fliehen,

Uns hinterdrein!
MEPHISTOPHELES *stillstehend.*
Verflucht Geschick! Betrogne Mannsen!
Von Adam her verführte Hansen!
Alt wird man wohl, wer aber klug?
Warst du nicht schon vernarrt genug!

Man weiß, das Volk taugt aus dem Grunde nichts,
Geschnürten Leibs, geschminkten Angesichts.
Nichts haben sie Gesundes zu erwidern,
Wo man sie anfasst, morsch in allen Gliedern.

Man weiß, man sieht's, man kann es greifen,
Und dennoch tanzt man, wenn die Luder pfeifen!
LAMIEN *innehaltend.* Halt! er besinnt sich, zaudert, steht;
Entgegnet ihm, dass er euch nicht entgeht!
MEPHISTOPHELES *fortschreitend.*
Nur zu! und lass dich ins Gewebe
Der Zweifelei nicht törig ein;
Denn wenn es keine Hexen gäbe,
Wer Teufel möchte Teufel sein!
LAMIEN *anmutigst.* Kreisen wir um diesen Helden!
Liebe wird in seinem Herzen
Sich gewiss für eine melden.
MEPHISTOPHELES. Zwar bei ungewissem Schimmer
Scheint ihr hübsche Frauenzimmer,
Und so möcht' ich euch nicht schelten.
EMPUSE *eindringend.* Auch nicht mich! als eine solche
Lasst mich ein in eure Folge.
LAMIEN. Die ist in unserm Kreis zuviel,
Verdirbt doch immer unser Spiel.
EMPUSE *zu Meph.* Begrüßt von Mühmichen Empuse,
Der Trauten mit dem Eselsfuße!
Du hast nur einen Pferdefuß,
Und doch, Herr Vetter, schönsten Gruß!
MEPHISTOPHELES. Hier dacht' ich lauter Unbekannte

Und finde leider Nahverwandte;
Es ist ein altes Buch zu blättern:
Vom Harz bis Hellas immer Vettern!
EMPUSE. Entschieden weiß ich gleich zu handeln,
In vieles könnt' ich mich verwandeln;
Doch Euch zu Ehren hab' ich jetzt
Das Eselsköpfchen aufgesetzt.
MEPHISTOPHELES. Ich merk', es hat bei diesen Leuten
Verwandtschaft Großes zu bedeuten;
Doch mag sich, was auch will, eräugnen,
Den Eselskopf möcht' ich verleugnen.
LAMIEN. Lass diese Garstige, sie verscheucht,
Was irgend schön und lieblich deucht;
Was irgend schön und lieblich wär' –
Sie kommt heran, es ist nicht mehr!
MEPHISTOPHELES.
Auch diese Mühmchen zart und schmächtig,
Sie sind mir allesamt verdächtig;
Und hinter solcher Wänglein Rosen
Fürcht' ich doch auch Metamorphosen.
LAMIEN. Versuch es doch! sind unsrer viele.
Greif zu! Und hast du Glück im Spiele,
Erhasche dir das beste Los.
Was soll das lüsterne Geleier?
Du bist ein miserabler Freier,
Stolzierst einher und tust so groß! –
Nun mischt er sich in unsre Scharen;
Lasst nach und nach die Masken fahren
Und gebt ihm euer Wesen bloß.
MEPHISTOPHELES. Die Schönste hab' ich mir erlesen …
Sie umfassend. O weh mir! welch ein dürrer Besen!
Eine andere ergreifend.
Und diese? … Schmähliches Gesicht!
LAMIEN. Verdienst du's besser? dünk es nicht.
MEPHISTOPHELES. Die Kleine möcht' ich mir verpfänden …

Lacerte schlüpft mir aus den Händen!
Und schlangenhaft der glatte Zopf.
Dagegen fass' ich mir die Lange …
Da pack' ich eine Thyrsusstange,
Den Pinienapfel als den Kopf!
Wo will's hinaus? … Noch eine Dicke,
An der ich mich vielleicht erquicke;
Zum letztenmal gewagt! Es sei!
Recht quammig, quappig, das bezahlen
Mit hohem Preis Orientalen …
Doch ach! der Bovist platzt entzwei!

LAMIEN. Fahrt auseinander, schwankt und schwebet
Blitzartig, schwarzen Flugs umgebet
Den eingedrungnen Hexensohn!
Unsichre, schauderhafte Kreise!
Schweigsamen Fittichs, Fledermäuse!
Zu wohlfeil kommt er doch davon.

MEPHISTOPHELES *sich schüttlend.*
Viel klüger, scheint es, bin ich nicht geworden;
Absurd ist's hier, absurd im Norden,
Gespenster hier wie dort vertrackt,
Volk und Poeten abgeschmackt.
Ist eben hier eine Mummenschanz
Wie überall, ein Sinnentanz.
Ich griff nach holden Maskenzügen
Und fasste Wesen, dass mich's schauerte …
Ich möchte gerne mich betrügen,
Wenn es nur länger dauerte.
Sich zwischen dem Gestein verirrend.
Wo bin ich denn? Wo will's hinaus?
Das war ein Pfad, nun ist's ein Graus.
Ich kam daher auf glatten Wegen,
Und jetzt steht mir Geröll entgegen.
Vergebens klettr' ich auf und nieder,
Wo find' ich meine Sphinxe wieder?
So toll hätt' ich mir's nicht gedacht,

Ein solch Gebirg in einer Nacht!
Das heiß' ich frischen Hexenritt,
Die bringen ihren Blocksberg mit.
OREAS *vom Naturfels.* Herauf hier! Mein Gebirg ist alt,
Steht in ursprünglicher Gestalt.
Verehre schroffe Felsensteige,
Des Pindus letztgedehnte Zweige!
Schon stand ich unerschüttert so,
Als über mich Pompejus floh.
Daneben das Gebild des Wahns
Verschwindet schon beim Krähn des Hahns.
Dergleichen Märchen seh' ich oft entstehn
Und plötzlich wieder untergehn.
MEPHISTOPHELES. Sei Ehre dir, ehrwürdiges Haupt,
Von hoher Eichenkraft umlaubt!
Der allerklarste Mondenschein
Dringt nicht zur Finsternis herein. –
Doch neben am Gebüsche zieht
Ein Licht, das gar bescheiden glüht.
Wie sich das alles fügen muss!
Fürwahr, es ist Homunculus!
Woher des Wegs, du Kleingeselle?
HOMUNCULUS. Ich schwebe so von Stell' zu Stelle
Und möchte gern im besten Sinn entstehn,
Voll Ungeduld, mein Glas entzweizuschlagen;
Allein, was ich bisher gesehn,
Hinein da möcht' ich mich nicht wagen.
Nur, um dir's im Vertraun zu sagen:
Zwei Philosophen bin ich auf der Spur,
Ich horchte zu, es hieß: Natur, Natur!
Von diesen will ich mich nicht trennen,
Sie müssen doch das irdische Wesen kennen;
Und ich erfahre wohl am Ende,
Wohin ich mich am allerklügsten wende.
MEPHISTOPHELES. Das tu auf deine eigne Hand.
Denn wo Gespenster Platz genommen,

Ist auch der Philosoph willkommen.
Damit man seiner Kunst und Gunst sich freue,
Erschafft er gleich ein Dutzend neue.
Wenn du nicht irrst, kommst du nicht zu Verstand.
Willst du entstehn, entsteh auf eigne Hand!
HOMUNCULUS. Ein guter Rat ist auch nicht zu verschmähn.
MEPHISTOPHELES.
So fahre hin! Wir wollen's weiter sehn. Trennen sich.
ANAXAGORAS *zu* THALES.
Dein starrer Sinn will sich nicht beugen;
Bedarf es Weitres, dich zu überzeugen?
THALES. Die Welle beugt sich jedem Winde gern,
Doch hält sie sich vom schroffen Felsen fern.
ANAXAGORAS. Durch Feuerdunst ist dieser Fels zu
Handen.
THALES. Im Feuchten ist Lebendiges erstanden.
HOMUNCULUS, *zwischen beiden.*
Lasst mich an eurer Seite gehn.
Mir selbst gelüstet's, zu entstehn!
ANAXAGORAS. Hast du, o Thales, je in einer Nacht
Solch einen Berg aus Schlamm hervorgebracht?
THALES. Nie war Natur und ihr lebendiges Fließen
Auf Tag und Nacht und Stunden angewiesen.
Sie bildet regelnd jegliche Gestalt,
Und selbst im Großen ist es nicht Gewalt.
ANAXAGORAS. Hier aber war's! Plutonisch grimmig Feuer,
Äolischer Dünste Knallkraft, ungeheuer,
Durchbrach des flachen Bodens alte Kruste,
Dass neu ein Berg sogleich entstehen musste.
THALES. Was wird dadurch nun weiter fortgesetzt?
Er ist auch da, und das ist gut zuletzt.
Mit solchem Streit verliert man Zeit und Weile
Und führt doch nur geduldig Volk am Seile.
ANAXAGORAS. Schnell quillt der Berg von Myrmidonen,
Die Felsenspalten zu bewohnen;
Pygmäen, Imsen, Däumerlinge

Und andre tätig kleine Dinge.
Zum Homunculus.
Nie hast du Großem nachgestrebt,
Einsiedlerisch-beschränkt gelebt;
Kannst du zur Herrschaft dich gewöhnen,
So lass ich dich als König krönen.
HOMUNCULUS. Was sagt mein Thales?
THALES. Will's nicht raten;
Mit Kleinen tut man kleine Taten,
Mit Großen wird der Kleine groß.
Sieh hin! die schwarze Kranichwolke!
Sie droht dem aufgeregten Volke
Und würde so dem König drohn.
Mit scharfen Schnäbeln, krallen Beinen,
Sie stechen nieder auf die Kleinen;
Verhängnis wetterleuchtet schon.
Ein Frevel tötete die Reiher,
Umstellend ruhigen Friedensweiher.
Doch jener Mordgeschosse Regen
Schafft grausam-blut'gen Rachesegen,
Erregt der Nahverwandten Wut
Nach der Pygmäen frevlem Blut.
Was nützt nun Schild und Helm und Speer?
Was hilft der Reiherstrahl den Zwergen?
Wie sich Daktyl und Imse bergen!
Schon wankt, es flieht, es stürzt das Heer.
ANAXAGORAS *nach einer Pause feierlich.*
Konnt' ich bisher die Unterirdischen loben,
So wend' ich mich in diesem Fall nach oben …
Du! droben ewig Unveraltete,
Dreinamig-Dreigestaltete,
Dich ruf ich an bei meines Volkes Weh,
Diana, Luna, Hekate!
Du Brusterweiternde, im Tiefsten Sinnige,
Du Ruhigscheinende, Gewaltsam-Innige,
Eröffne deiner Schatten grausen Schlund,

Die alte Macht sei ohne Zauber kund! *Pause.*
Bin ich zu schnell erhört?
Hat mein Flehn
Nach jenen Höhn
Die Ordnung der Natur gestört?

Und größer, immer größer nahet schon
Der Göttin rundumschriebner Thron,
Dem Auge furchtbar, ungeheuer!
Ins Düstre rötet sich sein Feuer …
Nicht näher, drohend-mächtige Runde!
Du richtest uns und Land und Meer zugrunde!

So wär' es wahr, dass dich thessalische Frauen
In frevlend magischem Vertrauen
Von deinem Pfad herabgesungen,
Verderblichstes dir abgerungen? …
Das lichte Schild hat sich umdunkelt,
Auf einmal reißt's und blitzt und funkelt!
Welch ein Geprassel! Welch ein Zischen!
Ein Donnern, Windgetüm dazwischen! –
Demütig zu des Thrones Stufen! –
Verzeiht! Ich hab' es hergerufen. *Wirft sich aufs Angesicht.*
THALES. Was dieser Mann nicht alles hört' und sah!
Ich weiß nicht recht, wie uns geschah,
Auch hab' ich's nicht mit ihm empfunden.
Gestehen wir, es sind verrückte Stunden,
Und Luna wiegt sich ganz bequem
An ihrem Platz, so wie vordem.
HOMUNCULUS. Schaut hin nach der Pygmäen Sitz!
Der Berg war rund, jetzt ist er spitz.
Ich spürt' ein ungeheures Prallen,
Der Fels war aus dem Mond gefallen;
Gleich hat er, ohne nachzufragen,
So Freund als Feind gequetscht, erschlagen.
Doch muss ich solche Künste loben,

Die schöpferisch, in einer Nacht,
Zugleich von unten und von oben,
Dies Berggebäu zustand gebracht.
THALES. Sei ruhig! Es war nur gedacht.
Sie fahre hin, die garstige Brut!
Dass du nicht König warst, ist gut.
Nun fort zum heitern Meeresfeste,
Dort hofft und ehrt man Wundergäste.
Entfernen sich.
MEPHISTOPHELES, *an der Gegenseite kletternd.*
Da muss ich mich durch steile Felsentreppen,
Durch alter Eichen starre Wurzeln schleppen!
Auf meinem Harz der harzige Dunst
Hat was vom Pech, und das hat meine Gunst,
Zunächst dem Schwefel … Hier, bei diesen Griechen
Ist von dergleichen kaum die Spur zu riechen;
Neugierig aber wär' ich, nachzuspüren,
Womit sie Höllenqual und -flamme schüren.
DRYAS. In deinem Lande sei einheimisch klug,
Im fremden bist du nicht gewandt genug.
Du solltest nicht den Sinn zur Heimat kehren,
Der heiligen Eichen Würde hier verehren.
MEPHISTOPHELES. Man denkt an das, was man verließ;
Was man gewohnt war, bleibt ein Paradies.
Doch sagt: was in der Höhle dort,
Bei schwachem Licht, sich dreifach hingekauert?
DRYAS. Die Phorkyaden! Wage dich zum Ort
Und sprich sie an, wenn dich nicht schauert.
MEPHISTOPHELES.
Warum denn nicht! – Ich sehe was, und staune!
So stolz ich bin, muss ich mir selbst gestehn:
Dergleichen hab' ich nie gesehn,
Die sind ja schlimmer als Alraune …
Wird man die urverworfnen Sünden
Im mindesten noch hässlich finden,
Wenn man dies Dreigetüm erblickt?

Wir litten sie nicht auf den Schwellen
Der grauenvollsten unsrer Höllen.
Hier wurzelt's in der Schönheit Land,
Das wird mit Ruhm antik genannt …
Sie regen sich, sie scheinen mich zu spüren,
Sie zwitschern pfeifend, Fledermaus-Vampyren.
PHORKYAS. Gebt mir das Auge, Schwestern, dass es frage,
Wer sich so nah an unsre Tempel wage.
MEPHISTOPHELES. Verehrteste! Erlaubt mir, euch zu nahen
Und euren Segen dreifach zu empfahen.
Ich trete vor, zwar noch als Unbekannter,
Doch, irr' ich nicht, weitläufiger Verwandter.
Altwürdige Götter hab' ich schon erblickt,
Vor Ops und Rhea tiefstens mich gebückt;
Die Parzen selbst, des Chaos, eure Schwestern,
Ich sah sie gestern – oder ehegestern;
Doch euresgleichen hab' ich nie erblickt.
Ich schweige nun und fühle mich entzückt.
PHORKYADEN. Er scheint Verstand zu haben, dieser Geist.
MEPHISTOPHELES.
Nur wundert's mich, dass euch kein Dichter preist.
Und sagt: wie kam's, wie konnte das geschehn?
Im Bilde hab' ich nie euch Würdigste gesehn;
Versuch's der Meißel doch, euch zu erreichen,
Nicht Juno, Pallas, Venus und dergleichen.
PHORKYADEN. Versenkt in Einsamkeit und stillste Nacht,
Hat unser Drei noch nie daran gedacht!
MEPHISTOPHELES.
Wie sollt' es auch? da ihr, der Welt entrückt,
Hier niemand seht und niemand euch erblickt.
Da müsstet ihr an solchen Orten wohnen,
Wo Pracht und Kunst auf gleichem Sitze thronen,
Wo jeden Tag, behend, im Doppelschritt,
Ein Marmorblock als Held ins Leben tritt.
Wo –
PHORKYADEN. Schweige still und gib uns kein Gelüsten!

Was hülf' es uns, und wenn wir's besser wüssten?
In Nacht geboren, Nächtlichem verwandt,
Beinah uns selbst, ganz allen unbekannt.
MEPHISTOPHELES. In solchem Fall hat es nicht viel zu sagen,
Man kann sich selbst auch andern übertragen.
Euch dreien gnügt ein Auge, gnügt ein Zahn;
Da ging' es wohl auch mythologisch an,
In zwei die Wesenheit der drei zu fassen,
Der Dritten Bildnis mir zu überlassen,
Auf kurze Zeit.
EINE. Wie dünkt's euch? ging' es an?
DIE ANDERN.
Versuchen wir's! – doch ohne Aug' und Zahn.
MEPHISTOPHELES.
Nun habt ihr grad das Beste weggenommen;
Wie würde da das strengste Bild vollkommen!
EINE. Drück du ein Auge zu, 's ist leicht geschehn,
Lass alsofort den einen Raffzahn sehn,
Und im Profil wirst du sogleich erreichen,
Geschwisterlich vollkommen uns zu gleichen.
MEPHISTOPHELES. Viel Ehr'! Es sei!
PHORKYADEN. Es sei!
MEPHISTOPHELES *als Phorkyas im Profil.*
Da steh' ich schon,
Des Chaos vielgeliebter Sohn!
PHORKYADEN. Des Chaos Töchter sind wir unbestritten.
MEPHISTOPHELES.
Man schilt mich nun, o Schmach, Hermaphroditen.
PHORKYADEN.
Im neuen Drei der Schwestern welche Schöne!
Wir haben zwei der Augen, zwei der Zähne.
MEPHISTOPHELES.
Vor aller Augen muss ich mich verstecken,
Im Höllenpfuhl die Teufel zu erschrecken. *Ab.*

Felsbuchten des Ägäischen Meers

Mond im Zenit verharrend.

SIRENEN, *auf den Klippen umher gelagert, flötend und singend.*
Haben sonst bei nächtigem Grauen
Dich thessalische Zauberfrauen
Frevelhaft herabgezogen,
Blicke ruhig von dem Bogen
Deiner Nacht auf Zitterwogen
Mildeblitzend Glanzgewimmel
Und erleuchte das Getümmel,
Das sich aus den Wogen hebt!
Dir zu jedem Dienst erbötig,
Schöne Luna, sei uns gnädig!
NEREIDEN UND TRITONEN, *als Meerwunder.*
Tönet laut in schärfern Tönen,
Die das breite Meer durchdröhnen,
Volk der Tiefe ruft fortan!
Vor des Sturmes grausen Schlünden
Wichen wir zu stillsten Gründen,
Holder Sang zieht uns heran.

Seht, wie wir im Hochentzücken
Uns mit goldenen Ketten schmücken,
Auch zu Kron' und Edelsteinen
Spang- und Gürtelschmuck vereinen!
Alles das ist eure Frucht.
Schätze, scheiternd hier verschlungen,
Habt ihr uns herangesungen,
Ihr Dämonen unsrer Bucht.
SIRENEN. Wissen's wohl, in Meeresfrische
Glatt behagen sich die Fische,
Schwanken Lebens ohne Leid;
Doch, ihr festlich regen Scharen,

Heute möchten wir erfahren,
Dass ihr mehr als Fische seid.
NEREIDEN UND TRITONEN. Ehe wir hieher gekommen,
Haben wir's zu Sinn genommen;
Schwestern, Brüder, jetzt geschwind!
Heut bedarf's der kleinsten Reise
Zum vollgültigsten Beweise,
Dass wir mehr als Fische sind. *Entfernen sich.*
SIRENEN. Fort sind sie im Nu!
Nach Samothrace grade zu,
Verschwunden mit günstigem Wind.
Was denken sie zu vollführen
Im Reiche der hohen Kabiren?
Sind Götter! Wundersam eigen,
Die sich immerfort selbst erzeugen
Und niemals wissen, was sie sind.

Bleibe auf deinen Höhn,
Holde Luna, gnädig stehn,
Dass es nächtig verbleibe,
Uns der Tag nicht vertreibe!
THALES *am Ufer zu Homunculus.*
Ich führte dich zum alten Nereus gern;
Zwar sind wir nicht von seiner Höhle fern,
Doch hat er einen harten Kopf,
Der widerwärtige Sauertopf.
Das ganze menschliche Geschlecht
Macht's ihm, dem Griesgram, nimmer recht.
Doch ist die Zukunft ihm entdeckt,
Dafür hat jedermann Respekt
Und ehret ihn auf seinem Posten;
Auch hat er manchem wohlgetan,
HOMUNCULUS. Probieren wir's und klopfen an!
Nicht gleich wird's Glas und Flamme kosten.
NEREUS.
Sind's Menschenstimmen, die mein Ohr vernimmt?

Wie es mir gleich im tiefsten Herzen grimmt!
Gebilde, strebsam, Götter zu erreichen,
Und doch verdammt, sich immer selbst zu gleichen.
Seit alten Jahren konnt' ich göttlich ruhn,
Doch trieb mich's an, den Besten wohlzutun;
Und schaut' ich dann zuletzt vollbrachte Taten,
So war es ganz, als hätt' ich nicht geraten.
THALES. Und doch, o Greis des Meers, vertraut man dir;
Du bist der Weise, treib uns nicht von hier!
Schau diese Flamme, menschenähnlich zwar,
Sie deinem Rat ergibt sich ganz und gar.
NEREUS. Was Rat! Hat Rat bei Menschen je gegolten?
Ein kluges Wort erstarrt im harten Ohr.
So oft auch Tat sich grimmig selbst gescholten,
Bleibt doch das Volk selbstwillig wie zuvor.
Wie hab' ich Paris väterlich gewarnt,
Eh sein Gelüst ein fremdes Weib umgarnt.
Am griechischen Ufer stand er kühnlich da,
Ihm kündet' ich, was ich im Geiste sah:
Die Lüfte qualmend, überströmend Rot,
Gebälke glühend, unten Mord und Tod:
Trojas Gerichtstag, rhythmisch festgebannt,
Jahrtausenden so schrecklich als gekannt.
Des Alten Wort, dem Frechen schien's ein Spiel,
Er folgte seiner Lust, und Ilios fiel –
Ein Riesenleichnam, starr nach langer Qual,
Des Pindus Adlern gar willkommnes Mahl.
Ulyssen auch! sagt' ich ihm nicht voraus
Der Circe Listen, des Zyklopen Graus?
Das Zaudern sein, der Seinen leichten Sinn,
Und was nicht alles! Bracht' ihm das Gewinn?
Bis vielgeschaukelt ihn, doch spät genug,
Der Woge Gunst an gastlich Ufer trug.
THALES. Dem weisen Mann gibt solch Betragen Qual;
Der gute doch versucht es noch einmal.
Ein Quentchen Danks wird, hoch ihn zu vergnügen,

Die Zentner Undanks völlig überwiegen.
Denn nichts Geringes haben wir zu flehn:
Der Knabe da wünscht weislich zu entstehn.
NEREUS. Verderbt mir nicht den seltensten Humor!
Ganz andres steht mir heute noch bevor:
Die Töchter hab' ich alle herbeschieden,
Die Grazien des Meeres, die DORIDEN.
Nicht der Olymp, nicht euer Boden trägt
Ein schön Gebild, das sich so zierlich regt.
Sie werfen sich, anmutigster Gebärde,
Vom Wasserdrachen auf Neptunus' Pferde,
Dem Element aufs zarteste vereint,
Dass selbst der Schaum sie noch zu heben scheint.
Im Farbenspiel von Venus' Muschelwagen
Kommt Galatee, die Schönste, nun getragen,
Die, seit sich Kypris von uns abgekehrt,
In Paphos wird als Göttin selbst verehrt.
Und so besitzt die Holde lange schon,
Als Erbin, Tempelstadt und Wagenthron.
Hinweg! Es ziemt in Vaterfreudenstunde
Nicht Hass dem Herzen, Scheltwort nicht dem Munde.
Hinweg zu Proteus! Fragt den Wundermann:
Wie man entstehn und sich verwandlen kann.
Entfernt sich gegen das Meer.
THALES. Wir haben nichts durch diesen Schritt gewonnen,
Trifft man auch Proteus, gleich ist er zerronnen;
Und steht er euch, so sagt er nur zuletzt,
Was staunen macht und in Verwirrung setzt.
Du bist einmal bedürftig solchen Rats,
Versuchen wir's und wandlen unsres Pfads!
Entfernen sich.
SIRENEN *oben auf den Felsen.* Was sehen wir von weiten
Das Wellenreich durchgleiten?
Als wie nach Windes Regel
Anzögen weiße Segel,
So hell sind sie zu schauen,

Verklärte Meeresfrauen.
Lasst uns herunterklimmen,
Vernehmt ihr doch die Stimmen.
NEREIDEN UND TRITONEN. Was wir auf Händen tragen,
Soll allen euch behagen.
Chelonens Riesenschilde
Entglänzt ein streng Gebilde:
Sind Götter, die wir bringen;
Müsst hohe Lieder singen.
SIRENEN. Klein von Gestalt,
Groß von Gewalt,
Der Scheiternden Retter,
Uralt verehrte Götter.
NEREIDEN UND TRITONEN. Wir bringen die Kabiren,
Ein friedlich Fest zu führen;
Denn wo sie heilig walten,
Neptun wird freundlich schalten.
SIRENEN. Wir stehen euch nach;
Wenn ein Schiff zerbrach,
Unwiderstehbar an Kraft
Schützt ihr die Mannschaft.
NEREIDEN UND TRITONEN. Drei haben wir mitgenommen,
Der vierte wollte nicht kommen;
Er sagte, er sei der Rechte,
Der für sie alle dächte.
SIRENEN. Ein Gott den andern Gott
Macht wohl zu Spott.
Ehrt ihr alle Gnaden,
Fürchtet jeden Schaden.
NEREIDEN UND TRITONEN. Sind eigentlich ihrer sieben.
SIRENEN. Wo sind die drei geblieben?
NEREIDEN UND TRITONEN. Wir wüssten's nicht zu sagen,

Sind im Olymp zu erfragen;
Dort west auch wohl der achte,
An den noch niemand dachte!
In Gnaden uns gewärtig,
Doch alle noch nicht fertig.
Diese Unvergleichlichen
Wollen immer weiter,
Sehnsuchtsvolle Hungerleider
Nach dem Unerreichlichen.
SIRENEN. Wir sind gewohnt,
Wo es auch thront,
In Sonn' und Mond
Hinzubeten; es lohnt.
NEREIDEN UND TRITONEN.
Wie unser Ruhm zum höchsten prangt,
Dieses Fest anzuführen!
SIRENEN. Die Helden des Altertums
Ermangeln des Ruhms,
Wo und wie er auch prangt,
Wenn sie das goldne Vlies erlangt,
Ihr die Kabiren.
Wiederholt als Allgesang.
Wenn sie das goldne Vlies erlangt,
Wir } die Kabiren.
Ihr }

Nereiden und Tritonen ziehen vorüber.
HOMUNCULUS. Die Ungestalten seh' ich an
Als irden-schlechte Töpfe,
Nun stoßen sich die Weisen dran
Und brechen harte Köpfe.
THALES. Das ist es ja, was man begehrt:
Der Rost macht erst die Münze wert.
PROTEUS *unbemerkt.* So etwas freut mich alten Fabler!
Je wunderlicher, desto respektabler.
THALES. Wo bist du, Proteus?

PROTEUS, *bauchrednerisch, bald nah, bald fern.* Hier! und hier!

THALES. Den alten Scherz verzeih' ich dir;
Doch einem Freund nicht eitle Worte!
Ich weiß, du sprichst vom falschen Orte.

PROTEUS *als aus der Ferne.* Leb' wohl!

THALES *leise zu Homunculus.*
Er ist ganz nah. Nun leuchte frisch!
Er ist neugierig wie ein Fisch;
Und wo er auch gestaltet stockt,
Durch Flammen wird er hergelockt.

HOMUNCULUS. Ergieß' ich gleich des Lichtes Menge,
Bescheiden doch, dass ich das Glas nicht sprenge.

PROTEUS *in Gestalt einer Riesenschildkröte.*
Was leuchtet so anmutig schön?

THALES, *den Homunculus verhüllend.*
Gut! Wenn du Lust hast, kannst du's näher sehn.
Die kleine Mühe lass dich nicht verdrießen
Und zeige dich auf menschlich beiden Füßen.
Mit unsern Gunsten sei's, mit unserm Willen,
Wer schauen will, was wir verhüllen.

PROTEUS, *edel gestaltet.*
Weltweise Kniffe sind dir noch bewusst.

THALES. Gestalt zu wechseln, bleibt noch deine Lust.
Hat den Homunculus enthüllt.

PROTEUS *erstaunt.*
Ein leuchtend Zwerglein! Niemals noch gesehn!

THALES. Es fragt um Rat und möchte gern entstehn.
Er ist, wie ich von ihm vernommen,
Gar wundersam nur halb zur Welt gekommen.
Ihm fehlt es nicht an geistigen Eigenschaften,
Doch gar zu sehr am greiflich Tüchtighaften.
Bis jetzt gibt ihm das Glas allein Gewicht,
Doch wär' er gern zunächst verkörperlicht.

PROTEUS. Du bist ein wahrer Jungfernsohn,
Eh' du sein solltest, bist du schon!

THALES *leise.*
Auch scheint es mir von andrer Seite kritisch:
Er ist, mich dünkt, hermaphroditisch.
PROTEUS. Da muss es desto eher glücken;
So wie er anlangt, wird sich's schicken.
Doch gilt es hier nicht viel Besinnen:
Im weiten Meere musst du anbeginnen!
Da fängt man erst im kleinen an
Und freut sich, Kleinste zu verschlingen,
Man wächst so nach und nach heran
Und bildet sich zu höherem Vollbringen.
HOMUNCULUS. Hier weht gar eine weiche Luft,
Es grunelt so, und mir behagt der Duft!
PROTEUS. Das glaub' ich, allerliebster Junge!
Und weiter hin wird's viel behäglicher,
Auf dieser schmalen Strandeszunge
Der Dunstkreis noch unsäglicher;
Da vorne sehen wir den Zug,
Der eben herschwebt, nah genug.
Kommt mit dahin!
THALES. Ich gehe mit.
HOMUNCULUS. Dreifach merkwürd'ger Geisterschritt!
TEICHINEN VON RHODUS *auf Hippokampen und Meerdrachen, Neptunens Dreizack handhabend.*
CHOR. Wir haben den Dreizack Neptunen geschmiedet,
Womit er die regesten Wellen begütet.
Entfaltet der Donnrer die Wolken, die vollen,
Entgegnet Neptunus dem greulichen Rollen;
Und wie auch von oben es zackig erblitzt,
Wird Woge nach Woge von unten gespritzt;
Und was auch dazwischen in Ängsten gerungen,
Wird, lange geschleudert, vom Tiefsten verschlungen;
Weshalb er uns heute den Zepter gereicht –
Nun schweben wir festlich, beruhigt und leicht.
SIRENEN. Euch, dem Helios Geweihten,
Heitern Tags Gebenedeiten,

Gruß zur Stunde, die bewegt
Lunas Hochverehrung regt!
TELCHINEN. Allieblichste Göttin am Bogen da droben!
Du hörst mit Entzücken den Bruder beloben.
Der seligen Rhodus verleihst du ein Ohr,
Dort steigt ihm ein ewiger Päan hervor.
Beginnt er den Tagslauf und ist es getan,
Er blickt uns mit feurigem Strahlenblick an.
Die Berge, die Städte, die Ufer, die Welle
Gefallen dem Gotte, sind lieblich und helle.
Kein Nebel umschwebt uns, und schleicht er sich ein,
Ein Strahl und ein Lüftchen, die Insel ist rein!
Da schaut sich der Hohe in hundert Gebilden,
Als Jüngling, als Riesen, den großen, den milden.
Wir ersten, wir waren's, die Göttergewalt
Aufstellten in würdiger Menschengestalt.
PROTEUS. Lass du sie singen, lass sie prahlen!
Der Sonne heiligen Lebestrahlen
Sind tote Werke nur ein Spaß.
Das bildet, schmelzend, unverdrossen;
Und haben sie's in Erz gegossen,
Dann denken sie, es wäre was.
Was ist's zuletzt mit diesen Stolzen?
Die Götterbilder standen groß –
Zerstörte sie ein Erdestoß;
Längst sind sie wieder eingeschmolzen.
Das Erdetreiben, wie's auch sei,
Ist immer doch nur Plackerei;
Dem Leben frommt die Welle besser;
Dich trägt ins ewige Gewässer
Proteus-Delphin. *Er verwandelt sich.*
Schon ist's getan!
Da soll es dir zum schönsten glücken:
Ich nehme dich auf meinen Rücken,
Vermähle dich dem Ozean.
THALES. Gib nach dem löblichen Verlangen,

Von vorn die Schöpfung anzufangen!
Zu raschem Wirken sei bereit!
Da regst du dich nach ewigen Normen,
Durch tausend, abertausend Formen,
Und bis zum Menschen hast du Zeit.
Homunculus besteigt den Proteus-Delphin.
PROTEUS. Komm geistig mit in feuchte Weite,
Da lebst du gleich in Läng' und Breite,
Beliebig regest du dich hier;
Nur strebe nicht nach höheren Orden:
Denn bist du erst ein Mensch geworden,
Dann ist es völlig aus mit dir.
THALES. Nachdem es kommt; 's ist auch wohl fein,
Ein wackrer Mann zu seiner Zeit zu sein.
PROTEUS *zu Thales.* So einer wohl von deinem Schlag!
Das hält noch eine Weile nach;
Denn unter bleichen Geisterscharen
Seh' ich dich schon seit vielen hundert Jahren.
SIRENEN *auf den Felsen.* Welch ein Ring von Wölkchen ründet
Um den Mond so reichen Kreis?
Tauben sind es, liebentzündet,
Fittiche, wie Licht so weiß.
Paphos hat sie hergesendet,
Ihre brünstige Vogelschar;
Unser Fest, es ist vollendet,
Heitre Wonne voll und klar!
NEREUS, *zu Thales tretend.*
Nennte wohl ein nächtiger Wanderer
Diesen Mondhof Lufterscheinung;
Doch wir Geister sind ganz anderer
Und der einzig richtigen Meinung:
Tauben sind es, die begleiten
Meiner Tochter Muschelfahrt,
Wunderflugs besondrer Art,
Angelernt vor alten Zeiten.

THALES. Auch ich halte das fürs Beste,
Was dem wackern Mann gefällt,
Wenn im stillen, warmen Neste
Sich ein Heiliges lebend hält.
PSYLLEN UND MARSEN *auf Meerstieren, Meerkälbern und*
-widdern.
In Cyperns rauhen Höhlegrüften,
Vom Meergott nicht verschüttet,
Vom Seismos nicht zerrüttet,
Umweht von ewigen Lüften,
Und, wie in den ältesten Tagen,
In stillbewusstem Behagen
Bewahren wir Cypriens Wagen
Und führen, beim Säuseln der Nächte,
Durch liebliches Wellengeflechte,
Unsichtbar dem neuen Geschlechte,
Die lieblichste Tochter heran.
Wir leise Geschäftigen scheuen
Weder Adler noch geflügelten Leuen,
Weder Kreuz noch Mond,
Wie es oben wohnt und thront,
Sich wechselnd wegt und regt,
Sich vertreibt und totschlägt,
Saaten und Städte niederlegt.
Wir, so fortan,
Bringen die lieblichste Herrin heran.
SIRENEN. Leicht bewegt, in mäßiger Eile,
Um den Wagen, Kreis um Kreis,
Bald verschlungen Zeil' an Zeile,
Schlangenartig reihenweis,
Naht euch, rüstige Nereiden,
Derbe Fraun, gefällig wild,
Bringet, zärtliche Doriden,
Galateen, der Mutter Bild:
Ernst, den Göttern gleich zu schauen,

Würdiger Unsterblichkeit,
Doch wie holde Menschenfrauen
Lockender Anmutigkeit.

DORIDEN *im Chor an Nereus vorbeiziehend, sämtlich auf Delphinen.*
Leih uns, Luna, Licht und Schatten,
Klarheit diesem Jugendflor!
Denn wir zeigen liebe Gatten
Unserm Vater bittend vor. *Zu Nereus.*
Knaben sind's, die wir gerettet
Aus der Brandung grimmem Zahn,
Sie, auf Schilf und Moos gebettet,
Aufgewärmt zum Licht heran,
Die es nun mit heißen Küssen
Treulich uns verdanken müssen;
Schau die Holden günstig an!

NEREUS. Hoch ist der Doppelgewinn zu schätzen:
Barmherzig sein, und sich zugleich ergetzen.

DORIDEN. Lobst du, Vater, unser Walten,
Gönnst uns wohlerworbene Lust,
Lass uns fest, unsterblich halten
Sie an ewiger Jugendbrust.

NEREUS. Mögt euch des schönen Fanges freuen,
Den Jüngling bildet euch als Mann;
Allein ich könnte nicht verleihen,
Was Zeus allein gewähren kann.
Die Welle, die euch wogt und schaukelt,
Lässt auch der Liebe nicht Bestand,
Und hat die Neigung ausgegaukelt,
So setzt gemächlich sie ans Land.

DORIDEN. Ihr, holde Knaben, seid uns wert,
Doch müssen wir traurig scheiden;
Wir haben ewige Treue begehrt,
Die Götter wollen's nicht leiden.

DIE JÜNGLINGE. Wenn ihr uns nur so ferner labt,
Uns wackre Schifferknaben;

Wir haben's nie so gut gehabt
Und wollen's nicht besser haben.
GALATEE *auf dem Muschelwagen nähert sich.*
NEREUS. Du bist es, mein Liebchen!
GALATEE. O Vater! das Glück!
Delphine, verweilet! mich fesselt der Blick.
NEREUS. Vorüber schon, sie ziehen vorüber
In kreisenden Schwunges Bewegung;
Was kümmert sie die innre herzliche Regung!
Ach, nähmen sie mich mit hinüber!
Doch ein einziger Blick ergetzt,
Dass er das ganze Jahr ersetzt.
THALES. Heil! Heil! aufs neue!
Wie ich mich blühend freue,
Vom Schönen, Wahren durchdrungen …
Alles ist aus dem Wasser entsprungen!!
Alles wird durch das Wasser erhalten!
Ozean, gönn uns dein ewiges Walten.
Wenn du nicht Wolken sendetest,
Nicht reiche Bäche spendetest,
Hin und her nicht Flüsse wendetest,
Die Ströme nicht vollendetest,
Was wären Gebirge, was Ebnen und Welt?
Du bist's, der das frischeste Leben erhält.
ECHO, *Chorus der sämtlichen Kreise.*
Du bist's, dem das frischeste Leben entquellt.
NEREUS. Sie kehren schwankend fern zurück,
Bringen nicht mehr Blick zu Blick;
In gedehnten Kettenkreisen,
Sich festgemäß zu erweisen,
Windet sich die unzählige Schar.
Aber Galateas Muschelthron
Seh' ich schon und aber schon.
Er glänzt wie ein Stern
Durch die Menge.
Geliebtes leuchtet durchs Gedränge!

Auch noch so fern
Schimmert's hell und klar,
Immer nah und wahr.
HOMUNCULUS. In dieser holden Feuchte
Was ich auch hier beleuchte,
Ist alles reizend schön.
PROTEUS. In dieser Lebensfeuchte
Erglänzt erst deine Leuchte
Mit herrlichem Getön.
NEREUS. Welch neues Geheimnis in Mitte der Scharen
Will unseren Augen sich offengebaren?
Was flammt um die Muschel, um Galatees Füße?
Bald lodert es mächtig, bald lieblich, bald süße,
Als wär' es von Pulsen der Liebe gerührt.
THALES. Homunculus ist es, von Proteus verführt …
Es sind die Symptome des herrischen Sehnens,
Mir ahnet das Ächzen beängsteten Dröhnens;
Er wird sich zerschellen am glänzenden Thron;
Jetzt flammt es, nun blitzt es, ergießet sich schon.
SIRENEN. Welch feuriges Wunder verklärt uns die Wellen,
Die gegeneinander sich funkelnd zerschellen?
So leuchtet's und schwanket und hellet hinan:
Die Körper, sie glühen auf nächtlicher Bahn,
Und ringsum ist alles vom Feuer umronnen;
So herrsche denn Eros, der alles begonnen!
Heil dem Meere! Heil den Wogen,
Von dem heiligen Feuer umzogen!
Heil dem Wasser! Heil dem Feuer!
Heil dem seltnen Abenteuer!
ALL-ALLE! Heil den mildgewogenen Lüften!
Heil geheimnisreichen Grüften!
Hochgefeiert seid allhier,
Element' ihr alle vier!

Dritter Akt

Vor dem Palaste des Menelas zu Sparta

HELENA *tritt auf und*
CHOR GEFANGENER TROJANERINNEN.
PANTHALIS, CHORFÜHRERIN.

HELENA. Bewundert viel und viel gescholten, Helena,
Vom Strande komm' ich, wo wir erst gelandet sind,
Noch immer trunken von des Gewoges regsamem
Geschaukel, das vom phrygischen Blachgefild uns her
Auf sträubig-hohem Rücken, durch Poseidons Gunst
Und Euros' Kraft, in vaterländische Buchten trug.
Dort unten freuet nun der König Menelas
Der Rückkehr samt den tapfersten seiner Krieger sich.
Du aber heiße mich willkommen, hohes Haus,
Das Tyndareos, mein Vater, nah dem Hange sich
Von Pallas' Hügel wiederkehrend aufgebaut
Und, als ich hier mit Klytämnestren schwesterlich,
Mit Kastor auch und Pollux fröhlich spielend wuchs,
Vor allen Häusern Spartas herrlich ausgeschmückt.
Gegrüßet seid mir, der ehrnen Pforte Flügel ihr!
Durch euer gastlich ladendes Weit-Eröffnen einst
Geschah's, dass mir, erwählt aus vielen, Menelas
In Bräutigamsgestalt entgegenleuchtete.
Eröffnet mir sie wieder, dass ich ein Eilgebot
Des Königs treu erfülle, wie der Gattin ziemt.
Lasst mich hinein! und alles bleibe hinter mir,
Was mich umstürmte bis hieher, verhängnisvoll.
Denn seit ich diese Schwelle sorgenlos verließ,
Cytherens Tempel besuchend, heiliger Pflicht gemäß,
Mich aber dort ein Räuber griff, der phrygische,
Ist viel geschehen, was die Menschen weit und breit
So gern erzählen, aber der nicht gerne hört,
Von dem die Sage wachsend sich zum Märchen spann.

CHOR.
Verschmähe nicht, o herrliche Frau,
Des höchsten Gutes Ehrenbesitz!
Denn das größte Glück ist dir einzig beschert,
Der Schönheit Ruhm, der vor allen sich hebt.
Dem Helden tönt sein Name voran,
Drum schreitet er stolz;
Doch beugt sogleich hartnäckigster Mann
Vor der allbezwingenden Schöne den Sinn.
HELENA. Genug! mit meinem Gatten bin ich hergeschifft
Und nun von ihm zu seiner Stadt vorausgesandt;
Doch welchen Sinn er hegen mag, errat' ich nicht.
Komm' ich als Gattin? komm' ich eine Königin?
Komm' ich ein Opfer für des Fürsten bittern Schmerz
Und für der Griechen lang' erduldetes Missgeschick?
Erobert bin ich; ob gefangen, weiß ich nicht!
Denn Ruf und Schicksal bestimmten fürwahr die Unsterblichen
Zweideutig mir, der Schöngestalt bedenkliche
Begleiter, die an dieser Schwelle mir sogar
Mit düster drohender Gegenwart zur Seite stehn.
Denn schon im hohlen Schiffe blickte mich der Gemahl
Nur selten an, auch sprach er kein erquicklich Wort.
Als wenn er Unheil sänne, saß er gegen mir.
Nun aber, als des Eurotas tiefem Buchtgestad
Hinangefahren der vordern Schiffe Schnäbel kaum
Das Land begrüßten, sprach er, wie vom Gott bewegt:
»Hier steigen meine Krieger nach der Ordnung aus,
Ich mustere sie, am Strand des Meeres hingereiht;
Du aber ziehe weiter, ziehe des heiligen
Eurotas fruchtbegabtem Ufer immer auf,
Die Rosse lenkend auf der feuchten Wiese Schmuck,
Bis dass zur schönen Ebene du gelangen magst,
Wo Lakedämon, einst ein fruchtbar weites Feld,
Von ernsten Bergen nah umgeben, angebaut.
Betrete dann das hochgetürmte Fürstenhaus

Und mustere mir die Mägde, die ich dort zurück
Gelassen, samt der klugen alten Schaffnerin.
Die zeige dir der Schätze reiche Sammlung vor,
Wie sie dein Vater hinterließ und die ich selbst
In Krieg und Frieden, stets vermehrend, aufgehäuft.
Du findest alles nach der Ordnung stehen; denn
Das ist des Fürsten Vorrecht, dass er alles treu
In seinem Hause, wiederkehrend, finde, noch
An seinem Platze jedes, wie er's dort verließ.
Denn nichts zu ändern hat für sich der Knecht Gewalt.«

CHOR.
Erquicke nun am herrlichen Schatz,
Dem stets vermehrten, Augen und Brust!
Denn der Kette Zier, der Krone Geschmuck,
Da ruhn sie stolz, und sie dünken sich was;
Doch tritt nur ein und fordre sie auf,
Sie rüsten sich schnell.
Mich freuet, zu sehn Schönheit in dem Kampf
Gegen Gold und Perlen und Edelgestein.

HELENA. Sodann erfolgte desHerren ferneres Herrscherwort:
»Wenn du nun alles nach der Ordnung durchgesehn,
Dann nimm so manchen Dreifuß, als du nötig glaubst,
Und mancherlei Gefäße, die der Opfrer sich
Zur Hand verlangt, vollziehend heiligen Festgebrauch.
Die Kessel, auch die Schalen, wie das flache Rund;
Das reinste Wasser aus der heiligen Quelle sei
In hohen Krügen; ferner auch das trockne Holz,
Der Flammen schnell empfänglich, halte da bereit;
Ein wohlgeschliffnes Messer fehle nicht zuletzt;
Doch alles andre geb' ich deiner Sorge hin.«
So sprach er, mich zum Scheiden drängend; aber nichts
Lebendigen Atems zeichnet mir der Ordnende,
Das er, die Olympier zu verehren, schlachten will.
Bedenklich ist es; doch ich sorge weiter nicht,
Und alles bleibe hohen Göttern heimgestellt,

Die das vollenden, was in ihrem Sinn sie deucht,
Es möge gut von Menschen oder möge bös
Geachtet sein; die Sterblichen, wir ertragen das.
Schon manchmal hob das schwere Beil der Opfernde
Zu des erdgebeugten Tieres Nacken weihend auf
Und konnt' es nicht vollbringen, denn ihn hinderte
Des nahen Feindes oder Gottes Zwischenkunft.

CHOR.
Was geschehen werde, sinnst du nicht aus;
Königin, schreite dahin
Guten Muts!
Gutes und Böses kommt
Unerwartet dem Menschen;
Auch verkündet, glauben wir's nicht.
Brannte doch Troja, sahen wir doch
Tod vor Augen, schmählichen Tod;
Und sind wir nicht hier
Dir gesellt, dienstbar freudig,
Schauen des Himmels blendende Sonne
Und das Schönste der Erde
Huldvoll, dich, uns Glücklichen?

HELENA. Sei's, wie es sei! Was auch bevorsteht, mir geziemt,
Hinaufzusteigen ungesäumt in das Königshaus,
Das, lang' entbehrt und viel ersehnt und fast verscherzt,
Mir abermals vor Augen steht, ich weiß nicht wie.
Die Füße tragen mich so mutig nicht empor
Die hohen Stufen, die ich kindisch übersprang. Ab.

CHOR. Werfet, o Schwestern, ihr
Traurig gefangenen,
Alle Schmerzen ins Weite;
Teilet der Herrin Glück,
Teilet Helenens Glück,
Welche zu Vaterhauses Herd,
Zwar mit spät zurückkehrendem,
Aber mit desto festerem
Fuße freudig herannaht.

Preiset die heiligen,
Glücklich herstellenden
Und heimführenden Götter!
Schwebt der Entbundene
Doch wie auf Fittichen
Über das Rauhste, wenn umsonst
Der Gefangene sehnsuchtsvoll
Über die Zinne des Kerkers hin
Armausbreitend sich abhärmt.
Aber sie ergriff ein Gott,
Die Entfernte;
Und aus Ilios' Schutt
Trug er hierher sie zurück
In das alte, das neugeschmückte
Vaterhaus,
Nach unsäglichen
Freuden und Qualen,
Früher Jugendzeit
Angefrischt zu gedenken.

PANTHALIS *als* CHORFÜHRERIN.
Verlasset nun des Gesanges freudumgebnen Pfad
Und wendet nach der Türe Flügeln euren Blick!
Was seh' ich, Schwestern? Kehret nicht die Königin
Mit heftigen Schrittes Regung wieder zu uns her?
Was ist es, große Königin, was konnte dir
In deines Hauses Hallen, statt der Deinen Gruß,
Erschütterndes begegnen? Du verbirgst es nicht;
Denn Widerwillen seh' ich an der Stirne dir,
Ein edles Zürnen, das mit Überraschung kämpft.

HELENA, *welche die Türflügel offen gelassen hat, bewegt.*
Der Tochter Zeus' geziemet nicht gemeine Furcht,
Und flüchtig-leise Schreckenshand berührt sie nicht;
Doch das Entsetzen, das, dem Schoß der alten Nacht
Von Urbeginn entsteigend, vielgestaltet noch
Wie glühende Wolken aus des Berges Feuerschlund
Herauf sich wälzt, erschüttert auch des Helden Brust.

So haben heute grauenvoll die Stygischen
Ins Haus den Eintritt mir bezeichnet, dass ich gern
Von oft betretner, langersehnter Schwelle mich,
Entlassnem Gaste gleich, entfernend scheiden mag.
Doch nein! gewichen bin ich her ans Licht, und sollt
Ihr weiter nicht mich treiben, Mächte, wer ihr seid.
Auf Weihe will ich sinnen, dann gereinigt mag
Des Herdes Glut die Frau begrüßen wie den Herrn.
CHORFÜHRERIN. Entdecke deinen Dienerinnen, edle Frau,
Die dir verehrend beistehn, was begegnet ist.
HELENA. Was ich gesehen, sollt ihr selbst mit Augen sehn,
Wenn ihr Gebilde nicht die alte Nacht sogleich
Zurückgeschlungen in ihrer Tiefe Wunderschoß.
Doch dass ihr's wisset, sag' ich's euch mit Worten an:
Als ich des Königshauses ernsten Binnenraum,
Der nächsten Pflicht gedenkend, feierlich betrat,
Erstaunt' ich ob der öden Gänge Schweigsamkeit.
Nicht Schall der emsig Wandelnden begegnete
Dem Ohr, nicht raschgeschäftiges Eiligtun dem Blick,
Und keine Magd erschien mir, keine Schaffnerin,
Die jeden Fremden freundlich sonst begrüßenden.
Als aber ich dem Schoße des Herdes mich genaht,
Da sah ich, bei verglommner Asche lauem Rest,
Am Boden sitzen welch verhülltes großes Weib,
Der Schlafenden nicht vergleichbar, wohl der Sinnenden.
Mit Herrscherworten ruf ich sie zur Arbeit auf,
Die Schaffnerin mir vermutend, die indes vielleicht
Des Gatten Vorsicht hinterlassend angestellt;
Doch eingefaltet sitzt die Unbewegliche;
Nur endlich rührt sie auf mein Dräun den rechten Arm,
Als wiese sie von Herd und Halle mich hinweg.
Ich wende zürnend mich ab von ihr und eile gleich
Den Stufen zu, worauf empor der Thalamos
Geschmückt sich hebt und nah daran das Schatzgemach;
Allein das Wunder reißt sich schnell vom Boden auf,

Gebietrisch mir den Weg vertretend, zeigt es sich
In hagrer Größe, hohlen, blutig-trüben Blicks,
Seltsamer Bildung, wie sie Aug' und Geist verwirrt.
Doch red' ich in die Lüfte; denn das Wort bemüht
Sich nur umsonst, Gestalten schöpferisch aufzubaun.
Da seht sie selbst! sie wagt sogar sich ans Licht hervor!
Hier sind wir Meister, bis der Herr und König kommt.
Die grausen Nachtgeburten drängt der Schönheitsfreund
Phöbus hinweg in Höhlen, oder bändigt sie.
PHORKYAS *auf der Schwelle zwischen den Türpfosten auftretend.*

CHOR. Vieles erlebt' ich, obgleich die Locke
Jugendlich wallet mir um die Schläfe!
Schreckliches hab' ich vieles gesehen,
Kriegrischen Jammer, Ilios' Nacht,
Als es fiel.

Durch das umwölkte, staubende Tosen
Drängender Krieger hört' ich die Götter
Fürchterlich rufen, hört' ich der Zwietracht
Eherne Stimme schallen durchs Feld,
Mauerwärts.

Ach! sie standen noch, Ilios'
Mauern, aber die Flammenglut
Zog vom Nachbar zum Nachbar schon,
Sich verbreitend von hier und dort
Mit des eignen Sturmes Wehn
Über die nächtliche Stadt hin.

Flüchtend sah ich durch Rauch und Glut
Und der züngelnden Flamme Loh'n
Grässlich zürnender Götter Nahn,
Schreitend Wundergestalten
Riesengross, durch düsteren
Feuerumleuchteten Qualm hin.

Sah ich's, oder bildete
Mir der angstumschlungene Geist
Solches Verworrene? sagen kann
Nimmer ich's, doch dass ich dies
Grässliche hier mit Augen schau',
Solches gewiss ja weiß ich;
Könnt' es mit Händen fassen gar,
Hielte von dem Gefährlichen
Nicht zurücke die Furcht mich.

Welche von Phorkys'
Töchtern nur bist du?
Denn ich vergleiche dich
Diesem Geschlechte.
Bist du vielleicht der graugebornen,
Eines Auges und eines Zahns
Wechselsweis teilhaftigen
Graien eine gekommen?

Wagest du Scheusal
Neben der Schönheit
Dich vor dem Kennerblick
Phöbus' zu zeigen?
Tritt du dennoch hervor nur immer;
Denn das Hässliche schaut er nicht,
Wie sein heilig Auge noch
Nie erblickte den Schatten.

Doch uns Sterbliche nötigt, ach,
Leider trauriges Missgeschick
Zu dem unsäglichen Augenschmerz,
Den das Verwerfliche, Ewig-Unselige
Schönheitliebenden rege macht.

Ja, so höre denn, wenn du frech
Uns entgegenest, höre Fluch,

Höre jeglicher Schelte Drohn
Aus dem verwünschenden Munde der Glücklichen,
Die von Göttern gebildet sind.
PHORKYAS.
Alt ist das Wort, doch bleibet hoch und wahr der Sinn,
Dass Scham und Schönheit nie zusammen, Hand in Hand,
Den Weg verfolgen über der Erde grünen Pfad.
Tief eingewurzelt wohnt in beiden alter Hass,
Dass, wo sie immer irgend auch des Weges sich
Begegnen, jede der Gegnerin den Rücken kehrt.
Dann eilet jede wieder heftiger, weiter fort,
Die Scham betrübt, die Schönheit aber frech gesinnt,
Bis sie zuletzt des Orkus hohle Nacht umfängt,
Wenn nicht das Alter sie vorher gebändigt hat.
Euch find' ich nun, ihr Frechen, aus der Fremde her
Mit Übermut ergossen, gleich der Kraniche
Laut-heiser klingendem Zug, der über unser Haupt,
In langer Wolke, krächzend sein Getön herab
Schickt, das den stillen Wandrer über sich hinauf
Zu blicken lockt; doch ziehn sie ihren Weg dahin,
Er geht den seinen; also wird's mit uns geschehn.
Wer seid denn ihr, dass ihr des Königes Hochpalast
Mänadisch wild, Betrunknen gleich, umtoben dürft?
Wer seid ihr denn, dass ihr des Hauses Schaffnerin
Entgegenheulet, wie dem Mond der Hunde Schar?
Wähnt ihr, verborgen sei mir, welch Geschlecht ihr seid,
Du kriegerzeugte, schlachterzogne junge Brut?
Mannlustige du, so wie verführt verführende,
Entnervend beide, Kriegers auch und Bürgers Kraft!
Zu Hauf euch sehend, scheint mir ein Zikadenschwarm
Herabzustürzen, deckend grüne Feldersaat.
Verzehrerinnen fremden Fleißes! Naschende
Vernichterinnen aufgekeimten Wohlstands ihr!
Erobert-marktverkauft-vertauschte Ware du!
HELENA. Wer gegenwarts der Frau die Dienerinnen schilt,
Der Gebietrin Hausrecht tastet er vermessen an;

Denn ihr gebührt allein, das Lobenswürdige
Zu rühmen, wie zu strafen, was verwerflich ist.
Auch bin des Dienstes ich wohl zufrieden, den sie mir
Geleistet, als die hohe Kraft von Ilios
Umlagert stand und fiel und lag; nicht weniger,
Als wir der Irrfahrt kummervolle Wechselnot
Ertrugen, wo sonst jeder sich der Nächste bleibt.
Auch hier erwart' ich Gleiches von der muntern Schar;
Nicht, was der Knecht sei, fragt der Herr, nur, wie er dient.
Drum schweige du und grinse sie nicht länger an.
Hast du das Haus des Königs wohl verwahrt bisher
Anstatt der Hausfrau, solches dient zum Ruhme dir;
Doch jetzo kommt sie selber, tritt nun du zurück,
Damit nicht Strafe werde statt verdienten Lohns.

PHORKYAS.
Den Hausgenossen drohen bleibt ein großes Recht,
Das gottbeglückten Herrschers hohe Gattin sich
Durch langer Jahre weise Leitung wohl verdient.
Da du, nun Anerkannte, neu den alten Platz
Der Königin und Hausfrau wiederum betrittst,
So fasse längst erschlaffte Zügel, herrsche nun,
Nimm in Besitz den Schatz und sämtlich uns dazu.
Vor allem aber schütze mich, die Ältere,
Vor dieser Schar, die neben deiner Schönheit Schwan
Nur schlecht befittich', schnatterhafte Gänse sind.

CHORFÜHRERIN.
Wie hässlich neben Schönheit zeigt sich Hässlichkeit.

PHORKYAS. Wie unverständig neben Klugheit Unverstand.

Von hier an erwidern die Choretiden, einzeln aus dem Chor heraustretend.

CHORETIDE 1.
Von Vater Erebus melde, melde von Mutter Nacht.

PHORKYAS.
So sprich von Scylla, leiblich dir Geschwisterkind.

CHORETIDE 2.
An deinem Stammbaum steigt manch Ungeheur empor.

PHORKYAS. Zum Orkus hin! da suche deine Sippschaft auf.
CHORETIDE 3.
Die dorten wohnen, sind dir alle viel zu jung.
PHORKYAS. Tiresias, den Alten, gehe buhlend an.
CHORETIDE 4. Orions Amme war dir Ur-Urenkelin.
PHORKYAS.
Harpyen, wähn' ich, fütterten dich im Unflat auf.
CHORETIDE 5.
Mit was ernährst du so gepflegte Magerkeit?
PHORKYAS. Mit Blute nicht, wonach du allzulüstern bist.
CHORETIDE 6. Begierig du auf Leichen, ekle Leiche selbst!
PHORKYAS. Vampyren-Zähne glänzen dir im frechen Maul.
CHORFÜHRERIN.
Das deine stopf ich, wenn ich sage, wer du seist.
PHORKYAS. So nenne dich zuerst; das Rätsel hebt sich auf.
HELENA.
Nicht zürnend, aber traurend schreit' ich zwischen euch,
Verbietend solchen Wechselstreites Ungestüm!
Denn Schädlicheres begegnet nichts dem Herrscherherrn
Als treuer Diener heimlich unterschworner Zwist.
Das Echo seiner Befehle kehrt alsdann nicht mehr
In schnell vollbrachter Tat wohlstimmig ihm zurück,
Nein, eigenwillig brausend tost es um ihn her,
Den selbstverirrten, ins Vergebne scheltenden.
Dies nicht allein. Ihr habt in sittelosem Zorn
Unsel'ger Bilder Schreckgestalten hergebannt,
Die mich umdrängen, dass ich selbst zum Orkus mich
Gerissen fühle, vaterländ'scher Flur zum Trutz.
Ist's wohl Gedächtnis? war es Wahn, der mich ergreift?
War ich das alles? Bin ich's? Werd' ich's künftig sein,
Das Traum- und Schreckbild jener Städteverwüstenden?
Die Mädchen schaudern, aber du, die Älteste,
Du stehst gelassen; rede mir verständig Wort.
PHORKYAS. Wer langer Jahre mannigfaltigen Glücks gedenkt,
Ihm scheint zuletzt die höchste Göttergunst ein Traum.

Du aber, hochbegünstigt sonder Maß und Ziel,
In Lebensreihe sahst nur Liebesbrünstige,
Entzündet rasch zum kühnsten Wagstück jeder Art.
Schon Theseus haschte früh dich, gierig aufgeregt,
Wie Herakles stark, ein herrlich schön geformter Mann.
HELENA. Entführte mich, ein zehenjährig schlankes Reh,
Und mich umschloss Aphidnus' Burg in Attika.
PHORKYAS.
Durch Kastor und durch Pollux aber bald befreit,
Umworben standst du ausgesuchter Heldenschar.
HELENA. Doch stille Gunst vor allen, wie ich gern gesteh',
Gewann Patroklus, er, des Peliden Ebenbild.
PHORKYAS. Doch Vaterwille traute dich an Menelas,
Den kühnen Seedurchstreicher, Hausbewahrer auch.
HELENA. Die Tochter gab er, gab des Reichs Bestellung ihm.
Aus ehlichem Beisein sprosste dann Hermione.
PHORKYAS. Doch als er fern sich Kretas Erbe kühn erstritt,
Dir Einsamen da erschien ein allzuschöner Gast.
HELENA. Warum gedenkst du jener halben Witwenschaft,
Und welch Verderben grässlich mir daraus erwuchs?
PHORKYAS. Auch jene Fahrt, mir freigebornen Kreterin
Gefangenschaft erschuf sie, lange Sklaverei.
HELENA. Als Schaffnerin bestellt' er dich sogleich hieher,
Vertrauend vieles, Burg und kühn erworbnen Schatz.
PHORKYAS. Die du verließest, Ilios' umtürmter Stadt
Und unerschöpften Liebesfreuden zugewandt.
HELENA. Gedenke nicht der Freuden! allzuherben Leids
Unendlichkeit ergoss sich über Brust und Haupt.
PHORKYAS.
Doch sagt man, du erschienst ein doppelhaft Gebild,
In Ilios gesehen und in Ägypten auch.
HELENA. Verwirre wüsten Sinnes Aberwitz nicht gar.
Selbst jetzo, welche denn ich sei, ich weiß es nicht.
PHORKYAS.
Dann sagen sie: aus hohlem Schattenreich herauf
Gesellte sich inbrünstig noch Achill zu dir!

Dich früher liebend gegen allen Geschicks Beschluss.
HELENA. Ich als Idol, ihm dem Idol verband ich mich.
Es war ein Traum, so sagen ja die Worte selbst.
Ich schwinde hin und werde selbst mir ein Idol.
Sinkt dem Halbchor in die Arme.
CHOR.
Schweige, schweige!
Missblickende, Missredende du!
Aus so grässlichen einzahnigen
Lippen, was enthaucht wohl
Solchem furchtbaren Greuelschlund!

Denn der Bösartige, wohltätig erscheinend,
Wolfesgrimm unter schafwolligem Vlies,
Mir ist er weit schrecklicher als des dreiköpfigen
Hundes Rachen.
Ängstlich lauschend stehn wir da:
Wann? wie? wo nur bricht's hervor,
Solcher Tücke
Tiefauflauerndes Ungetüm?

Nun denn, statt freundlich mit Trost reich begabten,
Letheschenkenden, holdmildesten Worts
Regest du auf aller Vergangenheit
Bösestes mehr denn Gutes
Und verdüsterst allzugleich
Mit dem Glanz der Gegenwart
Auch der Zukunft
Mild aufschimmerndes Hoffnungslicht.

Schweige, schweige!
Dass der Königin Seele,
Schon zu entfliehen bereit,
Sich noch halte, festhalte
Die Gestalt aller Gestalten,
Welche die Sonne jemals beschien.

Helena hat sich erholt und steht wieder in der Mitte.

PHORKYAS.

Tritt hervor aus flüchtigen Wolken, hohe Sonne dieses Tags,
Die verschleiert schon entzückte, blendend nun im Glanze herrscht.
Wie die Welt sich dir entfaltet, schaust du selbst mit holdem Blick.
Schelten sie mich auch für hässlich, kenn' ich doch das Schöne wohl.

HELENA.

Tret' ich schwankend aus der Öde, die im Schwindel mich umgab,
Pflegt' ich gern der Ruhe wieder, denn so müd' ist mein Gebein:
Doch es ziemet Königinnen, allen Menschen ziemt es wohl,
Sich zu fassen, zu ermannen, was auch drohend überrascht.

PHORKYAS.

Stehst du nun in deiner Großheit, deiner Schöne vor uns da,
Sagt dein Blick, dass du befiehlest; was befiehlst du? sprich es aus.

HELENA.

Eures Haders frech Versäumnis auszugleichen, seid bereit;
Eilt, ein Opfer zu bestellen, wie der König mir gebot.

PHORKYAS.

Alles ist bereit im Hause, Schale, Dreifuß, scharfes Beil,
Zum Besprengen, zum Beräuchern; das zu Opfernde zeig' an!

HELENA.

Nicht bezeichnet' es der König.

PHORKYAS. Sprach's nicht aus? O Jammerwort!

HELENA. Welch ein Jammer überfällt dich?

PHORKYAS. Königin, du bist gemeint!

HELENA. Ich?

PHORKYAS. Und diese.

CHOR. Weh und Jammer!

PHORKYAS. Fallen wirst du durch das Beil.

HELENA. Grässlich! doch geahnt; ich Arme!
PHORKYAS. Unvermeidlich scheint es mir.
CHOR. Ach! Und uns? was wird begegnen?
PHORKYAS. Sie stirbt einen edlen Tod;
Doch am hohen Balken drinnen, der des Daches Giebel trägt,
Wie im Vogelfang die Drosseln, zappelt ihr der Reihe nach.
Helena und Chor stehen erstaunt und erschreckt, in bedeutender, wohlvorbereiteter Gruppe.
PHORKYAS.
Gespenster! – Gleich erstarrten Bildern steht ihr da,
Geschreckt, vom Tag zu scheiden, der euch nicht gehört.
Die Menschen, die Gespenster sämtlich gleich wie ihr,
Entsagen auch nicht willig hehrem Sonnenschein;
Doch bittet oder rettet niemand sie vom Schluss;
Sie wissen's alle, wenigen doch gefällt es nur.
Genug, ihr seid verloren! Also frisch ans Werk.
Klatscht in die Hände; darauf erscheinen an der Pforte vermummte Zwerggestalten, welche die ausgesprochenen Befehle alsobald mit Behendigkeit ausführen.
Herbei, du düstres, kugelrundes Ungetüm!
Wälzt euch hieher, zu schaden gibt es hier nach Lust.
Dem Tragaltar, dem goldgehörnten, gebet Platz,
Das Beil, es liege blinkend über dem Silberrand,
Die Wasserkrüge füllet, abzuwaschen gibt's
Des schwarzen Blutes greuelvolle Besudelung.
Den Teppich breitet köstlich hier am Staube hin,
Damit das Opfer niederkniee königlich
Und eingewickelt, zwar getrennten Haupts, sogleich
Anständig würdig aber doch bestattet sei.
CHORFÜHRERIN. Die Königin stehet sinnend an der Seite hier,
Die Mädchen welken gleich gemähtem Wiesengras;
Mir aber deucht, der Ältesten, heiliger Pflicht gemäß,
Mit dir das Wort zu wechseln, Ur-Uralteste.
Du bist erfahren, weise, scheinst uns gut gesinnt,

Obschon verkennend hirnlos diese Schar dich traf.
Drum sage, was du möglich noch von Rettung weißt.

PHORKYAS.

Ist leicht gesagt: von der Königin hängt allein es ab,
Sich selbst zu erhalten, euch Zugaben auch mit ihr.
Entschlossenheit ist nötig und die behendeste.

CHOR. Ehrenwürdigste der Parzen, weiseste Sibylle du,
Halte gesperrt die goldene Schere, dann verkünd' uns Tag und Heil;
Denn wir fühlen schon im Schweben, Schwanken, Bammeln unergetzlich
Unsere Gliederchen, die lieber erst im Tanze sich ergetzten,
Ruhten drauf an Liebchens Brust.

HELENA.

Lass diese bangen! Schmerz empfind' ich, keine Furcht;
Doch kennst du Rettung, dankbar sei sie anerkannt.
Dem Klugen, Weitumsichtigen zeigt fürwahr sich oft
Unmögliches noch als möglich. Sprich und sag' es an.

CHOR.

Sprich und sage, sag uns eilig: wie entrinnen wir den grausen,
Garstigen Schlingen, die bedrohlich, als die schlechtesten Geschmeide,
Sich um unsre Hälse ziehen? Vorempfinden wir's, die Armen,
Zum Entatmen, zum Ersticken, wenn du, Rhea, aller Götter
Hohe Mutter, dich nicht erbarmst.

PHORKYAS.

Habt ihr Geduld, des Vortrags langgedehnten Zug
Still anzuhören? Mancherlei Geschichten sind's.

CHOR. Geduld genug! Zuhörend leben wir indes.

PHORKYAS.

Dem, der zu Hause verharrend edlen Schatz bewahrt
Und hoher Wohnung Mauern auszukitten weiß,
Wie auch das Dach zu sichern vor des Regens Drang,
Dem wird es wohlgehn lange Lebenstage durch;
Wer aber seiner Schwelle heilige Richte leicht
Mit flüchtigen Sohlen überschreitet freventlich,

Der findet wiederkehrend wohl den alten Platz,
Doch umgeändert alles, wo nicht gar zerstört.
HELENA. Wozu dergleichen wohlbekannte Sprüche hier?
Du willst erzählen; rege nicht an Verdrießliches.
PHORKYAS.
Geschichtlich ist es, ist ein Vorwurf keineswegs.
Raubschiffend ruderte Menelas von Bucht zu Bucht,
Gestad' und Inseln, alles streift' er feindlich an,
Mit Beute wiederkehrend, wie sie drinnen starrt.
Vor Ilios verbracht' er langer Jahre zehn;
Zur Heimfahrt aber weiß ich nicht wie viel es war.
Allein wie steht es hier am Platz um Tyndareos'
Erhabnes Haus? wie stehet es mit dem Reich umher?
HELENA. Ist dir denn so das Schelten gänzlich einverleibt,
Dass ohne Tadeln du keine Lippe regen kannst?
PHORKYAS. So viele Jahre stand verlassen das Talgebirg,
Das hinter Sparta nordwärts in die Höhe steigt,
Taygetos im Rücken, wo als muntrer Bach
Herab Eurotas rollt und dann, durch unser Tal
An Rohren breit hinfließend, eure Schwäne nährt.
Dort hinten still im Gebirgtal hat ein kühn Geschlecht
Sich angesiedelt, dringend aus cimmerischer Nacht,
Und unersteiglich feste Burg sich aufgetürmt,
Von da sie Land und Leute placken, wie's behagt.
HELENA.
Das konnten sie vollführen? Ganz unmöglich scheint's.
PHORKYAS.
Sie hatten Zeit, vielleicht an zwanzig Jahre sind's.
HELENA.
Ist einer Herr? sind's Räuber viel, verbündete?
PHORKYAS. Nicht Räuber sind es, einer aber ist der Herr.
Ich schelt' ihn nicht, und wenn er schon mich heimgesucht.
Wohl konnt' er alles nehmen, doch begnügt' er sich
Mit wenigen Freigeschenken, nannt' er's, nicht Tribut.
HELENA. Wie sieht er aus?
PHORKYAS. Nicht übel! mir gefällt er schon.

Es ist ein munterer, kecker, wohlgebildeter,
Wie unter Griechen wenig', ein verständ'ger Mann.
Man schilt das Volk Barbaren, doch ich dächte nicht,
Dass grausam einer wäre, wie vor Ilios
Gar mancher Held sich menschenfresserisch erwies.
Ich acht' auf seine Großheit, ihm vertraut' ich mich.
Und seine Burg! die solltet ihr mit Augen sehn!
Das ist was anderes gegen plumpes Mauerwerk,
Das eure Väter, mir nichts dir nichts, aufgewälzt,
Zyklopisch wie Zyklopen, rohen Stein sogleich
Auf rohe Steine stürzend; dort hingegen, dort
Ist alles senk- und waagerecht und regelhaft.
Von außen schaut sie! himmelan sie strebt empor,
So starr, so wohl in Fugen, spiegelglatt wie Stahl.
Zu klettern hier – ja selbst der Gedanke gleitet ab.
Und innen großer Höfe Raumgelasse, rings
Mit Baulichkeit umgeben, aller Art und Zweck.
Da seht ihr Säulen, Säulchen, Bogen, Bögelchen,
Altane, Galerien, zu schauen aus und ein,
Und Wappen.
CHOR. Was sind Wappen?
PHORKYAS. Ajax führte ja
Geschlungene Schlang' im Schilde, wie ihr selbst gesehn.
Die Sieben dort vor Theben trugen Bildnerein
Ein jeder auf seinem Schilde, reich bedeutungsvoll.
Da sah man Mond und Stern' am nächtigen Himmelsraum,
Auch Göttin, Held und Leiter, Schwerter, Fackeln auch,
Und was Bedrängliches guten Städten grimmig droht.
Ein solch Gebilde führt auch unsre Heldenschar
Von seinen Ur-Urahnen her in Farbenglanz.
Da seht ihr Löwen, Adler, Klau' und Schnabel auch,
Dann Büffelhörner, Flügel, Rosen, Pfauenschweif,
Auch Streifen, gold und schwarz und silbern, blau und rot.
Dergleichen hängt in Sälen Reih' an Reihe fort,
In Sälen, grenzenlosen, wie die Welt so weit;
Da könnt ihr tanzen!

CHOR. Sage, gibt's auch Tänzer da?
PHORKYAS. Die besten! goldgelockte, frische Bubenschar.
Die duften Jugend! Paris duftete einzig so,
Als er der Königin zu nahe kam.
HELENA. Du fällst
Ganz aus der Rolle; sage mir das letzte Wort!
PHORKYAS.
Du sprichst das letzte, sagst mit Ernst vernehmlich Ja!
Sogleich umgeb' ich dich mit jener Burg.
CHOR. O sprich
Das kurze Wort und rette dich und uns zugleich!
HELENA. Wie? sollt' ich fürchten, dass der König Menelas
So grausam sich verginge, mich zu schädigen?
PHORKYAS. Hast du vergessen, wie er deinen Deiphobus,
Des totgekämpften Paris Bruder, unerhört
Verstümmelte, der starrsinnig Witwe dich erstritt
Und glücklich kebste? Nas' und Ohren schnitt er ab
Und stümmelte mehr so: Greuel war es anzuschaun.
HELENA. Das tat er jenem, meinetwegen tat er das.
PHORKYAS. Um jenes willen wird er dir das gleiche tun.
Unteilbar ist die Schönheit; der sie ganz besaß,
Zerstört sie lieber, fluchend jedem Teilbesitz.
Trompeten in der Ferne; der Chor fährt zusammen.
Wie scharf der Trompete Schmettern Ohr und Eingeweid'
Zerreißend anfasst, also krallt sich Eifersucht
Im Busen fest des Mannes, der das nie vergisst,
Was einst er besaß und nun verlor, nicht mehr besitzt.
CHOR. Hörst du nicht die Hörner schallen? siehst der Waffen
Blitze nicht?
PHORKYAS. Sei willkommen, Herr und König, gerne geb'
ich Rechenschaft.
CHOR. Aber wir?
PHORKYAS. Ihr wisst es deutlich, seht vor Augen ihren Tod,
Merkt den eurigen da drinne; nein, zu helfen ist euch nicht.
Pause.
HELENA. Ich sann mir aus das Nächste, was ich wagen darf.

Ein Widerdämon bist du, das empfind' ich wohl
Und fürchte, Gutes wendest du zum Bösen um.
Vor allem aber folgen will ich dir zur Burg;
Das andre weiß ich; was die Königin dabei
Im tiefen Busen geheimnisvoll verbergen mag,
Sei jedem unzugänglich. Alte, geh voran!
CHOR. O wie gern gehen wir hin,
Eilenden Fußes;
Hinter uns Tod,
Vor uns abermals
Ragender Feste
Unzugängliche Mauer.
Schütze sie ebenso gut,
Eben wie Ilios' Burg,
Die doch endlich nur
Niederträchtiger List erlag.
Nebel verbreiten sich, umhüllen den Hintergrund, auch die Nähe, nach Belieben.
Wie? aber wie?
  Schwestern, schaut euch um!
War es nicht heiterer Tag?
Nebel schwanken streifig empor
Aus Eurotas' heil'ger Flut;
Schon entschwand das liebliche
Schilfumkränzte Gestade dem Blick;
Auch die frei, zierlich-stolz
Sanfthingleitenden Schwäne
In gesell'ger Schwimmlust
Seh' ich, ach, nicht mehr!

  Doch, aber doch
Tönen hör' ich sie,
Tönen fern heiseren Ton!
Tod verkündenden, sagen sie.
Ach dass uns er nur nicht auch,
Statt verheißener Rettung Heil,

Untergang verkünde zuletzt;
Uns, den Schwangleichen, LangSchön-
Weißhalsigen, und ach!
Unsrer Schwanerzeugten.
Weh uns, weh, weh!

Alles deckte sich schon
Rings mit Nebel umher.
Sehen wir doch einander nicht!
Was geschieht? gehen wir?
Schweben wir nur
Trippelnden Schrittes am Boden hin?
Siehst du nichts? Schwebt nicht etwa gar
Hermes voran? Blinkt nicht der goldne Stab
Heischend, gebietend uns wieder zurück
Zu dem unerfreulichen, grautagenden,
Ungreifbarer Gebilde vollen,
Überfüllten, ewig leeren Hades?

Ja auf einmal wird es düster, ohne Glanz entschwebt der Nebel
Dunkelgräulich, mauerbräunlich. Mauern stellen sich dem Blicke,
Freiem Blicke starr entgegen. Ist's ein Hof? ist's tiefe Grube?
Schauerlich in jedem Falle! Schwestern, ach! wir sind gefangen,
So gefangen wie nur je.

Innerer Burghof

umgeben von reichen phantastischen Gebäuden des Mittelalters

CHORFÜHRERIN.
Vorschnell und töricht, echt wahrhaftes Weibsgebild!
Vom Augenblick abhängig, Spiel der Witterung,

Des Glücks und Unglücks! Keins von beiden wisst ihr je
Zu bestehn mit Gleichmut. Eine widerspricht ja stets
Der andern heftig, überquer die andern ihr;
In Freud' und Schmerz nur heult und lacht ihr gleichen Tons.
Nun schweigt! und wartet horchend, was die Herrscherin
Hochsinnig hier beschließen mag für sich und uns.

HELENA. Wo bist du, Pythonissa? heiße, wie du magst;
Aus diesen Gewölben tritt hervor der düstern Burg.
Gingst etwa du, dem wunderbaren Heldenherrn
Mich anzukündigen, Wohlempfang bereitend mir,
So habe Dank und führe schnell mich ein zu ihm;
Beschluss der Irrfahrt wünsch' ich. Ruhe wünsch' ich nur.

CHORFÜHRERIN.
Vergebens blickst du, Königin, allseits um dich her;
Verschwunden ist das leidige Bild, verblieb vielleicht
Im Nebel dort, aus dessen Busen wir hieher,
Ich weiß nicht wie, gekommen, schnell und sonder Schritt.
Vielleicht auch irrt sie zweifelhaft im Labyrinth
Der wundersam aus vielen einsgewordnen Burg,
Den Herrn erfragend fürstlicher Hochbegrüßung halb.
Doch sieh, dort oben regt in Menge sich allbereits,
In Galerien, am Fenster, in Portalen rasch
Sich hin und her bewegend, viele Dienerschaft;
Vornehm-willkommnen Gastempfang verkündet es.

CHOR. Aufgeht mir das Herz! o, seht nur dahin,
Wie so sittig herab mit verweilendem Tritt
Jungholdeste Schar anständig bewegt
Den geregelten Zug. Wie? auf wessen Befehl
Nur erscheinen, gereiht und gebildet so früh,
Von Jünglingsknaben das herrliche Volk?
Was bewundr' ich zumeist? Ist es zierlicher Gang,
Etwa des Haupts Lockhaar um die blendende Stirn,
Etwa der Wänglein Paar, wie die Pfirsiche rot
Und eben auch so weichwollig beflaumt?
Gern biss' ich hinein, doch ich schaudre davor;
Denn in ähnlichem Fall, da erfüllte der Mund

Sich, grässlich zu sagen! mit Asche.

Aber die schönsten,
Sie kommen daher;
Was tragen sie nur?
Stufen zum Thron,
Teppich und Sitz,
Umhang und zelt-
artigen Schmuck;
Über überwallt er,
Wolkenkränze bildend,
Unsrer Königin Haupt;
Denn schon bestieg sie
Eingeladen herrlichen Pfühl.
Tretet heran,
Stufe für Stufe
Reihet euch ernst.
Würdig, o würdig, dreifach würdig
Sei gesegnet ein solcher Empfang!

Alles vom Chor Ausgesprochene geschieht nach und nach.

FAUST. *Nachdem Knaben und Knappen in langem Zug herabgestiegen, erscheint er oben an der Treppe in ritterlicher Hofkleidung des Mittelalters und kommt langsam würdig herunter.*

CHORFÜHRERIN, *ihn aufmerksam beschauend.*
Wenn diesem nicht die Götter, wie sie öfter tun,
Für wenige Zeit nur wundernswürdige Gestalt,
Erhabnen Anstand, liebenswerte Gegenwart
Vorübergänglich liehen, wird ihm jedesmal,
Was er beginnt, gelingen, sei's in Männerschlacht,
So auch im kleinen Kriege mit den schönsten Fraun.
Er ist fürwahr gar vielen andern vorzuziehn,
Die ich doch auch als hochgeschätzt mit Augen sah.
Mit langsam-ernstem, ehrfurchtsvoll gehaltnem Schritt
Seh' ich den Fürsten; wende dich, o Königin!

FAUST, *herantretend, einen Gefesselten zur Seite.*
Statt feierlichsten Grußes, wie sich ziemte,
Statt ehrfurchtsvollem Willkomm bring' ich dir
In Ketten hart geschlossen solchen Knecht,
Der, Pflicht verfehlend, mir die Pflicht entwand.
Hier kniee nieder, dieser höchsten Frau
Bekenntnis abzulegen deiner SCHULD.
Dies ist, erhabne Herrscherin, der Mann,
Mit seltnem Augenblitz vom hohen Turm
Umherzuschaun bestellt, dort Himmelsraum
Und Erdenbreite scharf zu überspähn,
Was etwa da und dort sich melden mag,
Vom Hügelkreis ins Tal zur festen Burg
Sich regen mag, der Herden Woge sei's,
Ein Heereszug vielleicht; wir schützen jene,
Begegnen diesem. Heute, welch Versäumnis!
Du kommst heran, er meldet's nicht; verfehlt
Ist ehrenvoller, schuldigster Empfang
So hohen Gastes. Freventlich verwirkt
Das Leben hat er, läge schon im Blut
Verdienten Todes; doch nur du allein
Bestrafst, begnadigst, wie dir's wohlgefällt.
HELENA. So hohe Würde, wie du sie vergönnst,
Als Richterin, als Herrscherin, und wär's
Versuchend nur, wie ich vermuten darf –
So üb' ich nun des Richters erste Pflicht,
Beschuldigte zu hören. Rede denn.
TURMWÄCHTER LYNKEUS.

Lass mich knieen, lass mich schauen,
Lass mich sterben, lass mich leben,
Denn schon bin ich hingegeben
Dieser gottgegebnen Frauen.

Harrend auf des Morgens Wonne,
Östlich spähend ihren Lauf,

Ging auf einmal mir die Sonne
Wunderbar im Süden auf.

Zog den Blick nach jener Seite,
Statt der Schluchten, statt der Höhn,
Statt der Erd- und Himmelsweite
Sie, die Einzige, zu spähn.

Augenstrahl ist mir verliehen
Wie dem Luchs auf höchstem Baum;
Doch nun musst' ich mich bemühen
Wie aus tiefem, düsterm Traum.

Wüsst' ich irgend mich zu finden?
Zinne? Turm? geschlossnes Tor?
Nebel schwanken, Nebel schwinden,
Solche Göttin tritt hervor!

Aug' und Brust ihr zugewendet,
Sog ich an den milden Glanz;
Diese Schönheit, wie sie blendet,
Blendete mich Armen ganz.

Ich vergaß des Wächters Pflichten,
Völlig das beschworne Horn;
Drohe nur, mich zu vernichten –
Schönheit bändigt allen Zorn.

HELENA. Das Übel, das ich brachte, darf ich nicht
Bestrafen. Wehe mir! Welch streng Geschick
Verfolgt mich, überall der Männer Busen
So zu betören, dass sie weder sich
Noch sonst ein Würdiges verschonten. Raubend jetzt,
Verführend, fechtend, hin und her entrückend,
Halbgötter, Helden, Götter, ja Dämonen,
Sie führten mich im Irren her und hin.

Einfach die Welt verwirrt' ich, doppelt mehr;
Nun dreifach, vierfach bring' ich Not auf Not.
Entferne diesen Guten, lass ihn frei;
Den Gottbetörten treffe keine Schmach.
FAUST. Erstaunt, o Königin, seh' ich zugleich
Die sicher Treffende, hier den Getroffnen;
Ich seh' den Bogen, der den Pfeil entsandt,
Verwundet jenen. Pfeile folgen Pfeilen,
Mich treffend. Allwärts ahn' ich überquer
Gefiedert schwirrend sie in Burg und Raum.
Was bin ich nun? Auf einmal machst du mir
Rebellisch die Getreusten, meine Mauern
Unsicher. Also fürcht' ich schon, mein Heer
Gehorcht der siegend unbesiegten Frau.
Was bleibt mir übrig, als mich selbst und alles,
Im Wahn das Meine, dir anheimzugeben?
Zu deinen Füßen lass mich, frei und treu,
Dich Herrin anerkennen, die sogleich
Auftretend sich Besitz und Thron erwarb.
LYNKEUS *mit einer Kiste, und Männer, die ihm andere nachtragen.*

Du siehst mich, Königin, zurück!
Der Reiche bettelt einen Blick,
Er sieht dich an und fühlt sogleich
Sich bettelarm und fürstenreich.

Was war ich erst? was bin ich nun?
Was ist zu wollen? was zu tun?
Was hilft der Augen schärfster Blitz!
Er prallt zurück an deinem Sitz.

Von Osten kamen wir heran,
Und um den Westen war's getan;
Ein lang und breites Volksgewicht,
Der erste wusste vom letzten nicht.

Der erste fiel, der zweite stand,
Des dritten Lanze war zur Hand;
Ein jeder hundertfach gestärkt,
Erschlagne Tausend unbemerkt.

Wir drängten fort, wir stürmten fort,
Wir waren Herrn von Ort zu Ort;
Und wo ich herrisch heut befahl,
Ein andrer morgen raubt' und stahl.

Wir schauten – eilig war die Schau;
Der griff die allerschönste Frau,
Der griff den Stier von festem Tritt,
Die Pferde mussten alle mit.

Ich aber liebte, zu erspähn
Das Seltenste, was man gesehn;
Und was ein andrer auch besaß,
Das war für mich gedörrtes Gras.

Den Schätzen war ich auf der Spur,
Den scharfen Blicken folgt' ich nur,
In alle Taschen blickt' ich ein,
Durchsichtig war mir jeder Schrein.

Und Haufen Goldes waren mein,
Am herrlichsten der Edelstein:
Nun der Smaragd allein verdient,
Dass er an deinem Herzen grünt.

Nun schwanke zwischen Ohr und Mund
Das Tropfenei aus Meeresgrund;
Rubinen werden gar verscheucht,
Das Wangenrot sie niederbleicht.

Und so den allergrößten Schatz

Versetz' ich hier auf deinen Platz;
Zu deinen Füßen sei gebracht
Die Ernte mancher blut'gen Schlacht.

So viele Kisten schlepp' ich her,
Der Eisenkisten hab' ich mehr;
Erlaube mich auf deiner Bahn,
Und Schatzgewölbe füll' ich an.

Denn du bestiegest kaum den Thron,
So neigen schon, so beugen schon
Verstand und Reichtum und Gewalt
Sich vor der einzigen Gestalt.

Das alles hielt ich fest und mein,
Nun aber, lose, wird es dein.
Ich glaubt' es würdig, hoch und bar,
Nun seh' ich, dass es nichtig war.

Verschwunden ist, was ich besaß,
Ein abgemähtes, welkes Gras.
O gib mit einem heitern Blick
Ihm seinen ganzen Wert zurück!

FAUST. Entferne schnell die kühn erworbne Last,
Zwar nicht getadelt, aber unbelohnt.
Schon ist Ihr alles eigen, was die Burg
Im Schoß verbirgt; Besondres Ihr zu bieten,
Ist unnütz. Geh und häufe Schatz auf Schatz
Geordnet an. Der ungesehnen Pracht
Erhabnes Bild stell' auf! Lass die Gewölbe
Wie frische Himmel blinken, Paradiese
Von lebelosem Leben richte zu.
Voreilend ihren Tritten lass beblümt
An Teppich Teppiche sich wälzen; ihrem Tritt
Begegne sanfter Boden; ihrem Blick,

Nur Göttliche nicht blendend, höchster Glanz.
LYNKEUS.
Schwach ist, was der Herr befiehlt,
Tut's der Diener, es ist gespielt:
Herrscht doch über Gut und Blut
Dieser Schönheit Übermut.
Schon das ganze Heer ist zahm,
Alle Schwerter stumpf und lahm,
Vor der herrlichen Gestalt
Selbst die Sonne matt und kalt,
Vor dem Reichtum des Gesichts
Alles leer und alles nichts. Ab.
HELENA *zu Faust.* Ich wünsche dich zu sprechen, doch herauf
An meine Seite komm! Der leere Platz
Beruft den Herrn und sichert mir den meinen.
FAUST. Erst knieend lass die treue Widmung dir
Gefallen, hohe Frau; die Hand, die mich
An deine Seite hebt, lass mich sie küssen.
Bestärke mich als Mitregenten deines
Grenzunbewussten Reichs, gewinne dir
Verehrer, Diener, Wächter all' in einem!
HELENA. Vielfache Wunder seh' ich, hör' ich an,
Erstaunen trifft mich, fragen möcht' ich viel.
Doch wünscht' ich Unterricht, warum die Rede
Des Manns mir seltsam klang, seltsam und freundlich.
Ein Ton scheint sich dem andern zu bequemen,
Und hat ein Wort zum Ohre sich gesellt,
Ein andres kommt, dem ersten liebzukosen.
FAUST. Gefällt dir schon die Sprechart unsrer Völker,
O so gewiss entzückt auch der Gesang,
Befriedigt Ohr und Sinn im tiefsten Grunde.
Doch ist am sichersten, wir üben's gleich;
Die Wechselrede lockt es, ruft's hervor.
HELENA. So sage denn, wie sprech' ich auch so schön?
FAUST. Das ist gar leicht, es muss von Herzen gehn.

Und wenn die Brust von Sehnsucht überfließt,
Man sieht sich um und fragt –
HELENA. wer mitgenießt.
FAUST. Nun schaut der Geist nicht vorwärts, nicht zurück,
Die Gegenwart allein –
HELENA. ist unser Glück.
FAUST. Schatz ist sie, Hochgewinn, Besitz und Pfand;
Bestätigung, wer gibt sie?
HELENA. Meine Hand.

CHOR. Wer verdächt' es unsrer Fürstin,
Gönnet sie dem Herrn der Burg
Freundliches Erzeigen?
Denn gesteht, sämtliche sind wir
Ja Gefangene, wie schon öfter
Seit dem schmählichen Untergang
Ilios' und der ängstlichlabyrinthischen
Kummerfahrt.

Fraun, gewöhnt an Männerliebe,
Wählerinnen sind sie nicht,
Aber Kennerinnen.
Und wie goldlockigen Hirten
Vielleicht schwarzborstigen Faunen,
Wie es bringt die Gelegenheit,
Über die schwellenden Glieder
Vollerteilen sie gleiches Recht.

Nah und näher sitzen sie schon
An einander gelehnet,
Schulter an Schulter, Knie an Knie,
Hand in Hand wiegen sie sich
Über des Throns
Aufgepolsterter Herrlichkeit.
Nicht versagt sich die Majestät
Heimlicher Freuden

Vor den Augen des Volkes
Übermütiges Offenbarsein.
HELENA. Ich fühle mich so fern und doch so nah,
Und sage nur zu gern: Da bin ich! da!
FAUST. Ich atme kaum, mir zittert, stockt das Wort;
Es ist ein Traum, verschwunden Tag und Ort.
HELENA. Ich scheine mir verlebt und doch so neu,
In dich verwebt, dem Unbekannten treu.
FAUST. Durchgrüble nicht das einzigste Geschick!
Dasein ist Pflicht, und wär's ein Augenblick.
PHORKYAS, *heftig eintretend.*
Buchstabiert in Liebesfibeln,
Tändelnd grübelt nur am Liebeln,
Müßig liebelt fort im Grübeln,
Doch dazu ist keine Zeit.
Fühlt ihr nicht ein dumpfes Wettern?
Hört nur die Trompete schmettern,
Das Verderben ist nicht weit.
Menelas mit Volkeswogen
Kommt auf euch herangezogen;
Rüstet euch zu herbem Streit!
Von der Siegerschar umwimmelt,
Wie Deiphobus verstümmelt,
Büßest du das Fraungeleit.
Bammelt erst die leichte Ware,
Dieser gleich ist am Altare
Neugeschliffnes Beil bereit.
FAUST. Verwegne Störung! widerwärtig dringt sie ein;
Auch nicht in Gefahren mag ich sinnlos Ungestüm.
Den schönsten Boten, Unglücksbotschaft hässlicht ihn;
Du Hässlichste gar, nur schlimme Botschaft bringst du gern
Doch diesmal soll dir's nicht geraten; leeren Hauchs
Erschüttere du die Lüfte. Hier ist nicht Gefahr,
Und selbst Gefahr erschiene nur als eitles Dräun.
Signale, Explosionen von den Türmen, Trompeten und Zinken, kriegerische Musik, Durchmarsch gewaltiger Heereskraft.

FAUST.
Nein, gleich sollst du versammelt schauen
Der Helden ungetrennten Kreis:
Nur der verdient die Gunst der Frauen,
Der kräftigst sie zu schützen weiß.
Zu den Heerführern, die sich von den Kolonnen absondern und herantreten.
Mit angehaltnem stillen Wüten,
Das euch gewiss den Sieg verschafft,
Ihr, Nordens jugendliche Blüten,
Ihr, Ostens blumenreiche Kraft.

In Stahl gehüllt, vom Strahl umwittert,
Die Schar, die Reich um Reich zerbrach,
Sie treten auf, die Erde schüttert,
Sie schreiten fort, es donnert nach.

An Pylos traten wir zu Lande,
Der alte Nestor ist nicht mehr,
Und alle kleinen Königsbande
Zersprengt das ungebundne Heer.

Drängt ungesäumt von diesen Mauern
Jetzt Menelas dem Meer zurück;
Dort irren mag er, rauben, lauern,
Ihm war es Neigung und Geschick.

Herzoge soll ich euch begrüßen,
Gebietet Spartas Königin;
Nun legt ihr Berg und Tal zu Füßen,
Und euer sei des Reichs Gewinn.

Germane du! Korinthus' Buchten
Verteidige mit Wall und Schutz!
Achaia dann mit hundert Schluchten
Empfehl' ich, Gote, deinem Trutz.

Nach Elis ziehn der Franken Heere,
Messene sei der Sachsen Los,
Normanne reinige die Meere
Und Argolis erschaff' er groß.

Dann wird ein jeder häuslich wohnen,
Nach außen richten Kraft und Blitz;
Doch Sparta soll euch überthronen,
Der Königin verjährter Sitz.

All-einzeln sieht sie euch genießen
Des Landes, dem kein Wohl gebricht;
Ihr sucht getrost zu ihren Füßen
Bestätigung und Recht und Licht.
Faust steigt herab, die Fürsten schließen einen Kreis um ihn, Befehl und Anordnung näher zu vernehmen.

CHOR. Wer die Schönste für sich begehrt,
Tüchtig vor allen Dingen
Seh' er nach Waffen weise sich um;
Schmeichelnd wohl gewann er sich,
Was auf Erden das Höchste;
Aber ruhig besitzt er's nicht:
Schleicher listig entschmeicheln sie ihm,
Räuber kühnlich entreißen sie ihm;
Dieses zu hinderen, sei er bedacht.

Unsern Fürsten lob' ich drum,
Schätz' ihn höher vor andern,
Wie er so tapfer klug sich verband,
Dass die Starken gehorchend stehn,
Jedes Winkes gewärtig.
Seinen Befehl vollziehn sie treu,
Jeder sich selbst zu eignem Nutz
Wie dem Herrscher zu lohnendem Dank,
Beiden zu höchlichem Ruhmesgewinn.

Denn wer entreißet sie jetzt
Dem gewalt'gen Besitzer?
Ihm gehört sie, ihm sei sie gegönnt,
Doppelt von uns gegönnt, die er
Samt ihr zugleich innen mit sicherster Mauer,
Außen mit mächtigstem Heer umgab.

FAUST. Die Gaben, diesen hier verliehen –
An jeglichen ein reiches Land –,
Sind groß und herrlich; lass sie ziehen!
Wir halten in der Mitte stand.

Und sie beschützen um die Wette,
Ringsum von Wellen angehüpft,
Nichtinsel dich, mit leichter Hügelkette
Europens letztem Bergast angeknüpft.

Das Land, vor aller Länder Sonnen,
Sei ewig jedem Stamm beglückt,
Nun meiner Königin gewonnen,
Das früh an ihr hinaufgeblickt,

Als mit Eurotas' Schilfgeflüster
Sie leuchtend aus der Schale brach,
Der hohen Mutter, dem Geschwister
Das Licht der Augen überstach.

Dies Land, allein zu dir gekehret,
Entbietet seinen höchsten Flor;
Dem Erdkreis, der dir angehöret,
Dein Vaterland, o zieh es vor!

Und duldet auch auf seiner Berge Rücken
Das Zackenhaupt der Sonne kalten Pfeil,
Lässt nun der Fels sich angegrünt erblicken,
Die Ziege nimmt genäschig kargen Teil.

Die Quelle springt, vereinigt stürzen Bäche,
Und schon sind Schluchten, Hänge, Matten grün.
Auf hundert Hügeln unterbrochner Fläche
Siehst Wollenherden ausgebreitet ziehn.

Verteilt, vorsichtig abgemessen schreitet
Gehörntes Rind hinan zum jähen Rand;
Doch Obdach ist den sämtlichen bereitet,
Zu hundert Höhlen wölbt sich Felsenwand.

Pan schützt sie dort, und Lebensnymphen wohnen
In buschiger Klüfte feucht erfrischtem Raum,
Und sehnsuchtsvoll nach höhern Regionen
Erhebt sich zweighaft Baum gedrängt an Baum.

Alt-Wälder sind's! Die Eiche starret mächtig,
Und eigensinnig zackt sich Ast an Ast;
Der Ahorn mild, von süßem Safte trächtig,
Steigt rein empor und spielt mit seiner Last.

Und mütterlich im stillen Schattenkreise
Quillt laue Milch bereit für Kind und Lamm;
Obst ist nicht weit, der Ebnen reife Speise,
Und Honig trieft vom ausgehöhlten Stamm.

Hier ist das Wohlbehagen erblich,
Die Wange heitert wie der Mund,
Ein jeder ist an seinem Platz unsterblich:
Sie sind zufrieden und gesund.

Und so entwickelt sich am reinen Tage
Zu Vaterkraft das holde Kind.
Wir staunen drob; noch immer bleibt die Frage:
Ob's Götter, ob es Menschen sind?

So war Apoll den Hirten zugestaltet,

Dass ihm der schönsten einer glich;
Denn wo Natur im reinen Kreise waltet,
Ergreifen alle Welten sich.

Neben ihr sitzend.

So ist es mir, so ist es dir gelungen;
Vergangenheit sei hinter uns getan!
O fühle dich vom höchsten Gott entsprungen,
Der ersten Welt gehörst du einzig an.

Nicht feste Burg soll dich umschreiben!
Noch zirkt in ewiger Jugendkraft
Für uns, zu wonnevollem Bleiben,
Arkadien in Spartas Nachbarschaft.

Gelockt, auf sel'gem Grund zu wohnen,
Du flüchtetest ins heiterste Geschick!
Zur Laube wandeln sich die Thronen,
Arkadisch frei sei unser Glück!

DER SCHAUPLATZ VERWANDELT SICH DURCHAUS. *An eine Reihe von Felsenhöhlen lehnen sich geschloßne Lauben. Schattiger Hain bis an die rings umgebende Felsensteile hinan. Faust und Helena werden nicht gesehen. Der Chor liegt schlafend verteilt umher.*

PHORKYAS.
Wie lange Zeit die Mädchen schlafen, weiß ich nicht;
Ob sie sich träumen ließen, was ich hell und klar
Vor Augen sah, ist ebenfalls mir unbekannt.
Drum weck' ich sie. Erstaunen soll das junge Volk;
Ihr Bärtigen auch, die ihr da drunten sitzend harrt,
Glaubhafter Wunder Lösung endlich anzuschaun.
Hervor! hervor! Und schüttelt eure Locken rasch!
Schlaf aus den Augen! Blinzt nicht so und hört mich an!

CHOR. Rede nur, erzähl', erzähle, was sich Wunderlichs begeben!

Hören möchten wir am liebsten, was wir gar nicht glauben können;
Denn wir haben Langeweile, diese Felsen anzusehn.
PHORKYAS. Kaum die Augen ausgerieben, Kinder, langeweilt ihr schon?
So vernehmt: in diesen Höhlen, diesen Grotten, diesen Lauben
Schutz und Schirmung war verliehen, wie idyllischem Liebespaare,
Unserm Herrn und unsrer Frauen.
CHOR. Wie, da drinnen?
PHORKYAS. Abgesondert
Von der Welt, nur mich, die eine, riefen sie zu stillem Dienste.
Hochgeehrt stand ich zur Seite, doch, wie es Vertrauten ziemet,
Schaut' ich um nach etwas andrem. Wendete mich hier- und dorthin,
Suchte Wurzeln, Moos und Rinden, kundig aller Wirksamkeiten,
Und so blieben sie allein.
CHOR. Tust du doch, als ob da drinnen ganze Welteräume wären,
Wald und Wiese, Bäche, Seen; welche Märchen spinnst du ab!
PHORKYAS.
Allerdings, ihr Unerfahrnen! das sind unerforschte Tiefen:
Saal an Sälen, Hof an Höfen, diese spürt' ich sinnend aus.
Doch auf einmal ein Gelächter echot in den Höhlenräumen;
Schau' ich hin, da springt ein Knabe von der Frauen Schoß zum Manne,
Von dem Vater zu der Mutter; das Gekose, das Getändel,
Töriger Liebe Neckereien, Scherzgeschrei und Lustgejauchze
Wechselnd übertäuben mich.
Nackt, ein Genius ohne Flügel, faunenartig ohne Tierheit,

Springt er auf den festen Boden; doch der Boden gegen wirkend
Schnellt ihn zu der luft'gen Höhe, und im zweiten, dritten Sprunge
Rührt er an das Hochgewölb.
Ängstlich ruft die Mutter: Springe wiederholt und nach Belieben,
Aber hüte dich, zu fliegen, freier Flug ist dir versagt.
Und so mahnt der treue Vater: In der Erde liegt die Schnellkraft,
Die dich aufwärts treibt; berühre mit der Zehe nur den Boden,
Wie der Erdensohn Antäus bist du alsobald gestärkt.
Und so hüpft er auf die Masse dieses Felsens, von der Kante
Zu dem andern und umher, so wie ein Ball geschlagen springt.
Doch auf einmal in der Spalte rauher Schlucht ist er verschwunden,
Und nun scheint er uns verloren. Mutter jammert, Vater tröstet,
Achselzuckend steh' ich ängstlich. Doch nun wieder welch Erscheinen!
Liegen Schätze dort verborgen? Blumenstreifige Gewande
Hat er würdig angetan.
Quasten schwanken von den Armen, Binden flattern um den Busen,
In der Hand die goldne Leier, völlig wie ein kleiner Phöbus,
Tritt er wohlgemut zur Kante, zu dem Überhang; wir staunen.
Und die Eltern vor Entzücken werfen wechselnd sich ans Herz.
Denn wie leuchtet's ihm zu Haupten? Was erglänzt, ist schwer zu sagen,
Ist es Goldschmuck, ist es Flamme übermächtiger Geisteskraft?

Und so regt er sich gebärdend, sich als Knabe schon verkündend
Künftigen Meister alles Schönen, dem die ewigen Melodien
Durch die Glieder sich bewegen; und so werdet ihr ihn hören,
Und so werdet ihr ihn sehn zu einzigster Bewunderung.
CHOR. Nennst du ein Wunder dies,
Kretas Erzeugte?
Dichtend belehrendem Wort
Hast du gelauscht wohl nimmer?
Niemals noch gehört Ioniens,
Nie vernommen auch Hellas'
Urväterlicher Sagen
Göttlich-heldenhaften Reichtum?

Alles, was je geschieht
Heutigen Tages,
Trauriger Nachklang ist's
Herrlicher Ahnherrntage;
Nicht vergleicht sich dein Erzählen
Dem, was liebliche Lüge,
Glaubhaftiger als Wahrheit,
Von dem Sohne sang der Maja.

Diesen zierlich und kräftig doch
Kaum geborenen Säugling
Faltet in reinster Windeln Flaum,
Strenget in köstlicher Wickeln Schmuck
Klatschender Wärterinnen Schar
Unvernünftigen Wähnens.
Kräftig und zierlich aber zieht
Schon der Schalk die geschmeidigen
Doch elastischen Glieder
Listig heraus, die purpurne,
Ängstlich drückende Schale
Lassend ruhig an seiner Statt;

Gleich dem fertigen Schmetterling,
Der aus starrem Puppenzwang
Flügel entfaltend behendig schlüpft,
Sonnedurchstrahlten Äther kühn
Und mutwillig durchflatternd.

So auch er, der Behendeste,
Dass er Dieben und Schälken,
Vorteilsuchenden allen auch
Ewig günstiger Dämon sei,
Dies betätigt er alsobald
Durch gewandteste Künste.
Schnell des Meeres Beherrscher stiehlt
Er den Trident, ja dem Ares selbst
Schlau das Schwert aus der Scheide;
Bogen und Pfeil dem Phöbus auch,
Wie dem Hephästos die Zange;
Selber Zeus', des Vaters, Blitz
Nähm' er, schreckt' ihn das Feuer nicht;
Doch dem Eros siegt er ob
In beinstellendem Ringerspiel;
Raubt auch Cyprien, wie sie ihm kost,
Noch vom Busen den Gürtel.

Ein reizendes, reinmelodisches Saitenspiel erklingt aus der Höhle.
Alle merken auf und scheinen bald innig gerührt. Von hier an bis zur bemerkten Pause durchaus mit vollstimmiger Musik.

PHORKYAS. Höret allerliebste Klänge,
Macht euch schnell von Fabeln frei!
Eurer Götter alt Gemenge,
Lasst es hin, es ist vorbei.

Niemand will euch mehr verstehen,
Fordern wir doch höhern Zoll:
Denn es muss von Herzen gehen,
Was auf Herzen wirken soll.

Sie zieht sich nach den Felsen zurück.

CHOR. Bist du, fürchterliches Wesen,
Diesem Schmeichelton geneigt,
Fühlen wir, als frisch genesen,
Uns zur Tränenlust erweicht.

Lass der Sonne Glanz verschwinden,
Wenn es in der Seele tagt,
Wir im eignen Herzen finden,
Was die ganze Welt versagt.

HELENA, FAUST, EUPHORION *in dem oben beschriebenen Kostüm.*

EUPHORION.
Hört ihr Kindeslieder singen,
Gleich ist's euer eigner Scherz;
Seht ihr mich im Takte springen,
Hüpft euch elterlich das Herz.

HELENA. Liebe, menschlich zu beglücken,
Nähert sie ein edles Zwei,
Doch zu göttlichem Entzücken
Bildet sie ein köstlich Drei.

FAUST. Alles ist sodann gefunden:
Ich bin dein, und du bist mein;
Und so stehen wir verbunden,
Dürft' es doch nicht anders sein!

CHOR. Wohlgefallen vieler Jahre
In des Knaben mildem Schein
Sammelt sich auf diesem Paare.
O, wie rührt mich der Verein!

EUPHORION.
Nun lasst mich hüpfen,
Nun lasst mich springen!
Zu allen Lüften
Hinaufzudringen,
Ist mir Begierde,

Sie fasst mich schon.
FAUST.
Nur mäßig! mäßig!
Nicht ins Verwegne,
Dass Sturz und Unfall
Dir nicht begegne,
Zugrund uns richte
Der teure Sohn!
EUPHORION.
Ich will nicht länger
Am Boden stocken;
Lasst meine Hände,
Lasst meine Locken,
Lasst meine Kleider!
Sie sind ja mein.
HELENA. O denk! o denke,
Wem du gehörest!
Wie es uns kränke,
Wie du zerstörest
Das schön errungene
Mein, Dein und Sein.
CHOR. Bald löst, ich fürchte,
Sich der Verein!
HELENA UND FAUST. Bändige! bändige
Eltern zuliebe
Überlebendige,
Heftige Triebe!
Ländlich im stillen
Ziere den Plan.
EUPHORION. Nur euch zu Willen
Halt' ich mich an.
Durch den Chor sich schlingend und ihn zum Tanze fortziehend.
Leichter umschweb' ich hie
Muntres Geschlecht.
Ist nun die Melodie,

Ist die Bewegung recht?
HELENA. Ja, das ist wohlgetan;
Führe die Schönen an
Künstlichem Reihn.
FAUST.
Wäre das doch vorbei!
Mich kann die Gaukelei
Gar nicht erfreun.
Euphorion und Chor tanzend und singend bewegen sich in verschlungenem Reihen.
CHOR.
Wenn du der Arme Paar
Lieblich bewegest,
Im Glanz dein lockig Haar
Schüttelnd erregest,
Wenn dir der Fuß so leicht
Über die Erde schleicht,
Dort und da wieder hin
Glieder um Glied sich ziehn,
Hast du dein Ziel erreicht,
Liebliches Kind;
All' unsre Herzen sind
All' dir geneigt.
Pause.
EUPHORION. Ihr seid so viele
Leichtfüßige Rehe;
Zu neuem Spiele
Frisch aus der Nähe!
Ich bin der Jäger,
Ihr seid das Wild.
CHOR.
Willst du uns fangen,
Sei nicht behende,
Denn wir verlangen
Doch nur am Ende,
Dich zu umarmen,

Du schönes Bild!
EUPHORION. Nur durch die Haine!
Zu Stock und Steine!
Das leicht Errungene,
Das widert mir,
Nur das Erzwungene
Ergetzt mich schier.
HELENA UND FAUST.
Welch ein Mutwill'! welch ein Rasen!
Keine Mäßigung ist zu hoffen.
Klingt es doch wie Hörnerblasen
Über Tal und Wälder dröhnend;
Welch ein Unfug! welch Geschrei!
CHOR, *einzeln schnell eintretend.*
Uns ist er vorbeigelaufen;
Mit Verachtung uns verhöhnend,
Schleppt er von dem ganzen Haufen
Nun die Wildeste herbei.
EUPHORION, *ein junges Mädchen hereintragend.*
Schlepp' ich her die derbe Kleine
Zu erzwungenem Genusse;
Mir zur Wonne, mir zur Lust
Drück' ich widerspenstige Brust,
Küss' ich widerwärtigen Mund,
Tue Kraft und Willen kund.
MÄDCHEN.
Lass mich los! In dieser Hülle
Ist auch Geistes Mut und Kraft;
Deinem gleich ist unser Wille
Nicht so leicht hinweggerafft.
Glaubst du wohl mich im Gedränge?
Deinem Arm vertraust du viel!
Halte fest, und ich versenge
Dich, den Toren, mir zum Spiel.
Sie flammt auf und lodert in die Höhe.
Folge mir in leichte Lüfte,

Folge mir in starre Grüfte,
Hasche das verschwundne Ziel!
EUPHORION, *die letzten Flammen abschüttelnd.*
Felsengedränge hier
Zwischen dem Waldgebüsch,
Was soll die Enge mir,
Bin ich doch jung und frisch.
Winde, sie sausen ja,
Wellen, sie brausen da;
Hör' ich doch beides fern,
Nah wär' ich gern.
Er springt immer höher felsauf.
HELENA, FAUST UND CHOR.
Wolltest du den Gemsen gleichen?
Vor dem Falle muss uns graun.
EUPHORION. Immer höher muss ich steigen,
Immer weiter muss ich schaun.
Weiß ich nun, wo ich bin!
Mitten der Insel drin,
Mitten in Pelops' Land,
Erde- wie seeverwandt.
CHOR. Magst nicht in Berg und Wald
Friedlich verweilen?
Suchen wir alsobald
Reben in Zeilen,
Reben am Hügelrand,
Feigen und Apfelgold.
Ach in dem holden Land
Bleibe du hold!
EUPHORION. Träumt ihr den Friedenstag?
Träume, wer träumen mag.
Krieg! ist das Losungswort.
Sieg! und so klingt es fort.
CHOR. Wer im Frieden
Wünschet sich Krieg zurück,
Der ist geschieden

Vom Hoffnungsglück.
EUPHORION. Welche dies Land gebar
Aus Gefahr in Gefahr,
Frei, unbegrenzten Muts,
Verschwendrisch eignen Bluts,
Den nicht zu dämpfenden
Heiligen Sinn,
Alle den Kämpfenden
Bring' es Gewinn!
CHOR. Seht hinauf, wie hoch gestiegen!
Und er scheint uns doch nicht klein:
Wie im Harnisch, wie zum Siegen,
Wie von Erz und Stahl der Schein.
EUPHORION. Keine Wälle, keine Mauern,
Jeder nur sich selbst bewusst;
Feste Burg, um auszudauern,
Ist des Mannes ehrne Brust.
Wollt ihr unerobert wohnen,
Leicht bewaffnet rasch ins Feld;
Frauen werden Amazonen
Und ein jedes Kind ein Held.
CHOR.
Heilige Poesie,
Himmelan steige sie!
Glänze, der schönste Stern,
Fern und so weiter fern!
Und sie erreicht uns doch
Immer, man hört sie noch,
Vernimmt sie gern.
EUPHORION. Nein, nicht ein Kind bin ich erschienen,
In Waffen kommt der Jüngling an;
Gesellt zu Starken, Freien, Kühnen,
Hat er im Geiste schon getan.
Nun fort!
Nun dort
Eröffnet sich zum Ruhm die Bahn.

HELENA UND FAUST.
Kaum ins Leben eingerufen,
Heitrem Tag gegeben kaum,
Sehnest du von Schwindelstufen
Dich zu schmerzenvollem Raum.
Sind denn wir
Gar nichts dir?
Ist der holde Bund ein Traum?
EUPHORION. Und hört ihr donnern auf dem Meere?
Dort widerdonnern Tal um Tal,
In Staub und Wellen, Heer dem Heere,
In Drang um Drang, zu Schmerz und Qual.
Und der Tod
Ist Gebot,
Das versteht sich nun einmal.
HELENA, FAUST UND CHOR.
Welch Entsetzen! welches Grauen!
Ist der Tod denn dir Gebot?
EUPHORION. Sollt' ich aus der Ferne schauen?
Nein! ich teile Sorg' und Not.
Die vorigen. Übermut und Gefahr,
Tödliches Los!
EUPHORION. Doch! – und ein Flügelpaar
Faltet sich los!
Dorthin! Ich muss! ich muss!
Gönnt mir den Flug!
Er wirft sich in die Lüfte, die Gewande tragen ihn einen Augenblick, sein Haupt strahlt, ein Lichtschweif zieht nach.
CHOR.
Ikarus! Ikarus!
Jammer genug.
Ein schöner Jüngling stürzt zu der Eltern Füßen, man glaubt in dem Toten eine bekannte Gestalt zu erblicken; doch das Korperliche verschwindet sogleich, die Aureole steigt wie ein Komet zum Himmel auf, Kleid, Mantel und Lyra bleiben liegen.
HELENA UND FAUST. Der Freude folgt sogleich

Grimmige Pein.
EUPHORIONS STIMME *aus der Tiefe.*
Lass mich im düstern Reich,
Mutter, mich nicht allein! *Pause.*
CHOR. *Trauergesang.*
Nicht allein! – wo du auch weilest,
Denn wir glauben dich zu kennen;
Ach! wenn du dem Tag enteilest,
Wird kein Herz von dir sich trennen.
Wüssten wir doch kaum zu klagen,
Neidend singen wir dein Los:
Dir in klar- und trüben Tagen
Lied und Mut war schön und groß.

Ach! zum Erdenglück geboren,
Hoher Ahnen, großer Kraft,
Leider früh dir selbst verloren,
Jugendblüte weggerafft!
Scharfer Blick, die Welt zu schauen,
Mitsinn jedem Herzensdrang,
Liebesglut der besten Frauen
Und ein eigenster Gesang.

Doch du ranntest unaufhaltsam
Frei ins willenlose Netz,
So entzweitest du gewaltsam
Dich mit Sitte, mit Gesetz;
Doch zuletzt das höchste Sinnen
Gab dem reinen Mut Gewicht,
Wolltest Herrliches gewinnen,
Aber es gelang dir nicht.

Wem gelingt es? – Trübe Frage,
Der das Schicksal sich vermummt,
Wenn am unglückseligsten Tage
Blutend alles Volk verstummt.

Doch erfrischet neue Lieder,
Steht nicht länger tief gebeugt:
Denn der Boden zeugt sie wieder,
Wie von je er sie gezeugt.
Völlige Pause. Die Musik hört auf.

HELENA *zu Faust.*
Ein altes Wort bewährt sich leider auch an mir:
Dass Glück und Schönheit dauerhaft sich nicht vereint.
Zerrissen ist des Lebens wie der Liebe Band;
Bejammernd beide, sag' ich schmerzlich Lebewohl
Und werfe mich noch einmal in die Arme dir.
Persephoneia, nimm den Knaben auf und mich!
Sie umarmt Faust, das Körperliche verschwindet, Kleid und Schleier bleiben ihm in den Armen.

PHORKYAS *zu Faust.*
Halte fest, was dir von allem übrigblieb.
Das Kleid, lass es nicht los. Da zupfen schon
Dämonen an den Zipfeln, möchten gern
Zur Unterwelt es reißen. Halte fest!
Die Göttin ist's nicht mehr, die du verlorst,
Doch göttlich ist's. Bediene dich der hohen,
Unschätzbaren Gunst und hebe dich empor:
Es trägt dich über alles Gemeine rasch
Am Äther hin, so lange du dauern kannst.
Wir sehn uns wieder, weit, gar weit von hier.
Helenens Gewande lösen sich in Wolken auf, umgeben Faust, heben ihn in die Höhe und ziehen mit ihm vorüber.

PHORKYAS *nimmt Euphorions Kleid, Mantel und Lyra von der Erde, tritt ins Proszenium, hebt die Exuvien in die Höhe und spricht.*
Noch immer glücklich aufgefunden!
Die Flamme freilich ist verschwunden,
Doch ist mir um die Welt nicht leid.
Hier bleibt genug, Poeten einzuweihen,
Zu stiften Gild- und Handwerksneid;
Und kann ich die Talente nicht verleihen,

Verborg' ich wenigstens das Kleid.
Sie setzt sich im Proszenium an eine Säule nieder.
PANTHALIS.
Nun eilig, Mädchen! Sind wir doch den Zauber los,
Der alt-thessalischen Vettel wüsten Geisteszwang,
So des Geklimpers vielverworrner Töne Rausch,
Das Ohr verwirrend, schlimmer noch den innern Sinn.
Hinab zum Hades! Eilte doch die Königin
Mit ernstem Gang hinunter. Ihrer Sohle sei
Unmittelbar getreuer Mägde Schritt gefügt.
Wir finden sie am Throne der Unerforschlichen.
CHOR.
Königinnen freilich, überall sind sie gern;
Auch im Hades stehen sie obenan,
Stolz zu ihresgleichen gesellt,
Mit Persephonen innigst vertraut;
Aber wir im Hintergrunde
Tiefer Asphodelos-Wiesen,
Langgestreckten Pappeln,
Unfruchtbaren Weiden zugesellt,
Welchen Zeitvertreib haben wir?
Fledermausgleich zu piepsen,
Geflüster, unerfreulich, gespenstig.
PANTHALIS. Wer keinen Namen sich erwarb noch Edles will,
Gehört den Elementen an; so fahret hin!
Mit meiner Königin zu sein, verlangt mich heiß;
Nicht nur Verdienst, auch Treue wahrt uns die Person. Ab.
ALLE.
Zurückgegeben sind wir dem Tageslicht,
Zwar Personen nicht mehr,
Das fühlen, das wissen wir,
Aber zum Hades kehren wir nimmer.
Ewig lebendige Natur
Macht auf uns Geister,
Wir auf sie vollgültigen Anspruch.

EIN TEIL DES CHORS.

Wir in dieser tausend Äste Flüsterzittern, Säuselschweben
Reizen tändlend, locken leise wurzelauf des Lebens Quellen
Nach den Zweigen; bald mit Blättern, bald mit Blüten überschwenglich
Zieren wir die Flatterhaare frei zu luftigem Gedeihn.
Fällt die Frucht, sogleich versammeln lebenslustig Volk und Herden
Sich zum Greifen, sich zum Naschen, eilig kommend, emsig drängend;
Und wie vor den ersten Göttern bückt sich alles um uns her.

EIN ANDRER TEIL.

Wir, an dieser Felsenwände weithinleuchtend glattem Spiegel
Schmiegen wir, in sanften Wellen uns bewegend, schmeichelnd an;
Horchen, lauschen jedem Laute, Vogelsängen, Röhrigflöten,
Sei es Pans furchtbarer Stimme, Antwort ist sogleich bereit;
Säuselt's, säuseln wir erwidernd, donnert's, rollen unsre Donner
In erschütterndem Verdoppeln, dreifach, zehnfach hintennach.

EIN DRITTER TEIL.

Schwestern! Wir, bewegtem Sinnes, eilen mit den Bächen weiter;
Denn es reizen jener Ferne reichgeschmückte Hügelzüge.
Immer abwärts, immer tiefer wässern wir, mäandrisch wallend,
Jetzt die Wiese, dann die Matten, gleich den Garten um das Haus.
Dort bezeichnen's der Zypressen schlanke Wipfel, über Landschaft,
Uferzug und Wellenspiegel nach dem Äther steigende.

EIN VIERTER TEIL.

Wallt ihr andern, wo's beliebet; wir umzingeln, wir umrauschen
Den durchaus bepflanzten Hügel, wo am Stab die Rebe

grünt;
Dort zu aller Tage Stunden lässt die Leidenschaft des Winzers
Uns des liebevollsten Fleißes zweifelhaft Gelingen sehn.
Bald mit Hacke, bald mit Spaten, bald mit Häufeln, Schneiden, Binden
Betet er zu allen Göttern, fördersamst zum Sonnengott.
Bacchus kümmert sich, der Weichling, wenig um den treuen Diener,
Ruht in Lauben, lehnt in Höhlen, faselnd mit dem jüngsten Faun.
Was zu seiner Träumereien halbem Rausch er je bedurfte,
Immer bleibt es ihm in Schläuchen, ihm in Krügen und Gefäßen,
Rechts und links der kühlen Grüfte, ewige Zeiten aufbewahrt.
Haben aber alle Götter, hat nun Helios vor allen,
Lüftend, feuchtend, wärmend, glutend, Beeren-Füllhorn aufgehäuft,
Wo der stille Winzer wirkte, dort auf einmal wird's lebendig,
Und es rauscht in jedem Laube, raschelt um von Stock zu Stock.
Körbe knarren, Eimer klappern, Tragebutten ächzen hin,
Alles nach der großen Kufe zu der Keltrer kräft'gem Tanz;
Und so wird die heilige Fülle reingeborner saftiger Beeren
Frech zertreten, schäumend, sprühend mischt sich's, wider lich zerquetscht.
Und nun gellt ins Ohr der Zimbeln mit der Becken Erz getöne,
Denn es hat sich Dionysos aus Mysterien enthüllt;
Kommt hervor mit Ziegenfüßlern, schwenkend Ziegenfüßlerinnen,
Und dazwischen schreit unbändig grell Silenus' öhrig Tier.
Nichts geschont! Gespaltne Klauen treten alle Sitte nieder,
Alle Sinne wirbeln taumlich, grässlich übertäubt das Ohr.
Nach der Schale tappen Trunkne, überfüllt sind Kopf und

Wänste,
Sorglich ist noch ein und andrer, doch vermehrt er die Tumulte,
Denn um neuen Most zu bergen, leert man rasch den alten Schlauch!

Der Vorhang fällt. PHORKYAS *im Proszenium richtet sich riesenhaft auf, tritt aber von den Kothurnen herunter, lehnt Maske und Schleier zurück und zeigt sich als Mephistopheles, um, insofern es nötig wäre, im Epilog das Stück zu kommentieren.*

Vierter Akt

Hochgebirg

starre, zackige Felsengipfel

Eine Wolke zieht herbei, lehnt sich an, senkt sich auf eine vorstehende Platte herab. Sie teilt sich.

FAUST *tritt hervor.*
Der Einsamkeiten tiefste schauend unter meinem Fuß,
Betret' ich wohlbedächtig dieser Gipfel Saum,
Entlassend meiner Wolke Tragewerk, die mich sanft
An klaren Tagen über Land und Meer geführt.
Sie löst sich langsam, nicht zerstiebend, von mir ab.
Nach Osten strebt die Masse mit geballtem Zug,
Ihr strebt das Auge staunend in Bewundrung nach.
Sie teilt sich wandelnd, wogenhaft, veränderlich.
Doch will sich's modeln. – Ja! das Auge trügt mich nicht! –
Auf sonnbeglänzten Pfühlen herrlich hingestreckt,
Zwar riesenhaft, ein göttergleiches Fraungebild,
Ich seh's! Junonen ähnlich, Leda'n, Helenen,
Wie majestätisch lieblich mir's im Auge schwankt.
Ach! schon verrückt sich's! Formlos breit und aufgetürmt
Ruht es in Osten, fernen Eisgebirgen gleich,
Und spiegelt blendend flücht'ger Tage großen Sinn.
Doch mir umschwebt ein zarter lichter Nebelstreif
Noch Brust und Stirn, erheiternd, kühl und schmeichelhaft.
Nun steigt es leicht und zaudernd hoch und höher auf,
Fügt sich zusammen. – Täuscht mich ein entzückend Bild,
Als jugenderstes, längstentbehrtes höchstes Gut?
Des tiefsten Herzens frühste Schätze quellen auf:
Aurorens Liebe, leichten Schwungs bezeichnet's mir,
Den schnellempfundnen, ersten, kaum verstandnen Blick,
Der, festgehalten, überglänzte jeden Schatz.

Wie Seelenschönheit steigert sich die holde Form,
Löst sich nicht auf, erhebt sich in den Äther hin
Und zieht das Beste meines Innern mit sich fort.
Ein Siebenmeilenstiefel tappt auf. Ein anderer folgt alsbald.
MEPHISTOPHELES *steigt ab. Die Stiefel schreiten eilig weiter.*

MEPHISTOPHELES. Das heiß' ich endlich vorgeschritten!
Nun aber sag, was fällt dir ein?
Steigst ab in solcher Greuel Mitten,
Im grässlich gähnenden Gestein?
Ich kenn' es wohl, doch nicht an dieser Stelle,
Denn eigentlich war das der Grund der Hölle.

FAUST. Es fehlt dir nie an närrischen Legenden;
Fängst wieder an, dergleichen auszuspenden.

MEPHISTOPHELES *ernsthaft.*
Als Gott der Herr – ich weiß auch wohl, warum –
Uns aus der Luft in tiefste Tiefen bannte,
Da, wo zentralisch glühend, um und um,
Ein ewig Feuer flammend sich durchbrannte,
Wir fanden uns bei allzugroßer Hellung
In sehr gedrängter, unbequemer Stellung.
Die Teufel fingen sämtlich an zu husten,
Von oben und von unten aus zu pusten;
Die Hölle schwoll von Schwefelstank und -säure,
Das gab ein Gas! Das ging ins Ungeheure,
So dass gar bald der Länder flache Kruste,
So dick sie war, zerkrachend bersten musste.
Nun haben wir's an einem andern Zipfel,
Was ehmals Grund war, ist nun Gipfel.
Sie gründen auch hierauf die rechten Lehren,
Das Unterste ins Oberste zu kehren.
Denn wir entrannen knechtisch-heißer Gruft
Ins Übermaß der Herrschaft freier Luft.
Ein offenbar Geheimnis, wohl verwahrt,
Und wird nur spät den Völkern offenbart. *(Ephes. 6, 12.)*

FAUST. Gebirgesmasse bleibt mir edel-stumm,

Ich frage nicht woher und nicht warum.
Als die Natur sich in sich selbst gegründet,
Da hat sie rein den Erdball abgeründet,
Der Gipfel sich, der Schluchten sich erfreut
Und Fels an Fels und Berg an Berg gereiht,
Die Hügel dann bequem hinabgebildet,
Mit sanftem Zug sie in das Tal gemildet.
Da grünt's und wächst's, und um sich zu erfreuen,
Bedarf sie nicht der tollen Strudeleien.

MEPHISTOPHELES.
Das sprecht Ihr so! Das scheint Euch sonnenklar;
Doch weiß es anders, der zugegen war.
Ich war dabei, als noch da drunten siedend
Der Abgrund schwoll und strömend Flammen trug;
Als Molochs Hammer, Fels an Felsen schmiedend,
Gebirgestrümmer in die Ferne schlug.
Noch starrt das Land von fremden Zentnermassen;
Wer gibt Erklärung solcher Schleudermacht?
Der Philosoph, er weiß es nicht zu fassen,
Da liegt der Fels, man muss ihn liegen lassen,
Zuschanden haben wir uns schon gedacht. –
Das treu-gemeine Volk allein begreift
Und lässt sich im Begriff nicht stören;
Ihm ist die Weisheit längst gereift:
Ein Wunder ist's, der Satan kommt zu Ehren.
Mein Wandrer hinkt an seiner Glaubenskrücke
Zum Teufelsstein, zur Teufelsbrücke.

FAUST. Es ist doch auch bemerkenswert zu achten,
Zu sehn, wie Teufel die Natur betrachten.

MEPHISTOPHELES. Was geht mich's an! Natur sei, wie sie sei!
's ist Ehrenpunkt: der Teufel war dabei!
Wir sind die Leute, Großes zu erreichen;
Tumult, Gewalt und Unsinn! sieh das Zeichen! –
Doch, dass ich endlich ganz verständlich spreche,

Gefiel dir nichts an unsrer Oberfläche?
Du übersahst, in ungemeßnen Weiten,
Die Reiche der Welt und ihre Herrlichkeiten. *(Matth. 4.)*
Doch, ungenügsam, wie du bist,
Empfandest du wohl kein Gelüst?
FAUST. Und doch! ein Großes zog mich an.
Errate!
MEPHISTOPHELES. Das ist bald getan.
Ich suchte mir so eine Hauptstadt aus,
Im Kerne Bürger-Nahrungs-Graus,
Krummenge Gässchen, spitze Giebeln,
Beschränkten Markt, Kohl, Rüben, Zwiebeln;
Fleischbänke, wo die Schmeißen hausen,
Die fetten Braten anzuschmausen;
Da findest du zu jeder Zeit
Gewiss Gestank und Tätigkeit.
Dann weite Plätze, breite Straßen,
Vornehmen Schein sich anzumaßen;
Und endlich, wo kein Tor beschränkt,
Vorstädte grenzenlos verlängt.
Da freut' ich mich an Rollekutschen,
Am lärmigen Hin- und Widerrutschen,
Am ewigen Hin- und Widerlaufen
Zerstreuter Ameis-Wimmelhaufen.
Und wenn ich führe, wenn ich ritte,
Erschien' ich immer ihre Mitte,
Von Hunderttausenden verehrt.
FAUST. Das kann mich nicht zufriedenstellen.
Man freut sich, dass das Volk sich mehrt,
Nach seiner Art behäglich nährt,
Sogar sich bildet, sich belehrt –
Und man erzieht sich nur Rebellen.
MEPH. Dann baut' ich, grandios, mir selbst bewusst,
Am lustigen Ort ein Schloss zur Lust.
Wald, Hügel, Flächen, Wiesen, Feld
Zum Garten prächtig umbestellt.

Vor grünen Wänden Sammetmatten,
Schnurwege, kunstgerechte Schatten,
Kaskadensturz, durch Fels zu Fels gepaart,
Und Wasserstrahlen aller Art;
Ehrwürdig steigt es dort, doch an den Seiten
Da zischt's und pisst's in tausend Kleinigkeiten.
Dann aber ließ ich allerschönsten Frauen
Vertraut-bequeme Häuslein bauen;
Verbrächte da grenzenlose Zeit
In allerliebst-geselliger Einsamkeit.
Ich sage Fraun; denn ein für allemal
Denk' ich die Schönen im Plural.
FAUST. Schlecht und modern! Sardanapal!
MEPHISTOPHELES. Errät man wohl, wornach du streb-
test?
Es war gewiss erhaben kühn.
Der du dem Mond um so viel näher schwebtest,
Dich zog wohl deine Sucht dahin?
FAUST. Mit nichten! dieser Erdenkreis
Gewährt noch Raum zu großen Taten.
Erstaunenswürdiges soll geraten,
Ich fühle Kraft zu kühnem Fleiß.
MEPH. Und also willst du Ruhm verdienen?
Man merkt's, du kommst von Heroinen.
FAUST. Herrschaft gewinn' ich, Eigentum!
Die Tat ist alles, nichts der Ruhm.
MEPHISTOPHELES. Doch werden sich Poeten finden,
Der Nachwelt deinen Glanz zu künden,
Durch Torheit Torheit zu entzünden.
FAUST. Von allem ist dir nichts gewährt.
Was weißt du, was der Mensch begehrt?
Dein widrig Wesen, bitter, scharf,
Was weiß es, was der Mensch bedarf?
MEPHISTOPHELES. Geschehe denn nach deinem Willen!
Vertraue mir den Umfang deiner Grillen.
FAUST. Mein Auge war aufs hohe Meer gezogen;

Es schwoll empor, sich in sich selbst zu türmen,
Dann ließ es nach und schüttete die Wogen,
Des flachen Ufers Breite zu bestürmen.
Und das verdross mich; wie der Übermut
Den freien Geist, der alle Rechte schätzt,
Durch leidenschaftlich aufgeregtes Blut
Ins Missbehagen des Gefühls versetzt.
Ich hielt's für Zufall, schärfte meinen Blick:
Die Woge stand und rollte dann zurück,
Entfernte sich vom stolz erreichten Ziel;
Die Stunde kommt, sie wiederholt das Spiel.

MEPHISTOPHELES *ad spectatores.*
Da ist für mich nichts Neues zu erfahren,
Das kenn' ich schon seit hunderttausend Jahren.

FAUST, *leidenschaftlich fortfahrend.*
Sie schleicht heran, an abertausend Enden,
Unfruchtbar selbst, Unfruchtbarkeit zu spenden;
Nun schwillt's und wächst und rollt und überzieht
Der wüsten Strecke widerlich Gebiet.
Da herrschet Well' auf Welle kraftbegeistet,
Zieht sich zurück, und es ist nichts geleistet,
Was zur Verzweiflung mich beängstigen könnte!
Zwecklose Kraft unbändiger Elemente!
Da wagt mein Geist, sich selbst zu überfliegen;
Hier möcht' ich kämpfen, dies möcht' ich besiegen.
Und es ist möglich! – Flutend wie sie sei,
An jedem Hügel schmiegt sie sich vorbei;
Sie mag sich noch so übermütig regen,
Geringe Höhe ragt ihr stolz entgegen,
Geringe Tiefe zieht sie mächtig an.
Da fasst' ich schnell im Geiste Plan auf Plan:
Erlange dir das köstliche Genießen,
Das herrische Meer vom Ufer auszuschließen,
Der feuchten Breite Grenzen zu verengen
Und, weit hinein, sie in sich selbst zu drängen.
Von Schritt zu Schritt wusst' ich mir's zu erörtern;

Das ist mein Wunsch, den wage zu befördern!
Trommeln und kriegerische Musik im Rücken der Zuschauer, aus der Ferne, von der rechten Seite her.
MEPH. Wie leicht ist das! Hörst du die Trommeln fern?
FAUST.
Schon wieder Krieg! der Kluge hört's nicht gern.
MEPHISTOPHELES.
Krieg oder Frieden. Klug ist das Bemühen,
Zu seinem Vorteil etwas auszuziehen.
Man passt, man merkt auf jedes günstige Nu.
Gelegenheit ist da, nun, Fauste, greife zu!
FAUST. Mit solchem Rätselkram verschone mich!
Und kurz und gut, was soll's? Erkläre dich.
MEPHISTOPHELES.
Auf meinem Zuge blieb mir nicht verborgen:
Der gute Kaiser schwebt in großen Sorgen.
Du kennst ihn ja. Als wir ihn unterhielten,
Ihm falschen Reichtum in die Hände spielten,
Da war die ganze Welt ihm feil.
Denn jung ward ihm der Thron zuteil,
Und ihm beliebt' es, falsch zu schließen,
Es könne wohl zusammengehn
Und sei recht wünschenswert und schön:
Regieren und zugleich genießen.
FAUST. Ein großer Irrtum. Wer befehlen soll,
Muss im Befehlen Seligkeit empfinden.
Ihm ist die Brust von hohem Willen voll,
Doch was er will, es darf's kein Mensch ergründen.
Was er den Treusten in das Ohr geraunt,
Es ist getan, und alle Welt erstaunt.
So wird er stets der Allerhöchste sein,
Der Würdigste –; Genießen macht gemein.
MEPH. So ist er nicht. Er selbst genoss, und wie!
Indes zerfiel das Reich in Anarchie,
Wo groß und klein sich kreuz und quer befehdeten
Und Brüder sich vertrieben, töteten,

Burg gegen Burg, Stadt gegen Stadt,
Zunft gegen Adel Fehde hat,
Der Bischof mit Kapitel und Gemeinde;
Was sich nur ansah, waren Feinde.
In Kirchen Mord und Totschlag, vor den Toren
Ist jeder Kauf- und Wandersmann verloren.
Und allen wuchs die Kühnheit nicht gering;
Denn leben hieß sich wehren. – Nun, das ging.
FAUST. Es ging – es hinkte, fiel, stand wieder auf,
Dann überschlug sich's, rollte plump zuhauf.
MEPH. Und solchen Zustand durfte niemand schelten,
Ein jeder konnte, jeder wollte gelten.
Der Kleinste selbst, er galt für voll.
Doch war's zuletzt den Besten allzutoll.
Die Tüchtigen, sie standen auf mit Kraft
Und sagten: Herr ist, der uns Ruhe schafft.
Der Kaiser kann's nicht, will's nicht – lasst uns wählen,
Den neuen Kaiser neu das Reich beseelen,
Indem er jeden sicher stellt,
In einer frisch geschaffnen Welt
Fried' und Gerechtigkeit vermählen.
FAUST. Das klingt sehr pfäffisch.
MEPHISTOPHELES. Pfaffen waren's auch,
Sie sicherten den wohlgenährten Bauch.
Sie waren mehr als andere beteiligt.
Der Aufruhr schwoll, der Aufruhr ward geheiligt;
Und unser Kaiser, den wir froh gemacht,
Zieht sich hieher, vielleicht zur letzten Schlacht.
FAUST. Er jammert mich; er war so gut und offen.
MEPH. Komm, sehn wir zu! der Lebende soll hoffen.
Befrein wir ihn aus diesem engen Tale!
Einmal gerettet, ist's für tausend Male.
Wer weiß, wie noch die Würfel fallen?
Und hat er Glück, so hat er auch Vasallen.
Sie steigen über das Mittel gebirg herüber und beschauen die Anordnung des Heeres im Tal. Trommeln und Kriegsmusik

schallt von unten auf.
MEPH. Die Stellung, seh' ich, gut ist sie genommen;
Wir treten zu, dann ist der Sieg vollkommen.
FAUST. Was kann da zu erwarten sein?
Trug! Zauberblendwerk! Hohler Schein.
MEPHISTOPHELES. Kriegslist, um Schlachten zu gewinnen!
Befestige dich bei großen Sinnen,
Indem du deinen Zweck bedenkst.
Erhalten wir dem Kaiser Thron und Lande,
So kniest du nieder und empfängst
Die Lehn von grenzenlosem Strande.
FAUST. Schon manches hast du durchgemacht,
Nun, so gewinn auch eine Schlacht!
MEPHISTOPHELES. Nein, du gewinnst sie! Diesesmal
Bist du der OBERGENERAL.
FAUST. Das wäre mir die rechte Höhe,
Da zu befehlen, wo ich nichts verstehe!
MEPHISTOPHELES. Lass du den Generalstab sorgen,
Und der Feldmarschall ist geborgen.
Kriegsunrat hab' ich längst verspürt,
Den Kriegsrat gleich voraus formiert
Aus Urgebirgs Urmenschenkraft;
Wohl dem, der sie zusammenrafft.
FAUST. Was seh' ich dort, was Waffen trägt?
Hast du das Bergvolk aufgeregt?
MEPHISTOPHELES. Nein! aber, gleich Herrn Peter Squenz,
Vom ganzen Prass die Quintessenz.
DIE DREI GEWALTIGEN *treten auf. (Sam. II, 23, 8.)*
MEPHISTOPHELES. Da kommen meine Bursche ja!
Du siehst, von sehr verschiednen Jahren,
Verschiednem Kleid und Rüstung sind sie da;
Du wirst nicht schlecht mit ihnen fahren.
Ad spectatores. Es liebt sich jetzt ein jedes Kind
Den Harnisch und den Ritterkragen;
Und, allegorisch wie die Lumpe sind,

Sie werden nur um desto mehr behagen.
RAUFEBOLD *jung, leicht bewaffnet, bunt gekleidet.*
Wenn einer mir ins Auge sieht,
Werd' ich ihm mit der Faust gleich in die Fresse fahren,
Und eine Memme, wenn sie flieht,
Fass' ich bei ihren letzten Haaren.
HABEBALD *männlich, wohlbewaffnet, reich gekleidet.*
So leere Händel, das sind Possen,
Damit verdirbt man seinen Tag;
Im Nehmen sei nur unverdrossen,
Nach allem andern frag' hernach.
HALTEFEST *bejahrt, stark bewaffnet, ohne Gewand.*
Damit ist auch nicht viel gewonnen!
Bald ist ein großes Gut zerronnen,
Es rauscht im Lebensstrom hinab.
Zwar nehmen ist recht gut, doch besser ist's, behalten;
Lass du den grauen Kerl nur walten,
Und niemand nimmt dir etwas ab.
Sie steigen allzusammen tiefer.

Auf dem Vorgebirg

Trommeln und kriegerische Musik von unten.
Des Kaisers Zelt wird aufgeschlagen.

KAISER. OBERGENERAL. TRABANTEN.

OBERGENERAL. Noch immer scheint der Vorsatz wohlerwogen,
Dass wir in dies gelegene Tal
Das ganze Heer gedrängt zurückgezogen;
Ich hoffe fest, uns glückt die Wahl.
KAISER. Wie es nun geht, es muss sich zeigen;
Doch mich verdrießt die halbe Flucht, das Weichen.
OBERGENERAL. Schau hier, mein Fürst, auf unsre rechte Flanke!

Solch ein Terrain wünscht sich der Kriegsgedanke:
Nicht steil die Hügel, doch nicht allzu gänglich,
Den Unsern vorteilhaft, dem Feind verfänglich;
Wir, halb versteckt, auf wellenförmigem Plan;
Die Reiterei, sie wagt sich nicht heran.
KAISER. Mir bleibt nichts übrig, als zu loben;
Hier kann sich Arm und Brust erproben.
OBERGEN. Hier, auf der Mittelwiese flachen Räumlichkeiten,
Siehst du den Phalanx, wohlgemut zu streiten.
Die Piken blinken flimmernd in der Luft,
Im Sonnenglanz, durch Morgennebelduft.
Wie dunkel wogt das mächtige Quadrat!
Zu Tausenden glüht's hier auf große Tat.
Du kannst daran der Masse Kraft erkennen,
Ich trau' ihr zu, der Feinde Kraft zu trennen.
KAISER. Den schönen Blick hab' ich zum erstenmal.
Ein solches Heer gilt für die Doppelzahl.
OBERGENERAL. Von unsrer Linken hab' ich nichts zu melden,
Den starren Fels besetzen wackere Helden,
Das Steingeklipp, das jetzt von Waffen blitzt,
Den wichtigen Pass der engen Klause schützt.
Ich ahne schon, hier scheitern Feindeskräfte
Unvorgesehn im blutigen Geschäfte.
KAISER. Dort ziehn sie her, die falschen Anverwandten,
Wie sie mich Oheim, Vetter, Bruder nannten,
Sich immer mehr und wieder mehr erlaubten,
Dem Zepter Kraft, dem Thron Verehrung raubten,
Dann, unter sich entzweit, das Reich verheerten
Und nun gesamt sich gegen mich empörten.
Die Menge schwankt im ungewissen Geist,
Dann strömt sie nach, wohin der Strom sie reißt.
OBERGENERAL.
Ein treuer Mann, auf Kundschaft ausgeschickt,
Kommt eilig felsenab; sei's ihm geglückt!

ERSTER KUNDSCHAFTER. Glücklich ist sie uns gelungen,
Listig, mutig, unsre Kunst,
Dass wir hin und her gedrungen;
Doch wir bringen wenig Gunst.
Viele schwören reine Huldigung
Dir, wie manche treue Schar;
Doch Untätigkeits-Entschuldigung:
Innere Gärung, Volksgefahr.

KAISER. Sich selbst erhalten bleibt der Selbstsucht Lehre,
Nicht Dankbarkeit und Neigung, Pflicht und Ehre.
Bedenkt ihr nicht, wenn eure Rechnung voll,
Dass Nachbars Hausbrand euch verzehren soll?

OBERGEN. Der zweite kommt, nur langsam steigt er nieder,
Dem müden Manne zittern alle Glieder.

ZWEITER KUNDSCHAFTER. Erst gewahrten wir vergnüglich
Wilden Wesens irren Lauf;
Unerwartet, unverzüglich
Trat ein neuer Kaiser auf.
Und auf vorgeschriebnen Bahnen
Zieht die Menge durch die Flur;
Den entrollten Lügenfahnen
Folgen alle. – Schafsnatur!

KAISER. Ein Gegenkaiser kommt mir zum Gewinn:
Nun fühl' ich erst, dass ich der Kaiser bin.
Nur als Soldat legt' ich den Harnisch an,
Zu höherm Zweck ist er nun umgetan.
Bei jedem Fest, wenn's noch so glänzend war,
Nichts ward vermisst, mir fehlte die Gefahr.
Wie ihr auch seid, zum Ringspiel rietet ihr,
Mir schlug das Herz, ich atmete Turnier;
Und hättet ihr mir nicht vom Kriegen abgeraten,
Jetzt glänzt' ich schon in lichten Heldentaten.
Selbständig fühlt' ich meine Brust besiegelt,
Als ich mich dort im Feuerreich bespiegelt;

Das Element drang grässlich auf mich los,
Es war nur Schein, allein der Schein war groß.
Von Sieg und Ruhm hab' ich verwirrt geträumt;
Ich bringe nach, was frevelhaft versäumt.
DIE HEROLDE *werden abgefertigt zu Herausforderung des Gegenkaisers.*
FAUST *geharnischt, mit halbgeschlossnem Helme.*
DIE DREI GEWALTIGEN *gerüstet und gekleidet wie oben.*
FAUST. Wir treten auf und hoffen, ungescholten;
Auch ohne Not hat Vorsicht wohl gegolten.
Du weißt, das Bergvolk denkt und simuliert,
Ist in Natur- und Felsenschrift studiert.
Die Geister, längst dem flachen Land entzogen,
Sind mehr als sonst dem Felsgebirg gewogen.
Sie wirken still durch labyrinthische Klüfte
Im edlen Gas metallisch reicher Düfte;
In stetem Sondern, Prüfen und Verbinden
Ihr einziger Trieb ist, Neues zu erfinden.
Mit leisem Finger geistiger Gewalten
Erbauen sie durchsichtige Gestalten;
Dann im Kristall und seiner ewigen Schweignis
Erblicken sie der Oberwelt Ereignis.
KAISER. Vernommen hab' ich's, und ich glaube dir;
Doch, wackrer Mann, sag an: was soll das hier?
FAUST. Der Nekromant von Norcia, der Sabiner,
Ist dein getreuer, ehrenhafter Diener.
Welch greulich Schicksal droht' ihm ungeheuer!
Das Reisig prasselte, schon züngelte das Feuer;
Die trocknen Scheite, ringsumher verschränkt,
Mit Pech und Schwefelruten untermengt;
Nicht Mensch, noch Gott, noch Teufel konnte retten,
Die Majestät zersprengte glühende Ketten.
Dort war's in Rom. Er bleibt dir hoch verpflichtet,
Auf deinen Gang in Sorge stets gerichtet.
Von jener Stund' an ganz vergaß er sich,
Er fragt den Stern, die Tiefe nur für dich.

Er trug uns auf, als eiligstes Geschäfte,
Bei dir zu stehn. Groß sind des Berges Kräfte;
Da wirkt Natur so übermächtig frei,
Der Pfaffen Stumpfsinn schilt es Zauberei.
KAISER. Am Freudentag, wenn wir die Gäste grüßen,
Die heiter kommen, heiter zu genießen,
Da freut uns jeder, wie er schiebt und drängt
Und, Mann für Mann, der Säle Raum verengt.
Doch höchst willkommen muss der Biedre sein,
Tritt er als Beistand kräftig zu uns ein
Zur Morgenstunde, die bedenklich waltet,
Weil über ihr des Schicksals Waage schaltet.
Doch lenket hier im hohen Augenblick
Die starke Hand vom willigen Schwert zurück,
Ehrt den Moment, wo manche Tausend schreiten,
Für oder wider mich zu streiten.
Selbst ist der Mann! Wer Thron und Kron' begehrt,
Persönlich sei er solcher Ehren wert.
Sei das Gespenst, das, gegen uns erstanden,
Sich Kaiser nennt und Herr von unsern Landen,
Des Heeres Herzog, Lehnherr unsrer Großen,
Mit eigner Faust ins Totenreich gestoßen!
FAUST. Wie es auch sei, das Große zu vollenden,
Du tust nicht wohl, dein Haupt so zu verpfänden.
Ist nicht der Helm mit Kamm und Busch geschmückt?
Er schützt das Haupt, das unsern Mut entzückt.
Was, ohne Haupt, was förderten die Glieder?
Denn schläfert jenes, alle sinken nieder;
Wird es verletzt, gleich alle sind verwundet,
Erstehen frisch, wenn jenes rasch gesundet.
Schnell weiß der Arm sein starkes Recht zu nützen;
Er hebt den Schild, den Schädel zu beschützen;
Das Schwert gewahret seiner Pflicht sogleich,
Lenkt kräftig ab und wiederholt den Streich;
Der tüchtige Fuß nimmt teil an ihrem Glück,
Setzt dem Erschlagnen frisch sich ins Genick.

KAISER. Das ist mein Zorn, so möcht' ich ihn behandeln,
Das stolze Haupt in Schemeltritt verwandeln!
HEROLDE *kommen zurück.* Wenig Ehre, wenig Geltung
Haben wir daselbst genossen,
Unsrer kräftig edlen Meldung
Lachten sie als schaler Possen:
»Euer Kaiser ist verschollen,
Echo dort im engen Tal;
Wenn wir sein gedenken sollen,
Märchen sagt: – Es war einmal.«
FAUST. Dem Wunsch gemäß der Besten ist's geschehn,
Die fest und treu an deiner Seite stehn.
Dort naht der Feind, die Deinen harren brünstig;
Befiehl den Angriff, der Moment ist günstig.
KAISER. Auf das Kommando leist' ich hier Verzicht.
Zum Oberfeldherrn.
In deinen Händen, Fürst, sei deine Pflicht.
OBERGENERAL. So trete denn der rechte Flügel an!
Des Feindes Linke, eben jetzt im Steigen,
Soll, eh' sie noch den letzten Schritt getan,
Der Jugend kraft geprüfter Treue weichen.
FAUST. Erlaube denn, dass dieser muntre Held
Sich ungesäumt in deine Reihen stellt,
Sich deinen Reihen innigst einverleibt
Und, so gesellt, sein kräftig Wesen treibt.
Er deutet zur Rechten.
RAUFEBOLD *tritt vor.*
Wer das Gesicht mir zeigt, der kehrt's nicht ab
Als mit zerschlagnen Unter- und Oberbacken;
Wer mir den Rücken kehrt, gleich liegt ihm schlapp
Hals, Kopf und Schopf hinschlotternd grass im Nacken.
Und schlagen deine Männer dann
Mit Schwert und Kolben, wie ich wüte,
So stürzt der Feind, Mann über Mann,
Ersäuft im eigenen Geblüte. *Ab.*
OBERGENERAL. Der Phalanx unsrer Mitte folge sacht,

Dem Feind begegn' er, klug mit aller Macht;
Ein wenig rechts, dort hat bereits, erbittert,
Der Unsern Streitkraft ihren Plan erschüttert.
FAUST, *auf den Mittelsten deutend.*
So folge denn auch dieser deinem Wort!
Er ist behend, reißt alles mit sich fort.
HABEBALD *tritt hervor.* Dem Heldenmut der Kaiserscharen
Soll sich der Durst nach Beute paaren;
Und allen sei das Ziel gestellt:
Des Gegenkaisers reiches Zelt.
Er prahlt nicht lang auf seinem Sitze,
Ich ordne mich dem Phalanx an die Spitze.
EILEBEUTE, *Marketenderin, sich an ihn anschmiegend.*
Bin ich auch ihm nicht angeweibt,
Er mir der liebste Buhle bleibt.
Für uns ist solch ein Herbst gereift!
Die Frau ist grimmig, wenn sie greift,
Ist ohne Schonung, wenn sie raubt;
Im Sieg voran! und alles ist erlaubt. Beide ab.
OBERGENERAL. Auf unsre Linke, wie vorauszusehn,
Stürzt ihre Rechte, kräftig. Widerstehn
Wird Mann für Mann dem wütenden Beginnen,
Den engen Pass des Felswegs zu gewinnen.
FAUST *winkt nach der Linken.*
So bitte, Herr, auch diesen zu bemerken;
Es schadet nichts, wenn Starke sich verstärken.
HALTEFEST *tritt vor.* Dem linken Flügel keine Sorgen
Da, wo ich bin, ist der Besitz geborgen;
In ihm bewähret sich der Alte,
Kein Strahlblitz spaltet, was ich halte. *Ab.*
MEPHISTOPHELES *von oben herunterkommend.*
Nun schauet, wie im Hintergrunde
Aus jedem zackigen Felsenschlunde
Bewaffnete hervor sich drängen,
Die schmalen Pfade zu verengen,
Mit Helm und Harnisch, Schwertern, Schilden

In unserm Rücken eine Mauer bilden,
Den Wink erwartend, zuzuschlagen.
Leise zu den Wissenden.
Woher das kommt, müsst ihr nicht fragen.
Ich habe freilich nicht gesäumt,
Die Waffensäle ringsum ausgeräumt;
Da standen sie zu Fuß, zu Pferde,
Als wären sie noch Herrn der Erde;
Sonst waren's Ritter, König, Kaiser,
Jetzt sind es nichts als leere Schneckenhäuser;
Gar manch Gespenst hat sich darein geputzt,
Das Mittelalter lebhaft aufgestutzt.
Welch Teufelchen auch drinne steckt,
Für diesmal macht es doch Effekt.
Laut. Hört, wie sie sich voraus erbosen,
Blechklappernd aneinander stoßen!
Auch flattern Fahnenfetzen bei Standarten,
Die frischer Lüftchen ungeduldig harrten.
Bedenkt, hier ist ein altes Volk bereit
Und mischte gern sich auch zum neuen Streit.
Furchtbarer Posaunenschall von oben, im feindlichen Heere merkliche Schwankung.
FAUST. Der Horizont hat sich verdunkelt,
Nur hie und da bedeutend funkelt
Ein roter ahnungsvoller Schein;
Schon blutig blinken die Gewehre;
Der Fels, der Wald, die Atmosphäre,
Der ganze Himmel mischt sich ein.
MEPHISTOPHELES. Die rechte Flanke hält sich kräftig;
Doch seh' ich ragend unter diesen
Hans Raufbold, den behenden Riesen,
Auf seine Weise rasch geschäftig.
KAISER. Erst sah ich einen Arm erhoben,
Jetzt seh' ich schon ein Dutzend toben;
Naturgemäß geschieht es nicht.
FAUST. Vernahmst du nichts von Nebelstreifen,

Die auf Siziliens Küsten schweifen?
Dort, schwankend klar, im Tageslicht,
Erhoben zu den Mittellüften,
Gespiegelt in besondern Düften,
Erscheint ein seltsames Gesicht:
Da schwanken Städte hin und wider,
Da steigen Gärten auf und nieder,
Wie Bild um Bild den Äther bricht.
KAISER. Doch wie bedenklich! Alle Spitzen
Der hohen Speere seh' ich blitzen;
Auf unsres Phalanx blanken Lanzen
Seh' ich behende Flämmchen tanzen.
Das scheint mir gar zu geisterhaft.
FAUST. Verzeih, o Herr, das sind die Spuren
Verschollner geistiger Naturen,
Ein Widerschein der Dioskuren,
Bei denen alle Schiffer schwuren;
Sie sammeln hier die letzte Kraft.
KAISER. Doch sage: wem sind wir verpflichtet,
Dass die Natur, auf uns gerichtet,
Das Seltenste zusammenrafft?
MEPHISTOPHELES. Wem als dem Meister, jenem hohen,
Der dein Geschick im Busen trägt?
Durch deiner Feinde starkes Drohen
Ist er im Tiefsten aufgeregt.
Sein Dank will dich gerettet sehen,
Und sollt' er selbst daran vergehen.
KAISER. Sie jubelten, mich pomphaft umzuführen;
Ich war nun was, das wollt' ich auch probieren
Und fand's gelegen, ohne viel zu denken,
Dem weißen Barte kühle Luft zu schenken.
Dem Klerus hab' ich eine Lust verdorben,
Und ihre Gunst mir freilich nicht erworben.
Nun sollt' ich, seit so manchen Jahren,
Die Wirkung frohen Tuns erfahren?
FAUST. Freiherzige Wohltat wuchert reich;

Lass deinen Blick sich aufwärts wenden!
Mich deucht, er will ein Zeichen senden,
Gib acht, es deutet sich sogleich.
KAISER. Ein Adler schwebt im Himmelhohen,
Ein Greif ihm nach mit wildem Drohen.
FAUST. Gib acht: gar günstig scheint es mir.
Greif ist ein fabelhaftes Tier;
Wie kann er sich so weit vergessen,
Mit echtem Adler sich zu messen?
KAISER. Nunmehr, in weitgedehnten Kreisen,
Umziehn sie sich; – in gleichem Nu
Sie fahren aufeinander zu,
Sich Brust und Hälse zu zerreißen.
FAUST. Nun merke, wie der leidige Greif,
Zerzerrt, zerzaust, nur Schaden findet
Und mit gesenktem Löwenschweif,
Zum Gipfelwald gestürzt, verschwindet.
KAISER. Sei's, wie gedeutet, so getan!
Ich nehm' es mit Verwundrung an.
MEPHISTOPHELES *gegen die Rechte.*
Dringend wiederholten Streichen
Müssen unsre Feinde weichen,
Und mit ungewissem Fechten
Drängen sie nach ihrer Rechten
Und verwirren so im Streite
Ihrer Hauptmacht linke Seite.
Unsers Phalanx feste Spitze
Zieht sich rechts, und gleich dem Blitze
Fährt sie in die schwache Stelle. –
Nun, wie sturmerregte Welle
Sprühend, wüten gleiche Mächte
Wild in doppeltem Gefechte;
Herrlichers ist nichts ersonnen,
Uns ist diese Schlacht gewonnen!
KAISER *an der linken Seite zu Faust.*
Schau! Mir scheint es dort bedenklich,

Unser Posten steht verfänglich.
Keine Steine seh' ich fliegen,
Niedre Felsen sind erstiegen,
Obre stehen schon verlassen.
Jetzt! – Der Feind, zu ganzen Massen
Immer näher angedrungen,
Hat vielleicht den Pass errungen,
Schlusserfolg unheiligen Strebens!
Eure Künste sind vergebens. Pause.
MEPHISTOPHELES. Da kommen meine beiden Raben,
Was mögen die für Botschaft haben?
Ich fürchte gar, es geht uns schlecht.
KAISER. Was sollen diese leidigen Vögel?
Sie richten ihre schwarzen Segel
Hierher vom heißen Felsgefecht.
MEPHISTOPHELES *zu den Raben.*
Setzt euch ganz nah zu meinen Ohren.
Wen ihr beschützt, ist nicht verloren,
Denn euer Rat ist folgerecht.
FAUST *zum Kaiser.* Von Tauben hast du ja vernommen,
Die aus den fernsten Landen kommen
Zu ihres Nestes Brut und Kost.
Hier ist's mit wichtigen Unterschieden:
Die Taubenpost bedient den Frieden,
Der Krieg befiehlt die Rabenpost.
MEPHISTOPHELES. Es meldet sich ein schwer Verhängnis:
Seht hin! gewahret die Bedrängnis
Um unsrer Helden Felsenrand!
Die nächsten Höhen sind erstiegen.
Und wurden sie den Pass besiegen,
Wir hätten einen schweren Stand.
KAISER. So bin ich endlich doch betrogen!
Ihr habt mich in das Netz gezogen;
Mir graut, seitdem es mich umstrickt.
MEPHISTOPHELES. Nur Mut! Noch ist es nicht missglückt.
Geduld und Pfiff zum letzten Knoten!

Gewöhnlich geht's am Ende scharf.
Ich habe meine sichern Boten;
Befehlt, dass ich befehlen darf!
OBERGENERAL, *der indessen herangekommen.*
Mit diesen hast du dich vereinigt,
Mich hat's die ganze Zeit gepeinigt,
Das Gaukeln schafft kein festes Glück.
Ich weiß nichts an der Schlacht zu wenden;
Begannen sie's, sie mögen's enden,
Ich gebe meinen Stab zurück.
KAISER. Behalt ihn bis zu bessern Stunden,
Die uns vielleicht das Glück verleiht.
Mir schaudert vor dem garstigen Kunden
Und seiner Rabentraulichkeit.
Zu Meph. Den Stab kann ich dir nicht verleihen,
Du scheinst mir nicht der rechte Mann;
Befiehl und such uns zu befreien!
Geschehe, was geschehen kann.
Ab ins Zelt mit dem Obergeneral.
MEPHISTOPHELES. Mag ihn der stumpfe Stab beschützen!
Uns andern könnt' er wenig nützen,
Es war so was vom Kreuz daran.
FAUST. Was ist zu tun?
MEPHISTOPHELES. Es ist getan! –
Nun, schwarze Vettern, rasch im Dienen,
Zum großen Bergsee! grüßt mir die Undinen
Und bittet sie um ihrer Fluten Schein.
Durch Weiberkünste, schwer zu kennen,
Verstehen sie vom Sein den Schein zu trennen,
Und jeder schwört, das sei das Sein. *Pause.*
FAUST. Den Wasserfräulein müssen unsre Raben
Recht aus dem Grund geschmeichelt haben;
Dort fängt es schon zu rieseln an.
An mancher trocknen, kahlen Felsenstelle
Entwickelt sich die volle, rasche Quelle;
Um jener Sieg ist es getan.

MEPHISTOPHELES. Das ist ein wunderbarer Gruß,
Die kühnsten Klettrer sind konfus.
FAUST. Schon rauscht ein Bach zu Bächen mächtig nieder,
Aus Schluchten kehren sie gedoppelt wieder,
Ein Strom nun wirft den Bogenstrahl;
Auf einmal legt er sich in flache Felsenbreite
Und rauscht und schäumt nach der und jener Seite,
Und stufenweise wirft er sich ins Tal.
Was hilft ein tapfres, heldenmäßiges Stemmen?
Die mächtige Woge strömt, sie wegzuschwemmen.
Mir schaudert selbst vor solchem wilden Schwall.
MEPHISTOPHELES. Ich sehe nichts von diesen Wasserlügen,
Nur Menschenaugen lassen sich betrügen,
Und mich ergetzt der wunderliche Fall.
Sie stürzen fort zu ganzen hellen Haufen,
Die Narren wähnen zu ersaufen,
Indem sie frei auf festem Lande schnaufen
Und lächerlich mit Schwimmgebärden laufen.
Nun ist Verwirrung überall.
Die Raben sind wiedergekommen.
Ich werd' euch bei dem hohen Meister loben;
Wollt ihr euch nun als Meister selbst erproben,
So eilet zu der glühnden Schmiede,
Wo das Gezwergvolk, nimmer müde,
Metall und Stein zu Funken schlagt.
Verlangt, weitläufig sie beschwatzend,
Ein Feuer, leuchtend, blinkend, platzend,
Wie man's im hohen Sinne hegt.
Zwar Wetterleuchten in der weiten Ferne,
Blickschnelles Fallen allerhöchster Sterne
Mag jede Sommernacht geschehn;
Doch Wetterleuchten in verworrnen Büschen
Und Sterne, die am feuchten Boden zischen,
Das hat man nicht so leicht gesehn.
So müsst ihr, ohn' euch viel zu quälen,
Zuvörderst bitten, dann befehlen.

Raben ab. Es geschieht, wie vorgeschrieben.
MEPHISTOPHELES. Den Feinden dichte Finsternisse!
Und Tritt und Schritt ins Ungewisse!
Irrfunkenblick an allen Enden,
Ein Leuchten, plötzlich zu verblenden!
Das alles wäre wunderschön,
Nun aber braucht's noch Schreckgetön.
FAUST. Die hohlen Waffen aus der Säle Grüften
Empfinden sich erstarkt in freien Lüften;
Da droben klappert's, rasselt's lange schon,
Ein wunderbarer falscher Ton.
MEPHISTOPHELES.
Ganz recht! Sie sind nicht mehr zu zügeln;
Schon schallt's von ritterlichen Prügeln,
Wie in der holden alten Zeit.
Armschienen wie der Beine Schienen,
Als Guelfen und als Ghibellinen,
Erneuen rasch den ewigen Streit.
Fest, im ererbten Sinne wöhnlich,
Erweisen sie sich unversöhnlich;
Schon klingt das Tosen weit und breit.
Zuletzt, bei allen Teufelsfesten,
Wirkt der Parteihass doch zum besten,
Bis in den allerletzten Graus;
Schallt wider-widerwärtig panisch,
Mitunter grell und scharf satanisch,
Erschreckend in das Tal hinaus.
Kriegstumult im Orchester, zuletzt übergehend in militärisch heitre Weisen.

Des Gegenkaisers Zelt

Thron, reiche Umgebung.

HABEBALD. EILEBEUTE.

EILEBEUTE. So sind wir doch die ersten hier!
HABEBALD. Kein Rabe fliegt so schnell als wir.
EILEBEUTE. O! welch ein Schatz liegt hier zuhauf!
Wo fang' ich an? Wo hör' ich auf?
HABEBALD. Steht doch der ganze Raum so voll!
Weiß nicht, wozu ich greifen soll.
EILEBEUTE. Der Teppich wär' mir eben recht,
Mein Lager ist oft gar zu schlecht.
HABEBALD. Hier hängt von Stahl ein Morgenstern,
Dergleichen hätt' ich lange gern.
EILEBEUTE. Den roten Mantel goldgesäumt,
So etwas hatt' ich mir geträumt.
HABEBALD, *die Waffe nehmend.*
Damit ist es gar bald getan,
Man schlägt ihn tot und geht voran.
Du hast so viel schon aufgepackt
Und doch nichts Rechtes eingesackt.
Den Plunder lass an seinem Ort,
Nehm' eines dieser Kistchen fort!
Dies ist des Heers beschiedner Sold,
In seinem Bauche lauter Gold.
EILEBEUTE. Das hat ein mörderisch Gewicht!
Ich heb' es nicht, ich trag' es nicht.
HABEBALD. Geschwinde duck' dich! Musst dich bücken!
Ich hucke dir's auf den starken Rücken.
EILEBEUTE. O weh! O weh, nun ist's vorbei!
Die Last bricht mir das Kreuz entzwei.
Das Kistchen stürzt und springt auf.
HABEBALD. Da liegt das rote Gold zuhauf –
Geschwinde zu und raff es auf!

EILEBEUTE *kauert nieder.*
Geschwinde nur zum Schoß hinein!
Noch immer wird's zur Gnüge sein.
HABEBALD. Und so genug! und eile doch!
Sie steht auf.
O weh, die Schürze hat ein Loch!
Wohin du gehst und wo du stehst,
Verschwenderisch die Schätze säst.
TRABANTEN *unsres Kaisers.*
Was schafft ihr hier am heiligen Platz?
Was kramt ihr in dem Kaiserschatz?
HABEBALD. Wir trugen unsre Glieder feil
Und holen unser Beuteteil.
In Feindeszelten ist's der Brauch,
Und wir, Soldaten sind wir auch.
TRABANTEN. Das passet nicht in unsern Kreis:
Zugleich Soldat und Diebsgeschmeiß;
Und wer sich unserm Kaiser naht,
Der sei ein redlicher Soldat.
HABEBALD. Die Redlichkeit, die kennt man schon,
Sie heißet: Kontribution.
Ihr alle seid auf gleichem Fuß:
Gib her! das ist der Handwerksgruß.
Zu Eilebeute. Mach fort und schleppe, was du hast,
Hier sind wir nicht willkommner Gast. *Ab.*
erster trabant. Sag, warum gabst du nicht sogleich
Dem frechen Kerl einen Backenstreich?
zweiter. Ich weiß nicht, mir verging die Kraft,
Sie waren so gespensterhaft.
DRITTER. Mir ward es vor den Augen schlecht,
Da flimmert' es, ich sah nicht recht.
VIERTER. Wie ich es nicht zu sagen weiß:
Es war den ganzen Tag so heiß,
So bänglich, so beklommen schwül,
Der eine stand, der andre fiel,
Man tappte hin und schlug zugleich,

Der Gegner fiel vor jedem Streich,
Vor Augen schwebt' es wie ein Flor,
Dann summt's und saust's und zischt' im Ohr;
Das ging so fort, nun sind wir da
Und wissen selbst nicht, wie's geschah.

KAISER *mit* VIER FÜRSTEN *treten auf.*

Die Trabanten entfernen sich.

KAISER.
Es sei nun, wie ihm sei! uns ist die Schlacht gewonnen,
Des Feinds zerstreute Flucht im flachen Feld zerronnen.
Hier steht der leere Thron, verräterischer Schatz,
Von Teppichen umhüllt, verengt umher den Platz.
Wir, ehrenvoll geschützt von eigenen Trabanten,
Erwarten kaiserlich der Völker Abgesandten;
Von allen Seiten her kommt frohe Botschaft an:
Beruhigt sei das Reich, uns freudig zugetan.
Hat sich in unsern Kampf auch Gaukelei geflochten,
Am Ende haben wir uns nur allein gefochten.
Zufälle kommen ja dem Streitenden zugut:
Vom Himmel fällt ein Stein, dem Feinde regnet's Blut,
Aus Felsenhöhlen tönt's von mächtigen Wunderklängen,
Die unsre Brust erhöhn, des Feindes Brust verengen.
Der Überwundne fiel, zu stets erneutem Spott,
Der Sieger, wie er prangt, preist den gewognen Gott.
Und alles stimmt mit ein, er braucht nicht zu befehlen,
Herr Gott, dich loben wir! aus Millionen Kehlen.
Jedoch zum höchsten Preis wend' ich den frommen Blick,
Das selten sonst geschah, zur eignen Brust zurück.
Ein junger, muntrer Fürst mag seinen Tag vergeuden,
Die Jahre lehren ihn des Augenblicks Bedeuten.
Deshalb denn ungesäumt verbind' ich mich sogleich
Mit euch vier Würdigen, für Haus und Hof und Reich.
Zum ersten.

Dein war, o Fürst! des Heers geordnet kluge Schichtung,
Sodann im Hauptmoment heroisch kühne Richtung;
Im Frieden wirke nun, wie es die Zeit begehrt,
Erzmarschall nenn' ich dich, verleihe dir das Schwert.

ERZMARSCHALL.

Dein treues Heer, bis jetzt im Inneren beschäftigt,
Wenn's an der Grenze dich und deinen Thron bekräftigt,
Dann sei es uns vergönnt, bei Festesdrang im Saal
Geräumiger Väterburg zu rüsten dir das Mahl.
Blank trag' ich's dir dann vor, blank halt' ich dir's zur Seite,
Der höchsten Majestät zu ewigem Geleite.

DER KAISER *zum zweiten.*

Der sich als tapfrer Mann auch zart gefällig zeigt,
Du! sei Erzkämmerer; der Auftrag ist nicht leicht.
Du bist der Oberste von allem Hausgesinde,
Bei deren innerm Streit ich schlechte Diener finde;
Dein Beispiel sei fortan in Ehren aufgestellt,
Wie man dem Herrn, dem Hof und allen wohlgefällt.

ERZKÄMMERER.

Des Herren großen Sinn zu fördern, bringt zu Gnaden:
Den Besten hülfreich sein, den Schlechten selbst nicht schaden,
Dann klar sein ohne List und ruhig ohne Trug!
Wenn du mich, Herr, durchschaust, geschieht mir schon genug.
Darf sich die Phantasie auf jenes Fest erstrecken?
Wenn du zur Tafel gehst, reich' ich das goldne Becken,
Die Ringe halt' ich dir, damit zur Wonnezeit
Sich deine Hand erfrischt, wie mich dein Blick erfreut.

KAISER.

Zwar fühl' ich mich zu ernst, auf Festlichkeit zu sinnen,
Doch sei's! Es fördert auch frohmütiges Beginnen.
Zum dritten.
Dich wähl' ich zum Erztruchsess! Also sei fortan
Dir Jagd, Geflügelhof und Vorwerk untertan;
Der Lieblings speisen Wahl lass mir zu allen Zeiten,

Wie sie der Monat bringt, und sorgsam zubereiten.
ERZTRUCHSESS.
Streng Fasten sei für mich die angenehmste Pflicht,
Bis, vor dich hingestellt, dich freut ein Wohlgericht.
Der Küche Dienerschaft soll sich mit mir vereinigen,
Das Ferne beizuziehn, die Jahrszeit zu beschleunigen.
Dich reizt nicht Fern und Früh, womit die Tafel prangt,
Einfach und kräftig ist's, wornach dein Sinn verlangt.
KAISER *zum vierten.*
Weil unausweichlich hier sich's nur von Festen handelt,
So sei mir, junger Held, zum Schenken umgewandelt.
Erzschenke, sorge nun, dass unsre Kellerei
Aufs reichlichste versorgt mit gutem Weine sei.
Du selbst sei mäßig, lass nicht über Heiterkeiten
Durch der Gelegenheit Verlocken dich verleiten!
ERZSCHENK.
Mein Fürst, die Jugend selbst, wenn man ihr nur vertraut,
Steht, eh' man sich's versieht, zu Männern auferbaut.
Auch ich versetze mich zu jenem großen Feste;
Ein kaiserlich Büfett schmück' ich aufs allerbeste
Mit Prachtgefäßen, gülden, silbern allzumal,
Doch wähl' ich dir voraus den lieblichsten Pokal:
Ein blank venedisch Glas, worin Behagen lauschet,
Des Weins Geschmack sich stärkt und nimmermehr berauschet.
Auf solchen Wunderschatz vertraut man oft zu sehr;
Doch deine Mäßigkeit, du Höchster, schützt noch mehr.
KAISER.
Was ich euch zugedacht in dieser ernsten Stunde,
Vernahmt ihr mit Vertraun aus zuverlässigem Munde.
Des Kaisers Wort ist groß und sichert jede Gift,
Doch zur Bekräftigung bedarf's der edlen Schrift,
Bedarf's der Signatur. Die förmlich zu bereiten,
Seh' ich den rechten Mann zu rechter Stunde schreiten.
Der ERZBISCHOF (Erzkanzler) *tritt auf.*

KAISER.
Wenn ein Gewölbe sich dem Schlussstein anvertraut,
Dann ist's mit Sicherheit für ewige Zeit erbaut.
Du siehst vier Fürsten da! Wir haben erst erörtert,
Was den Bestand zunächst von Haus und Hof befördert.
Nun aber, was das Reich in seinem Ganzen hegt,
Sei, mit Gewicht und Kraft, der Fünfzahl auferlegt.
An Ländern sollen sie vor allen andern glänzen;
Deshalb erweitr' ich gleich jetzt des Besitztums Grenzen
Vom Erbteil jener, die sich von uns abgewandt.
Euch Treuen sprech' ich zu so manches schöne Land,
Zugleich das hohe Recht, euch nach Gelegenheiten
Durch Anfall, Kauf und Tausch ins Weitre zu verbreiten;
Dann sei bestimmt vergönnt, zu üben ungestört,
Was von Gerechtsamen euch Landesherrn gehört.
Als Richter werdet ihr die Endurteile fällen,
Berufung gelte nicht von euern höchsten Stellen.
Dann Steuer, Zins und Beth', Lehn und Geleit und Zoll,
Berg-, Salz- und Münzregal euch angehören soll.
Denn meine Dankbarkeit vollgültig zu erproben,
Hab ich euch ganz zunächst der Majestät erhoben.
ERZBISCHOF.
Im Namen aller sei dir tiefster Dank gebracht!
Du machst uns stark und fest und stärkest deine Macht.
KAISER. Euch fünfen will ich noch erhöhtere Würde geben.
Noch leb' ich meinem Reich und habe Lust, zu leben;
Doch hoher Ahnen Kette zieht bedächtigen Blick
Aus rascher Strebsamkeit ins Drohende zurück.
Auch werd' ich seinerzeit mich von den Teuren trennen,
Dann sei es eure Pflicht, den Folger zu ernennen.
Gekrönt erhebt ihn hoch auf heiligem Altar,
Und friedlich ende dann, was jetzt so stürmisch war.
ERZKANZLER.
Mit Stolz in tiefster Brust, mit Demut an Gebärde,
Stehn Fürsten dir gebeugt, die ersten auf der Erde.
Solang das treue Blut die vollen Adern regt,

Sind wir der Körper, den dein Wille leicht bewegt.
KAISER. Und also sei, zum Schluss, was wir bisher betätigt,
Für alle Folgezeit durch Schrift und Zug bestätigt.
Zwar habt ihr den Besitz als Herren völlig frei,
Mit dem Beding jedoch, dass er unteilbar sei.
Und wie ihr auch vermehrt, was ihr von uns empfangen,
Es soll's der ältste Sohn in gleichem Maß erlangen.
ERZKANZLER.
Dem Pergament alsbald vertrau' ich wohlgemut,
Zum Glück dem Reich und uns, das wichtigste Statut;
Reinschrift und Sieglung soll die Kanzelei beschäftigen,
Mit heiliger Signatur wirst du's, der Herr, bekräftigen.
KAISER. Und so entlass' ich euch, damit den großen Tag
Gesammelt jedermann sich überlegen mag.
Die weltlichen Fürsten entfernen sich.
DER GEISTLICHE *bleibt und spricht pathetisch.*
Der Kanzler ging hinweg, der Bischof ist geblieben,
Vom ernsten Warnegeist zu deinem Ohr getrieben!
Sein väterliches Herz, von Sorge bangt's um dich.
KAISER. Was hast du Bängliches zur frohen Stunde? sprich!
ERZBISCHOF.
Mit welchem bittern Schmerz find' ich, in dieser Stunde,
Dein hochgeheiligt Haupt mit Satanas im Bunde!
Zwar, wie es scheinen will, gesichert auf dem Thron,
Doch leider! Gott dem Herrn, dem Vater Papst zum Hohn.
Wenn dieser es erfährt, schnell wird er sträflich richten,
Mit heiligem Strahl dein Reich, das sündige, zu vernichten.
Denn noch vergaß er nicht, wie du, zur höchsten Zeit,
An deinem Krönungstag, den Zauberer befreit.
Von deinem Diadem, der Christenheit zum Schaden,
Traf das verfluchte Haupt der erste Strahl der Gnaden.
Doch schlag an deine Brust und gib vom frevlen Glück
Ein mäßig Scherflein gleich dem Heiligtum zurück:
Den breiten Hügelraum, da, wo dein Zelt gestanden,
Wo böse Geister sich zu deinem Schutz verbanden,
Dem Lügenfürsten du ein horchsam Ohr geliehn,

Den stifte, fromm belehrt, zu heiligem Bemühn;
Mit Berg und dichtem Wald, so weit sie sich erstrecken,
Mit Höhen, die sich grün zu fetter Weide decken,
Fischreichen, klaren Seen, dann Bächlein ohne Zahl,
Wie sie sich, eilig schlängelnd, stürzen ab zu Tal;
Das breite Tal dann selbst, mit Wiesen, Gauen, Gründen:
Die Reue spricht sich aus, und du wirst Gnade finden.

KAISER.
Durch meinen schweren Fehl bin ich so tief erschreckt;
Die Grenze sei von dir nach eignem Maß gesteckt.

ERZBISCHOF.
Erst! der entweihte Raum, wo man sich so versündigt,
Sei alsobald zum Dienst des Höchsten angekündigt.
Behende steigt im Geist Gemäuer stark empor,
Der Morgensonne Blick erleuchtet schon das Chor,
Zum Kreuz erweitert sich das wachsende Gebäude,
Das Schiff erlängt, erhöht sich zu der Gläubigen Freude;
Sie strömen brünstig schon durchs würdige Portal,
Der erste Glockenruf erscholl durch Berg und Tal,
Von hohen Türmen tönt's, wie sie zum Himmel streben,
Der Büßer kommt heran zu neugeschaffnem Leben.
Dem hohen Weihetag – er trete bald herein! –
Wird deine Gegenwart die höchste Zierde sein.

KAISER. Mag ein so großes Werk den frommen Sinn verkündigen,
Zu preisen Gott den Herrn, so wie mich zu entsündigen.
Genug! Ich fühle schon, wie sich mein Sinn erhöht.

ERZBISCHOF. Als Kanzler fördr' ich nun Schluss und Formalität.

KAISER. Ein förmlich Dokument, der Kirche das zu eignen,
Du legst es vor, ich will's mit Freuden unterzeichnen.

ERZBISCHOF *hat sich beurlaubt, kehrt aber beim Ausgang um.*
Dann widmest du zugleich dem Werke, wie's entsteht,
Gesamte Landsgefälle: Zehnten, Zinsen, Beth',
Für ewig. Viel bedarf's zu würdiger Unterhaltung,

Und schwere Kosten macht die sorgliche Verwaltung.
Zum schnellen Aufbau selbst auf solchem wüsten Platz
Reichst du uns einiges Gold, aus deinem Beuteschatz.
Daneben braucht man auch, ich kann es nicht verschweigen,
Entferntes Holz und Kalk und Schiefer und dergleichen.
Die Fuhren tut das Volk, vom Predigtstuhl belehrt,
Die Kirche segnet den, der ihr zu Diensten fährt. Ab.

KAISER. Die Sünd' ist groß und schwer, womit ich mich beladen;
Das leidige Zaubervolk bringt mich in harten Schaden.

ERZBISCHOF, *abermals zurückkehrend, mit tiefster Verbeugung.*
Verzeih, o Herr! Es ward dem sehr verrufnen Mann
Des Reiches Strand verliehn; doch diesen trifft der Bann,
Verleihst du reuig nicht der hohen Kirchenstelle
Auch dort den Zehnten, Zins und Gaben und Gefälle.

KAISER *verdrießlich.*
Das Land ist noch nicht da, im Meere liegt es breit.

ERZBISCHOF.
Wer 's Recht hat und Geduld, für den kommt auch die Zeit.
Für uns mög' Euer Wort in seinen Kräften bleiben!

KAISER *allein.*
So könnt' ich wohl zunächst das ganze Reich verschreiben.

Fünfter Akt

Offene Gegend

WANDRER. Ja! sie sind's, die dunkeln Linden,
Dort, in ihres Alters Kraft.
Und ich soll sie wiederfinden,
Nach so langer Wanderschaft!
Ist es doch die alte Stelle,
Jene Hütte, die mich barg,
Als die sturmerregte Welle
Mich an jene Dünen warf!
Meine Wirte möcht' ich segnen,
Hilfsbereit, ein wackres Paar,
Das, um heut mir zu begegnen,
Alt schon jener Tage war.
Ach! das waren fromme Leute!
Poch' ich? ruf ich? – Seid gegrüßt,
Wenn gastfreundlich auch noch heute
Ihr des Wohltuns Glück genießt!
BAUCIS, *Mütterchen, sehr alt.*
Lieber Kömmling! Leise! Leise!
Ruhe! lass den Gatten ruhn!
Langer Schlaf verleiht dem Greise
Kurzen Wachens rasches Tun.
WANDRER. Sage, Mutter: bist du's eben,
Meinen Dank noch zu empfahn,
Was du für des Jünglings Leben
Mit dem Gatten einst getan?
Bist du Baucis, die geschäftig
Halberstorbnen Mund erquickt?
Der GATTE *tritt auf.*
Du Philemon, der so kräftig
Meinen Schatz der Flut entrückt?
Eure Flammen raschen Feuers,
Eures Glöckchens Silberlaut,

Jenes grausen Abenteuers
Lösung war euch anvertraut.
Und nun lasst hervor mich treten,
Schaun das grenzenlose Meer;
Lasst mich knieen, lasst mich beten,
Mich bedrängt die Brust so sehr.
Er schreitet vorwärts auf der Düne.
PHILEMON *zu* BAUCIS. Eile nur, den Tisch zu decken,
Wo's im Gärtchen munter blüht.
Lass ihn rennen, ihn erschrecken,
Denn er glaubt nicht, was er sieht.
Neben dem Wandrer stehend.
Das Euch grimmig mißgehandelt,
Wog' auf Woge, schäumend wild,
Seht als Garten Ihr behandelt,
Seht ein paradiesisch Bild.
Älter, war ich nicht zuhanden,
Hülfreich nicht wie sonst bereit;
Und wie meine Kräfte schwanden,
War auch schon die Woge weit.
Kluger Herren kühne Knechte
Gruben Gräben, dämmten ein,
Schmälerten des Meeres Rechte,
Herrn an seiner Statt zu sein.
Schaue grünend Wies' an Wiese,
Anger, Garten, Dorf und Wald. –
Komm nun aber und genieße,
Denn die Sonne scheidet bald. –
Dort im Fernsten ziehen Segel,
Suchen nächtlich sichern Port.
Kennen doch ihr Nest die Vögel;
Denn jetzt ist der Hafen dort.
So erblickst du in der Weite
Erst des Meeres blauen Saum,
Rechts und links, in aller Breite,
Dichtgedrängt bewohnten Raum.

Am Tische zu drei, im Gärtchen.

BAUCIS. Bleibst du stumm? und keinen Bissen
Bringst du zum verlechzten Mund?
PHILEMON. Möcht' er doch vom Wunder wissen;
Sprichst so gerne, tu's ihm kund.
BAUCIS. Wohl! ein Wunder ist's gewesen!
Lässt mich heut noch nicht in Ruh;
Denn es ging das ganze Wesen
Nicht mit rechten Dingen zu.
PHILEMON. Kann der Kaiser sich versünd'gen,
Der das Ufer ihm verliehn?
Tät's ein Herold nicht verkünd'gen
Schmetternd im Vorüberziehn?
Nicht entfernt von unsern Dünen
Ward der erste Fuß gefasst,
Zelte, Hütten! – Doch im Grünen
Richtet bald sich ein Palast.
BAUCIS. Tags umsonst die Knechte lärmten,
Hack' und Schaufel, Schlag um Schlag;
Wo die Flämmchen nächtig schwärmten,
Stand ein Damm den andern Tag.
Menschenopfer mussten bluten,
Nachts erscholl des Jammers Qual;
Meerab flossen Feuergluten,
Morgens war es ein Kanal.
Gottlos ist er, ihn gelüstet
Unsre Hütte, unser Hain;
Wie er sich als Nachbar brüstet,
Soll man untertänig sein.
PHILEMON. Hat er uns doch angeboten
Schönes Gut im neuen Land!
BAUCIS. Traue nicht dem Wasserboden,
Halt auf deiner Höhe stand!
PHILEMON. Lasst uns zur Kapelle treten,
Letzten Sonnenblick zu schaun!
Lasst uns läuten, knieen, beten

Und dem alten Gott vertraun!

Palast

Weiter Ziergarten, großer, gradgeführter Kanal.

FAUST *im höchsten Alter, wandelnd, nachdenkend.*

LYNKEUS DER TÜRMER *durchs Sprachrohr.*
Die Sonne sinkt, die letzten Schiffe,
Sie ziehen munter hafenein.
Ein großer Kahn ist im Begriffe,
Auf dem Kanale hier zu sein.
Die bunten Wimpel wehen fröhlich,
Die starren Masten stehn bereit;
In dir preist sich der Bootsmann selig,
Dich grüßt das Glück zur höchsten Zeit.
Das Glöckchen läutet auf der Düne.
FAUST *auffahrend.* Verdammtes Läuten! Allzuschändlich
Verwundet's, wie ein tückischer Schuss;
Vor Augen ist mein Reich unendlich,
Im Rücken neckt mich der Verdruss,
Erinnert mich durch neidische Laute:
Mein Hochbesitz, er ist nicht rein,
Der Lindenraum, die braune Baute,
Das morsche Kirchlein ist nicht mein.
Und wünscht' ich, dort mich zu erholen,
Vor fremdem Schatten schaudert mir,
Ist Dorn den Augen, Dorn den Sohlen;
O! wär' ich weit hinweg von hier!
TÜRMER *wie oben.* Wie segelt froh der bunte Kahn
Mit frischem Abendwind heran!
Wie türmt sich sein behender Lauf
In Kisten, Kasten, Säcken auf!
Prächtiger Kahn, reich und bunt beladen mit Erzeugnissen fremder Weltgegenden.

MEPHISTOPHELES. die drei gewaltigen gesellen.
CHORUS. Da landen wir,
Da sind wir schon.
Glückan dem Herren,
Dem Patron!
Sie steigen aus, die Güter werden ans Land geschafft.
MEPHISTOPHELES. So haben wir uns wohl erprobt,
Vergnügt, wenn der Patron es lobt.
Nur mit zwei Schiffen ging es fort,
Mit zwanzig sind wir nun im Port.
Was große Dinge wir getan,
Das sieht man unsrer Ladung an.
Das freie Meer befreit den Geist,
Wer weiß da, was Besinnen heißt!
Da fördert nur ein rascher Griff,
Man fängt den Fisch, man fängt ein Schiff,
Und ist man erst der Herr zu drei,
Dann hakelt man das vierte bei;
Da geht es denn dem fünften schlecht,
Man hat Gewalt, so hat man Recht.
Man fragt ums Was, und nicht ums Wie.
Ich müsste keine Schiffahrt kennen:
Krieg, Handel und Piraterie,
Dreieinig sind sie, nicht zu trennen.
DIE DREI GEWALTIGEN GESELLEN.
Nicht Dank und Gruß!
Nicht Gruß und Dank!
Als brächten wir
Dem Herrn Gestank.
Er macht ein
Widerlich Gesicht;
Das Königsgut
Gefällt ihm nicht.
MEPHISTOPHELES.
Erwartet weiter
Keinen Lohn!

Nahmt ihr doch
Euren Teil davon.
DIE GESELLEN.
Das ist nur für
Die Langeweil';
Wir alle fordern
Gleichen Teil.
MEPHISTOPHELES.
Erst ordnet oben
Saal an Saal
Die Kostbarkeiten
Allzumal!
Und tritt er zu
Der reichen Schau,
Berechnet er alles
Mehr genau,
Er sich gewiss
Nicht lumpen lässt
Und gibt der Flotte
Fest nach Fest.
Die bunten Vögel kommen morgen,
Für die werd' ich zum besten sorgen.
Die Ladung wird weggeschafft.
MEPHISTOPHELES *zu Faust.*
Mit ernster Stirn, mit düstrem Blick
Vernimmst du dein erhaben Glück.
Die hohe Weisheit wird gekrönt,
Das Ufer ist dem Meer versöhnt;
Vom Ufer nimmt, zu rascher Bahn,
Das Meer die Schiffe willig an;
So sprich, dass hier, hier vom Palast
Dein Arm die ganze Welt umfasst.
Von dieser Stelle ging es aus,
Hier stand das erste Bretterhaus;
Ein Gräbchen ward hinabgeritzt,
Wo jetzt das Ruder emsig spritzt.

Dein hoher Sinn, der Deinen Fleiß
Erwarb des Meers, der Erde Preis.
Von hier aus –
FAUST. Das verfluchte *Hier!*
Das eben, leidig lastet's mir.
Dir Vielgewandtem muss ich's sagen,
Mir gibt's im Herzen Stich um Stich,
Mir ist's unmöglich zu ertragen!
Und wie ich's sage, schäm' ich mich.
Die Alten droben sollten weichen,
Die Linden wünscht' ich mir zum Sitz,
Die wenig Bäume, nicht mein eigen,
Verderben mir den Weltbesitz.
Dort wollt' ich, weit umherzuschauen,
Von Ast zu Ast Gerüste bauen,
Dem Blick eröffnen weite Bahn,
Zu sehn, was alles ich getan,
Zu überschaun mit einem Blick
Des Menschengeistes Meisterstück,
Betätigend mit klugem Sinn
Der Völker breiten Wohngewinn.
So sind am härtsten wir gequält,
Im Reichtum fühlend, was uns fehlt.
Des Glöckchens Klang, der Linden Duft
Umfängt mich wie in Kirch' und Gruft.
Des allgewaltigen Willens Kür
Bricht sich an diesem Sande hier.
Wie schaff' ich mir es vom Gemüte!
Das Glöcklein läutet, und ich wüte.
MEPHISTOPHELES. Natürlich! dass ein Hauptverdruss
Das Leben dir vergällen muss.
Wer leugnet's! Jedem edlen Ohr
Kommt das Geklingel widrig vor.
Und das verfluchte Bim-Baum-Bimmel,
Umnebelnd heitern Abendhimmel,
Mischt sich in jegliches Begebnis,

Vom ersten Bad bis zum Begräbnis,
Als wäre zwischen Bim und Baum
Das Leben ein verschollner Traum.
FAUST. Das Widerstehn, der Eigensinn
Verkümmern herrlichsten Gewinn,
Dass man, zu tiefer, grimmiger Pein,
Ermüden muss, gerecht zu sein.
MEPHISTOPHELES. Was willst du dich denn hier genieren?
Musst du nicht längst kolonisieren?
FAUST. So geht und schafft sie mir zur Seite! –
Das schöne Gütchen kennst du ja,
Das ich den Alten ausersah.
MEPHISTOPHELES. Man trägt sie fort und setzt sie nieder,
Eh' man sich umsieht, stehn sie wieder;
Nach überstandener Gewalt
Versöhnt ein schöner Aufenthalt.
Er pfeift gellend.
DIE DREI *treten auf.*
MEPHISTOPHELES. Kommt, wie der Herr gebieten lässt!
Und morgen gibt's ein Flottenfest.
DIE DREI. Der alte Herr empfing uns schlecht,
Ein flottes Fest ist uns zu Recht.
MEPHISTOPHELES *ad spectatores.*
Auch hier geschieht, was längst geschah,
Denn Naboths Weinberg war schon da. *(Regum I, 21.)*

Tiefe Nacht

LYNKEUS DER TÜRMER *auf der Schlosswarte, singend.*
Zum Sehen geboren,
Zum Schauen bestellt,
Dem Turme geschworen,
Gefällt mir die Welt.
Ich blick' in die Ferne,
Ich seh' in der Näh'
Den Mond und die Sterne,

Den Wald und das Reh.
So seh' ich in allen
Die ewige Zier,
Und wie mir's gefallen,
Gefall' ich auch mir.
Ihr glücklichen Augen,
Was je ihr gesehn,
Es sei wie es wolle,
Es war doch so schön! *Pause.*
Nicht allein mich zu ergetzen,
Bin ich hier so hoch gestellt;
Welch ein greuliches Entsetzen
Droht mir aus der finstern Welt!
Funkenblicke seh' ich sprühen
Durch der Linden Doppelnacht,
Immer stärker wühlt ein Glühen,
Von der Zugluft angefacht.
Ach! die innre Hütte lodert,
Die bemoost und feucht gestanden;
Schnelle Hülfe wird gefodert,
Keine Rettung ist vorhanden.
Ach! die guten alten Leute,
Sonst so sorglich um das Feuer,
Werden sie dem Qualm zur Beute!
Welch ein schrecklich Abenteuer!
Flamme flammet, rot in Gluten
Steht das schwarze Moosgestelle;
Retteten sich nur die Guten
Aus der wildentbrannten Hölle!
Züngelnd lichte Blitze steigen
Zwischen Blättern, zwischen Zweigen;
Äste dürr, die flackernd brennen,
Glühen schnell und stürzen ein.
Sollt ihr Augen dies erkennen!
Muss ich so weitsichtig sein!
Das Kapellchen bricht zusammen

Von der Äste Sturz und Last.
Schlängelnd sind, mit spitzen Flammen,
Schon die Gipfel angefasst.
Bis zur Wurzel glühn die hohlen
Stämme, purpurrot im Glühn. –
Lange Pause, Gesang.
Was sich sonst dem Blick empfohlen,
Mit Jahrhunderten ist hin.

FAUST *auf dem Balkon, gegen die Dünen.*
Von oben welch ein singend Wimmern?
Das Wort ist hier, der Ton zu spat.
Mein Türmer jammert; mich, im Innern,
Verdrießt die ungeduld'ge Tat.
Doch sei der Lindenwuchs vernichtet
Zu halbverkohlter Stämme Graun,
Ein Luginsland ist bald errichtet,
Um ins Unendliche zu schaun.
Da seh' ich auch die neue Wohnung,
Die jenes alte Paar umschließt,
Das, im Gefühl großmütiger Schonung,
Der späten Tage froh genießt.

MEPHISTOPHELES UND DIE DREIE *unten.*
Da kommen wir mit vollem Trab;
Verzeiht! es ging nicht gütlich ab.
Wir klopften an, wir pochten an,
Und immer ward nicht aufgetan;
Wir rüttelten, wir pochten fort,
Da lag die morsche Türe dort;
Wir riefen laut und drohten schwer,
Allein wir fanden kein Gehör.
Und wie's in solchem Fall geschicht,
Sie hörten nicht, sie wollten nicht;
Wir aber haben nicht gesäumt,
Behende dir sie weggeräumt.
Das Paar hat sich nicht viel gequält,
Vor Schrecken fielen sie entseelt.

Ein Fremder, der sich dort versteckt
Und fechten wollte, ward gestreckt.
In wilden Kampfes kurzer Zeit
Von Kohlen, ringsumher gestreut,
Entflammte Stroh. Nun lodert's frei,
Als Scheiterhaufen dieser drei.
FAUST. Wart ihr für meine Worte taub?
Tausch wollt' ich, wollte keinen Raub.
Dem unbesonnenen wilden Streich,
Ihm fluch' ich; teilt es unter euch!
CHORUS. Das alte Wort, das Wort erschallt:
Gehorche willig der Gewalt!
Und bist du kühn und hältst du Stich,
So wage Haus und Hof und – dich. Ab.
faust auf dem Balkon. Die Sterne bergen Blick und Schein,
Das Feuer sinkt und lodert klein;
Ein Schauerwindchen fächelt's an,
Bringt Rauch und Dunst zu mir heran.
Geboten schnell, zu schnell getan! –
Was schwebet schattenhaft heran?

Mitternacht

VIER GRAUE WEIBER *treten auf.*

ERSTE. Ich heiße der Mangel.
ZWEITE. Ich heiße die Schuld.
DRITTE. Ich heiße die Sorge.
VIERTE. Ich heiße die Not.
ZU DREI. Die Tür ist verschlossen, wir können nicht ein;
Drin wohnet ein Reicher, wir mögen nicht 'nein.
MANGEL. Da werd' ich zum Schatten.
SCHULD. Da werd' ich zunicht.
NOT. Man wendet von mir das verwöhnte Gesicht.
SORGE.
Ihr Schwestern, ihr könnt nicht und dürft nicht hinein.

Die Sorge, sie schleicht sich durchs Schlüsselloch ein.
Sorge verschwindet.
MANGEL. Ihr, graue Geschwister, entfernt euch von hier.
SCHULD. Ganz nah an der Seite verbind' ich mich dir.
NOT. Ganz nah an der Ferse begleitet die Not.
ZU DREI. Es ziehen die Wolken, es schwinden die Sterne!
Dahinten, dahinten! von ferne, von ferne,
Da kommt er, der Bruder, da kommt er, der – – – Tod.
FAUST *im Palast.* Vier sah ich kommen, drei nur gehn;
Den Sinn der Rede konnt' ich nicht verstehn.
Es klang so nach, als hieß' es – Not,
Ein düstres Reimwort folgte – Tod.
Es tönte hohl, gespensterhaft gedämpft.
Noch hab' ich mich ins Freie nicht gekämpft.
Könnt' ich Magie von meinem Pfad entfernen,
Die Zaubersprüche ganz und gar verlernen,
Stünd' ich, Natur, vor dir ein Mann allein,

Da wär's der Mühe wert, ein Mensch zu sein.
Das war ich sonst, eh' ich's im Düstern suchte,
Mit Frevelwort mich und die Welt verfluchte.
Nun ist die Luft von solchem Spuk so voll,
Dass niemand weiß, wie er ihn meiden soll.
Wenn auch ein Tag uns klar vernünftig lacht,
In Traumgespinst verwickelt uns die Nacht;
Wir kehren froh von junger Flur zurück,
Ein Vogel krächzt; was krächzt er? Missgeschick.
Von Aberglauben früh und spat umgarnt:
Es eignet sich, es zeigt sich an, es warnt.
Und so verschüchtert, stehen wir allein.
Die Pforte knarrt, und niemand kommt herein.
Erschüttert. Ist jemand hier?
SORGE. Die Frage fordert Ja!
FAUST. Und du, wer bist denn du?
SORGE. Bin einmal da.
FAUST. Entferne dich!

SORGE. Ich bin am rechten Ort.
FAUST *erst ergrimmt, dann besänftigt, für sich.*
Nimm dich in acht und sprich kein Zauberwort.
SORGE.
Würde mich kein Ohr vernehmen,
Müsst' es doch im Herzen dröhnen;
In verwandelter Gestalt
Üb' ich grimmige Gewalt.
Auf den Pfaden, auf der Welle,
Ewig ängstlicher Geselle,
Stets gefunden, nie gesucht,
So geschmeichelt wie verflucht. –
Hast du die Sorge nie gekannt?
FAUST. Ich bin nur durch die Welt gerannt;
Ein jed' Gelüst ergriff ich bei den Haaren,
Was nicht genügte, ließ ich fahren,
Was mir entwischte, ließ ich ziehn.
Ich habe nur begehrt und nur vollbracht
Und abermals gewünscht und so mit Macht
Mein Leben durchgestürmt; erst groß und mächtig
Nun aber geht es weise, geht bedächtig.
Der Erdenkreis ist mir genug bekannt,
Nach drüben ist die Aussicht uns verrannt;
Tor, wer dorthin die Augen blinzelnd richtet,
Sich über Wolken seinesgleichen dichtet!
Er stehe fest und sehe hier sich um;
Dem Tüchtigen ist diese Welt nicht stumm.
Was braucht er in die Ewigkeit zu schweifen!
Was er erkennt, lässt sich ergreifen.
Er wandle so den Erdentag entlang;
Wenn Geister spuken, geh' er seinen Gang,
Im Weiterschreiten find' er Qual und Glück,
Er, unbefriedigt jeden Augenblick!
SORGE.
Wen ich einmal mir besitze,
Dem ist alle Welt nichts nütze;

Ewiges Düstre steigt herunter,
Sonne geht nicht auf noch unter,
Bei vollkommnen äußern Sinnen
Wohnen Finsternisse drinnen,
Und er weiß von allen Schätzen
Sich nicht in Besitz zu setzen.
Glück und Unglück wird zur Grille,
Er verhungert in der Fülle;
Sei es Wonne, sei es Plage,
Schiebt er's zu dem andern Tage,
Ist der Zukunft nur gewärtig,
Und so wird er niemals fertig.
FAUST. Hör auf! so kommst du mir nicht bei!
Ich mag nicht solchen Unsinn hören.
Fahr hin! die schlechte Litanei,
Sie könnte selbst den klügsten Mann betören.
SORGE. Soll er gehen, soll er kommen?
Der Entschluss ist ihm genommen;
Auf gebahnten Weges Mitte
Wankt er tastend halbe Schritte.
Er verliert sich immer tiefer,
Siehet alle Dinge schiefer,
Sich und andre lästig drückend,
Atemholend und erstickend;
Nicht erstickt und ohne Leben,
Nicht verzweiflend, nicht ergeben.
So ein unaufhaltsam Rollen,
Schmerzlich Lassen, widrig Sollen,
Bald Befreien, bald Erdrücken,
Halber Schlaf und schlecht Erquicken
Heftet ihn an seine Stelle
Und bereitet ihn zur Hölle.
FAUST. Unselige Gespenster! so behandelt ihr
Das menschliche Geschlecht zu tausend Malen;
Gleichgültige Tage selbst verwandelt ihr
In garstigen Wirrwarr netzumstrickter Qualen.

Dämonen, weiß ich, wird man schwerlich los,
Das geistig-strenge Band ist nicht zu trennen;
Doch deine Macht, o Sorge, schleichend groß,
Ich werde sie nicht anerkennen.
SORGE. Erfahre sie, wie ich geschwind
Mich mit Verwünschung von dir wende!
Die Menschen sind im ganzen Leben blind,
Nun, Fauste, werde du's am Ende!
Sie haucht ihn an.
FAUST, *erblindet.*
Die Nacht scheint tiefer tief hereinzudringen,
Allein im Innern leuchtet helles Licht;
Was ich gedacht, ich eil' es zu vollbringen;
Des Herren Wort, es gibt allein Gewicht.
Vom Lager auf, ihr Knechte! Mann für Mann!
Lasst glücklich schauen, was ich kühn ersann.
Ergreift das Werkzeug, Schaufel rührt und Spaten!
Das Abgesteckte muss sogleich geraten.
Auf strenges Ordnen, raschen Fleiß
Erfolgt der allerschönste Preis;
Dass sich das größte Werk vollende,
Genügt ein Geist für tausend Hände.

Großer Vorhof des Palasts

Fackeln.

MEPHISTOPHELES *als Aufseher voran.*
Herbei, herbei! Herein, herein!
Ihr schlotternden Lemuren,
Aus Bändern, Sehnen und Gebein
Geflickte Halbnaturen.
LEMUREN *im Chor.* Wir treten dir sogleich zur Hand,
Und wie wir halb vernommen,
Es gilt wohl gar ein weites Land,
Das sollen wir bekommen.

Gespitzte Pfähle, die sind da,
Die Kette lang zum Messen;
Warum an uns der Ruf geschah,
Das haben wir vergessen.

MEPHISTOPHELES. Hier gilt kein künstlerisch Bemühn;
Verfahret nur nach eignen Maßen!
Der Längste lege längelang sich hin,
Ihr andern lüftet ringsumher den Rasen;
Wie man's für unsre Väter tat,
Vertieft ein längliches Quadrat!
Aus dem Palast ins enge Haus,
So dumm läuft es am Ende doch hinaus.

LEMUREN, *mit neckischen Gebärden grabend.*
Wie jung ich war und lebt' und liebt',
Mich deucht, das war wohl süße;
Wo's fröhlich klang und lustig ging,
Da rührten sich meine Füße.
Nun hat das tückische Alter mich
Mit seiner Krücke getroffen;
Ich stolpert' über Grabes Tür,
Warum stand sie just offen!

FAUST, *aus dem Palaste tretend, tastet an den Türpfosten.*
Wie das Geklirr der Spaten mich ergetzt!
Es ist die Menge, die mir frönet,
Die Erde mit sich selbst versöhnet,
Den Wellen ihre Grenze setzt,
Das Meer mit strengem Band umzieht.

MEPHISTOPHELES *beiseite.* Du bist doch nur für uns bemüht
Mit deinen Dämmen, deinen Buhnen;
Denn du bereitest schon Neptunen,
Dem Wasserteufel, großen Schmaus.
In jeder Art seid ihr verloren; –
Die Elemente sind mit uns verschworen,
Und auf Vernichtung läuft's hinaus.

FAUST. Aufseher!

MEPHISTOPHELES. Hier!
FAUST. Wie es auch möglich sei,
Arbeiter schaffe Meng' auf Menge,
Ermuntere durch Genuss und Strenge,
Bezahle, locke, presse bei!
Mit jedem Tage will ich Nachricht haben,
Wie sich verlängt der unternommene Graben.
MEPH. *halblaut.* Man spricht, wie man mir Nachricht gab,
Von keinem Graben, doch vom Grab.
FAUST. Ein Sumpf zieht am Gebirge hin,
Verpestet alles schon Errungene;
Den faulen Pfuhl auch abzuziehn,
Das Letzte wär' das Höchsterrungene.
Eröffn' ich Räume vielen Millionen,
Nicht sicher zwar, doch tätig-frei zu wohnen.
Grün das Gefilde, fruchtbar; Mensch und Herde
Sogleich behaglich auf der neusten Erde,
Gleich angesiedelt an des Hügels Kraft,
Den aufgewälzt kühn-emsige Völkerschaft.
Im Innern hier ein paradiesisch Land,
Da rase draußen Flut bis auf zum Rand,
Und wie sie nascht, gewaltsam einzuschießen,
Gemeindrang eilt, die Lücke zu verschließen.
Ja, diesem Sinne bin ich ganz ergeben,
Das ist der Weisheit letzter Schluss:
Nur der verdient sich Freiheit wie das Leben,
Der täglich sie erobern muss.
Und so verbringt, umrungen von Gefahr,
Hier Kindheit, Mann und Greis sein tüchtig Jahr.
Solch ein Gewimmel möcht' ich sehn,
Auf freiem Grund mit freiem Volke stehn.
Zum Augenblicke dürft' ich sagen:
Verweile doch, du bist so schön!
Es kann die Spur von meinen Erdetagen
Nicht in Äonen untergehn. –
Im Vorgefühl von solchem hohen Glück

Genieß' ich jetzt den höchsten Augenblick.
Faust sinkt zurück, die Lemuren fassen ihn auf und legen ihn auf den Boden.
MEPH. Ihn sättigt keine Lust, ihm gnügt kein Glück,
So buhlt er fort nach wechselnden Gestalten;
Den letzten, schlechten, leeren Augenblick,
Der Arme wünscht ihn festzuhalten.
Der mir so kräftig widerstand,
Die Zeit wird Herr, der Greis hier liegt im Sand.
Die Uhr steht still –
CHOR. Steht still! Sie schweigt wie Mitternacht.
Der Zeiger fällt.
MEPHISTOPHELES. Er fällt, es ist vollbracht.
CHOR. Es ist vorbei.
MEPHISTOPHELES. Vorbei! ein dummes Wort.
Warum vorbei?
Vorbei und reines Nicht, vollkommnes Einerlei!
Was soll uns denn das ew'ge Schaffen!
Geschaffenes zu nichts hinwegzuraffen!
»Da ist's vorbei!« Was ist daran zu lesen?
Es ist so gut, als wär' es nicht gewesen,
Und treibt sich doch im Kreis, als wenn es wäre.
Ich liebte mir dafür das Ewig-Leere.

Grablegung

LEMUR. *Solo.* Wer hat das Haus so schlecht gebaut,
Mit Schaufeln und mit Spaten?
LEMUREN. *Chor.* Dir, dumpfer Gast im hänfnen Gewand,
Ist's viel zu gut geraten.
LEMUR. *Solo.* Wer hat den Saal so schlecht versorgt?
Wo blieben Tisch und Stühle?
LEMUREN. *Chor.* Es war auf kurze Zeit geborgt;
Der Gläubiger sind so viele.
MEPH. Der Körper liegt, und will der Geist entfliehn,
Ich zeig' ihm rasch den blutgeschriebnen Titel; –

Doch leider hat man jetzt so viele Mittel,
Dem Teufel Seelen zu entziehn.
Auf altem Wege stößt man an,
Auf neuem sind wir nicht empfohlen;
Sonst hätt' ich es allein getan,
Jetzt muss ich Helfershelfer holen.
Uns geht's in allen Dingen schlecht!
Herkömmliche Gewohnheit, altes Recht,
Man kann auf gar nichts mehr vertrauen.
Sonst mit dem letzten Atem fuhr sie aus,
Ich passt' ihr auf und, wie die schnellste Maus,
Schnapps! hielt ich sie in fest verschloßnen Klauen.
Nun zaudert sie und will den düstern Ort,
Des schlechten Leichnams ekles Haus nicht lassen;
Die Elemente, die sich hassen,
Die treiben sie am Ende schmählich fort.
Und wenn ich Tag' und Stunden mich zerplage,
Wann? wie? und wo? das ist die leidige Frage;
Der alte Tod verlor die rasche Kraft,
Das Ob? sogar ist lange zweifelhaft;
Oft sah ich lüstern auf die starren Glieder –
Es war nur Schein, das rührte, das regte sich wieder.
Phantastisch-flügelmännische Beschwörungsgebärden.
Nur frisch heran! verdoppelt euren Schritt,
Ihr Herrn vom graden, Herrn vom krummen Horne,
Von altem Teufelsschrot und -korne,
Bringt ihr zugleich den Höllenrachen mit.
Zwar hat die Hölle Rachen viele! viele!
Nach Standsgebühr und Würden schlingt sie ein;
Doch wird man auch bei diesem letzten Spiele
Ins künftige nicht so bedenklich sein.
Der greuliche Höllenrachen tut sich links auf.
Eckzähne klaffen; dem Gewölb des Schlundes
Entquillt der Feuerstrom in Wut,
Und in dem Siedequalm des Hintergrundes
Seh' ich die Flammenstadt in ewiger Glut.

Die rote Brandung schlägt hervor bis an die Zähne,
Verdammte, Rettung hoffend, schwimmen an;
Doch kolossal zerknirscht sie die Hyäne,
Und sie erneuen ängstlich heiße Bahn.
In Winkeln bleibt noch vieles zu entdecken,
So viel Erschrecklichstes im engsten Raum!
Ihr tut sehr wohl, die Sünder zu erschrecken;
Sie halten's doch für Lug und Trug und Traum.
Zu den Dickteufeln vom kurzen, graden Horne.
Nun, wanstige Schuften mit den Feuerbacken!
Ihr glüht so recht vom Höllenschwefel feist;
Klotzartige, kurze, nie bewegte Nacken!
Hier unten lauert, ob's wie Phosphor gleißt:
Das ist das Seelchen, Psyche mit den Flügeln,
Die rupft ihr aus, so ist's ein garstiger Wurm;
Mit meinem Stempel will ich sie besiegeln,
Dann fort mit ihr im Feuerwirbelsturm!
Passt auf die niedern Regionen,
Ihr Schläuche, das ist eure Pflicht;
Ob's ihr beliebte, da zu wohnen,
So akkurat weiß man das nicht.
Im Nabel ist sie gern zu Haus –
Nehmt es in acht, sie wischt euch dort heraus.
Zu den Dürrteufeln vom langen, krummen Horne.
Ihr Firlefanze, flügelmännische Riesen,
Greift in die Luft, versucht euch ohne Rast!
Die Arme strack, die Klauen scharf gewiesen,
Dass ihr die Flatternde, die Flüchtige fasst.
Es ist ihr sicher schlecht im alten Haus,
Und das Genie, es will gleich obenaus.

GLORIE *von oben rechts.*

HIMMLISCHE HEERSCHAR. Folget, Gesandte,
Himmelsverwandte,
Gemächlichen Flugs:
Sündern vergeben,
Staub zu beleben;

Allen Naturen
Freundliche Spuren
Wirket im Schweben
Des weilenden Zugs!
MEPH. Misstöne hör' ich, garstiges Geklimper,
Von oben kommt's mit unwillkommnem Tag;
Es ist das bübisch-mädchenhafte Gestümper,
Wie frömmelnder Geschmack sich's lieben mag.
Ihr wisst, wie wir in tiefverruchten Stunden
Vernichtung sannen menschlichem Geschlecht;
Das Schändlichste, was wir erfunden,
Ist ihrer Andacht eben recht.

Sie kommen gleisnerisch, die Laffen!
So haben sie uns manchen weggeschnappt,
Bekriegen uns mit unsern eignen Waffen;
Es sind auch Teufel, doch verkappt.
Hier zu verlieren, wär' euch ew'ge Schande;
Ans Grab heran und haltet fest am Rande!

CHOR DER ENGEL, *Rosen streuend.*
Rosen, ihr blendenden,
Balsam versendenden!
Flatternde, schwebende,
Heimlich belebende,
Zweiglein beflügelte,
Knospen entsiegelte,
Eilet zu blühn.
Frühling entsprieße,
Purpur und Grün!
Tragt Paradiese
Dem Ruhenden hin.
MEPHISTOPHELES *zu den Satanen.*
Was duckt und zuckt ihr? ist das Höllenbrauch?
So haltet stand und lasst sie streuen.
An seinen Platz ein jeder Gauch!

Sie denken wohl, mit solchen Blümeleien
Die heißen Teufel einzuschneien;
Das schmilzt und schrumpft vor eurem Hauch.
Nun pustet, Püstriche! – Genug, genug!
Vor eurem Broden bleicht der ganze Flug. –
Nicht so gewaltsam! schließet Maul und Nasen!
Fürwahr, ihr habt zu stark geblasen.
Dass ihr doch nie die rechten Maße kennt!
Das schrumpft nicht nur, es bräunt sich, dorrt, es brennt!
Schon schwebt's heran mit giftig klaren Flammen;
Stemmt euch dagegen, drängt euch fest zusammen! –
Die Kraft erlischt! dahin ist aller Mut!
Die Teufel wittern fremde Schmeichelglut.

CHOR DER ENGEL. Blüten, die seligen,
Flammen, die fröhlichen,
Liebe verbreiten sie,
Wonne bereiten sie,
Herz wie es mag.
Worte, die wahren,
Äther im Klaren,
Ewigen Scharen
Überall Tag!

MEPHISTOPHELES. O Fluch! o Schande solchen Tröpfen!
Satane stehen auf den Köpfen,
Die Plumpen schlagen Rad auf Rad
Und stürzen ärschlings in die Hölle.
Gesegn' euch das verdiente heiße Bad!
Ich aber bleib' auf meiner Stelle. –
Sich mit den schwebenden Rosen herumschlagend.
Irrlichter, fort! Du, leuchte noch so stark,
Du bleibst, gehascht, ein ekler Gallert-Quark.
Was flatterst du? Willst du dich packen! –
Es klemmt wie Pech und Schwefel mir im Nacken.

CHOR DER ENGEL.
Was euch nicht angehört,
Müsset ihr meiden,

Was euch das Innre stört,
Dürft ihr nicht leiden.
Dringt es gewaltig ein,
Müssen wir tüchtig sein.
Liebe nur Liebende
Führet herein!

MEPH. Mir brennt der Kopf, das Herz, die Leber brennt,
Ein überteuflisch Element!
Weit spitziger als Höllenfeuer! –
Drum jammert ihr so ungeheuer,
Unglückliche Verliebte! die, verschmäht,
Verdrehten Halses nach der Liebsten späht.
Auch mir! Was zieht den Kopf auf jene Seite?
Bin ich mit ihr doch in geschwornem Streite!
Der Anblick war mir sonst so feindlich scharf.
Hat mich ein Fremdes durch und durch gedrungen?
Ich mag sie gerne sehn, die allerliebsten Jungen;
Was hält mich ab, dass ich nicht fluchen darf? –
Und wenn ich mich betören lasse,
Wer heißt denn künftighin der Tor?
Die Wetterbuben, die ich hasse,
Sie kommen mir doch gar zu lieblich vor! –
Ihr schönen Kinder, lasst mich wissen:
Seid ihr nicht auch von Luzifers Geschlecht?
Ihr seid so hübsch, fürwahr ich möcht' euch küssen,
Mir ist's, als kämt ihr eben recht.
Es ist mir so behaglich, so natürlich,
Als hätt' ich euch schon tausendmal gesehn;
So heimlich-kätzchenhaft begierlich;
Mit jedem Blick aufs neue schöner schön.
O nähert euch, o gönnt mir einen Blick!

ENGEL. Wir kommen schon, warum weichst du zurück?
Wir nähern uns, und wenn du kannst, so bleib!
Die Engel nehmen, umherziehend, den ganzen Raum ein.

MEPHISTOPHELES, *der ins Proszenium gedrängt wird.*
Ihr scheltet uns verdammte Geister

Und seid die wahren Hexenmeister;
Denn ihr verführet Mann und Weib. –
Welch ein verfluchtes Abenteuer!
Ist dies das Liebeselement?
Der ganze Körper steht in Feuer,
Ich fühle kaum, dass es im Nacken brennt. –
Ihr schwanket hin und her, so senkt euch nieder,
Ein bisschen weltlicher bewegt die holden Glieder;
Fürwahr, der Ernst steht euch recht schön;
Doch möcht' ich euch nur einmal lächeln sehn!
Das wäre mir ein ewiges Entzücken.
Ich meine so, wie wenn Verliebte blicken:
Ein kleiner Zug am Mund, so ist's getan.
Dich, langer Bursche, dich mag ich am liebsten leiden,
Die Pfaffenmiene will dich gar nicht kleiden,
So sieh mich doch ein wenig lüstern an!
Auch könntet ihr anständig-nackter gehen,
Das lange Faltenhemd ist übersittlich –
Sie wenden sich – von hinten anzusehen! –
Die Racker sind doch gar zu appetitlich!

CHOR DER ENGEL.
Wendet zur Klarheit
Euch, liebende Flammen!
Die sich verdammen,
Heile die Wahrheit;
Dass sie vom Bösen
Froh sich erlösen,
Um in dem Allverein
Selig zu sein.

MEPHISTOPHELES *sich fassend.*
Wie wird mir! – Hiobsartig, Beul' an Beule
Der ganze Kerl, dem's vor sich selber graut,
Und triumphiert zugleich, wenn er sich ganz durchschaut,
Wenn er auf sich und seinen Stamm vertraut;
Gerettet sind die edlen Teufelsteile,
Der Liebespuk, er wirft sich auf die Haut;

Schon ausgebrannt sind die verruchten Flammen,
Und wie es sich gehört, fluch' ich euch allzusammen!

CHOR DER ENGEL.
Heilige Gluten!
Wen sie umschweben,
Fühlt sich im Leben
Selig mit Guten.
Alle vereinigt
Hebt euch und preist!
Luft ist gereinigt,
Atme der Geist!
Sie eheben sich, Faustens Unsterbliches entführend.

MEPHISTOPHELES, *sich umsehend.*
Doch wie? – wo sind sie hingezogen?
Unmündiges Volk, du hast mich überrascht,
Sind mit der Beute himmelwärts entflogen;
Drum haben sie an dieser Gruft genascht!
Mir ist ein großer, einziger Schatz entwendet:
Die hohe Seele, die sich mir verpfändet,
Die haben sie mir pfiffig weggepascht.
Bei wem soll ich mich nun beklagen?
Wer schafft mir mein erworbenes Recht?
Du bist getäuscht in deinen alten Tagen,
Du hast's verdient, es geht dir grimmig schlecht.
Ich habe schimpflich mißgehandelt,
Ein großer Aufwand, schmählich! ist vertan;
Gemein Gelüst, absurde Liebschaft wandelt
Den ausgepichten Teufel an.
Und hat mit diesem kindisch-tollen Ding
Der Klugerfahrne sich beschäftigt,
So ist fürwahr die Torheit nicht gering,
Die seiner sich am Schluss bemächtigt.

Bergschluchten

Wald, Fels, Einöde.

HEILIGE ANACHORETEN *gebirgauf verteilt, gelagert zwischen Klüften.*

CHOR UND ECHO. Waldung, sie schwankt heran,
Felsen, sie lasten dran,
Wurzeln, sie klammern an,
Stamm dicht an Stamm hinan.
Woge nach Woge spritzt,
Höhle, die tiefste, schützt.
Löwen, sie schleichen stumm-
freundlich um uns herum,
Ehren geweihten Ort,
Heiligen Liebeshort.

PATER ECSTATIUS, *auf und ab schwebend.*
Ewiger Wonnebrand,
Glühendes Liebeband,
Siedender Schmerz der Brust,
Schäumende Gotteslust.
Pfeile, durchdringet mich,
Lanzen, bezwinget mich,
Keulen, zerschmettert mich,
Blitze, durchwettert mich!
Dass ja das Nichtige
Alles verflüchtige,
Glänze der Dauerstern,
Ewiger Liebe Kern.

PATER PROFUNDUS, *tiefe Region.*
Wie Felsenabgrund mir zu Füßen
Auf tieferm Abgrund lastend ruht,
Wie tausend Bäche strahlend fließen
Zum grausen Sturz des Schaums der Flut,

Wie strack mit eignem kräftigen Triebe
Der Stamm sich in die Lüfte trägt:
So ist es die allmächtige Liebe,
Die alles bildet, alles hegt.

Ist um mich her ein wildes Brausen,
Als wogte Wald und Felsengrund,
Und doch stürzt, liebevoll im Sausen,
Die Wasserfülle sich zum Schlund,
Berufen, gleich das Tal zu wässern;
Der Blitz, der flammend niederschlug,
Die Atmosphäre zu verbessern,
Die Gift und Dunst im Busen trug –

Sind Liebesboten, sie verkünden,
Was ewig schaffend uns umwallt.
Mein Innres mög' es auch entzünden,
Wo sich der Geist, verworren, kalt,
Verquält in stumpfer Sinne Schranken,
Scharfangeschlossnem Kettenschmerz.
O Gott! beschwichtige die Gedanken,
Erleuchte mein bedürftig Herz!

PATER SERAPHICUS, *mittlere Region.*
Welch ein Morgenwölkchen schwebet
Durch der Tannen schwankend Haar!
Ahn' ich, was im Innern lebet?
Es ist junge Geisterschar.
CHOR SELIGER KNABEN.
Sag uns, Vater, wo wir wallen,
Sag uns, Guter, wer wir sind?
Glücklich sind wir: allen, allen
Ist das Dasein so gelind.
PATER SERAPHICUS.
Knaben! Mitternachts Geborne,
Halb erschlossen Geist und Sinn,

Für die Eltern gleich Verlorne,
Für die Engel zum Gewinn.
Dass ein Liebender zugegen,
Fühlt ihr wohl, so naht euch nur;
Doch von schroffen Erdewegen,
Glückliche! habt ihr keine Spur.
Steigt herab in meiner Augen
Welt- und erdgemäß Organ,
Könnt sie als die euern brauchen,
Schaut euch diese Gegend an!
Er nimmt sie in sich.
Das sind Bäume, das sind Felsen,
Wasserstrom, der abestürzt
Und mit ungeheurem Wälzen
Sich den steilen Weg verkürzt.

SELIGE KNABEN, *von innen.*
Das ist mächtig anzuschauen,
Doch zu düster ist der Ort,
Schüttelt uns mit Schreck und Grauen.
Edler, Guter, lass uns fort!

PATER SERAPHICUS.
Steigt hinan zu höherm Kreise,
Wachset immer unvermerkt,
Wie, nach ewig reiner Weise,
Gottes Gegenwart verstärkt.
Denn das ist der Geister Nahrung,
Die im freisten Äther waltet:
Ewigen Liebens Offenbarung,
Die zur Seligkeit entfaltet.

CHOR SELIGER KNABEN *um die höchsten Gipfel kreisend.*
Hände verschlinget
Freudig zum Ringverein,
Regt euch und singet
Heil'ge Gefühle drein!
Göttlich belehret,
Dürft ihr vertrauen;

Den ihr verehret,
Werdet ihr schauen.

ENGEL *schwebend in der höheren Atmosphäre, Faustens Unsterbliches tragend.*

Gerettet ist das edle Glied
Der Geisterwelt vom Bösen,
Wer immer strebend sich bemüht,
Den können wir erlösen.
Und hat an ihm die Liebe gar
Von oben teilgenommen,
Begegnet ihm die selige Schar
Mit herzlichem Willkommen.

DIE JÜNGEREN ENGEL.

Jene Rosen aus den Händen
Liebend-heiliger Büßerinnen
Halfen uns den Sieg gewinnen,
Uns das hohe Werk vollenden,
Diesen Seelenschatz erbeuten.
Böse wichen, als wir streuten,
Teufel flohen, als wir trafen.
Statt gewohnter Höllenstrafen
Fühlten Liebesqual die Geister;
Selbst der alte Satansmeister
War von spitzer Pein durchdrungen.
Jauchzet auf! es ist gelungen.

DIE VOLLENDETEREN ENGEL.

Uns bleibt ein Erdenrest
Zu tragen peinlich,
Und wär' er von Asbest,
Er ist nicht reinlich.
Wenn starke Geisteskraft
Die Elemente
An sich herangerafft,
Kein Engel trennte
Geeinte Zwienatur
Der innigen beiden,

Die ewige Liebe nur
Vermag's zu scheiden.
DIE JÜNGEREN ENGEL.
Nebelnd um Felsenhöh'
Spür' ich soeben,
Regend sich in der Näh',
Ein Geisterleben.
Die Wölkchen werden klar,
Ich seh' bewegte Schar
Seliger Knaben,
Los von der Erde Druck,
Im Kreis gesellt,
Die sich erlaben
Am neuen Lenz und Schmuck
Der obern Welt.
Sei er zum Anbeginn,
Steigendem Vollgewinn
Diesen gesellt!
DIE SELIGEN KNABEN.
Freudig empfangen wir
Diesen im Puppenstand;
Also erlangen wir
Englisches Unterpfand.
Löset die Flocken los,
Die ihn umgeben!
Schon ist er schön und groß
Von heiligem Leben.
DOCTOR MARIANUS, *in der höchsten, reinlichsten Zelle.*
Hier ist die Aussicht frei,
Der Geist erhoben.
Dort ziehen Fraun vorbei,
Schwebend nach oben.
Die Herrliche mitteninn
Im Sternenkranze,
Die Himmelskönigin,
Ich seh's am Glanze.

Entzückt.
Höchste Herrscherin der Welt!
Lasse mich im blauen,
Ausgespannten Himmelszelt
Dein Geheimnis schauen.
Billige, was des Mannes Brust
Ernst und zart beweget
Und mit heiliger Liebeslust
Dir entgegenträget.

Unbezwinglich unser Mut,
Wenn du hehr gebietest;
Plötzlich mildert sich die Glut,
Wie du uns befriedest.
Jungfrau, rein im schönsten Sinn,
Mutter, Ehren würdig,
Uns erwählte Königin,
Göttern ebenbürtig.

Um sie verschlingen
Sich leichte Wölkchen,
Sind Büßerinnen,
Ein zartes Völkchen,
Um Ihre Kniee
Den Äther schlürfend,
Gnade bedürfend.

Dir, der Unberührbaren,
Ist es nicht benommen,
Dass die leicht Verführbaren
Traulich zu dir kommen.

In die Schwachheit hingerafft,
Sind sie schwer zu retten;
Wer zerreißt aus eigner Kraft
Der Gelüste Ketten?

Wie entgleitet schnell der Fuß
Schiefem, glattem Boden?
Wen betört nicht Blick und Gruß,
Schmeichelhafter Odem?

MATER GLORIOSA *schwebt einher.*

CHOR DER BÜSSERINNEN.
Du schwebst zu Höhen
Der ewigen Reiche,
Vernimm das Flehen,
Du Ohnegleiche,
Du Gnadenreiche!
MAGNA PECCATRIX. *(St. Lucae VII, 36.)*
Bei der Liebe, die den Füßen
Deines gottverklärten Sohnes
Tränen ließ zum Balsam fließen,
Trotz des Pharisäerhohnes;
Beim Gefäße, das so reichlich
Tropfte Wohlgeruch hernieder,
Bei den Locken, die so weichlich
Trockneten die heil'gen Glieder –
MULIER SAMARITANA. *(St. Joh. IV.)*
Bei dem Bronn, zu dem schon weiland
Abram ließ die Herde führen,
Bei dem Eimer, der dem Heiland
Kühl die Lippe durft' berühren;
Bei der reinen, reichen Quelle,
Die nun dorther sich ergießet,
Überflüssig, ewig helle
Rings durch alle Welten fließet –
MARIA AEGYPTIACA. *Acta Sanctorum.*
Bei dem hochgeweihten Orte,
Wo den Herrn man niederließ,
Bei dem Arm, der von der Pforte
Warnend mich zurücke stieß;

Bei der vierzigjährigen Buße,
Der ich treu in Wüsten blieb,
Bei dem seligen Scheidegruße,
Den im Sand ich niederschrieb –

ZU DREI. Die du großen Sünderinnen
Deine Nähe nicht verweigerst
Und ein büßendes Gewinnen
In die Ewigkeiten steigerst,
Gönn auch dieser guten Seele,
Die sich einmal nur vergessen,
Die nicht ahnte, dass sie fehle,
Dein Verzeihen angemessen!

UNA POENITENTIUM, *sonst* GRETCHEN *genannt. Sich anschmiegend.*
Neige, neige,
Du Ohnegleiche,
Du Strahlenreiche,
Dein Antlitz gnädig meinem Glück!
Der früh Geliebte,
Nicht mehr Getrübte,
Er kommt zurück.

SELIGE KNABEN *in Kreisbewegung sich nähernd.*
Er überwächst uns schon
An mächtigen Gliedern,
Wird treuer Pflege Lohn
Reichlich erwidern.
Wir wurden früh entfernt
Von Lebechören;
Doch dieser hat gelernt,
Er wird uns lehren.

DIE EINE BÜSSERIN, *sonst* GRETCHEN *genannt.*
Vom edlen Geisterchor umgeben,
Wird sich der Neue kaum gewahr,
Er ahnet kaum das frische Leben,
So gleicht er schon der heiligen Schar.
Sieh, wie er jedem Erdenbande

Der alten Hülle sich entrafft
Und aus ätherischem Gewande
Hervortritt erste Jugendkraft.
Vergönne mir, ihn zu belehren,
Noch blendet ihn der neue Tag.

MATER GLORIOSA.
Komm! hebe dich zu höhern Sphären!
Wenn er dich ahnet, folgt er nach.

DOCTOR MARIANUS, *auf dem Angesicht anbetend.*
Blicket auf zum Retterblick,
Alle reuig Zarten,
Euch zu seligem Geschick
Dankend umzuarten.
Werde jeder bessre Sinn
Dir zum Dienst erbötig;
Jungfrau, Mutter, Königin,
Göttin, bleibe gnädig!

CHORUS MYSTIUS.
Alles Vergängliche
Ist nur ein Gleichnis;
Das Unzulängliche,
Hier wird's Ereignis;
Das Unbeschreibliche,
Hier ist's getan;
Das Ewig-Weibliche
Zieht uns hinan.

Finis.

QUELLENVERZEICHNIS

Die Texte des vorliegenden Bandes wurden nachstehenden Ausgaben entnommen:

Götz von Berlichingen
Goethes Werke in 6 Bänden. Band 2, Verlag der Literaturwerke Minerva, Leipzig ca. 1900.
Die Illustrationen stammen von Eugen Napoleon Neureuther.

Die Leiden des jungen Werther
Goethes Werke in 6 Bänden. Band 2, Verlag der Literaturwerke Minerva, Leipzig ca. 1900.
Die Illustrationen stammen von Daniel Nikolaus Chodowiecki.

Reineke Fuchs
Goethes Werke in 6 Bänden. Band 6, Verlag der Literaturwerke Minerva, Leipzig ca. 1900.
Die Illustrationen stammen von Wilhelm Kaulbach.

Der Erlkönig; Der Zauberlehrling; Prometheus
Goethes Werke in 6 Bänden. Band 1, Verlag der Literaturwerke Minerva, Leipzig ca. 1900.
Die Illustration stammt von Ferdinand Barth (Der Zauberlehrling).

Faust I und II
Goethes Werke in 6 Bänden. Band 3, Verlag der Literaturwerke Minerva, Leipzig ca. 1900.
Die Illustrationen stammen von Eugène Delacroix.

Eindeutige Druck- und Satzfehler wurden korrigiert.